87년, 부산의 6월은 왜 그토록 뜨거웠을까

87년, 부산의 6월은 왜 그토록 뜨거웠을까
- 80년대 부산의 민주화운동

초판 1쇄 발행   2017년 6월 22일

편   자 ㅣ 사단법인 부산민주항쟁기념사업회 부설 민주주의사회연구소
발행인 ㅣ 윤관백
발행처 ㅣ 도서출판 선인

등록 ㅣ 제5−77호(1998.11.4)
주소 ㅣ 서울시 마포구 마포대로 4다길 4(마포동 324−1) 곳마루 B/D 1층
전화 ㅣ 02)718−6252 / 6257   팩스 ㅣ 02)718−6253
E−mail ㅣ sunin72@chol.com
Homepage ㅣ www.suninbook.com

정가   35,000원
ISBN   979-11-6068-103-1   93300

민주주의사회연구소 연구총서 11

87년,
부산의 6월은 왜 그토록 뜨거웠을까
- 80년대 부산의 민주화운동

사단법인 부산민주항쟁기념사업회 부설

민주주의사회연구소 편

 도서출판 선인

발간사

30년 전 뜨거웠던 여름을 기억하며

한국 사회가 민주화의 궤도로 접어드는 분수령이 된 87년항쟁이 벌써 30년이 지난 역사가 되었다. 30년은 보통 우리가 한 세대라고 하는 긴 시간이다. 그 동안 한국 사회에는 실로 많은 변화가 있었다. 직선제 개헌 이후 7번의 직선 대통령 선거가 있었고, 외환위기와 두 번의 대규모 촛불항쟁도 있었다. 하지만 아직 한국 민주주의는 사회적 양극화와 노동 없는 민주주의라는 한계를 극복하지 못하고 있으며 절차적 민주주의마저 질식사할 위기에서 겨우 기사회생한 상태이다. 그리고 87년항쟁의 산물인 현행 헌법을 전향적으로 개정해야 한다는 당위론이 이제 현실적 문제로 떠올랐다. 우리는 87년항쟁으로 성립한 헌정체제를 개혁하고 97년 외환위기 이후 심화된 사회경제적 민주주의의 심각한 후퇴를 만회할 새로운 질서를 재건해야 할 역사적 시점에 와 있다.

이런 시점에서 30년 전의 87년항쟁 즉 6월항쟁과 7, 8, 9월 노동자대투쟁의 역사는 아직도 정확하고 풍부하게 기록되어 있지 못한 것이 현실이다. 현재의 헌정체제의 출발점인 87년항쟁은 언제나 마르지 않을 한국 민주주의의 원천이며, 역동적인 대하드라마이다. 우리에게는 이 드라마를 제대로 기록해서 후대에 전해야 할 의무가 있다.

이 드라마 속에서 부산은 전국의 어느 도시보다 선두에 섰던 항쟁의 주역이었다. 부산이 항쟁의 주역을 맡을 수 있었던 것은 우연이 아니었다. 87년

항쟁에 앞서 부산은 어느 지역보다 독재권력의 무자비한 탄압으로 고통을 겪었다. 부마항쟁(1979), 부림사건(1981), 부산미문화원방화사건(1982) 등으로 혹독한 시련을 겪었던 부산의 민주화운동세력은 오히려 그 시련을 거울 삼아 힘을 모으고 전열을 가다듬었다. 그리고 전국 단위 조직들과 연계하면서 지역운동의 역량을 축적해 나갔다. 그것은 1980년대 부산의 민주화운동의 역사이면서 동시에 6월항쟁의 전사(前史)이기도 했다. 그 힘이 없었더라면 부산의 6월항쟁이 그토록 치열하고 장엄하게 전개되기 어려웠을 것이다. 그 힘이 부산의 6월항쟁의 마중물이 되었다고 말할 수 있을 것이다.

민주주의사회연구소는 2010년부터 2015년까지 매년 6월에 부산의 6월항쟁을 재조명하는 작업을 진행해 왔다. 6월항쟁 그 자체보다 6월항쟁에 이르기까지 부산의 각 부문운동은 어떻게 성장, 발전해 왔으며, 그 역량이 6월항쟁에서 어떻게 결합되었는가를 당시 참여자들의 생생한 목소리로 재현하려는 작업이었다.

민주주의사회연구소는 2010년에 "87년 6월항쟁과 부산"을 주제로 심포지움을 개최한 것을 시작으로 2011년에는 "부산민주시민협의회의 역사적 재조명"을 주제로 한 집담회를, 2012년에는 "가톨릭센터 농성과 학생운동"을 주제로 한 심포지움을, 2013년에는 "6월항쟁과 종교계의 역할"을 주제로 한 심포지움을, 2014년에는 "6월항쟁과 노동운동"을 주제로 한 심포지움을, 2015년에는 "87년항쟁 속의 언론활동"을 주제로 한 심포지움을 각각 개최하였다.

이 작업은 생각보다 쉽지 않았다. 아직 30년이 채 지나지 않은 시점임에도 당사자들의 기억과 남아있는 자료를 토대로 당시의 상황을 재구성하는 일은 녹록치 않았다. 운동 당사자들을 불러 모으는 일도, 충실한 자료를 생산하는 일도 만만치 않았지만 어떻든 5년간 재야운동, 노동운동, 학생운동, 종교운동, 문화운동 등을 주제로 한 심포지움을 개최했고 일단 마무리되었다.

민주주의사회연구소는 금년에 87년항쟁 30년을 맞아 지난 5년간의 작업을 책으로 출간하기로 했다. 이는 심포지움을 여는 것만큼이나 큰 노력을 요하는 일이었다. 거의 초고 상태의 발제문들을 다시 정리하고 빠져 있는 부분을 채우고 새로운 자료들을 생산하는 작업은 엄청난 노력을 요하는 일이었다.

다행히 고호석 연구소 운영위원이 이 일을 맡아 주었기 때문에 가능했다. 고호석 위원은 6월항쟁 당시 민주헌법쟁취국민운동부산본부의 사무국장을 맡아 직접 항쟁의 현장을 누비고 다녔을 뿐 아니라 1980년대 전 기간에 걸친 민주화운동의 산 증인이기 때문에 누구보다 이 작업에 적합한 인물이었다. 그의 노고 덕분에 미처 정리되지 못한 구슬들이 잘 꿰어져서 보배가 될 수 있었다. 아직 완전하지는 못하지만 1980년대 부산의 각 부문운동이 어떻게 성장, 발전하여 87년 항쟁이라는 거대한 역사의 바다 속에서 만나게 되는지를 그려낼 수 있어서 기쁨을 감출 수 없다.

다만 아쉬운 것은 이 책에는 1980년대 부산의 모든 부문운동이 다 망라되지는 못했다는 점이다. 대표적으로 교육운동이 있다. YMCA중등교육자협의회의 활동, 교육민주화선언, 그리고 부산교사협의회의 결성으로 이어지는 교육민주화운동은 미처 담지 못했다. 후속 연구에서 이런 미진함들이 반드시 보완되리라 믿어마지 않는다.

끝으로 이 책을 87년항쟁에서 희생되신 열사들과 항쟁에 참여한 모든 투사들과 시민들에게 바치면서 귀한 원고를 주신 필자들과 책임 편집하신 고호석 위원 그리고 실무를 맡은 정윤식 부소장과 최은정 선생에게 감사드린다.

2017년 6월
민주주의사회연구소장 차성환

목 차

V. 종교운동

I.
1980년대 부산지역
민주화운동 개관

1장
80년대 부산지역 민주화운동의
평가와 반성1)

_고호석2)

1. 머리글

이 고난의 땅, 허리 잘린 한반도의 남녘을 온통 뒤흔들었던 6월의 함성은 아직 우리의 귀에 새롭고 그 피땀의 대가로 쟁취된 6월 29일의 작은 승리가 눌려만 살았던 우리 민중들에게 가져다준 가슴 벅찬 충격도 아직 생생하게 남아있다. 어느 누구에게 이끌린 것도 아니면서 우리는 초여름 밤의 부산역과 서면, 남포동을 자욱한 최루가스의 안개를 헤치며 지칠 줄 모르고 뛰어다녔고 '호헌철폐'와 '독재타도'의 넘쳐흐르는 함성 속에서 목이 쉬는 줄도 몰랐었다.

들불처럼 타올랐던 6월항쟁은 27년간 민중 위에 군림했던 독재에 치명타를 가했고 우리는 4반세기 만에 역사의 중요한 분기점에 서게 된 것이다. 이

---

1) 이 글은 1987년 8월에 형집행정지 취소 처분으로 수배상태에 있던 필자가 부산대학교 교지 『효원』 30호 특집(1988. 2. 발행)으로 기고한 글이다. 도피를 다니면서 불안정한 생활과 자료부족 속에서 쓴 글이어서 한계가 많을 수도 있으나, 6월항쟁 직후에 항쟁 지도부의 일원이 쓴 글이라는 점에서 사료적 가치가 있다고 판단하여 원문 그대로 싣는다. ―편집자 주
2) 당시 민주헌법쟁취국민운동부산본부 사무국장, 현재 (사)부산민주항쟁기념사업회 이사.

글은 이를 계기로 부마민중항쟁과 광주민중항쟁 이후 수다한 부침과 역경 속에서도 급격하게 고양되어 온 80년대 부산의 민족민주운동을 차분히 정리해 보고자 한다. 지난 역사에 대한 모든 반성 · 평가가 다 그리하듯 이 글의 진정한 의의도 지난 투쟁의 과정을 과거의 歷史로 정리하는 데 있는 것이 아니라, 우리 민족민주운동의 한 전환점을 넘어서면서 앞으로의 운동을 어떻게 잘해나갈 것인가를 모색하고 연구하는 하나의 작은 계기가 되고자 하는 데 있다.

돌이켜보면 너무나 자명했던 6 · 29 이후의 우리 운동의 방향을 즉각적으로 수립하지 못하고 일시적 무장해제상태에서 허둥댐으로써 정국의 주도권을 대부분 현 정권에게 넘겨주었고 허구적인 민주화공약속에서 아무런 인간적 삶을 보장받지 못한 노동자들의 봇물처럼 터져 나온 7 · 8월의 광범한 노동자투쟁조차도 올바른 방침 하에서 지원하지 못했던 우리 자신의 바로 엊그제의 과오를 재연하지 않기 위해서도 이 작업은 대단히 중요한 것이라 생각한다.

이 글은 머리글과 맺음말을 제외하고 크게 세 부분으로 구성된다.

먼저 80년대 부산지역의 민주화운동을 제대로 이해하기 위한 전제조건들을 '2. 80년대 부산지역운동의 배경'에서 고찰하였고 이를 토대로 전개된 80년대 부산지역운동의 주요한 맥(脈)을 각 부문 운동별로 나누어 3에서 살펴본 후, 4에서는 80년대 부산지역 민주화운동의 성과와 과제를 총괄적으로 제시해 보았다.

이 땅의 진정한 민주화를 위한 운동이 부산에서 시작된 지 적지 않은 세월이 흘렀지만, 아직 부산의 민주화운동사에 대한 연구 성과는 극히 한정되어 있는 것이 사실이다. 이런 속에서 쓰인 이 글이 많은 한계에도 불구하고 부산운동사의 연구나 앞으로의 실천 활동에 작은 보탬이라도 되었으면 하는 주제넘은 기대를 가져본다. 마지막으로 지면의 성격상 서술에 일정한 한계가 있음을 이해하고 읽어 주기를 바란다.

2. 80년대 부산지역운동의 배경

1) 부산지역운동의 객관적 조건

부산은 지정학적 위치 때문에 한반도의 기구한 역사 속에서 큰 영향을 받으며 변화를 거듭해 왔다. 별로 크지 않은 어항 겸 무역항에 지나지 않았던 부산은 1876년 개항 이후 외세의 한반도 침탈의 과정에서 매우 중요한 역할을 하게 되는 것이다. 미·일 등 외세의 침탈교두보로서, 일제의 대륙침략을 위한 병참기지로서, 그리고 6·25전란 동안의 임시수도로서, 그리고 해외 의존적 수출주도형 경제정책의 중심적 상공업도시이자 무역항으로서 급격한 팽창을 계속해 왔다.

이러한 특수한 역사적 배경은 부산이 전국 제2의 도시라는 성격 속에 깊이 반영되어 있다. 그 중 부산의 민주화 운동과 관련이 있는 몇 가지 특성을 중점적으로 살펴보자.

첫째, 문화적 불모성과 상업주의적 문화풍토를 먼저 들 수 있다. 우리 부산은 상업과 무역 그리고 노동 수탈적 경공업에 기초하여 급속히 팽창을 거듭하며 엄청난 인구가 유입되는 과정에서 자연히 전체적 풍토는 기생적 상업자본주의와 이기주의, 출세주의로 흐르게 되고 퇴폐적 외래향락문화도 홍수처럼 유입된 데다 이를 극복할 수 있는 교육·문화에 대한 행정적 배려나 투자도 거의 도외시되어 왔던 것이다.

물론 이러한 경향은 대외종속의 역사 속에서 발달된 대도시에 있어 어느 정도 일반화된 것이긴 하나 부산의 경우는 그 정도를 달리할 만큼 심각한 양상을 띠어 왔다. 이러한 사실은 부산운동이 초기에 그 싹을 틔우는 데 심대한 장애가 되었다. 상대적으로 경제적 풍요를 누리는 지역이 갖는 뿌리 깊은 보수성, 70년대까지만 하더라도 3백만 인구를 가진 대도시에 종합대학이 겨우 2개 밖에 없었을 뿐만 아니라 그 교육이 질마저 낮았고 우수한 고교 졸업생들이 대부분 서울로 진학함으로써 학생운동이 거의 정착되지 못했던 점, 지역사회 내에 민족의 문제를 진지하게 논의하고 해결해 보려는 움직임들이 활성화되지 못했던 점 등이 모두 부산의 이러한 특성에 연유한 것이었다. 80년대 들어 부산지역경제의 쇠퇴로 인해 부산의 팽창이 둔화되고, 민족민주운동의 전사회적 진출이 확대되면서 부산지역운동의 여건은 다소 호전되었으나 부산지역의 위와 같은 특성에는 큰 변화가 없는 듯하다.

둘째, 부산지역 산업구조의 특성을 들 수 있다. 부산의 산업구조는 전체적으로 해외 의존적·노동집약적 성격을 강하게 띠고 있으며 중소기업이 차지하는 비율이 매우 높고 서비스·유통부문(이른바 제3차 산업)이 이상비대화 되어있다. 그 내용을 간략하게 살펴보면 먼저 부산의 산업 발전 과정은 국민경제와 지역경제 내부의 분업 관련 하에 소재적 측면과 가치측면에서 국내적으로 자립적 재생산 구조를 갖는 것이 아니라 지난날의 식민지 경제구조를 확대 재편성하면서 세계 자본주의의 강한 영향 하에 종속성을 심화시킨 과정이었다. 특히 1945년 이후 미·일의 의도대로 기형적으로 소비재 중심의 경공업이 집중 육성되면서 부산에서는 부가가치가 낮은 섬유·신발류 등의 노동집약적 경공업이 수출에 대부분을 의존하면서 발달되어 왔던 것이다. 그 결과로 부산의 수출의존도는 1963년 4.6%이던 것이 1967년에는 73.7%에 이르게 되었고 전체 생산직 근로자 중 노동집약적 산업에 종사하는 근로자가 67.9%(1983년 통계)나 된다. 그리고 부산은 전산업체 중 98%가 중소기업이며 여기에 종사하는 근로자만도 전체 제조업체 노동자의 44.5%에 달해 전국 평균치를 훨씬 상회하고 있다. 또한 부산은 유통·서비스업에 종사하는 근로자(비공식 노동자)가 총취업자의 56.9%(83년 말 현재)를 차지하고 있어 그 비중이 압도적이다. 산업구조의 이러한 특징은 부산의 경제사정이 세계 자본주의의 경기변화에 매우 큰 영향을 받는 주요한 원인이며, 79년 2차 오일쇼크 이후 80년대 들어 부산의 상업이 급속히 쇠퇴할 수밖에 없도록 만들었다.

셋째, 산업구조의 이러한 특징은 부산지역의 노동시장 성격에 큰 영향을 미쳐, 광범위한 불완전 취업구조, 여성근로자의 높은 구성비, 영세노동시장의 높은 비중을 만성적인 것으로 고착시켰다. 즉 산업구조의 취약성으로 말미암아 전체 취업자의 평균 노동시간의 2/3에도 미치지 못하는 불완전 취업자가 전체의 5.4%(84년 통계, 서울 4.9%)에 달하며 완전 실업률 5.8%와 합하면 적어도 11.2%의 사람이 사실상의 실업상태에 처해있을 뿐 아니라 임시직 근로자가 전체의 16.4%(전국 평균 13.5%)나 되어 취업구조의 불안정성은 매우 심각한 상태이다. 남녀근로자의 구성비에 있어서는 여성이 43.6%를 차지하고 있고 특히 제조업 부문에서는 49.9%(80년 현재)에 달해 타 지역(전국평균 37.2%)에 비해 여성근로자의 구성비가 매우 높은데 이는 부산의 주산업이 섬유·의복·가죽·화학·고무에 치중되어 있기 때문이다. 또 총취업자 중 5인 미만업체 종사자가 50만 명에 이르고 연간 이직률이 전국에서 가장 높은 13.7%에 이르는 등 영세 노동시장의 비율이 매우 높아 부산지역 노동시장의 전근대성을 여실히 드러내고 있다. 이러한 노동시장의 특성은 부산이 전국 최저임금, 전국 최장시간노동, 전국 최고산업재해율이라는 치욕스러운 기록을 보유하고 있는 데서(한국의 임금·노동시간·산재율의 평균치만 하더라도 ILO가 특별히 관심을 가질 만큼 세계에서 가장 악조건이다) 단적으로 드러나듯이 부산전체 계급구성의 73% 이상을 차지하는 노동자들(유통·서비스·사무직 포함)의 생활 조건이 매우 열악하며 노동운동의 필요성이나 가능성이 매우 크다는 것을 말해준다. 바로 이러한 점들이 부산의 일반적으로는 상당히 보수적인 경향을 띠면서도 경기나 정국의 변화에는 매우 민감해 4·19나 부마항쟁, 2·12 총선, 그리고 가깝게는 6월항쟁 등 역사의 중요한 전환점에서 결정적 역할을 수행케 하는 주요한 요인이 되었다. 즉 평상시에는 안정을 요구하는 경향이 지배적이지만 경기나 정국이 불안해지면 지역경제전체와 시민들의 구체적 삶에 곧바로 큰 영향을 받게 되어있기 때문에 그것을 지양·해소하려는 방향으로 적극적 행동을 해왔던 것이다.

2) 70년대 부산지역운동의 성과와 한계

　부산의 민주화운동이 일정한 주도세력을 갖고 지속적으로 전개된 것은 1970년대 후반 부산양서조합의 창립 이후로 보아야 할 것이다. 그 이전에도 물론 전국적 호흡에 따른 대학생들의 시위나 일부 명망가를 중심으로 한 종교·인권단체의 활동이 단속적으로 있기는 하였으나 그것을 대중운동으로 발전시킬 수 있는 활동가와 조직력을 확대 재생산해내지는 못했다. '양서(良書)를 매개로 한 세계최초의 협동조합'이었던 양서협동조합은 1976년 부산중부교회를 중심으로 형성되었던 몇 개의 지식인 그룹이 문화 불모지인 부산에서 양서를 통해 일반 시민들과 함께 이 시대의 문제를 같이 생각하고 해결책을 모색함으로써 의식을 확산하고자 1978년 4월 22일 창립되었다. 부산양협은 양서만 판매한 '협동서점'을 부설하고 회원가입 시 기본교육을 실시하는 것을 비롯, 매월 양서 1권 이상을 읽도록 권장하고 양협 내에 노동·농촌·문학·공해 등을 연구하는 소그룹을 형성하여 회원들이 체계적 의식을 갖도록 노력해 갔고 수련회·농촌활동 등을 실시하기도 했다. 이러한 다양한 노력에도 불구하고 양협은 재정난과 조직관리 부족, 극심한 탄압 등으로 인해 큰 발전을 보지 못한 채 '부마항쟁의 배후'라는 구실로 1979년 11월 19일 강제해산당하고 말지만, 이것이 그 후 부산의 민주화운동 발전에 미친 영향은 결코 과소평가할 수 없는 것이다. 특히 70년대 초기 이후 부산운동의 최대과제였던 운동의 기반건설·재생산구조의 확보가 이 양협운동을 거치면서 해결되었다는 점을 감안하면 그 성과는 매우 크다 할 수 있다.

　즉 1978년을 경계로 극소수 학생들 사이에서 그때까지의 고립 분산적이고 비체계적인 운동, 현상적 정치문제 일변도의 관념적 운동양상을 탈피하여 계획성과 지속성을 특징으로 하는 조직운동으로 전환해야 한다는 문제의식이 제기되고 그에 대한 구체적 모색이 시도된다. 이러한 문제 제기는 처음에는 개별적인 것이었지만 이것들이 양서조합을 통한 각종 만남 속에서 모

이기 시작하고 양서조합의 일부 학생회원들이 규합되면서 학내에서의 구체
적인 실행으로 열매 맺게 된다. 이리하여 78년 말경에는 하나의 학내 지하
서클이 부산대학 내에 생기고 이를 토대로 79년 3월 말경에는 각 학년별 구
조를 갖춘 비공개 study group(이른바 family 구조)이 생겨나게 된다. 1981년
에 발생한 부림사건을 통해 '사랑공화국'이란 이름으로 알려진 이 비공개 서
클은 구성원 수도 많지 않았고 외형적인 활동도 별로 없었지만 부산 지역운
동사에서는 획기적인 의미를 갖는다. 이 서클 자체가 운동력을 확대재생산
할 수 있는 구조를 갖추었을 뿐 아니라 다른 운동력들을 체계적인 운동방향
으로 이끌어가는 구심력으로도 작용함으로써 부산지역운동이 자기주체성과
계획성 및 지속성을 갖는 상대적 자기완결구조를 구비한 운동으로 발돋움
할 수 있는 기틀이 되었던 것이다. 누구도 허물 수 없을 것처럼 보였던 유신
독재의 아성을 그 내부에서부터 하루아침에 무너져 내리게 한 부마민중항
쟁의 봉화불이었던 1979년 10월 15일~17일 부산대생들의 시위도 이러한 내
부구조와 관련시켜 생각할 때에만 정확히 이해할 수 있고, 80년대의 숱한 탄
압 속에서도 부산지역운동이 그 역량과 활동을 강화시켜 나올 수 있었던 것
도 이런 씨뿌림이 있었기 때문이었다. 양서협동조합은 이외에도 매우 억압
적이었던 당시 상황에서 부산지역의 뜻있는 사람들이 만날 수 있는 場, 회원
구조를 통해 의식을 확산하는 場으로서의 기능을 일정 정도 수행함으로써
인적자원을 확대하고 그들 간의 관계를 보다 넓히는 등 지역운동의 초기적
발전에 이바지했다.

결국 70년대 부산지역운동이 그 성과로서 이룩한 것은 그 이전까지의 산
만하고 고립 분산적이었던 운동이 대학 내 비공개 study group이라는 지속
적 재생산기반과 양서조합에서의 만남을 통한 선진적 지식인들의 미분화된
집단적 인간관계를 만들어냈다는 것이다. 이것이 부마항쟁이라는 커다란
대중투쟁의 경험과 함께 80년대로 넘겨지면서 80년대 부산지역운동의 출발
점이 된다. 그러나 위에서 보듯 70년대의 부산운동은 그 영역과 경험이 매

우 협소하여 진정한 의미에 있어서의 지역운동으로는 서지 못했다. 우리나라에서는 가장 선구적인 부문운동인 학생운동이 79년에야 겨우 그 발전을 위한 단초를 열었을 뿐 노동운동이나 문화운동, 재야종교운동 등은 거의 존재하지 않았다. 노동문제에 대해서는 한 두 개의 노동야학과 극소수의 개인들이 초보적 모색을 하고 있을 뿐이었고 재야·종교운동도 극히 한정적인 몇몇 개인과 단체에 한정되어 있어 일반 대중들에게는 거의 영향을 주지 못했다.

결국 부산지역의 민주화운동은 70년대 말에야 지속적 발전을 위한 싹을 틔워 그 성장은 80년대에 맡길 수밖에 없었던 것이다.

3) 80년대 한국민주화운동의 특성

80년대 부산지역운동을 반성하기 전에 그것에 규정적 영향을 미치는 80년대 한국 전체운동의 일반적 경향을 먼저 고찰해보자. 부마민중항쟁−80년의 봄−광주민중항쟁과 그 직후의 폭압적 동면기를 거치면서 한국의 운동은 70년대까지의 모든 것을 근본적으로 회의하고 반성하며 민족민주운동으로서의 새로운 걸음을 내딛게 된다. 부산·마산 민중의 그 엄청난 가두투쟁에로의 진출은 어떻게 가능했는가? 서울역광장과 여의도광장을 메웠던 수십만 군중의 열기에도 불구하고 왜 이 땅의 민주화는 또다시 좌절되었는가? 남도 광주를 피로 물들였던 전 광주시민의 그 처절한 항쟁은 왜 일어났고 왜 실패했는가? 한국 민중의 민주화를 위한 피맺힌 투쟁을 냉담하게 방관하고 있는, 아니 광주민중의 항쟁을 잔인하게 진압하도록 지원·방조한 미국은 도대체 우리에게 어떤 존재인가? … 이런 물음들은 지식인과 명망가 중심으로 자유주의(Liberalism)적 투쟁에 치중했던, 그리고 민주화운동 등의 장래에 대한 확실한 프로그램을 갖지 못했던 활동가들에게 끈질기게 제기되었고 이런 문제들의 해명을 위한 치열한 고민과 모색이 계속되었다. 이런 중요한 문제들에 대한 해답은 구체적 실천과 함께 우리에게 주어지기 시작했고 특히 83년 중반 이후의 유화국면 속에서 운동의 급속한 성장을 이룩하게 된다.

이제 그 성과들을 간략히 살펴보자.

첫째, 우리 운동의 중·장기적 목표와 그것을 달성하기 위한 방법에 대한 전반적 문제제기와 인식의 확대가 이루어졌다.

다시 말하면 82년 말 '야학비판' 후 각종 문건과 서적, 토론 등을 통해 이루어진 이른바 사상투쟁(思鬪)으로 표출된 한국사회의 성격, 한국운동의 성격, 그리고 전략·전술에 관한 광범한 논의와 이론화 작업, 실천에의 적용 노력이 이루어졌다. 이 노력은 논쟁 전개의 범위가 너무 넓었고 그 방법도 무분별한 팜플렛 공세와 교내 대자보까지 사용하는 등 문제점이 많았고, 특히 대부분 활동가들의 인식 수준ー그중에서도 철학에 대한 이해도가 매우 낮아 불필요하고 비생산적인 논란과 분파를 만들어 내어 상당한 탄압을 초래하는 등 과정상 역기능이 적지 않았다. 지금도 여전히 그러한 문제는 남아 있지만 전체적으로 우리의 민주화운동을 관념적인 수준에서 민족민주이념을 가진 변혁운동으로까지 그 시야를 넓히고 아래에 열거한 여러 진전을 이룩했다는 점에서 높이 평가되어야 할 것이다.

둘째, 외세ー그중에서도 특히 미국ー에 대한 새로운 인식이 확산되면서 민족자주화투쟁이 우리 민주화운동의 주요한 축으로 굳건히 자리 잡았다.

70년대만 하더라도 일반대중은 물론 운동권의 일각에서조차 미국을 우리의 민주화를 돕는 나라로 인식하였으나 광주사태 이후 몇 가지 사건들을 계기로 반미의식들이 확산되기 시작했고 82년 3월의 부산미문화원방화사건을 분수령으로 우리나라는 미국이 정치·경제·군사적으로 개입하고 있는 나라 중 반미운동이 없는 유일한 나라라는 부끄러운 이름에 종지부를 찍었다. 그 후 선진적 활동가들의 꾸준한 목적의식적 노력을 통해 이제 반외세 민족자주화운동은 상당한 정도 대중운동화 되기에 이르렀는데, 이는 80년대 운동이 이룩한 획기적인 성과로 보인다.

셋째, 노동운동을 비롯한 기층민중운동이 급성장했다.

1970년 전태일 노동열사의 분신투쟁 이후 노동문제나 농촌문제에 대한 일정한 관심과 노력이 기울여졌으나 일부 농민운동을 제외하고는 일시적·수공업적 수준을 벗어나지 못했다. 부마·광주 두 차례의 대규모 민중항쟁을 겪으면서 민중들의 운동 참여가 얼마나 중요한지를 실감하고 한국사회와 같은 왜곡된 종속적 자본주의 사회에서 기본 모순의 직접적 피해자인 노동자와 농민·도시빈민의 인간해방운동이 얼마나 중요한지가 널리 인식되기 시작하면서 70년대 후반 이후 산발적으로 이루어졌던 지식인의 직접적 현장 활동이 80년대에 들어서는 조직적·체계적 양상을 띠게 되었고 특별히 노동운동의 활성화에 최역점을 두게 되었다. 물론 이 과정에서 나타나고 있는 '노동자 주체(Hegemony)'를 객관적 운동 상황과 괴리된 채 관념적으로 강조하는 경향이나 노동자들을 단순히 '지도해야 할 대상'으로만 간주하는 지식인의 왜곡된 고질적 잠재의식 등은 시급히 청산되어야 할 과제이지만 수년에 걸친 활동가들(선진적 노동자 포함)의 각고의 노력으로 우리의 노동운동은 그 험난한 여건 속에서도 87년 7·8월의 전국 노동자들의 투쟁에서 볼 수 있듯이 그 활로를 열어가고 있다. 또 농민운동과 도시빈민운동도 70년대에 비해 상당한 진전을 보이고 있다.

넷째, 공개운동의 공간이 매우 넓어졌다.

80년 5·17 이후 동면기에 접어들었던 민주화운동은 82년 이후 조금씩 공간을 넓히기 시작하여 83년 이후 각 부문에서 공개운동의 영역을 급격히 확대하였다. 학내에서는 총학생회─학회─서클을 주도하면서 사회운동에 있어서는 각종 공개단체를 통하여 많은 활동을 전개하고 있었는데 이를 매개로 운동의 전국적 연대의 강화·대중화·조직화가 상당히 촉진되어 왔다. 운동의 공개 공간은 대체로 운동주체세력과 억압세력이 얼마나 대중과 함께하며 대중의 지지를 받는가 하는 상호 역(力)관계에 의해 그 폭과 넓이가 결정되며 공개와 비공개의 영역은 시공을 초월하여 모든 운동에 동전의 양

면처럼 공존해야 하는 것이지만 대중운동의 강화가 매우 시급한 과제인 우
리 상황에서는 민주헌법쟁취 국민운동 본부나 전국대학생대표자협의회로
대표되는 공개의 영역을 더욱 넓혀가야 할 것이다.

다섯째, 경인지역을 제외한 지역운동이 상당한 발전을 이룩하고 있다. 80
년대 초까지만 하더라도 한국의 민주화운동은 거의 서울에 편중되어 있었
고 지역운동이 어느 정도나마 활성화된 곳은 광주 정도를 꼽을 수 있을 뿐
이었다. 그러나 우리 부산과 비슷하게 80년을 전후하여 각 지역마다 자기지
역운동에 대한 구체적 형성 작업이 시작되고 83년 이후 유화 국면 속에서
더욱 가속화되었다. 특별히 이런 노력이 축적된 성과로서 85년에는 각 지역
마다 '지역운동론'에 대한 적극적 논의가 이루어져 단지 서울을 중심으로 하
고 그 중심의 운동에 보조를 맞추는 데 만족하는 것이 아니라 각 지역의 객
관적 조건에 맞게 주체적이고 창조적인 지역운동을 구축함으로써 한국 전
체운동이라는 보편적 과제를 그 특수한 현상상태인 지역 특성에 맞게 각 지
역이 주체적으로 연대·협조하면서 올바르게 해결해야 한다는 공통된 인식
을 갖게 되었다. 아직 운동 경험과 주체역량이 매우 빈약한 각 지역으로서
는 이 인식의 실천·현실화가 쉽지 않은 문제로 남아 있으나 점진적 진전이
이루어지고 있는 것도 부인할 수 없는 사실이다.

여섯째, 민족통일에 대한 생명력 있는 논의가 대두되고 있다.

우리나라에 있어 통일문제는 정권 담당자의 전유물처럼 되어 있어 최근
까지도 민간 차원에서의 통일 논의는 금기시되고 있다. 그러나 우리와 같은
분단국가에 있어서 통일문제는 민주화와 따로 떼어 생각할 수 없는 문제이
기 때문에 민족민주운동에 대한 인식이 깊어지면서 이른바 '先통일 後민주
化論'이 나올 정도로 통일의 중요성을 절실하게 느끼게 되었고 이에 따라 통
일에 대한 구체적 논의가 다각도로 시도되고 있다. 이 문제는 북한과도 직
접적인 관련이 있는 미묘한 문제여서 그 접근이 신속하게 이루어지기는 어
렵겠지만 이미 감상적이고 관념적인 정부 주도 통일론의 한계는 드러나 있

는 상태이기 때문에 민간정부가 수립될 경우 상당한 활성화가 기대된다.

　마지막으로 꼭 한마디 부언해 두고 싶은 것은, 이러한 우리 운동의 변화 혹은 발전을 '운동 상황의 변화'로서 일변적으로 파악해서는 안 된다는 것이다. 즉 모든 사물의 변화가 객관적 조건과 주체적 작용의 상호관계에 의해 일어나는 것처럼, 위와 같은 운동의 변화도 내·외적 모순이 한층 심화된 80년대의 폭압적 상황 속에서 필연적으로 이루어진 것임을 간과해서는 안 된다.

3. 80년대 부산지역 민주화운동

1) 개관

　위에서 살펴본 세 가지 큰 축을 배경으로 하면서 80년대의 부산지역운동으로 눈을 돌려보자. 80년대에 접어들면 부산의 민주화운동은 80년 초에 잠깐 활발한 움직임을 보였다가 5·17사태와 함께 자취를 감춘 다음 81년 봄 2~3차례 부산대학 내의 시위가 발생하면서 활성화되는 듯하다가 그 맥이 끊어진다. 그 후에는 82년 3월의 부산 미문화원방화사건이 돌발적으로 터져 나왔을 뿐 83년 초까지는 학내외를 막론하고 거의 아무런 활동도 찾아볼 수 없다. 이러한 현상은 81년 중순에 발생한 이른바 '부림사건'을 올바로 파악할 때 제대로 이해할 수 있다. '부림사건'은 단지 이 당시에 있어서의 운동의 단절뿐만 아니라 지역운동의 엄청난 후퇴를 초래했고 그 후 5년 동안의 부산운동에 심각한 타격을 주었다. 그러나 이 사건은 그와 같은 중요성에도 불구하고 사건발생 후 (최소한) 6년이 지난 지금까지도 그에 대한 올바른 반성·평가가 지역운동차원에서 공유되지 못하고 있다.

　그래서 이 글에서는 상당한 한계를 가질 수밖에 없겠지만 간략하게나마 소위 '부림사건'의 개요와 문제점에 대해 먼저 언급한 후 주로 83년 이후에 전개된 부산운동을 학생운동, 노동운동, 재·종교운동으로 나누어 그 맥을 파악해 보고자 한다. 아직 부산의 사회운동은 노동운동을 제외하고는 미분화 상태에 있고 나름대로 역량을 키워온 문화운동도 최근 들어 왕성한 의욕을 보이긴 하나 아직 독자적 부문 운동으로 서기에는 미흡한 점이 많아 위의 세 부문을 중심으로 서술하기로 한다.

〈부림 사건〉

1981년, 부산대학의 4·16 시위와 6·11 시위가 있은 직후, 7월 초부터 9월 말까지에 걸쳐 부산 시내에서는 대규모 검거가 행해졌고 그중 16명(이 사건으로 82년에 구속된 4명을 합하면 20명)의 청년활동가들이 국가보안법위반 혐의로 구속되는 사건이 발생했다. 소위 '부림사건'이었다. 이 해 6월에 서울에서 발생한 '학림사건'(전민학련·전민노력사건)과 약간의 연관성을 가지면서 일어난 이 사건은 1978년 이후 부산지역운동에서 비교적 중요한 역할을 담당했던 청년활동가들에게 평균 30일에서 60일에 이르는 살인적 고문수사를 가해 억지로 엮어서 만들어낸 부산시경대공분실의 '작품'이었다.

부마항쟁이 발발하자 부산의 민주화 운동세력을 무자비하게 압살하려 했던 유신독재정권은 10·26사건으로 정권이 무너지면서 부산양서조합과 부산 대학생을 중심으로 검거·조사 중이던 수십 명의 민주인사들을 울며 겨자먹기로 석방해야만 했다. 그 후 집권한 5공화국정권은 자신들의 취약한 정권기반을 보호하기 위하여 전국적으로 좌경조직사건을 10개가량이나 조작해 내는데 그 첫 사건이 학림사건과 부림사건이었고 부산에서는 부마항쟁 직후 검거되었던 인사들 중 당시까지 활동하고 있던 사람들이 중점적으로 검거되었다.

이들을 검거한 명분은 학림사건과의 약간의 관련성(1차로 구속 대상이 된 9명은 학림사건 조사과정에서 명단이 나온 사람들이었다)과 이해 봄에 일어난 시위 두 건의 배후조사였다. 부림사건 관련자들 중에는 재판을 받기 위해 법원에 가서야 처음 상견례를 한 사람들조차 있을 정도로 거의 관계를 맺어오지 않았던 사람들이 적지 않았는데 경찰은 그 모두를 그들의 각본 속에 끼워 넣어 하나의 사건으로 만들어내었던 것이다. 처음 경찰과 검찰은 반국가단체조작사건으로 엮으려 했으나 아무리 조작을 해도 여의치 않자 몇 명이 모여서 이야기한 것부터 심지어 두 사람이 다방에서 잠깐 얘기를 나눈 것까지 문제 삼아 그 내용들을 확대·왜곡하여 '반국가단체 고무·찬양' 또는 '현저히 사회적 불안을 야기할 우려가 있는 집회 개최'로 몰아붙여 징역 10년에서 징역 3년까지를 구형했다. 결국 이들은 징역 6년에서 징역 1년 6개월까지를 선고받고 복역하다 83년의 유화 국면을 맞으면서 만기 혹은 형집행정지로 모두 출소하게 된다.

 그러면 제5공화국정권 초기의 그 살벌한 상황에서 부산의 민주 세력들은 왜 그렇게 송두리째 노출되어 타격을 받을 수밖에 없었는가?

 81년 초의 부산지역운동은 70년대 후반 이후 몇 가지 변화를 겪으면서 큰 피해 없이 양적·질적으로 그 역량이 꽤나 발전되어 있었다. 그러나 그 운동 세력의 존재 형태(내부의 조직적 관계·분업과 협업관계 등)는 70년대 말의 양상을 거의 벗어나지 못하고 있었다. 다시 말하면, 당시 부산의 운동역량이 상황의 요구에 비추어보면 비록 보잘 것 없다 하더라도 부산대학을 중심으로 형성되어 왔던 선진적 활동가들은 그 수에 있어서나 인식수준에 있어서 상당한 발전을 했으나, 그들이 일 속에서 맺고 있는 관계나 역할분담의 결정구조는 지극히 비체계적이고 비조직적인 과거의 상태를 벗어나지 못하고 있었던 것이다. 이러한 현상은 구체적 일의 실천과정에서 심각한 모순을 낳았다. 즉, 모든 과제의 실천에 있어서는 그 실천을 가장 효율적으로 해낼 수 있는 조직구조─역할분담과 분업·협업구조─가 필요한데 이 두 가지가 올바로 결합되지 못하면 비능률과 부작용을 초래하게 되는 법이다.

 81년 당시 부산지역의 상황과 역량에 부합되는 실천을 해나가는 데 있어서 활동가들 간의 그 비체계적이고 가족주의적인 인간관계는 커다란 질곡으로 작용했다. 역할분담의 불균형이나 전체적 관리·통제의 무정부성 등 당시의 문제점들은 최소한 부산지역차원의 실천협의구조는 갖추어져야 해결될 수 있는 것들이었다. 그러나 이 시기의 운동을 —자신이 의도했든 아니든 간에— 지도했던 사람들은 운동론에 대한 인식 결여 (80년대 초에는 서울의 경우에도 운동론과 수준이 현재와는 비교할 수 없을 정도로 낮았다는 당시의 일반적 상황에 대한 이해도 필요하다)와 운동경험의 일천함으로 인하여 운동권 안팎에서 발생하는 여러 문제들의 본질을 정확히 파악하고 그 해결책을 신속히 강구할 수 없었기 때문에 이 실천과제와 조직구조간의 모순은 방치된 상태에서 더욱 심화되어 활동가 간의 의견차이 확대, 감정상의 대립으로까지 표출되었다. 이런 상태에서 서울 운동과의 관계 설정 방식, (당시 상황에서의) 교내시위의 의미 등에 대한 인식 상·감정상의 대립이 표면화되면서 활동가 일부가 독자적으로 전민학련·전민노련과 조직적 관계를 맺고 교내시위를 결행함으로써 탄압의 직접적 계기가 마련되었던 것이다.

요컨대, 부산지역운동 내의 실천과제와 역량과 조직구조 간의 모순이 내부적으로 해소되지 못하고 심화됨으로써 학림사건과의 약간의 관련과 교내의 연이은 시위사건이라는 형태로 표출되어 바로 '부림사건'이라는 일대소탕작전의 직접적 계기가 되었다고 볼 수 있다. 여기서 우리는 다른 모든 문제에 대한 치밀한 논의를 다음 기회로 미룬다 하더라도 올바른 지도 중심의 건설과 정확한 운동론이 얼마나 중요한 것인가를 재인식해야 할 것이다.

2) 학생운동

부산의 학생운동은 80년 초, 전국적 분위기에 맞춰 매우 의욕적인 첫발을 내딛는다. 그러나 부산운동이 거의 경험해 보지 못한 그 80년 봄의 활발한 활동이 채 자기화 되기도 전에 5·1 사태가 일어나고 학생운동은 타격을 입은 채 잠복기에 들어간다. 그 이후 81년 봄까지는 학내 비공개 study group

을 중심으로 역량강화에 주력하다가 81년 4월·6월의 교내시위와 '부림사건'
의 발발로 심각한 타격을 입게 되는데, 그 상처가 미처 아물기도 전에 82년
3월 일어난 부산미문화원방화사건으로 운동의 맥은 거의 단절되어 버린다.

그 후 80학번 중심의 학내운동 재정비 노력이 어려운 가운데서도 일정한
성과를 거두어 83년부터 조금씩 활성화되는데, 곧이어 열리는 상대적 유화
국면과 85년 이후의 개헌 국면을 경과하면서 부산의 학생운동은 전국적 흐
름에 일정하게 영향을 받으면서 몇 가지 두드러진 특징을 보이며 활발히 전
개된다. 즉 총학생회와 학회·서클 등 학내 공개공간을 적극적으로 활용하
면서 학생운동의 주도권이 공개부문으로 서서히 옮겨지는 현상, 84년까지는
거의 부산대학에만 한정되어 있었던 부산지역 학생운동이, 85년 초 동아대
학원민주화 투쟁을 계기로 여러 대학에서 자리 잡게 되면서 지역 내 연대활
동을 전개할 수 있게 된 점, 85년의 '전학련' 이후 애학투련과 최근의 전대협
(전국대학생 대표자 협의회)에 이르는 학생운동의 전국적 연대를 올바르게
맺어가려는 노력, 그리고 과거의 학생운동이 선도적 투쟁 또는 지나친 돌출
투쟁에 치중했던데 비해 운동의 중심이 학생 대중과 함께하는 투쟁으로 옮
겨지고 있는 점 등은 80년대 중반의 부산학생운동에 큰 활력소가 되었고 또
그 발전여하에 따라 향후의 운동발전에도 크게 기여할 것으로 보인다.

학생운동은 인텔리청년들이 지식을 습득하는 과정에서 자신의 지식·이
상·정의감·정열 등을 동인(動因)으로 해서 전개해 가는 운동이기 때문에
운동을 처음 접하는 사람들이 4년이라는 한정된 기간 동안 전개하는 비(非)
계급운동이라는 특징을 가지고 있어 과도기적 성격과 낭만성·관념성·선
도성을 일정하게 띨 수밖에 없다. 그리고 학생들의 이러한 선도성(선봉대적
역할)은 한국 전체 운동사에서 항상 중요한 역할을 맡아왔으므로 높이 평가
되어 마땅하다. 그러나 80년대 학생운동을 반성해보면 우리 운동 전체에서
그것이 차지하는 중요한 위치에 걸맞은 좀 더 듬직한 모습을 보여줘야 할
것으로 생각된다. 특히 사투(思鬪)의 과정에서 많이 드러났던 돌출투쟁, 맹

동주의(盲動主意)적 경향, 서울의 조류에 무비판적 수용·답습경향, 각종 편향에 대한 유행병 같은 편승 등은 인식능력의 전반적 재고와 지역적 특수성에 대한 치밀한 분석 등을 통해 하루빨리 고쳐가지 않으면 안 된다.

그리고 학내민주화투쟁을 포함한 모든 운동의 올바른 대중운동화, 향후 국면에서는 더욱 그 중요성이 증대될 조국통일촉진투쟁의 범대중적 전개, 기층민중운동과의 정확한 연대·지원 등은 학생운동이 앞으로 해결해야할 긴급한 과제인 것으로 보인다.

3) 노동운동

부산은 영남임해공업지대의 중심도시이고 노동집약적 산업이 주종을 이루는 상공업도시(생산직 노동자가 약 40만에 이름)이며 노동조건이 나쁘기로 유명한 우리나라에서도 가장 노동환경이 열악한 도시라는 객관적 조건에도 불구하고 목적의식적 노동운동은 그 태동이 매우 늦었다. 그 이유는 노동운동에 대한 정권차원의 구조적 탄압이 집요하다고 할 만큼 극심했고 노동현장 내의 자연성장적 운동의 부진을 보완해 줄 수 있는 재야단체가 거의 없었을 뿐만 아니라 학생운동출신 활동가들의 현장투신도 매우 늦었으며 80년을 전후한 일부의 노력마저도 '부림사건'으로 인하여 거의 궤멸되어 버렸다는 데서 찾을 수 있을 것이며, 역설적이게도 노동조건이 매우 열악한 곳에서는(노동자들의 지식수준이 낮고 생계문제 외에는 다른 생각을 할 여유도 별로 없으며 변화의 계기가 될 수 있는 정보나 자료를 접할 수 있는 기회도 거의 없기 때문에) 상대적으로 노동조건이 나은 곳보다 노동운동의 조건은 더 나쁘다는 경향적 법칙도 한 이유가 될 수 있을 것이다.

그래서 부산에서는 84년경부터 비로소 본격적인 노동운동의 단초들이 마련되기 시작하고 그때까지 축적되어온 야학활동의 성과와 활동가들의 현장작업들을 기초로 85년부터 노동조건개선투쟁과 노조민주화투쟁이 전개된다.

세화상사·삼도물산·(주)풍영·부신화학 등에서 터져 나왔던 이 투쟁들은 부산지역으로서는 거의 최초의 현장 활동가들에 의한 목적의식적 투쟁이었기 때문에 적지 않은 오류를 범했고 이 경험들과 그해 경인지역에서 발생했던 대우자동차 임금인상투쟁과 구로지역 동맹파업을 겪으면서 85년 하반기부터 노동운동론에 대한 격렬한 논쟁이 시작되었다. 경제투쟁과 정치투쟁의 문제, 노동운동조직에 관한 문제를 중심으로 해서 제기되었던 이 논쟁은 그 양상과 비중을 약간씩 달리 하면서 현재까지 이어지고 있다. 특히 86년 말을 고비로 한풀 꺾였던 이 논쟁의 열기는 87년의 6월항쟁과 7·8월 노동자들의 대투쟁을 겪으면서 조직문제를 중심으로 다시 가열되고 있다. 즉 6월 투쟁에 부산지역 노동자들의 참여가 매우 저조했었던 점과 7·8월의 자연발생적 노동자 투쟁을 민주화운동권이 올바르게 지원하고 수렴하지 못했던 점을 반성하면서 노동자 대중들에게 노동문제가 정치와 전혀 별개의 것이 아니며 궁극적으로는 정치를 통해 해결되어야 하는 것임을 널리 인식시키면서 아울러 노동자들의 경제투쟁과 조직을 활성화해야 하는 양대(兩大) 과제를 어떻게 조직적으로 해결할 것인가에 대한 논쟁이 제기된 것이다.

노동운동은 인간해방운동 중에서도 가장 중요한 것이다. 현재의 구조 하에서 그 모순의 가장 직접적 피해자로서 가장 비인간화되어 있는 계층을 인간화하는 운동이기 때문이다. 그리고 이 운동은 초기에는 다른 계층으로부터 지원을 받지만 결국은 노동자 스스로에 의해 수행되며 오히려 전체 인간해방운동에 커다란 기여를 하게 될 것이다.

이런 관점에서 그간의 부산지역운동을 반성해 보자. 목적의식적 사회운동으로서의 부산노동운동은 아직 초기적 단계를 전혀 벗어나지 못하고 있다. 물론 활동기간의 일천함으로 인한, 또 한국노동운동 전체의 발전 정도가 그렇게 높지 못함으로 인한 절대적 조건도 무시할 수 없는 것이긴 하나, 선진적 활동가들이 안고 있었던 문제들도 그에 못지않은 것으로 지적되어 왔다. 즉, 학생운동 출신 활동가들의 인텔리적 관념성으로 인한 노동대중들과의 괴리, 조급성과 과격성은 86년 말 이후 특히 87년 7·8월 노동자대투쟁 과정에서 '인텔리들의 한계'라고 말해질 정도로 여실히 드러났고, 현장 활동 가들의 질적 수준과 자세의 문제도 적지 않은 문제로 나타났다. 지식인들의 운동을 올바르게 하기 위해서는 정확한 세계관과 인생관이 정립되어야하고 이론적·실천적 문제에 대한 성실하고도 끊임없는 천착이 있어야 함에도 불구하고 장·단기계획에서 수공업성과 경험주의를 거의 극복하지 못하는 현상을 되풀이해 왔다. 특히, 입으로는 '노동자 주체', '대중이 주인이다'라는 말을 입버릇처럼 되뇌면서 현재의 객관적인 상황 속에서 노동자 대중들이 스스로 각성하고 싸워나갈 수 있게 하기 위해서 활동가들이 어떻게 헌신·봉사해야 하는가를 생각하기보다는 대중들을 대상화시켜 놓은 채 어떤 방법으로 싸우게 할 것인가를 고민함으로써 운동의 주체를 활동가 자신들로 생각하는 잘못된 경향이 불식되지 못하고 있는 것은 심각한 문제라 아니할 수 없다.

결국 부산지역의 현 단계 노동운동에 있어서 경인지역의 선진적 운동론이나 타국의 경험을 수용하는 것도 중요하지만 그것을 부산의 객관적 상황에 대한 치밀한 연구 위에 목적의식적으로 결합하여 완전히 體化(자기화)함으로써 중·장기적 방향을 수립해야 하며 당면 정세 속에 노동자들의 정치적 각성이나 투쟁의지를 제고(提高)할 수 있는 계기를 기동성 있게 찾아내어 그들과 함께 성실히 노력함으로써 우리운동의 이념이나 전략·전술에 공허한 관념적 슬로건에 머물지 않도록 하는 것이 중요한 과제일 것이다.

4) 재야·종교 운동

83년 상대적 유화 국면과 함께 조직운동으로서 그 첫발을 내딛은 부산의 재야·종교운동은 경험의 부재를 고려하여 매우 조심스럽게 출발했다. 즉 첨예한 정치적 문제보다는 환경이나 인권문제를 먼저 다루기 시작했고 지역자체의 독자적 기구보다는 서울에 본부가 있는 단체의 지부형태를 취하면서 경험을 쌓아가다가 정치문제에 대한 직접적 접근이 절실히 요구되었던 85년에야 부산민주시민협의회가 태동하여 본격적인 내중직 정치활동을 시작하게 되었다. 흔히 공개기구운동으로 불리는 -노동운동이나 문화운동을 하는 공개기구도 있으나 부산에는 아직 없다- 재야·종교운동은 기독청년운동과 천주교사회운동의 일정한 활성화에 힘입으면서 86년 봄 이후의 대중투쟁국면에서 적극적 활동을 전개하게 되며 '민주헌법쟁취국민운동부산본부'라는 연대 틀까지 형성(학생운동과 노동운동세력이 같이 참여)하여 6월항쟁의 (부분적)승리에 상징적 구심력으로서 큰 역할을 하기에 이르렀다.

우리나라와 같은 비민주적 정치구조 속에서 공개운동이란 애초에 상당한 한계를 가질 수밖에 없다. 집권세력이 공개적으로 표방하는 이념과 체제의 테두리를 넘지 않으면서, 또 대중들의 일반적 의식수준을 크게 앞지르지 않으면서 현 정권의 반민족성·반민주성·반민중성을 폭로·선전하여 대중들을 민주화투쟁전선에 조직적으로 동참시켜야 하므로 단기적 상황의 변화에 큰 영향을 받을 수밖에 없는 것이다. 이 운동은 항상 자신의 많은 부분을 공개적으로 드러내어 놓고 있기 때문에 집권세력으로부터는 좌경·용공세력으로, 급진적 운동세력으로부터는 개량주의자로 매도되기 일쑤이다. 부산의 경우 아직은 운동경험의 일천함과 역량의 미숙함으로 인해 재야·종교운동 내에서의 분화가 별로 진전되어 있지 못하고 대중적 조직운동으로 뿌리내리지도 못했을 뿐 아니라 청년운동적 수준에 머물러 있는 등, 해결해야 할 많은 문제를 안고 있다.

그러나 공개운동(재야·종교운동)에 관한 한 활동가들의 잘못된 사고가 운동의 발전을 크게 제약해 왔던 점도 솔직히 반성되지 않으면 안 된다. 우리의 민족민주운동에 있어서 대중운동의 강화가 결정적 중요성을 갖는 현 시점에서 공개운동은 민족민주이념의 대중화에 크게 기여할 수 있고 다양한 계층·집단운동의 발전·분화촉진 및 민민운동의 대중적 구심체 형성을

매개할 수 있는 이에 기초한 합당한 역량배치가 이루어졌어야 함에도 불구
하고 관념적 전략주의에 빠져 그 한계만 과대하게 강조하는 인식이 팽배했
고, 재야·종교운동을 직접 담당해 나가는 활동가들도 이런 문제점은 심각
하면서도 그 운동에 대한 올바른 위상정립과 평가를 조직화하고 지역운동
내에서 함께 공유하려는 적극적 노력을 하지 않음으로써 현 국면에서 충분
히 발휘할 수 있었던 많은 기능을 위축시켰던 것이다. 현 시기에 이루어지
고 있는 대중운동 중 한계가 없는 것이 과연 존재하는가?

한 부문운동의 영역은 그것에 대한 정확한 위상규정과 효율적 역량배치
가 이루어짐으로써 상당히 넓혀질 수 있으므로 각 부문에 대한 객관적이고
과학적인 평가를 기초로 그 역할을 극대화해 나가는 것은 대단히 중요한 문
제인 것이다.

4. 성과와 과제

이제 앞에서의 고찰을 기초로 80년대 부산지역 민주화운동을 전체적으로
평가하면서 그 성과와 남겨진 과제를 정리해보자.

1) 성과

첫째, 흔들릴 수 없는 민족민주운동의 기초를 다졌다.

부산에서는 70년대 말에 형성된 학내재생산기반을 토대로 부마항쟁과 광
주항쟁을 겪고, 80년대의 수많은 시련과 좌절을 거치면서 이제는 어떤 가혹
한 탄압이 닥쳐온다 하더라도 민족민주세력이 절멸되거나 그 운동이 중단
될 수 없는 확고한 기초를 다졌다. 이 기초는 단지 활동가의 인적자원이 다
수 확보되었다는 점만을 의미하는 것이 아니라, 우리운동의 이념이 최소한

의 공통분모를 획득했고 상당 정도 대중화되어 있다는 사실도 함께 의미하는 것이다.

둘째, 전국적 연대 속에서의, 상대적 자기완결구조를 갖출 수 있는 단초가 마련되었다.

부산의 민족민주운동이 아직 각 집단 및 계층운동으로의 분화가 많이 진전되지는 못했으나 학생운동·노동운동 그리고 재야·종교운동에 나름의 중심을 갖고 지역 내 협업·분업관계를 발전시켜 가고 있으며 국본, 민통련, 전대협 등의 구조 속에서도 주체적으로 참여하고 있다. 이러한 부산지역운동의 현재까지의 발전수준을 집약적으로 보여준 것이 민주헌법쟁취국민운동부산본부이다. 이 초보적 단계의 연합전선은 전국본부와 비슷한 여러 한계들-그 속에 가입된 수많은 단체와 개인을 민주적으로 규율할 만한 조직체계나 인식상의 완전한 통일성도 갖추지 못했으며 자체의 독자적인 실천력도 강력하지 못할 뿐 아니라 명망가들이 차지하는 비중이 지나치게 크다는 점 등-을 갖고 있음에도 불구하고 타 지역과는 달리 노동자투쟁위원회, 부총협, 원불교청년연합 등을 광범하게 포괄함으로써 명실공히 부산지역운동의 대표성을 갖게 되었고 이를 기초로 6월항쟁에서 빛나는 성과를 거두었으며 6·29 이후에도 타 지역에 비해 비교적 올바른 관점과 자세를 견지할 수 있었다(물론 그것이 갖는 기본적 한계 때문에 더 높은 차원의 조직적 민족민주운동으로 발전하는 데는 많은 장애가 있을 수밖에 없을 것이다).

이와 같은 단초들은 곧 한국전체운동의 굳건한 지주로서의 부산지역운동을 확립하는 토대가 되며 각 지역운동의 이러한 성과가 올바르게 발전할 때 진정한 의미에서의 한국민족민주운동의 중심(서울지역의 운동이 전체운동의 중심으로 간주되는 것은 과도기적 현실에 불과하다)이 건설되는 것이다.

셋째, 대중투쟁의 소중한 경험을 했다는 것이다.

우리운동의 과정에서 대중이나 활동가들이 경험해 온 대중투쟁들은 -최소한 4·19 이후에는- 그 폭이 좁은 것이거나 참담한 패배로 끝난 것들이

었다. 그에 비해 86년 봄 전국을 휩쓴 개헌현판식집회 이후 2·7, 3·7대회
와 6월항쟁에 이르는 대중투쟁은 전국적으로 수십만 또는 백만 이상이 참여
했을 뿐 아니라 부산에서는 타 지역에 비해 훨씬 성공적이었고 결국 6·29
선언이라는 승리를 쟁취했다는 점에서 대단히 중요한 의미를 갖는다. 이 투
쟁의 경험은 대중들에게 대중투쟁의 다양한 전술과 자신감·성취감을 일깨
워 주었기 때문에 앞으로도 민족민주운동이 대중성을 획득해 가기만 한다
면 운동의 질적 발전에 큰 밑거름이 될 수 있을 것이다.

2) 과제

첫째, 무엇보다도 우리운동의 명확한 방향의 정립과 그에 기초한 운동구
심력의 건설이 시급하다.

80년대 운동의 성과로서 한국민족민주운동의 이념과 방향성에 대한 전반
적 인식의 진전이 적지 않았던 것은 사실이나 아직도 이론상의 상당한 차이
가 노정되고 있으며 논쟁 진행과정에서의 몇 가지 부작용 때문에 적지 않은
혼란이 제기되기도 했다. 이 문제에 대해서는 단지 부산뿐만 아니라 전국적
차원에서의 인식 통일과 그에 근거한 실천의 통일성을 담보할 수 있는 구심
체 건설이 필요하다.

둘째, 각 부문운동의 분화를 기초로 한 지역 내의 통일성 확보가 필요하다.

부산에서는 아직 독자적 부문운동으로서의 문화·여성·청년운동 등이
분화되어 있지 못하다. 이런 상태가 내부의 동질감을 강화시켜 줄 수도 있
으나 진정 필요한 것은 막연하게 미분화(未分化)된 하나가 아니라 과학적이
고 정확한 분화에 기초한 통일체로서의 하나인 것이다. 이미 분화되어 있는
부문운동들도 포함하여 모든 부문들이 굳건하게 확립되면서 이루어지는 통
일을 달성해가야 할 것이다.

셋째, 지역운동으로서의 자기 정체성(Identity) 확립이 절실하다.

85년 이후 조금씩 진척되어 온 지역운동론은 이미 그 이후의 실천과정에서 검증되면서 정착단계에 접어들고 있는 것 같다. 앞으로의 과제는 지역운동 일반론에서 부산지역의 주체적 운동론을 정립하고 그에 토대를 둔 실천활동을 전개해가야 할 것이다. 최근까지도 경인지역의 논의가 거의 무비판적으로 수용되거나 그쪽의 결정이 절대시되는 경우들을 종종 볼 수 있는데 그 수용에 있어서 부산지역의 특수성을 충분히 감안해야 한다는 점도 중요하거니와 국본운동이나 6월항쟁의 예에서도 볼 수 있는 것처럼 운동이 덜 성숙된 지역들에서 신선한 문제의식과 열정으로 더 큰 공헌을 할 수도 있다는 사실도 역시 고려되어야 한다. 모방이 창조의 어머니일 수는 있지만 무비판적 모방의 연속은 창조성을 완전히 쇠퇴시키는 것이다.

넷째, 민족민주이념을 대중화하고 대중을 조직화해가야 한다.

앞으로의 국면에 있어서 대중들의 의식을 관념적이고 추상적인 '민주화'에서 구체적 내용을 갖는 것으로 이끌어내야 하고 그 실현을 '민족민주이념'에 기초하지 않고서는 불가능하다는 것을 구체적 매개들을 통해 널리 인식시키는 일이 매우 중요하다. 그리고 그와 함께 대중들을 실천적 활동 속에서 조직화하고 그 조직으로 확신해가야 한다.

다섯째, 타성화 된 전술운용을 탈피하여 풍부하고 다양한 대중선전의 방법과 투쟁전술을 부단히 개발해가야 한다.

여섯째, 선진적 활동가, 특히 지식인 활동가들에 있어서 실천에 대한 적극성, 대중에 대한 헌신성과 겸허한 자세 등을 갖추기 위한 각별한 노력이 요청된다.

5. 맺음말

6월항쟁의 성과로, 아니 5·16쿠데타 이후 26년간의 피어린 투쟁의 성과

로 우리운동은 지금 새로운 전환의 기로에 서있다. 우리 모두의 노력 여하
에 따라 민족사의 커다란 전진이 이룩될 수도 있고 또다시 엄청난 질곡이
우리를 속박해 올 수도 있다.

　우리의 관념적 탁상공론은 결코 수천만 민중의 한 맺힌 고통을 잠시라도
멈추게 하거나 종식시킬 수 없다. 지나온 과정을 냉철하게 반성하고 거기서
우리의 새로운 출발점과 나아갈 방향을 재정립하여 지금 우리가 있는 곳을
굳건히 딛고 서서 곧바로 새 출발해야 한다.

2장
80년대 전기 부산의 민주화운동[1]

_고호석

1. 시련과 모색(1980~1983)

1) 짧았던 봄은 가고

80년 5월 광주민중항쟁이 장렬한 도청투쟁으로 막을 내리면서 부산에서도 부마항쟁의 긍지와 대학가를 뜨겁게 달구었던 새로운 세상으로의 대행진은 순식간에 스러져 버리는 형국을 맞아야 했다. 1979년 10월의 부마민주항쟁은 박정희의 18년 철권통치를 종식시키는 직접적 계기가 되었고 그에 대한 부산시민들의 자부심은 대단했다. 그러나 그 항쟁정신은 외견상 80년 봄 대학가의 민주화 열풍과 일부 노동현장에서의 투쟁들까지만 이어지다 5월 17일 계엄령 전국 확대로 완전히 끝나버리는 듯했다. 심지어 80년 7월, 국군 보안사 부산분실에 참고인 자격으로 불려가 조사를 받았던 임기윤 목사가 7일 만에 의문사한 충격적 사건조차도 폭압통치의 총칼 아래 흔적 없이 묻혀버렸다.

---

1) 이 글은 2007년 6월항쟁 20주년을 맞아 민주화운동기념사업회가 발간한 『6월항쟁을 기록하다』의 4권에 실린 글의 일부를 발췌, 보완한 것이다. ─편집자 주

하지만 70년대 후반 유신정권의 폭압 속에서 부산양서협동조합[2])과 종교계, 그리고 대학 내 비공개조직 등을 통해 일구어지고 단련된 민주화운동세력은 부림사건 등의 시련을 겪으면서도 착실히 그 역량을 키워나갔다.

부마항쟁으로 인해 79년 2학기를 거의 휴교상태로 지내다 80년 3월 새학기를 맞은 부산의 대학가에도 타 지역과 마찬가지로 학내 민주화와 사회민주화를 향한 대대적 움직임이 전개되었다. 전두환을 필두로 한 신군부의 집권 음모가 노골화하는 한편 억눌렸던 노동자들의 요구가 폭발적으로 분출되던 시기였기 때문에 이 무렵 대학가의 주요 쟁점은 '학원자율화'와 함께 '계엄철폐'와 '노동3권 보장'으로 모아졌다. 1980년대 부산지역 학생운동은 과거 70년대 지식인운동의 역할을 계속하여 수행해 나가는 연장선상에 있었기 때문이다. 특히 부마민주항쟁을 전후한 부산지역 학생운동의 성장으로 1980년 이후에는 몇몇 소수의 활동가 중심에서 벗어나 점차 대중화되어 갔다.

부마항쟁의 진원지였던 부산대학교는 항쟁의 주역들과 관련 조직들을 중심으로 2월에 학원민주추진위원회를 결성하여 개학 이후의 활동을 준비하다가 새 학기가 시작되자마자 3월 8일 학생대표자회의를 출범시키고 '학원자율화에 관한 공청회'를 개최하는 등 본격적 활동을 전개하였다. 4월 2일에 결성된 '부산대학교 민주화추진총연합회'와 대표자회의 사이에 상당한 이견이 드러나면서 혼선을 빚기도 했으나 5월에 치러진 총학생회선거까지

---

2) 1978년 4월 28일, 부산 보수동 책방골목에 '협동서점'이라는 작은 책방이 하나 들어섰다. 이흥록 변호사, 최성묵 목사, 김광일 변호사, 김형기, 김희욱 등 부산의 민주인사들이 '양서를 통해 문화 불모지인 부산의 문화를 발전시킨다'는 기치 아래 소비자조합 형태의 양서협동조합을 창설하고 그 부설로 책방을 연 것이다. 기실, 유신독재가 절정에 이르러 말 한 마디를 맘대로 할 수 없었던 상황에서 이 양서조합은 민주인사들의 집결지였고 양심적인 시민들을 책과 모임을 통해 의식화하는 학교의 역할을 톡톡히 했다. 초기에는 지역 언론들의 뜨거운 호응 속에 많은 시민들이 찾아왔지만 경찰의 집요한 감시와 탄압 때문에 활동에 많은 어려움을 겪어야 했다. 79년 11월, 부마항쟁의 배후로 지목되어 경찰이 총을 들고 입회한 상태에서 개최된 이사회를 통해 강제해산될 때까지 가입한 회원이 700명을 넘었다.

수천 명의 학생들이 함께하는 대중적 운동을 벌여 나갔다. 이런 대중적 투쟁은 5·17 계엄확대조치와 주요 활동가에 대한 대대적 예비검속으로 막을 내렸지만 비공개그룹들은 소위 '도깨비집'[3]을 비롯하여 여러 조지들이 착실히 조직화작업을 진행해 나갔다.

동아대학교는 아직 체계적 조직을 갖추진 못한 채 여러 외부 조직들과 연계된 비공개그룹들이 학내에 뿌리를 내리기 위해 안간힘을 썼지만 신군부의 탄압으로 고전을 면치 못했다. 서울에서 내려온 한헌석과 사회과학 학습을 하던 최형욱(어문), 황주효(인문) 등 이른바 '5인방'들은 81년에 경찰에 발각되어 제적당했고, 문학동아리를 중심으로 조직화를 시도하던 변재관(법학), 이승직(철학) 등은 79년 말부터 『무명』이라는 지하신문을 대량 제작하여 동아대 교내뿐만 아니라 부산대, 부산역 등에 배표하다 구속되면서 역시 학교에서 쫓겨났다. 이들은 이 시기의 학민투에는 거의 기여하지 못했지만 84년에 함께 복학하여 85년 학원민주화투쟁의 견인차로서 결정적 역할을 하게 된다.

이런 어려운 상황에서도 동아대에서는 4월 4일 학원자율화추진위원회를 구성하는 등 나름대로 활발한 활동을 벌였으며, 부산수산대, 동의공업전문대, 부산공업대 등에서도 학원자율화를 위한 운동이 전개되었다. 하지만 5·17 계엄확대와 대대적 예비검속으로 학원의 자율화는 일단 좌절되고 말았다.

오랜 억압에 짓눌려 있었던 부산지역의 노동현장에도 민주화의 바람은

---

3) 1978년 무렵부터 이상록(법학), 고호석(영문)을 중심으로 부산대에 만들어진 지하서클. 79년 초에는 4개 학년을 모두 갖추어 70년 이후 부산지역에서는 최초의 재생산구조를 갖춘 학내 지하서클이 탄생하게 되었다. 이들은 사회과학 학습뿐만 아니라 부산양서조합과 연계하여 조직원들의 농활을 실시하는 등 다양한 활동을 시도했다. 부마항쟁 때는 조직상황 때문에 첫 주동자를 내진 않았으나, 전체 준비과정이나 항쟁의 진행과정에서 중요한 역할을 담당했다. 부림사건으로 선배들이 다수 구속되긴 했으나 80년대 중반까지 부산의 대표적 학내 지하서클이었다.

어김없이 불어왔다. 동남임해공업지역의 중심에 위치한 부산은 노동집약형 중소기업이 많아 노동착취구조가 상대적으로 극심한 상태였던 데다 부마항쟁의 역동성을 직접 겪은 직후였기 때문에 그 바람이 더욱 거세었다.

1980년 4월 1일, 북부산택시를 필두로 영진택시, 제일교통 등에서 수백 명의 택시기사들이 사납금 인하 등을 요구하며 투쟁을 벌였고, 고려원양·남보특수합관·한국스레트·삼화방직·연합철강·성광섬유·대동조선 등 5월 말까지 수많은 기업에서 임금인상, 처우개선 등을 내건 투쟁이 잇달아 일어났다. 특히, 동명목재는 5월 7일부터 3천여 명의 노동자들이 공장 정상화를 요구하며 농성투쟁을 전개하다 전원 해고되기도 하였으며, 동국제강에서는 2천여 명의 노동자들이 임금인상 등을 요구하며 경찰과 격렬한 투석전을 전개하기도 했다.

전두환 신군부는 온 국민의 민주화 열망을 짓밟고 집권 기반을 확고히 하기 위해 5월 17일 계엄령을 전국으로 확대하고 대대적인 예비검속을 감행했다. 이것이 광주민중항쟁을 촉발시켰음은 주지의 사실이다.

부산에서도 17일 밤을 기해 50여 명의 민주인사와 학생들을 망미동 보안대 지하실로 불법 연행하여 폭행과 고문을 자행했다. 이런 가운데서도 부산에서는 광주의 참상과 광주시민들의 결연한 투쟁을 알리고 부산시민의 궐기를 촉구하기 위한 노력들이 여러 경로로 진행되었다.

5월 19일 저녁 8시경에는 부산대생 노재열·김영·남경희·배정렬 등에 의해 미화당 옆 등 부산 시내 가장 번화가인 남포동과 광복동 3개 지역에 신군부 퇴진과 계엄철폐를 요구하는 다량의 유인물이 뿌려졌다. 25일 경에는 양서조합 회원이었던 김재규·문정현·진기순·박찬성·박행원·허진수 등에 의해 뉴스위크 지에 실린 광주 사진들과 이튿날 저녁 6시에 서면에서 궐기하자는 내용을 담은 유인물이 시내 중심가 여러 곳에 살포되었다. 그 외에도 영도에서 야학을 하던 이우주와 황규현, 교사였던 신종권과 회사원이평수, 동아대생 이광호, 성병득 등이 유인물을 만들어 살포하기 직전에 발각되어 미수에 그치는 등, 국민들의 민주화 열망을 짓밟으려는 신군부의 음모와 만행을 폭로하고 범국민적 저항을 일으키려는 노력이 줄을 이었다. 이들 중 노재열과 김영, 신종권은 구속되어 옥고를 치렀고 계엄사에서 고초를 겪은 이들은 한둘이 아니었다.

이들의 노력에도 불구하고 총칼과 장갑차까지 앞세운 계엄군의 삼엄한 봉쇄작전으로 부산에서의 봉기는 불발에 그치고 말았다.

2) 부림사건

80년대 부산지역의 민주화운동을 이해하는 데 매우 중요한 단서가 되는 것이 이른바 '부림사건'이다. 1981년 7월부터 검거를 시작하여 이듬해 4월까지 공식적 구속자만 쳐도 3차례에 걸쳐 20명이 구속된 이 사건은, 당시 부산에서 활동하고 있던 민주인사들을 억지로 엮어 체제전복집단으로 조작한 5공화국 최대의 용공조작사건들 중 하나였고, 최장 60여 일에 이르는 불법감금과 고문, 폭행으로 조작한 공안사건으로도 유명하다.

부림사건 당시 부산지역의 민주화 운동은 체계적인 조직을 통해서 전개되지는 못하였다. 1970년대 중부교회 등을 중심으로 시작된 자생적인 활동과 서울의 대학에서 운동을 하다 일시 귀향한 부산 출신 활동가들이 연결되면서 78년 4월에 만들어졌던 부산양서조합 회원들이 한 축을 이루었고, 이와 관련을 맺으며 부산대학 내에 비공개 학생운동조직을 막 구축하고 있었던 학생그룹이 다른 한 축을 형성하고 있었으나 여러 면에서 아직 초보적 단계를 벗어나지 못하고 있었다. 다시 말해서, 1981년까지만 해도 부산지역의 운동은 조직이나 체계 면에서 취약하였고, 개인적인 연고관계에 의해서 유지되고 있었다.

당시 신군부는 친위쿠데타와 광주학살로 극히 취약한 상태에 있었던 집권 기반을 강화하기 위해 이러한 활동가들과 학생 및 재야의 민주화를 요구하는 싹을 철저히 제거하기 위해 전국적으로 '한울회', '아람회', '금강회' 등 유사한 조직사건을 만들어 내는 데 혈안이 되어 있었다.

부산의 경우에는, 부마항쟁을 좌익단체의 사주에 의해 일어난 것으로 조작하기 위해 79년 10월, 최성묵 목사, 김형기 등 수십 명의 재야인사와 학생들을 검거했다가 박정희의 갑작스런 죽음으로 어쩔 수 없이 석방했기 때문에 민주화운동세력에 대한 개괄적 파악은 되어 있었다. 소위 부림사건은 이 자료와 학림사건 조사과정에서 드러난 일부 인사들을 자신들의 각본대로 엮고, 명칭도 '부산의 학림'이라는 뜻으로 자신들 마음대로 '부림'이라고 붙여 조직 사건을 조작해 낸 것이다. 이 사건으로 이상록(부산대졸, 선반공), 고호석(교사), 송세경(회사원), 설동일(농협근무), 송병곤(부산대 졸, 공원), 노재열(부산대 4년), 김희욱(교사), 이상경(부산대 1년) 등 8명이 9월 7일 1차로 구속되었고, 10월 15일 2차로 김재규(상업), 최준영(설비사무사), 주정민(부산대 졸), 이진걸(부산대 4년), 장상훈(부산대 졸), 전중근(공원) 박욱영(부산공전 졸), 윤연희(교사) 등이 구속되었다. 이후 3차로는 당시 도피 중이던 이호철(부산대 졸), 설경혜(교사), 정귀순(부산대 졸) 등 3명이 다음 해 4월 구속되었고, 80년 5월의 유인물 살포사건으로 구속 중 강제징집 되었다가 탈영한 김영(군인)까지 총 20명이 구속되었다.

구속자들의 면면을 보면, 당시 부산의 재야 활동가들, 학생운동가들 그리고 초기에 노동운동에 투신하여 조직화 작업을 시도하던 운동가들을 망라하고 있어, 이 사건이 대대적 예비검속을 통해 지역운동의 기반을 제거하려 했던 것임을 명백히 알 수 있다. 이 사건과 곧 이어 82년 4월에 일어난 부산미문화원방화사건으로 부산지역운동은 치명적 타격을 입고 일정 기간 잠복하게 되지만, 이 사건 관련자들이 한꺼번에 출소하게 되는 83년 하반기에는 상대적 유화국면과 맞물리면서 부산의 민주화운동에 일대 전기를 마련해주는 계기가 되기도 한다.

3) 부산 미문화원 방화사건

1982년 3월 18일, 부산 중구 대청동 소재 부산 미문화원에 방화 사건이 발생했다. 이후 밝혀진 바에 의하면 이 사건은 문부식(고신대 4년 제적), 김은숙(고신대 3년) 등에 의해 치밀하게 준비되어 이루어진 것이었다. 이날 하오 2시경 이들이 주도하여 부산 미국문화원 도서실에 방화를 하였으며, 같은 시각에 인근 유나백화점과 국도극장에서는 전단 살포가 행해졌다. 이들은 전단을 통해 광주항쟁 때 군부가 저지른 시민학살을 미국이 방조 내지는 지원하였다고 주장하고, 미국은 즉시 우리나라의 내정에 대한 간섭을 중단하고 이 땅에서 떠나라고 요구했다.

이날 방화로, 도서실 안에 있던 장덕술 군(동아대 상경대 3년)이 연기에 질식되어 숨지고 같은 학교 회화학과 4년 김미숙과 허길숙, 그리고 시민 이대승(21, 사진업) 씨 등 3명이 2~3도씩의 화상을 입었다.

이 사건은 당시 친미 반공주의가 압도적이었던 사회적 분위기에서 반미라는 구호가 갖는 대중적 기반이 취약했을 뿐만 아니라, 사망자가 발생하여 엄청난 사회적 비난을 받아야만 했다. 모든 언론들은 이들에게 연일 맹비난을 퍼부었고, 군부정권은 엄단을 거듭 강조했다. 비단 일반 시민들뿐만 아니라 운동진영 내부에서조차 심각한 비판이 제기되기도 했다. 이 사건으로 문부식, 김은숙, 최기식(신부), 김현장(당시 수배 중), 최인순(부대 약학과 3년), 류승렬(부대 기계공학과 3년), 김화석(부대 생산기계공학과 3년), 김지희(부산여대), 이미옥(고신의대) 박원식(고신의대 2년), 최충언(고신의대 2년) 등 총 15명이 구속되었는데, 문부식과 김현장에게는 항소심까지 사형이 선고되기도 했다.

이 사건은 한국전쟁 이후 수십 년 동안 반미자주화운동이 금기시되고 있던 상황에서 반미투쟁의 기치를 정면으로 내걸었다는 기본 성격에서부터 투쟁의 격렬성과 대담성 등 여러 면에서 그 이후의 학생운동뿐만 아니라 우리 사회의 진보운동 전체에 커다란 영향을 미쳤다. 또한 광주학살에 있어 미국의 역할과 책임이 어디까지인지는, 이 사건 이후 여러 차례의 다양한 문제 제기에도 불구하고 지금까지도 미해결의 과제로 남겨져 있어 이 사건의 무게를 더해주고 있다.

2. 다시 생동하는 활력(1984~1986)

부림사건과 부산미문화원방화사건으로 받은 타격 때문에 쉬이 회복되기 어려울 것 같았던 부산의 민주화운동은 83년을 경과하면서 서서히 그 생명력을 되찾기 시작했다. 비공개 서클활동을 통해 가장 먼저 조직을 정비한 학생운동이 83년 4월 부산대 허판수의 시위를 시작으로 활동을 재개했고, 노동운동도 현장에 투신한 학생운동 출신자와 야학 출신자들을 중심으로 서서히 조직화되는 양상을 보이기 시작했다. 노동현장의 이런 움직임은 83년 8월과 12월에 다수의 구속자들이 출소하면서 이들의 현장 투신이 줄을 이어 한층 가속화되었다. 이렇게 되살아나는 활력은 가혹한 군사독재정권의 자기모순이 심화되면서 적극적 대중투쟁의 길로 내닫기 시작했다. 전두환의 임기가 후반기로 접어들면서 개헌논의가 광범하게 일어났고 86년 3월에 부산 대한극장에서 열린 신민당의 개헌운동본부 출범식에는 10만여 명이 구름처럼 몰려 국민의 여망이 무엇인지를 잘 보여주었다. 이를 전후하여 민중들의 다양한 요구가 분출되고 충격적 고문 사실들이 잇달아 폭로되면서 학계, 종교계를 중심으로 시국선언이 줄을 이었고, 87년을 맞이할 무렵에는 이미 모든 국민들이 정권에 완전히 등을 돌리고 있었다.

◆ 86년 부산에서 발표된 각계의 시국 관련 선언

4월　　부산대 교수 시국선언 '오늘의 현실을 바라보면서' 서명작업 중

학교당국의 탄압으로 불발됨

4. 24 부산여대교수 10명, 동의대 교수 10명 시국선언

부산내 인문·사회계열 대학원생 시국선언

5. 10 YMCA 중등교육자협의회 교육민주화선언

5. 17 부산일보 기자 일동, 자유언론선언 〈우리의 결의〉 발표

5. 22 가톨릭 부산교구 정의평화위원회 시국성명서

6. 2 부산대 교수 10명, 전국 교수 연합시국선언에 참여

1) 공개 사회단체운동

1983년 이후 이런 변화를 가장 상징적으로 보여준 것은 공개적인 단체활
동의 활성화였다. 부산의 공개단체운동은 혹독한 탄압 속에서도 가장 피해
를 덜 받았고 군사독재정권의 이념공세에서 그나마 가장 안전했던 종교단
체로부터 시작되었다.

81년 부림사건과 82년 부산미문화원방화사건을 전후하여 많은 양심수들
이 생겨나면서 이들에 대한 지원활동의 필요성이 절실해지고 구속자 가족
들만의 힘으로는 그 일이 불가능해지자 기독교와 천주교의 진보적단체들
간의 협의체였던 한국교회사회선교협의회가 이 일의 지원을 위해 82년 8월
에 부산지부(부산 사선)를 만들고 당시 부림사건 구속자 가족이었던 홍점자
가 초대 간사를 맡아 활동을 시작했다. 83년 8월과 12월에 대부분의 부산지
역 양심수들이 출소하자 부산 사선은 간사를 최준영이 맡으면서 본연의 업
무에 주력하게 되었다. 이 단체는 86년 부산민주시민협의회에 흡수통합 될
때까지 부산지역 개신교 및 천주교계의 민주화운동 활성화 및 상호협력에
의미 있는 역할을 담당하였다.

사선에 비해 보다 공개적인 활동을 본격적으로 전개했던 한국기독교교회
협의회(KNCC) 부산인권선교협의회(약칭 부산인권위원회, 86년에 부산NCC
가 창립되면서 그 산하의 인권위원회로 재편된다)는 1984년 4월 22일 출범

했다. 당시 KNCC 인권위원회 사무국장이었던 권호경 목사의 적극적 지원으로 창립된 지역 인권위의 하나로 출발한 부산인권위원회는 부산지역의 15명 안팎의 개혁 성향 목회자들로 구성되었다. 초대 위원장은 최기준 목사(항서교회)가, 총무는 부산지역 개신교계 민주화운동의 대부격이었던 최성묵 목사(중부교회)가 맡았고, 초대 간사로는 부림사건의 핵심으로 지목되었던 고호석이 임명되었다. 부산인권위원회는 창립 직후 발생한 택시기사들의 대규모 시위사건⁴⁾을 시작으로 줄줄이 터졌던 시국사건에 대한 일상적인 양심수 지원활동과 『부산인권소식』 발간, 법률구조활동, 구속자를 위한 기도회와 인권예배 개최 등 왕성한 공개활동을 벌였으며, 전 국민들로부터 폭발적 호응을 받았던 86년의 KBS 시청료거부운동도 부산에서는 인권위원회가 거의 도맡다시피 했다. 고호석은 인권위 활동과 동시에 그간 침체상태에 빠져 있었던 기독청년운동 활성화에도 노력을 기울여 채남호 · 최병철 · 김석호 · 박정향 등과 함께 부산지구기독청년협의회(부산EYC)의 활동 재개에 일익을 담당했다. 부산EYC는 진보적 성향의 공개집회가 드물었던 부산에서 부활절 예배, 청년예수제 등 반정부적 색채가 짙은 행사들을 정기적으로 개최하고 NCC산하 각 교단의 청년회 활동을 지원하는 등의 활동을 펼쳤다.

천주교 쪽에서도 그 이전부터 소규모로나마 활동해왔던 가톨릭노동청년회와 영남산업연구원 활동가들, 83년부터 학습팀이 만들어진 대학생그룹에 당감성당을 중심으로 활동을 재개한 이호철(부림사건 관련자) · 류승렬(부미

---

4) 1984년 6월 4일, 부산의 중심가인 서면로터리에서 1천여 명의 택시기사들이 사납금인하 등 6개의 요구조건을 내걸고 택시로 길을 막은 채 시위를 벌였다. 1자형으로 길게 이어진 부산의 간선도로의 중심에 해당하는 이곳이 막히면서 극심한 교통체증을 일으켰기 때문에 이 사건이 미친 사회적 파장은 매우 컸다. 부산시장까지 중재에 나선 이 사건은 이틀간의 줄다리기 끝에 사납금 5천 원 인하 등 일부 요구조건이 받아들여지긴 했으나 경찰에 의해 강제해산 당하였고 2명의 구속자를 낳았다. 이 사건은 타 지역에 비해 조직률은 매우 높으면서도 매우 열악한 노동조건에 방치되어 있었던 부산의 택시기사들이 그 직전에 일어난 대구지역 택시기사들의 투쟁의 영향으로 떨쳐 일어난 사건이었다. 이 사건 자체는 큰 성공을 쟁취하지 못했지만 이후 전국적으로 노동운동이 활성화되는 기폭제 역할을 했다.

방사건 관련자) 등이 합세하면서 몇몇 신부 중심의 운동을 탈피하여 조직적
움직임을 보이기 시작했다. 가톨릭센터에도 일부 의식 있는 활동가들이 들
어가서 음악회, 영화감상회 등 여러 사업늘을 멸내 전만직인 분위기 조성에
힘썼다. 하지만 위계질서를 중시하는 천주교의 특성상 1986년 5월에 출범한
공식조직인 천주교 부산교구 정의평화위원회와 송기인·손덕만·박승원·
양요섭·이재만 신부 등 정의구현사제단 소속 신부들이 모든 사안의 전면에
나섰고, 86년 9월에 준비위원회를 결성하여 실질적인 활동을 하다가 87년 4월
정식 출범한 부산천주교사회운동협의회(천사협, 초대의장 문재인 변호사)는
타 부문운동과의 논의를 통해 지역운동 전체의 요구에 천주교운동이 부응
하도록 하는 조정의 역할과 실무 지원의 역할을 담당하였다. 천사협의 이런
활동은 겉으로는 별로 부각되지 않았지만 87년 초부터 6월까지의 투쟁에서
부산의 천주교가 선도적인 역할을 하는 데 소중한 기반이 되었다.

  불교계의 민중불교운동은, 부산에서는 80년 말부터 부산대학교 등 몇 개
학교의 불교학생회 핵심회원들이 중심이 되어 서울의 법우 스님 등과 연계
한 사원화운동(불교의 민중운동조직)을 비공개적으로 시작하는 것에서 그
시원을 찾을 수 있다. 그리고 81년부터는 한국대학생불교연합회 부산지부
(지부장 윤병로)라는 공개조직을 통하여 불교수련회, 불교학습모임 등을 가
지면서 공개화되었고, 곧바로 보안사와 경찰의 집중적인 감시를 받아 큰 어
려움에 직면하게 된다. 사원화운동은 82년 초 정권의 대한 탄압으로 서울조
직이 해산됨으로써, 부산 또한 활동이 중단되었다.

  그래서 부산지역의 각 대학 불교학생회 회원을 중심으로 민중불교와 사
회과학에 대한 조직적인 학습을 하며 야학활동이나 학내의 비공개 민주화
운동 등에 참여하기 시작했다. 83년 이후에는 주로 대불련 부산지부를 중심
으로 공개적인 활동을 확대하는 한편으로 각 대학의 총학생회나 동아리연
합회에 적극 참여하여 학민투나 사회민주화투쟁에 일익을 담당하는 방식을
병행하게 된다. 그리고 83년 7월에는 전국의 젊은 승가와 재가가 결합한 '청

년불교도연합'이 부산 범어사에서 창립되어 불교개혁의 중심세력으로 활동을 전개하였으며, 범어사의 스님들과 대불련 부산지부, 대한불교청년회 부산지구가 중심적으로 참여하였다. 하지만 86년까지는 전체 지역운동에서의 역할이 그다지 크지 않았다.

87년 박종철 열사의 죽음은 불교운동 전체에 많은 변화를 가져왔지만 49재가 열린 사리암(사하구 괴정 소재)이 부산에 있었고 박 열사의 가족들이 독실한 불교신자였기 때문에 부산의 불교운동에도 큰 전기가 되었다. 대불련 부산지부와 소암 스님 등 이전부터 운동에 참여했던 이들 외에도, 범어사의 젊은 스님들이 지속적으로 민주화투쟁에 참여하게 되었고 부산국본의 일원으로서 6월항쟁의 전 과정을 통해 매우 활발한 활동을 전개하였다. 특히, 6월 10일의 중부교회 1박 2일 농성, 6월 18일부터 전개된 가톨릭회관 농성에 조직적으로 참여하였다.

그리고 이런 투쟁성과를 바탕으로 6·29선언 직후인 7월 26일, 스님과 대불련 졸업생, 불교청년회원 등이 소림사에서 '부산정토구현불교협의회'(고문 도성 스님 등, 회장 혜성 스님, 사무국장 성재도)를 창립하여 부산지역에서 본격적인 불교재야운동을 시작하게 되는 것이다.

원불교도 교단 차원에서 국민운동부산본부에 가입하거나 하지는 못했지만, 청년들 중심으로 매일 시위에 적극 참여하였고, 당시 원불교부산교구 청년연합회장이었던 이광희는 부민협 회원으로 활동하면서 얻은 정보와 자료를 주변 청년회원들과 공유하면서 이런 분위기를 더욱 확산시켰다. 그러던 중, 87년 6월에는 교구 산하 공식 조직이 아닌 '원불교 사회개벽부산청년단'을 결성하여 부산국본에 공식적으로 가입하여 활동하게 되고, 6월항쟁 이후에는 '원불교 부산청년연합회'로 조직을 변경하여 참여하게 된다.

이들 종교단체에 이어 한국공해문제연구소 부산지부도 84년 10월에 창립을 보게 된다. 당시 건설계획이 한창이었던 낙동강하구언 문제를 매개로 공해문제연구소 본부의 정문화와 부산의 최준영·고호석·최병철 등이 만나면서 지부 설립 논의가 구체화되었다. 이후 종교계의 손덕만, 송기인 신부, 최성묵 목사, 박광선 목사를 비롯해 노무현 변호사, 문재인 변호사 등 부산의 대표적 재야활동가들이 결합하여 공식 출범을 보게 되었고, 급속한 산업화 위주의 경제개발 과정에서 필연적으로 발생하는 여러 공해문제들을 부각시키면서 군사독재정권의 반민주성과 반민중성을 폭로하는 역할을 하였다. 특히, 울산의 '온산병'을 사회문제화하는 데 큰 역할을 했고 낙동강하구언 문제와 광양제철 건설에 따른 환경파괴와 어업피해를 폭로하는 등 의미 있는 역할을 해 내었다.

반독재 민주화운동에 주로 관심을 가졌던 활동가들이 당시 주축을 이루고 있었던 탓에 85년 5월 부산민주시민협의회가 출범하자 공해문제연구소 부산지부를 해소하고 부민협의 한 분과로 편입시켜 일시적으로 그 활동이 위축되긴 했지만, 구자상(부산환경연 전 대표)을 비롯한 활동가들의 노력으로 89년에 부산공해추방시민운동협의회로 재출범했다가 93년 4월에 부산환경운동연합으로 계승, 발전하는 모태의 역할을 했다.

이런 단체들이 일정한 활동공간을 확보하고 학생운동도 활성화되면서 일반 재야운동, 또는 청년운동에 대한 요구가 부산에서도 표출되기 시작했다. 서울에서의 민주통일국민회의와 민중민주운동협의회의 통합논의에 발맞춰 84년 말경에는 부산에 종교색을 띠지 않은 청년조직을 건설하자는 논의가 구체화 되었고 심도 깊은 논의가 거듭되기도 했지만 시기상조라는 견해가 많아 일단 유보되었다. 그 직후, 청년만의 조직이 아니라 원로 명망가들까지를 포괄하고 대중운동을 지향하는 폭넓은 지역운동체를 만들자는 논의가 급물살을 타면서 85년 5월, 마침내 80년대 부산지역운동의 가장 대표적 조직인 부산민주시민협의회(부민협)가 출범하게 되었다. 이 조직은, 종교계를 넘어서 일반 시민들이 참여할 수 있는 조직이 필요하다는 송기인 신부, 최성묵 목사, 김광일 변호사 등 대표적 재야인사들의 요구와, 민청련이나 민통련과 함께 전국적 연대 속에서 운동을 전개할 수 있는 탈종교적 운동단체를 갈망하고 있었던 청년활동가들의 요구가 절묘하게 맞물리면서 만들어졌고, 그간의 여러 활동을 통해 손발을 맞춰온 학생운동 선후배들이 실무 일선에 포진되었기 때문에 공안당국의 혹독한 탄압에도 불구하고 타 지역들에 비해 매우 순조롭게 활동을 해나갔으며 종교단체들과의 연대활동도 거의 문제없이 이루어질 수 있었다. 지역 내의 이런 원만한 협조관계는 87년 6월항쟁을 힘있게 치러내는 데도 든든한 밑받침이 되었다. 부민협은 일반 시민들을 개인회원으로 받아들여 수련회, 소모임, 전단 살포와 같은 공동실천 등을 통해 교육시켰고, 이런 과정에서 형성된 회원들의 끈끈한 결속력이 부민협으로 하여금 단순한 명망가 조직의 한계를 넘어서게 하는 토대가 되었다. 이 회원 한 사람 한 사람은 6월항쟁 때 거의 매일 시가지를 누비면서 시위대의 선두에서 그 열정과 역량을 유감없이 발휘하였다.

80년대에는 투쟁이 이루어지는 모든 현장에서 가장 전투적이고 비타협적으로 싸우는 사람들은 구속자 가족들이었다. 가족 중 한 사람이 구속되면 처음엔 주눅 들고 힘들어했지만, 옥바라지를 하는 과정에서 다른 가족들을 만나고 구조적 문제들에 눈 뜨면서 차츰 투사로 변해가는 것이었다. 부산에서도 부림사건과 부산미문화원방화사건으로 구속자가 대량 발생하고 불법 감금과 폭행, 고문 사실이 밝혀지면서 그 가족들이 투사로 변해갔고 조직화되어갔다. 초기인 82년경에는 사선 등의 종교단체의 지원을 받았지만 점차 독자적 활동 폭을 넓혀갔고 85년 무렵에는 탄탄한 결속력을 갖추게 되었다. 초기에는 부림사건 구속자 가족인 오수선·김복진·홍점자·구성애 등이 주도적인 역할을 하다 85년 12월 '부산민주화실천가족운동협의회'로 정식 출범할 무렵에는 김광남 회장·하무열·황보이순 등 다양한 사건의 구속자 가족들까지 적극적으로 활동에 참여하게 되었다. 부산의 6월항쟁에서 이 '민가협 투사'들의 맹활약은 가히 감동적인 것이었다. 청년 학생들을 보호하는 수준에 머무르지 않고 플래카드를 들고 시위대의 선두에 섰고 핸드마이크를 들고 선동 연설을 하는 것도 주저하지 않았다.[5]

이런 전반적 상황 속에서, 4·19 교원노조 이후 오랫동안 정권의 지배이데올로기를 아이들에게 세뇌시키는 '정권의 시녀'로 비판받았던 교육계에서도 반성의 움직임이 일어나기 시작했다. 85년 1월 28일, 부산에서도 YMCA 중등교사협의회가 결성되었고, 86년 5월 10일에는 서울, 부산, 광주 등 전국의 Y교협 소속 교사 546명이 '교육민주화선언'을 발표하고 이 날을 '교사의 날'로 선포했다. 85년에 일어난 『민중교육』지 사건과 함께 이들의 교육민주화와 참교육을 향한 열정은 당시 사회에 큰 반향을 불러일으켰고, 상식을 뛰어넘는 정부의 가혹한 탄압 속에서도 6월항쟁 이후 전국교사협의회를 거쳐 89년 5월, 마침내 전국교직원노동조합을 탄생시키는 획기적 전기를 만들었다.

2) 학생운동

부산미문화원방화사건 이후 대대적인 검거와 감시가 집중되자 대학가의 공개적 활동은 거의 불가능해졌지만, 부산대학의 경우에는 78년부터 형성되어온 5~8개의 비공개조직(세칭 패밀리)을 중심으로 꾸준한 조직정비 및 확대작업이 이어졌다. 이를 토대로 상대적 유화국면이 열린 83년부터는 패밀리의 구성원들을 여러 동아리로 파견하여 조직을 확대하고 대외적인 활동을 전개했다. 이때는 각 패밀리의 대표들끼리 모여 상황을 공유하고 사업을

---

5) 이들은 7월 9일 이한열 열사 장례식이 끝난 후 부산역에서 서면으로 행진하는 대규모 시위대의 맨 선두에 서서 행진하다 백골단으로부터 무자비한 폭행을 당한다. 대부분 60세 안팎인 이들을 경찰이 그토록 가혹하게 다룬 것은 6월항쟁 기간 내내 이들이 그만큼 열심히 싸운 데 대한 보복이었다. 하지만 이들은 병원에서 급한 치료만 받고 나와서 당시 박찬종 국회의원 사무실에서 항의농성을 벌여 결국 부산경찰국장이 무릎 꿇고 사과하도록 만드는 투쟁정신을 발휘했다.

분담하는 구조를 갖추고 있었다.

그러나 총학생회와 각 단과대학의 활동이 합법적으로 이루어지고 많은 동아리들의 활동이 활성화된 85년경부터는 이런 구조가 논의와 집행에 있어 매우 비효율적이라는 인식이 공유되면서, 비공개 패밀리들을 해체하고 각 단과대학과 동아리 중심으로 조직을 재편하는 작업이 전면적으로 이루어진다. 아직 운동권 내부에서 확연한 입장 차이를 드러내고 있지 않은 때였으므로 이런 합리적인 요구에 모든 패밀리들이 적극 호응했고, 이후의 활동가 양성과 중요 사업집행은 단과대학 단위로 이루어졌다. 학생운동의 이런 건강성은 86년과 87년의 매우 모범적인 대중투쟁을 가능하게 했으며, 이 건강성의 든든한 뿌리가 된 것은 각 학과의 총회였다. 전체 투쟁을 이끌어가는 것은 총학생회와 각 단과대학의 활동가대표들로 이루어진 비공개지도부였지만, 주요 사안들은 학과 총회에서 공유되고 논의되었다.

그리고 85년에는 부산의 대학가에서도 전국적 학생운동의 흐름에 따라 '민족통일 민주쟁취 민중해방'을 표방하는 삼민투가 투쟁의 전면에 나서 한국사회의 근본적 모순 척결을 지향하는 더욱 격렬한 운동을 전개해 나갔다. 이 시기에는 '광주학살 진상규명'을 위한 빈번한 미문화원 타격투쟁이 벌어졌고, 미국은행, 민정당사, 노동청 등에 대한 점거와 투석이 줄을 잇는 양상을 보였다. 전두환 군사독재정권은 이를 제압해보고자 85년 8월, 이른바 '학원안정법' 제정을 추진했지만 이마저 강력한 저항에 부딪쳐 무산되고 말았다. 부산에서도 학내에서뿐 아니라 당감성당에서 4백여 명의 시민 학생들이 집회를 마치고 가두시위를 벌이는 등 거부의사를 분명히 했다. 학내민주화뿐만 아니라 사회민주화에 대한 일반 학생들의 관심도 점점 높아져 갔다.

수도권에서는 민민투(반제반파쇼민족민주투쟁위원회)와 자민투(반미자주화반파쇼민주화투쟁위원회)의 노선투쟁이 명료화되었던 86년 이후에도 부산에서는 극소수의 제헌의회(CA)그룹을 제외하고는 거의 대다수의 활동가들이 단일한 입장을 가지고 협력해 나간 것을 볼 수 있다. 이런 정황은 86년

5월 16일에 출범한 부산대 민민투가 활동방식에 있어서는 자민투와 유사한 면이 많았으며, 86년 9월에 자민투가 결성(위원장 김봉섭)되기는 하였으나 기존의 민민투 조직을 그대로 승계받은 것이나 별 나를 바가 없었고 투쟁방향도 대동소이했다는 사실들에서 잘 확인할 수 있다. 부산대뿐만 아니라 동아대 등 타 대학에서도 대중노선을 표방하는 총학생회가 계속 주도적 역할을 수행했다.

　83년까지만 해도 공개적 학생운동은 쉽지 않았다. 학교 내에 사복경찰들이 상주하고 있는 상황이어서 반정부 시위를 제대로 벌이는 것조차 어려워 부산대학교에서는 81년 최병철이 나무 위에 올라가 시위를 벌인 이후로 83년에도 허판수·하근 등이 나무 위에서 불붙인 스프레이 등으로 경찰의 접근을 막으면서 선동 시간을 확보하는 방식의 시위가 이어져 대학 교정에는 한동안 시위주동자의 이름을 붙인 'ㅇㅇㅇ 나무'로 불리는 나무들이 늘어나기도 했다, 이런 어려운 여건 속에서도 부산대에서는 83년 한 해 동안 세 차례의 반정부시위가 있었고 허판수·하근·김순남·송영경 등 6명이 구속되었지만 대규모 시위로는 발전하지 못했고 초반에 사복경찰들에게 끌려가고 말았다.

　84년부터는 제적생들이 대거 복학하고 학내에 상주하던 경찰들이 철수(사실은 녹화사업 등을 통해 양산된 프락치들로 대체된 데 불과했지만 공공연히 활동하는 데는 다소 제약이 있었다)하는 등의 상황변화 속에서 학원자율화투쟁을 중심으로 시위가 한층 빈번하게 이루어졌고 그 규모도 커져나갔다. 5월 11일에는 부산대에 효원민주화추진위원회가 결성되었고 곧이어 5월 18일에는 부산대 최초의 광주항쟁추모제가 열렸다. 85년 동아대의 학원자율화투쟁 이전에는 거의 부산대 중심으로 운동이 전개되긴 했지만 차츰 을숙도 주민 생계문제, 택시기사 처우문제, 대일 굴욕외교, 노동3권 보장 등 시위의 주제가 공세적이면서 다양해지는 양상을 보였다.

1985년 들어서는 동아대의 학원민주화투쟁이 학생대중들의 적극적 동참 속에서 전개되었다. 80년 이후 제적되었던 학생들이 모두 복학하면서 이들이 중심이 되어 치밀한 준비 끝에 학민투를 전개하였는데, 체육특기생들을 앞세운 학생과의 과잉대응이 오히려 일반학생들의 공분을 불러일으켜 동아대로서는 최초로 매우 성공적인 학민투를 성사시켰던 것이다. 이에 자극 받아 부산산업대(현재의 경성대)와 수산대, 동의대 등 시내 주요 대학들로 학민투가 급속히 확산되어 부산대에 편중되던 양상을 차츰 벗어나게 되었다. 당시의 격화되는 사회정치적 모순이 이런 추세의 가장 근본적 원인이었겠지만 부산 출신의 서울지역 대학생들의 지원이나 부산대 운동그룹의 조직적 지원도 이에 일익을 담당하였다. 부산교육대는 84년 이후 학습동아리 중심으로 준비해온 역량들이 86년부터 표출되기 시작했다. 학내 시위 한 번 없었던 교대에서 86년 2월, 졸업식장 전단 살포사건이 일어나고, 총학선거에 후보등록을 했다가 학교당국으로부터 강제취소를 당하는 일이 발생하더니, 급기야 11월에는 학보사 기자들의 언론자유 쟁취투쟁이 발단이 되어 10여 일에 이르는 전교생 수업거부와 잇따른 시위로까지 발전했다. 이런 힘들이 이듬해 총학생회장에 운동권후보가 당선되게 했고 6월항쟁의 대열에 교생실습 중이었던 4학년 학생들도 대거 참여케 했던 것이다.

외부적으로는 별다른 움직임이 없이 일부 동아리 중심으로 움직이고 있었던 부산산업대도 86년 11월 4일, 이 대학 행정학과 3학년 진성일 열사가 '총학생회가 민주화투쟁에 앞장설 것'을 촉구하며 분신사망한 사건을 계기로 민주화운동의 대열에 적극 동참하게 된다.

3) 노동운동

신발, 섬유 등 노동집약적 경공업 위주인 산업구조상 어린 여성노동자가 대다수를 이루고 있었던 부산의 노동현장에서는 80년대 초까지 열악한 노동조건이 촉발한 자연발생적 분규 외에는 노동운동이라고 할 만한 것이 별로 없었다고 해도 과언이 아니다. 80년 이후 사회과학을 학습한 학생운동 출신자들이 노동현장에 부신하면서 몇몇 노동야학과의 연계 속에서 비로소 그 기반을 닦아 나갈 수 있었다. 83년에 대거 출소한 양심수들 중 적지 않은 이들도 그 뒤를 이어 노동현장으로 들어갔다. 이들은 84년 무렵까지도 유기적 협조체계를 갖추지 못해, 경인지역에서 현장의 요구가 집중적으로 분출되던 상황 속에서 85년 초에 발생한 세화상사와 삼도물산의 민주노조 건설투쟁은 초반의 유리한 입지를 상승시키지 못하고 실패로 끝났다. 부산에서는 노동현장에 부신한 운동가들에 의해 조직된 최초의 투쟁인 이 두 사건은 인권위원회와 EYC의 적극적 지원 하에 끈질긴 출근투쟁과 가족의 지원투쟁, 신민당 박찬종 의원 사무실에서의 단식농성으로까지 이어지면서 노동문제를 세간에 널리 알리는 데는 일정한 역할을 했으나 블랙리스트가 엄존하는 상황에서 별 성과 없이 많은 활동가들이 해고되어 큰 아쉬움을 남겼다. 물론 이 싸움은 뒤이어 발생한 동양고무, (주)풍영, 대양고무, 동국제강 등의 투쟁에 많은 교훈을 남겼다.

　87년 노동자대투쟁 이전에 부산에서도 적지 않은 여러 쟁의가 발생하였고 나름대로 성과를 거둔 투쟁들도 있었지만 가장 상징적인 투쟁은 86년 3월부터 6월까지 전개된 동양고무 임금인상투쟁이었다. 20여 명의 활동가와 40~50명의 대중기반을 갖고 4달 동안 계속 싸웠으나 임금 인상 및 근로조건 개선은 물론 임투를 통한 조직 확대와 의식 고양이라는 그들의 임투 목표는 아쉽게도 실패로 끝나버리고 말았다. 1985년 이후 부산에서 진행된 대학 출신 활동가의 투쟁 사례 중에서는 보기 드물게 비교적 장기간에 걸친 준비과정(2년)과 소그룹 활동을 통해 40~50여 명의 선진적 노동자들을 투쟁주체로 형성하였음에도 불구하고 힘겹게 축적해 왔던 투쟁 역량이 일거에 뿌리 뽑히는 참담한 결과를 낳고 만 것이다.

　이 싸움을 계기로 부산의 노동운동에도 이념논쟁 바람이 거세게 불어왔

다. 동양고무투쟁 직전에 제작된 '실천적 임투를 위하여'라는 팜플렛에 의해
촉발된 이 논쟁은 적극적 선도투쟁을 강조했던 '실임'그룹(위 팜플렛 제목에
서 딴 것, 이재영·황민선 등)과 대중투쟁을 중요시하며 그를 위한 이론적,
조직적 준비를 더욱 강조했던 '반실임'그룹(이상록·김진모·노재열 등), 그
리고 어느 쪽에도 속하지 않았던 이른바 '비실임'그룹으로 부산의 노동운동
가들을 나뉘게 했고 심각한 대립양상으로까지 이어졌다. 하지만 이 논쟁을
중심적으로 이끌었던 이들이 대부분 대학 출신 활동가였고, 아직 이들이 부
산지역 노동현장 전반에 미치는 대중적 영향이 크지 않았기 때문에, 노동
현장의 일반 활동가들에게 큰 영향을 미치진 못했고 87년 들어 대중운동이
전반적으로 고양되면서 대립양상은 현저히 퇴조하게 되었다. 어쨌든 이 논
쟁은 노동현장의 활동가들이 대중운동에 대해 진지하게 고민하는 한 계기
가 되었고 그 반성의 결과들이 87년 노동자대투쟁 과정에 실천적으로 드러
나게 된다.

한편 86년부터 시작된 대한조선공사의 노조민주화투쟁은 김진숙 등 해고
된 노동자들과의 강고한 결합을 유지하면서 해를 넘겨 87년 노동자대투쟁으
로까지 끈질기게 계속하여 8월에는 승리를 쟁취하기에 이른다.

이런 과정에서 역량을 축적한 부산의 노동운동은 6월항쟁 때는 국민운동
본부에 '부산민주노동자투쟁위원회'라는 외곽단체의 형태를 띠고 한 주체로
당당히 참여하게 되었고, 7, 8월 노동자대투쟁 기간에는 이 단체 명의의 「노
동소식」이라는 속보도 지속적으로 발간할 만큼 체계적 역량을 갖추었다.

4) 문화운동

1980년대 중반까지는 부산의 민족문화운동은 매우 취약하였고 개인적인
형태로 전개되었다. 각 부문별로도 독자적인 조직이 결성되지 못하였고 대
학 내의 운동 외에는 개인활동의 수준에 머물러 있었다. 그러던 것이 80년

대 중반에 접어들면서 전국적으로 운동이 고양되는 분위기와 맞물리면서
조직화되고 활성화되기에 이른다.

문학계에서는 민족문학계의 거목인 요산 김정한 선생을 중심으로 윤정규,
강영환, 구모룡 등 28명의 작가들이 1985년 5월 '5·7문학회'(부산민족문학작
가회의의 전신)를 결성하여 지역문예지인 『토박이』를 발간하는 등 조직적
문화운동을 전개했고, 87년 5월에는 '호헌반대 206인 민족문학인선언'에 부
산지역 문인 16명이 참가하기도 했다.

미술도 서상환·송주섭·안창홍 등이 개별적으로 '현실과 발언' 등 전국
단위의 동인그룹에 소속되어 활동했지만 지역 내에서는 조직적인 움직임을
보여주지 못하다가 87년 이후에야 조직화되었다.

연희패로서는 가장 먼저 조직을 결성한 것은 84년에 이성민·윤명숙 등이
창단한 '극단 두레'였는데 '실천무대' 또는 '신명천지' 같은 공간을 중심으로
의욕적 활동을 전개했다. 곧이어 '극단 자갈치'가 뒤를 잇게 되는데, 김윤
경·박민기·정승천·황주효 등 대학 문화패 출신 일꾼들이 1985년 중반부터
모임을 갖기 시작하여, 극을 중심으로 한 다양한 문화 매체들을 민중운동으
로 녹여내기 위해 1986년 3월 이 극단을 창단하였다. 이들은 시민, 대학생,
노동조합 등을 대상으로 마당극 공연, 다양한 문화강습회를 개최하여 우리
민족문화의식을 고취시키고 민족문화를 통해 민주의식을 높이기 위해 노력
했다.

한편, 부산 시내 각 대학의 문화패 출신들이 야학이나 YMCA, 영남산업연
구원, 성당이나 교회 등 노동현장의 외곽에서, 노동자들의 건강한 문화 생산
과 노동운동의 지원을 위해 1984년 '노동자문화운동소그룹'을 결성하였다.
그들은 공연에서부터 노래테이프 제작, 행사기획 등 다양한 활동을 했는데,
마당극, 풍물, 미술, 노래 등 다양한 매체를 아우르고 있었다.

II.

재야운동

1장
부산민주시민협의회와 부산의 6월항쟁[1]

_차성환[2]

1. 머리말

이 글은 1985년 5월에 창립한 부산민주시민협의회(이하 부민협으로 약칭)의 발전과정을 살펴보고 부민협이 1980년대 후반기 곧 6월항쟁을 전후한 시기에 부산의 민주화운동에서 어떤 역할을 했는지를 살펴보고자 한다.

주지하다시피 부산의 6월항쟁은 전국의 6월항쟁을 선도하는 모범적 투쟁을 벌임으로써 6월항쟁 승리의 견인차 역할을 했다고 평가받는다.[3] 부산의 6월항쟁이 다른 지역에 비해 치열한 투쟁을 이끌어낸 데는 항쟁의 지도부인 '민주헌법쟁취국민운동 부산본부'(이하 '부산 국본'으로 약칭)가 전국 본부나 여타 지역보다 빨리 결성되고 그 결속력이나 역량, 기동력의 수준이 높았다는 점이 지적되었다.[4] 즉, 부산 국본은 노동, 학생, 재야(공개기구) 세 부문

---

1) 이 글은 2010년과 2011년 민주주의사회연구소 주관 6월항쟁 기념 학술행사에서 발표했던 발제문을 토대로, 그 이후의 연구성과와 집담회에서 확인된 내용들을 추가하여 재집필한 것이다. ―편집자 주
2) 현재 민주주의사회연구소 소장, 정치학 박사.
3) 부산민주운동사편찬위원회, 1998; 김석준, 1997; 고호석, 2007.
4) 부산민주운동사편찬위원회, 1998; 김석준, 1997; 고호석, 2007.

운동의 핵심 활동가들이 실무진을 맡고, 상층 지도부가 단순한 명망가들이
아니라 각 부문운동의 조직적 결정을 가지고 참여한 실세들로 꾸려진 것이
부산의 6월항쟁이 조직적, 위력적으로 전개된 이유로 들고 있다.[5]

이처럼 부산 국본의 중심축 가운데 하나인 재야 공개기구의 대표적 조직
이 부민협이지만 지금까지 부민협에 대한 본격적 연구는 거의 없었다. 부민
협은 1980년대 부산의 민주화운동사 혹은 6월항쟁사에서 개괄적 수준에서
다루어졌을 뿐이다. 이는 부산의 민주화운동을 연구하는데 커다란 공백으
로 남아있는 부분 중 하나로 여겨진다.

이 글은 부민협의 창립에서 해소에 이르기까지 전개과정을 살펴보고, 부
민협의 이념, 조직, 인적 구성, 활동 등을 분석함으로써 부민협의 성격과 역
할을 보다 구체적으로 파악하고자 한다.

2. 부민협 결성의 배경

1) 1980년대 통일전선운동의 대두

1985년 부민협이 결성된 배경에는 1979년의 부마항쟁과 1980년 5·18항쟁
을 거치면서 여지없이 드러난 민주화운동세력의 비조직적이고 무기력한 대
응에 대한 뼈저린 반성과 고민이 가로 놓여 있었다.

1970년대 민주화운동에서도 '민주주의와 민족통일을 위한 국민연합'(이하
'국민연합'으로 약칭)과 같은 조직적 재야운동이 있었으나 민중적 토대가 취
약했고 상설적이고 통합적인 연대 틀로 보기는 어려웠다. 그러한 비조직성
과 전략의 부재가 1980년 전후의 전환기에 민주화운동은 전혀 효과적인 대

---

5) 김석준, 1997, 234~235쪽.

응을 하지 못하고 신군부의 쿠데타에 여지없이 격파되고 말았다.[6]

1980년대 들어와 전국적 범위에서 운동체 간의 사안별, 일시적 연대를 극복하고 조직적 연대틀을 형성하려는 노력이 전개되면서 민족민주운동 내부의 견해차로 인해 두 갈래로 방향으로 나누어지게 되었다.

하나는 기존의 명망가 중심, 소시민적 운동에 반대하면서 조직적 민중운동의 강화를 기본 방향으로 삼는 민중민주운동협의회(이하 민민협으로 약칭)였고, 다른 하나는 70년대의 국민연합과 같이 재야인사 중심의 국민적 대표성이 강한 연대조직을 건설하자는 민주·통일국민회의(이하 국민회의로 약칭)였다. 1984년 말부터 양자의 장, 단점을 수렴하여 연대운동을 한 단계 높은 수준에서 재편성하려는 통합 노력이 전개되었다. 그 결과 양 조직의 통합이 이루어져 1985년 3월 민주통일민중운동연합(이하 민통련으로 약칭)이 출범하게 되었다.[7]

이처럼 민족민주운동의 전국적 통일전선체가 형성되면서 이에 대응하는 지역의 정치적 대중조직의 필요성이 대두되었다.

2) 1980년대 지역운동론의 대두

부민협 결성의 또 하나의 배경은 1980년대에 들어와 새롭게 제기된 지역운동론이다. 지역운동론은 한국사회의 구조적 모순이 지역에서 폭발할 수밖에 없는 필연성 속에서 제기되었다. 한국사회의 모순이 지역에 집약되어 있다면 서울 중심으로 배치된 1970년대식 운동은 지양되어야 했다.

서울 중심의 운동 편제가 오류라는 것은 두 가지 이유이다. 첫째는 서울이 지방에 비해 모순이 상대적으로 이완되어 있다는 것이며, 둘째는 독재의 방어 역량이 서울에 집중되어 역관계가 불리하다는 것이다. 이런 인식 위에

---

6) 성유보, 2007, 321~322쪽.
7) 이재화, 1989, 139~142쪽.

서 지역운동은 지방에 의한 서울의 포위라는 개념에 입각한 역량 배치를 요구하며 등장했다. 지역운동은 또한 대중성을 갖는다. 이러한 지역운동은 외견상 서울 중심의 운동에 대한 거부와 지역석 특수성에 내한 깅조로 나다니지만 지역의 독자성, 특수성은 전체 운동의 보편성 속에 존재하는 것이다. 이런 문제의식 속에서 1984년 8월 전북민주화운동협의회를 시작으로 85년 하반기에 이르기까지 전국 각 도·직할시 단위에서 지역운동단체가 창립되었다.[8] 이러한 지역운동의 조직화는 전국적 차원의 통일전선운동체의 건설과 맞물리면서 전개되었다.

3) 부산지역 운동역량의 회복

부민협 결성의 또 다른 배경은 부마항쟁(1979)과 부림사건(1981), 부미방(부산미문화원방화)사건(1982) 등의 여파로 싹쓸이되다시피 한 부산의 민주화운동세력들이 1983년 하반기에 대부분 출옥하여 EYC(기독청년협의회), 사회선교협의회, 공해문제연구소 부산지부 등의 공개 기구를 중심으로 결집하기 시작한 것이다. 이 역량들이 부민협 조직의 실무 중심으로 배치되었던 것이다.

3. 부민협의 결성과 활동

1) 부민협의 결성 과정

부민협의 결성은 1983년 말부터 시작되는 유화 국면의 도래가 배경이 된

---

8) 이우재, 1990, 393~401쪽.

다.9) 부림사건(81년 9월)과 부산 미문화원 방화사건(82년 3월) 이래 침체해
있던 부산의 민주화운동은 1983년을 경과하면서 서서히 회복하기 시작하였
다. 이러한 변화를 상징적으로 보여준 것이 공개적인 사회운동단체의 활성
화였다. 먼저 혹독한 탄압에서 상대적으로 피해가 적었던 종교계에서 한국
교회사회선교협의회 부산지부(82년 3월 창립), 부산인권선교협의회(84년 4
월 창립), 부산지구기독청년협의회, 천주교 부산교구 정의평화위원회, 청년
불교도연합(84년 7월 창립) 등과 같은 조직이 창립 혹은 활성화하기 시작했
다. 종교단체에 이어 한국공해문제연구소 부산지부가 1984년 10월에 창립되
어 낙동강 하구언 문제, 온산의 공해, 광양제철 건설에 따른 공해 피해 등에
대처하는 환경운동을 시작하였다. 뿐만 아니라 학생운동, 노동운동, 문화운
동 등 부문운동도 활성화하면서 재야운동과 청년운동의 연대틀에 대한 요
구가 일어나게 되었다.10)

이 무렵 서울에서도 상설적이고 통합적인 민주화운동 연대틀의 부재에
대한 반성이 대두했고 그 결과 민중민주운동협의회(민민협으로 약칭)가 84
년 6월, 민주·통일국민회의(국민회의로 약칭)가 84년 10월에 창립되었다.11)
민민협은 민중지향적 운동을 표방하였고, 국민회의는 재야 명망인사들이 중심
이었다. 양자 간의 통합 논의는 2·12총선12)과 민중운동의 활성화라는 조건

---

9) 전두환 정권은 1983년 말, 그 동안의 폭압통치를 완화하는 유화적 조치들을 취하
   였다. 이는 정권 유지의 자신감의 표출이라고 해석되었으나 유화국면은 곧바로
   반독재운동의 강화로 연결되었다.

10) 고호석, 2007, 17~40쪽.

11) 민민협의 창립 이전에 한국기독교농민회 총연합회(82. 3), 공해문제연구소(82. 5),
    민주화운동청년연합(83. 9), 해직교수협의회(83. 12), 한국노동자복지협의회(84. 1),
    민중문화운동협의회(84. 4), 전남민주청년운동협의회(84. 11), 인천지역사회운동연
    합(84. 11), 민주언론운동협의회(84. 12), 자유실천문인협의회(84. 12) 등이 창립되
    었다(성유보, 2007, 320~321쪽).

12) 국민회의와 민민협은 84년 12월 시국간담회를 갖고 민주화와 민생 보장을 위한
    최소한의 전제가 충족되지 않는 선거는 무의미하다고 보고 2·12총선 보이코트를
    선언하였다. 그러나, 2·12총선의 결과는 민주화운동세력에게 큰 충격을 주었다.

에 의해 강요된다. 그 이전에 이미 양자의 통합에 대한 요구는 부문과 지역
에서 광범하게 일어나고 있었다. 84년 이래 민청련, 민민협, 국민회의가 각
각 지역조직을 건설하려 했을 때 심한 반발에 직면했다. 지역은 민주화운동
이 부문별로 세분화될 정도로 인적 자원이 충분하지 못했고 이를 뒷받침할
재정 조달이 불가능했다. 1984년 8월 전북민주화운동협의회(전북민협으로
약칭) 창립을 계기로 전주에서 있었던 간담회에서 전북민협은 "지역운동에
서는 각계각층을 모아서 지역 현실에 기반을 둔 운동으로 대중화해야 한다"
고 역설했다.13)

　부산의 경우도 마찬가지였다. 서울에서의 민민협과 국민회의의 통합논의
에 발맞추어 84년 말경 부산에 종교색을 띠지 않은 청년조직을 건설하자는
논의가 거듭되기도 했지만 시기상조라는 견해가 많아 일단 유보되었다. 그
직후 청년들만의 조직이 아니라 원로인사들까지를 포괄하고 대중운동을 지
향하는 폭넓은 지역운동체를 만들자는 논의가 급물살을 타게 되었다.14)

　부민협은 종교계를 넘어서 일반 시민들이 참여할 수 있는 조직이 필요하
다는 재야인사들의 요구와 민청련, 민통련과 함께 전국적 연대 속에서 탈종
교적 운동단체를 갈망하고 있던 청년활동가들의 요구가 맞물리면서 급속히
추진되었다.15)

국민들은 양 김 씨에게 일대 승리를 안겨주면서 전두환 정권을 심판했고 재야의
보이코트 선언은 별 영향을 끼치지 못했다. 재야운동은 운동의 선도성과 대중성
의 결합이라는 과제를 안게 되었고 무엇보다 양자의 통합을 요구받게 되었다(성
유보, 2007, 327~335쪽).

13) 성유보, 2007, 320~332쪽.

14) 고호석, 2007, 21쪽.

15) 고호석, 2007, 27쪽.
부민협을 추진하는 과정에서 송기인 신부는 연락을 맡기거나 일을 시킬 사람이
없어서 혼자서 석 달 간 노력하여 30명의 발기인을 모았다고 술회하고 있는데(송
기인, 2008, 『국제신문』), 송 신부가 주도한 것은 사실이지만 지역운동체에 대한
요구가 컸던 청년활동가들이 송 신부를 도와서 보조 내지 지원을 했던 점도 빼 놓
을 수는 없다.

그 결과 1985년 5월 3일 부민협의 창립총회가 개최되었다. 발기인으로 참여한 사람은 모두 30명으로 직업별로 분류해 보면 종교인 17명, 예술인 5명, 변호사 4명, 기타 4명으로 종교인이 압도적으로 많았으며 부산지역의 대표적 재야인사를 망라하고 있었다. 그러나 창립총회는 경찰의 방해로 아수라장이 되었다. 결국 1주일 후 부민협은 당감성당에서 창립되었고 9월 21일 실무자와 사무실을 확보하고 사업을 시작하였다. 실무진은 총무부장 김재규와 이호철, 이성조 등이었다.[16]

이후 부민협은 매년 총회를 개최하고(1988년 12월 제5차 총회까지 개최) 기관지 『민주시민』을 발간 배포하였는데 87년 말까지 총 15회 발행한 것으로 확인된다(1987년 총회자료집).

이상 살펴본 바와 같이 부민협은 당시 정세에서 제기된 두 가지 큰 요구에 부응하여 출범하게 되었는데 전국적 연대틀의 조직이라는 요구와 민주화운동의 대중화라는 요구가 그것이다.

2) 부민협의 활동

부민협의 활동은 정관 제4조(1986년 5월 개정)에 ① 조사, 연구사업 ② 교육 및 홍보사업 ③ 타 운동 지원 및 연대활동 ④ 기타 필요한 제반 사업으로 규정되어 있다.

부민협 안내자료(1987년에 발간 추정)에 정리된 부민협의 주요한 활동을 살펴보면 첫째, 조직·교육사업으로서 강연회, 수련회, 회원 만남의 날 등을 통해 교육과 조직을 결합하고자 노력하였다. 강연회의 주제는 주로 각 시기의 정세에 맞추어 갔는데 1985년 총선 이래 개헌문제가 정치쟁점이 되면서 '민주헌법 쟁취'가 주제로 등장하였고, 1986년 필리핀의 민주화 투쟁이 승리

16) 부산민주운동사편찬위원회, 1998, 476~477쪽.

하면서 '필리핀의 민주화'를 주제로 한 강연회가 열렸다. 회원 수련회는 매년 여름 정기적으로 개최되었고, 회원 만남의 날을 정해 조직적 결속을 높이려고 노력하였다.[17]

둘째, 선전·홍보사업으로서 기관지 『민주시민』을 제작하여 배포하였는데 1987년 말까지 총 15회를 발행하였다. 이는 평균 2달에 1회씩 발행한 셈이다. 그 외에 부민협은 선전용 대중전단을 '민주헌법 쟁취' '민주정부 수립' '장기집권 분쇄' 등의 주제로 제작하였는데 이러한 선전물들은 회원들이 2인 혹은 3인이 1조가 되어 야간에 주로 저소득층이 밀집한 지역의 주택가를 돌면서 은밀히 배포하였다. 이런 활동을 통해 선전·홍보작업과 회원의 조직·훈련을 결합하고자 노력하였다.

셋째, 연대사업으로서 부민협은 다양한 정치집회 및 기념집회를 개최하거나 참여하였다. 구체적으로는 부마항쟁계승 시민대회, 고문·성고문 범시민 폭로대회, 범시민 시국토론회, 진성일 열사 추모제, 2·7 박종철 군 부산시민 추모제, 3·3 고문추방 민주화 부산시민 평화대행진, 5월 광주시민영령 추모대회, 황보영국 열사 추모제, 6·10 박종철 군 고문살인은폐 규탄대회, 7·9 이한열군 추모제 및 직선개헌 쟁취 기념대회 등 매 시기 정치 이슈에 대응한 집회를 EYC(기독청년협의회), 사회선교협의회 등의 단체들과 공동으로 개최하였다.

넷째, 기층민중운동 지원사업으로서 철거반대투쟁에 대한 지원이나 노동운동에 대한 지원과 상담 등을 수행하였다.

철거반대투쟁 사례는 1985년과 1986년에 걸친 당감동 지역 철거반대투쟁이 대표적이다. 당시 아시안게임과 올림픽 개최를 앞두고 서울을 비롯한 전

17) 부민협의 활동은 대부분 실무진과 일반 회원들 중심으로 이루어졌기 때문에 상층부를 이루고 있는 지도위원, 상임위원 등의 재야인사들과 자주 만나기 어려웠는데 '회원 만남의 날'을 통해 조직 내부의 대화와 소통이 가능했다. '회원 만남의 날'은 배다지, 김상찬, 노무현 등의 재야인사들과 젊은 청년 회원들 사이의 정서적, 이념적 결속을 강화되는 계기가 되었다.(2011년 부민협 집담회 녹취록)

국의 도시에서 재개발이 진행되었고 이 과정에서 빈민들의 생존권 문제가
심각하게 제기되었다. 부산에서는 당감동 하천 부지 일대가 재개발 대상지
로 지정되어 철거가 진행되었고 이에 맞선 주민들의 투쟁이 조직되었다. 이
지역의 토지는 국유지라 주민 가운데 지주는 거의 없었으나 오랫동안 터잡
고 살아온 땅을 몇 푼의 이주비만 주고 몰아내려는데 저항하여 주민들은 철
거대책위원회를 조직하였고 지역의 당감성당에 지원을 요청하였다. 당감성
당은 당시 송기인 신부가 맡아 지역사업 등을 통해 주민들에게 신망을 얻고
있었으므로 주민들의 요청에 응하였으나 상담 외에는 개입하기가 어려웠다.
이에 부민협이 적극 연대하기로 하고 부민협의 사회부(부장 이호철)가 지원
을 맡기로 하였다. 사회부에서는 당시 서울 목동 철거반대투쟁에 관여했던
빈민운동연구소의 활동가들을 초청하여 서울의 활동 사례를 듣고 함께 토
론하면서 운동 전략을 모색하였다. 또 회원 양동진이 철거대책위에 참여하
여 총무를 맡으면서 철거민들과 논의하고 투쟁을 지원하였다. 경찰 측은 이
러한 부민협의 활동을 파악하고 주민들에게 부민협이 빨갱이라고 모략 선
전을 전개하였으나 효과를 거두지 못했다. 결국 당감동 철거반대투쟁은 주
택공사 본사에 대한 2차에 걸친 점거농성과 당감동 도로 입구에서 벌어진
3일 간의 가두투쟁 등을 통해 주택공사와 이주비 외에 보상비와 아파트 우
선분양권 등을 확보하는 성과를 거두고 종결되었다. 당감동 철거 반대 투쟁
이 예상보다 빨리 성과를 거두고 합의에 이르렀던 이유 중 하나는 부민협의
개입에 부담을 느낀 당국이 부민협과 주민의 결합이 강화되는 것을 조기에
차단하려는 의도가 작용한 것으로 볼 수 있다.[18]

　다섯째, 구속자 석방운동 등 기타 필요한 사업으로서 구속자 석방 환영회
나 민주송년회 등을 개최하였다.

---

18) 양동진 구술, 2010.

이상의 사업들을 시기적으로 구분해서 보면, 먼저 1985년 5월 3일 창립에서 1985년 말까지는 자체의 기본 역량 확보에 주력하여 당면한 정치투쟁을 제대로 하지 못했다. 그래서 1985년 말의 총회에서는 실천, 조직, 교육을 통해 다음과 같은 활동 목표를 설정하였다. 첫째, 군부독재권력과 반민족 외세에 대항하여 체계적이고 대중적인 정치투쟁을 전개한다.(실천) 둘째, 부산지역 민중(노동자, 도시빈민, 서민)의 생존권 지원투쟁을 전개한다.(실천) 셋째, 회원들의 체계적인 재편과 회원들의 적극적 참여에 의해 부민협의 실질적 조직역량을 강화한다.(조직) 넷째, 회원들의 인식 통일과 의식 발전을 위한 인식 공유의 장을 확보한다.(교육) 이상의 목표를 실현하기 위해 부민협은 광범위한 정치폭로, 선전 및 시위와 타 운동세력과의 연대를 통해 투쟁 역량을 강화하고, 회원 역량의 확대와 체계화를 통해 조직력을 강화하고, 회원 만남의 장과 수련회 및 작은 만남을 통한 회원 교육으로 회원들의 인식을 높인다고 설정하였다.[19]

이러한 방침에 따라 1986년도에는 긴박한 정국의 흐름과 함께 부민협의 투쟁도 1985년에 비하면 훨씬 강력하게 이루어졌으나, 연말의 자체 평가는 만족스럽지 못한 것으로 내려졌다.[20]

1987년에 들어가면 부민협은 박종철 열사 고문치사사건에서 시작된 격렬한 정치적 소용돌이 속에서 6월항쟁과 대통령 선거에 이르기까지 중요한 정치집회를 주도하였으며 특히 부산 국본의 결성에 주도적인 역할을 했다. 특히 6월항쟁 이후 7, 8월 노동자대투쟁 시기에 많은 노동자, 서민들이 부민협을 찾아 상담하였다.[21]

6월항쟁과 7, 8월 노동자 대투쟁 이후 국면은 여야 간의 협상을 통한 개헌과 대통령 선거 국면으로 급속히 전환되었다. 대통령 선거에서 양 김 씨 간

---

19) 『민주시민』 제9호, 1986.
20) 1986년 총회 자료집.
21) 『민주부산』 제9호, 1987.

의 단일화가 난항을 겪으면서 민족민주운동 세력은 김대중에 대한 비판적
지지파와 후보단일화파 그리고 독자후보파 등으로 분열되었다. 민통련은
비판적 지지를 선언했고 이는 선거 패배와 함께 엄청난 비판에 직면하였
다.[22] 부산지역의 민주화운동세력 가운데는 압도적으로 비판적 지지파가
많았고 부민협의 일부 회원들도 비판적 지지를 선언했다.[23] 민통련은 대통
령 선거 결과 와해되다시피 했고 1989년 1월 전민련[24]의 결성과 함께 자연
스럽게 해소되었다. 하지만 부민협의 경우는 대선 패배가 곧바로 해체로 이
어진 것은 아니고 전민련의 결성 이후에도 한 동안 활동이 지속되었다.[25]

3) 부민협의 해소 과정

1988년에도 부민협은 전·이 구속처벌 투쟁을 위시한 정치집회를 벌여 나

---

22) 민통련은 많은 성과에도 불구하고 통일전선체로서 자기 위상과 역할에 대한 인식
이 부족하였고 그 결과 대통령선거에서 '비판적 지지' 전술을 채택함으로써 자기
의 발전적 해체를 가져온 결정적 계기가 되었다고 평가받았다(채만수·김장한,
1990, 380~381쪽).

23) 양동진은 부민협이 부산지역에서 가장 먼저 비판적 지지를 선언했다고 기억하고
있으나 최종태는 부민협이 조직적으로 비판적 지지를 결정한 바가 없고 일부 회
원들이 개인적으로 입장을 표명했을 뿐이라고 기억한다. 부민협 내에서는 대통령
선거에 대한 입장을 두고 의견이 일치하지 않았다.(2011년 부민협 집담회 참조)

24) 1987년 제 13대 대통령 선거와 1988년 제 13대 총선을 거치면서 극심한 갈등과 분
열을 겪었던 민족민주운동단체들이 1989년 1월 21일 민주화운동 통일전선조직으
로 전국민족민주운동연합을 발족한다. 분열된 세력을 하나로 묶기 위해 1987년 10
월부터 논의를 시작해 수차례 준비위원회 등을 출범시켰다. 서울 등 전국 12개 지
역단체와 노동자·농민 등 8개 부문단체, 200여 개별단체 등을 망라한 해방 이후
최대 규모의 민족민주운동단체로 1970년대 명망가 위주 운동의 한계를 극복하고
민중진영의 참여를 크게 확대했다.

25) 대선 시기에 국본은 계속 후보단일화를 추진하면서 1987년 10월 20일에는 부산국
본과 전남국본이 공동 선언문을 발표하여 지역감정 조장은 군부독재의 재집권을
위한 망국적 작태임을 명백히 규정하고 경상도, 전라도 양 지역의 민중들이 각성
하여 지역감정을 극복할 것을 호소하였다(부산민주운동사편찬위원회, 1998, 499~
500쪽).

가면서 연말의 제5차 총회 선언문을 통해 재창립의 새로운 결의로 민족민주 역량을 강화하자고 역설하였다.[26]

하지만 1987년의 정치적 대변동은 전국적으로 사회운동의 지형노 크게 변화시켰다. 정치적 민주화의 진전과 함께 민주 대 반민주 구도의 정치적 대립이 상대적으로 완화되면서 각 계급계층의 이익을 대변하는 단체와 함께 시민들의 다양한 이해와 관심을 대변하는 시민단체들이 속속 등장하기 시작했다.[27] 그러면서 이른바 시민운동과 민중운동의 분화가 이루어지고 사회운동의 전문화가 시작되었다. 또한 전국적으로는 민족민주운동의 새로운 결집을 알리는 전민련이 1989년 1월에 출범하게 되었다. 전민련의 부산 조직으로서 부민련(부산민족민주운동연합)이 1988년 12월 3일에 새롭게 조직되었다.

1988년 들어와 부민협에도 조직의 분화가 생겼다. 1988년 이후 전국적으로 대중조직 건설이라는 화두가 제기되었는데 부산지역에서도 청년층을 중심으로 대중조직의 건설을 위한 청년운동의 새로운 조직화가 시도되었다. 이러한 논의 과정에서 부민협의 청년들은 1988년 5월에 새롭게 창립된 부산민주청년회(부민청)에 가입하기로 결정함에 따라 부민협의 역량은 축소되었다.[28] 하지만 그런 상태에서도 부민협은 김재규 회장을 중심으로 신광호 등의 노력으로 월 1회 정도의 월례회를 하면서 강연회를 개최하는 등의 활동을 지속하였다. 이 과정에서 평민당 계열의 민주헌정연구회 회원들이 부민협에 가입하여 일정 기간 함께 활동하다가 민족자주통일(민자통) 부산회의가 조직되면서 이탈했다는 증언도 있다.[29] 부민협은 1988년 12월 3일 부

---

26) 제5차 총회 자료집.

27) 이 시기에 부산에서도 다양한 단체들이 결성되는데 1988년 5월 부민협의 청년층이 중심이 된 부산민주청년회가 결성된데 이어 1989년 4월 1일 부산노동단체협의회 결성, 4월 16일 부산노동자연합의 결성, 6월 10일 전교조 부산지부의 결성, 7월 8일 경제정의실천시민연합의 결성 등이 잇달았다(부산민주운동사편찬위원회, 1998, 연표 참조).

28) 양동진 구술, 2010.

29) 이상의 내용은 김창룡의 구술에 의한 것이다. 부민협의 통일분과위원장이었던 김

민련이 발족할 때 10개 참가단체의 하나였는데, 1991년 말, 부민련이 해소되어 민주주의민족통일부산연합이 발족할 때에는 부산민주청년회는 참가단체로 들어 있지만 부민협의 이름은 보이지 않는다. 이로 보아 부민협은 1990년과 1991년 사이에 해소된 것으로 보인다.[30]

하지만 부민협은 공식적으로 해소를 결의하지는 않았다. 다만 1990년 무렵부터 역량이 점차 축소되어 사무실과 상근자를 둘 수가 없었다. 재정도 어려워 선배들이 돈을 모아 매달 5만원 씩 운영비를 지원했다고 한다.[31] 그러면서 부민협의 활동력이 점차 떨어지고 남은 회원들도 5, 6명 정도 밖에 안 되는 상황이 되자 회장이 자체적으로 휴식기를 갖자고 제안하였고 휴식기에 들어갔다. 그리고 활동을 재개하지 못한 채로 해소되고 말았다. 이후 1993년 무렵 부민협은 부민협 동지회로 개편되었다.[32] 부민협 동지회는 부민협 활동을 함께 했던 회원들의 친목단체로 현재까지 지속되고 있다.

4. 부민협의 이념

그러면 부민협은 어떤 이념을 가지고 민주화운동에 나섰던가?

부민협의 이념에 대해 결성선언문과 강령에 나타난 내용을 통해 살펴보기로 한다.

상찬이 1986년 민주헌정연구회의 상임 이사로 취임했던 사실이 있으며, 민자통 부산회의가 1988년 12월 부민련 결성 시에 참가단체였던 것으로 보아 민자통 부산회의는 1988년 12월 이전에 결성되었던 것으로 보인다(김창룡 구술, 2012년 ; 부산민주운동사편찬위원회, 1998, 566쪽).

30) 부산민주운동사편찬위원회, 1998, 566쪽.
31) 이 내용은 부민협 집담회에서 이흥만의 증언에 의한 것이다(2011년 부민협 집담회 녹취록 참조).
32) 김창룡 구술, 2012.

부민협의 결성선언문은 "남북의 평화 통일과 자유 민주국가의 건설"의 과업을 성취해야 할 역사적 시점에서 민주시민들이 뜻을 모아 "민주역량도 함양하면서 동시에 부당한 대우를 받는 사람들의 길잡이가" 되기 위해 부민협을 결성했음을 천명하고 민주시민의 적극 참여와 성원을 부탁한다고 밝히고 있다(부민협 안내 자료).

다음으로 현재 남아 있는 자료에 의하면 부민협의 강령은 모두 3가지 판본이 있다. 첫째 판본은 1985년 5월 3일에 발표된 강령이다. 이 강령은 6개 항으로 되어 있고 그 내용은 다음과 같다.

> ─우리는 양심의 속박을 받지 않으려 하고 자유의지를 가진 시민과 뜻을 같이 하며 언제라도 함께 노력하고자 하는 이를 환영한다.
> ─우리는 민주의 기본인 진리, 자유, 평등, 평화를 참 가치로 여기고 이의 실현을 위해 노력한다.
> ─우리는 상식이 부인 당하는 여하한 형태의 구조도 거부하며 이 땅에 참다운 민주주의가 실현, 발전되도록 노력한다.
> ─우리는 자주적 평화 통일을 위해 모든 국민이 적극적인 관심을 가지고 참여할 수 있도록 노력한다.
> ─우리는 근로자와 농민, 학생 등 사회 전반에 걸쳐 부당하게 인권을 유린당하고 고통받는 이들의 권익을 위해 노력하고 이들이 인간다운 삶을 영위할 수 있도록 노력한다.
> ─우리는 국제관계에 있어서 주권이 모독되거나 국익이 희생되는 것을 여하한 이유로도 묵과할 수 없으며 특히 이 강토가 핵 볼모화되는 경우를 반대하며 또한 정치, 경제, 군사, 문화 등 어떤 형태의 침해도 반대한다.(부민협 결성선언문과 강령 문건)

두 번째 판본은 7개 항으로 되어 있는데 이것은 1987년 4월 27일의 제3차 정기총회에서 개정한 것이다. 이 판본은 1985년의 강령과는 그 내용과 표현이 사뭇 다르다. 이 판본에 표현된 강령은 첫째, 진정한 민주화와 인간해방을 지향하며, 둘째, 자주적 민족통일이 민족 구성원의 최고 가치이며 이의 성취를 저해하는 모든 반민족세력과의 투쟁을 선언하고 있다. 셋째, 군사독재의 종식과 민중의 민주적 제 권리의 쟁취를 위한 민주화투쟁을 비타협적으로 전개할 것이며, 넷째, 조국이 미국, 일본 등 외세에 종속된 현실을 타개하기 위해 반외세 민족자주화투쟁을 선도적으로 수행하며, 다섯째, 노동자, 농민, 도시빈민 등 직접 생산자 대중에 대한 착취와 불평등을 거부하고 이들의 해방을 위해 노력하며, 여섯째, 퇴폐문화와 공해를 일소하고 민중문화의 창달과 쾌적한 환경 조성을 위해 노력하며, 일곱째, 민족민주이념을 지지하는 모든 진보적 양심세력과 연대할 것을 천명하고 있다.[33]

세 번째 판본은 1988년 5월 20일로 추정되는 제4차 정기총회에서 개정된 강령으로 두 번째 판본과 내용적으로는 대동소이하나 표현이 더 간결해졌다. 달라진 내용은 제6항의 내용이 민중문화가 아닌 민족문화의 창달로 변경되었고 제8항을 신설하여 "우리는 민족정기를 바로 잡기 위해 일본제국주의 잔재 척결과 1988년[34] 6월 민주화대항쟁 이후 다시 등장하고 있는 구 독재세력의 척결에 혼신의 노력을 다 한다"라는 조항을 넣었다.[35]

이 중에서 두 번째 판본을 중심으로 나타난 이념을 정리해 보면, ① 민주화를 통한 군사독재의 종식과 민중의 민주적 권리 쟁취 ② 반외세 민족자주화투쟁을 통한 종속된 현실 타개 ③ 직접생산자대중에 대한 착취와 불평등의 해소를 통한 생산자 대중의 해방 ④ 반민족세력과의 투쟁을 통한 자주적 민족통일 ⑤ 퇴폐문화와 공해 일소를 통한 민중문화 창달과 환경보전이 부민협의 운동 목표로 설정되어 있으며 그를 통해 인간해방을 이룩하는 것으로 요약할 수 있다. 즉 인간해방이 궁극적 상위 목표라면, 그것을 실현하기 위한 하위 목표는 민주화, 자주화, 민족통일, 생산자대중의 해방, 민중문화

---

33) 제3차 정기총회 자료집.
34) 1988년은 1987년의 오기로 보인다.
35) 제4차 정기총회 자료집.

창달 등이며, 그를 실현하기 위해 군사독재, 외세, 반민족세력, 착취세력에 대한 민족민주투쟁을 전개하고자 하는 것이었다.

이러한 부민협의 강령을 민통련의 강령36)과 비교해 보면, 부민협의 운동목표인 ① 민주화를 통한 군사독재의 종식과 민중의 민주적 권리 쟁취는 민통련 강령의 2항 및 3항과 일치하며, ② 반외세 민족자주화투쟁을 통한 종속된 현실 타개는 민통련 강령의 12항과 대체로 일치한다. ④ 반민족세력과의 투쟁을 통한 자주적 민족통일은 민통련 강령의 제1항과 동일하며 ⑤ 퇴폐문화 일소를 통한 민중문화 창달은 민통련 강령의 10항과 일치한다.

다만 부민협 강령에서 ③ 직접생산자대중에 대한 착취와 불평등의 해소를 통한 생산자 대중의 해방이라고 포괄적으로 규정한 민중생존권 등의 문제에 대해 민통련 강령은 보다 구체적으로 노동자, 농어민, 도시빈민, 여성 등의 제 계층에 대해 6, 7, 8, 9항에서, 민주·민족교육과 반전 반핵에 대해 11항, 13항에서 별도로 규정하고 있다.

또, 민통련 강령에서는 부민협과 달리 경제문제에 대해 4항에서 자립적 민족경제의 건설과 5항에서 기간산업의 공영제를 규정하고 있으며, 부민협 강령에서는 민통련과 달리 공해문제를 중요하게 부각하고 있다.

이처럼 두 단체의 강령은 세부적으로는 차이가 있지만 크게 보면 동일한

---

36) 민통련의 강령은 다음과 같다. 1. 조국의 자주적 평화통일을 민중의 힘으로 완수한다. 2. 자주적 민주정부를 수립하여 정치적으로 민주주의를 실현한다. 3. 군부독재의 제악법을 철폐하고 국민의 민주적 기본권리를 완전히 실현한다. 4. 경제구조의 식민지적 파행성을 타파하고 자립적 민족경제를 건설한다. 5. 경제적 제특권을 철폐하고 주요기간산업의 공영체제를 확립한다. 6. 민주적 노동운동을 보장하여 노동자들의 정치적, 사회적, 경제적 권리를 실현한다. 7. 농축산·어업을 보호육성하고 농어민의 권리를 실현한다. 8. 도시빈민의 생존권을 보장한다. 9. 여성의 권익을 보장하고 사회적·경제적 지위를 향상한다. 10. 반민중적 대중문화를 청산하고 민중적 민족문화를 창달한다. 11. 반민주적 교육구조를 청산하고 민주·민족교육을 실현한다. 12. 대외적 불평등관계를 청산하고 자주외교노선을 실현한다. 13. 반전·반핵운동을 전개하여 세계평화를 구현한다(민통련창립20주년행사위원회, 2005, 245쪽).

기조를 유지하고 있으며 내용적으로 민족, 민주, 민중이라는 삼민주의 이념에
입각해 있는 것으로 이해된다. 삼민주의에 대한 이해를 위해 1984~1985년의
시기에 민족민주운동에서 나타난 변혁론상의 인식은 다음과 같이 요약된다.

첫째, 변혁운동의 대상이 되는 한국사회 지배체제는 독점자본과 군부파시
즘 및 제국주의로 구성되어 있다는 인식이다. 그래서 제국주의, 독점자본, 군
부파시즘과 민중의 모순이 당대의 주요 모순이며, 이러한 모순을 극복하고자
하는 사회운동은 '삼민혁명'(민족 · 민주 · 민중혁명)의 성격을 갖는다는 것이다.

둘째, 이 시기 변혁운동 주체는 노동계급을 지도계급으로 하는 민중이 되
어야 하며 이 민중에 대한 자본주의적 수탈구조의 극복이 사회운동의 목표
가 된다는 인식이 확산되었다.

셋째, 이처럼 변혁운동의 대상, 주체, 전망에 대한 인식이 심화되면서 변
혁운동의 경로 및 방법과 관련한 '전략 · 전술'적 논의가 확산된다.

즉 이 시기에 운동가들의 수준에서나마 한국사회운동이 '삼민혁명'이라는
인식이 명확하게 정착되면서 일정하게 합의되었다고 할 수 있다.[37] 즉, 삼
민주의는 민중민주주의 민족혁명을 의미하는 것으로 이 시기에 학생운동
등 사회운동의 이념으로 자리 잡았고 민정당 정권에 의해 좌경이념으로 매
도되기도 했다.[38]

5. 부민협의 조직과 인적 구성

부민협의 조직은 1차적으로 정관에 의해 규정되는데 이 정관은 정세의 변

---

37) 조희연, 1990, 21쪽.
38) 황의봉, 1986, 63~88쪽.
   1985년 6월 29일 경찰은 전국 9개 대학을 기습 수색하여 삼민투위 간부 등 66명을
   검거하고 유인물 등 8만여 점을 압수하였다(부산민주운동사편찬위원회, 1998, 745쪽).

화와 필요에 따라 수차례 개정되었다. 즉 1985년 5월 3일에 제정된 정관은 86년 5월, 87년 4월, 88년 5월과 12월 등 4차에 걸쳐 개정되었다. 개정의 내용을 보면 세부 조항의 손실과 함께 조직 구조의 변화를 반영한 것이다.

초기의 조직 구조는 회장(송기인 신부), 부회장(우창웅 장로, 박순금 장로)과 11인의 상임위원이 있고, 민주발전분과 등 8개의 분과가 있어 상임위원 중 8인이 각 분과의 책임을 맡았으며, 1인의 감사와 1인의 사무국장(허봉) 그리고 사무국 산하에 총무부(김재규), 사회부(이성조), 홍보부(이호철)의 3개 부서가 실무진을 구성했다.[39]

이후 1986년 5월 총회에서 개정된 조직 구조는 회장(최성묵 목사), 부회장(김희로 시인)과 10인의 지도위원을 신설하고, 9인의 상임위원과 7개 분과를 책임지는 분과위원을 분리하였으며, 감사를 2인으로 하고 사무국은 국장(김재규), 차장(고호석)으로 개편하였다.[40]

1987년 4월 총회에서는 회장(최성묵 목사), 부회장(김희로 시인, 우창웅 장로), 8인의 상임위원과 2인의 감사를 두고 사무국장과 차장은 전기와 동일하였다. 1987년의 조직구조는 1986년에 비해 더 집행력을 강화하는 쪽으로 정비되었다고 보인다.

1988년 5월의 정기총회 자료집에는 조직 개편에 대한 내용이 없는 것으로 보아 이후에는 종전과 같은 구성으로 계속된 것으로 보인다.

다음으로 부민협의 인적 구성을 살펴보자.

먼저 1985년 5월 3일에 발표된 부민협 발기인을 살펴보면 전체 30명의 발기인 중 종교인이 18명으로 60%를 점하고 있고, 다음으로 변호사가 4명, 전직 언론인 2명, 예술인 5명, 개인 사업자 1명 등으로 구성되어 종교인이 압

---

39) 이 시기에 민주발전분과, 통일문제분과, 인권문제분과, 문화관계분과, 노동문제분과, 민생문제분과, 여성관계분과, 청년관계분과 등 8개 분과가 있었다(민주시민 제3호, 1986, 32쪽).

40) 이 시기에는 통일분과, 민생분과, 청년분과, 인권분과, 문화분과, 공해분과, 여성분과 등으로 일부 분과의 통폐합이 있었다(부민협 안내 자료).

도적으로 다수를 차지하였다.

부민협 출범 이후 조직의 상층을 구성하는 회장단, 지도위원, 상임위원, 분과위원 등은 종교인, 법조인 등 재야의 명망 있는 인사들로 충원되었다. 이들 인사들은 주요한 정책을 결정하거나, 실무활동을 지원하는 역할, 실무 활동을 보호하는 울타리의 역할 등을 제공하였다. 이들의 당시 연령은 대략 40대에서 50대에 걸쳐 있었다. 그리고 조직의 실무를 책임지는 실무진들은 주로 학생운동을 했던 청년활동가로 충원되었으며, 회원들은 다양한 시민층으로 구성되었다.[41] 회원들은 학력이나 직업 등이 다양했으며, 연령층은 20대, 30대의 청년층이 가장 많았지만 50대의 회원도 있었다.[42]

부민협의 회원 구성을 파악하기 위해 부민협 동지회의 회원 자료를 분석해 보면 다음과 같다.[43] 현재 확인되는 56인의 회원들의 계층별 분포를 보면 학생운동 출신자이거나 사회운동 단체의 실무자 등이 14명(25%)이며, 자영업자 16명(28.6%), 사무직 및 생산직 노동자 10명(17.9%), 대학생 6명(10.7%), 교사 및 강사 3명(5.4%), 농민 1명(1.8%), 무직 1명(1.8%), 빈민 등 기타 5명(8.9%) 등으로 대다수는 일반 시민 가운데 민주화를 열망하는 각계각층의 사람들로 이루어졌음을 알 수 있다. 이러한 인적구성으로 볼 때 부민협은 민주화운동의 대중화라는 당시 정세의 요구를 상당 부분 달성하고 있었다고 하겠다.

부민협의 회원 규모는 1987년 6월항쟁 이전에 이미 100명을 넘었다. 보다 구체적으로 말하면 회원 명단에 올려진 회원들이 80여 명이었고 회원 명단에 올리지 못했지만 회원으로 활동한 사람이 20명 이상이었다. 회원 명단에 이름을 올릴 수 없었던 사람들은 신분이 노출되면 불이익을 받을 가능성이

41) 고호석 구술, 2010.
42) 온천장에서 옷 장사를 하던 한 회원(서정만)은 50대의 연령층임에도 청년들과 함께 유인물을 뿌리고 시위에 참여하기도 했다고 한다(김재규 구술, 2011).
43) 부민협 동지회원은 당시 부민협 회원을 온전히 망라하지 못하는 한계가 있으나 대략의 경향을 살피는 데는 큰 문제가 없다고 판단한다.

많은 직업을 가진 회원이나 주거가 일정하지 못한 사람 등이었다.[44] 100명 이상의 회원 중 선전물 배포 작업을 할 때는 최소 20~30명 선, 최대 50~60명 정도까지 동원되었다.[45]

부민협의 주요한 일상 활동은 중요한 정치적 사안이 발생할 때 열리는 집회 혹은 시위가 있으며, 그러한 사안에 대한 선전물의 제작과 배포 작업 그리고 학습 모임과 수련회 등 자체 교육, 훈련 사업 등으로 나누어 볼 수 있다.

부민협의 집회, 시위는 이 시기의 중요한 사안을 모두 망라하고 있으며, 그중에는 메이데이 행사 등 노동운동과 관련된 사안도 있었다. 예컨대 1986년 5월에는 메이데이 행사를 사상공업단지에서 개최할 계획을 세우고 경찰력을 분산할 목적으로 당감성당에서 행사를 공고하였으나 모두 무산되었다. 사상공단의 계획은 사전 정보 유출로 인하여 무산되었고, 당감성당 행사는 경찰의 원천 봉쇄로 모인 사람들이 모두 경찰버스에 강제로 실려 시 외곽에 유기되는 상황으로 끝나고 말았다. 또한 부민협은 1986년의 경성대 진성일 열사, 1987년 황보영국 열사의 분신 사건에 대한 추모행사를 주도하였는데 이는 부문운동이 취약하거나 조직적 부담이 있는 사안은 모두 부민협이 감당하였기 때문이다.[46]

다음으로 중요 정치적 사안에 대한 선전활동은 부민협의 주요한 일상 활동이었다. 중요 사안에 대해 부민협은 '민주헌법 쟁취' '민주정부 수립' '장기집권 분쇄' 등의 선전물을 제작하고 회원을 동원하여 조직적으로 배포하였다. 배포 방식을 살펴보면, 1985년에는 회원들이 2인 혹은 3인이 1조를 이루어 심야 혹은 새벽에 주택가 대문 안에 선전물을 투입하였고, 1986년도에는 심야 시간대가 아닌 저녁 시간에도 배포하였으며, 이후 시위가 격화되는 1987년도에는 서면이나 국제시장 등에서 주간에 공개적으로 기습 배포하고

44) 윤연희 구술, 2011.

45) 양동진 구술, 2010.

46) 양동진 구술, 2010.

경찰이 나타나면 사라지는 식으로 대담하고 다양한 방식으로 전개되었다.[47]

이와 함께 회원들에 대한 자체의 교육, 훈련도 일상적으로 이루어졌는데 학습 모임, 수련회가 대표적인 활동이었다.

학습모임은 3개가 조직되었는데 한 모임에 약 5~6명의 회원이 참석하였고 모임은 학생운동 출신의 실무자가 주도하였다. 모임에서 다루어진 내용은 기초적인 사회과학 서적, 예컨대 『철학의 기초』, 『한국근현대사』 등을 읽고 토론하였으며, 정치적인 주제와 함께 문학적인 주제를 다루기도 했다고 한다.[48] 학습 모임이 이루어진 장소는 회원들의 자취방 등 은밀한 곳이 선택되었다. 이러한 회원 내부의 학습 모임 외에 이 시기에 학생운동이 태동하기 시작하던 지역 대학의 요청을 받아 대학생들을 학습시키는 역할을 한 경우도 있었다고 한다. 이와 관련하여 회원이 경영하던 서면의 사회과학 전문서점이 회원들의 학습을 돕는 역할을 하면서 만남의 장소로도 활용되었다.[49]

학습모임과 별도로 수련회, 회원 만남의 날 등이 있어서 회원들이 정기적인 모임을 가졌는데 6월항쟁 이전 시기에는 그런 모임들 외에도 일상적으로 회원들이 자주 만났다고 한다. 그렇게 된 이유는 첫째는 회원 가운데 시간의 제약을 덜 받는 회원들이 많았고, 둘째 회원들의 자발성과 참여도가 매우 높았기 때문이었다. 회원들 가운데 특히 6월항쟁 이전에 가입한 사람들은 위험부담이 매우 큰 조건을 감수하고자 하는 결의가 강했기 때문에 투쟁에 대한 참여도가 아주 높았다고 한다.[50]

부민협의 회원 조직과 관련하여 주목해야 할 변화는 지역위원회의 조직이다. 회원 활동이 자리를 잡으면서 부민협은 회원들의 거주지를 중심으로

---

47) 위와 같음.

48) 구술자의 기억을 따르면, 학습팀 초기에 이루어진 논쟁 가운데 하나는 '순수문학을 어떻게 평가할 것인가?'라는 주제였으며, 이후 또 다른 주제는 '통일문제와 관련하여 북한 정부를 어떻게 평가할 것인가?'라는 것이었다.

49) 양동진 구술, 2010.

50) 위와 같음.

몇 개 지역에 지역위원회를 조직하였다. 조직된 지역은 부산진구, 영도구, 동래구, 해운대구 등이며 각 지역위원회의 장(지역장)은 회원 가운데 신망 있는 사람으로 성하여 지역 중심의 활동을 추진하였다. 부민협의 비상연락 망은 지역위원회를 중심으로 짜여졌다. 지역위원회에서는 지역 회원들의 정기적 모임과 함께 선전활동 등도 지역 단위로 추진하였다. 이러한 회원 활동들은 공개적인 활동 이외에는 대부분 당국의 감시를 피해서 이루어졌다. 이는 조직의 보안을 위한 불가피한 조치로 이해되었다.[51]

다음으로 부민협이 조직원을 충원한 방식에 대해 살펴보자.

부민협의 실무자들이 조직을 홍보하는 방식은 크게 두 가지였다. 하나는 집회 등 다중이 모이는 장소에서 부민협의 존재를 알리는 것이다. 부민협의 창립총회를 마친 후 당시 일상적으로 열렸던 기도회 등을 통해 부민협을 홍보했다. 가끔은 부민협의 이름으로 기도회를 주재함으로써 간접적으로 홍보하기도 했다. 또한 당감성당을 빌어 부마항쟁 기념식 등을 할 때도 부민협의 존재를 알리고 홍보하였다. 다른 하나는 부민협의 기관지 등 선전물에 부민협의 연락처를 기재하고 시민들의 참여를 홍보하는 방식이었다.[52]

부민협의 회원들이 부민협에 가입한 경로를 보면 대부분이 부민협이 제작, 배포한 선전물을 보고 자발적으로 사무실을 찾아와 가입하였다고 한다.[53] 부민협이 배포한 선전물에는 부민협의 연락처가 명기되어 있어 적극 지지자들의 자발적인 회원 가입을 가능하도록 하였다.

예를 들면 이왈신은 당감성당에 다니던 평범한 시민이었는데 광주항쟁 비디오를 보고 충격을 받아 함께 행동할 단체를 찾던 중 월간지 『신동아』의 뒷면에 실린 부민협의 전화번호를 보고 찾아가 회원이 되었다.[54]

---

51) 양동진 구술, 2010.
52) 윤연희 구술, 2011.
53) 양동진 구술, 2010.
54) 부산대학교 부산울산경남지역 산업 및 문화전문인력양성사업단, 2007, 205~208쪽.

한편 시위를 통해 참여한 사례도 있다. 이병환은 부민협이 주도한 시위에 참여하였다가 부민협의 존재를 알게 되어 스스로 부민협 사무실을 찾아가 가입하였다.[55]

이처럼 부민협이 활동하던 시기는 반독재 민주화운동의 고양기였기 때문에 조직 확대를 위해 크게 노력하지 않아도 적극적 지지자들의 자발적 참여가 많았음을 알 수 있다. 부민협은 이들 신참자들을 소모임 또는 지역위원회를 통해 활동 공간을 마련하고 회원들의 활동을 고무하였다.

한편 자발적으로 모여드는 사람들을 무조건 환영할 수만은 없었던 것이 당시의 상황이었기 때문에 실무자들은 새로 온 회원들에 대해서는 일단 대화를 통해서 가입 동기 등을 듣고 심증으로 판단했다. 다른 회원의 소개로 가입한 경우는 다르지만 그렇지 않은 경우에는 혹시 경찰이나 정보기관의 프락치가 아닌지 일단 경계심을 갖고 확인하는 과정이 필요했던 것이다.[56]

6. 부민협의 재정

다음으로 부민협의 재정구조를 살펴보자.

부민협의 정관에 의하면 재정은 회원의 회비 및 찬조금, 기타 수입으로 이를 충당한다고 규정되어 있다. 이에 따라 회비가 일정하게 책정되어 있기는 했지만 회비 수납은 거의 이루어지지 않았다. 회원의 대부분이 형편이 어려웠기 때문이었다. 그래서 재정은 거의 전적으로 회장단이나 상임위원들의 찬조금으로 충당되었다.

송기인 신부가 회장을 맡았던 초기에는 윤연희 간사를 대동하고 송신부가 가톨릭 신자 중에서 회비를 낼 수 있는 사람들 20여 명을 직접 방문하여

---

55) 이병환 구술, 2007.
56) 김재규 구술, 2011.

회비를 수납한 적도 있었다. 그리고 그 명단을 윤 간사에게 주고 매달 정기적으로 회비를 받도록 했고 다음 달 다시 그들을 방문하여 한차례 회비를 받는 것을 끝으로 더 이상 지속할 수 없었다.[57]

이후에는 회장인 송신부가 내는 찬조금으로 재정을 꾸려나갔다. 부민협의 재정 상황은 상임위원회에서 보고되기 때문에 회장이 상황을 판단하여 적절한 시기에 한 번씩 찬조금을 내 주었다. 당시로서는 큰돈인 100만 원을 받은 적도 여러 차례 있었다. 그 밖에 우창웅 장로, 소암 스님 등 상임위원들이 찬조하는 경우도 있었다. 조직 유지를 위해 소요된 비용 중 가장 큰 부분은 기관지의 발행, 집회나 행사에 들어가는 비용이었고 나머지는 사무실 유지비였다. 실무자들에게는 서울 등에 회의하러 갈 때 필요한 출장비 정도만 지급되었고 활동비도 거의 없었다. 활동비는 못 주더라도 점심값과 차비 정도는 줘야 한다고 생각했지만 그마저도 어려웠다.[58]

송기인 신부가 미국으로 출국한 이후에도 여전히 재정은 회장단이나 상임위원들의 찬조금에 의존하였는데 가장 찬조금을 많이 낸 상임위원은 노무현이었다. 1987년 초 박종철 고문치사사건에서 6월항쟁에 이르는 기간 중에 부민협 사무국은 재정사업으로 백범 김구 선생의 글씨를 표구한 액자를 만들어 판매하였다. 백범이 쓴 '민족통일'이라는 붓글씨를 전사하여 표구상을 하는 회원을 통해 원가로 액자를 제작하였다. 이 액자를 노무현 당시 변호사가 다른 변호사들에게 개당 10만 원씩을 받고 팔아서 400만 원 가까운 큰돈을 만들어 주어 큰 도움을 받았다고 한다.[59]

참고로 1987년으로 추정되는 기간의 재정 상황을 살펴볼 수 있는 자료를

---

57) 가톨릭 신자들은 신부님의 안면 때문에 회비를 내었으나 그 취지를 이해했던 것 같지는 않았고 윤 간사는 부민협의 활동을 어떻게 설명해야 할지 난감했다고 한다. 신자들의 태도와 시대적 제약 때문에 결국 회비를 받기 위한 방문은 한 번에 그쳤다(윤연희 구술, 2011).

58) 윤연희 구술, 2011.

59) 김재규 구술, 2011.

보면 다음과 같은 기록이 있다.[60]

총무국 예산 편성 기획안

◆ 선전홍보물

1) 전단, 포스터, 리플릿, 스티커 : 3회에 걸쳐 회당 50만 원 씩 150만 원

2) 민주부산(8절 양면, 호외형식으로) : 3차에 걸쳐 회당 4만 장 약 50만
         원 총 150만 원

총 300만 원

◆ 활동비

1) 실무자 : 최병철, 박재율 20만 원

2) 홍보팀 : 민주부산 야간 작업 시 1인당 5천 원, 6명 3회 총 9만 원→
         약 10만 원

3) 제작팀 : 10만 원

4) 기타 활동비 : 10만 원

5) 자원봉사자 활동비 주당 3천원(전일 봉사자에 한해), 4주, 20명 총
         24만 원

식대 1천 원, 20명, 30일 총 60만 원

총 134만 원

◆ 사무실 유지비 (임대료 30만 원 별도)

1) 집기 20만 원

2) 복사비, 유지비 20만 원

3) 기타 예비비 10만 원

총 50만 원

◆ 조직유지비

50만 원

---

60) 이 자료는 이 시기에 회계를 담당했던 강미경 씨가 부산민주항쟁기념사업회에 기
    증한 수첩의 내용을 정리한 것이다.

　　총액 : 홍보물 인쇄비 3백만 원
　　　　　활동비 134만 원
　　　　　사무실 유지비 50만 원
　　　　　조직 유지비 50만 원(연필로 괄호 속에 예비비라고 기재)
　　　　　계 534만 원

　이 자료를 보면 1987년 부민협의 활동비는 500만 원 이상으로 추정할 수 있는데 수입에 대한 내용을 보면 회비보다는 성금 등의 명목으로 들어온 액수가 압도적으로 많고 그중에서도 노무현 당시 상임위원의 기여가 가장 컸다. 1987년경에는 부민협 초창기에 비해 재정 사정이 나아졌음을 알 수 있는데 활동가들에게 20만 원 정도의 활동비를 줄 수 있었다는 것도 한 가지 지표가 되겠다.[61]

　활동이 가장 활발했던 1987년을 지나면서 부민협의 활동은 이전에 비해 현저히 약화되었고 이는 재정 상황에도 그대로 반영되었다. 1988년 6월부터 12월 사이의 재정보고 자료를 보면 그 기간 중 월 평균 회비 수입금은 20만 원이었고, 연말까지 잔액 4만 2천 원 외에는 모두 지출되었다. 중요한 지출 항목을 보면 임대료가 월 7만 원 내지 10만 원이며, 행사분담금이 거의 매달 5만 원 혹은 10만 원씩 지출되었으며, 통신비, 소모품비 등이 지출의 주요 항목이었고 실무자 활동비는 2회에 걸쳐 10만 원씩 지급한 것이 전부였다. 이 시기에는 선전지나 기관지의 발행이 없었기 때문에 인쇄물에 들어간 비용은 총회 자료 제작비 3만 원뿐이었다. 즉 이 시기에는 6월항쟁 이전에 비해 활동이 현저히 줄어들었음을 알 수 있다.[62]

---

61) 참고로 이 자료에 나타난 당시 부민협의 실무자들에게 지급된 활동비를 보면 1987년의 경우 20만 원으로 나타난다. 이 금액을 1987년 당시 무역진흥공사에서 밝힌 한국 노동자의 월 평균임금 452달러(약 33만 5천 원)와 비교하면 대략 60% 정도를 지급한 셈이다(『한겨레신문』 1988. 5. 24).
62) 제5차 정기총회 자료집.

7. 부민협과 민통련의 관계

부민협은 출범 후 1985년 9월 20일, 5개의 다른 지역운동단체와 함께 민통련에 가입하였다.

민통련은 1985년 3월 29일에 창립하였는데 이 때 가맹한 지역운동단체들은 민통련 경북지부, 민통련 강원지부, 민통련 서울지부, 민통련 경남지부 등 4개 단체였다. 이후 3월에 가맹하지 않은 민청련, 민불련, 서노련, 한국기독교 농민회 총연합회, 한국기독교노동선교협의회 등과 함께 인천지역사회운동연합, 충남민주운동협의회, 충북민주운동협의회, 전북민주화운동협의회, 전남민주청년운동협의회 등 지역운동단체와 함께 부민협은 9월 20일에 가맹하게 된다.[63]

흥미로운 것은 3월에 가입한 지역운동단체들은 그 명칭이 모두 민통련의 지역 지부로 표현된 데 반해, 9월에 가입한 단체들은 독자적 명칭을 쓰고 있는 점이다. 민통련은 같은 명칭을 쓰고 지역 지부의 형식을 취해 달라고 요구했지만, 부민협은 독자의 명칭을 고집했다.[64]

이와 관련하여 송기인 신부는 5·18항쟁 이후 전국의 많은 인사들과 함께 새로운 연대를 모색했으며, 문익환 목사 등과 자주 만나 민통련 구성을 위한 논의를 했다고 한다. 그리고 민통련이 결성된 이후 부산의 동료들과 의논한 결과 민통련 부산지부 형식의 조직은 포기하고 개인 자격으로 민통련에 참가하기로 했다고 한다.[65] 다시 말하면 부산에서 결성한 부민협은 당초부터 독자적인 조직으로 출범하였으며, 이후 타 지역의 지역운동체들과 함께 1985년 9월 20일 민통련의 가맹단체로 참가할 때도 독자성의 유지를 전제한 것이었다. 이처럼 지역의 독자성을 강조하는 태도는 경험에서 나온 것

---

63) 성유보, 2005, 338~339쪽.
64) 고호석 증언, 2010.
65) 송기인, 2008, 『국제신문』.

이었다. 요산 김정한은 1970년대 엠네스티운동을 하면서 부산지부에서 모금을 해서 중앙에 보내는 방식의 운동에 반대했다고 한다. 자원이 많은 중앙이 지역을 지원해야지 지역이 중앙을 위해 존재할 수 없다는 데 송신부를 비롯해서 원로 그룹부터 공감했다고 한다.[66] 또한 실무 차원에서도 민통련은 부마항쟁의 도시 부산과 5·18의 도시 광주에 대해서는 독자성을 존중하는 분위기였다고 한다.[67]

그러나, 부민협은 정치적 노선에서는 민통련과 공동보조를 맞추어 나갔다. 즉 개헌투쟁 등 매 시기의 정치적 쟁점에 대해서는 상호 조율을 통해 합의해 나갔다. 또한 회원 활동과 관련하여 민통련의 수련회 등에는 부민협에서도 소수지만 회원과 실무자를 참여하도록 하였다.[68]

민통련 내의 지역운동단체들은 지역운동협의회(지운협)를 구성하여 1985년 1월부터 한 달에 한 번 꼴로 회동하여 지역 간 정보를 교환하고 민통련의 사업계획과 관련하여 방침을 협의하였다. 그 결과 1985년 9월 민통련 개편 시 사실상 본부 사무처와 지운협 중심으로 재편됨에 따라 지운협이 사실상 민통련의 결정을 주도하기에 이르렀고 이는 1985년 11월 민통련 내 민주헌법쟁취위원회의 발족 이후 전국적으로 확산되기 시작한 민주헌법쟁취투쟁을 주도적으로 이끌어가는 원동력이 되었다.[69]

---

66) "…내가 그때 뭐를 반대했는가 하면 민통련 부산지부 그런 거 하지 말자. 그래 지부 그런 건 하지 말고 이게 그때 보면 엠네스티도 그랬는데 그 뭐 지부, 그래놓으니깐 다 모금 해가지고 회비 받아가지고 서울 다 주얘줘야 돼, 그지? … 이상하게. 서울이 우릴 줘야지, 그지? 어떻게 그렇게 되나? 그게 이제 그 요산 선생 이론인데 서울이 뭐가 많은데, 자원이 많은데, 지방을 그 좀 지원을 해 주야지, 어떻게 전부 너네들 회비가 서울만 가노 말이지, 우리가 이제 다신 그런 거 하지 말고 어쨌든 간에 민통련에 대해서는 내가 마 개인적으로 참석을 하겠다"(송기인 구술/차성환, 2009)
67) 부민협 집담회 녹취록(2011년) 중 이호철의 발언 참조
68) 양동진 구술, 2010.
69) 이우재, 1990, 402~406쪽.

8. 부민협의 성격

이상에서 살펴 본 바와 같이 부민협은 군사독재 하에서 부산지역의 민주역량이 공개적으로 결집하여 전국적 연대틀 속에 함께 하면서 동시에 지역대중의 정치적 진출을 담보하는 역할을 하고자 결성된 조직이다. 부민협의 성격과 관련하여 1987년 4월에 열린 제4차 총회 자료집에는 「부민협의 과제」라는 글 속에 다음과 같이 스스로의 임무를 규정하고 있다.

> 반외세 민족자주화와 반독재민주화를 실현해야 하는 전체 운동에 주어진 과제에서 공개운동에 부과된 임무는 다음과 같이 정리할 수 있다. 첫째, 대중의 정치의식을 고양시키고 정치적 활동의 공간을 확대해야한다. 둘째, 민족민주운동의 이념을 대중에게 선전하여 우리 운동의 상징성을 획득하여 새로운 정치세력으로 부각시킨다. 셋째, 기층민중운동을 적극 지원하여 기층 민중이 우리 운동의 주도적 세력이 될 수 있도록 한다. 넷째, 민족민주운동 내의 다양하고도 광범위한 연대를 창출하여 운동의 통일성을 마련하고 구심력을 강화하는 데 기여한다.(부민협제4차 총회 자료집)

이러한 부민협의 성격은 첫째, 공개적 반합법조직이며, 둘째, 대중조직의 성격을 띠고 있으며 셋째, 정치투쟁을 중심에 두는 정치조직이며, 넷째 민통련과 전략적 연대를 하는 지역조직이며 다섯째, 기층민중운동을 지원하는 조직이라 할 것이다.

먼저, 부민협은 공개적인 조직을 표방하기는 하였으나 전두환 독재정권하에서 합법성을 보장받을 수 없었기 때문에 모든 사업을 공개적으로 할 수는 없었던 반합법 조직이었다. 따라서 부민협의 활동은 공개된 부분과 비공개된 부분을 적절히 배합하여 수행해야 했으며 항상 처벌의 위험을 감수해야 하는 조건 하에서 활동이 이루어졌다. 그러나 이러한 조건은 6월항쟁을 전후로 크게 변화하게 되었다. 6월항쟁 이전에는 반합법적 조직의 성격이 강했으나, 6월항쟁 이후에는 상당한 합법성을 쟁취하게 되었던 것으로 보인다.

둘째, 부민협은 일반 시민(대중)이 참여하여 활동하는 대중조직의 성격을 띠고 있으며 이러한 대중들의 자발적 참여가 관건이었다. 즉 부민협의 회장단을 비롯한 상층부에는 재야의 명망 있는 인사들이 포진하고 있었으며, 실무진은 학생운동 출신의 직업적 활동가들이 맡았고, 회원들은 자발적으로 가입한 다양한 시민층으로 이루어져 있었다. 그리고 조직의 활동력은 이들 시민층 회원들로부터 나왔다. 이같이 부민협은 민주화운동의 대중화라는 시대적 요청에 부응한 조직이었다. 그러나, 대중화의 수준을 보면 여전히 한계가 있을 수 밖에 없었다. 독재정권의 탄압이 일상적으로 가해지고 있던 상황에서 부민협에 참여할 수 있는 시민들은 한정적이었다. 즉 부민협의 회원들은 일반 시민 가운데 가장 정치의식이 높고, 실천의지가 강한 시민들로 구성될 수 밖에 없었다. 따라서 부민협의 회원들은 일반 대중이 아니라 대중 가운데 가장 정치적으로 의식화된 선진적 대중이었다고 할 수 있을 것이다. 따라서 부민협은 일반적인 대중조직이 아니라 선진적 의식을 가진 대중들의 조직, 달리 말하면 전위조직은 아니지만 전위적 대중조직이라고 할 수 있을 것이다.

셋째, 부민협은 정치투쟁을 전면에 내세우는 정치단체로서의 성격을 분명히 하는 정치적 대중조직이었다. 이 점은 부민협의 선언문이나 강령, 규약에 명시되어 있다. 부민협의 목적은 자주적 민족통일, 진정한 민주주의의 실현이며 이를 위해 부민협은 다양한 형태의 정치투쟁을 지속적으로 실천하였다. 이러한 정치투쟁을 통해 부민협은 자신의 존재를 부산 시민들에게 알리고 의식 있는 선진적 대중들이 참여할 수 있는 기회를 제공하였다.

넷째, 부민협은 지역운동조직으로서 민통련의 하부 단체가 아니라 민통련과 전략적 제휴를 하는 조직이라 할 수 있다. 즉 부민협은 민통련과 별개로 조직되었고 가맹단체로서 공동보조를 취했으나 독자성을 유지하는 조직이었다.

다섯째, 부민협은 기층민중운동이 민족민주운동의 주도세력이 되어야 한다고 인식하고 이를 위해 기층민중운동의 지원에 의식적으로 노력하였다. 도시영세민들의 철거반대투쟁이나 노동자들의 투쟁을 적극 지원한 것은 그런 노선에 따른 것이었다.

다음으로 부민협을 양서협동조합 및 민주헌법쟁취국민운동본부와의 관계를 간단히 살펴봄으로써 그 성격을 보다 분명히 하고자 한다.

부산지역에서 부민협 이전에 있었던 공개적 대중조직으로서는 1978년부터 부마항쟁 때까지 존속했던 양서협동조합(이하 양협으로 약칭)이 있었다. 양협은 1978년 4월 부산에서 시작되어 전국의 6개 도시로 전파되었던 소비자협동조합이다. 그러나 양협은 그에 머물지 않고 시민문화운동, 인간회복운동을 표방했다. 즉 외견상 양협은 비정치적 문화운동, 경제운동의 성격을 띠고 있었지만 실질적으로는 민주화운동의 저변 확대를 위한 대중조직이라 할 수 있다. 그 근거는 첫째, 주도세력이 민주화운동 세력이었고, 둘째, 조직의 기초 사상이 대중민주주의이며, 셋째, 조직의 활동 내용이 체제비판적이며, 넷째, 조직들이 대개 권력의 탄압으로 해산되었다는 점을 들 수 있다. 이러한 양협은 1970년대 지식인, 대학생 중심의 민주화운동의 대중적 확산을 위한 매개체로 기획되었고 그러한 기획 의도는 대단히 성공적인 결실을 거두었다. 많은 지역에서 양협은 민주화운동의 배양기 역할을 하면서 다양한 시민들의 참여를 이끌어내었다.[70]

양협과 비교하면 부민협은 참여자의 숫자라는 양적 측면에서는 더 소수였지만, 질적 측면에서는 뚜렷한 차이가 있었다.[71]

첫째, 부민협은 조직의 형식에서 협동조합이 아닌 정치운동조직으로서 분명한 성격을 갖고 있으며, 둘째, 조직의 지위에 있어 외견상 합법조직이었던 양협에 비해 부민협은 반합법조직이었으며, 셋째, 부민협의 이념은 사회개

---

70) 차성환 2009, 45~46쪽.
71) 부산 양협의 조합원은 1979년 9월 현재 500명을 상회한데 비해, 부민협의 회원은 최대로 잡더라도 100명을 조금 웃도는 정도였다.

량이 아닌 변혁운동을 지향하고 있었으며, 넷째, 참여한 대중들의 수준에서
부민협은 양협보다 의식적, 실천적 선진성이 뚜렷한 시민들의 집결체였다
양협과 부민협은 1970년대와 1980년내 한국민족민주운동의 질적 발전을 반
영하고 있다고 할 수 있다.

　다음으로 부민협과 민주헌법쟁취국민운동본부(국본)과의 관계를 간단히
살펴보자. 부민협에서 국본으로 전환하는 과정은 아주 자연스러운 것이었
다. 5공 독재정권과의 전면적 대결을 앞두고 최대의 정치연합체인 부산 국
본의 중심에 부민협이 위치하는 것은 너무나 당연한 것이었다. 다른 여러
단체 가운데서도 부민협이 정치투쟁의 기치를 가장 선명하게 내걸었기 때
문이다. 부민협의 사무실은 바로 국본의 사무실로 전환되었고, 부민협의 실
무자와 회원들이 국본의 손발이 되었다.[72] 부민협의 회장인 최성묵 목사가
공동대표를, 상임위원이자 지도위원을 맡았던 노무현 변호사는 국본의 상임
집행위원장을 맡았고, 김재규, 고호석 등 부민협의 실무자들도 상임집행위
원으로 참여하였다. 조직체계가 국본으로 전환되면서 부민협은 지역의 각
부문운동을 아우르는 역할을 하면서 야당과 종교운동과의 원만한 조율을
이루어가야 했다. 6월항쟁의 전 기간에 걸쳐 이러한 역할은 매우 성과 있게
진행되었다. 조직 위상이 다른 국본과 부민협은 당연히 그 역할과 기능이
다른 것이지만 부민협은 국본을 통해 자기가 가진 역량을 충분히 발휘하였다.

9. 맺음말

　6월항쟁에서 부산 국본을 실질적으로 이끌어갔던 부민협은 13대 대통령
선거 이후 특히 1990년 이후 활동력이 현저히 저하하면서 소강상태에 접어

---

72) 양동진 구술, 2010.

들었다가 자연스럽게 해소되고 말았다.

그 원인은 첫째, 대통령 선거를 둘러싼 민족민주운동 진영의 분열이 조직의 구심력을 현저히 훼손한 때문일 것이다. 이는 민통련의 경우도 같은 이유로 결국 새로운 조직적 대안을 형성하는 계기가 되었고 1989년 1월 전국민족민주운동연합(전민련)이 새롭게 결성되었다.

둘째, 6월항쟁이 만들어낸 합법 공간의 확대가 반독재 민주화운동을 중심으로 배치되었던 기존의 운동 지형을 변화시켜 다양한 부문 운동으로의 분화가 시작되었기 때문이다. 전민련의 결성과 함께 부산민주청년회(부민청) 등 청년운동 그리고 경실련, 환경운동연합, 참여연대 등 시민운동이 1990년대와 함께 등장하기 시작했다.

셋째, 민주화운동의 분화와 함께 핵심 지도부의 분화가 있었다. 노무현, 김광일 두 변호사는 1988년 4월 총선에 출마하여 국회의원으로서 정계에 진출했다. 이호철 등의 실무자도 보좌진으로서 함께 이동했다. 부민협 회장을 맡았던 최성묵 목사도 1990년대 초, 신민주연합당 부총재로 정계에 입문했다. 그리고 고호석·윤연희 등은 복직을 통해 교단으로 갔고 교육운동에 적극 참여하였다.

이처럼 6월항쟁과 13대 대선은 1980년대와 1990년대를 가르는 분수령이었으며 부민협은 1980년대 중후반, 6월항쟁에 이르는 시기의 상황을 가장 잘 반영한 조직이었다. 어쩌면 부민협은 부산의 6월항쟁을 위해 태어난 조직이었다고 할 수 있을 것이다. 부민협 결성 당시, 누구도 6월항쟁을 예견했던 것은 아니었을 것이나 결과적으로 부민협은 부산의 6월항쟁을 주도한, 매우 잘 준비된 조직으로서 자기 역할을 충실히 다 하였다.

2016년 박근혜 게이트로 변화된 지형 속에서 한국의 시민사회운동은 새로운 변화를 모색하고 있다. 이 시대가 요구하는 운동 조직은 어떤 것인가에 대한 모색과 성찰이 어느 때보다 절실하다 할 것이다.

참고문헌

〈단행본〉

고호석, 「부산지역의 6월항쟁」, (사)6월민주항쟁계승사업회 편, 『6월항쟁을 기록하다』, 서울: (사)6월민주항쟁계승사업회, 민주화운동기념사업회, 2007.

김석준, 「6월항쟁 주체의 계급적 성격」, 초의수 편, 『한국 민주주의와 부산의 6월항쟁』, 부산: (사)부산민주항쟁기념사업회, 1997.

부산대학교 부산울산경남지역 산업 및 문화전문인력양성사업단. 『6월민주항쟁 증언록』, 부산: 부산민주항쟁기념사업회 · 민주화운동기념사업회 · 민주공원, 2007.

부산민주운동사편찬위원회, 1998.『부산민주운동사』, 부산: 부산광역시.

부산지역 유월항쟁 자료발간위원회, 1995, 『6월항쟁 – 자료모음집』, 부산: 도서출판 유월자료.

성유보, 「민통련의 민중민주주의」, 민통련창립20주년기념행사위원회, 『민 · 통 · 련』, 서울: 영신사, 2005.

이우재, 「80년대 지역운동의 정립과 그 발전」, 조희연 편, 『한국사회운동사』, 서울: 도서출판 죽산, 1990.

이재화, 「통일전선운동」, 월간 사회와 사상 편, 『80년대 사회운동논쟁』, 서울: 한길사, 1989.

임희섭, 『집합행동과 사회운동의 이론』, 서울: 고려대학교 출판부, 1999.

서중석 · 김상봉 · 정태석 · 한홍구 · 이은진 · 조정관, 『부마민주항쟁의 역사적 재조명』, 부산: 도서출판 대성, 2009.

조희연.「80년대 한국사회운동의 전개와 90년대의 발전 전망」, 조희연 편, 『한국사회운동사』, 서울: 도서출판 죽산, 1990.

조희연 편.『한국사회운동사』, 서울: 도서출판 죽산, 1990.

차성환, 「양서협동조합운동의 재조명」, 부마민주항쟁30년사업추진위원회, 『한국의 민주화운동과 양서협동조합 심포지움 자료집』, 2009.

채만식.「통일전선운동의 전개」, 조희연 편, 『한국사회운동사』, 서울: 도서출판 죽산, 1990.
편집부 엮음, 『80년 전후 격동의 한국사회 1』, 광주: 사계절, 1984a.
편집부 엮음, 『80년 전후 격동의 한국사회 2』, 광주: 사계절, 1984b.

<1차 자료>

고호석 증언, 차성환 면담, 2010.
구술 녹취록－이병환 구술, 차성환 면담, 2007,
구술 녹취록－양동진 구술, 차성환 면담, 2010.
2011년 부민협 집담회 녹취록.
『민주시민』 2, 3, 4, 5, 6, 7, 9, 11, 13호.
부민협 가입 안내 자료.
부민협 강령.
부민협 정관.
송기인, 「역사와 진실 앞에서－(4) 시민단체들」, 『국제신문』 2008, 3, 16.

2장
부민협 집담회 녹취록 정리[1]

집담회 참석자 : 김재규, 차성환, 이호철, 고호석, 이왈신,
　　　　　　　이흥만, 윤연희, 백영기, 김만석, 김일석, 남기수
사회자 : 전중근(민주주의사회연구소 부소장)
주　　제 : 부산민주시민협의회의 역사적 재조명
일　　시 : 2011년 6월 10일(금) 18시 30분 ~ 22시 50분
　　　　　(녹음시간 : 2시간 53분 24초)
장　　소 : 부산시 중구 영주동 산 10-16번지 부산민주공원 소극장

1. 발제 1과 토론

전중근 : 안녕하세요. 오늘 행사 시작하도록 하겠습니다. 6월항쟁 24주년 기
　념 학술집담회를 개최하겠습니다. 에, 오늘 이 집담회는 6월항쟁 당시에
　중요한 역할을 담당했던 '부산민주시민협의회' 활동에 초점을 두고 오늘
　발표와 토론을 하게 됩니다. 저는 민주주의 사회연구소 부소장 맡고 있는
　전중근입니다. 먼저 민주주의사회연구소 김하원 소장님께서 나오셔서 개
　회 인사 말씀을 하시겠습니다.

김하원 : 반갑습니다. 방금 소개받은 민주주의사회연구소 김하원 소장입니

---

1) 이 글은 2011년 민주주의사회연구소 주관 6월항쟁 기념 학술행사로 진행된 집담
　회 녹취록을 정리한 것이다. 내용의 이해를 돕기 위해 상당 부분 다듬었음을 밝혀
　둔다. ―편집자 주

다. 저희들로서는 참 어렵게 이번 장을 마련했습니다. 어렵다라고 하는
건 사실 연구소가 이걸 계속 계획적으로 조직을 해 왔어야 될 학술행사인
데도 불구하고 이제야 20년이 훌쩍 지나서 작년에 겨우 처음 6월항쟁에
대한 기획을 하게 되었습니다. 그래서 학술 행사를 집담회의 형태로 하기
로 했습니다. 그렇게 된 건 일단 1차 자료가 제대로 정리가 돼 있지 못한
상태입니다. 그래서 오늘 나오신 면면이나 토론자, 사례 발표의 면면들을
보셔서 아시겠지만 대개 당시의 항쟁 참여자, 조직자입니다. 따라서 특별
히 뭐 홍보를 많이 하지 않았습니다. 게다가 오늘 또 서면에서 또 집회가
있고 해서 오히려 그 쪽으로 가도록 여기보다 그 쪽으로 가도록 했습니
다. 여기는 당사자들 중심으로 이렇게 집담회를 조직했습니다.

과거사 정리라고 하는 것은 우리 지역에 있어서 남과 북을 포함해서 단지
과거사를 회억한다든지 하는 그런 의미가 아닙니다. 과거는 바로 여전히
현재의 문제이고 앞으로 미래의 문제와 연동되어 있다는 현실입니다. 이
것이 저희들 남과 북의 정치적 조건이라고 생각이 됩니다. 이러한 현실은
그 연구 역량에도 그대로 반영되고 있습니다. 제대로 20년이 훌쩍 지나서
이제 겨우 6월항쟁에 대해서 조직적으로 학술연구를 하려고 하는, 이렇게
늦게 출발하게 된 배경이 방금 저희들이 말씀 드린, 그러한 저희들의 상
황을 반영하고 있다고 생각합니다. 따라서 우리 민주주의사회연구소가
왜 이렇게 늦게 이런 작업을 시작했느냐에 대한 질책을 마땅히 들어서 부
족함이 없겠습니다만 그럼에도 불구하고 이것이 현실이기 때문에 여러분
들의, 항쟁 참여자들의, 앞으로도 적극적으로 참여해 주실 것을 부탁드리는
의미에서 이런 말씀을 드리게 됐습니다. 잠깐 길어지겠습니다. 사실 이
과거사 영역에 대해서는 전국적으로 움직임이 많이 있습니다. 과거사 정
리 각 위원회들이 작년 부로 다들 문을 닫았습니다. 그러나 많은 문제점
들이 지적되기도 했고 자체 내에서 비판도 하고 하는 그런 모임들이 포럼
'진실과 정의'라는 형태로 지금 엮어지고 있고 잡지를 만들어가는 움직임
이 있습니다. 그리고 현대사 영역에서는 빼놓을 수 없는 구술사 영역에서

창간호가 이미 지난달에 나왔습니다. 전국에서 33개 단체로 활동을 하고 있고 우리 연구소도 그 간사 단체로 활동하고 있습니다. 포럼에도 마찬가지입니다. 그리고 '60년대사 연구회'도 서울의 민기사 연구소, 대구의 인혁재단, 그리고 우리 민주주의사회연구소가 중심이 돼서 또 움직이고 있습니다. 또 7, 80년대 공안 관련 사건에 대한 정치적 사건에 대한, 재심 청구 사건, 청구, 재심 청구와 승소 판결이 속출되고 있고, 이러한 분위기로 봐서 과거사 영역은 과거의 문제가 아니고 현재의 문제이자 앞으로의 문제라는 걸 실감할 수 있는 분위기입니다. 따라서 6월항쟁에서 부산의 역할 지역적 책임을 져야 될 부분이 있다고 생각합니다. 그걸 조직해 내는 게 연구소의 역량이라고 봅니다. 따라서 오늘 행사는 두 분 발제자가 계십니다만, 두 분만이 아니라 사례 발표에 나오실 분들이 좀 더 적극적으로 좀 편하게 발언해 주시기 바랍니다. 따라서 어떤 평가라기보다는 당시에 그 경험했던 자료를 많이 좀 내 주시고 적극적으로 참여해 주시기를 부탁합니다. 감사합니다.

전중근 : 오늘 행사 순서지에 나와 있는 대로 발제 1, 2를 가지고 제1부 행사를 하겠습니다. 발제 1하고 2는 각각 발제자님이 한 15분 정도 해 주시고요, 토론은 한 5분에서 10분 정도 해 주시면 고맙겠습니다.

오늘 어떤 신문에서 그런 구절을 봤습니다. 기자가 6월항쟁에 대해서 아무나 길가는 사람들한테 물어보니까 대부분은 잘 모른다고 대답을 한 거 같습니다. 어떤 사람은 그걸 못 들어봤다 하는 사람도 있고 또 잘 기억이 안 난다 이런 사람도 있고 또 어떤 사람은 왜 그런 걸 묻느냐? 그런 반응을 보이는 사람도 있었다고 합니다. 그런 점에서 역사라고 하는 거는 끊임없이 상기시키고 뭔가 되살려내려고 하는 그런 노력이 없으면 제대로 다시 돌아보기 힘든 게 아닌가, 그런 생각을 했습니다.

차성환 : (발제 원고 내용을 발표함)

전중근 : 부민협 조직과 활동에 대한 연구를 잘 정리해 주신 발표인 것 같습니다. 그러면 여기에 대한 토론을 고호석 선생님께 부탁드리겠습니다.

고호석 : 저는 토론이기 때문에 앞뒤 다 빼버리고요, 요런 걸 살펴봐야 하지 않을까 하는 것을 잠깐 말씀드리겠습니다. 이미 작년에 부민협의 이념 부분에 대해서 1차 거론이 되었고 거기에 대해서는 이번 발제문에서 특별히 추가되는 게 거의 없다고 보아서 주로 조직과 활동 두 가지에 대해서만 잠깐 언급을 하려 합니다.

먼저 조직에 대해서 두 가지 제가 짚었는데요, 하나는 아까 발제자께서 얘기하신 여러 가지 것들은 저도 거의 다 공감을 하고 있기 때문에 언급을 안 했구요. 하나 회원 만남의 날 이게 저는 이 창립이나 뭐 이런 과정에는 논의는 쭉 같이 했지만 86년까지는 엔시시[NCC]인권위원회 간사로 일을 하고 있었기 때문에, 회원 구조 속으로 직접 들어가서 같이 활동을 한 것은 87년이었습니다. 거기다가 하반기는 수배 당하고 뭐 이렇게 되면서 채 1년이 안 되는 동안 회원 구조 속에 들어 있었습니다마는 그래도 제가 본 바로는 이 회원 만남의 날이라는 것이 대단히 중요한 의미를 가졌습니다. 다른 지역모임이라든지 소모임 이런 것도 대단히 중요하고 공식 기구도 대단히 중요하지만, 왜냐하면 거기 기록한 것처럼 당시 대부분의 일반 비종교 운동들, 일반 재야운동이라고 하는 것은 상층 명망가들의 명망성에 거의 의지해 있었습니다. 그리고 회원 구조라고 하는 게 아주 취약해 가지고 회원들이 별로 없거나 안 그러면 그냥 학생 출신의 운동권만 일부 있거나 이런 구조였는데, 부민협은 그 구조가 달라서 자칫 잘못하면 완전히 따로 놀 수 있는, 그래서 상층에 있는 분들은 기층 회원들을 거의 모르고 또 기층 회원들은 무슨 총회나 이럴 때 잠깐 그냥 그 명망가들의 얼굴을 보는 따로 따로 노는 이런 우려가 상당히 컸다고 저는 봅니다. 그리고 실제로 지역모임이나 소모임 이런 것들은 대부분 일반 회원들 중심으로 움직여졌는데, 그런데 이 회원 만남의 날이 제 기억으로는 대연성당에서도 하고 여기저기서 쭉 했습니다. 여기는 제가 세 분만 이름을 거명했습니다만, 주로 이 분들이 제일 많이 참석한 거 같아시 **그렇습니다**. 상임위원 내지는 지도위원 레벨에 계시던 배다지 선생님이라든지 김상찬 선생님, 또는 당시 노무현 변호사 이런 분들은 거의 자주 참석을 하셨어요. 그래가지고 그 분들이 과거에 자기 겪어왔던 경험이라든지 자기 생각 이런 것들을 회원들하고 별로 격의 없이 아주 허심탄회하게 이야기하는 기회가 되어서 회원들로서도 훨씬 자긍심이나 이런 걸, 조직에 대한 애정 이런 것들을 가질 수 있는 좋은 계기가 되었다고 보고요. 여하간 교육의 관점에서나 조직 결속의 관점에서 이 회원 만남의 날을 좀 더 중요하게 판단해야 되는 거 아닌가 하는 저의 판단을 적었습니다.

그 다음에 재정 부분은 당시 여건 자체가 재정을 공식 장부를 남기고 감사를 제대로 하고 할 수 있는 그런 여건이 아니었습니다. 돈 자체가 전부 추적이 들어가면 사람들이 모두 다칠 수 있는 그런 돈이었기 때문이 그래서 장부도 진짜 뭐 시장 아줌마 장부만도 못한 그런 장부를 아주 어렵고 어렵게 유지해야 했고 메모지로 남기고 뭐 이런 거였는데, 그래서 지금 차 선배님의 재정에 대한 발제에도 보면 주로 구술에만 거의 의존해 있습니다. 근데 기억하시는지는 모르지만 6월항쟁 20주년 되던 2007년도에 부민협에서 몇 가지, 그 당시에 치던 전동타자기 하고 몇 가지를 민주공원에 기증을 합니다. 그중에 강미경 씨가 소장하고 있던 수첩, 메모지 이런 것들이 포함돼 있는데, 거기에 보면 6월항쟁 전후시기에 돈과 관련된 여러 가지 메모들이 꽤 있습니다. 이거는 그냥 입으로 전해지는, 또는 기억으로 남아있는 게 아니라 실제 문서로 남아 있는 부분이기 때문에 나름 중요한 의미를 갖지 않는가 생각해서 향후 연구에서는 누가 하시든 간에 이 부분에 대한 검토를 좀 하시면 훨씬 더 생생하고 사실에 가까운 재정 파악을 할 수 있지 않을까 하고 적었습니다.

그 다음에 활동과 관련해서는 제가 네 가지로 적었는데요, 첫째, 학원안정법[學園安定法]이 부분은 기억하시는가 모르겠습니다만 85년 8월에 학생운동이 그 당시 80년, 81년 넘어가면서 지하로 잠복했다가 1983년경부터 서서히 살아 올라오기 시작했고 85년경에는 부산지역에서 학민투[學民鬪], 학원민주화투쟁의 약자가 성공을 하기 시작합니다. 그러면서 학생운동을 누르지 않고서는 자기 정부가 살아남기 어렵겠다는 문제 인식 때문에 일본의 옛날 거를 들고 와가지고 학원안정법이라는 걸 제정하려고 시도를 합니다. 물론 한 달도 안돼서 포기하고 말았습니다만 전국적으로 꽤 싸움이 거세게 일었고요. 부산에서는 당시로서는 드물게 그것도 당감동 구석에 있는 당감성당에서 이걸 했는데 물론 학생이 중심이기는 했지만 300명 이상 되는 시민, 학생들이 모여서 꽤 열기가 높은 집회를 가졌어요. 그리고 이어서 정문에서부터 원천 봉쇄하는 경찰을 뚫고 당감 삼익아파트 있는 앞거리로 시위를 나섰고 일부는 분산해서 다른 데까지 나가는, 꽤나 당시로서는 규모로 봐서 큰 싸움이 한 건 있었는데 그 부분에 대한 언급이 대부분의 경우 거의 다 없어요. 그래서 이걸 한번 언급을 했으면 좋겠다 싶어서 넣었습니다.

그 다음에 정치투쟁, 연대활동 등이 주로 87년 중심으로 언급이 돼 있는데, 이게 얼핏 잘못 보면 전부 부민협이 하고 다른 단체는 따라온 것처럼 이렇게 되어 있어서 자칫 오해를 불러올 수 있는데요, 물론 당시 상황이 부민협이 그런 시선을 받을 수 있는 그런 여건에 있었습니다. 하지만 연대활동이면 연대활동, 또는 국본활동이면 국본활동, 부민협의 독자적인 활동이면 독자적인 활동, 요렇게 좀 구분이 되어야 하지 않을까, 향후 연구에서 그렇게 되었으면 좋겠다는 생각에서 적었습니다.

『민주시민』, 이건 저로서도 중요한 과제라고 생각합니다. 저의 기억에 의하면 처음에는 서울 민청련에서 발행하던 『민주화의 길』처럼 작은 잡지 형태로, 물론 『민주화의 길』에 비하면 훨씬 얇았지만, 간행이 되었습니다. 그래가지고 정세분석부터 시작해서 그렇게 나왔는데 3호인가, 4호인가까지 나왔다가 한동안 쉬었다가 투쟁의 상승기에 접어들면서 타블로이드판 신문으로 옮겨가게 됩니다. 그리고 우리가 흔히 그 6월항쟁 자료나 기록에 보면

6월항쟁, 6월 기간 동안에 『민주부산』이 엄청나게 많은 부수가 거의 매일 뿌려졌다 이렇게 쓰고 있고, 저도 『6월항쟁을 기록하다』라는 책에서 그 비슷한 논조로 썼습니다. 그러나 우리가 실제 남아있는 자료들을 보면, 사실은 『민주시민』을 만들던 팀이 뒤에 『민주부산』을 만듭니다. 물론 팀이 보강되기는 하지만, 주로 부민협 회원들이 중심이고 거기 일부 노동자나 학생운동 선배 이런 사람들이 결합하는 그런 방식이 되는데 그 『민주부산』의 공식 창간호는 6월 26일 자로 되어 있습니다. 사실상 6월항쟁이 거의 마무리되던 시기에 창간이 되는 거고 그 이전에는 보면 5월 말까지는 『민주시민』의 이름을 달고 있고요, 6월항쟁 기간 동안에 국민운동본부가 낸 『속보』라고 하는 형태, 아니면 20일 넘어서서 『민주부산 호외』이런 형태로 나오거든요. 그래서 지금까지 기록을 좀 바로 잡을 필요도 있지만 그 전의 『속보』는 또 사실 꽤 많이 나왔는데 남아 있는 게 별로 많지 않습니다. 그래서 어쩌면 사실을 추적해 가면 민주부산은 6월항쟁 말기, 그리고 7월로 넘어가면서 새로운 의제를 던지고 그 담에 노동자대투쟁에 적극적으로 결합하는, 이런 데 더 중요한 몫을 했고 그 이전에는 민주시민 또는 일반적 이름도 없이 속보라고 불렸던 그런 매체가 적극적인 역할을 했다고 하는 것이 사실에 훨씬 가까운 거거든요. 물론 부산대 총학생회가 냈던 『절규』라든지 또 여러 가지 다른 유인물들이 있기는 한데 국본이나 부민협을 중심으로 본다고 하면 그렇게 얘기할 수 있을 거 같습니다. 그래서 이 부분은 그 당시 이 매체를 만드는데 중요한 역할을 했던 남기수, 이기철, 강미경, 이영남 이런 등등의 사람들이 기억을 재구성하면서 좀 더 사실을 규명해야 하지 않을까, 생각하고요. 그리고 어쨌든 부민협의 활동이라는 건 부민협이 발간했던 『민주시민』이라고 하는 이 매체를 따로 떼어 놓고 얘기할 수 없는 것이다, 하는 생각을 강하게 하기 때문에 강조를 좀 드립니다.

마지막으로 이건 꼭 좀 짚었으면 해서 드리는 말씀인데요. 엊그제 저희들은 최정완이라고 하는 별로 나이 많지 않은 동지 한 분을 또 멀리 보냈습니다. 7, 80년대 운동을 정리하는데 있어서 워낙 엄중한 상황 때문에 실제

문서나 무슨 회의자료 이런 것들이 거의 남아 있지 않고요, 실제 유인물 같은 경우도 저도 이사를 한번 다닐 때 마다 주로 태우고 찢어버리고 온갖 짓을 다 하면서 정말 중요한 사료들을 없애는데 몰두했었기 때문에 지금으로서는 그나마 남아 있는 사료들 그리고 어디 구석에 처박혀 있는 사료들 이런 거 아니면 대부분 기억을 재구성하는 것일 수밖에 없습니다. 그런 면에서 볼 때는, 70년대, 80년대 중후반까지만 하더라도 송신부 님, 최성묵 목사님 그리고 김광일 변호사님이 차지했던 부산 운동에 있어서의 비중은 정말 뭐 지배적인 것이라고 해도 과언이 아니라고 생각합니다. 국제신문 인터뷰라든지 또는 단편적인 이런저런 글들, 안 그러면 송 신부님 『은경축 기념문집』 이런 등등에서, 토막 기억들은 남아있지만 연구자의 연구방식으로 심층 면접을 좀 해서 정말 운동사 기록에 필요한 그런 자료들을 빨리 남기는 것이 필요하겠다. 이미 최 목사님이나 김광일 변호사님은 먼 데 가신 분이 되셨고요, 그분 중에는 송 신부님이 남아계시고 그 외도 중요한 분들이 몇 있습니다만 이 분들의 구술 작업에 무엇보다도 시급하게 관심을 가져야 하지 않을까, 생각이 됩니다.

요런 정도 말씀드리고, 어쨌든 부민협 동지회라고 하는 단체가 지금도 있기는 하지만, 그 당시에 종교운동이 아닌 일반 운동 전체를 포괄하면서 정말 자그마한 단체이면서도 6월항쟁에서 아주 집약적으로, 부산 시내 거리를 다 휩쓸었던 그런 동력을 만들어 내었던 부민협에 대해서 역사를 재구성하기 위해서 계속 연구를 하고 계시는 차성환 선생님께 경의를 표하는 걸로 저의 토론을 마치겠습니다.

2. 발제 2와 토론

전중근 : 부민협 조직과 활동에 대한 보완되어야 될 부분을 중심으로 토론

을 해 주셨습니다. 여기에 대해서 소상하게 검토하고 토론하는 것은 나중에 2부 순서, 집담회에서 이루어져야 될 거 같습니다. 이어서 발제2로 넘어가겠습니다. 김새규 이사장님이 부민협과 국본 그리고 6월항쟁에 대해서 말씀하시겠습니다.

김재규 : 예, 저는 발제 형식보다 대화 형식으로 했으면 좋겠다는 생각을 가집니다. 차성환 박사 발제하셨고 또 고호석 선생님 토론하셨습니다. 저는 짧게 말씀 드리고 2부에 집담회 때 많은 이야기들이 나올 수 있고, 시간이 많이 할애 될 수 있도록 했으면 합니다. 오늘은 부민협의 조직, 이념, 활동이 주가 되고, 국본이나 6월항쟁과의 관계는 이미 10주년, 20주년 때 자료집들이 많이 나왔습니다. 사진도 나오고. 그래서 오늘은 6월항쟁은 아니겠다 싶고 또 여기 계신 모든 분들이 6월항쟁에 직접 참여하셔서 파노라마처럼 24년 전에 그런 상황을 완벽하지는 않지만 기억을 되새기리라 생각합니다. 저는 부민협하면 참 기억에 진하게 남는 게, 차성환 박사도 발제를 했습니다만 각 지역에 언론의 역할을 제대로 할 수 있도록 전단지를 우리 회원들이 직접 배포하는 작업, 그 속에서 아마 누구보다도 끈끈한 그런 그 유대라 할까요, 동지애라 할까요, 이런 게 자리 잡을 수 있었다는 생각이 들고, 동시에 또 시위가 있으면 정말 누구 못지않은 그런 투사로서의 모습을 보였었기 때문에, 나이가 들어서 기억력이 많이 떨어집니다. 죄송합니다마는 그 기억만은 생생하게 남아있다는 말씀을 드리고 싶습니다.

또 6월항쟁을 통해서는 우리 다들 기억합니다만, 6월 18일 이후에 아마 그랬을 겁니다. KBS, MBC를 공격하려고 했는데, 나중에는 집중적으로 KBS의 보도기능이 상실된 데 대한 분노를 표시하는 화염병을 던지려 했던 그런 기억들이 또 생생하게 나고 그렇습니다.

나중에 집담회를 통해서 이런저런 말씀을 더 드리도록 하고요, 6월항쟁의 성격은 제가 요 발제문에 짤막하게 정리해 놓은 대로 제 생각에는 시민민주주의적 투쟁이었고, 시민들이 화염병을 던지고 돌을 던져서 경찰서를 습격했습니다만, 그건 폭력이라기보다도 경찰의 무분별한 폭력에 맞선 최소한의 저항이었다고 생각을 합니다. 전반적으로는 비폭력 투쟁이었다고 말씀드리고. 아까 제가 처음에 말씀드린대로 6월항쟁은 해방 이후에 전국적이고 전국민적인 저항이었다는데 큰 의미가 있는 거 같습니다. 동시에 또 그 이후에 노동자대투쟁을 우리가 만들어내고 결국 시민사회단체들이 많이 탄생하면서 우리의 운동이 분화, 발전되는 그런 기회를 만들었다, 이렇게 6월항쟁의 의의를 생각하면서 제 발제는 여기서 줄이겠습니다. 감사합니다.

전중근 : 바로 이어서 이호철 선생님께 토론 부탁드립니다.

이호철 : 반갑습니다. 너무 오랜만에 보는 분들도 있습니다. 몇 분들한테는 눈인사를 했습니다. 배다지 선생님, 반갑습니다. 제일 어른이신 거 같아서 특별히 인사를 드리고요. 김재규 선배님께서 편하게 얘기하셔서 저도 약간 편하게 얘기를 시작하겠습니다. 저는 살아오면서 3개 승리의 기록과 하나의 쓰라린 기억을 갖고 있었습니다.
하나는 79년 부마항쟁 때 박정희 대통령이 시해되는 날 저는 동래경찰서 유치장에 있었습니다. 제가 10월 18일날 잡혔다가 26일날까지는 보안대, 중앙정보부 끌려다니면서 일주일 가까이 두드려맞고 다니다가 10월 27일 새벽에 조가弔歌가 나옵디다. 경찰서 유치장 안에서, 그래서 '이게 뭐냐?'라고 물어보니까 유치장 안에 있는 경찰이 아무 말을 안 하는 겁니다. 그 당시 처음에는 동래경찰서 안에 400명 비좁게 있다가, 그 다음 C급 한 200명 나가고, 또 B급 100명 나가고, 한 100명 쯤 남아 있을 땐가 그랬는데 그래서 몇 명이 구속되느냐? 이런 와중이었는데 27일 날 조가가 나와서 '어떻게 됐냐?' 물어보니까 이렇게 됐다는 겁니다. 그렇게 해서 일부 국민들은 아주 슬퍼했는지 몰라도 저희들은 안에서 박수를 치고 애국가를 불렀습니

다. 그게 제가 살아오면서 국민과 함께, 대중과 함께한 승리의 기억, 하나이고요.

두 번째는, 서는 6·29에서 승리의 기억을 가졌다기보다도 바로 여기 밑에 가면 24년 전, 6월 17일, 18일, 19일, 20일, 저희들 아마 길거리에서 거의 밤 새다시피 했는데, 청중석에 계신 분들 중에도 고관 뒤 길바닥에서 저하고 같이 잤던 분이 아마 있지 않을까 싶은데요. 침례병원 뒤쪽 편으로 몰려서 골목에 숨어 있다가, 그 다음 택시 기사가 기름 잔뜩 싣고 오면 소주병을 슈퍼마켓에서 얻어서 밤새 또 화염병 만들어서 가톨릭센터에 또 농성을 하고 있으니까 거기로 쳐들어가자고 새벽 5시에 갔는데, 날짜는 정확하게 모르겠고요. 헬기가 떴습니다. 그리고 밤새 폐타이어도 타고 있었고요, '아, 광주가 이렇게 했겠구나, 잘못하면 우리도 위수령이 떨어지든가 어쩌면 목숨을 걸어야 될 지도 모르겠구나.' 라고 했던 그 기억이 벌써 24년 전이네요. 어쨌든 아침에, 저는 화염병 잘 던질 줄 모릅니다. 멀리도 안 나가고요. 저는 구경만 했습니다. 화염병 만든 적도 없고요. 그래가지고 그 부산역 앞을 뚫고 저 영주동으로 해서 가톨릭센터로 넘어가는데 결국 경찰에 막힙니다. 막혀서 다시 저희들은 후퇴할 수밖에 없었는데 아마 그 어느 날 아침에 있었던 친구들이 대부분 다 이제 중년을 넘어서, 그 당시 스무살이었으면 이제 마흔 넷, 마흔 다섯, 아마 오십까지도 오지 않았을까. 그래서 여기 계신 분도 아마 그 당시는 만나지 못 했어도 고관 뒷골목에서 같이 잤던 친구들, 길거리에서 같이 잤던 친구들 아닌가 싶습니다.

세 번째는 2002년 대통령 선거였구요. 그건 뭐 굳이 이야기할 필요 없을 것 같습니다.

6월항쟁 그러면 제가 어려울 때 어쨌든 힘을 나게 해 주는 그런 부분입니다. 그래서 이런 자리를 빌어서 여기 같이 일했던 친구들 그리고 선배님들 하고 같이 이야기하게 돼서 기쁩니다. 제가 워낙 오래간만에 이런 데 와서 반갑고 죄송합니다.

이제 토론으로 다시 들어가면, 저는 아까 차성환 선배님께서 가능하면 토론보다는 몰랐던 사실이나 이런 게 있으면 얘기를 많이 좀 해달라고 주문을 하셨습니다. 그래서 먼저 부민협 명칭과 관련해서, 김정한 선생님은 그렇게 얘기하셨지만 당시 부산민주시민협의회와 민통련 부산지부, 이런 논쟁에 있어서, 부산이나 광주, 부산은 부마항쟁의 도시이고 광주는 광주항쟁의 도시라서 아주 자부심이 강했고 실제 민통련 회의에 가면 상당히 인정을 받기도 했습니다. 열심히 싸웠던 민주화의 도시, 이런 기억들이 있어서 그다지 많이 민통련 부산지부로 해야 된다, 이런 얘기는 별로 없었던 거 같습니다. 실무급에서도 이야기 했을 때, 우리는 '부산민주시민협의회'로 하겠다, 라고 했을 때 그다지 중앙에서 이견을 달지 않았던 것 같습니다.

다음 두 번째, 아까 부민협의 역할로 보면 고호석 선생님도 이야기하셨습니다만 부민협이 독자적으로 한 것과 일반 재야 사회단체와 같이 연대해서 한 것이 사실 불분명합니다. 어쨌든 제가 기억하는 대부분의 옥외, 야외 집회 시위는 부민협 뿐만 아니라 재야시민단체들과 같이 했던 것으로 저는 그렇게 기억을 하고 있습니다. 여기는 오늘 부민협이 중심 주제라서 약간 뭐 강조하는 것은 괜찮다고 봅니다만, 저도 부민협이 중심적 역할을 한 것은 사실이지만 독자적으로만 한 것은 아니었다고 기억합니다. 그래서 그렇게 정리를 해 두는 것이 좋을 것 같고, 다만 본격적으로 6월항쟁이 시작됐을 때는 '국민운동본부'가 거의 중심이 돼서 일을 합니다. 물론 재야 어른들은 부민협하고 많이 중첩이 되기는 합니다만 국민운동본부는 재야단체뿐만 아니라 불교계에서도 많이 들어갔고요. 민주당도 처음으로 참여를 했습니다. 그리고 총학생회도 대대적으로 참여를 했었고요. 노동계는 처음부터 들어오지는 않았습니다. 나중에 이름을 건 건데, 노동단체는 처음에는 6월항쟁 내지는 국민운동본부에 대해서 약간은 미온적인 입장이었는데 싸움이 커지면서 그리고 또 적극적인 설득과 토론에 의해서 중간에 아주 긴밀하게 협조가 됩니다. 그럼에도 불구하고 국민운동본부에서 보이는 각종 가톨릭, 기독교, 불교계 비롯한 종교계, 법조계, 교수님들 이런, 기타 등등뿐만 아니라 사실은 그 이전부터 노학연대투쟁[勞學連帶鬪爭, 노동사와 학생의 언대투쟁]이런 것들이 학생들과 노동계 사이에서 많이 그 토론이 되고 있었고 해서 물밑에서는 당시 용어로는 페드[Fed, Federation 연합체의 약어]라 그러구요, 오늘날 쓰는 용어로는 연대회의[連帶會議] 비슷한 것이 비공개로 있었습니다. 일단 부산대학교 총학생회 대표, 그 담에 동아대 총학생회 대표, 노동계 쪽, 그 담에 국민운동본부 실무자 이렇게 해서 실질적으로 그 슬로건[slogan, 구호]이라든가 그 집회 장소 같은 것들을, 이제는 세월이 많이 지났으니까 공개해도 되죠? 고호석 선생님, 이거, 별로 문제될 거 없죠? 그렇게 해서 실질적으로 최초의 집회 장소는 어디로 할 것인지, 내지는 슬로건은 어떻게 할 것인지 토론들이 많았습니다. 아, 처음에는 슬로건 정하는 게 어려웠습니다. 기록을 위해서 굳이 말씀드리면, 학교 쪽에서는 '자민투'[自民鬪, 민족자주의 입장을 강조하는 입장이 있어서 미제 축출부터 시작해서 독자적인 유인물이 나오기도 하고, 또 반대로 어떤 쪽에서는 제헌의회[制憲議會], 민중의회[民衆議會] 그런 얘기도 나오기도 하고, 또 그런 건 너무 극단적이니까 제어가 되더라도, 6·10항쟁을 하는데 민주헌법쟁취 그 싸움을 해 나가는데 노동계에서는 민중생존권, 노동3권을 꼭 넣자는 겁니다. 큰 제목으로. 그래서 결국 유인물을 자세히 보시면 『민주부산』이든 『민주부산』보다 『호외』 편으로 뒤편으로 가면 민중생존권 부분이 주 슬로건보다는 부 슬로건으로도 들어갑니다. 그게 그냥 들어간 것이 아니라 상당히 토론이 있었던 부분입니다. 그래서 학생과 노동계와 재야시민단체 이쪽이 사실상 물 밑으로는 상당한 결합을 하고 있었습니다.

그 다음, 6월항쟁이 대규모 대중투쟁이면서 20일 정도의, 특히 부산에서, 지속성을 가질 수 있었던 것은 저는 두 가지로 생각합니다.

첫 번째는 전국적 동시다발성에 있다고 생각합니다. 제가 당시에 알기로는 경찰 병력이 약 300개 중대, 인원으로 따지면 약 3, 4만 정도 되었을 거라고 봅니다. 근데 저희들은 79년도 부마항쟁을 해 봤습니다. 10월 16, 17, 18 해 봤는데, 18일을 지나고 나니까 그때 계엄령이 떨어지고 공수부대가 들어오고 나서는 시위가 사그라들어 버립니다. 부마항쟁이 가진 본질적인 한계도 있겠습니다만 지역적으로 고립된 투쟁은 특히 자연발생적일 때, 아주 제한적일 수밖에 없고, 곧 진압될 수밖에 없다, 라는 게 제가 부마 때 한번 겪었던 경험이고요. 80년 5·18항쟁은 총까지 들고 저항을 했는데 열흘 정도 싸우다가 무참히 진압이 됩니다. 그런 경험과 아울러서 86년도 기억나실지 모르겠습니다만 4월부터 민주당 개헌 현판식 싸움이 전국적으로 열리게 됩니다. 부산도 했구요, 마산도 했었고, 대구도 했고, 광주도 했고, 서울도 했고, 인천, 인천이 아마 5·3사태로 대표되어지는 거였죠. 부산은 그다지 격렬하지는 않았습니다만 부마 이후로 아마 길거리에 가장 사람이 많이 모였죠., 그 당시 만 명이다 3만 명이다 라는 이야기가 있습니다만, 만 명 이상 서면 로타리를 메웠던 적은 없습니다. 그럼에도 불구하고 경찰 병력이 한 군데로 집중되니까 물론 또 정당에서 집회를 하다 보니까 뚫고 나갈 수가 없었죠. 그런 지역적, 고립된 싸움은 한계가 있다. 그런 것이 저희들 운동하는 측에서 아마 역사적 경험으로 갖고 있었던 거 같고. 또 한편으로는 그 '민주헌법쟁취국민운동본부' 자체가 전국적으로 한편으로는 통일성을 갖고 있었고 지역적 특성을 감안한다고 하더라도 자연스럽게 아마 동시다발로 갈 수 있었던 거 같습니다. 그래서 저는 크게 될 수 있었던 것은 전국적 동시다발성에 있다는 생각을 좀 많이 하게 되고요.

두 번째로는 부산의 경우에 학생, 노동자가 참여해서 실질적으로 같이 연대를 했다, 아까 말씀 드린 대로 물밑에서. 실질적으로 재야 시민단체나 부민협, 저희들 회원들이 있습니다만 다 하면 100명이고 시민사회단체 그 외 단체들이 합쳐도, 아주 많이 모이면 500명 정도 될까요? 실질적으로 그 선두에 섰던 그룹은 학생들이었고요 대열을 형성하고 그 담에 우리, 소위 이야기하는 디메[Demoer, 데모주동자의 약에] 내지는 뎡[데모주동]을 떴던 사람들은 학생들이었고, 그 담엔 인제 저희들이 결합하고 또 한편으로 그 당시는 부산 시내만 하더라도 삼화고무 그리고 동양고무, 태화고무, 서면로 터리에 대양고무 등등, 주변에 신발공장이 많이 있었고요, 사상 쪽에도 대 규모 신발공장들이 많이 있었습니다. 어쨌든 직장을 마치고 메케하게 냄새 나는, 기억나실 겁니다만, 페퍼포그[pepper fog]의 경우에는 냄새가 별로 안 나는데 사과탄은 몸에 묻으면 냄새가 많이 나지 않습니까? 저희들 중에 누 가 잡힌 사람도 있는 줄 알고 있는데요. 사상도 일들을 마치고 퇴근을 할 때쯤 되면 아주 냄새가 많이 났다 그럽니다. 시위대가 거기까지는 가지 않 았음에도 불구하고 그런 것들이 어쨌든 노동자들에게도, 일반 시민이죠, 뭐 노동자이자 일반 시민인데 많은 영향들을 미쳤다고 저는 생각합니다. 그래 서 그 당시 학생운동은 그만 두고 공개운동으로 오든가 공개운동 쪽에 오 는 것보다는 실제 노동현장에 위장취업을 많이 했었습니다. 제 처도 당시 에 위장취업을 해서 공장에 다녔는데요, 마치고 나오면 냄새가 너무 많이 났고, 그 다음에 퇴근하고 나면 사상에 차가 막혀서 걸어 나오다 보면 시위 대와 자연적으로 합류하게 되고 그런데 늘 욕하고 성희롱하던 작업반장이 같이 데모 판에 어울리더라는 겁니다. 그러니까 공장이나 작업장에서는 아 주 개차반이었던 소위 상사죠, 작업반장이 집회 현장에서는 아주 당당하게 데모를 하는 사람으로 나타났던 이상한 경험을 갖고 있었답니다.

어쨌든 그러한 측면은 제가 이야기하고자 하는 홍보와도 관련이 있습니 다만, 그 당시에 전단이 6월항쟁의 본격적인 시기에 작게는 10만부, 많게 는 50만부가 찍혔습니다. 그 돈도 첫 번째 문제였고요, 두 번째는 인쇄소 도 문제였고 세 번째는 찍고 나면 새벽에 주로 인쇄소에서 나오는데 10만 부를 운반을 할 수가 없습니다. 너무 무거워서. 그래서 지금도 같이 일했 던 분들은 그 인쇄소가 어딘지 모를 텐데. 부민협 활동을 하면서 인쇄소 가 여러 번 털려서 고생을 시키기도 하고. 인쇄소만큼은 너무 철저히 보 안을 유지하다 보니깐 지금도 그 당시 6월항쟁에 찍어줬던 인쇄소 저희들 이 감사패라도 하나 드려야 되는데 제가 말씀을 못 드렸어요. 한 군데는,

말씀 드려도 되죠? 이제, 24년이니까 공소시효도 지났습니다.[웃음] 그 분 지금도 하고 계신지 모르겠는데 두 군뎁니다. 하나는 가톨릭 산하에 있는 그 영남산업연구원 그 지하 인쇄솝니다. 거기 옵셋기가 있었어요, 아주 빨리 대량으로 생산이 됩니다. 거기가 한 군데였고. 양이 좀 작았을 때는 학교에서 인쇄를 하시는, 그 분 성함이 어떻게 되시죠? 지금 잊어 버렸는데, 이수길 씬가? 학교에 시험지 프린트 하시는 분 있지 않습니까? 그 마스터기 하시는 분인데 우리 부민협 회원 아니었습니다. 비밀회원 비슷한 사람인데 한 10시 쯤 돼서 판을 만들어 가면 밤새 돌립니다. 저희들은 옆에 앉아 있고 아니면 바깥에 있다가 새벽에 몇 시 쯤 오라 그러면 들고, 그 정도는 둘이서 들면 되는데 영남산업연구원 인쇄소는 옵셋기기 때문에 그 때는 최소 10만 부 내지 50만 부 찍을 때였습니다, 주로. 그 돈이 참 문제였습니다. 그 영남산업연구원 거기는 다음에 6월항쟁 때 꼭 기념패를 한 번 드렸으면 좋겠다는 생각입니다. 돈은 그 당시는 아마 장부도 안 남아 있을 거 같습니다. 필요하면 대개 노 변호사님한테 갔습니다. 노 변호사님한테 가서 그냥 돈 좀 주십시오. 유인물 찍을 값이 없습니다, 라고 하면 줍니다. 제가 여기서 하나 고백을 하자면, 이맘 때 겉옷을 입고 다니면 덥지 않습니까? 그래서 100만 원을 당시에 받았는데 주머니 안에 넣고 가다가 택시 안에 잠바를 벗어놓고 잃어버렸어요. 당시에 100만 원이면 아주 큰돈이죠, 인쇄비 줘야 될 돈인데. 누가 말하지 않으면 아무도 모를 텐데 양심에 가책이 돼서, 미안하게 노무현 변호사님한테 가서 잃어버렸습니다, 돈 다시 주십시오, 할 수도 없는 거고. 제 아버님한테 가서 50만 원을 빌리고, 바로 옆방에 있는 문재인 변호사님한테 가서 50만 원 빌려가지고 그 돈을 메꿔서 인쇄를 한 적도 있고요. 어쨌든 인쇄비가 없다 보니까 당시 노 변호사님은 함 오라 그러면 변호사님들한테 전화를 해 놓고, '가 봐라' 그러는데, 어떤 변호사님은 10만 원, 50만 원 이래 주시고 잘 모르시는 분이요. 이윤성 변호사님을 비롯해서 잘 모르는 분들입니다. 당시에 딱 이름을 대면 아실 것 같아서 [이름을] 안 대면, 2시간을 앉아 있는

데 돈을 안 주는 겁니다.[웃음] 그래서 제가 똑똑 뚜드리고 들어가서 '저 갑니다.' 그래서 '왜 가냐?' 그래서 '돈을 줄려고 불렀으면 돈을 줘야지 왜 안 주냐? 저 자존심 상해서 못 받고 간다.' 그래서 그 분이 송 모 변호사님인데, 아, 그 당시에 참 자존심 상하게 그렇게 해서 수금을 해서 사실은 많은 부분은 노 변호사님이 구해 주셨지만 바쁠 때는 또 그렇게 해서 수금을 했던 기억이 있습니다.

그 담에 인쇄물이 10만 장까지는 또 어떻게 어떻게 한다 하더라도 덩치 좋은 이성조 선배님하고 같이 갑니다, 새벽에 나르러 가는데. 문제는 10만장이 나오면 또 한편으로는 단순히 옮겨서 보관하는 것이 아니라 저희들 절반 정도는 다 수배 중이었기 때문에, 학생 쪽은 부산대, 동아대 앞에 배달을 해 줘야 되고 사상공단에도 갖다 줘야 되고 사무실 근처에도 누구 집에 갖다 줘야 부민협 동지들도 아침에 피[P, 팸플릿의 약자]세일을 하지 않습니까? 그 모두가 다 거기서 같이 나오는 건데. 그래서 차가 없어서 또 노 변호사님한테 전화를 합니다. 그 당시 노 변호사님이, 저는 르망으로 기억하는데 아까 김일석 씨는 스텔라로 기억을 합니다. 두 번인가 세 번인가 부탁을 했습니다. 왜냐하면 인쇄물이 새벽 거의 3시, 4시에 나오는데 그 시간에 택시를 타도 잘 실어주지도 않고 배달을 택시가 그렇게 해 줄 수도 없고, 스텔라를 몰고 가서 차 뒤에 세워놓고 안에 넣어주고 그 담에 동아대학교 갔다가 저기 사상공단 갔다가 부산대학교 갔다가 우리 회원들 있는데 떨어뜨려 줍니다. 그것이 사실은 그 비밀 인쇄소와 재정과 인쇄물이 한 10만 부에서 50만 부가 배포되는, 그 당시 저희들은 인터넷도 없었고 휴대폰도 없었거든요. 그래서 뭐 기억하시겠지만, 시위를 위한 집결장소 정할 때도 '서면 몇 시' 이렇게만 인쇄물이 쫙 나오고 나면 그 담부터는 거의 뭐 쪽지로 하거나 현장에서 말로, 그 담에는 '몇 시 부산역이다' 그렇게 했던 시절이었잖습니까? 그런 의미에서 인쇄물은 아주 중요했고 특히 대량 생산한 인쇄물이 필요했거든요. 그래서 그런 부분은 여태까지 말씀을 안 드려서 꼭 한번 말씀을 드려야 되겠다. 오늘 여기 오면서 그런 생각이 들었습니다. 그러면서 실질적으로 학생들은 별로 큰 어려움이 없었습니다만 공장에서는 새벽에 아마 인쇄물을 받아가지고, 나중에 제가 제 처한테 물어봤습니다. '당신 공장에도 인쇄물 뿌렸나?' 그랬더니만 위장취업자가 좀 있거나 내지는 소그룹이나 야학이 있어서 노동활동가가 좀 있는 경우에는 사상공단 내의 공장에 작업장에 화장실이나 작업대 위에 좀 뿌리기도 하고, 그 담에 좀 약한 쪽은 사상공단 거리에 주로 많이 뿌려졌답니다. 그래서 그런 것들로 해서 어쨌든 직장 내에서는 같이 미싱을 박으면서도 '야, 오늘은 장소가 어디고?'이런 것들도 있었다고 하고요 그리고 퇴근하고 서면로터리가 막히니까 대부분 걸어오면서 대열이 자연스럽게 형성되고 그래서 노동 측에서는 사상공단 쪽에서 집회를 한번 하자 요구가 들어와서, 했습니다. 했는데 실패했죠. 학생들이 가기는 갔습니다만 사상공단에서 노동자들도 많이 나오지도 안했고. 그 당시에 천 한 오백 명 모였었나요. 실패를 하고 그 다음부터는 거의 서면과 남포동 중심으로 집회를 하게 되는, 그렇게 해서 노동자들도 늦은 시간에 같이 결합하게 되는, 그런 6월항쟁 기간이었던 거 같습니다. 그러다가 6 · 29 이후에 거의 대중투쟁은 사그라들고 노동자대투쟁이 오는데, 여기에 제가 자료 올린 것처럼 7, 8, 9월 3개월 동안에 약 360여건의 쟁의가 발생하고 하루 평균 4건입니다. 그 다음 109개의 노조가 설립됩니다. 그때 울산 현대엔진, 현대중공업, 현대자동차가 아주 크게 부각되고 그 다음에 아주 싸움이 격렬하게 붙었죠. 그러기는 했지만 부산에서도 노동자들이 국민운동본부 사무실에 찾아오는데 저희들이 감당이 안 됩디다. 전화도 오구요. 오히려 저희들이 조직적으로 노조를 만들어 줬다기보다 자발적으로 와서 노조를 설립하는 방법부터 투쟁을 어떻게 하는지 이런 것들을 요청하는 사람들이 더 많았고 국본 실무자들은 여기에 대한 준비, 예상도 못했고 준비가 제대로 안 돼 있어서 실제 노동 쪽에서 나와서 국본 내에, 왜냐하면, 시민들은, 노동자들은 국민운동본부라는 것은 알고 있었기 때문에 국본 내에 노동대책위원회를 만들게 됩니다. 노동계 내에도 당시 두 개의 노선이 있었는데 그런 차이 다 떠나서 노동 쪽에서 나와서 상담도 하고 지원도 하고 했습니다. 그렇게 해서 아마 조사된 바에 의하면 360여 건의 쟁의가 있고, 100개 이상의 노동조합이 만들어졌는데, 저희들이 아마 성과도 물론 많았습니다만 한계였던 것 아닌가 싶습니다. 당시 이런 준비와 예측을 당연히 했었어야 되는데, 역사적으로 보면 민주주의가 확대될 때 합법적 공간은 확대되어지고 그때에 그동안에 밀려있던 모든 제반 생존권적 요구가 터져 나오게 마련인데 80년도에도 사실 그랬거든요. 그 당시에 사북사태로 대표되는 일련의 노동쟁의들도 있었거든요. 그런 부분들을 예측을 했었어야 되는데 국본에 있는 누구도, 저를 포함해서, 노동계마저도 그런 예측을 못 했던 것 아닌가, 라는 생각을 갖습니다. 그래서 이런 부분이 어쩌면 6월항쟁의 부분적인 성과일 수도 있겠고 한편으로 저희들이 생각이 미치지 못했던 부분 아닌가, 이런 생각을 제가 토론으로 올립니다. 예, 마치겠습니다.[박수]

전중근 : 오늘 1부에서 준비한 발제 토론은 다 끝났습니다. 오늘 사실 중요한 자리는 2부 집담횝니다. 오늘 나오신 발제자, 토론자 또 6월항쟁 때 부민협에서 활동하신 선생님들 다 모시고 토크쇼같이 그런 이야기를 많이 하려고 합니다. 2부 진행은 차성환 선생님께서 하도록 하겠습니다.

3. 집담회

차성환 : 안녕하십니까? 오늘 당시에 부민협 활동을 하셨던 당사자 분들이 그 당시 이야기를 기억을 되살려 많이 하는 자리가 되는 것이 저희들이 기획했던 목적입니다. 그래서 오늘 집담회라는 이름으로 당시 이야기들을 당사자들로부터 듣는 그런 순서가 되겠습니다. 그럼 우선 저쪽 남기수

선생님부터 자기소개를 간단하게 해 주시면 좋겠는데요. 예, 짧게 자기소개를 해 주시기 바랍니다.

남기수 : 예, 저는 남기수라고 합니다. 그 당시에 같이 일을 했고 나중에 인쇄물을 만드는 과정에서 크게 활동을 한 바 있습니다.[웃음]

김일석 : 예, 안녕하십니까? 김일석입니다. 저는 당시에 제 아내와 주례 3거리에서 탁아소를 하고 있었습니다. 탁아소를 하고 있을 때 조방 앞에 처음 부민협 사무실이 만들어지고, 거기를 찾아가서 회원 가입을 하게 되었었습니다.

김만석 : 예, 반갑습니다. 저는 김만석입니다. 저는 그때 진짜 맨땅에 헤딩하는 아스팔트 조였습니다. 그때 부민협에 5개 지역위가 있었는데, 부산 영도, 동구, 그 지역위원장으로 중심적인 활동할 때에 같이 했던 기억이 가장 강력히 남아있습니다.

윤연희 : 반갑습니다. 저는 윤연힙니다. 부민협 초기에 간사였습니다. 그 전에는 선생이었고요, 지금도 선생입니다. 장림여중 근무합니다.

백영기 : 예, 저는 백영기라고 합니다. 그때 당시 특별하게 했던 거는 없었던 거 같고 그냥 몸으로 좀 때웠던 거 같습니다.

이흥만 : 예, 반갑습니다. 이흥만입니다. 저는 그 당시에 동명정보공고 교사였습니다. 그때 주로 야간에 근무를 했기 때문에 아침 먹고 한 11시쯤에 아마 부민협 사무실에 들어가서 실무자들하고 밥 먹고 이러다가 저녁에 퇴근하고, 일주일에 한 두, 세 번 갔는데 원서를 썼다든지 이런 기억은 없어요. 그냥 회원인 동시에 회원 아닌 그런 회원이었습니다.

이왈신 : 예, 반갑습니다. 저 이왈신입니다. 저는 그때 피[P]작업, 그 전단지 작업, 주로 그걸 했습니다.

차성환 : 예, 아주 간단한 소개가 끝났습니다. 본격적으로 집담회 들어가기 전에 물론 이것도 포함합니다마는 앞서의 발제와 관련해서도 괜찮고 아니면 그와 상관없이도 오늘 이 주제와 관련해서 꼭 하시고 싶은 이야기들이 있으시면 먼저 한마디씩 해 주시면 좋을 거 같습니다. 여기 오시면서 이 이야기는 내가 꼭 좀 해야겠다 또는 발제를 들으면서 이 얘기는 내가 꼭 해야겠다, 이런 것이 있으시면 한 말씀씩 해 주시죠. 이왈신 선생님, 그런 생각하시는 게 있으시면 말씀해 주십시오.

이왈신 : 저는 전혀 그런 생각 안하고 그냥 왔거든요. 근데 아까 동지들 이야기 들어보니까 새삼스럽게 좀 생각이 나서 제가 몇 가지 말씀을 드리겠습니다. 그때 저희들이 집에 들어가면 옷을 밖에다 벗어놓고 들어갔지요. 그 최루가스가 옷에 묻어갖고 입고 들어갈 수가 없으니까. 애들이 어리고 이래 갖고.
그 담에 지금 김만석 동지가 있지마는 우리가 아침에 영도에서 몇 시에 만나서 그 피 작업하고 저녁 어디서 만나서 잡혀간 사람이 있나 없나 확인하고 집에 가고 그때 그랬어요. 그 담에 생각나는 건, 참 무모한 짓이지만 재규 형이 부탁을 해 갖고 지금 같으면 제가 그때 안 했을 거야. 아무 것도 모르고 했는데, 국제시장 그 대청동 거기 제가 아는 친구가 있었는데 거기 전화를 빌리자 그러더라고요. 하나의 아지튼데, 그 전화를 하나 구해 갖고 각자 또 우리가 모니터 역할을 하는 거예요. 그래 갖고 모든 거는 재규 형한테 전화를 하는 거예요. 여기 전경차가 몇 대고 전경 얼마고, 그래 저도 참 걱정이 많이 되더라고요, 그게. 선뜻 대답은 해 놨지마는 혹시 그걸 도청을 하든가 해 가지고 그 친구에게 어떤 불이익이 갈까, 그런 걱정을 많이 했는데 하여튼 지금까지는 이상이 없으니까.[웃음] 지금도 하

여튼 신세를 졌다고 생각을 해요. 그런 친구에게 감사패를 줘야 되지 않나, 이런 생각 들더라고요.

그 담에 저는 군대 갔을 적에도 김일성이 잡으러 갔다 하고, 제가 병기부대 있어 갖고 내가 여기 있으러 온 게 아니니 전방에 보내달라고, 의식이 그랬어요, 그때. 우리 나이가 54년생이라 반공교육만 받았기 때문에 그때는 그 이념이라는 게 그랬죠. 그런데 어느 날부터 이게 아니라는 것, 5월 그 광주항쟁을 보면서. 그래서 저는 『신동아』를 보고 부민협을 알게 됐고 찾아갔죠. 그때 윤연희 동지가 여기 있지마는, 참 그 쪼그만한 아가씨가 굉장히 활동을 많이 해서 제가 꽃을 사서 전달해 주러 갔는데, 그날 마침 명단을 경찰들한테 뺏겨 갖고 비상이 걸려서 동지들은 굉장히 우울한 분위기가 있어 갖고 꽃다발도 제대로 전달도 못해 주고 그런 일이 있었어요.

김재규 : 경찰에 뺏긴 게 아니고 잃어버린 거요.

윤연희 : 수첩을

이왈신 : 예, 맞습니다, 수첩을.

이흥만 : 제가 생각나는 대로 이야기하겠습니다. 85년에 부민협이 만들어지기 전 과정을 제가 쪼끔 돌이켜 보면, 81년 부림사건, 82년 미문화원사건으로 부산 운동권이 거의 쑥대밭이 되고 겨우 남은 사람들은 감옥에 계신 분들 지원, 또 가족들과의 연계 이런 활동을 주로 중부교회나 인권단체를 통해 쭉 해 왔습니다. 그런데 서울서부터는 83년부터 민청련, 민통련, 이런 걸 결성하면서 부산에도 민청련 지부를 만들자, 청년조직을 본격 띄우는 게 어떠냐 하는 제의를 조성우 씨가 내려와서 했어요. 그런데 부산 여건 상 도저히 할 수가 없다. 그렇게 해서 개별적으로 민청련에 가입하는 걸로 이야기가 됐고 그 뒤에 84년입니까? 부림사건 관련자들이 나오면서

본격적으로 공개운동기구가 필요하다. 이래서 아마 공추협 이야기도 나오고 이렇게 진행이 됐습니다. 그러면서 이마 송 신부님이 전국 민통련 문익환 목사님하고 연계하면서 어떻게 만들 것인가 의논하고, 밑에서는 실무자들 나름대로 그런 조직이 필요하다 해서 만들어진 게 아닌가 그렇게 생각이 되네요.

백영기 : 저도 정확하게 제가 회원 가입원서를 썼거나 이런 기억은 없습니다, 그런데 분명한 건 범내골 사무실을 제가 처음에 알게 된 건, 부산일보엔가, 당시 87년도 2월이었던가요? 박종철 열사 고문치사가 보도되고 그 기사에서 당시 범내골 부민협 사무실에 분향소라고 했던가, 그런 게 차려졌다. 그래서 그때 당시 저가 서대신동 산비탈 쪽에 조그마한 가내공업에서 일을 하고 있었어요. 주로 밤에만 일을 했어요. 저녁 8시부터 아침 8시까지. 그 신문을 보고 아, 참 정말 훌륭한 분들이 계신다. 그래서 한번 찾아가 봐서 나도 기부도 좀 하고 해야 되겠다. 그래 생각을 하고 있었는데 그건 사실 실천을 못했습니다. 그런데 그 전부터 남포동에 있는 부영극장 앞에 부영도서라는 서점이 있었어요. 거기에 일했던 종업원 중에 영도 사는 친구가 저보고 부민협 가입을 하라고 몇 번 권유를 하고 그랬습니다. 그때만 해도 분위기가 하도 살벌하니까, 저는 그때 지금 당장은 못하겠다. 그때 제가 망설였던 이유는 그때만 해도 그렇게 생각했던 거죠. 야, 이런 걸 하게 되면, 저는 뭐 어차피 부모님은 안 계셨으니까 근데 형제들이나 주변 사람들에게 해가 가지는 않을까? 나는 상관없는데. 그래서 참 망설여졌어요. 그래서 내가 선뜻 가입은 못했어요. 그런데 거기 다니면서 거기서『말』지, 86년도에 부천서 권인숙 씨 성고문 사건도『말』지를 통해서 실제로 알게 되었거든요. 그때 남포동에 항상 전경들 서 있고. 그『말』지를 항상 몰래 숨겨놓고 팔았어요. 그때 당시도. 그래서 그『말』지를 사서 오면서 전경들 앞을 지나면 왠지 쫄려가지고 두근반 세근반 하면서 고개를 한쪽으로 돌려가지고 그냥 걸어오고 그랬습니다.

근데 저는 사실 부민협에서 활동을 했지마는 별로 똑 부러지는 활동은 없었습니다. 아까 말씀한대로 몸으로 때웠을 정돈데, 저는 차라리 할 수가 있다면 저 개인적인 삶을 말씀드리고 싶어요. 왜냐면 부민협의 구성원 중에는 저 같은 경우도 있다, 라는 것을 제가 좀 말씀드리고 싶어서요. 제가 알기로는 우리 부민협 구성원 중에 거의 90% 이상은 대체로 그래도 최고 학부를 다니신 분들이거든요. 제 나름대로 추측일 뿐이지만 저는 좀 예외적인 것 같다는 생각에서 제가 그런 말씀을 한번 드리고 싶다고 생각을 합니다. 예, 이상입니다.

차성환 : 그 삶에 대한 이야기는 조금 있다가 좀 얘기해 주십시오.

윤연희 : 아까 이흥만 선생님이랑 영기 씨도 원서를 쓴 일이 없다고 말씀하시는데 당연합니다. 왜냐하면 제가 그때 간사였기 때문에 거의 사무실에 제일 오랜 시간 앉아있는 사람이 거의 대부분 저였거든요. 제가 근데 뭘 내놓고 쓰세요, 한 적이 거의 없습니다.(웃음) 제 기억에는 지금 생각해 보니까 우리가 입회원서 이런 양식이 있었는지도 기억이 잘 안 납니다. 그리고 저는요 전에 차성환 박사님께서 저 인터뷰도 몇 번 했었는데 하고 나서 들었던 생각이, 부민협을 재고찰해 본다면 저 경우를 봐서는 부림을 반드시 살펴야 된다는 판단이 들었습니다. 그래서 오늘 올 때까지는 이 이야기를 오늘 해 봐야 하지 않을까? 그런 생각을 하고 왔습니다. 왜냐하면 일단 이 문제는 제가 개인적으로 관련이 깊은 문제였기 때문에, 제가 간사로 채택이 된 이유도 아마 제가 김재규 선배님이랑 또 이호철 우리 동기랑 다 부림 관련자였기 때문이기도 하지 않을까 싶습니다. 저 개인적으로는 사실은 그때 대단히 섭섭했습니다. 왜냐면 다 깜방 들어가고 제가 불구속 상태였거든요. 그러다보니까 본의 아니게 제가 주목도 받기도 하지만 고생을 좀 많이 했어요, 밖에서. 고생이라는 건 별게 아니고 선배님들이 재판을 하시면서 고문 받은 얘길 하실 때나 재판과정이 문제가 있거

나 하면 밖에서 가족들이 싸워나가는데 그걸 연결할 고리가 마땅치 않아서 제가 밖에 있었고 또 저는 그때 미스고 이리니까 같이 싸울 가족이 별로 없었어요. 그렇다 보니까 상대적으로 다른 가족에 비해서 인제 경찰 주목을 좀 덜 받게 되고 이러다 보니까 유인물 하나 만드는 것도 중부교회에 가서 가리방 긁고 등사하는 일도 하고, 그도 어려울 때는 서울까지 가서 만들어 이 연약한 몸으로 들고 오는 것까지 다 해야 했거든요. 저 딴에 제가 좀 고생을 좀 했어요. 그런데 제 선배들도 그렇고 아무도 저한테니 고생한다, 말을 안 하는 거예요.[웃음] 그런 경험 때문에 무슨 일이 터지면 같이 싸워주고 그럴 단체가 좀 필요하지 않는가? 늘 중부교회만 바라볼 수도 없었고. 그런 관점이 저는 좀 깊었습니다. 그래서 가능하면 적극적으로 참여하려고 했지요. 그런데 부민협 할 때도 선배들이나 동기들이 저한테 고생했다 말 한 마디도 안 하더라고요.[웃음] 그래서 제 생각으로는 부민협을 재고찰한다면 부림사건을 반드시 다시 정리해 보고 고찰해야 된다는 생각을 하고 있습니다.

고호석 : 저는 두 가지 짧게 말씀 드리고 싶습니다. 아까 이호철 씨가 잠깐 얘기했던 왜 민통련 부산지부가 아니고 부민협이었냐? 이 부분은 물론 부마항쟁의 주역이었던 부산이라고 하는 자부심, 그 당시는 야도였죠. 요새는 한나라당 도시지만. 야도 부산의 자존심도 있었지마는 전반적으로 좀 그랬던 것 같아요. 어른들한테는, 그러니까 아까 제가 말씀드렸던 송 신부님, 최 목사님, 그리고 김광일 변호사님 이런 분들이 중요한 일이 있으면 서로 머리를 맞대고 논의를 하셨거든요. 그런데 그때 서울에서 문익환 목사님이나, 함세웅 신부님이나 박형규 목사님이나 이런 분들이 계속 그분들을 통해서 민통련 부산지부를 좀 만들어 주소, 이렇게 부탁을 해왔고, 저희 젊은 실무자 급에는 또 장기표 선배라든지, 이창복 선배라든지 이런 분들이 또 와서 민통련 부산지부를 만들어 달라, 이렇게 계속 얘기가 들어왔어요. 그런데 어쨌든 저희 젊은 층들도, '아니다, 우리가 왜 지부를 만

드냐? 지역이 언제까지 무슨 본부, 지부 이런 시스템으로만 가면 안 된다.' 하는 이런 문제의식이 강했고 또 송 신부님이나 최 목사님이나 이런 분들도 '그래서는 일반 대중들이 적극적으로 붙기도 어렵고 또 지역, 중앙 이렇게 가는 건 별로 타당치 않다.' 그런 부분에서 생각이 서로 일치한 바람에, 서울에서 그 당시로는 대한민국 운동에서 이름만 내 놓으면 다 뜨르르하던 그런 거물들이 그렇게 집요하게 설득을 했음에도 불구하고 그렇게 안 됐죠. 그래서 그 당시로서는 전국에 아마 시민이라는 이름을 쓴 운동단체가 부산이 처음이었을 거예요. 전부 다 무슨 민주화운동, 무슨 민중운동, 민족 무슨 운동, 이랬지, 시민이라는 이름을 쓴 단체는 그러니까 그 당시로 보면 가장 개량적으로 보이는, 그 당시에 쓰던 표현에 의하면 가장 나이브해 보이는 그런 이름을 쓴 조직이 부민협이었어요. 근데 그 이후, 87년 이후에 이른바 시민운동이라는 영역이 생기면서는 우리가 좀 선구자적인 모습이었나? 이렇게 이야기해 볼 수도 있겠죠. 어쨌든 서울하고 부산하고의 관계, 부민협이라고 하는 독자적인 조직의 형태로 뜨게 된 과정에는 그런 일이 있었다. 이 말씀을 하나 드리고 싶고요.

또 하나는 아까 이왈신 씨 이야기 하셨던 전화, 콜센터[웃음], 이 얘기는 꼭 좀 하고 가야 될 거 같습니다. 2월 7일, 박종철 열사 추도대회를 준비할 때는 시위판이 그렇게 클 거라고 생각 안 했거든요. 그리고 그때 디머로 내정됐던 김재규 형님, 그 당시에 나이가 막 40 접어들 때였을 텐데, 틀림없이 잡혀간다, 이래 생각하고 있었는데 시민들이 워낙 많이 붙어 버리는 바람에 그 데모 판에서 집회 사회 보고, 구호 외치고 했지만 안 잡혀 갔어요. 그 자리 연좌해 가지고 버티던 분들만 잡혀 갔는데 주로 어른들이 잡혀가신 셈이죠, 민주당 쪽 하고. 그랬는데 그때 한번 경험을 해보니까 속수무책인 거예요. 일단 대중들이 확 붙어서 몇 천 명 이상 붙어버리니까 아무 통제가 안 되더라는 걸 알게 된 거죠. 그래서 3월 3일, 3·3때부터 저희들이 그런 시스템을 가동해야 되겠다. 시위대가 어떻게 움직이는지를 중간 중간에 모니터를 두고 그 모니터들이, 그 당시에 뭐 휴대폰도 없고 삐삐도 없고 아무 것도 없을 때니까, 어딘가 한군데 센터에 공중전화를 이용해서 주변 상황을 알려주고, 그러면 거기에 전화 걸어오는 다른 사람한테 이디로 옮겨라, 몇 시에 다시 새십결한다, 이렇게 알려주자. 이렇게 결정을 했지요. 그 후 6월에, 주로 6·10대회라든지 대규모 시위가 벌어지는 날에는 꼭 어디 한 곳 다락방 같은 데에 전화기를 갖다 선을 끌어다 놓고 한 명이 죽치고 있으면서, (저도 한번 해 본 적이 있습니다) 계속 전화 오면 받고 몇 시에 어디 이렇게 해서 그 당시 현장지도부라고 하던 학생운동, 노동운동, 그리고 부민협 이 팀들이 수시로 전화를 하고 받고 하고 받고 이렇게 했죠. 주로 그 쪽에는 공중전화를 이용했기 때문에 도청에서 비교적 자유로울 것이라고 생각을 하기도 했고요. 어쨌든 간에 그렇게 하면서 현장을 효율적으로 움직이려고 꽤 노력했었어요. 그런데 그것도 사실 한계가 많더라고요. 어렵기는 했지만 어쨌든 아까 이호철 씨가 말했던 것처럼 시위 한번 벌어지고 나면 그날 밤에는 이른바 엘티[LT, Leader Team], 또 티티[TT, Tactics Team]라고 이름붙인 팀들이 모여서 늘 그날 반성, 평가를 하고 그 다음날은 그럼 어디에서 무슨 구호로 어떻게 할 건가, 그러면 이번에는 동아대학에서 몇 명, 부산대에서 또 어떻게 어디서 모이고 이런 이야기들 쭉 하고, 콜센터는 또 어디다가 두고 누가 거기 가서 전화기를 지키고, 주로 그때 전화기를 지킨 사람들은 거의 반 수배상태였던, 현장에서 잡히기만 하면 바로 감방 갈 만한, 그런 사람들이 주로 맡았기 때문에 저도 하루 맡았던 기억이 있습니다. 어쨌든 그랬던 기억이 생생하고요, 아마 그걸 위해서 이왈신 씨 친구 분이 희생을 하신 것 같네요.

김재규 : 명칭 관련해서 하나만 말씀드리면, 제가 착각하고 있는지 모르겠습니다마는, 부민협의 명칭은 송 신부님이 고집을 많이 하셨던 거 같아요. 사실은 아까 우리 고호석 씨 이야기했듯이 우리는 좀 개량주의적인 느낌이 있었는데, 송 신부님이 대중적인 명칭이 필요하다고 말씀하신 게 일리

도 있다 싶기도 했지요. 나중에는 신부님의 말씀이 맞은 거 같습니다. 역시 부산민주시민협의회였기 때문에 우리 부민협 회원들이 찾아와서 가입을 조금 더 쉽게 하지 않았나 생각되고, 만약에 '민주통일민중운동연합' 부산지부 이름 썼으면 어려울 수도 있었을 거 같아요.

이호철 : 예, 명칭은 신부님이 끝까지 고집하신 거 맞습니다. 그런데 저는 속으로는 별로 동의 안 했지마는, 이번에 이 토론회 준비하면서 강령, 정관을 읽어보니까, 아, 이 정관이 세더라고요. 요즘 읽어보니까. 그 당시로서는 명칭은 나이브했는지 몰라도 정관은 아주 셌던 거 같습니다. 그리고 아까 고호석 선배님이 얘기하셨던 엘티[LT], 티티[TT], 참 옛날 24년 전 이야긴데. 그 페드[Fed, Fedration, 연합체의 약자]라는 게 물밑에 있고 그 다음 티티는 소위 현장 지도분데, 가능하면 페드들이 현장에 나가서. 고호석 선배는 티티 안 해 보셨을 거예요. 눈이 나빠 가지고 저 양반 최루탄 한번 맞아버리면 안경 벗으면 안 보이지 않습니까? 가능하면 티티에서는 고호석 선배님을 좀 빼는 것으로 하고 그중에 좀 빠릿빠릿했던 사람이 저나 이성조 선배였던 거 같은데, 그래가지고 현장에서 노동 쪽, 학생 쪽, 그 담에 저희들이 이 시위판이 깨어지면 어디로 간다, 하는데 우리 회원들은 발들이 있으니까 전화기 통해서 어디에 전경이 얼마나 있는지를 알아야, 예를 들어 남포동 부영극장 앞 보지도 않고 그리로 모여라 했는데 전경들이 지키고 있으면 다 깨져 버리니까, 미리 남포동, 서면에서 저희 회원들이 모니터링[monitoring]을 하는 거죠. 그런 의미에서 포스트는 아주 중요한 역할이었습니다. 눈에는 안 보였고 그랬지만. 어쨌든 티티들은 현장에 있으면서 도망도 제대로 못 가요. 일단 가도 같이 움직이지 않으면 현장에서 회의를 못하니까 그 대신에 장소 이전권[移轉權]은 나중에 평가를 하더라도 다 위임을 해 줘서, 중간에 욕도 얻어먹기도 하고, 뭐 현장 갔는데 노동자들이 많이 안 나와서 다음에는 죽어도 안 간다는 둥, 학생들이 욕할 때도 있었고, 학생들은 왜 동원을 안 했냐고, 또 노동 쪽에서

막 비판하고 기타 등등 들은 거의 뭐, 밤마다 있다시피 했던 거 같습니다.

김만석 : 부민협 역사가 앉아 계신 그때 실무를 담당했던 네 분의 얘기를 통해서 거의 다 나온 거 같습니다. 제가 부민협에 참가를 하게 됐던 동기, 그리고 부민협을 하면서 가졌던 역사에 대한 인식, 혹은 개인의 각오, 그리고 아직 나오지 않았던 에피소드를 좀 간략하게 말씀을 드리겠습니다. 제가 직장 생활을 5년을 하고 어떻게 자영업을 하게 됐어요. 그 무렵 화장품 대리점을 조방 앞에서 하고 있었는데, 아 학생들이 막 분신자살을 하면서 그 타는 모습이 그때 유인물을 통해서 아마 나왔지 싶어요. 그 전에 79년 부마민주항쟁 때도 집이 영도라 집에 있으면 남포동에서 우-하는 거예요. 이게 무슨 소리고 하면서 친구들하고 나와 보면 부산대, 동아대 학생들이 스크럼 짜고 남포동을 뛰어 다니는 거예요. 저도 그때 20대였으니까 그 학생들하고 같이 어깨 걸고, 남포파출소, 보수파출소 같은 곳에 학생들이 그때 화염병으로 불을 질렀죠. 그래 저희들은 사실은 겁이 많아 가지고 그러지는 못하고 돌멩이 같이 던지고 지나갔죠. 80년대를 지나가면서 뭔가 대한민국 사회가 이거 이상하다. 엿 같다. 전두환이 이거 참 그렇다 라는 그런 생각들이 참 많았어요. 저는 개인적으로 그런 생각 갖고 있었어요. 숱한 사람들이 희생하고 숱한 많은 사람들이 목숨을 던지면서 왔는데 일제 통하고, 그리고 또 4·19 통하고, 다 통하는데 뭐 이게 안 되나? 막연히 그리 생각했었습니다. 저는 운동권도 아니었고 역사를 그때 학교에서 배웠던 그대로 봐 왔기 때문에, 그런데 그때 신민당[신한민주당의 약자, 1985년 결성이었죠. 신민당이 정치집회를 했죠, 그죠? 제가 그때 애가 3살이었습니다. 지금은 시집가서 올해 손주를 제가 봤어요. 근데 그 애 이름이 유형입니다. 87년도 부산대학교에서 연설할 때 내가 민주화운동에 참여한 건 내 딸 유형이가 커 가지고 권인숙처럼 성고문 안 당하고 또 종철이처럼 내 조카, 저는 아들이 없습니다. 딸이 하나 밖에 없는데, 참 여기서 말하기는 뭐 하지만 토크라고 하니까 진짜 안 했던 이야기를

좀 하고 싶어요.

제가 딸을 한 명 낳고 말았는데, '옛날 독립투사들은 모든 걸 던지면서 했다. 그럼 이 시대에 젊은이로서 해야 될 게 뭔가?'라는 그런 생각하면서 아이 둘은 좀 자신이 없더라고요. 그래서 마누라 몰래 예비군 훈련할 때 정관수술을 해 버렸어요. 제 친구가 막 말리는 거예요. '니는 장남이면서 애도 지금 다섯 살 밖에 안됐는데 그러면 되나? 니 엄마, 아버지하고 합의했나? 와이프하고 했나?' 했습니다. 그 힘이나마 해서 한국의 역사가 올바르게 되고 내 눈에 좀 빼딱한 놈들이 좀 없었으면 좋겠다, 그래 했었는데, 그때 86년도였죠. 그 신민당 개헌집회가 시작이 됩니다. 따라다녔죠, 뭐. 서울은 못 갔고, 대전, 광주, 대구는 간 것 같아요. 그때만 하더라도 가서 그냥 서 있기만 했지만. 그러면서 86년으로, 봄으로 넘어옵니다.

저도 아까 이왈신 동지가 이야기했듯이 화장품 대리점을 하고 있었어요. 그 무렵에 우연하게 『신동아』를 봤는데 거기에 각 지역 각 운동단체들이 나오는데 '부산민주시민협의회' 해 가지고 이호철, 그 담에 김재규 형님 이야기는 항상 안 빠지더라고. 이호철 씨, 그 담에 이성조 이래가지고 몇 명이 바로 우리 가게, 제가 가게가 범일동이었는데, 그 근처에서 활동하고 있다는 거예요. 그래서 내가 분신을 보면서, 이렇게 있는 건 정말로 남자가 할 짓이 아니다. 우리 기성세대가 함께 해야 할 부분이구나, 이렇게 생각하면서 간 거죠. 가면서 콜라를 사 들고 입회원서를 쓰러 갔는데 전부 다 이상하게 본 거요. 뭐 이상한 사람이 와 가지고 가입을 하고 싶다 하니까. 그때 제한테 회원 가입을 받았던 사람이 이성조 씨였어요. 그래서 가입을 하고 나서 그 다음부턴 이왕에 했으니까 끝까지 하자, 이런 생각을 했어요. 그 당시 부민협은 집회, 시위를, 제가 볼 때는 87년도 2·7대회로 장이 열리기 전까진 상당히 언더[under, 비공개, 지하운동]에서 많이 했습니다, 그냥. 밤에도 하고 또 그 몰래 어데 해 가지고 담튀기[담 뛰어넘기]도 하고 당감동 성당, 중부교회 이런 데 담튀기 하고, 경찰이 못 들어가게 하면 가야 되니까. 86년과 87년도 2·7집회 때 제가 했던 게 좀 자랑스럽게 생각한 게, 유장현이라는 친구가 하루는 저를 부르더라고요. 불러서 가니까. '내일이 2·7인데, 이호철 동지가 이야기 했듯이 경찰들 좀 분산을 시켜야 되는데, 집회하기 전에 눈을 좀 돌려야 되는데 우리 중에서 누군가가 앞에 서 가지고 호루라기 들고 데모 주동을 해야 되겠는데 형님 좀 할 수 있나?' 이러는 거예요. 순간적으로 와, 일마 이거 참 독하게 말한다.(웃음) 저는 마누라도 있고(웃음) 그거 하다가 잡혀가면 손톱 빠지고 뭐 하고. 70년대 제가 만났던 친구가 수산대 학생회장이었는데 중앙정보부에서 머리를 맞아 가지고 지금도 회복이 안 된 그런 친구가 있었어요. 그런 걸 보면서, 잡히면 죽는데 이거 뭐… 하면서도, 그때 몇 명이 같이 있었어요. 그래서 '그래, 한번 하자' 해 가지고 2·7 집회 2시간 전에 범일동에서 만나 가지고 자유시장 근처를 한 15분 정도 호루라기 불고 뛴 거예요. 독재타도, 독재타도 하면서. 그게 전부였거든요. 그리고 나서 그 절 앞에서 다시 만났죠. 대각사大覺寺, 부산 광복동에 있는 사찰. 거기에서 노무현 변호사를 보호해라 라는 지침을 또 주더라고. 동지들 세 명하고 했었는데. 어쨌든 그 86년을 겪으면서 87년까지 가면서, 아까 말했지만, 이야기하자면 부산민주시민협의회가 아니었으면 아마 저도 들어가지 못했든가, 안했을 겁니다. 뭐 민중이 어떻고, 아무 것도 모르는 사람에게 민중, 이거 겁난 그런 시절이잖아요? '부산민주시민협의회'가 상당히 부드럽게 들리고, 아 그래, 부산 사람이면, 조금 민주적으로 생각하는 사람이 들어가는가 보다. 해 가지고 갔던 그게 지금도 생각하는 건, 다시 그런 세월이 온다 하더라도 또 그렇게 할 수 밖에 없었던 거 아닐까? 왜 그런가 하면 80년대 그 숱한, 그 김상진 열삽니까? 서울대, 연대, 고대 뭐 이래가지고, 5명인가 6명인가 불사른 그 장면이 그대로 나올 때 정말 기성세대로서 부끄러운 삶을 살아서는 안 된다, 하는 그런 게 있었고, 그 담에 말씀드리고 싶은 게 아까 이왈신 동지가 얘기했지만 우리가 모니터링 했는데 저는 남포동에 있는 당구장하는 친구 그 가게에서 했어요. 박태근 동지하고 그 부인. 그리고 몇 명이랑 했었는데 당시에 전화 받았던 게 윤연희 동지 같기도 하고 제가 생각할 때는 여성들이 많이 받았어요. 우리가 했던 건 병력 규모, 그 담에 시위장소의 어떤 부분들, 상황, 그래서 이렇게 했으면 좋겠다, 라는 이런 이야기를 했던. 그러고 유인물은 정말 수없이 많이 나누었어요. 하여간 나중에는 십만, 이십만이 오는데, 그때는 어디서 진짜 나이 먹은 70대 노인이 와 가지고 '독재타도'하고 있는데 저희들은 더 많은 일을 해야 되는 상황이었죠. 그래서 데모할 때는 항상 두 편으로 갈라서 하자 해 가지고 앞에 섰던 사람들이 있었고 또 제일 뒤에 우리가 그래도 경험이 좀 있으니까 보호를 해야 된다, 하면서 서기도 했어요. 그러고 개인적으로 생각하는 건, 87년 6·29 끝나고 저도 '이건 우리가 이긴 게 아이다' 해서 중앙동 중앙성당에서 신부님들하고 끝까지 같이 거리시위를 하면서 '절반의 성공으로 끝나서는 안 된다, 한번 더 밀어붙여야 된다.', 라고 하면서 '국민운동본부'의 지도부, 상층부를 욕했던, 그리고 정치권도 대단히 성토했던 그런 기억이 생생합니다. 사실은 6월에는 그 뭐 3일씩 집에 안 가고 최루탄을 묻혀 가면, 제가 법원을 2번이나 왔다 갔다 했는데, 우리 마누라가 '당신하고 못 살겠다. 그렇게 다니면서 최루탄을 묻혀 와 가지고 말이 되느냐?' 그랬지요. 그런 과거를 딛고 살았지만 다시 그 세월이 온다 하더라도 그렇게 살 수 밖에 없었던 우리 한반도의 시대 상황이 아니었나, 하고. 지금도 주변에 예전에 어렸을 때 싸움 잘했던 친구 만나고 지금 돈 많이 벌고 했던 친구들 만나면 지금도 이럽니다. '그때 대한민국에서 제일 쎈 전두환이 하고 정면으로 붙어 가지고 싸움한 사람, 친구 있으면 한번 나와 봐라.' 술 마시면 그 당시를 위안하고, 위안하면서 그런 이야기도 하고 지금도 '부민협동지회'를 통해서 계속적으로 만나면서 전 생각하는 게 '이렇게 사는 게 참 아름다운 삶이다' 싶습니다. 감사합니다.

김일석 : 저는 부민협의 소모임 활동에 대해서 좀 얘기를 하고 싶네요. 이미 고인이 되셨습니다마는 서정만 선생님이라고 온천장에서, 그 부산대 정

문 쪽에서 옷가게를 하셨던 분이 계십니다. 몇 해 전에 돌아가셨는데. 제가 동래 지역위원장으로 있을 때 매우 열심히 활동을 하셨던 분이십니다. 그런데 그 분은 6·25때 참전하셨던 분이고 6·25때 또 총상을 입으셔서 국가로부터 건국훈장, 화랑무공훈장, 뭐 이런 훈장까지 다 받으신 분입니다. 근데 그 분이 우리가 동래 지역에서 소모임을 운영하면서 어떤 주제로 공부를 했냐면 처음에 『인간의 역사』를 공부를 했습니다. 저자는 이이화로 기억을 합니다. 『인간의 역사』 그게 즉 유물론인데 그것을 학습하고 토론하고 그 책을 마치고 나서 했던 것이 『한국전쟁의 기원』이라는 책을 가지고 공부를 했습니다. 근데 『한국전쟁의 기원』을 공부하다 보니 사실 그 연세 많으신 어르신과 함께 공부를 하면서 무척 당혹스러웠습니다. 왜냐하면 그 『한국전쟁의 기원』이라는 책이 전쟁의 성격을 서정만 선생님하고 달리 해석하고 있다는 거죠. 서정만 선생님은 국가에서 부름을 받고 군인으로 가서서 전쟁을 하시고 또 전투를 하시고 총상까지 입으셨는데 그 책에서는 일견 민족해방전쟁의 결론을 도출하는 그런 책이었어요. 그래서 그런 당혹스러움이 있는 학습을 진행하면서도 서정만 선생님께서 보여주셨던 일관된 이 민족에 대한 사랑, 이 운동에 대한 성실함 그것에 대해서 저는 짧게 말씀드리고 싶네요. 저는 그 분이 돌아가시고 제가 마음속으로 매우 존경하던 분이어서 충격을 많이 받았습니다. 제가 몇 해 전에 냈던 책에도 그 분 얘기를 실었던 적이 있는데. 새벽 3시에 온천장 온천극장 앞에서 모입니다, 라고 공지를 날리면 딱 2시 55분에 도착하세요, 그 분은. 2시 55분에 와 계십니다. 저는 그 정확함에 대해서 여태까지 제 삶의 귀감이 되는 분이셨습니다. 단 하루도, 공지를 날린 이후로 약속을 어기신 적도 없고 항상 5분 전에 와 계신 분이 바로 그 분이셨어요. 그 분과 『한국전쟁의 기원』을 공부하고 나서 그 담에 또 무슨 공부를 했느냐면 『변증법적 철학』, 『유물론』인가 하여튼 그 풀빛출판사에서 나온 사회과학서적을 공부했어요. 일종의 사회주의를 학습하는 것인데 그런데도 그 어른께서 우리가 마지막 마칠 때까지 다 학습을 하셨어요. 그리고 중간, 중간에 좀 생각이 다르다, 라고 하는 부분은 계셨으나 그래도 젊은이들 이야기를 끝까지 다 들어주시고 끝까지 모든 행사에 다 참여하시고 그 다음에 새벽에 공지문이 나가면 꼭 그 자리에 5분 먼저 와 계시는. 저는 제 삶에 6월항쟁, 85년부터 87년도 6월항쟁이 끝나기까지 개인적으로 참 치열하게 살았습니다. 제가 하던 탁아소는 그야말로 우리 학습 장소였습니다. 그래서 그 불온서적들을 학습하다 보니 참 좋은 장소였어요. 애들 수업 마치고 다 나간 그 빈 교실에서 학습하는 공간이 얼마나 자유롭고, 우리가 이런 이야기를 이 시대에 할 수 있다는 게 얼마나 자유롭고 좋았던지, 그때가 참 기억에 나고요. 저는 그때 그 소모임을 운영하면서 어떤 생각을 했냐 하면 부산민주시민협의회라는 이 반합법적인 운동단체의 성격을, 사실은 우리 내부적으로는 각 지역마다 좀 달랐습니다마는 내부적으로는 거의 전위조직에 가까운 조직을 만들어 나가려는 뜻을 가지고 있었습니다. 그래서 실제로 대통령 선거 끝나고 비판적 지지론과 독자후보론이 내부적으로 쪼끔씩 설왕설래 되면서, 민청이 만들어지고 또 부민협이 해소되는 과정에서 우리가 그때 학습했던 기질적 경향들과 다소 전위적인 것들을 추구했던 경향성들이 대선이 끝나고 나서 조금씩 드러났어요. 그래서 소위 일부 젊은 친구들은 CA그룹[제헌의회 그룹의 약자]으로 발길을 옮기고, 또 일부는 제도권 정당인 민주당이나 그런 쪽으로 발길을 옮기고, 일부는 또 소위 민중당 창당 과정에 또 관계하기도 하고 그렇게 했습니다. 그래서 저는 그 소모임이 거기에 참석했었던 저희들의 그 인생에 아, 그렇게 치열하게 학습했던 적이 있던가, 과연? 전 지금도 많이 공부를 할려고 애를 씁니다마는 정말 공부를 열심히 했던 거 같아요. 그래서 그 당시에 우리 '부민협동지회' 회원 중에 신선명 씨라고 동보서적에 출판기획을 하시는 누님이 계셨어요. 사회과학 서적『토박이』란 무크지도 만들어 내시고 했었는데 그때 제가 그 탁아소를 운영해서 버는 돈 전부를 동보서적에 다 갖다 줬어요. 어쨌든 고 짧은 시기에 읽었던 책의 양이 얼마나 많은지. 에 그렇습니다. 그래서 부민협의 소모임이 굉장히 치열하게 꾸려져 갔다는 거, 그것을 꼭 말씀드리고 싶고요 그리고 일단 처음에는 이런 소모임이 약간 지도되고 또는 약간씩 가이드가 필요했고 하지만 나중에는 이 소모임이 또 분열을 시작합니다. 저는 또 제가 소모임을 조직을 해서 새로운 멤버들과 함께 우리가 했던 그대로『인간의 역사』에서 시작해서『한국전쟁의 기원』,『변증법 철학론』이렇게 또 학습을 해나갔습니다. 그래서 처음에 시도됐던 소모임이 점점 더, 부민협이 반합법 조직이었지만 내부적으로는 좀 전위조직으로 가려는 이런 젊은 그룹들의 움직임도 있었다는 말씀을 드리고 싶고요.

그 담에 부민협 해소 과정에, 대선에서 비판적 지지론을 제일 먼저 부산 지역이 밝혔던 것으로 제가 알고 있습니다. 그리고 백기완 선생께서 부경대 오셔가지고 강연을 하시고 텔레비전에서 공개적으로 대단한 명연설을 하셨죠. 그래서 저와 학습을 했던 친구들이 처음 의도와 조금 달리, 부민협의 조직원으로서 부민협 활동을 좀 더 잘하기 위해서 만든 조직임에도 불구하고 우리 학습했던 멤버들 중의 일부분은 좀 독자적으로 움직이는 경향성이 있었다는 말씀도 드리고 싶습니다. 그래서 우리 내부에도 부민협이라는 하나의 지붕 아래 다양한 철학과 사상을 가진 사람들이 함께 동거했었다는 말씀을 드리고 싶네요. 저는 이만 말씀드리겠습니다. 감사합니다.

차성환 : 예, 감사합니다. 한 가지만 물어 보겠습니다. 그러니까 소모임이 계속 뻗어나갔잖습니까? 몇 개 정도나 소모임이 만들어졌던 겁니까?

김일석 : 그건 다른 지역의 소모임과 아마도 영도지역에도 소모임이 있었고요, 사하지역도 있었고 저는 동래지역 위원장으로 소모임을 처음에 윤연희 선생께서 소모임을 지도하셨어요. 일정 정도하다가 제가 직접 또 소모임을 만들어냈습니다. 만들어 내서 분화했는데 그중에 한 사람이 또 소모임을 만들어 내고 했습니다. 그런데 그 당시에 논쟁이 많이 됐던 엔엘[NL,

민족해방론[피디[PD, 민중민주주의론]논쟁들이 소모임 안에서도 계속 증폭되기도 하고 또는 좀 비틀어지기도 했는데, 대선 과정에 실패를 겪으면서 일부는 또 독자적으로 운동세력을 만들어 나가야 되지 않는가? 비판적 지지론에 대해서 또 뜨거운 비판을 퍼붓는 동지도 생기게 되고요, 그렇게 됐는데 어쨌든 88년도까지, 민청[부민청, 부산민주청년회]이 만들어지는 전후의 시기까지 소모임 활동은 계속되었습니다.

최종태 : 제가 알기로는요, 부민협은 비판적 지지를 결정한 적이 없거든요. 그리고 '국민운동본부'는 비판적 지지 이런 거를 결정할 수 있는 회의 수준이 못되었습니다. 대통령 선거 때 방침을 결정하거나 그러지를 못했다고 저는 알고 있습니다. 비판적 지지는 그냥 일부 개인들의 생각이었을 뿐이지 부민협이 뭐 상집이나 아니면 민통련 회의에 가서 비판적 지지를 주장했다거나 이런 건 아니었다고 기억하고 있습니다.

차성환 : 그건 중요한 쟁점인데요. 일단 나중에 따로 다루기로 하고 우선 남기수 선생님까지 이야기를 듣고 청중석 이야기를 같이 듣도록 하겠습니다.

남기수 : 저는 오늘 이야기 듣다 보니까 섭섭한 게 하나 생기는데. 선배들은 엘티니 티티니 부르면서 저보고는 항상 바퀴벌레라고 불렀습니다.(폭소) 이 자리에 정말 그 이성조, 박행원 선배, 송영경 씨, 다 계셨으면 또 변호사님도 계셨으면 참 좋겠습니다. 제가 기억하기에는, 제가 경성대학교 앞 산수글방이라고 사회과학 서점이 처음 만들어졌을 때 그 하영근 씨하고 같이 일을 했더랬는데, 아마 부산의 사회과학 서점에서 내는 도서 안내지를 가장 잘 만들었던 거 같아요. 그게 오늘날 포트폴리오처럼 작용해서 부민협에 흘러들어갔는지 하루는 굉장히 예쁜 여성이 와 갖고 진성일 열사 추모제 인쇄물을 좀 만들어 달라 그러더라고요. 그래서 그거를 같이 만들고 처음으로 부민협 사무실에 갔더랬지요. 그런데 그 예쁜 여성이 화

장실에서 설거지를 하고 있더라고. 그리고 제 기억으로는 윤연희 선배가 굉장히 구박을 했던 거 같고.[폭소] 그 이후에 저희들은 인쇄물 만들면서 고호석 선배님한테 오사, 탈자 때문에 맨날 혼나서 또 굉장히 무서워했고, 호철이 형은 그 당시 유장현 선배님한테 굉장히 구박을 많이 했는데 욕도 굉장히 잘했고, 아무튼 부민협 사무실은 들어가기가 좀 무서웠습니다. 그래서 밥 때 되면 밥 먹고 그냥 나오는 사무실이었고 저는 주로 밤샘하고 아침에 그 인쇄한 원고를 주면 제 일이 끝나기 때문에 붙여진 별명이 바퀴벌레였던 거 같은데, 제 기억으로는 진성일 열사 인쇄물을 마치고 민주시민이라는 소식지를 그 이전에 윤연희 선배님이 말씀하신 그 가리방, 철필, 등사, 청타, 그래 만들어지던 인쇄물을 처음으로 아마 부산에서는 처음으로 운동단체에서 일반 식자를 통해 만들었습니다. 어찌보면 인쇄 쪽에서 의미를 가진다면 제 나름대로는 그런 의미를 『민주시민』소식지에 굉장히 부여하고 싶고. 그 이후에 주로 속보나 호외 위주로 갈 수 밖에 없었고 나중에 『민주부산』은 또 인쇄 측면에서 의미를 부여한다면, 그건 신문이었습니다. 당시에 송영경 씨가 전동 타자기 들고 50센티 자를 하나 들고, A4 용지, 화이트, 딱풀 들을 한 보따리 들고 오라 해서 그걸 들고 조창섭 목사님 댁으로 갔다가 또 어디 한 군데 들렀다가 뱅뱅 돌다가 도착한 곳이 해운대 그 신문 만드는 장소였는데, 거기 가니까 학생들 대표도 와 있고 노동 쪽, 여성, 문화, 그 외 각 부문별로 오신 분들이 현장에서 원고를 들고 와 갖고 글을 쓰고 계셨어요. 그 글이 만들어지면 저희들이 작업을 하고 새벽 한 두 시 경에 원고를 주면 새벽 네다섯 시 경에 윤전으로 몇 십만부 씩 나오고 그랬습니다. 그때 그 『민주부산』이 그 이전에는 민주시민이나 인쇄물들이 소식지 수준이었다면, 특히 노동 쪽의 영향이 커지면서 그 쪽의 힘이 가세돼서 『민주부산』이 만들어진 거 같은데, 그때 가장 기억에 남는 게 일간지를 만들자는 얘기였습니다. 제 기억으로는 6월 26일 나오고 그 후 3일을 매일같이 내었던 것 같고. 29일 날 6·29선언 때 민주부산의 전체 편집을 책임지시는 김진모 선배님이 원고 쓰시는 도

중에 기침을 하시면서 피를 흘리고 이래서 그 분이 도저히 6·29 내용을 듣고 시론(時論)을 내가 못쓰겠다고 해서 당시에 김정호 씨가 막 출감해서 일을 많이 할 땐데 그 정호 씨하고 그때 기억으로는 박재율 씨도 있었는가? 그 분이 시론을 하여튼 6·29 이후에 못 적게 되면서 일간지로 가고자 하는『민주부산』도 그렇게 되지 못했습니다. 아무튼 제가 뚜렷하게 기억하고 싶은 건,『민주시민』은 정말 처음으로 식자를 넣어 갖고 깨끗하게, 정말 서울 민청련에서 나온 두꺼비 그림이 있는 그『민주화의 길』, 그게 모델이었습니다. 항상 가방 안에는 그 당시 다들 그랬겠지만 이상한 문건, 그 담에『세계철학사』같은 책들이나 이런 거 한 두 권 들고 다녔었지만 저는『민주화의 길』그런 내용의 소식지를 부산에서 참 만들고 싶었습니다. 그래서 그『민주시민』은 부산에서 처음으로 식자로 만들어 진 것이고『민주부산』의 의미는 저는 신문이라는 점에 굉장히 큰 의미를 부여합니다. 그 이후에 저희들 나름대로의 노하우 이런 게 생겨서 지금 한진중공업에서 열심히 투쟁하고 계시는 김진숙 씨가 조선공사 신문을 만드는 데 도와 달라 해서 참 열심히 만들었던 기억이 나고 그『조공노동자신문』덕에 각 노동조합에 노보를 어떻게 만드는가, 그런 걸 현장에 가서 교육을 또 하러 다니고 그랬던 기억이 있습니다.

차성환 : 지금까지 말씀을 다 들으셨기 때문에 플로어에서 질문도 좋고, 아니면 또 의견도 좋고 말씀을 해 주시면 좋겠습니다. 그러면 이 자리에서 다 답변이 안 되면 또 홈페이지에 올린다든지 연구를 해 보겠습니다. 우선 아까 최종태 선생 잠깐 얘기했는데요. 나중에 부민협 해소하는 과정에서 부민청하고 관계 이런 거 이야기 잠깐 좀 해 주시죠.

최종태 : 저는 준비를 안 해 와서 기억이 정확하지 않아 말씀드리기는 좀 그렇기는 한데, 부민협이 해소를 결정한 적은 없습니다. 그냥 젊은 회원들이 청년 운동한다고 '부산민주청년회' 만들어 나가면서, 그 동안에 창립

때부터 일하셨던 간부님들, 선배님들이 수배 받고 또 너무 오랫동안 활동을 해서 상근을 제대로 할 수 없는 조건이 되었습니다. 그러면서 정세는 확 변해 버리고 이래 가지고 자연스럽게 해소되었고, 나중에 부민협을 신광호 선배가 재건을 했습니다. 그러니까 부민청에 가지 않은 회원들을 김재규 선배님 모시고 재건을 해 가지고 그게 전민련이 만들어지기 전에 부산조직인 부민련에 가입하게 된 거거든요. 그래서 그때 부민협이 부민청과 같이 계속 존재해 있었습니다. 그러다가 나중에 부민협은 동지회로 바꾼 겁니다. 상근자가 없어서 그냥 활동은 중단되고 옛날에 6월항쟁 때 피세일을 했던 사람들 중심으로 해서 동지회로 만들어서 간 거고. 부민협은 한번도 공식적으로 해체한다거나 이런 적은 없었던 걸로 저는 기억하고 있습니다.

차성환 : 예, 그렇다면 재건이라는 말도 좀 안 맞지 않습니까?

최종태 : 활동을 거의 중단하다시피 한 것을 다시 활동을 재개하는 정도 수준으로 생각하시면 되겠습니다. 그래서 재건도 좀 부적절한 건데 어쨌든 국민운동본부가 만들어지고 난 뒤에 상집위가 대통령 선거가 끝나고 난 뒤에는 한 번도 열린 적이 없습니다. 그러다 보니까 해소를 결정할 수도 없었고요. 부민협이 회원 총회를 거쳐서 해소를 결정한 적도 없고요. 제 기억은 그렇습니다.

차성환 : 88년도에 총회가 있었는데 거기 대해서 좀 말씀

최종태 : 그 총회는 88년도 국회의원 선거가 끝난 뒤에 부민청이 창립되고 난 뒤에 남았던 부민협 사람들이 조직을, 다시 활동을 재개한 겁니다, 그때.

김재규 : 저도 기억을 더듬어서 말씀 드리는데, 나중에 젊은 친구들이 부민

청을 만들어 나갔습니다. 그래도 상대적으로 젊은 친구들 중에도 부민협
에 남아있는 친구들이 있었어요. 부민협이 활동이 적었다 뿐이지 공식적
으로 해소는 안 했는데 이게 언제 해소됐느냐 하면 89년돈가? 아마 그때
해소됐습니다. 왜냐하면 활동을 제대로 못하니까 '부산민주시민협의회'는
깃발을 내리고 동지회로 가자 그런 기억이 있습니다.

최종태 : 그게 공식적 결정은 아니고 그때 당시 '민주연합당 만들자' 라고 해
가지고 김재규 선배님이 부민협 회장으로서 활동이 불가능한 상태였습니
다. 그래서 신광호 선배가 우리가 회원 활동이라도 하자, 그래 가지고 우
리가 그 뒤에 강연회를 몇 번 했거든요. 강연회 주최를 몇 번 하고 해서
활동이 이어지다가 더 이상 신광호 선배가 상근이 불가능한 상태가 됐습
니다. 그래서 자연스럽게 활동이 중지되고, 그 담에 이대로 갈 수는 없다
고 해서 뭐 부민청이든 부민협이든 관계없이 우리가 그때 상임집행위원
들 중심의 부민협이 아니고 회원 중심의 동지회로 만들어 가자. 이렇게
해서 초창기의 동지회는 지금처럼 친목 도모가 아니었고요, 매달 시사토
론회 같은 거도 하고 제 기억으로는 김근태 의원 초청 강연회도 하고 이
랬습니다. 그래서 사무실도 없고 상근자는 없었지만 거의 매월 한 번 정
도의 월례회를 우리가 해 왔습니다. 그런 상태가 몇 년 지속되다가 지
금처럼 완전히 친목 모임이 되서 지금까지 이어져 오는 겁니다. 그래서
제 기억으로는 한 번도 부민협을 해소한다는 결정을 한 적이 없다, 활동
의 수준을 달리 해 왔다, 그렇게 말씀 드릴 수 있습니다.

배다지 : 부민협을 해소한다는 조직적 결정을 한 사실이 있니 없니 이런 이
야기인데, 내 기억으로는 최종태 동지는 그 당시에 이미 부산민주청년회
라는 별도의 조직을 만들어 부민련 사무실 한 쪽 켠에 있었고, 부민협은
그 민주청년회가 젊은 사람을 중심으로 해서 한 무더기 떨어지고 난 사람
들로서 계속해서 존재하고 있었어요. 국내에 있어서의 민민세력이 태동

함과 동시에, 전국민족민주연합을 추진하는 일련의 그 움직임이 있을 그때에, 부민협도 차제에 발전적으로 해소해서 부민련으로의 발전을 도모하는 것이 좋지 않으냐? 하는 이런 논의는 했습니다. 그런 논의를 할 때에는 이미 최종태 동지는 부산민주청년회의 멤버로서 활동할 때이고 그런 논의에는 없었던 것으로 난 이렇게 기억이 나는데. 아마 김재규 이사장님도 새삼스럽게 기억을 더듬으면 기억날 거예요. 그래서 부민협을 해소한다 어쩐다 하는 논의가 전혀 없었던 것은 아니고 그와 같은 정세적 조건이 왕성히 익어가는데, 부민협에서 그 정세를 그저 바라보고만 있을 사람들이 아니잖아요? 그러니까 우리도 지금 빨리 발전되어 나가야 한다하는 이런 논의가 자연스럽게 있었던 겁니다. 그래서 부산에서도 '부산민족민주운동연합', 부민련이 결성할 수 있는 모태가 바로 부민협이 중심이 되어가지고 '부산민족민주운동연합 준비위원회'가 구성이 되고 이랬거든요. 나는 그렇게 기억이 됩니다.

이흥만 : 배다지 의장님 말씀이 좀 맞는 거 같습니다. 물론 공식적으로 총회를 열어서 해소를 하지 않았어도 부민청이 나가고 그 다음에 부민련이 뜨면서 부민련으로 주로 연결이 되고 저가 기억할 때는 선배들이 부민협에 매달 5만원씩 돈을 모아서 재정을 지원했습니다. 그 지원을 하다가 부민협이 공식적으로 해산을 안 해도 활동이 없어지고 부민련으로 넘어가면서 부민련은 다른 재정이 있기 때문에 부민청이 어렵다고 그래서 그 5만원 지원하던 것을 부민청이 지원을 받았습니다. 그러다가 부민청이 또 부산청년회로 바뀌면서 아마 중단이 된 걸로 그렇게 기억하고 있거든요.

배다지 : 6·10항쟁이 한창 진행되고 있는 과정에 거리에서, 가령 부산진시장, 자유시장 쯤에 데모 대열이 콱 밀려왔을 적에, 전경에 밀려가지고 잠깐 연좌를 한다든지 했을 적에 먹을 것이다, 뭐다, 마스크다 이런 것이 막 날라 들어오고, 가져오고, 물동이, 단술동이도 들어오고 했잖아요? 이것이

우연한 게 아닙니다. 당시에 그 부산진시장 번영회라는 게 있었는데, 부산진시장 번영회 회장이 김영 뭐라는 분인데 그 분이 상당히 사회적 의식이 높은 분이었어요. 그런데 공교롭게도 당시 그 부산진시장이 백화점의 태동 같은 새로운 상황 때문에 쇠퇴해지려는 징조가 보이기 시작하면서 정부에 대해서 뭔가 그 상인들이 불만을 갖기 시작하는 시기였습니다. 그런데 때마침 정치적 항쟁이 일어나니까 그 부산진시장 번영회 회장, 그 분이 키가 훌쩍 크고 제 동래고등학교 선배요. 그래서 하루는 그 선배를 만나 가지고 '선배님, 지금 거의 매일같이 이 앞으로 데모 행렬이 지나가는데 시장 상인들이 그냥 있으면 됩니까? 뭔가 협조하는 이런 입장이 있어야 안 됩니까?' '그래 알았어.' 그 이후로요 시장에 가면, 전 시장 상인들이 학생, 노동자들에게 줄 마스크 만든다고 손님이 없을 적에는 그저 전부 다 마스크 만드는 데 여념이 없었어요. 그래서 데모 대열이 그쪽으로 오면 그 마스크 그대로 전달하고 어떤 사람은 단술동이도 가져오고 떡도, 돈도 가져 오고 지갑도 나오고 이런 것도 단순히 우발적으로만 그리 된 것이 아니고 부산진시장 번영회가 좀 조직적으로 작용했다고 하는 것도 하나의 역사적 사실로 알아두면 좋겠어요. 이 이야기를 왜 하냐면 정말 어느 시기에 가서 역사를 회고한다고 하는 이런 의미에서 부산진 시장의 그 번영회에 대해서 '부산민주항쟁기념사업회'가 과거의 역사를 들먹거리면서 감사장 하나쯤 전달할 수 있는 거 아닌가, 또 이런 것도 하나의 재미있는 회상거리가 안 되겠나 싶습니다.

차성환 : 참 귀중한 증언을 해 주셨습니다. 정말 이야기를 듣다 보니까 우리가 막연하게 부산 시민들이 열렬하게 지지하고 성원하고 하셨다고 그렇게 이야기하지만 이렇게 아주 구체적인 사례들이 너무나 많을 것 같습니다. 앞으로도 이런 것들은 좀 더 많은 증언들이 좀 나왔으면 좋겠구요. 이제 시간이 좀 많이 되었기 때문에 한두 분 정도만 말씀을…

김종세 : 저도 자료 차원에서 방금 얘기하고 결합해서, 가톨릭센터 농성할 때 제 친구 아버님이 충무동에서 인쇄소를 했는데, 성금을 마련해 가지고 세 분이 올라가다가 저하고 마주쳤거든요, 제 대학 친구 아버님인데 거제도 출신이고 야당 쪽 후원자였어요. 조그만하게 김영삼 씨를 후원했던 분인데 주변의 자기 또래들한테 돈을 모아서 가톨릭센터서 올라가는 걸 봤거든요, 근데 아마 이런 사례들이 많을 거라고 생각하고. 아까 김일석 회장이 얘기했던 서정만 선생에 대해서 꼭 한마디 제가 소개를 해야 될 거 같습니다. 현재 우리 '민주항쟁기념사업회'가 소장하고 있는 6월항쟁의 유인물들, 『민주시민』, 『민주부산』, 결호가 좀 있기는 합니다만, 6월항쟁이 있고 7년 뒤에 94년도에 우리가 자료집을 만들 때에 그 자료를 가장 많이, 체계적으로 모아서 기증을 해 주신 분이 서정만 선생입니다. 서정만 선생의 그 기증 자료가 없었다면 그 자료가 나올 수가 없습니다. 유인물 자료가. 『절규』라든지 다 거기에 있었고 몇 개가 빠졌었는데 그 뒤에 추가로 다 수집이 되었고, 아까 호외가 발행되었다고 했는데, 『민주시민』과 『민주부산』 사이에 사실은 연구자들이 굉장히 애로가 있는 게, 『호외』가 두 갠가 수집돼 있는데 중간에 날짜가 좀 듬성듬성 해요. 충분히 그 당시에 여러 장이 나왔을 거 같은 데 없거든요. 근데 지금 제 기억에는 2장인가가 『호외』가 수집되어있는데 그것들 기억을 혹시 하시거나 수집할 수 있으면 좋겠다. 굉장히 중요한 시기다. 오늘 이야길 들으면서 그걸 말씀 드리고 싶습니다, 서정만 선생 같은 분은 집행부가 아닌 2선에 계신 분이고, 평소에 굉장히 성실하신 분이기 때문에 잘 모아놓았던 거 같습니다. 유사한 사례가 부마항쟁 때 '양서협동조합'의 자료를 가장 잘 모아서 기증하신 분이 역시 김동수 박사님 그 내과에 부원장이셨던 이길웅 선배가 또 그래요. 하나도 우리가 원본을 수집할 수 없는데 이길웅 선배가 이사회 기록, 매일매일 매출표까지 다 그래프로 그려진 거를 수집해서 '양서협동조합'의 연구에 굉장히 큰 재료를 제공하셨거든요. 그래서 지금 그 서정만 선생 같은 분은 꼭 기록에 남겨야 될 필요가 있다고 생각하고 연구를 하시

는 분한테는, 우리 차성환 박사님 같은 경우에, 참 형태적으로 유사한 조직인 거 같습니다. 6월항쟁 때 그 전후에 부민협이 활동을 했고, 부마항쟁 때는 양협이 그런 활동을 했고 4·19시기에는 여기 계신 우리 배다지 의장님, 그 민자통, 민민청이 5·16에 이르기까지 그 일련의 통일운동에 활동했던 이 3개가 큰 시기의 항쟁 때 조직적인 틀거리를 가지고 우리 지역에서 했다는 데 그런 것들도 한번 비교해서 연구하면 지역의 운동사를 쓰는 데 굉장히 좋겠다는 생각을 했습니다.

배다지 : 조직적인 틀거리라니까 하나만 더 말하자면, 시위 진행 과정에 나오는 구호 가운데 이런 게 있었어요. '자주 없이 민주 없다'는 이런 구호가 있었습니다. 그거 기억하십니까? [누군가 '예'라고 답함] '자주 없이 민주 없다' 하는 그 구호를 어디서 주문했냐 하면 우리가, 우리는 그 당시에 공안관련 법으로 인해서 조직에 뛰어들 수가 없었어요. 막판에는 죽기 아니면 살기로 부민협에 참여했지만 상당히 그 이전에는 조직적으로 참여 못 했거든요. 그러나 서클이 하나 있었어요. 그 서클을 통해서 부민협에 누구를 내 보냈느냐 하면 김상찬 씨를 내보낸 겁니다. 김상찬 씨를 통해 가지고 말하자면 시위 도중에 반드시 '자주 없이 민주 없다'는 이 구호를 제창할 수 있도록 관철해야 한다는 과업을 줬고, 그것이 성사돼서 그 당시에 데모 속에서 '자주 없이 민주 없다'는 구호로서 외쳐졌던 이런 일들이 있었습니다. 그건 나도 들었고.

차성환 : 새로운 이야기가 또 나왔습니다. 이제 마무리를 해야 될 시간이구요. 그래서 꼭 내가 이 이야기는 해야겠다 하는 분 얘기만 한, 두 분 더 듣고 마무리하도록 하겠습니다.

박호섭 : 예, 저는 자랑스런 '부산민주시민협의회' 회원을 평생의 모토로 살고 있는 박호섭입니다. 저는 반송성당에 있었던 대건야학을 다닌 야학 출

신이구요. 여기 계신 박찬성 선생님이 그 야학을 만드셨고 저는 그 학교 출신입니다. 그래서 대학 들어갔는데 같이 해야 되겠어서 갔었고 그러다 보니까 아이들 가르치는, 같이 공부하는 과정에서 이건 좀 사회적으로 문제가 있다는 각성이 들어서 제가 부민협을 찾아갔죠. 가서 연희 씨하고 호철 씨를 만났고. 그때 제가 반송성당에서 사무장을 했었어요. 낮에는 사무장 하고, 저녁 때 동아대학교 다니는데, 제가 입학할 무렵에 시민협의회가 결성된 지 얼마 안됐었고 기억나는 건 노대통령님하고 금정산에 올라가서 닭싸움도 하고 그랬던 기억이 나는데요. 저는 회원이면서 그때 87년 그 6월항쟁 당시에 저는 사상에 협신이라는 고무공장에 다니고 있었습니다. 그때 호철 씨 부인도 거기 위장취업 하셨다 그러는데 저는 위장취업이 아니고, 가정 사정상 어쩔 수 없이 취업을 하고 있었는데요. 그 마음의 짐이 아직도 남아서 무슨 일을 하나 하고 있는데, 그때 그 항쟁 시기에 일을 마치고, 저희 집이 반송이었었거든요. 반송에서 사상까지 출퇴근 하는데, 아침에 나오면 버스가 저 주례 쯤 되면 안 가지요. 그러면 동료들하고 슬슬 걸어 나옵니다. 동의대학교, 서면 쪽 가면서 최루탄이 오지요. 보입니다. 처음에 하루 이틀은 피해가기도 하는 사람들이 있어요. 그러다가 최루탄 맞으니까 화가 나 가지고 "이, 씨" 이래 갖고 참여하고, 그 과정에 뭐 처음에는 노동자들이 별 큰 의미를 안 갖고 참여했는데 하다보니 재미도 있고 또 울분도 나오고 그런 게 좀 풀어지는 것도 있었고 그래서 같은 동료 중에는 경찰한테 맞아가지고 팔도 부러지고 이런 과정 속에서 또 다른 투쟁의 상황이 벌어지고 이렇게 전개됐어요. 그 다음날 출근해서 '누구 잡혀 간 사람 없나? 괜찮나?' 그러다가 '야, 오늘 어디로 갈래?' 이렇게 되서 회사 마치면 항쟁에 참여하고 이런 것들이 아주 자연적으로 이루어졌던 것이지요. 물론 항쟁 지도부가 있어서 열심히 하는 것도 있었지마는 우리 백영기 선생님같이. 저같이 평범한 시민들이 그 속에서 6월항쟁이 갖고 있는 역사적 상황 속에서, 그 생활 속에서 참여하는 그런 일들이 많이 생겨나기도 했었습니다. 참고로 6월민주항쟁을 기념하는 행사가 전국에 최초로 그리고 최대로 하나가 이루어지고 있지 않습니까? '6월민주항쟁시민축구축전'[웃음]. 13년째 해 오고 있고요. 지금 이 순간에 본선 결선에 올라온 24개 대표 팀들이 저 위에 모여서 지지고 볶고 싸우고 있습니다. 그러나 그 속에서 그래도 민주적인 가치를 토대로 민주적인 동의를 이루어내는 과정을 통해 잘 할라고 노력하고 있거든요. 그래서 우리 '부산 민주시민협의회'의 역사적 재조명 속에 우리 축구축전이 살아 있는, 계승하는 그런 게 있다, 라는 거 기억하시고 내일 모레 그 개폐막식 때 오실 수 있는 분들 오셔서 격려 좀 해 주십시오. 그들도 살아 있는 부산 시민들이고 여러분들의 격려로 더욱 더 잘할 수 있을 거라고 믿기 땜에 짧게 말씀 드립니다.[박수]

이호철 : 한 가지만 간단하게 좀 여쭈어봐도 되겠습니까? 제가 재정을 한 때 담당하다 보니깐 다른 분들은 잘 모르고 회비도 거두었던 분 중에 한 분이 당시 반송성당에 파란 눈의 신부님, 있지 않습니까? 외국인 신부님.

박호섭 : 도 신부님은 메리놀 회 신부님입니다.

이호철 : 몇 분은 아십니다만 도 신부님이라고 반송성당 신부님이신데 어쨌든 미국에 가시기 전까지는 꾸준하게 많지 않은 돈이었지만 부민협에 회비도 내고 그러셨거든요. 외국인 신부이면서. 그 분 역시 기념패 대상이 되지 않나?[폭소]

박호섭 : 그 도 신부님이 없었으면, 그때 우리 반송에서 광주 비디오 틀었잖아요? 회원들 본다고. 그 장소를 못 구해서 그럴 때 그 신부님이 제가 이야기하니까 사목위원들이 "무슨 이런 빨갱이 같이"라고 말을 많이 했는데 신부님이 "왜 그래" 이러면서[웃음]

이호철 : 광주 비디오 튼 데가 반송성당하고요, 그 담에 남천성당인가 한 번 틀었고요

이왈신 : 당감성당

이호철 : 당감성당도 틀었고요, 그 담에 저기 가톨릭센터에서 광주 사진전을 했어요. 6월항쟁 기간 동안

고호석 : 5월부터

이호철 : 5월부터 했나요? 그거 하면서 그 원래 가톨릭센터 농성을 계획 안 했는데 들어가 버렸거든요, 시위 하다가. 그것을 기획한 문화센터장이 짤려 버렸어요. 제가 그 성함을 모르겠는데 그 분도 지금 감사패 대상입니다.[웃음] 당시에 부산교구가 굉장히 보수적이었는데 어쨌든 그런 숨어 있는 분들의 노력이 있었거든요.

김종세 : 잠깐 호철 씨, 가톨릭센터에 사진전 하던 같은 시기에 3개 성당에서도 그 영상 상영한 건가요?

고호석 : 거의 비슷했어요. 시기적으로는

이흥만 : 5월달이겠지. 5월.

고호석 : 가톨릭센터 농성은요, 바로 전날 명동성당 농성이 문을 닫아 버리면서 6월항쟁이 싹 식는 느낌이 들었어요. 그러잖아도 명동성당 농성이 있을 때도 서울, 부산, 대전 등 몇 개 지역, 한 서너 개 지역만 매일 시위가 이루어졌지, 광주라든지 다른 데는 거의 잠잠했거든요. 그런데 명동성

당 농성 자체가 잦아들면서 '아 이러다가 이거 완전히 망한다, 이렇게 이 시기가 끝나버리면 아무 것도 안 된다' 이런 초조함이 저희들한테 있었어요. 근데 저희 투쟁지도부가 그 고민을 하면서 '야, 부산 같으면 중앙성당 아니면 가톨릭센터 정도에서 하면 좀 뭔가 되겠다.' 이런 생각은 갖고 있었구요. 근데 그 다음날 시위대열은 엄청나게 있었는데 가톨릭센터 앞에 꽤 많은 사람이 있었고 상당히 우연이기도 하지만 그 당시에 가톨릭 부산교구에 박승원 신부님이나 이런 분들하고 연계를 하고 있었던 임정남 선배, 저, 그리고 몇 사람들이 그 가톨릭센터 앞에 있었어요. 근데 우리가 거기서 토론도 하고 계속 시위를 하고 있는데 이놈들이 밀고 들어오면서 대열을 잘랐거든요. 밑에 국제시장 길과 영주동 넘어가는 길을 자르면서, 아, 여기서 한판 해 보는 것도 참 괜찮겠다. 그러잖아도 그런 이야기가 있었고 이랬기 땜에 임정남 선배를 중간에 넣어서 센터 쪽에 계속 얘기를 했죠. 지금 우리가 고립되고 있다. 위험해지면 들어가도 좋으냐? 그렇게 얘기했고 거기서 박승원 신부님이 일정 정도 역할하면서 그래 정 안되면 들어오라. 이래 했고 우리는 반쯤 밀리는 척 하면서 들어갔고요. 그래가지고 거기서 판을 벌렸고 그 다음 날 17일에 내외신 기자회견을 했거든요. 그때 가톨릭센터 쪽에서 강력하게 요구했던 게 뭐냐 하면, 그 당시에 언론들은 전부 점거농성(占據籠城) 그랬어요. 가톨릭센터 점거농성, 그러니까, 시위대가 가톨릭센터의 의지와 관계없이 밀고 들어왔다, 그렇게 다 보도했는데 가톨릭센터가 '절대 그거 아니다. 우리가 양해하고 협조한 상태에서 보호하는 취지로 들어와 있는 거라는 얘기를 언론에 꼭 해 달라.' 이래 가지고 그때 내외신 기자회견 할 때도 그 얘기에 강조를 했고, 저희들이 쓴 성명서에나 이런 데도 그런 얘기를 실었던 걸 기억하거든요. 그래서 센터 쪽 하고 처음에는 얘기가 돼 가지고 들어갔고, 그런데 시간이 지나면서 센터가 되게 부담스러워 했어요. 부산교구 이갑수 주교님이나 이런 분들이 기본 성향이 있었기 때문에 엄청나게 부담스러워 했고 그래서 "빨리 나가 도." 그리고 이호철 씨가 잠깐 이야기했지만 계엄령 이야기가 18일 정도에는 오면서 위에 헬기[헬리콥터] 막 뜨고 경찰 쪽에서 계속 압력 들어오고 이러면서는 센터 쪽이 입장을 완전히 바꿨죠. 그래서 농성대[籠城隊]가 더 이상 버티기 어려운 몇 가지 이유 중에 하나가 되기는 했지만, 그래서 뭐 완전히 기획이다, 그렇게 이야기하기도 어렵고, 완전히 우연적으로 들어갔다, 그것도 아니고요, 중간쯤 된다고 보면 될 거 같습니다.

김재규 : 나는 기억이 그때 고호석 선생이 저하고 의논한 걸로 기억하는데. 명동성당에 농성이 끝나니까 우리 저 가톨릭센터 필요가 있고, 가톨릭센터에 고호석 선생이 그때 '형님, 내가 들어가서 같이 하겠습니다.' 이래 가지고 일종의 지도죠, 본인이 한다는 얘기까지 내가 들은 거로 기억하는데 이거 내가 완전히 착각을 했나?

고호석 : 비슷은 하죠. 거의 비슷은 합니다.

김재규 : 그 뒤에 내가 고호석 선생한테 물었거든 '그래, 이제 잘 됐나?' 이러니까 가서는 학생들하고 같이 지도부를 형성 해 가지고 했다고 이랬는데. 나는 완전히 기획도 좀 되고 필요하니까 우리가 했는데, 된 걸로 알았는데 자연스럽게 했다니까 내 기억이 좀 걱정스럽습니다.

김종세 : 현장 기획이죠, 현장 기획.

차성환 : 예, 가톨릭센터 농성은 사실은 6월항쟁에서 백민데요, 저는 그 가톨릭센터 농성에서 6월 18일 전두환이 모종의 특단의 조치를 하겠다고 협박을, 그게 됐다면 계엄령이 됐을 테데, 그런 상황에서도 가톨릭센터 농성자들이 자리를 지키면서 목숨을 걸고 거길 사수했단 말입니다. 그와 같은 용기와 결단 때문에 결코 전두환 정권이 강권력을 발동하지 못했던 거

아닌가 하는 생각도 하게 되는데요. 어쨌든 그 부분에 대해서 오늘 또 새로운 이야기들이 좀 나왔는데. 오늘 부민협과 관련한, 부민협을 다시 재조명하는 이 주제만 하더라도 너무나 새로운 이야기들이 많이 나오고 또 우리가 좀 더 깊이 조사하고 확인해야 될 사항들이 너무나 많다는 것을 확인했습니다. 오늘 짧은 시간이었지만 정말 알찬 이야기들이 너무 너무 많이 나왔고요 그래서 앞으로 이와 같은 모임들이 좀 더 있어서 우리 민주운동사를 정말 정확하고 풍부하게 다시 조명하고 쓸 수 있도록 그런 작업들을 저희들이 더 많이 해야 되겠다는 생각을 하게 되었습니다. 좀 아쉽고 부족하지만 오늘 집담회는 일단 여기서 모두 마치겠습니다. 감사합니다.[박수]

3장
부산의 KBS 시청료 거부운동[1]

_고호석

1. 시대적 배경

'땡전 뉴스'(9시를 알리는 시보가 '땡' 하고 울리면 뉴스를 시작하자마자 '전두환 대통령…'이란 말이 매일 나왔기 때문에 생긴 말)라는 말이 상징적으로 보여주는 것처럼 5공 시기의 언론들은 정부찬양 일색의 편파보도를 일삼았고 따라서 국민들로부터 극심한 불신을 받았다. 5공정권이 언론통폐합이라는 폭거와 함께 출범하기도 했거니와 중요한 정치사회적 뉴스들은 모든 언론이 거의 대동소이하게 보도했다. 정부의 언론통제에 대한 강한 의구심은 86년 9월 민주언론운동협의회가 발간했던 『말』지 특별호인 「보도지침, 권력과 언론의 음모」에 의해 만천하에 사실로 드러났지만, 그 이전부터 KBS를 위시한 언론에 대한 불만은 팽배해 있었다(세계 어느 독재국가에서도 유례를 찾을 수 없을 만큼 심각한 수준의 언론통제가 줄곧 자행되어 왔음을 확인시켜준 이 보도지침 특집호는 많은 국민들을 큰 충격에 빠뜨렸고, 시청료 거부운동에도 더욱 불을 붙이는 역할을 했다).

---

1) 이 글은 2015년 민주주의사회연구소 주관 6월항쟁 기념 학술행사에서 발표된 것이다. ─편집자 주

이 불만이 조직적 운동의 형태로 처음 나타난 것이 KBS 시청료 거부운동이었다.

2. 전개

1985년 한국기독교교회협의회(KNCC)를 중심으로 한 한국의 개신교계는 KBS 시청료 거부운동이라는 방식의 저항운동을 집중적으로 논의하기 시작했다. KBS, 즉 한국방송공사가 가장 대표적인 공영방송이라는 상징성이 있는데다, 시청료는 '시청하는 사람만 내는' 사용료라는 점, 그리고 KBS 2채널이 상업광고를 하고 있다는 점 등에 착안한 것이었다. 그 이전에도 일부 개인들이 시청료를 내지 않겠다고 선언하고 납부를 거부한 사례는 있었지만 이처럼 조직적 운동으로 전개된 것은 처음 있는 일이었다.

그해 8월에 열린 KNCC 시국대책회의에서 본격화된 논의는 이후 몇 차례의 토론을 거쳐 1986년 1월 20일 'KBS-TV 시청료 거부 기독교 범국민운동본부' 출범이라는 결실을 맺었다. 운동본부는 KBS의 왜곡된 방송 행태를 낱낱이 고발하기 시작했고, 'KBS-TV를 보지 않습니다'라고 인쇄된 스티커를 5만 장 만들어 배포했다. 이에 대한 국민들의 반응은 폭발적인 것이어서 스티커가 금방 동나 버렸고 그 다음부터는 '상업광고 편파보도 KBS-TV 시청료를 낼 수 없습니다' 라는 문구로 바꾸어 대량 인쇄, 배포했다. 이 스티커들은 전국의 교회를 통해서 배포되었고, 가두에서도 배포되었는데 날개 돋친 듯 나갔다. 처음엔 KNCC와 소속 6개 교단, 그리고 몇몇 교회에서 인쇄비를 제공했지만 이 운동이 알려지면서 많은 성금이 답지하여 그것으로 인쇄비를 충분히 충당할 수 있었다. 자원봉사자들도 많았다.

매우 재미있는 사실은, 이 운동이 국민들로부터 이처럼 뜨거운 반응을 얻을 수 있었던 것은 두 말할 것도 없이 KBS를 비롯한 언론들의 왜곡 편파보

노와 횡포 때문이었지만, 당시 KBS와 어떤 문제를 놓고 대립관계에 있었던 동아일보가 이 운동을 대서특필해 주면서 급속히 알려지게 된 덕택이기도 하다는 것이다. 동아일보는 여러 날에 걸쳐 시청료 거부운동을 크게 다루며 실물크기의 스티커 사진을 실어 거기에 적힌 운동본부의 전화번호도 알려 주는 효자노릇을 톡톡히 했다. 일제 때부터 친일 행각을 해왔고 유신정권 하에서는 134명의 기자를 해임하거나 무기정직 시키는 언론인 대량학살 사건을 저질렀던 어용언론이 자신의 이해관계 때문에 언론민주화운동을 돕는 행위를 하게 되었으니 참으로 아이러니컬한 일이 아닐 수 없다.

이 운동은 곧 천주교로 확산되었다. 1986년 4월에 천주교 정의평화위원회와 평신도사도직협의외가 기자회견을 열고 본격적으로 시청료 거부운동에 합류해 전국의 성당을 통해 운동이 전개되었다. 곧 이어 민주언론운동협의회 등 문화단체들이 이에 동참했고 여성계, 불교계 등도 속속 참여했다.

KBS 시청료 거부운동은 1987년 들어 정권에 대한 전면적 퇴진투쟁이 본격화되면서 소강상태로 접어들지만, 우리 현대사에서 가장 대중적이고 영향력 있는 언론민주화운동이었음에 틀림없다. 물론 5공 정권은 그 이후에도 집요하게 언론을 장악하고 통제하려 했지만, 이 시청료 거부운동과 보도지침 폭로 때문에 그 통제력에 치명적 타격을 입고 흔들리기 시작한 것은 분명한 사실이었다.

3. 부산의 KBS 시청료 거부운동

시청료 거부운동이 전개되었던 1985,6년 무렵에는 부산에 KNCC 부산인권선교협의회(이하 인권협)가 활동을 하고 있었기 때문에 이 운동은 자연스럽게 개신교에서부터 시작되었다. 1985년 논의단계에서부터 부산의 인권협 관계자들이 전국 단위 회의에 참가하였고, 운동 초창기에는 서울에서 제작된 홍보물과 스티커를 받아와서 배포하기도 했다.

　하지만 이 운동이 교회와 동아일보 등을 통해 급속히 알려지면서 초기부터 부산시민들의 호응이 대단하여 곧 부산 자체의 스티커와 홍보물을 만들어야 했다. 당시 초량에 있었던 인권협 사무실에는 다른 업무를 볼 수 없을만큼 격려와 문의 전화가 쇄도하였고 각 교회와 개인으로부터 성금도 답지하였다. 86년 상반기 몇 달 동안은 대학생 2명이 자원봉사자로 사무실에 상주하였고 문화운동 단체에서도 홍보에 필요한 각종 지원을 아끼지 않았다.

　부산에서 자체 제작한 스티커는 초기에는 'KBS-TV 시청료 거부 기독교 범국민운동부산본부' 명의로 서울과 같이 '상업광고 편파보도 KBS-TV 시청료를 낼 수 없습니다' 라는 문구를 사용했다. 운동본부 명칭에는 '기독교'란 말이 들어 있었지만 부산민주시민협의회의 전화번호도 같이 넣어 운동은 함께 전개했다. 현재로서는 확인할 방법이 없지만, 86년 후반에는 천주교 쪽도 함께 참여했고 부민협의 역할도 좀 더 커져 부산운동본부 명칭에서 '기독교'를 뺐던 것으로 기억된다.

4. 맺으며

KBS 시청료 거부운동은 정통성이 취약한 신군부정권에 대한 저항이 커가던 시기에 그 흐름을 타고 전개된 언론주권운동의 대표적 사례라고 할 수 있지만, 그로 인하여 저항운동 전체가 더 큰 힘을 얻게 된 중요한 계기이기도 했다. 다시 말해서, 반 신군부 민주화투쟁에 대학생이나 재야인사 같은 운동가들이 아닌 평범한 시민들이 대거 참여하여 정권에 상당한 타격을 입힌 대중운동의 한 전범으로서, 그 이후 저항운동에 국민 대중이 자신감 있게 적극 참여할 수 있도록 하는데 이바지했던 것이다.

　이 운동이 본격화되자 당시 집권당이었던 민정당 내에서도 국민적 불만과 여론의 지적을 긍정적으로 받아들여야 한다는 목소리가 터져 나왔고 KBS의 쇄신책을 마련한다고 호들갑을 떨었다. 그러나 그들이 내놓은 쇄신책은 언급할 가치조차 없는 것이었고, 정부는 이 운동에 맞서 전기료와 시청료의 통합고지서를 발부하고 그 둘을 분리하려면 동 사무소에 직접 가서 TV를 보유하고 있지 않다는 것을 증명하게 했고 온갖 회유와 협박으로 대중적 참여를 차단하려고 몸부림쳤다. '시청료'를 '수신료'라는 모호한 이름으로 바꾸고 강제성을 강화한 것도 그 일환이었다.

물론 이 운동으로 시청료를 철폐시키지는 못했다. 그러나 그 이후 부산을 필두로 한 개헌 현판식 투쟁과 부천서 성고문 사건 대응 투쟁, 박종철 고문치사사건 대응 투쟁, 그리고 6월항쟁과 7~9월 노동자 대투쟁으로 숨가쁘게 이어진 반독재 민주화투쟁의 과정에 일반 대중들이 진출하는 중요한 계기가 되었다는 점은 특기할 만하다. 또한, 70년대 동아일보 백지광고투쟁을 잇는 언론민주화운동의 중대 분수령으로서 이후의 언론주권운동에도 적지 않은 영향을 끼쳤다.

부산에서 이 운동이 갖는 운동사적 의의를 한 가지만 첨가한다면, 87년 전면적 저항투쟁을 앞두고 기독교, 천주교를 위시한 종교계와 부산민주시민협의회를 중심으로 한 일반 재야운동, 그리고 학생운동까지를 아우르는 광범한 연대운동을 직접 경험해 보는 좋은 계기가 되었다는 것이다.

4장
87년 해방 공간과 『민주부산』의 활동1)

_양은진2)

1. 『민주부산』 발간을 둘러싼 언론환경

1987년 6월 13일경 등장한 『민주부산』 1호는 B4 용지 1장 앞뒤면, 전동타로 조판한 것을 마스터인쇄로 돌린 유인물 수준이었다. 6·10대회의 소식과 국민운동부산본부의 설립 취지를 담은 내용이었다고 생각된다. 『민주부산』 2호 이후는 타블로이드판 4면 인쇄로 나갔고 이후 대체로 그랬다고 생각한다. 『민주부산』은 10월경까지 발행되었다가 다시 1988년 4·26 총선 때 발행되었다. 이때는 노무현 대통령이 처음으로 부산동구에 출마해서 금배지를 달았던 선거였고, 『민주부산』은 노무현 후보를 외곽에서 엄호하는 입장이었다.

나는 7월 말까지 발간에 참여했고, 건강문제 등으로 그만두었다가 다시 1988년 4·26 총선기간 『민주부산』의 제작에 참여했는데 그때 『민주부산』은 국민운동부산본부의 기관지였는지 아니면 국민운동본부를 계승한 다른 연합단체의 기관지였는지는 확실치 않다. 88년 구성된 편집진은 87년 당시와 달랐다.

---

1) 이 글은 2015년 민주주의사회연구소 주관 6월항쟁 기념 학술행사에서 발표된 것이다. ―편집자 주
2) 당시 『민주부산』 편집위원, 현재 세무법인 인성 이사.

당시의 출판물의 외관과 비교하면 『민주부산』은 조악한 수준이었다. 대학신문도 일간지 발행 신문사에서 윤전기로 돌려 나왔던 것을 생각해보면. 그러나 이 조악한 인쇄물이 87년 6월항쟁으로 열린 공간에서는 참 인기가 있었다. 막 인쇄한 따끈한 인쇄물을 싸들고 집회장에 들고 나가면 불티나게 팔렸다. 감격할 지경이었다. 소식지 한 장 전하려고 한밤중에 혹은 어둑신한 새벽에 후배들과 조를 짜서 이 골목 저 골목을 누비며 집집이 배포하던 기억이 선연한데 말이다. 『민주부산』의 인기는 적어도 9월까지 갔다고 생각한다. 9월 고려대에서 개최된 양 김 씨 초청 시국토론회를 경과하면서 정치지형은 급속도로 변해갔고, 부산의 재야인사들, 시민단체들의 내부도 분열했고, 이후의 집회는 대통령선거 전초전으로 흘렀다.

『민주부산』의 높은 인기는 전두환 정권시절의 폐쇄된 언론환경 탓이었다.

김영삼 씨가 단식투쟁을 했을 때 일간지는 "한 재야인사"라고 썼다. 김대중 씨가 오랜 미국망명에서 귀국했을 때 방송은 그의 뒤통수만 비췄다. 당시에 "1단 톱기사"란 말이 기사 쓰는 사람들 사이에 유행했다. 정국의 분수령이 될 만한 정치면 톱기사가 1단짜리 단신기사로 보도될 수밖에 없는 환경이었던 것이다.

이 상황이 여론조작을 겨냥하여 제도화된 언론통제, 언론공작의 결과물임은 1986년 말 보도지침 사건(『말』지 사건)으로 폭로된다. 5공 시절 대통령 정무비서실이 지휘하여 문공부 홍보정책실을 통해 거의 매일 각 언론사에 기사보도를 위한 가이드라인이 시달되었다. 가. 불가, 절대불가 이런 구분을 통해 보도 여부도 정해주고, 방향과 형식 심지어 지면상의 단수까지 지정하고 있었다. 이 보도지침을 한국일보 김주언 기자가 민주언론운동협의회에 넘겨주었고, 이를 바탕으로 『말』지가 특집호를 내어 보도했다. 군부정권의 언론통제의 민낯이 백일하에 드러난 것이다. 김주언 기자가 구속되고 『말』지 발행인들은 국가보안법 위반으로 구속되었다. 이게 1986년 말 한국의 언론 상황이었다.

언론통제의 폭로에 부천서 성고문사건, 박종철 고문치사사건, 양김의 정치 재개, 학생운동의 급성장… 이런 변화들 속에서 6월항쟁을 맞은 것이라고 한다면, 전두환체제가 출범하면서 지나치게 양산한 국외자들이 사실상 도화선이 되었다. 즉 정치해고자(정치활동규제에 묶였던 사람들), 해직언론인, 해직교수, 제적된 대학생들, 소수지만 해고된 근로자들.

당시의 『말』지는 요즘의 시사주간지 정도의 책자로 발행했는데 표지에 "우리는 말할 수 있습니다"라고 레터링하고 있었다. 말 할 수 없는 환경임을 역설하고 있었던 것이다.

80년대 전두환정권시절은 84년부터 만들어지기 시작한 민주화운동단체들의 기관지, 소식지들이 제한된 사람들 사이에 정보를 나누고 정치적 견해를 형성하는 독특한 언론환경을 만들어냈다. 보도되지 않는 사건을 보도하기 위해 만들어진 이 유인물을 만들고 배포하면서 "유언비어 날조 유포죄"로 구류처분을 받고 며칠씩 유치장에 감금되는 일도 있었다.

2. 『민주부산』의 정치적 입장

민주헌법쟁취국민운동 부산본부는 1987년 5월 20일 결성되었다. 이것은 재야 시민운동단체만의 조직은 아니고, 통일민주당 부산 지구당 위원장과 민주헌정연구회 민주산악회의 부산지부 대표들이 참가해서 구성된 낮은 수준의 연합전선체, 일시적인 공동 투쟁본부같은 것이었다. 지도부는 야당정치인과 재야 명망가들이었지만 조직의 실무를 맡은 것은 기존의 재야시민운동의 활동가이거나 학생운동진영이었다. 이 본부의 상임집행위원장이 고 노무현 대통령이었는데(당시 변호사)… 그 아래 사무처 산하에 홍보국 조직국 총무국이 있었다. 홍보국에서 부산본부 이름의 기관지를 발간했다.

『민주부산』의 입장이 명확하게 드러나기 시작한 것은 6·29 선언부터라고 생각된다. 6월 29일 우리편집위원들은 편집국으로 쓰인 해운대 안가의 방에서 라디오를 통해 노태우의 발표를 접했다. 즉석에서 토론이 벌어졌다. 곧 발행할 신문의 사설을 어떤 논지로 적을 것인가에 대한 것이다. 우선은 부산 국본의 공론을 반영해야 한다는 입장이라서 그것을 알려달라고 연락선을 파견했는데, 공식적인 입장으로 정리된 게 없다는 입장을 전해 들었다. 게다가 서울의 전국 국본은 6·29 선언을 현 정권의 항복선언으로 받아들이고, 우리가 이겼다. 투쟁의 깃발을 내리자는 입장이었다.

 지도부의 입장 정리가 없는 상황에서 우리는 우리의 논의 결과에 따라 사설을 쓰기로 했다. 사설은 결국 6·29 선언에 대한 국민운동 부산본부의 입장이 될 수밖에 없다는 부담을 안으면서 심각하게 토의했고, 6·29의 성격을 군부독재의 항복 선언이되 민주진영에게는 절반의 승리에 불과하다는 결론을 내렸다. 특히 직선개헌 수용, 해직언론인 해직교수, 제적된 학생의 복직, 복교는 약속되었으나 해고된 노동자들에 대한 언급이 없고, 노동3권에 대한 억압에 대한 해제 약속이 없다는 점에 대해 6·29 선언의 제한성이 지적되었다. 그리고 현재의 군부정권하에서 직선제 개헌과 선거를 공정하게 치를 수 없으므로 "거국중립내각 구성하자"는 제안을 하고 이 기치를 내걸고 계속해서 싸워야 한다는 결론을 내렸다. 토의에 따라 우리는 "투쟁의 깃발을 내릴 수 없다" "거국중립내각 구성하자"는 내용의 사설을 썼다. 그리고, 당시 7월 4일을 앞두고 있는 상황이라, 7·4 공동성명에 대한 재조명과 통일운동에 대한 제안을 하는 기사를 썼다.

 나중에 이 같은 우리의 입장은 좋은 평가를 받았던 것으로 생각된다. YS 진영은 7월 13일 기자회견을 갖고 중립선거관리내각 구성을 요구했고 DJ진영은 거국내각 구성을 제안한 바 있었다.

 한편 7월 23일 태광산업 노동자들이 어용노조 해산, 하기휴가비 지급 등을 요구하며 파업을 시작했고, 7월 25일 대한조선공사(지금의 한진중공업영도조선소) 노조민주화 농성에 1,500명의 노동자가 참여했다. 당시의 노조민주화투쟁위원회는 김진숙 위원장이 이끌었는데『조공노동자신문』이란 소식지를 발간했다. 역시 전동타로 쳐서 마스터 인쇄한 인쇄물로… 그리고 다시겠지만 현대엔진 권용목 위원장이 지게차 등 중장비를 끌고 울산 시내로 진출, 노조결성투쟁에 들어가면서 한국사회는 7, 8월 노동자대투쟁이라는 국면으로 접어든다. 노동자들까지 나서서 사회혼란을 부추긴다는 제도언론의 폄훼 가운데서 8월 5일(?) 발행된『민주부산』은「누가 노동자의 투쟁에 침을 뱉는가」라는 사설을 게시, 노동조합 결성, 노조민주화를 위한 쟁의를 정치적으로 지원했다.

3.『민주부산』발간을 가능케 한 인적, 물적인 여건들

나는 85년까지 재야시민운동단체에서 일하다가 노동 현장으로 갔다. 87년『민주부산』편집진에 합류한 것은 노동운동진영에서 파견된 두 사람 가운데 한 사람으로서였다.『민주부산』의 편집장은 김진모라는 선배였는데, 역시 노동운동진영에서 파견된 분이었다. 그리고 학생운동 쪽에서 두 사람이 파견되었다. 동아대와 부산대 각 1인, 이 네 명이 기사를 썼다. 그리고 타이핑과 인쇄 진행을 담당했던 두세 사람이 있었고, 국민운동본부 홍보국장인 김정호 씨가 편집팀과 국민운동본부의 연결을 담당하여, 편집팀의 안가 유지와 물적인 여건을 준비해주었던 것 같다. 편집팀의 안가는 처음 목사님 댁에서 해운대 안가로 옮겨갔다. 안가에서 밤을 새거나 식사는 대충 라면으로 때웠다. 밤에 글 쓰고 낮에는 집회 현장에 나가서 참가하고 취재했다. 결국 건강을 해쳐서 7월 말 그만두게 되었다.

전두환 정권하에서는 인쇄할 곳이 마땅치 않았다. 그러나 6월항쟁 당시에는 뚜렷한 협력자가 있었고, 우리 쪽 사람들 가운데 인쇄업을 개업한 경우도 있어서 마스터 인쇄정도는 충분히 가능했다. 인쇄해주는 분이 "여기 분들은 쟁취, 박살, 적극 추동 좋아하지요?" 라고 하더라는 말을 전해 듣고, 나 자신 흠칫 놀랐다. 아… 우리 말들이 참 터프하구나 하고… 지금과 달리 상황도 말도 참 거칠던 시절이었다.

4. 맺는 말

87년 항쟁 국면은 신속히 선거국면으로 이동했고, 결국 노태우 정권의 출범으로 귀결되었다. 그리고 이날을 덧없이 회고하는 사람들은 "결국 남은 것은 한겨레신문사 하나였다"라고 말한다. 나는 이나마 소중한 성과라고 생각한다.

국가권력만이 아니라 자본에 의한 언론 통제가 복잡하게 전개되는 지금의 현실에서, 언론의 상황을 중심으로 87년 항쟁을 돌아보는 것은 여전히 의미심장하다고 생각된다.

5장
민주부산을 다시 꿈꾸며[1]

_남기수[2]

"박두식 씨, 카운터 전화 왔습니다."

87년 6월 저녁 무렵 서면 천우장 뒤 다방, 기다리던 연락이 왔다. 박두식은 당시 나의 가명. 그때는 누구나 가명을 한두 개 가지고 있었고 지금처럼 핸드폰이 없던 시절이라 시간이나 장소 약속은 '칼'같이 지켜야 했다. 소위 '보안' 때문에 전화용건도 간략해야 하며, 특히 이름이나 용건을 길게 말했다가는 나중에(?) 좋을 게 없었다. 다방에서 나와 2차 장소로 이동하란다. 그게 동보서적이었던가…….

그날 저녁 조창섭 목사님 댁 조그만 방에서 하루를 묵고 다음날 일행이 도착한 곳은 해운대 어딘가의 2층집. 옆집에는 큰 개 한 마리와 풍문으로는 일본인 애인이라는 멋쟁이 여자가 마당에서 조용히 놀곤 했었다. 무겁게 들고 온 전동타자기를 배정된 방구석에 내려놓고 배낭에 가득 넣어온 짐들을 풀었다. '화공대지'와 '유산지', 긴 자와 짧은 자, 딱풀, 칼, A4 용지 등등, 그것들은 모두 당시의 나의 무기였다.

---

1) 이 글은 2015년 민주주의사회연구소 주관 6월항쟁 기념 학술대회에 토론문으로 사용된 것이다. ─편집자 주
2) 당시 『민주부산』 편집위원, 현재 도깨비출판사 대표.

잠시 무기들의 용도를 설명하면, 화공대지는 모든 인쇄물을 만들려면 반드시 필요한 것으로 마치 집을 짓는데 필요한 집터와 같다. 마분지 정도의 두께를 가진 종이인데 한쪽 면에는 파랑색으로 가로 세로 줄이 그어져 있다. 타자기로 친 원고들을 칼로 반듯하게 오린 다음 화공대지 위에 그어진 선에 정확하게 맞추어 딱풀로 붙여야 한다. 그런 작업을 화공작업이라 불렀다. 핀셋으로 붙여야할 원고들을 하나하나 붙이고 선을 그은 뒤 완성된 화공대지 위를 긴 자로 걸쳐보면 좌우페이지의 문장의 행이 귀신같이 딱 맞아야 했다.

유산지는 화공작업이 끝나면 화공대지 위에 씌우는 반투명지이다. 지금은 매킨토시 등 컴퓨터에서 다 하지만, 당시는 편집 요구를 그 유산지 위에다 빨강 사인펜으로 직접 지정했다. 눈금자는 보통 선을 긋는 자와 칼짓 하는 자 두 개를 가진다. 국산은 눈금 간격도 틀리고 하여 외제를 쓰는데 가격이 적지 않았다. 로타링이라는 선 긋는 펜을 자에 수직으로 세워서 그을 때는 숨도 참아야 한다. 적당히 긋다가는 잉크가 번져 낭패다. 그래서 눈금자는 함부로 빌려주거나 빌릴 수도 없었다. 혹 칼짓을 하다가 삐걱하여 흠집이 나면 선을 그을 수가 없기 때문이다. 정말 신주 모시듯이 했고, 붙였다 떼기가 수월한 딱풀은 밑둥이 다 보일 때까지 아껴 썼다. 이 무기들이 모여 화공대지 위에다 『민주부산』이란 집을 지었다.

『민주부산』! 아, 언제 들어도 가슴 뛰는 인쇄물이다. 지금도 인쇄쟁이를 못 벗어나고 있는 나에겐 그만큼 의미가 크다. 86년 대학을 졸업하고 경성대 앞의 '산수글방'이라는 사회과학 서점에서 일하면서 신간소개를 위한 도서안내지를 양면복사하여 만들었는데, 아 그게 이 길로 드는 첫 단추가 될 줄이야! 내가 만든 도서안내지는 당시 서울서 수금하러 내려오는 출판사 영업부장이나 부산대 앞에 '다락방'이라는 서점 주인이 감탄할 정도였다. 참고로 그 사장은 '야시'라고 부를 만큼 꼼꼼하기로 소문난 사람이다.

당연히 도서안내지를 3단 리플릿으로 만들 때에도 편집을 해야 한다. 손으로 다 써야 하고 삽화도 넣고, 결코 쉽지 않았다. 그때 만든 전설(?)의 도서안내지는 정말 불티나게 학생들에게 인기가 좋았다. 한 장도 길 위에 버려지지 않았고 그들의 책 속에 꽂혀 있었다. 그해 겨울 진성일 열사가 분신하였다. 어느 날 '부산민주시민협의회'에서 홍보팀으로 일을 같이 하자고 하여 가자마자 처음 만든 것이 진성일 열사 추모집회를 알리는 전단이었다. '갱지'라 불리는 우중충한 인쇄용지였지만, '가리방'이 아닌 활자로 만든 나의 첫 인쇄물이다.

곧이어 또 하나의 작품을 만든다. '『민주시민』 제10호'다. 당시 히트작이었던 『말』지와 서울서 나온 『민주화의 길』(민청연 발간)을 흉내 내어, 초읍에 있었던 '친구출판사' 2층 방에서 이틀간 꼬박 밤새워 만들었다. 함께했던 분들도 결국 눈이 아파 드러누웠던 게 기억난다. 몸도 안 좋으면서 후배들이랑 같이 밤을 새면서 사진기록을 챙겨주었던 박행원 선배, 전체 편집을 책임지랴 의식주까지 꼼꼼히 챙기랴 고생한 송영경 씨, 그리고 콘택트렌즈를 갈지 못한 채 밤새 머릴 화공대지에 처박고 손글씨와 86년을 정리하는 그림까지 그려내었던 이기철 씨의 역작이기도 하다.

87년 새해가 시작되고 여전히 추운 겨울이었던 운동권에 슬픈 일이 터진다. '박종철 열사의 고문치사' 사건이다. 부민협(부산민주시민협의회)도 바빠지고 홍보팀도 바빠졌다. 연일 성명서와 전단지, 『민주시민』 11호, 12호를 만들었다. 여기저기 자면서 작업해야 했던 홍보팀도 이제 안정적으로 일할 공간이 필요했다. 그때 부민협에서 사무실을 알아보라고 하여 동광동 인쇄골목 근처에 '낚시정보'라는 위장 사무실을 내었다. 기억하기로, 당시 노무현 변호사님이 홍보팀에게 마치 낭인들처럼 될 수 있다고 사무실을 구하라고 하신 걸로 안다.

기어이 87년 5월 '민주헌법쟁취 국민운동본부'가 설립되고 『민주시민』 제

13호가 마지막으로 나온다. 홍보팀에도 무서운(?) 여자가 합류하였다. 강미경 씨다. 수산대(부경대) 학보시 출신으로 부산신시상 상가신문을 만들었던, 우리에겐 꼭 필요한 편집인이었다. 미경 씨의 등장과 함께 그동안 홍보물의 주류였던 전동타자기 시대가 활자(사진식자) 시대로 넘어간다. 이후, 각종 홍보물의 제목과 일시 장소 등 중요한 내용은 굵은 사진식자로 채워졌다.

6월항쟁이 시작되면서 부민협 소식지 『민주시민』은 『민주부산』이라는 국민운동본부의 소식지로 교체되고 처음에는 항쟁일지를 담은 속보로 시작되었다. 홍보팀이 해운대에 꾸려졌고 우리는 제작을 맡았다. 최루탄의 무차별 발사로 이태춘 열사가 사망하자 즉각 대규모집회가 계획되고 속보와 『민주부산』 호외'를 만들 즈음 걸려온 한통의 전화. "민주부산을 일간지 신문으로 만드니 제작팀도 합류하여 작업해야 한다. 준비하여 오라" 회의 결과 내가 가기로 하여 전동타자기를 들고 배낭에는 편집도구들과 자를 꼽고 나섰다. 그게 이 글의 시작 장면이다.

『민주부산』은 일간지 신문을 꿈꾸며 6월 26일 국민평화대행진과 함께 창간되었다. 정치, 노동, 학생, 운동단체 등 각 분야에서 원고가 들어오고 그것들을 분류하여 즉각 원고로 만들고 바로 타자로 친 후 교정을 거쳐 완료된 원고는 서면까지 나가 축소복사를 2부씩 해왔다. 제목 등 사진식자가 필요한 곳만 빼고 화공작업이 다 되면 유산지를 씌워 해운대에서 동광동 사무실로, 그곳에서 기다리던 강미경 씨 등과 함께 이미 뽑아져 있는 제목 등 사진식자들을 붙이면 끝, 이후 인쇄공정은 박현삼(인쇄정보 대표) 씨가 도와주었다. 그분은 지금은 병으로 누워계시지만, 26일 새벽 4시 우리가 작업한 화공대지를 건물 밖에서 받아 출근시간 전까지 두세 시간 만에 민주부산 창간호를 1만 부 만들어낸 장본인이다.

생각하면 웃음이 절로 나는 대목은, 가령 '군부독재타도'라는 제목을 사진식자로 쳐 오려면 군고구마, 부산, 독도, 재타 등 다른 단어와 말도 안 되는 단어들을 돈을 주고 쳐와 일일이 한 글자씩 잘라서 만들어야 했다. 새벽에 옵셋으로 1만 부 이상으로 만들어진 『민주부산』을 각 분야별로 나누고 우리는 지하철에서 후원통을 들고는 『민주부산』을 시민들에게 나눠주었다. 후원통을 사무실에 넣어주고 한숨 잔 뒤 또 해운대로! 아, 모두들 눈물 나게 뛰었지만 망할 놈의 6·29 선언이 며칠 뒤 발표된다.

때로는 인쇄소가 탄로가 나 빼앗아 가려는 사복경찰들의 차량 위에서 몸싸움을 해야 했고 급히 들고 가다가 묶은 끈이 터져 육교 아래로 날리며 떨어지는 인쇄물을 일일이 다 주워야 했다. 때로는 얼굴을 붉히는 일도 많았지만, 그러나 자갈치시장에서 지하철 안에서 거리 곳곳에서 『민주부산』을 열심히 읽는 시민들을 보면 그 어떤 상황도 문제없었다. 낮과 밤이 없고 바뀌었던 그 시절, 나에게 붙여진 별명은 이제 박두식이 아니라 '바퀴벌레'였다. 밤에만 움직이던 『민주부산』 홍보제작팀의 애칭이었다.

6·29 선언 이후 3혼가 4혼가 만들 즈음에 『민주부산』도 제동이 걸린다. 당시 시평을 맡았던 김진모 선배가 회의 도중 식은땀을 흘리더니 결국 각혈을 하고, 나중에 알게 된 까닭은 원래 몸이 안 좋았던 터에 6·29가 가져다준 의미에 심적 부담이 너무 컸다는 것. 그 이후 민주부산에서 시평은 사라지고 논설이 등장, 숱한 논객들의 글이 올랐다. 사무실도 옮겼다. '글밭'이란 상호가 새겨진 예쁜 나무간판을 입구에 걸었다. 강미경 씨 애인이었던 이영남 씨가 드디어 냉동기사 공부를 접고 합류하였다. 그렇게 3, 4개월간의 민주부산 일을 하면서 바퀴벌레들도 유명세를 탔다. 덕분에 글밭은 7, 8월 부산지역 노동조합의 소식지인 『노보』를 가장 많이 만들었다. 부노협과 노동조합에서 『노보』를 만드는 편집팀 구성도 도왔다.

당시 이야기를 하자면 빼먹지 않고 하는 얘기가 한진중공업(당시 대한조선공사)의 김진숙 씨 얘기다. 『조공노동자신문』을 만들 때면 우리와 같이 한 팀이 되어 만들었는데 참 대단했다. 같이 밤샘해도 끄떡없이 타자기 잎에 앉아 혹시나 들린 글이 없나를 새벽 끝까지 마무리하던, 그리고 작업이 끝나면 신문을 현장에 배포한 뒤 통닭과 소주를 들고 와 고맙다며 특유의 웃음을 짓던 그 여성노동자. 글만큼이나 얘기도 참 구수했던 그녀와 그 시간들을 잊을 수 없다. 버스 안내양 시절 운전기사에게 뺨을 맞고 서러워 혼자 걸어가며 부마항쟁 시위대를 처음으로 보고는 이후 책에 미쳐 살았다는 이야기는 아직도 생경하다.

도서안내지와 유인물, 민주시민에서 민주부산으로, 그리고 노보를 만들었던 지난날이 있어 지금도 비슷한 일을 하고 있다. 새로운 한일관계를 꿈꾸며 부산을 찾아오는 일본인들에게 부산콘텐츠를 일본어로 번역하여 소개하는 『부산도깨비』라는 잡지를 만들고 있다. 힘들 때마다 생각나는 것은 그때 그 시절의 동지들의 웃음소리다. 엄중했던 그 당시에 왜 우리는 만났다 하면 웃고 떠들었을까? 30년 가까이 세월이 흘렀다. 며칠 전 아는 선배가 새로운 언론을 만들자고 제안을 해왔다. 눈꼴신 사건들만 터져 나오는 현실을 안타까워하며, 젊은이들의 아지트가 되어버린 핸드폰의 각종 SNS가 아니라 그런 분노의 기능보다는 비판기능이 가득 담긴 새로운 신문을 만들자는 취지였다. 같이 듣던 다른 이들과 달리 왜 내 가슴은 뛰던지, 왜 그때의 웃음소리가 갑자기 들리던지…….

나는 오늘도 시장의 광장이 아니라 시민의 광장을 배회한다. 아내한테서 맨날 돈 안 되는 짓만 골라 한다고 찍힌 지 오래다. 그러나 어쩌겠는가! 이 광장에만 서면 신이 나는 것을. 항쟁 당시 맨날 확성기를 잃어버려 이호철 형에게 혼나던 유장현 형, 민주부산이 나오면 안경 너머 거의 3cm 이내로 훑어보면서 귀신같이 오자를 잡아내고는 오만 잔소리(?)하던 고호석 형, 그래도 항상 잘했다고 칭찬해주는 우리 편 임정남 선배, 사진상태가 너무

어둡게 나온다, 글을 줄이고 사진을 크게 넣으라며 무거운 카메라를 들고 현장을 뛰어다니던 행원 선배, 각 분야별 원고를 받아오랴 시평이나 논설 등 『민주부산』의 원고가 미착되면 그걸 채운다고 더운 사무실에서 웃통을 벗고 모기한테 뜯겨가면서 낮밤으로 종횡무진하던 김정호 씨, 민주부산을 시민들에게 나눠주며 등 뒤로 하얀 런닝이 나온 채 현장을 뛰어다니던 최종태 씨, 그리고 함께했던 많은 이들… 참으로 그들이 보고 싶다. 그들의 웃음소리를 다시 듣고 싶다.

III.

노동운동

1장
80년대 전반기 부산의 노동운동[1]

1. 개관

신발, 섬유 등 노동집약적 경공업 위주인 산업구조상 어린 여성노동자가 대다수를 이루고 있었던 부산의 노동현장에서는 80년대 초까지 열악한 노동조건이 촉발한 자연발생적 분규 외에는 노동운동이라고 할 만한 것이 별로 없었다고 해도 과언이 아니다. 생산직 노동자 수가 40만여 명에 이르고, 노동환경 자체가 열악한 상황이었음에도 불구하고 목적의식적인 노동운동의 태동은 상당히 늦었던 것이다. 그 이유는 노동운동에 대한 탄압과 노동현장 내부로부터의 자연성장적 운동이 부진했고, 노동운동을 지원해 줄 수 있는 재야단체도 전무하였으며 학생 운동가들의 현장 투신도 매우 늦었기 때문이다. 1980년 이후 사회과학을 학습한 학생운동 출신자들이 노동현장에 투신하면서 몇몇 노동야학과의 연계 속에서 비로소 그 기반을 닦아 나갈 수 있었다. 83년에 대거 출소한 양심수들 중 적지 않은 이들도 그 뒤를 이어 노동현장으로 들어갔다. 그래서 부산지역에서는 1984년이 되어야 비로소 본격적인 노동운동의 단초들을 만들어 내기 시작하고, 그때까지 축적하여 온 야학

[1] 이 글은 『부산민주운동사』(1998년)의 해당 시기 기술과 『6월항쟁을 기록하다』(2007년)의 부산지역 관련 부분을 토대로 여러 당사자들의 구술과 집담회 내용 등을 참조하여 편집자가 요약 정리한 것이다.

활동과 노동운동가들의 현장작업들을 기반으로 하여 1985년부터 노동조건의 개선투쟁과 노조민주화 투쟁들이 전개된다. 하지만 이들은 84년 무렵까지도 유기적 협조체계를 갖추지 못해, 경인지역에서 현장의 요구가 집중적으로 분출되던 상황 속에서 85년 초에 발생한 세화상사와 삼도물산의 민주노조 건설투쟁은 초반의 유리한 입지를 상승시키지 못하고 실패로 끝났다. 부산에서는 노동현장에 투신한 운동가들에 의해 조직된 최초의 투쟁인 이 두 사건은 인권위원회와 EYC의 적극적 지원 하에 끈질긴 출근투쟁과 가족의 지원투쟁, 신민당 박찬종 의원 사무실에서의 단식농성으로까지 이어지면서 노동문제를 세간에 널리 알리는 데는 일정한 역할을 했으나 블랙리스트가 엄존하는 상황에서 별 성과 없이 많은 활동가들이 해고되어 큰 아쉬움을 남겼다. 물론 이 싸움은 뒤이어 발생한 동양고무, (주)풍영, 대양고무, 동국제강 등의 투쟁에 많은 교훈을 남겼다.

87년 노동자대투쟁 이전에 부산에서도 적지 않은 여러 쟁의가 발생하였고 나름대로 성과를 거둔 투쟁들도 있었지만 가장 상징적인 투쟁은 86년 3월부터 6월까지 전개된 동양고무 임금인상투쟁이었다. 20여 명의 활동가와 40~50명의 대중기반을 갖고 4달 동안 계속 싸웠으나 임금인상 및 근로조건 개선은 물론 임투를 통한 조직 확대와 의식고양이라는 그들의 임투목표는 아쉽게도 실패로 끝나 버리고 말았다.

이 싸움을 전후하여 부산의 노동운동가들 사이에도 이념논쟁 바람이 거세게 불어왔다. 85년에 있었던 구로동맹파업과 서울에서 상당한 화제가 되었던 팜플렛 '야학비판'의 영향을 강하게 받은 '실천적 임투를 위하여'라는 팜플렛에 의해 촉발된 이 논쟁은, 적극적 선도투쟁과 정치투쟁을 강조했던 '실임'그룹(위 팜플렛 제목에서 딴 것, 이재영, 황민선 등)과 대중투쟁을 중요시하며 그를 위한 이론적, 조직적 준비를 더욱 강조했던 '반실임'그룹(이상록, 김진모, 노재열 등), 그리고 어느 쪽에도 속하지 않았던 이른바 '비실임'그룹으로 부산의 노동운동가들을 나뉘게 했고 심각한 대립양상으로까지 이어졌다. 하지만 이 논쟁을 중심적으로 이끌었던 이들이 대부분 현장에서 해직된 대학출신 활동가였고, 아직 이들이 부산지역 노동현장 전반에 미치는 대중적 영향이 크지 않았기 때문에, 87년 들어 대중운동이 전반적으로 고양되면서 대립양상은 현저히 퇴조하게 되었다. 어쨌든 이 논쟁은 노동현장의 활동가들이 대중운동에 대해 진지하게 고민하는 중요한 계기가 되었고 그 반성의 결과들이 87년 노동자대투쟁 과정에 실천적으로 드러나게 된다.

한편, 부산지역 노동운동은 야학과 종교단체에 의한 JOC활동 등을 통하여 노동자들의 주체적 인식을 발전시켜 왔다. 부산지역의 야학활동 중에서 실제 노동야학은 그리 많지 않았지만 검정고시만을 목표로 하는 일반 야학과는 달리 '생활야학'을 표방한 밀알야학, 성안야학, 당감야학, YMCA야학 등은 노동자들의 실질적인 현장활동에 필요한 여러 지식과 인맥을 형성하는데 중요한 역할을 했다. 한편 JOC를 중심으로 결집된 1970년대부터의 자생적인 노동자 모임들은 영남산업연구원이 출범하면서 '한문교실', '일반상식반', '지도자반'의 3단계 교육 프로그램을 통해 현장 활동가로 성장하였다.

그러나 영산은 교육만을 전담했지 자체의 조직화는 하지 않았다. 한문교실은 연인원 5천 명 정도를 배출했고, 그들 중에는 영산에서 교육받은 대로 회사 내에서 바로 실천하려는 사람들도 많았다. 이때까지의 노동운동은 소규모 그룹별 모임을 통한 초기적 노동운동의 모습을 그대로 보여주는 상황이었다.

2. 주요 쟁의의 개요

흔히 '서울의 봄'이라고 일컫는 1980년 상반기 부산지역 노동자들의 파업·농성투쟁은 4~5월에 걸쳐 집중적으로 발생하였는데, 이 해 1월 1일부터 4월 24일까지 노동자들이나 노동조합에서 행정관청에 제출한 5백 11건의 조정신청 가운데 부산지역이 전국에서 가장 많은 1백 51건으로 나타나는 점에 비추어 파업·농성투쟁 이외에도 노동법의 한계 내에서 노동자들이 자신의 요구를 관철시키려는 준법투쟁을 활발하게 전개하였다는 것을 알 수 있다.

이 시기 부산지역의 대표적인 노동쟁의 사례로는 동국제강 노동자투쟁 (4.28~4.30), 동명목재 노동자투쟁(5.7~8, 10, 17), 그리고 연합철강 노동자투쟁(5.2, 5.13~17)을 들 수 있는데 이들은 비교적 대규모로 격렬하게 전개되었다. 이 밖에도 아세아운수, 제일운수 등 여러 택시 회사의 운전기사들이 사납금 인하, 운휴 요구 등을 내걸고 지속적으로 쟁의를 벌인 한편, 현대산업 (3월 14일), 한성교통(7월 24일), 조선비치호텔(5월 12일) 등에서도 그간 억눌러 왔던 열악한 근로조건 개선을 위한 투쟁과 항의농성들이 이어졌다. 이 시기의 쟁의들은 유신의 몰락과 일시적 권력공백에 때맞춘 자연발생적 성격을 띠고 있었다.

신군부의 폭압이 본격화하기 시작한 이후로는 한동안 노동 현장도 강요된 침묵 속에 빠질 수밖에 없었다. 5공 정권의 상대적 유화조치가 시작된 83년 하반기에 들어서야 억눌렸던 요구가 다시 전국적으로 분출하기 시작했고 부산도 마찬가지였다.

1984년 4월에는 (주)태화고무 노동자 600여 명이 일방적인 공장폐쇄에 항의하여 농성을 하는 사건이 발생했고, 5월 22일에는 동양 종합아파트 공사장 인부 30명이 현장 소장에게 인격적 대우를 요구하며 4시간 동안 작업을 거부하고 항의농성을 벌였다.

6월 4일 새벽에는, 5월 말 대구에서 시작된 택시기사들의 투쟁이 부산으로 확산되어 택시기사 1천여 명이 사납금 인하, 대물사고 피해 회사 변상 등 67개 항의 요구조건을 내걸고 서면로타리 일대에서 대대적인 시위를 전개하였다. 시장의 중재로 해결되는 듯했던 이 사건은 시장의 약속 위반 문제가 불거지면서 이튿날 더 큰 규모로 확대되었다. 이 시위는 기동경찰 출동과 주동자 연행 구속 사태로까지 비화되었으나, 마침내 부산택시 사업조합 152개 회사대표회의에서 사납금 인하 등 택시 기사의 요구사항을 모두 수락하면서 일단락된다.

택시기사들의 투쟁에 이어 칠성여객, 동성버스 등에서 시내버스 운전기사들의 투쟁도 이어졌고, 신발 제조업체인 협신산업과 대왕사 등에서도 부당노동행위에 대한 쟁의가 있었다.

1984년의 부산지역 노동운동은 나름대로의 조직적인 활동을 보여주기보다는 기존의 활동가들을 중심으로 당면한 근로조건의 개선요구와 부당행위에 대한 저항을 산발적으로 하였을 뿐이다. 노동운동은 주로 야학이나 소규모 그룹별 조직활동에 주력했고 정치적인 활동을 시도할 형편은 되지 못했다.

1985년은 활발한 노조설립과 근로기준법 준수투쟁 등을 통해 노동운동이 다른 시기보다는 적극적으로 전개되었다. 노조설립과 이에 대한 주요 탄압 사례인 (주)세화는 북구 삼락동 소재 500여 노동자가 일하는 신발 제조 회사이다. 세화상사 노동자들은 1985년 1월 6일에야 전년도 12월분의 봉급을 받았는데, 그것도 강제 저금으로 6,580원씩 일괄 공제되자 이에 항의하여 재봉 7조의 이홍련 씨 등이 104명의 서명을 받아 사장에게 호소하는 편지를 보냈다. 이들은 저금액을 환불받았으나 회사 측은 주동자를 색출하려 했다. 이에 노동자들은 평소부터 불만의 대상이었던 비인격적 대우와 저임금, 부당해고 등에 적극적으로 대처하기 위해서 노조 결성을 서둘러 진행하였다. 그리하여 세화상사 노동자들은 2월 1일 오후 8시에 33명이 한국노총 부산지역 협의회 회의실에 모여 전국화학노련 부산지역 협의회 사무국장과 전국화학노련 조직부장 등으로부터 '근로자란 누구인가', '사용자란 누구인가'. '노동조합이란 무엇인가'라는 내용의 교육을 받고, 전국화학노련 세화상사 노동조합 결성대회를 가졌다. 2월 5일 노조간부인 이재영, 장경식, 배영성 등은 점심시간 식당에서 노동자 100여 명을 모아 놓고 노조에 대한 설명과 가입을 권유하였다. 이들은 사장 등 회사 측 간부들과의 면담에서 불만이 무엇이냐는 물음에 '최우선적으로 노조를 인정해 줄 것'을 요구하였다. 2월 10일 회사 측은 노조 총무부장 이재영에게 갑자기 이날 퇴근 후 노조설립 총회를 개최하겠다고 통고하였다. 그러나 대부분의 노동자들이 이 사실을 모르고 퇴근해 버렸기 때문에 노조결성 반대파들만 참석하여 정상적인 설립총회는 무산되어 버렸고, 압도적인 반대로 노조 설립은 부결되고 말았다.

한편 노조의 설립신고서를 이미 접수하였던 북구청은 2월 10일까지 그 결과의 통보를 계속 연기하다가 2월 14일에야 신고서를 반려하였다. 회사는 회사대로 노조 관련자들을 계속적으로 감시하거나 협박과 폭행 등으로 괴롭혔으며, 또 유언비어를 만들어 경찰에 신고하여 조사를 받게 하는 등 상식 이하의 탄압을 가했다. 결국 3월 1일자로 핵심 간부 조합원 전원을 쫓아내 버림으로써 문제는 악화 일로를 걷게 되었다. 해고자들은 노동부에 진정, 노동위원회에 부당노동행위 구제 신청, 민사소송 등을 제기했는데 이들 중 3명은 5월 1일자로 복직되었다. 하지만 이들의 노조 설립기도는 사실상 무산되고 말았다.

동국제강 산하의 화물운송 업체인 천양항운과 한일시멘트 하청 운수업체인 한운기업사에서도 열악한 근로조건 개선을 위해 노조를 결성하고 회사와 경찰의 탄압에 맞서 투쟁했으나 오래 가진 못했다.

국내 굴지의 섬유업체로 등장한 삼도물산의 영도공장에서도 1984년 9월 5일 영도 현대예식장 2층에서 조, 반장을 중심으로 노조를 결성하였다. 그 곳에 참석한 노동자는 총 48명으로 노조결성 찬반투표, 임원선출을 거쳐 결성대회를 마쳤다. 그러나 11월 회사 측의 공작에 휘말린 강민숙 위원장이 12월경 회사 측 요구대로 노조를 해산하려 하자 이를 눈치 챈 노조간부와 일반 조합원 80여 명 등은 '노조정상화 추진위원회'를 발족하고 임시임원을 선출하여 노조를 지켜내는 데 성공했다. 그 후 1985년 2월 말경에 조합원 송향란이 강제 잔업에 항의하다가 출근 정지 1개월의 징계를 받은 사건이 발생하였다. 이에 일반 조합원들이 회사 측에 항의하였는데 오히려 이들마저 해고와 부서 이동을 당하였다. 이 사태를 좌시할 수 없었던 노조간부들은 이 문제에 대하여 회사 측 편만 들고 있는 위원장을 몰아 낼 결심을 하고, 조합원 2/3이상의 서명을 받아 임시 총회의 소집을 요구하였다. 그러나 회사와 연맹의 지원을 받고 있던 위원장은 이를 묵살했고 도리어 정당한 권리를 요구한 간부 및 조합원만 다시 탄압을 받게 되었다. 이에 간부들은 수차에 걸쳐 점심시간 등을 이용하여 조합원에게 노조의 필요성에 대한 교육을 실시하였다. 그 과정에서 관리자들로부터 수많은 괴롭힘을 당하였으나, 도리어 이것을 지켜보고 있던 조합원들의 마음을 움직여 "임시총회 소집하라" 등의 요구 조건을 내걸고 파업농성에 돌입하기에 이르렀다. 이 사건으로 경찰에 연행되어 조사를 받은 사람들이 많았으며, 몇 명의 해고자와 상당수의 강제 사직자가 속출하게 되었다. 그 이후 해고자들은 부당 노동행위 구제 신청과 민사소송을 벌였으나 회사 측의 막대한 자금력에 말려 패소하게 되었다. 법적 투쟁의 한계를 인식한 삼도물산의 해고자와 세화상사 해고자들은 함께 모여 4월 9일 신민당 제1지구당 사무실을 점거하여 5일간의 단식 농성에 돌입하였으나 뚜렷한 성과를 얻지 못하고 농성을 풀게 되었다.

이 기간 중 근로기준법 준수와 일상투쟁에 대한 가장 대표적인 사례로서 (주)풍영의 경우를 들 수 있다. 국내의 나이키 신발업체로 이름 높은 이 회사에서는 1985년 임금이 11%가량 인상되었다. 기뻐하던 노동자들이 월급을 받아 보니 지난 달 월급과 그다지 다르지 않았다. 이상하게 여겨 알아보니 회사에서 하루 2시간의 잔업을 1시간 30분으로 고쳐 30분간의 잔업에 대한 임금을 지급하지 않았음을 밝혀내고, 이에 대응하여 30분에 대한 임금 확보 투쟁을 전개하였다. 1985년 5월 14일과 15일에 416명의 서명을 받아 회사 총무과와 노조에 찾아 가서 항의하는 한편 노동부를 찾아가 진정을 하기도 했다. 그러나 노조 사무장이 말하기를 "점심시간이 30분이면 너희들이 단결해서 찾아 먹어라"는 등으로 무관심하였기 때문에 5월 25일 서명운동을 전개했다. 5월 28일에는 서명에 앞장섰던 김미자가 가명으로 입사했다는 이유로 해고 조치 당하고 이어 10여 명이 해고 또는 강제 사직 당했다. 이에 격분한 동료 노동자들이 투쟁의 열기를 더해 가고 사회 각계에서 비난이 빗발치자 검찰은 구속자를 기소유예로 석방하기에 이르렀고, 회사는 투쟁의 열기가 차츰 회사 내부로 번져 가자 근로조건을 하나씩 개선시켜 그 열기의 확산을 방지하는 데 주력하였다. 이 사건으로 노득현·하봉순·정귀순 등 10여 명이 회사를 떠났다. 그러나 이 사건은 노동자 대중투쟁의 가능성을 보여 준 중요한 사건이었다. 부산화학에서도 근로기준법 준수투쟁을 벌여 미지급된 주휴 수당 3년치를 소급하여 받아 내었으나 풍영과 마찬가지로 투쟁의 주체들이 회사 내의 일반 노동자들과 유리되어 투쟁의 승리를 대중선전과 조직화에 이용하지 못한 채 해고당하고 말았다.

국보직물은 1985년 설 전후에 임금을 체불하면서 분위기가 술렁이기 시작했다. 회사의 도산 위기설 등 회사 내 분위기가 뒤숭숭한 가운데 1, 2월분 임금이 체불되었던 것이다. 1985년 3월 16일 교대를 맡은 주간 근무 노동자들은 작업을 거부하고 사무실로 몰려가 체불임금의 지불 등을 요구하였다. 3월 18일 오전 8시경 노동자들은 회사 정문에 집결하여 회사 내 식당으로 자리를 옮겨, 농성의 정당성과 회사 측의 불법 노동행위를 규탄하면서 투쟁의 열기를 고취하였다. 3월 19일 노동자 대표, 부장, 근로감독관이 함께 만났으나 대표들의 질의에 답변하기로 한 소장이 불참함으로써 별다른 진전이 없었다. 4월이 되자 3개월의 임금이 체불되고, 하루하루 회사의 기계가 반출되는 것을 지켜보던 노동자들은 직수와 기사들을 중심으로 단결하여 기계 반출을 금지시키고 그간의 일한 대가를 요구하면서 약 1주일간에 걸쳐 점거 농성을 실시하였다. 그 과정에서 노동자들은 우선적으로 해산을 종용하던 근로감독관이나 경찰의 요구를 묵살하고 끈질기게 농성하면서 노동자 대표를 통해 타협을 벌인 결과 사직서를 쓰는 사람에 한해 퇴직금과 밀린 임금 전액을 주기로 하고 농성을 풀었다.

이 무렵에는 대학에서 학생운동을 하다 노동운동을 목적으로 노동현장에 취업한 이들이 일반노동자나 야학 출신 노동자들과 함께 쟁의를 일으키는 일들이 전국적으로 빈번해 지면서 이른바 '위장취업자'에 대한 경계가 강화되고 '블랙리스트'가 기업들 사이에 돌면서 이들을 색출, 해고하는 일이 자주 일어났다. 동국제강과 신일금속에서도 여러 명의 소위 '위장취업자'들이 해고되었고, (주)성화에서는 1985년 9월경 퇴근길에 감전야학의 한 노동자가 들고 있던 책 『전태일 평전』을 문제 삼아 당사자뿐만 아니라 그 동생과 지인까지 해고하기도 했다.

1986년 동양고무에서의 임금 인상 투쟁은 악덕 기업주와 행정당국의 탄압에 부딪쳐 수많은 활동가들이 해고, 강제사직, 구속되어 대중투쟁으로 발전되지 못한 선도투에 그쳤지만 부산지역 노동운동사에 있어서 운동의 지속성을 보장하고, 지속적인 운동조직의 필요성을 강조해 준 투쟁으로 평가되고 있다. 이 투쟁은 3월~6월 말까지 3월 10일을 전후하여 부산노동자 임금인상투쟁위원회의 이름으로 회사 내 유인물배포를 3차례 실시하고, 3월 15일에는 회사의 중앙에 위치한 아치탑에 올라가서 출근시간에 유인물을 배포하였으며, 3월 25일에는 출근시간 정문으로 들어가면서 1차 스트라이크를 시도했고, 4월 18일 출근시간 정문 맞은편 상가건물 옥상과 정문 입구에서 2차 스트라이크를 시도했고, 6월 27일에는 부산 무역회관 개관기념 신발전시회장 입구에서 해고자복직 투쟁시위를 하는 등 4개월에 걸쳐서 장기간의 투쟁을 했다. 그러나 회사 내 아치탑에서 유인물을 배포하고 잡으러가는 광경을 많은 출근노동자들이 지켜봤을 때는 노동자들의 술렁임 등이 최고조에 달했음에도 그 분위기를 즉각 살려내지 못하고 10일이나 경과하는 과정에서 활동가들이 속속 노출되고 해고되어 회사분위기는 극도로 경직된 상황에서 출근시간을 이용한 정문 앞에서의 2차례에 걸친 스트라이크 시도는 대다수의 노동자들에게는 사건조차 인지되지 못했다. 따라서 근로조건 개신과 임금인상이라는 동양고무 임금인상투쟁위원회의 가시적인 임무목표는 달성하지 못한 채 조직역량만 큰 타격을 받았다.

86년 임금인상투쟁에 적극적이었으면서도 해고되지 않은 동조자들은 뿔뿔이 흩어졌고, 활동가들 주변에서 소극적이었던 노동자들과 드러나지 않은 몇 명의 선진노동자들 중심으로 87년 상반기에 조직이 재건되었으며, 이들이 노동자 대투쟁 시기에 2박 3일간의 동양고무 파업농성을 이끌었다. 87년 파업은 파격적으로 근로개선을 이끌어내지는 못하였으나 부산의 신발공장들 중에서는 그나마 성공적으로 마무리되었는데, 86년 임금인상투쟁을 경험한 노동자 대중들의 의식고양과 조직된 선진노동자들의 역할이 일정부분 기여 하였다.

한편 연합철강 노동자 투쟁은 1985년 2월 21일 정부의 국제그룹 해체와 동국제강의 연합철강 인수 방침 이후 1986년 8월 14일까지 1년 6개월 동안, 부산지역에서는 보기 드물게 조직력과 투쟁력을 과시하면서 끈질긴 투쟁을 전개했다 · 제1차 '동국 물러가라' 투쟁은 장상태 회장의 연합철강 인수 포기를 요구하며, 1986년 6월 9일부터 8월 14일까지 67일간에 걸쳐 장기간 전개되었다. 본격적인 대중투쟁은 6월 13일부터였지만, 이보다 앞선 1월, 연철노조 위원장 박기철이 회사를 상대로 낸 고소에서 시작되었다고 할 수 있다. 6월 13일 노동조합 주최로 연합철강이 동국제강에 인수되는 것을 결사반대하는 궐기대회가 개최된 이후 일부 조합원들이 '동국 물러가라'는 리본을 달기 시작했고, 이에 노조 차원의 결의로 전 조합원이 리본을 달기에 이르렀는데, 부산공장 사무직 사원의 '양심선언' 내용이 알려지면서 분위기는 격앙되었다. 분개한 현장 조합원들이 노조 사무실에 몰려들었고 이날 오후 근무 중이던 조장급 노동자 약 70여 명이 본관 현관 앞에서 '동국 물러가라'는 구호를 외치며 시위를 벌였다. 노동자들의 투쟁의식과 자발적 참가는 서서히 고양되었으며 이날 이후 1차 투쟁이 끝난 8월 14일까지 교대로 정상근무 후 농성에 돌입하였다. 약 50일간의 농성기간 중 하루 평균 1천31명(86년 평균

조합원수 1천4백2명)이 농성에 참가하여 약 74％의 높은 참가율을 보였다. 장기간의 준법 농성투쟁 끝에 노동조합과 중앙대책협의회(재무부, 노동부, 안기부 등)의 위임을 받은 지역대책협의회 사이에 맺어진 합의의 주된 내용은, 장상태 회장이 대표이사 회장직에서 사퇴하고 신뢰를 회복할 때까지 경영에 참여하지 않는다는 것과 동국이 아닌 새로운 전문 경영인 체제를 구축한다는 것이었다. 이후 8월 15일 동국제강은 포항제철에서 위탁 경영하고, 8월 16일에는 60여 일간의 농성과 잔업 거부를 끝내고 정상 근무에 들어가면서 사태는 일단락되었다.

이 밖에도 3월 11일 부산 항운노조 조합원 100여 명이 취업을 요구하며 사흘간 농성을 벌였고, 7월 26일에는 부산시 버스노조 조합장 30여 명이 적정한 임금인상을 요구하며 철야농성을 벌이기도 했다.

1987년 상반기의 노동쟁의도 비슷한 양상으로 시작되었다. 즉, 임금 인상 투쟁은 합법적 쟁의수단이 없는 상태에서의 투쟁이기 때문에, 소수의 선진 노동자들이 비교적 투쟁을 벌이기 쉬운 소규모 사업장에서부터 극심한 탄압을 뚫고 나타나기 시작했다. 부산지역의 경우 대양고무와 대한조선공사의 사례를 대표적으로 들 수 있다.

대양고무에서는 야학출신 활동가 몇 사람에 의해 1986년부터 '더 이상 국수를 먹고는 10시간 작업을 할 수 없다' 등의 낙서를 시작으로 11월 김장 보너스 쟁취 투쟁을 벌여 10~20％의 김장 보너스를 쟁취하는 승리를 거둔 바 있고, 근로 조건의 개선을 위한 움직임들이 지속적으로 전개되어 왔다. 조그만 승리의 축적을 통해 차차 자신감을 얻은 대양고무 노동자들은 1987년 1월 현장에서 노동자들의 가장 큰 불만이었던 화장실 문제를 제기하였다. 당시 기업주는 화장실에 갈 수 있는 시간을 정해 놓고 있었다. '우리의 오줌보는 시간마다 틀 수 있는 수도꼭지가 아니다'는 글을 실은 유인물, 낙서, 스티커 등의 부착 작업을 통해 성과를 얻은 노동자들은 1987년 3월까지 임금인상 투쟁 준비에 들어갔다. 1987년 4월 6일 임금 인상 투쟁위원회를 구성하고 한편으로는 임금인상 요구안을 작성하여 노동자들의 주거지역에 대량 배포하였고, 다른 한편으로는 노조에 대하여 임금인상 요구안을 제시할 것을 요구했다. 그러나 이 투쟁은 즉각 기업주와 공권력의 극심한 탄압에 직면하였다. 투쟁을 주도한 노동자들은 폭행당하고 연행되었다. 대양고무 노동자들의 투쟁은 끈질긴 선전과 선동작업을 전개하였으나 현장의 일반 동료들과 제대로 결합되지 못하여 회사와 경찰의 거센 탄압 앞에 주저앉고 말았다. 불행히도 대양고무 노동자들의 임금 인상 투쟁은 별다른 성과를 얻지 못하고 쟁의를 주도했던 몇몇 노동자의 해고로 끝나고 말았다.

대한조선공사는 엄청난 노동강도와 열악한 작업환경, 그리고 저임금에 시달리고 있었다. 관리직 사원의 식당은 있었으나 생산직 사원의 식당은 없어 노동자들은 여름이나 겨울이나 비바람치고 찬바람 부는 조선소 현장에서 도시락을 받아 식사를 하였으며, 식사비용 또한 1/3은 개인 부담이었다. 1986년 중식거부 투쟁 등을 벌이다 해고된 김진숙 등 3명의 노동자를 중심으로 1987년 초 어용노조의 민주화 투쟁을 체계적이고 본격적으로 진행시키기 위해 노조 정상화 추진위원회가 결성되었다. 노조정상화 추진위원회는 노동자들의 성금으로『조공 노동자신문』을 발행하여 어용노조의 비리에 대한 구체적인 폭로 작업을 전개하면서 조합원들을 노조 민주화 투쟁에 동참하도록 촉구하였다. 86년부터 시작된 대한조선공사의 이 노조민주화투쟁은 김진숙 등 해고된 노동자들과의 강고한 결합을 유지하면서 해를 넘겨 87년 노동자대투쟁으로까지 끈질기게 계속하여 8월에는 승리를 쟁취하기에 이른다.

3. 맺으며

1980년 초부터 1986년까지의 부산지역 노동운동은 전국에서 가장 비민주적이고 열악한 노동조건 속에서도 해고와 복직, 근로기준법 준수, 부당노동행위 거부, 일상투쟁을 통해 노동자들이 자생력을 키워 가면서 1987년 7, 8월의 노동자 대투쟁을 맞이하는 준비기라 할 수 있다. 이 시기에는 학생운동가 출신들이 현장 경험의 부족과 정치투쟁에 대한 의욕 과잉, 또는 조급함 때문에 선도투쟁 위주의 싸움을 전개함으로써 자생적인 노동운동의 발전을 거두어 내지 못했고, 아울러 자생력을 키워 오면서 내부에서 성장하고 있던 현장 활동가들과 대립을 초래하기도 하였다.

  하지만 이런 과정을 거치며 서서히 역량을 축적한 부산의 노동운동은 6월 항쟁 때는 국민운동본부에 '부산민주노동자투쟁위원회'라는 외곽단체의 형태를 띠고 한 주체로 당당히 참여하게 되었고, 7,8월 노동자대투쟁 기간에는 이 단체 명의의 『노동소식』이라는 속보도 지속적으로 발간할 만큼 체계적 역량을 갖추었다. 또한, 이 기간 동안에 봇물처럼 분출하던 노동자들의 노동조건 개선과 민주노조에의 열망을 부산국본이 적극 지원하는 데도 중요한 역할을 해내었다.

2장
노동자도 인간이다, 인간답게 살아보자![1)

_김진숙[2)]

1. 87년 이전 노동자들의 상황

87년 노동자 대투쟁 당시 가장 많이 외쳤던 구호가 '노동자도 인간이다 인간답게 살아보자!'였다. 목이 쉬고 팔뚝에 알이 박힐 정도로 외쳐댔지만 외칠 때마다 울컥하고 뭉클하곤 했다.

공순이로 살아오면서 맺혔던 한이 다 풀리는 거 같았다.

열여덟 살 때부터 시작한 공순이의 삶은 인간의 삶이 아니었다. 불량이 났다고 머리통을 불량체크 하는 판때기로 퍽퍽 소리 나게 얻어터지는 일은 예사였고 빨리 빨리 안 움직인다고 다리를 걷어차이고 눈 똑바로 뜨고 쳐다본다고 뺨을 맞는 일도 일상이었다. 남자 관리자들의 성희롱이나 성추행도 도를 넘어 미싱에 코를 박고 있는 아이들의 등 뒤에서 브래지어 끈을 튕기거나 가슴이나 엉덩이를 주무르는 일도 흔히 볼 수 있는 장면이었다. 월급날이면 한 부서의 600여 명이 나래비로 줄을 서있는데 예쁜 아이들에겐 월급봉투를 그냥 내주는 법이 없었다.

---

1) 이 글은 2010년 민주주의사회연구소 주관 6월항쟁 기념 학술행사에서 발표한 글이다. ─편집자 주
2) 당시 대한조선공사 해고노동자, 현재 민주노총 지도위원.

'이거 주면 니는 뭐 줄래?' '한번 주나?' '정문 앞에서 기다리고 있어라이'

이른바 튕기는 아이들에겐 '니 **에 금테 둘렀으면 내 **엔 다이아몬드 박았다' 소리도 예사로 했다. 다들 어려서부터 그런 환경에서 살고 익숙해지다 보니 그런 일을 겪던 시다가 미싱사가 되고 미싱사가 조장이 되고 반장이 돼도 다 똑같은 행사를 했다. 그러지 않으면 그 자리를 유지할 수도 없었고 살아남을 수도 없었다. 그러고 받은 78년 당시 한 달 임금이 18,000원 가량 이었다. 기숙사비 내고 밥값 내고 외상값 갚고 나면 일주일이면 그 돈은 다 떨어졌다. 그럼 또 외상으로 생리대 사고 양말 사고 비누 사고.

월급 날 저녁이면 화장품, 옷, 신발 등 각종의 외상값을 받으러 온 사람들이 회사 앞에 장사진을 쳤다. 심지어는 외상값이 쌓여 도저히 갚을 수가 없으면 야반도주하는 애들도 많았으니까. 늘 돈이 모자라니까 기숙사 안에서 로션도 잃어버리고 양말도 잃어버리고 심지어는 속옷을 잃어버리는 일도 흔했다. 아침에 일어나면 제일 먼저 듣는 소리가 "누가 내 빨래다라이 훔쳐 갔노" "언 년이 내 수건 걷어갔노!" 였으니까.

지금도 생각하면 가슴 아픈 일이 밤에 이불 뒤집어쓰고 뭘 먹는 아이들이 었다. 전기세 때문에 기숙사는 9시면 소등을 했다. 소등을 하고 나면 사감이 숙사 복도를 돌아다니며 "자라이~" 하고 외치고 다닌다. 조금이라도 소리가 나거나 움직이는 소리나 나면 "어이~ 열 두방 자라캤제! 누가 떠드노" 하는 소리가 대번에 날아왔다. 야경꾼처럼 사감이 지나가고 나서 좀 있으면 진여 상, 경남여상 등 야간 학교에 갔던 아이들이 돌아온다. 동생 공부시키느라 학교 갈 나이를 놓치고 공장에 다니면서 그래도 면학의 꿈을 포기할 수 없어 주경야독을 하며 만학의 기쁨에 고된 줄도 모르고 어쩌고 하면서 근로자의 날이면 신문에 또순이나 억척이로 소개되기도 하는 그 아이들이다.

열 몇 명씩 많을 땐 스물 서너 명씩 포개져 칼잠을 자는 아이들 틈을 비집고 들어가 소리 안 나게 옷을 갈아입고, 소리 안 나게 씻고 들어 와 소리 안 나게 자기 자리를 찾아 들어가는 건 웬만한 내공으론 못하는 일이다. 한 치

의 틈새도 없는 공간을 머리와 머리 사이 혹은 다리와 다리 사이를 밟지 않
고 들어가는 일은 거의 신공의 경지다. 그 아이들이 눕거나 숙제가 있는 아
이들이 경비아저씨 후라쉬를 들고 옥상으로 올라가고 나면 그 소리가 들린
다. 아주 조심스럽게 빵 봉지 뜯는 소리, 그리고 숨죽이고 소리 죽여 그 빵
을 씹어 먹는 소리. 한창 먹을 나이인 열 몇 살짜리 아이들에겐 식당의 펄펄
날리는, 그것도 점심 때 먹고 남은 밥이 저녁밥으로 나오는 기숙사생 아이
들은 늘 허기가 졌다. 그 당시 옥수수 식빵 하나가 100원이었던 걸로 기억하
는데 아이들에겐 그 돈도 큰돈이었다. 그걸 누구랑 나눠먹고 할 여유가 없
으니까 남들 잘 때 그걸 몰래 뜯어먹고는 다 먹기는 아까우니까 또 살금살
금 봉지를 여며서 감춰두곤 한다. 밤마다 어느 자리에선가 꼭 들리곤 하던
그 소리가 난 참 서러웠다.

2. 투쟁은 어떻게 시작되는가

남자 사업장이라고 사정이 크게 다르진 않았다.

81년도에 대한조선공사(현 한진중공업)에 입사를 했다. 다른 점이 있다면
작업장이 훨씬 넓고 위험하고 그리고 아저씨들이 무섭다는 거였다. 아저씨
들은 말끝마다 욕을 했고 툭하면 싸웠고 그리고 대부분 술을 많이 먹었다.
조선소 월급날 문 앞에 장사진을 치고 서 있는 사람들은 대개가 외상술값을
받으러 온 사람들이었다. 아침이면 어제 술을 얼마나 마셨는지, 마누라를
얼만큼 두들겨 팼는지 자랑삼아 얘기하는 걸로 하루를 시작하는 아저씨들
이 참 많았다.

일은 거칠고 힘들었다. 진짜 중노동이었다. 손가락 발가락이 잘리고 부러
지는 사고는 누가 물어보지도 않았다. 나도 철판에 깔려 두 다리가 다 부러
진 적도 있었고 손바닥이 찢어진 적도 있었는데도 산재 처리도 못했다. 두

번 다 공상처리를 했다. 내가 원해서 그렇게 된 게 아니라 회사에서 당연히 공상으로 처리했고 솔직히 산재와 공상의 구분도 못할 만큼 무지했다. 끔찍하게 죽어나가는 사람들이 워낙 많으니까 살아남은 것만 해도 어디냐 싶어 산재든 공상이든 그런 건 별로 중요하게 생각되질 않았다.

가족들이나 동료들에겐 그렇게 거칠고 무서운 사람들이 관리자들에겐 잘 길들여진 늑대 같았다. 당시 내가 받았던 기본급이 13만 6,100원이었는데 아저씨들도 여기서 크게 차이가 없었다. 그러니 이 돈으로 가족들이랑 먹고 사는 게 불가능 하니까 잔업 철야에 매달릴 수밖에 없으니까 말을 안 듣거나 불만을 제기하는 사람들은 잔업을 안 시키는 방법으로 길들였다. 그리고 당시에는 성과금 제도가 있었는데 관리자한테 잘 보이는 사람에겐 성과금을 많이 주니까 자연히 고분고분하고 순종적일 수밖에 없었다.

그런데도 당시엔 노조에 대해서 그다지 불만을 표현하질 않았다. 노조라는 것 자체가 노동자들의 시야에서 워낙 벗어나 있었고 모든 상황들이 억압적일 때라 불만을 표현하는 것 자체가 불가능한 구조였다. 그러니 술 먹고 싸우고 마누라 두들겨 패는 걸로 존재감을 확인하면서 사는 게 일상이었다. 잔업 안하면 못 먹고 살고, 관리자들 앞에선 숨 한번 제대로 못 쉬고, 일하다 다치거나 죽어도 보상은커녕 병신 된 놈만 억울하고, 사장네 집 개도 안 먹을 밥을 그것도 내 돈 내고 사먹어야 하고.

그런 현실들을 바꿔보기 위해선 노동조합을 바꾸는 게 우선이라고 생각했고 그래서 노조 대의원에 출마했다 빨갱이로 몰려 대공분실에 끌려가고, 두들겨 맞고, 부서이동 세 번 당하고 결국은 해고됐다. 회사 앞에서 출근투쟁을 하고 유인물을 나눠주면 그걸 제일 먼저 막고 방해하는 게 어용노조 간부들이었다. 그런 노조간부들의 모습을 보면서 오히려 조합원들은 노동조합의 존재에 대해서 생각하게 되고 노조간부들에 대해서 분노하는 여론들이 만들어졌다. 뭔가 현장의 움직임이 심상치 않다는 건 감지가 되는데 확 터져 나오진 않고 막 활동을 시작한 활화산처럼 여기저기서 보글보글 끓고 있는 상황이었다.

그런 상황에서 전두환이가 장기집권을 위해 4·13 호헌을 발표하자 대학생들이 들고 일어났다. 대학생들은 학내집회를 마치고 나면 학교정문 앞에서 가투를 마치고 서면이나 남포동으로 쏟아져 나와 가두투쟁을 했다. 노동자들뿐만 아니라 일반 시민들도 전두환 정권의 억압적이고 폭력적인 행사 머리에 대해서 많은 불만을 품고 있었지만 그걸 표현하지 못하다가 학생들이 들고 일어나니까 다들 동조하고 응원하는 분위기였다.

당시에 풍영, 동양고무, 대양고무, 국제상사 등 신발공장과 삼도물산 등에서 민주노조를 세우기 위해 싸우다 해고된 노동자들과 이른바 위장취업을 했다 해고된 학생출신 해고자들이 많았는데 그 해고노동자들이 모여 해고자복직투쟁위원회를 만들어 활동을 하고 있었다. 해복투가 중심이 되어 사상에서부터 골목골목에 서너 명씩 모여 있다가 '와서 모여 함께 하나가 되자'라는 노래를 부르며 누군가 이른바 동을 뜨면 그걸 신호로 골목에 모여 있던 사람들이 도로에 내려서서 집회를 했다. 집회라고 해봐야 어차피 5분만 지나면 전경들이 몰려 와 최루탄을 쏘고 잡아가니까 노래 하나를 다 못 불렀다. 그런 식으로 사상에서 시작해서 주례, 가야를 거쳐 서면까지 가면서 게릴라 방식으로 몇 차례 모이고 흩어지고 하다보면 자연스럽게 차가 막히고 거리는 최루탄으로 뿌연 안개도시가 되곤 했다.

버스가 안 다니니까 퇴근하는 노동자들이 걸어서 서면까지 올 수 밖에 없었고 서면에 도착하면 대열이 눈처럼 불어나 끝이 안보이곤 했다. 팔딱 뛰거나 혹은 좀 높은 데 올라가서 그 대열을 확인하곤 서로 와~하고 놀라기도 하고 신기하기도 하고 아무튼 그렇게 신날 수가 없었다. 가야 방면에서, 양정 방면에서, 범냇골 방면에서, 전포동 방면에서 그렇게 사람들이 쏟아져 들어오면 서면로터리가 그야말로 인산인해가 되어 좌천동 오버브릿지까지 새카맣게 뒤덮이곤 했다. 그중엔 학생들도 많았지만 대부분은 노동자들이었고 이른바 시민들이었다.

한진중공업 노동자들도 누가 나가자고 말하거나 조직을 하는 것도 아닌데 퇴근하면 으레 남포동에 모여 서면까지 걸어오곤 했다. 현장에서 같이 일할 땐 진짜 인간같이 안 보이던 아저씨들을 거리에서 만나면 그렇게 새롭고 그렇게 좋을 수가 없었다. 더군다나 해고자 신분으로 회사 앞에 가는 것도 아저씨들을 만나는 것도 자유롭지 못할 때라 거리에서 아저씨들을 만나 눈빛만으로 천 마디 만 마디 말을 나누고 같이 걷고 같이 뛰고 심지어는 최루탄을 뒤집어쓰면서도 행복하기만 했다.

당시는 노동조합이 민주화 된 곳이 없었기 때문에 노조깃발을 들고 조직적으로 모인 건 아니었으나 노동자들은 분명 6월항쟁의 중심부대였다. 그때 거리는 어딜 가나 다 해방구였다. 저녁이면 사상에서부터 서면을 거쳐 난생 처음 거리에서 맘껏 고함을 질러보고 최루탄을 피해 도망을 가면서도 두려움보다는 해방감을 만끽한 노동자들은 이미 6월 이전의 노동자들이 아니었다. 생전 처음 듣던 노래를 불러보고 생전 처음 구호를 외쳐 본 노동자들은 4, 50년 살아 온 인생에서 보다 훨씬 많은 것들을 단 며칠 만에 거리에서 배우게 된 것이다.

노태우가 6·29 선언을 통해 얼굴만 바꾼 장기집권을 꾀하자 거기에 끝까지 저항했던 것도 노동자들이었다. 더 이상 학생들과 민주인사들이 나오지 않는 거리를 노동자들은 끝까지 지키려 했다. 그러나 조직적 힘이 성숙하지 못했던 노동자들의 숫자는 점점 줄어들었고 그들은 거리 대신 현장에서 민주화의 열망을 실현하고자 했다. 그렇게 7월 24일 태광실업에서 당겨진 불꽃은 한진중공업, 세신실업, 국제상사로 이어지며 노동자 대투쟁이 들불처럼 번져나간다. 금속사업장뿐만이 아니라 신발공장, 병원 등 곳곳에서 투쟁들이 터져 나오고 하룻저녁에도 열 개가 넘는 민주노조가 만들어졌다. 6월항쟁의 지도부였던 국민운동본부 내에 노동자대책위원회가 만들어 지면서 대책위원회 활동가들이 노조결성의 산파역할을 했다.

3. 무엇이 부족했나

그러나 지금 와서 생각해보면 너무도 아쉬운 게 당시 민주노조를 세우는 데만 급급해서 노조의 형태가 어때야 할 것인가에 대한 깊은 고민과 전망이 부족했다는 것이다. 노조를 기업별로 따로 따로 만들어서 간부도 따로 뽑고 규약도 따로 만들고 단협도 따로 맺고 할 게 아니라 부산지역노동조합을 하나만 만들어서 그 노조들을 지부나 분회 형태로 했으면 노조운동이 지금처럼 힘들어 지지도 않았고 그야말로 제대로 된 산별노조가 됐으리라는 아쉬움이 시간이 지날수록 커지기만 한다.

아무튼 그렇게 시작된 투쟁의 성과들은 민주노조 건설로 귀결되었고 노동조합 운동은 양적으로나 질적으로 엄청난 성장을 이루게 된다. 그중 가장 성과가 컸던 것이 경제적인 부분이었다. 워낙 저임금으로 인한 생활고에 시달리던 노동자들이라 투쟁의 요구는 임금인상이나 복지에 집중되었고 해마다 연례행사처럼 임단협 투쟁을 치루면서 성과를 축적하게 된다.

노동자들의 요구가 경제적인 부분에 집중 될 수밖에 없었던 또 하나의 이유는 정권이 임단협 외의 요구에 대해선 각종의 악법들을 통해 철저히 탄압했기 때문이기도 하다. 이런 조건들로 인해 노조운동에는 이른바 개량적인 집행부들이 들어서게 되고 이들을 중심으로 조합원들을 경제적인 틀로만 가두어두는 노사협조적인 흐름들이 자리를 잡아가기 시작한다.

연대해봐야 깨진다. 정치투쟁에 앞장서면 우리만 피 본다는 의식들이 퍼지면서 방법이야 어떻든 돈이나 많이 따주는 집행부가 하나의 흐름을 형성하게 되는 것이다. 그 결과 경제적 지불 능력이 있는 대기업들과 그렇지 못한 중소기업 간의 격차는 점점 벌어지고 자본가들은 정규직이라는 우물은 점점 메우면서 비정규직이라는 또 다른 착취의 샘을 파게 된다. 그리하여 대기업 정규직 노동자들에게 현재의 일자리는 기득권이 될 수밖에 없고 비정규직노동자에겐 자본보다 더 나쁜 '적'으로 비춰지는 경우도 허다하다.

　87년 6월항쟁에서 시작한 노동자들의 투쟁과 그를 발판으로 한 민주노조 운동은 그 이후 계급적 성장을 못하고 정체 상태라 해도 과언이 아니다. 정치세력화의 문제, 비정규직의 문제, 여타 다른 부분 운동들과의 연대 문제 등 수많은 과제들을 안고 있다. 이러한 과제들을 해결하고 정체가 고립이 되지 않기 위해선 처음의 진정성과 역동성을 회복하는 게 우선이라고 생각한다. 6월항쟁 당시 태어난 아이들이 노동자로 자라 날 만큼 세월이 흘렀다. 그들은 대부분 비정규직이거나 청년실업자 일 것이다. 그들에게 우리는 이랬노라 하는 과거의 무용담이 아니라 노동자 계급이 어떻게 역사를 만들어 오고 그 역사를 이어가고 있는지를 자랑스럽게 얘기할 수 있으면 좋겠다.

3장
80년대 노동운동 토론회 녹취록 정리[1)]

전중근 : 행사 시간이 되어서 바로 시작하도록 하겠습니다. 저는 오늘 행사를 주관하는 민사연의 전중근이라고 합니다. 벌써 6월항쟁도 이제 27년째 되는 해 같습니다. 그 때 2, 30대였던 젊은 청년들이 지금은 거의 제 나이 또래, 중년 이후 세대가 된 것 같습니다. 그 당시 민주화운동에 참여했던 그런 분들이 지금처럼 이렇게라도 열정적으로, 헌신적으로 했던 운동이 노동운동이었습니다. 많은 학생들이나 청년들 중에 자기의 일신이나 그런 것을 생각지 않고, 현장활동이라고 열심히 했던 때가 있었습니다. 그래서 6월항쟁 27주년을 맞아서, 다시 한 번 그 당시를 되돌아보면서 서로 이야기를 나눠보는 것도 의미 있는 행사라고 생각합니다. 그래서 오늘은 6월항쟁 27주년을 맞아서, 당시 80년대 부산 지역의 노동운동이 어떠했는지 되돌아보는 그런 시간을 갖기로 했습니다. 오늘 행사 자체가 그래서 그런가, 많은 분들이 오시지는 못했습니다. 오늘 행사에 앞서, 부산민주항쟁기념사업회 부이사장으로 계시는 장병윤 부이사장에게 특별한 인사말씀 부탁드리겠습니다.

장병윤 : 반갑습니다. 먼저 바쁘신 가운데서도 귀한 시간 내주셔서 토론회

---

1) 이 글은 2014년 민주주의사회연구소 주관 6월항쟁 기념 학술행사 전체 녹취문을 정리한 것이다. 주 발제문이 없이 경험자 증언 비슷한 형태로 진행되었기 때문에 전문을 싣되, 이해할 수 있는 문장이 되도록 상당부분 수정했음을 밝혀 둔다. — 편집자 주

참석해주신 발제자, 토론자, 그리고 청중 여러분들 감사드립니다. 또 이 행사 준비를 위해 애쓰신 민주주의사회연구소에도 고마운 말씀을 전합니다. 생각해보건대 역사란 것은 기억되고, 기억의 바탕 위에서 현실을 직시하고, 내일을 전망할 수 있어야 된다고 생각합니다. 그런 점에서 오늘, 1980년도 부산 지역 노동운동을 돌아보는 것은, 반노동정책이 판을 치고, 노동의 가치가 홀대당하는 이 시점에 굉장히 의미 있는 일이 아닐까 그렇게 생각합니다. 돌이켜보건대 1980년대, 특히 1987년 6 · 10 항쟁 전후해서 노동운동은, 오랜 세월동안 핍박과 착취의 대상으로 억눌렸던 노동자들이, 역사 전면에 나온 일대 사건이라고 생각이 됩니다. 특히 1987년 6 · 10 항쟁 직후에, 7,8,9월 전국적으로 일어났던 노동자 대투쟁은, 정말 우리 역사 전면에 노동자가 자기 목소리를 내는, 그리고 인간다운 세상을 꿈꾸었던, 어떤 인간선언이었지 않나 생각이 됩니다. 그런 점에서 오늘, 비록 조촐한 자리지만은, 각 개인들이 당시 경험을 되살려 회고하고, 또 정리해보는 이런 일은, 또 새로운 우리 시대의 노동 운동의 어떤 이정표를 전망해내고, 갈음하는 그런 중요한 계기가 될 것으로 생각합니다. 모쪼록 오늘 토론이 활기있게 이루어지고, 또 당시의 어떤 역사적 정의뿐만 아니라, 암담한 이 시대에 노동 운동의 새로운 이정표를 세우는 그런 계기가 되길 바랍니다. 기억의 복원을 넘어서, 살아 생생한 전망을 오늘 이 자리에서 다 함께 이뤄내길 기대합니다. 감사합니다.

전중근 : 고맙습니다. 간단한 인사말씀 한 분만 더 듣도록 하겠습니다. 김광수 민주공원 관장님이자 부산민주항쟁기념사업회 상임이사이십니다.

김광수 : 제 기억 속에서는 노동운동이 한국 사회의 진보화, 민주화 과정에서 저는 당당한 주인이어야 하고, 또 현재도 주연의 역할을 해야 한다고 믿고 있는 사람 중의 하나입니다. 그럼에도 불구하고, 노동운동현장은 현재까지는, 제 이런 평가에 동의하실 런지는 모르지만, 여전히 저는 저평

가되어있다고 보여집니다. 저평가란 의미 속에서는 두 가지 의미가 있을 것 같은데요. 한국 민주화운동 과정에서, 어떤 진보운동 과정에서, 87년 6월항쟁이 위대한 항쟁임에도 불구하고 여전히 미완의 항쟁이라는데 동의가 된다면, 그 과정에서 노동운동이 특히 저평가되어있다고 생각합니다. 하나는 여전히 시대적 과제가 아직 완전히 해결되지 않았기 때문에, 그런 현재진행형으로서의 묘한 혁명적 성격이 있는 것 같고요. 또 하나는 이제 아시다시피 87년 6월항쟁 이야기하면서 아직까지도 7,8월 노동자 대투쟁 이렇게 이야기하고 있습니다. 그래서 보기에 따라서 6월항쟁과 7,8월 노동자 투쟁이 같으면서도 또 다르게 해석되어지는 측면이 있습니다. 이러한 측면에서 오늘 80년대 부산지역 노동운동의 학술 세미나를 통해서, 6월항쟁과 7,8월 노동자 대투쟁, 또는 전체적으로 6월항쟁 속에서의 노동운동, 별도의 노동자 대투쟁, 이런 혼재되어있는, 이론적인, 또는 개념적인 인식들이 정립되어졌으면 하는 그런 마음도 가지고 있습니다. 아울러 노동운동이 저는 여전히 한국 사회의 진보화, 민주화의 과정에서 주역으로 당당히 나서야 하고, 자랑스러운 87년 6월항쟁의 후예로서 여전히 그 정신을 계승해야 될 의무가, 현재 노동운동 하고 계시는 분들이, 저는 의무가 있다고 보여집니다. 그러한 측면에서 선배님들이 가꾸어 놓은, 위대한 투쟁을 잘 계승하고, 잘 이론적으로 정립하는 그런 시대적 과제에 대해서, 또 현재 노동현장에 몸담고 있는 분들이 이 정신을 잘 기억해주기를 바라는 그런 학술 세미나가 되기를 간절히 바라면서 인사말을 갈음하겠습니다. 감사합니다.

전중근 : 네 고맙습니다. 다음은 오늘 이 토론을 진행할 사회자, 고호석 선생님을 모시도록 하겠습니다.

고호석 : 예, 반갑습니다. 오늘 핫이슈에 보니까 고려대학교 대학생들이 쓴 대자보가 논란이 또 되고 있는 것을 봤습니다, 거리로 나가겠다 우리는,

교수들도 좀 가만히 있지 않으면 좋겠다, 이런 얘기를 하면서, 정말 세월호 사건을 보면서 돈만이 모든 것의 중심이 되는 그런 사회에 우리가 산다는 것을 뼈저리게 느끼고 있습니다. 이런 현실에 가장 고통을 받는 것은 또 노동자들임에 틀림이 없습니다. 그런데 노동현실은 비정규직이 엄청나게 많아지고, 조건도 열악해지고, 착취도 극심해지지만, 그런 노동현실이 열악하면 할수록 노동운동도 침체하는 것 같습니다. 그래서 이런 현실에 우리가 직면하고 있기 때문에, 우리나라에서, 그리고 우리 지역에서 노동운동이 그래도 활발했던 시절을 좀 정확하게 짚어보고, 거기서 우리가 무엇을 배워야 할 것인지, 이런 데에 대한 고민을 하는 건 꼭 필요하다고 생각이 듭니다. 잘 아시는 바와 같이, 부산은 일제강점기 때부터 조방파업이, 정말 전국적인 투쟁으로 번져갔을 만큼 노동운동에 있어서 역사가 있는 곳입니다. 하지만 해방 이후에는 많은 침체기를 거치면서 80년대에야 겨우 다시 꽃을 피우는 이런 과정에 있어왔습니다. 그래서 오늘은 80년대 부산지역의 노동운동에 대한 이야기를 해보려고 합니다. 아시는 바와 마찬가지로 부산지역도 나름대로 비슷합니다만, 운동사 정리는 우리가 참 미진한 것이 현실입니다. 그나마 민주정부 10년을 경과하면서 그나마 조금씩 조금씩 진전되어가고 있기는 한데, 노동운동 부분에 있어서는 특히, 운동사 정리가 안 되어 있고 부산은 더더욱 그러합니다. 그래서 오늘 이 자리가 사실은 시작이다, 이렇게 얘기할 수밖에 없을 것 같습니다. 그래서 다른 학술행사처럼 좀 짜임새 있게 발제와 그에 대한 토론이 이뤄지기보다는, 연구자는 연구자의 입장에서, 또 노동운동을 했던 활동가들은 활동가들의 자기 경험 내지는 자기의 관점에서 노동운동사를 정리하는 것에 의미부여, 내지는 어떻게 하면 좋을 것인가에 대한 고민들을 얘기하는 그런 자리가 되어야 하지 않을까 싶습니다. 그래서 오늘 이 자리에 계시는 분들 뿐만 아니라, 객석에 앉아계시는 분들도 기탄없이 자신의 생각, 또는 경험 이런 것들을 얘기해주시면, 오늘 이 자료집은 아주 얄팍합니다. 그러나 이 자리에서 이뤄지는 많은 얘기들이 아마 부산 지역의 노동운동사를 정리하는데 좋은 밑거름이 되지 않을까 이런 생각이 듭니다. 그래서, 우선 소개를 드리겠습니다. 오늘 호칭은 전부 선생님으로 다 통일하도록 하겠습니다. 먼저 1부, 운동사 연구에 대한 발제를 해주실 이광욱 선생님 소개해드리겠습니다. 그리고 그 다음에 80년대 아주 열혈 활동가들이셨죠, 송영수 선생님, 노창규 선생님, 박성호 선생님, 박주미 선생님, 조근자 선생님, 그리고 현정길 선생님, 노동운동도 직접 하시기도 했고 공부를 하시는 두 가지 위치를 다 가지고 있습니다. 현정길 선생님. 오늘 진행에 대해서 잠깐 말씀드리겠습니다. 보시다시피 말씀을 하실 분들이 많습니다. 그리고 이분들만 하실 게 아니고 플로어에 계신 분들도 하셔야 되기 때문에, 원고를 내신 두 분에게는 15분간, 15분 이내입니다, 15분 이내에 말씀하실 시간을 드리고, 나머지 원고를 내시지 않은 분들은 7분 정도 일단 이야기 하시고, 다른 분들 이야기를 들으면서 보충해야겠다거나 반론을 해야겠다거나 이런 부분이 있으시면 서슴없이 얘기를 해주시면 되겠습니다. 시간관계상 바로 시작하도록 하겠습니다. 우리 노동운동 연구의 현황에 대하여 일단 이광욱 선생님의 발제를 듣도록 하겠습니다.

이광욱 : 제일 첫 순서를 맡게 된 이광욱입니다. 여기 계신 분들이 플로어에 계신 분들이나, 또 발표자 선생님들은 다 그 당시 현장을 경험하고 그 시기를 뜨겁게 사셨던 분들인데요, 저는 1987년에 중학교 2학년이었습니다. 그래서 교실에서 창문을 통해서 들어오는 최루탄 냄새를 맡으면서, 왜 형님, 누나들이 데모를 해가지고 최루탄 냄새가 학교까지 들어올까, 또 왜 밖은 저렇게 시끄럽고 선생님들은 거기에 대해서 관심을 가지지 못하게 할까라는 생각을, 생각은 가졌지만 그때 그 부분에 대해서 경험해보지는 못했던 그런 세대입니다. 그런 사실로 87년 7, 8, 9월 노동자 대투쟁 때나 또는 노동운동에 대한 직접적인 이야기가 아니라, 부산 지역의 1980년대 노동운동에 대한 연구가 그동안 어떤 연구가 있었고, 또 앞으로 어떤 연

구가 보완되어야할 지에 대한 점검 정도로 생각해주시면 될 것 같습니다. 마지막 부분에도 사실은 제안, 거창하게 제안이라기보다는 부산 지역의 노동운동 연구가 조금 더 활성화되기 위해서 해결해야 될 과제, 과제를 확인하는 정도, 그런 내용이 될 것 같습니다. 일단 제일 첫 부분에서는, 제가 이야기하고 싶었던, 그래서 제가 보여드리고 싶었던 부분은, 일단 1980년대를 다루고 있는, 1980년대의 노동자 계급, 혹은 노동운동을 직접적으로 다루고 있는 연구에 대한 현황을 먼저 분석하고 싶었습니다. 그래서 제가 대략 조사를 해봤는데, 표 1에 보시면, 거기 나와 있듯이 학위논문, 석사·박사학위논문을 포함해서 대략 한 60여 편의 연구들이 현재까지 진행되어 있습니다. 물론 이외에도 80년대 후반이나 90년대 초반에 단행본, 석탑이나 풀빛 이런 출판사를 통해 나와 있는 단행본 책들이 굉장히 많습니다만, 그 부분은 제가 여기 포함을 시키지 않았습니다. 일단 연구들을 죽 확인해봤고요. 그래서 아마, 이처럼, 다 아시겠지만 현대사라고 하는 것이 본격적으로 연구가 진행이 된 것이 그렇게 오래이지 않습니다. 1980년대 후반에 역사연구소라던지, 한국역사연구회라던지, 역사문제연구소 등의 비교적 젊고 진보적인 학술단체들이 등장하면서부터 사실은 현대사의 연구가 시작되기 때문에 그렇게 오래되지 않았고요. 또 이 시기가 분명히 노동운동이 굉장히 분출하고, 또 굉장히 노동자 계급이 성장하는 시기이고, 그러한 어떤 사회적인 열기가 굉장히 뜨겁게 존재했음에도 불구하고, 여전히 학문적인 연구라고 하는 그 제도장 안에서는 노동운동에 대한 연구는 굉장히, 아직까지 많지 않은 것이 실정입니다, 그래서 그런 부분이 들어가 있습니다. 세세한 부분들에 대한 이야기는 조금 생략을 하고, 6페이지를 조금 봐 주셨으면 좋겠습니다. 6페이지 이후의 내용인데요. 일반적으로 알려진 구분이지만, 사회주의가 몰락하는 시기를 지내면서, 사실 그 이전에 이제 변혁운동에 대한 뜨거운 열망이라던지, 혹은 실천과 연구를 병행하고 그것을 결합해서 여러 가지 것들을 활동하려고 했던 그런 움직임들이 굉장히 급격히 냉각되기 시작합니다. 그래서 변혁에 대한 이야기라던지 노동자 계급의 운동에 대한 구분들에 대한 이야기들이 쑥 들어가게 되죠. 쑥 들어가게 되고, 기존의 제도권을 비판하면서, 조금 더 현실참여적인 운동을 하려고 했던 연구소라던지, 혹은 연구자들이 90년대를 지나면서 거꾸로 제도권에 많이 들어가게 되는 그런 현상이 나오게 되고, 그러면서 그 이후에는 학술운동이라고 하는 것, 어떤 사회현상이나 현실을 바꾸기 위한 방법으로서의 학술운동보다는, 굉장히 아카데믹한, 그리고 제도권 안에서의 분위기로 넘어가게 됩니다. 그래서 그 부분에 대한 애기들을 거기 해두었고요. 그 다음에 7페이지를 보시면요, 표 2, 기존에, 여태까지 연구되었던 것들 중에서 어떤 주제들이 활발하게 연구되었나를 검토해 보았습니다. 그래서 역시 제일 많이 활발했던 부분은 단위사업장이나 투쟁이 활발했던 어떤 사례에 대한 부분이 가장 많았고요, 그 다음에 이제 전통적으로 강세를 보이고, 또 관심을 끌었던 부분은 노동자 계급의 어떤 의식, 주체라든지 의식과 관련된 부분, 그리고 학생 출신 활동가들, 또 학출 노동자라고 불렸던 사람과 일반, 기존 노동자들과의 관계에 대한 부분들, 그리고 여성이면서 노동자라고 하는, 이런 이중적 문제에 부딪혔을 때, 기존의 남성 노동자를 중심으로 하는 노동운동에서는 드러나지 않았던 새로운 여성문제, 이런 부분들이 주목받고 있었음을 살필 수 있었습니다. 그리고 아래 표 3을 보면, 이 가운데 27편 정도가 지역을 대상으로 연구를 하고 있는데요, 양적인 사례만을 가지고 본다면 부산이 8편의 연구가 진행되었습니다. 그래서 어떤 면에서 이 부분은 저는 사실 조사하면서 굉장히 의외였고요, 왜냐면 아무래도 서울·경기 지역이라든지 혹은 울산이라든지 이런 중화학공업이나, 노동자들이 굉장히 많이 활동했던 지역의 연구가 활발할 거라고 생각했는데, 의외로 경공업 중심, 혹은 섬유업 중심의 작은 사업장이 밀집해있던 부산지역에 대한 연구가 많았구나 하는 부분은 개인적으로서는 조금 뜻밖이었던 부분이기도 했습니다. 근데 이제 문제는, 제가 연구자로서 느낀 문제는, 이 부산의 노동운동에 대한 연구가 대부분 1990년대 초반, 혹은 중반의 연구가 대부분이라는 거죠. 그 이후에는, 부산 지역의 노동운동을 케이스로 다루는 연구들이 거의 진행되지 못했습니다. 그런 단절현상이 보인다는 점이 좀 문제적이라고 느껴졌습니다. 다른 지역의 경우에는 많지는 않아도 지속적으로 그 지역에 있는 노동운동에 대한 연구들이 꾸준하게 축적이 되는 데 반해서, 부산 같은 경우에는 90년대 초중반에 활발하게 되다가 완전히 그 이후로는 찾아보기 어려워졌다는 점이 좀 문제적으로 느껴졌었고요. 그리고 사실 최근에는 지역이라고 하는 부분의 중요성이 부각되면서 지역에 대한 연구들이 굉장히 사실 활발해지고 있는 것이 학계의 분위기입니다. 그런데도 불구하고, 부산이라고 하는 정강, 집단이라고 하는 지역에서 노동운동에 대한 연구는 여전히 불모지나 마찬가지라는 점을 좀 확인할 수 있었고요. 그래서 어떤 면에서는 우리가 87년 항쟁을 지나면서 분명히 노동자 계급의 성장이라든지 많은 일들이 일어났지만, 어쩐지 노동에 대해서 어떤 적대적인 사회분위기, 노동자가 사회적으로 관심을 받지 못하는 어떤 그런 것이 여전히 학문적인 영역에서도 그대로 반영되는 것이 아닌가 하는 생각을 해보게 되었습니다. 그리고 2장 부분에서는 기존의 부산 지역 노동운동 연구에서 다루고 있는 내용을 소개하고 있는데 이 부분은 발표 시간 때문에 건너뛰기로 하고 마지막으로, 앞으로 노동운동 연구를 지금, 80년대, 혹은 90년대, 지속적으로 노동운동 연구를 활성화하기 위해서 해결해야 될 과제라고 하는 측면을 이야기하고 싶습니다. 어쨌든 역사 연구에 있어서는 가장 중요한 부분이 자료라고 할 수 있겠는데요, 새로운 자료라든지 이야기가 나와져야만 접근이 가능한 것이 역사학의 특징이기도 합니다. 그래서 부산 지역의 노동운동에 대한 연구가 진척이 되려면 그 당시 활동하셨던 많은, 현장을 경험하고, 지금 현장에 계시든, 현장을 떠나셨든을 떠나서 그 시기에 대한 많은 이야기들이 사실은 나와져야만 접근할 수 있고요. 이제 노동운동에 대해서 관심을 가지고 연구하는 연구자들이 계속 나와져야 되겠죠, 지역 속에서, 사실은 그 부분에 꾸준하게 관심을 가지고 접근할 수 있는 그런 연구자를 어떻게 계속 배출할 것이냐는 부분이 또 하나의 과제가 될 것 같습니다. 그리고 이전에 1980년대 후반, 90년대 초반에 어떻게 보면 학술운동이 지나치게 현장하고 밀접하게 붙어있고 거리가 지나치게 가까웠다면 최근의 문제는 굉장히 거리가 멀어졌다는데 있죠, 학교의 연구자들은 학교 밖으로 나오지 않고, 그렇다고 사실은 노동운동에 대한 연구나 그런 게 전혀 없지는 않을 거라 저는 그렇게 생각합니다, 왜냐하면 실제 노동운동 하시는 많은 분들은 여전히 노동사에 대한 모임이라든지 스터디같은 것을 하고 계실 거라는 거죠, 그런데 이 부분이 전혀 어떤 서로 상호간에 영향을 주지 못하고 따로 분리되어왔다는 부분이 문제라는 생각이 들었습니다. 글에 싣지는 못했지만, 사실 노동사료 아카이브 같은 것이 필요할 것 같은데요, 이제 기존의 노동조합에서 정치적 탄압도 있고, 여러 가지 문제로 인해서 사실은 자료자체를 남기지 못했다는 것, 과거의 노동운동 같은 경우에는 거의 자료를 남기지 못했다는 것, 혹은 자료가 있다고 하더라도 전노협이나 이후의 노동단체에서 자료를 가지고 있다고 하더라도 그건 이제 증빙 자료 중심이기 때문에 사실은 역사학에서 노동운동의 어떤 폭넓은 부분을 접근하기에는 자료 자체가 가지고 있는 한계성이 굉장히 많다고 생각합니다. 그래서 앞으로 노동조합에서 관련 자료를 수집하고 관리하고 하는 이런 부분에서 조금 더 전문성이 필요한 부분도 있고, 그래서 노동조합의 내규라든지 규약이라든지 관련된 모든 서류들이 망라되고, 그것을 관리할 수 있는 어떤 시스템이 갖춰질 때 노동운동에 대한 다양한 연구들이 진척될 수 있을 것 같습니다. 그리고 마지막으로 이야기하고 싶은 부분은, 사실 노동자 대중교육이라고 하는 부분이 결국은 굉장히 중요한 화두가 될 것 같은데요, 그런 부분에서 지금까지 어떤 면에서는 노동운동이, 전국적인 노동운동 혹은 부산 지역 전체의 노동운동이라고 하는 굵직굵직한 주제들도 중요하겠지만 앞으로는 노동자 개인의 살아온, 노동자 개인이 겪어왔던 이야기, 계속 투쟁을 하고 있든 떠나있든, 또 그것을, 과거의 싸움을 승리로 기억하든 별로 자랑스럽지 못한 그런 기억을 갖고 있든지 간에 자기의 어떠한 삶의 한 부분에 대해서 돌아보고, 그 부분에 대해서 평가할 수 있고, 자기 이야기를 남길 수 있는 그런 부분들이 앞으로의 노동자 대중교육이라는 측면에서 접근해야 할 부분이 아닌가라는 생각이 듭니다. 발제는 이것으로 마치도록 하겠습니다.

고호석 : 감사합니다. 지금은 주로 노동운동사 연구에 관한 이야기를 하셨습니다. 그런데 방금도 얘기하셨지만, 최근의 운동사 연구에 있어서는 이른바 집담회라든지, 이런 기억을 재구성하는 그런 작업들이 상당히 활발히 이뤄지고 있습니다. 특히나 우리의 70년대, 80년대처럼 폭압적인 상황이어서 자기 기록을 남기기보다는 오히려 없애는데 관심을 많이 가질 수밖에 없었던 그런 상황을 재구성하고 거기서 뭔가 새로운 배울 것을 찾아내기 위해서는 기억을 재구성 할 수밖에 없구요, 우리 인간의 기억은 매우 한계가 많기 때문에, 자기 유리한 쪽으로 기억을 많이 합니다, 그래서 많은 분들의 이야기를 같이 들어보는 것이 필요하고, 그래서 오늘 이 자리도, 이광욱 선생님 얘기하신 것처럼 실제로 90년대 약간, 90년대 초반에 부산 지역 운동에 관한 연구가 있었지만, 그 이후에 거의 없어져버린 상태에서, 그 소중한 시기의 노동운동의 교훈이 거의 사라질 위기에 있는 상황에서, 우리가 다시 한 번 기억을 모아서, 앞으로 제대로 된 운동사를 정리하고, 거기서 교훈을 찾아내기 위한, 거의 2000년대 넘어서 첫 작업이 아닐까 싶습니다, 운동을 하는 쪽에서나 학문을 하는 쪽에서, 그런 관점에서 지금부터 소중한 분들의 이야기를 죽 이어가도록 하겠습니다. 먼저 송영수 선생님 이야기를 들어보도록 하겠습니다.

송영수 : 예 반갑습니다. 저는 부산지역일반노동조합에서 교육위원을 맡고 있습니다. 제가 살았던 경험을 굉장히 좀 거칠게 써서 대단히 죄송한 생각이 드네요, 나와서 보니까. 이 취지에 맞는 것 같기도 하고, 그런 생각이 좀 듭니다. 노동운동에 대한 연구가 적은 이유는 돈이 안 되기 때문에

그렇겠죠, 현재는. 예를 들면, 80년대 같은 경우에도 사회주의에 대한 꿈이 살아있었고, 현실사회주의가 존재했고 그랬기 때문에 연구가 참 많았죠, 그런데 사회주의 무너지고 나서 사실은 연구가 별로 없어지고, 그 다음에 전노협, 민주노총 거치면서 굉장히 우리 사회를 바꿀 수 있는 힘이다 이럴 때는 많이 달라붙어가지고 연구를 많이 했겠죠, 그런데 현재는, 노동이 힘이 있습니까, 거의 바닥을 다지고 있고, 언젠가는 또 가파르게 올라갈 날이 있겠죠, 그런 내일을 항상 꿈꾸면서 노동운동을 하고 있습니다. 저는 이 글을 쓸 때, 일반적, 추상적으로 그렇게 생각하죠, 우리 노동운동이 전태일 열사의 분신 이후에, 사실 학생들이 학생운동에 많이 각성을 했고, 그 다음에 광주항쟁을 거치면서 나름대로 민주화운동, 부르주아민주주의 틀 내에서는 우리 사회의 근본적 변화가 힘들겠다, 이런 생각이 정리된 것 같고, 따라서 새로운 사회주의, 우리 내부에서의 새로운 사회주의 내지는 변혁적인 이념을 가지지 않으면 안 되겠다, 이런 영향을 받아서 학생운동이 급증했던 시기가 80년대이고, 이 80년대의 학생운동이 전국적으로 노동운동으로 투신하게 되면서, 그런 학생운동가들의 노동현장으로의 투신이 그 속에서 다양한 경험들이 만들어지고, 그런 영향이 이후 87년 노동자 대투쟁, 그리고 이후의 노동운동에서 상당한 영향을 미쳤다, 이것이 일반적인 정설입니다. 제가 살아온 80년대 같은 경우, 예를 들면 오늘이 27주년이라고 얘기하는데, 6월항쟁 이후에, 예를 들면 노동조합을 만드는 과정에서 학생운동 출신이 개입되어가지고 노동조합에 상당수 많은 노동조합을 만들고, 그 다음에 그 과정에서 전노협의 전신이 되는 부산노조연합회, 그리고 상당한 노동조합을 만들었다는 데에 대해서는, 제가 실제로 많이 만들었으니까, 그에 대해 사실 어떤 역할을 했다고 입증이 되지만은, 그 이전의, 그러니까 80년대부터 86년도까지 이 시기를 연구하는 것 같은데, 제가 봤을 땐, 그 시기의 글을 적었어요. 그 시기 저 같은 경우는 사실 학생운동을 하다가 감옥에서 나와가지고 부산에 내려와서, 저는 사실 인천 출신이에요, 고향은 부산이고, 인천에 올라가 인천에서 학생운동하다가, 전두환, 광주학살 책임지고 전두환은 물러가라, 이런 거 하다가 구속이 됐어요. 제가 한 15일 차이로 광주항쟁 유공자에 안 들어갔는데, 그 15일 전에 데모를 했으면 사실은 광주 유공자인데, 15일 뒤에 참여하는 바람에 광주 유공자가 아니더라고요. 그래서 구속되어가지고 부산 내려왔어요. 부산 내려와서, YMCA 야학이라고 있어요, YMCA 야학을, 그 때 한 네다섯 개의 YMCA 야학이 있었어요, 주로 노동야학인데, 주로 공장 노동자들 조직해서 하고, 그 다음에 안에 투신해있는 노동자하고 연결해서 뭔가 도모하려고 하는, 이런 과정인데, 대충 그때 풍영이나 세화상사나 그랬어요. 그 노동운동을 하다가, 야학을 하다가, 아 이건 좀 아니다 해가지고, 한 2년 하고 현장에 들어가서 동국제강에 들어갔다가, 동국제강에 그 당시에 서너 명 있었어요, 지금 여러분들에게 얘기하면 상당히 많이 알 수 있는 사람들인데, 그분들하고 노조민주화에 대해 논의를 하다가, 야 이거 너무 힘들 것 같다, 너무 오래 걸릴 것 같으니까 다시 나가자, 그래 나와 가지고 좀 조그만 사업장 밑에 들어가서 노조를 만들자, 그래 나와가지고 들어간 데가 신일금속입니다. 그래 신일금속 들어가가지고 아무튼 노조 만들려고 집적대다가 한 석 달만에 쫓겨요, 그런 과정이 84년도에 보면, 우리 부평에서 대우자동차 투쟁이 있었습니다, 지금 국회의원 된, 홍영표나 송경평 이런 친구들이 이래 해서 이후에 아무튼 학생운동의 색출바람이 전국적으로 확 불어요, 그 색출과정에서 아마 제가 들켜가지고 쫓겨나지 않았는가 싶은 생각이 들고요. 그게 이제 84년, 85년도고. 밖에 나와서 해고자 복직투쟁위원회 이런 게 전국적으로 만들어지는데, 부산 지역에도, 복직투쟁위원회를 만들어서, 그게 거의 대부분 학생운동 하다가 현장에 들어간 사람들이 쫓겨나거나, 당시 부산에서는 삼도물산을 비롯해서 몇 군데에서 좀 투쟁이 있었습니다, 노조 만들다가 쫓겨나는 과정인데, 그게 대중투쟁이라 보기는 힘들고, 그래서 쫓겨난 동지들과 같이 현장에 들어가 있는 다양한 학생운동 출신들과 같이 공부도 하고, 같이 노조민주화추진위원회를 만들어서 지원도 하고, 그런 역

할을 하다가, 87년 6월항쟁을 맞고, 6월항쟁 속에서 국민운동본부, 노동자
위원회, 이런 것을 만들어가지고 역할을 하면서, 그 노동자위원회의 역할
로서 노조를 많이 만들었어요, 당시 범내골에 있었는데, 6월항쟁 끝나고
나서, 6월항쟁 때는 거의 잠을 못 잤잖아요 우리가, 하다가 대부분 기어들
어가 버리고, 남은 게 노동자만 남았잖아요, 노동자들이 많이 찾아왔으니
까, 그 때 사실 하루에 7개씩 노조 만들고 이렇게 한 기억이 있었는데, 그
이후에 사실 우리가 많이 주목받는 노동운동이고, 그때까지 노동운동이,
어떻게 보면 저는 과연 그렇게 큰 영향을 미쳤을까 이런 생각이 상당히
많습니다. 당시 기억나는 건, 아까 올라가보니까 풍영노조민주화투쟁위원
회, 그 다음에 동양고무투쟁위원회, 이런 게 있는데 사실 그게 사실 우리
가 다 개입해가지고 그 당시에 의식화된 조합원 수가 한 7~80명 됐으니까,
노동자 수가, 거기 들어가 있는 학생운동 출신 노동자 수도 꽤 많았어요,
꽤 많았는데, 그들과 같이 어떻게 하면 노조를 민주화시킬까 이런 고민을
하다가 한판 한 게 동양고무투쟁이에요. 나중에 조근자 선생님이 기억을
더듬으면 좋겠는데, 저는 당시 동양고무노동자투쟁에 사실 개입해서 학
생들, 그러니까 노동자 소그룹도 한 두 개 정도 내가 같이 했던 기억이 나
고, 그때 학습했던 내용들 대부분이 전태일 평전이라든지, 그 다음에 레
닌 원전 가지고 하려고 했던 그런 기억이 있습니다, 대부분 우린 그때 그
렇게 했으니까. 그 직후가 노동자 대투쟁이 일어난 시기잖아요, 87년 노
동자 투쟁이 7, 8월에 일어나는데, 결정적으로 그 당시에 85년도, 86년도
이때 약간 좀 멀리 바라보고 기다렸으면 했던 아쉬움이 지금 생각하면 굉
장히 많아요. 그런데 그때 당시 들어가서는 어떻게 하면 이게 좀, 좀 사회
이슈를 만들어가지고 뭔가를 좀 해낼까 하는 이런 고민들 때문에, 그걸
우리가 지금한탕주의라고 표현하고 있습니다. 한탕주의. 부산 지역 같은
경우도 사실 한탕주의에 따라가지고 노동조합 만들다가 들켜가지고 쫓겨
나는 경우, 그 다음에 노조민주화투쟁위원회 만들어서 노조민주화 하려
다가 지금처럼 학생들이 선도투쟁 식으로, 딱 뛰어다닐 때 그 선도투쟁

식으로, 공장을, 예를 들면 건물 위에 올라가서 점거하면 되지 않겠는가 이런 사고, 그런 것에 의해서 운동을 하다가 쫓겨나는 경험, 그런 것들이 사실은 제가 가지고 있는 전부이고, 대부분의 그때 학생운동 출신 노동운동가들도 마찬가지로 그런 상태로 있으면서 87년 6월항쟁과 87년 7,8,9월 노동자 대투쟁을 맞이하지 않았는가, 이런 생각이 많이 들어가서 부산 지역에 있어서 80년대 중반까지의 노동운동, 학생운동이나 이런 노동운동이 이후 노동운동에 얼마나 많은 영향을 미쳤을까에 대해서는 저는 뭐, 그다지 동의하지 않는 편이에요. 왜냐면 큰, 대중투쟁, 뭐 영향을 미칠만한 대중투쟁도 없었고, 그렇다고 끈질기게 남아가지고 87년 노동자 대투쟁을 맞이한 그런 동지들도 별로 없었고, 제가 기억했을 때, 대부분 그 시기에 데모하고 나와버리고, 현장을 나와서 뭔가를 한 걸로 이렇게 기억되기 때문에, 저는 부산지역 노동운동이 왜 그랬을까 하는 것에 대해서 기억을 맞춰서 토론을 좀 했으면 좋겠다, 이런 기억을 가지고 있습니다. 그런 관점에서 저는 이번 글을 썼다고 보시면 될 것 같습니다. 이후의 내용은 얘기 되면 얘기하도록 하겠습니다. 마치겠습니다.

고호석 : 예, 감사합니다. 송영수 선생님은 어쨌든 그 전 뿐만 아니라 그 후에도, 85년경부터 시작해서 쭉 부산에서 노동운동을 하셨는데, 87항쟁을 중심으로 해서 앞뒤로 구분을 하고 있어요, 시기적으로만, 그리고 그 사이를 단절적으로 표현하고 계시는데, 그 전기와 후기가 어떻게 구분되는지 구체적으로, 조직 양상이라든지 활동가들의 양이나 질, 또 혹은 이념적인 문제라든지, 이런 등등에서 어떻게 구분되는지에 대해서는 별로 얘기하시지 않고 상당히 단절되어 있고, 전기가 후기에 별로 영향을 준 것 같지 않다, 이렇게만 표현하고 계신데, 앞으로 다른 분들이 얘기하시면서 이것도 혹시 같이 얘기하실 수 있으시면 얘기해주시면 좋겠습니다. 그러면, 기왕 동양 얘기도 나오고 했는데, 조근자 선생님 먼저 얘기를 하실래요?

조근자 : 예, 반갑습니다. 저는 부산대학교 80학번이고요. 학생운동을 되짚어보면, 80년도에 대학을 들어간 사람으로서 학생운동 자체가, 그 당시에는 초창기엔 거의 언더써클들이 좀 많았던 것 같아요. 저는 그 언더서클에서 했고, 그리고 대학을 졸업하면서, 물론 학교 다니는 동안에 일을 해서 그런 것도 있긴 있지만, 대학을 졸업하면서 민주화운동을 이어가는 이러한 것들을 시민사회단체로 가거나 아니면 공장으로 들어가거나 이런 두 가지의 길이 있었을 때, 저는 당연히, 그리고 많은 사람들이, 사실 언더써클에 있었던 많은 사람들이 공장으로 길을 선택했습니다. 대학 졸업하기 전에 미싱을, 미싱학원 다녀서 배워가지고, 아주 초보부터 배워가지고 몇 군데, 그 당시에 진양고무랑 대양의 계열사인 대양고무 이런데 들어가서 미싱 기술을 조금 익혀서, 그러니까 노동운동을 목적으로 현장을 가야되기 때문에, 아주 초보로, 그야말로 시다로 가면 영향력이 거의 없을 거기 때문에 미싱을 배웠고, 경력을 좀 쌓아서 조금이라도 일을 좀 잘하는, 그런 노동자가 되기 위해서 학원을 다니고 했습니다. 그렇게 해서 동양고무를 들어갔고요. 동양고무에 들어간 것은 제 지금 기억으로 84년도 가을쯤이 아니었나 생각이 들어요. 물론 대학은 84년도 2월에 졸업하고, 졸업하기 전에 미싱을 배우고, 그렇게 해서 3월에, 3월 초에 바로 진양고무로 들어가고 했습니다. 그렇게 해서 동양고무로 갔는데, 동양고무로 갔던 이유는, 그 당시에 당감야학에서 동양고무의 노동자들 대상으로 많은 학생들이 있었습니다. 그 사람들이 거의 한 열 몇 명에서 스무 명 정도 되지 않았던가 생각이 들어요, 그래서 동양고무로 갔고, 거기로 갈 때, 부산권에 있는 다른, 저희 동료들이나 아니면 선배들, 이런 분들하고 의논을 해서 동양 쪽으로 집중하면 좋겠다고 판단을 내려가지고 갔었는데, 지금 제 기억으로는 사실 제가 87년 노동자 대투쟁 끝나고 그 이후 89년쯤부터는 노동운동으로부터 점차 멀어지게 됐습니다. 그렇기 때문에 기억이 많이 정확하지 않을 수 있는데, 부족한 부분은 저기 앉아있는 정윤식 선생님께서 좀 필요한 부분을 보충해주시면 좋겠습니다, 같이 동양고무

에 있었습니다. 그때 들어갈 때, 저는 80학번으로 들어갔고요, 그 다음에 79학번의 선배들이 있었는데 그 선배들이 저희보다 먼저 들어갔는지는 잘 모르겠어요, 지금 제 기억에, 거의 비슷한 시기에 들어가지 않았나 생각이 들고요. 그 이전에는 아마, 서울에서 내려온 분들은 계실런지는 모르겠지만 제 기억으로는 부산권에 노동운동을 하기 위해서 학생 출신들이 들어간 사람이, 주력적으로 들어간 경우는 없지 않았나 하는 생각을 합니다, 그렇게 기억하고 있습니다. 동양고무에 일단 집중을 하기 위해서 동양이랑 풍영이랑 몇 군데를 들어갔는데, 저희 동양에는 저 말고도 한 네 명, 다섯 명 정도 저희 학번 친구들이 같이 들어갔었습니다, 비슷한 시기는 아니지만, 차례차례 들어오면서 같이 일을 했었고요, 그렇게 해가지고 86년도 3월에 춘투라 해가지고, 임금인상투쟁을 계기로 소위 말하면 파업을 하려고 했었죠, 파업을 조직화하려고 했었죠.

시간이 없으니까 앞에 송영수 선생님이 얘기했던 부분과 관계되는 부분을 하겠습니다. 양적인 면에 있어서 저는, 제가 들어갈 즈음이 아마 부산에 있어서는 학생운동 출신들이 노동운동권으로 들어가는 거의 초창기가 아니었나 생각을 합니다. 그 얘기는, 경험이 축적된 것이 거의 없었다는 거죠. 물론, 서울이나 구로, 이런 쪽에 있었던 그러한 노동운동의 사례들이 있기는 한데, 그거는 우리가 학습으로서, 책으로서 전해 들었을 뿐이고 실제 우리가 했던 게 아니었기 때문에, 이 얘기는 굉장히 경험이 일천하였기 때문에 어쩌면은 그 당시의 사회적, 정치적인 상황에서 굉장히 몰려가고 있었던 게 아닌가, 또 하나는요, 양적으로 사람이 실질적으로 그렇게 많지 않았다는 얘기 하나하고, 이게 80년대 초반이라고 얘기한다면, 우리 학번, 80학번과 81학번, 그러면 85년도가 되고 그러면 82학번까지가 86년이 되잖아요, 그래서 한 3,4년 정도밖에 안 되는 학번들이 들어간 게 아닌가 이렇게 생각을 하는데, 그리고 노동자에 대해서 아는 바가 거의 없는, 그 당시에 대학을 갈 정도 면 경제적으로나 이런 것들이 어느 정도 되는 상황이지요. 지금과는 달리, 노동자들에 대해서 아는 바가 거의 없는 거죠. 그런 상황에서 우리는 뭔가를 빨리 해내야 된다는, 뭔가 조급한, 이런 것들도 가지고 있었고요, 그런 상황에서 어쩌면 한탕주의에 흘렀을 수도 있다, 그럴 수밖에 없었던 것이 아닌가, 이런 생각을 하고. 그리고 앞에 사적인 측면에서 말씀하시는 부분을 제가 들으면서, 그 당시에 저희, 저와 저를 비롯한 주변에 있는 많은 동료들이나, 그리고 노동자 출신들도 마찬가지입니다. 그 인맥들이 지금도 여전히 연결이 되어 있지 않겠습니까, 그래서 사료를 채록하는 데에 있어서는 도움을 줄 수가 있겠다는 생각이 들었어요. 부족한 부분들은 나중에 다시 말씀하도록 하겠습니다.

고호석 : 예, 고맙습니다. 아마 80년대 전반, 그러니까 86년까지 부산지역 운동사에서 그래도 기록이 남아있는 게 세화, 삼도, 그다음에 동양, 이런 정도의 기록들이 좀 남아있는 것 같고, 나머지는 대부분 막 그냥 처절하게 깨지기만 했던, 이런 기억들로 되어있는데요. 조근자 선생님 같은 경우에는 동양을 중심으로 해서 나름의 기억을 좀 정리해주시고, 혹시나 갖고 있는 자료가 있다면 그런 것을 좀 공유하면 좋을듯합니다. 예, 그러면 이어서, 박주미 선생님 먼저 하실래요?

박주미 : 저는 자료를 준비를 많이 했다기보다, 그냥 문건 나왔던 것을 보면서, 제가 이 토론회에 와서 제가 할 수 있는 말이 무엇일까 고민이 되었습니다. 사실 6월항쟁, 해마다 6월항쟁 기념사업을 하고, 학술대회를 하는데, 노동부분이 미약하고 부진하여서, 오늘도 시작할 때 사회자님이, 이것이 시작이다, 처음 출발이다, 이런 식으로 얘기를 하셨는데, 제 개인적으로는 조금 정리가 잘 되지 않습니다. 왜냐하면 발제문을 받아보면 첫 번째, 이광욱 선생님이 정리하신 것은 그동안 노동운동사, 현대사를 죽 정리하면서 이런이런 문건이 있었다는 거잖아요, 그다음에 송영수 선생님은 개인의 경험에, 기억에 기초해서 얘기를 하셨는데, 제가 어디에 해당하는가, 제가 개인적으로 어디에 해당하는 건가 잘 모르겠더라고요, 저는

그런 생각을 했죠, 운동이라 함은 사실은 발전, 변화되는 거잖아요, 그러면 노동운동은 노동자들이 경제적으로, 사회적으로 안정화되고 또 향상되고, 사람이 보다 더 가치 있게 되어가는 것이 운동의 변화, 발전이라고 생각을 하면서, 굳이 제 개인적으로 얘기를 하면, 저는 그야말로 운동의 혜택을 받은 사람이죠, 운동에 부딪혀도 보고, 제 개인사를 비춰본다면, 정말 가치 있는 노동운동이었다는 생각이 듭니다. 저는 개인적으로 여기 소개가 당시의 노동운동가라고 소개가 되어있는데, 저는 당시에 노동운동가가 아니었습니다. 지금도 제가 노동운동가라고 누가 묻는다면, 저는 노동운동가라고 자신 있게 얘기하지 못합니다. 왜냐하면 제 스스로가 노동운동가, 사회운동가, 혁명운동 이렇게 하면, 그 규정이 너무 높기 때문에, 높다라는 것은 제가 주관으로 가지고 있는 생각이기도 하죠, 그 이론으로 가지고 있는 정립된 개념도 있습니다, 거기에 제 삶이 부합되고 있는가를 묻는다면, 저는 그 가치에 부합되지 못하고 있기 때문에 운동가는 아니다, 그럼 뭐냐, 그래 저는 활동가다 라고 얘기를 했었어요, 그래서 물론 제가 20대 초에 노동자가 꿈이었습니다. 그렇다면 제가 그 꿈을 이룬 사람 중의 한 명이다 라는 생각이 들고, 저는 개인적인 얘기를 하면, 6월 항쟁 전, 80년 초에는 제가 한 명의 노동자로서 살면서, 노동자로서의, 노동자라는 그것을 인식해나가는 과정이었습니다. 지금도 우리 사회는 노동, 노동자 하면 사실은 인정하거나 가치를 부여하기보다는 천시하는 문화잖아요, 우리 정서들이, 그 당시에는 더욱 그랬죠. 그래서 저는 한 명의 노동자로서 대접받기를 바랐고, 제 스스로도 노동자임을, 제 정체성을 가져가는 그 과정이 지난한 과정이었습니다. 그래서 그 과정에, 물론 앞에 거론되었던 사업장 이름들, 제가 다 압니다, 그곳에서 어떤 식으로 학생운동 출신들이 들어와서 현장을, 어떻게 변화를 시켰는가, 긍정도 있지만 부정적인 측면도 대단했다고 생각합니다. 앞에 발제하셨던 두 분 얘기가, 그야말로 조급성과 한탕주의로 인해서, 그들은 어떤 추억을 가지고 있고, 어떤 성과를 가지고 있는지 잘 모르겠습니다만, 함께했던 당시의 노동자들은, 현장에 있었던 노동자들은 엄청난 피해의식과 자기 정체성을 찾아 가는 그 과정에 되려 좌절하게 만드는, 어쩌면 노동운동이라는 것은 정말 우리가 할 수 있는 것이 아닌, 주체성을 잃어버리는 그런 과정이었다 라고 저는 생각합니다, 두 분에게 대단히 죄송하지만. 그래서 역사를 적을 때 어떤 관점으로 적을 것인가도 저는 정말 중요하고, 80년대 생각해봐야 된다고 생각이 들어요.

저는 80년 초에 가톨릭노동청년회 회원이었습니다. 가톨릭노동청년회 회원이었고, 약간의 시기적으로 변형되고는 있지만, 야학도 그때 했습니다. 그래서 야학에서 노동자성을 정확하게 인식해 나가는 과정이었다면, 가톨릭노동청년회에서 나의 삶을 재조명하고 어떻게 살아야 될 것인지, 노동자로서 우리 사회에 필요한 무엇을 해야 될, 그것을 같이 병행했다라고 저는 생각을 합니다. 그 과정 속에서, 또 저도 신발공장에 다녀서, 국제상사도 다니고, 부산화학도 다니고, 세원도 다니고, 풍영에 가서 이틀만에 쫓겨나기도 하고, 이런 여러 과정이 있는데, 그 과정 속에 노동자로서, 그때는 노동조합이 없었죠, 노동자로서 노동자들이 자기 삶을 재조명해 나가고, 세상으로부터 한 사람의 인간다운 삶을 살아가는 데에 있어서 주변에 여러 활동가들이 있었습니다, 그 여러 활동가들이 방금 이야기했던 그런 방식들의 활동을 함으로써, 물론, 저 혼자 약간, 자랑이 심한 저 같은 사람도 지금 살아있죠, 지나온 과정 속에 시위도 하고, 뭐도 하고, 지금 또 정당의 표밭에 있다고는 하지만, 그 옛날에 동양이나, 집단으로 모였었던 그 여성노동자들이, 지금 노동운동에 대해서 다시 만나서 얘기를 해보면, 정말 가치로웠고 좋았다라는 얘기는 한 30% 됩니다. 조금 더 얘기를 깊게 들어가면, 다시는 그 얘기를 하고 싶지 않은, 접어버리는 이런 정서를 가지고 있어요. 그래 왜 그랬을까, 라는 생각은, 저는 20대 때에, 20대 초반이죠 다들, 어떻게 보면 굉장히 어렸던 나이들인데, 한쪽에서는 조급한 마음에 한탕주의로 치고 나갔던 어떤 행위들이, 다른 한 쪽에서는 자기 정체성이나, 자기 자아를 접어버리는 그런 계기가 되었다, 이런 노

동운동의 기록을 저는 정말 제대로 증명해야 되고, 기록해 남겨야 된다라는 생각이 들고요,

그러다 그런 과정 속에서 현장에서 자기 노동자성을 찾아가는 과정에 전체 사회적인 분위기에서 6월항쟁이 생겼습니다, 6월항쟁 때 그들도 다 거리에 나가서 함께 참여하게 되고, 이후에 7, 8월 노동자 대투쟁을 통해서 그들이 다니고 있는 사업장에는 노동조합이 어용노동조합이었기 때문에 민주화 되지 않았습니다. 그러나 많은 작은, 남성 중심의 사업장이나 새 사업장에서는 노동조합이 많이 만들어졌죠. 거기에서 노동운동, 노동조합 운동이 어떤 것인가를 다시 재조명하게 되는데, 사실은 그것 자체도, 노동조합이 변화 발전되어서 나중에 민주노총으로 가게 되잖아요, 지금 민주노총이 하나의 또 다른 세력화가 되어서, 누구는, 어떤 이는 집단이기주의로, 노동의 귀족집단으로 갔다고 했지만, 저도 그런 생각이 없잖아 있는 측면도 있습니다. 한편으로는 노동자들이 주체적인 자기중심을 가지고 있어서 재생산되어지고 있지만, 또 다른 한편으로는 앞에 얘기했던, 그런 어쩌면 바람직하지 않는 행동, 행위를, 형태를 통해서 지금 민주노총이 어떤 입장인가, 방향을 잘못 잡아왔지 않았을까 라는 생각입니다. 무슨 생각이냐면, 노동자 중심의, 사람이 중심인 사회를 가꿔 나가야 되는데, 이론, 이념 중심의 운동을 하려다보니, 지금과 같은 현상이 되어지지 않았는가라는 생각이 들거든요. 그래서, 노동에 대한 바른 가치, 노동의 그 가치를 존중해야 된다라는 우리 전체, 사회 전반의 정서를 토착시키지 못한 것은 노동운동의 잘못된 방식이 크게 작용하고 있다라는 생각이 듭니다.

고호석 : 저런 말씀을 하시라고 우리가 아마 박주미 선생님을 이 자리에 모신 것 같습니다. 그런데 하나만 짧게 여쭤보면, 지금 부산 지역사회 JOC 운동사는 간략하게나마 정리되어 있나요?

박주미 : 네, 아주 간략하게 있지요.

고호석 : 아 예, 알겠습니다. 그러면 나중에 다른 얘기 조금 더 하기로 하고요, 노창규 선생님은 맨 뒤에 하실래요? 그러면 박성호 선생님 먼저.

박성호 : 예 반갑습니다. 저는 좀 반대 입장에 서 있는 것 같거든요. 앞의 발제자들 이야기를 들었는데, 들으면서 갑자기 고민이 좀 들었습니다. 어찌 되었든, 저는 송부장이라고 이야기를 하는데, 그리고 조근자 선생님, 대단히 감이 많이 떨어진 것 같다, 이렇게 느꼈습니다. 송부장님이 앉아있기 때문에. 그리고 거꾸로 노출이고요, 우리 송부장님 같은 행정계열 부장님의 영향으로 인해서 지금도 각성되어가는 노동자입니다. 그래가지고 우리가 제일 처음 발제했던, 정말 우리 부산지역 노동운동사를 연구하고, 그런 게 다 중단되었는데, 이런 부분에 대해서 거꾸로 도움을 좀 주어야 되겠다, 이런 생각이 들었고요. 먼저 앉기 전에 고민했던 것은 오늘 6·10 항쟁 기념식인데, 정말 기념식에 제가 잘 참석 안하는데, 토론회도 있고 그래서 빨리 와서 참석을 했는데, 기념식을 보면서 진짜 느낀 것이 많았습니다. 사실 노동자들이 이런 6·10 항쟁에 대한 기념식에 자발적으로 참석하고 와야 되겠다, 이런 느낌들이 있느냐, 이게 진짜 우리가 살려야 되는 것인데, 정말 나이 드신 어르신이라 하고, 그 당시에 활동했던 사람들, 그중에서도 몇몇 아닌, 이러면서 이게 우리 운동의 현주소인가, 현주소이면서 당연히 그럼 노동운동도 잘, 힘있게 안 되는 것이 아닌가 이런 생각이 들어서, 내년에는 집회를 했으면 좋겠다는 생각이 들었습니다. 그래서 우리의, 민주공원도 멀고 하니까 사람들이 안 오거든요. 그래서 부산역 같은데서, 좀 크게 해서 많이 올 수 있도록 했으면 좋겠다는 생각이 들고요. 저는 지금도 각성되고 있는 노동자기 때문에, 토론회에 와달라는 전화를 받고, 무슨 이야기를 해야 됩니까, 이렇게 물어보니까 한진중공업 역사를 좀 이야기하면 되겠다던데, 7분 동안에 그 이야기를 다 못하거든

요, 그래서 그것은 접어두는 것으로 하고. 저는 거꾸로 우리, 제가 지금도 각성되어가는 노동자이기 때문에, 사람에 대한 분석을 하면, 노동운동이든 활동하는 사람에 대한 분석을 하고 취합을 해서, 그 사람에 대해서 연구를 하면, 그 주변에 있는 사람들 사고가 비슷하니까, 아마 좋은 성과를 좀 내지 않겠나 라고 믿습니다. 그래서 한진중공업 이야기를 좀 하면은, 아까 사료 이야기를 했는데, 한진중공업 노동조합은 자료들이 참 꼼꼼히 되어 있는 것을 제가 확인을 했습니다. 그래서 우리나라 노동운동사를 정리하면서, 한진중공업이 잘했다는 것은 아닌데, 그렇게 되어 있더라고요. 승리했다가, 또 깨졌다가, 다시 그것을 극복하고 일어나고, 이런 자료, 이런 과정들이 있어서, 저희들 자료도 많고 하니까 혹시 연구하신다고 하면 저희가 준비해두고요. 그런데 지금 노동조합에서는 대단히 자료들을 정리를 못하는 것 같아요. 노동조합에서 나오는 자료들 보면, 그냥 업무일지입니다. 어디 가서 투쟁했다, 갔다왔다, 이런 내용들만 나오면 그거 별 자료 안 되거든요. 그래서 좀 예전에 학생운동을 하고 했던 사람들은 치열하게 학습하고 그랬습니다. 그래서 그런 것을 하면서 평가를 적고, 전방위적인 투쟁을 했는데, 여기에서 현장에 있는 노동자들이 뭔 느낌이 있었고 왜 그런 변화들이 있었는가 이런 내용들의 자료를 제대로 만들어내지 못하고 있는 것 같습니다. 저는 혜택받은 사람인데, 제가 운동만 하다가, 제가 국가기관의 일을 한 번 해봤거든요, 과거사진상규명위원회라고 했는데, 거기 가니까 전부 서울대 나온 사람들이고, 저는 노출이라 달리고 이러니까 밤새 공부를 해야 되고, 이러면서 조사작업을 해보니까, 그걸 한 4년 하니까 거기에 대한, 조사에 대한 노하우가 있으니까, 이걸, 조사작업을 했던 사람들이 노동자로 들어가서 현장에 있으면 챙깁니다. 필요하다, 기록 모으고 역사 모으면, 이런 것들이 이후에, 아까 우리 송부장이나 조근자 선생님 이야기했듯이 어찌됐든 사람이기 때문에 현실에서 떨어져 있으면 감이 떨어질 수 있기 때문에 그 감을 찾는 것은, 기록에서도 찾을 수 없기 때문에, 기억에는 연소가 되었기 때문에, 그런 부분들이 준비될 수 있도록 하면 좋겠다는 생각이 듭니다.

고호석 : 예, 고맙습니다. 시간에 너무 쫓겨가지고 정말 하셔야 될 이야기를 잘 못하시는데, 한진중공업은 정말, 대한조선공사 시절부터 시작해서 투쟁의 역사가 워낙 오래된 곳이어서 연구자가 정말 달라붙어서 연구를 해야 되는 곳이 아닌가 하는 생각이 듭니다. 우리 현정길 선생님은 연구 관점하고 같이 겹쳐서 얘기를 하셔야 될 것 같아서, 이 지점에서 우리 노창규 선생님이 해주시면 좋을 것 같습니다.

노창규 : 예, 짧게 하겠습니다. 저는 소위 말하는 학습 경험은 없었고요, 전두환이가 뭔가 좀 잘못됐는데, 뭔가 독재 같은데 사람들은 아무렇지 않게 다 살고 있더라고요. 그래 그 당시에 김대중, 김영삼 데모할 때, 그럴 때 좀 따라다녔습니다. 할 수 있는 게 갈 데가 없었기 때문에. 그러다가 6월 항쟁 터져서 6월 10일날부터 29일까지 데모를 했거든요. 회사 다니니까 마치면 오고, 아 세상이 잘하면 바뀔 수 있겠다 싶어서 열심히 하고, 거기서 열심히 배운 구호 같은 거로 있다가, 7, 8, 9월 투쟁 울산에서 터졌을 때, 아시는 분은 아시겠지만 87년 전에는 노동자들 생활이 굉장히 비참했습니다. 그건 뭐 셋째 일요일을 쉬면, 진짜 좋은 회사는 첫째 셋째 쉬었고요, 근무하신 분들은 아시겠지만, 보통은 셋째 일요일밖에 안 쉬었고 그랬습니다. 일단 뭐, 우리 회사도 그때 한 10여 년 동안 식대를 140원 주고 그랬거든요.

고호석 : 무슨 회사셨죠? 회사 이름이?

노창규 : 삼성기업지사라고 중소기업이었는데, 어쨌든 뭐, 하기 싫으면 나가라, 대부분 다 그랬습니다. 그랬기 때문에 울산에서 파업이 터지고, 그 당시는 6월항쟁 영향이었는지 언론들이 파업에 대한 보도가 그렇게 나쁘지

않았습니다. 그러니까 노동자들 고생하는데 너무하는 거 아니냐는 보도들이 좀 있었고, 그 영향으로 사람들이 야, 이번에 노조를 만들어야 되지 않나, 그런 분위기들이 좀 있었던 것 같아요. 그 분위기에 틈타서, 물론 우리도 노조를 만들고, 노조를 만들 줄 모르니까 그 당시에 6월항쟁때 불렀던 홀라송, 그런거 이렇게 해가지고 우리도 만들게 되었고, 바로 옆에 근처에 있었던 그 당시에 코파트라는 회사도 있었고, 무작정 파업했고, 바로 근처에 거기에 동양 라이너라고, 지금 일반노조 운영하고 계신, 이국석 위원장님 회사가 우리 회사 바로 근처에 있어가지고 나중에 노조 만들 때 와가지고 도움도 주고, 코파트도 어용노조 같은데 어떻게 바꿀 생각을 하고, 어쨌든 그 당시는 우리가 도움을 받을 데가 없었습니다. 그 당시에는 한국노총밖에 없으니까, 한국노총 가서 시키는 대로 다 하면 단협을 내용을 보니까, 그거를 다 따면 겨우 어용노조를 할 수 있겠더라고요. 단협을 다 따도, 회사하고 협의한다, 그러니까 회사 시키는 대로 다 해야 되는데, 다 하니까 다, 정치를 해도, 아 이거는 뭔가 아닌 거 같다, 그러니까 어디 다른데서 공부를 하지 않으면 안 되겠다, 그러다가 저같은 경우는 우리 회사 옆에 노동자학교 모집한다는 것이 붙어가지고 찾아가서 공부를 하게 되면서, 그러다가 그 당시 부산지역의 전노협 기초를, 부산에도 만들고 그럴 때, 그때 송영수랑 공부해봤고, 그래서 그 뒤로, 이 안 좋은 세상이 노동자 운동을 열심히 하면 바꿀 수가 있을지도 모른다는 희망이 있어가지고 정말로 열심히 했는데, 90년대 이후에, 90년대 아시다시피 노태우가 범죄와의 전쟁 이렇게 하면서, 우리 그때 부산 집회하고 있었는데, 그 전에는 대충 이렇게 봐주더만 최루탄 쏘고 난리를 피워서 그 뒤에 수많은 노조들이나 위원장들이 다 그렇게 구속되고, 우리도 그때 구속되었지만, 그때 아시는 분은 아시겠지만 다들 그때 임금을 올려야 되는데도 한 자리 숫자 이상으로는 절대 만들 수 없다고 경단협이라고 그 사람들이 만들었습니다. 그리고 한 자리 숫자 이상을, 만약에 올리고자 하면 가만 두지 않겠다 해가지고, 모든 노조들이 잘해봐야 9.5% 그 이상은 할 수 없고, 그리고 참았던 노조들은 별 탈 없었고, 못 참은 노조는 감옥가고, 그렇게, 그런데 어쨌든 지금은 27년 정도 지났는데도 노동조합 활동하시는 것을 보면 87년에서 90년 그 사이, 나름대로 노동조합 운동 활발히 하고 이럴 때에 비해서 노동조합 운동이 그렇게 잘 되는 것 같지 않은 느낌이 있더라고요. 굉장히 어려워하시고, 힘들어하시고, 강산이 두 번 변하고 세 번째인데도 뭐가 문제인지, 어디가 문제인지, 우리가 방향을 뭘 잘못 잡았는지, 다들 열심히 하신 것 같은데, 어쨌든 사회를 바꾸려면 그나마 많이 조직되어있는 노동조합에서 조합원교육이든, 조직활동이든, 이렇게 해서 사람들을 변화시켜야 그 토대로 사회가 변화될 수 있는 기초가 마련될 수 있을 건데, 어쨌든 노동조합이 잘 안되고 그래서 저도, 굉장히 답답하게 있습니다. 앞으로 열심히 하겠습니다.

고호석 : 감사합니다. 예, 오늘 이런 식으로 이야기를 끄집어내는 경험이 별로 많지 않고, 또 시간이 워낙 제약이 되어있으니까, 다들 할 얘기가 많은데 참 7분만에 어쩌나, 다들 답답해서 이야기가 잘 안 되는 것 같습니다. 조금 있다가 이야기를 보충하기로 하고요. 현정길 선생님은 현장 일도 하시고, 민주노총 사무처장도 4년이나 하시고, 공부도 해서 노동운동 관련 연구도 하시고 하셔서, 아울러서 얘기를 조금 해주시면 좋겠습니다.

현정길 : 제가 노동운동 연구자는 아니어서 자격은 안 되는 것 같지만 느낌만 좀 말씀드리겠습니다. 사실 두 분 말씀을 들으면서, 우리가 80년대뿐만 아니라 그 이후에도 부산지역 노동운동 연구가 너무 안 되어 있다는 것을 절실하게 느낄 수 있는 것 같습니다. 송영수 선생님 글은 일단 경험을 중심으로 쓴 것이고, 학생운동이 미친 영향은 아까 박주미 선생님 말씀 들으니까, 정말 다시 한 번 재조명하는 작업이 중요하겠다는 생각이 좀 듭니다.
불현듯 생각난 게, 87년 대투쟁 이후에 실질적인 임금인상이 되잖아요, 되

면서 원래 부산이 70년대에는 산업의 메카라고 해서 경공업을 주도하는 산업도시였고, 모든 경제지표가 타 시도에 비하면 상당히 우위에 있었는데, 최근 한 1~20년 전부터는 상당히 떨어졌지요. 사실 임금인상이 되면서 산업구조조정 시기를 거치는데, 그때 우리 부산이 신발산업의 메카라고 불릴 때 근 10만 명에 달하는 노동자들이 일했던 부산 신발산업이 해외로 이전하잖아요? 그 과정에서 대규모 구조조정이 일어날 때, 그때는 어떤 투쟁을 했는가라는 생각이 불현듯 드는 거죠. 그 중요한 시기에 얼마나 많은 사람들이 직장을 잃었습니까? 공장이 다 해외로 가니까, 그 10만 명이 먹고살던 곳이 없어졌는데, 그때는 우리 노동자들은 어떻게 투쟁했는지 기억이 저도 별로 없는 거죠.

그렇게 따지면 그 전에 너무 많이 싸워가지고, 또는 역량이 소진되어서 싸움 대응을 못하면서 부산의 산업구조조정 과정에서 노동운동 진영이 제대로 대응하지 못하고 지금까지도 부산이 이렇다할만한 산업도 없이, 맨날 영화산업이 어쩌니 10대 산업이 어쩌니 이러면서도 정착이 안 되는 상태, 부산 경제가 완전히 곤두박질쳐있는 것도 우리 운동진영과 연관성이 있는 것 같다는 생각이 듭니다. 정확한 것은 아니지만 말예요.

말씀 들으면서 그런 느낌이 있었고요. 그 다음에, 학생운동 영향뿐만 아니라 사실은 부산지역에 전통적으로 이어져오던 노동운동의 흐름도 체계적으로 연구되어야 된다고 봅니다. 비록 과거에는 민주노총이나 전노협이 아닌 한국노총이었지만, 그 안에 예를 들면 대한조선공사 노동조합이라든지, 연합철강이든지, 또는 부두노동운동이 있죠. 부두는 어용화가 옛날에는 좀 일찍 되었고 철도와 같은 어용노조도 있었지만, 각 개별 현장에서의 투쟁 말이죠, 특히 대한조선공사 같은 경우는 그곳이 한국노총 노동조합이었지만 면면이 이어져오는 전통 그런 것들이 좀 있는 것 같더라고요.

그런데 그런 것들에 비해서, 그 부분도 역시 학생운동과 연관성만이 아니라 전통적인 노동조합운동에도 제대로 연구가 좀 더 되어야 되겠다는 것이 있었고요, 세 번째로는 우리가 87년 민주화 투쟁과 노동자 투쟁을 통해서 자발적으로 형성된 노동조합 운동에 대한 연구의 양과 질도 사실은 좀 많이 부족합니다. 그 당시 민주화 투쟁 경험이나 자료가 아직까지 체계적으로 정리되지 못했죠. 특히 옛날에 마창노련이 민주노총으로 전환되면서, 마창노련은 자료를 한바탕 정리를 했죠. 책 제목은 정확히 생각이 안 나는데, 김학연 선생님이 주도적으로 해서 한 권의 단행본으로 냈습니다. 아마 '내 사랑 마창노련'이죠? 그래서 부산에서도 그 당시에 민주노총에서, 그때 송영수 선배도 있었고, 같이 자료수집 하다가 책으로 발간하지 못하고 거의 초안 수준의 자료수집 수준에서만 머물다가 결국에 결실을 못 맺었습니다.

부산노련의 역사가 지금 생각해보니까 너무 아쉽다는 생각이 드네요, 그런 부분에 대해서 절실하게 연구가 안 되어있다는 것들을 느끼고요.

그 다음에 노동운동 연구자의 재생산도 지금 거의 안 되죠, 아까 말씀하셨듯이 노동운동이 돈이 안 되기 때문에 아마 많은 사람들이 떠났고, 그쪽 분야를 연구하시던 분들도 그쪽 분야를 하지 않고 다른 분야로, 고용쪽으로 전환을 한다든지 해서 많이 가신 것 같습니다.

영남노동운동연구소 같은 연구기관이 94년도에 만들어지면서 부산지역에 대한 연구결과가 조금씩이라도 계속 정기간행물이 나오면서 발표가 되었는데, 아마 그 시기에 우리 부산지역에 관련한 연구 논문이 조금 있지 않았을까 합니다. 그런데 부산이 주로 중소기업들이 많으니까, 연구소를 유지할만한 그런 힘이 좀 달렸던 것 같아요. 그러다보니까 영노련도 주로 조선업종, 울산이나 거제, 창원 이런데 대규모 사업장의 프로젝트나 연구작업은 꾸준히 되었지요. 그쪽에는 보조상근자도 많으니까 많이 결합된 반면에, 한진 이외의 다른 중소기업 노조들은 상근자도 없으니까 연구역량하고 결합할 엄두를 사실 못 내면서 지역에 정착되기가 상당히 어렵지 않았는가, 그리고 노동운동이 약화되면서 영남노동운동연구소도 결국 문 닫게 되고, 그런 것 때문에 그 다음에는 연구를 체계적으로 할 수 없어진 것 같더라고요. 지금은 훨씬 더 악화된 관계인 것 같아요.

그래서 하여튼 최근의 예를 들면, 한진중공업 정리해고 시기에 그래도 허민영 박사 같은 사람은 꾸준히 현장하고 결합해서 하려고 노력은 했는데, 본인이 한진중공업 정리해고 관련해서 연구해서 나름대로 논문을 쓰는데, 역시 부산에서는 관심이 없어가지고, 서울 금속노조에 가서 발표를 한다는 하소연을 몇 차례 하더라고요, 그래서 우리도 한 번 들어보자 그래서 나중에 부산역 광장에서도 한 번 같이 모였고, 작년에는 르노삼성자동차를 비롯한 노동경제나 노동 이런 것 관련한 것들을 같이 공부하는 서클이 생겼습니다. 교수들도 없는 그런 곳에서 아주 초보적인 수준에서 그런 작업들을 한 번 했지만 그런대로 의미가 있어요.

그렇지만 체계적인 연구가 아니어서 현안이 생겼을 때, 노동조합에 도움이 될까하는 수준에서 경제적 관계나 피해가 어떻다, 이런 차원에서 되는 거라든지, 노동운동이나 어떤 것을 전체적으로 중재하거나 이러지는 못하는 것 같습니다. 노동자 중심의 경제 이런 것들을 체계적으로 공부하고 연구하면 좋은데 말이지요. 그 부분은 지금으로서는 대안이 없지 않을까 이런 고민이 좀 들고요. 저도 굉장히 부담스럽기도 하고 그렇습니다, 답답하고요. 이상입니다.

고호석 : 예 감사합니다. 지금까지 열심히 얘기해주신 분들께 일단 박수 한번 치고 갑시다. 다들 이렇게 얘기를 해 보니까 아쉬움과 답답함이 기쁨, 보람 이런 것보다는 훨씬 더 큰 것 같습니다. 우선은 제가 짧은 질문을 우리 송영수 선생님께 하나 드리겠습니다. 아까 부산노련 약간 기록 준비 이런 얘기를 하다 말았다는 얘기 있었는데, 그런 것 포함해서, 노동운동을 실제로 하는, 현재 같으면 민주노총이겠죠, 안 그러면 큰 연맹이나 이런데서 운동사 자체를 기록하거나 하려는 움직임이 있는지, 또는 있었던게 그나마 좀 결실이 미완성상태로라도 좀 남아있는 게 있는지?

송영수 : 87년 7, 8, 9월 대투쟁부터 부산노련 결성, 전노협이 부산 지역, 부산노동자연합이었죠, 부산 노동자 연합까지의 기록은 영남노동운동연구소에서 좌담 형식으로 한 것도 있고, 또 기록으로 정리해가지고 쓴 것도 있는 줄로 알고 있습니다. 남아있습니다, 남아있고. 6월항쟁부터 87년까지도 남아있고 이랬는데, 저도 87년 이전 기록을 토론하는 줄 알고 이렇게 나왔었는데, 하여튼, 그 이후로도 별로 기록이 없잖아요. 이 기록은, 예를 들면 저는 부산지역이 굉장히 운동적으로 낙후된 지역이라고 생각하거든요, 그런 지역인데, 그 이유가 예를 들면 다른, 제가 이제 사실 79학번인데, 이게 노동자 출신, 학생 출신 이런 표현들이 있는데, 물론 있습니다, 있는데, 운동의 주체가 있어야 될 게 뭔가 대중노동운동이 확산되잖아요, 대중이 자연발생적으로 일으키는 투쟁이라는 거는 사실은 우리가 10년 단위로 정치적으로 주기에 이를 때, 자연스럽게 많은 투쟁이 일어납니다. 예를 들면, 80년 6월의 동국제강 같은 경우는 굉장히 힘있게 싸웠잖아요, 사실은 용호동 들어가는 다리 입구에서 전경들하고 쇠파이프 들고 싸우다가 회사 문서보관소 불 질러 버리고, 한 명 죽고 그랬거든요, 그런 투쟁들에 대해서는 우리도 어떻게 해서 일어났고, 어떻게 일어났고 이런 경제적 배경에서 설명하잖아요. 우리가 사실 알려고 하는 것은, 실제로 주체들이, 학생운동, 당시는 학생운동이 주체가 되어가지고, 들어갔고 그 다음에 그 안에 있는 다양한 단체들, 그 다음에 지원 단체들, 이게 지역 사회라든지, 그 다음에 기독교산업선교회 이런 것도 결합해가지고 이렇게 했던 이 주체들이 어떤 과정을 통해서 노동운동을 거쳐왔는가, 이런 기록들이 상당히 저는 중요하다고 생각하고. 부산 지역 같은 경우에 80년대 이때에 상당수 많은 노동자가 사실 현장에 많이 들어갔어요, 들어갔고, 그 다음에 노동자들 속으로 그때 뭐 들어가면, 그 과제, 사고를 많이 만들었으니까, 만들어가지고 상당수 많은 영향을 해왔다는 그건데, 기록들을 보면요, 그때 우리가 같이 학습했던 노동자들에게 우리가 심어주려고 했던 것은 사회주의 사상이었어요, 어떤 사회주의 사상, 이 땅에 사회주의가

되어야 된다, 그 당시 표본은 러시아 혁명이었으니까. 러시아 혁명사를 같이 공부하고, 그 다음에 원전학습을 하고, 그걸 통해서 뭔가 새로운 사회를 우리가 만드는, 이런 것을 학습을 했어요. 그런데 너무 거기에 치우치다 보니까 약간 좀 조급함의 발로 그런 것들이 있었지 않았나라는 생각이 되지만은, 그때 소중한 이론적인 기반들이 이후 부산노동자연합, 전노협, 부산노련, 전국적으로 굉장히 많은 영향을 미쳤다고 생각합니다, 저도 미쳤다고 생각하는데, 특히 부산지역 같은 경우에 어떻게 영향을 미쳤을까 하는 것이 저는 굉장히 궁금했기 때문에, 대단히 도발적으로 별로 영향을 미치지 않았다라고 화두를 던진 거예요. 거기에 대해서 던졌다, 많이 영향을 미쳤다, 이런 사람이 좀 나와주기를 바라고, 그런 노동자들이 사실 있었냐 없었냐, 이런 것을 오늘 토론할 때 모아보고 싶은 심정에 도발적으로 던졌는데, 이런 관점에서 토론을 했으면 좋겠다는, 부연 말씀을 드립니다.

고호석 : 어쨌든 자리에 앉아서 말씀을 하시는 분들이 이런저런 얘기들을 많이 하셨는데, 쭉 이 얘기를 들으시면서, 지금 주제를 꼭 정해서 얘기하기는 쉽지 않을 것 같습니다. 우리 노동운동사 연구에 관한 이야기도 있고요, 그 다음에 부산지역의 노동운동을 실제 했던 경험, 그 속에서 노동자들의 아픔, 학생들의, 이런 얘기들도 있었는데, 어느 거든지에 관계없이, 플로어에서 좀 얘기를 해 주시면 될 것 같습니다. 손을 번쩍 드시고, 정윤식 선생님 먼저 얘기를 하셔야 될 것 같아요,

정윤식 : 예, 아까 조근자 선생님, 모자라면 저보고 하라 했는데, 별로 할 건 없습니다. 그런데, 오늘 오신 분들은 80년대 노동운동 이야기하는 분포가 굉장히 잘 되어있다고 생각이 됩니다. 이런저런 현장에서. 그런데 제가 아까 한탕주의, 혹은 학출들의 조급성 이런 이야기를 하셨는데, 제가 기억하는 조근자 선생님은 그런 일이 있었던 것 같아요, 친하긴 친했지만,

그런데 분포를 제가 말씀드리는 것은 제가 작년인가 우리 박주미 선생님하고 아주 인생에 대해 깊은 이야기를 나눴습니다. 그러면서 아, 이런 것도 있구나 싶어서 여기 와야 되겠다고 생각이 들었는데, 뭐냐면 역사는 어떤 중요한 사건 중심으로 기록이 됩니다. 그래서 어떤 투쟁을 했다, 성공했든 말았든, 그런데 그거 말고, 투쟁을 사건을 일으킨 그 사람들 말고, 현장에서 그냥 가만히 일하고 있던 노동자, 거기에 관해서는 별로 주목을 안 한 경향이 있는데, 그런 면에서는 박주미 선생님이 활동하신 이런 것들도 생각해볼 필요가 있다 싶고요, 그 다음에 송영수 선생님 말씀하신, 우리 별로, 훗날에 전혀 좋은 영향 없었다 이런 것은 전혀 그렇지 않다고 다들 생각할 겁니다. 정말로 80년대 노동운동의 역사가 없었으면 그 이후에 전노협이나 민주노총으로 다 발전하지 못했을 거라고 생각합니다. 저는 여기까지 하겠습니다.

고호석 : 예, 또 다른 분. 예.

이민환(플로어 2) : 예, 이민환이라고 합니다. 오늘 토론 발제자, 관계없이 서로 이야기하시는 것 같아가지고 제가 한 말씀 질문하고 싶은데요. 오늘 제 1 발제하신 이광욱 선생님한테 질문 하나 드리겠습니다. 오늘 사실 여기 선생님께서 발제하신 내용하고는 관계없지만요, 학자시기 때문에, 연구자의 입장에서 어떻게 생각하시는가를 제가 질문드리겠습니다. 아까 박주미 선생님께서 노동조합 운동이 사람 중심으로 되지 않고 이념 중심으로 갔기 때문에 운동이 그렇게 성장이 못 된 것 같다, 노동조합이라고 그랬습니까 민주노총이라 그랬습니까, 민주노총이라고 얘기했지요, 거기에 대해서 어떻게 생각하시는지 좀 그것을 듣고 싶습니다, 학자 입장에서.

이광욱 : 답하기 만만치 않은, 쉽지 않은 부분인데요. 조직적인, 노동자 조직, 대중조직 결성과 현장에서의 투쟁을 통한 성장이라고 하는 것은, 분

명히 좀, 저도 무시할 수 없다고 생각합니다. 다만 이제 기존의 노동자 운동에 대한, 지금 비판이 나오는 지점들은, 너무 이제 목적 중심, 어떤 혁명을 성취해내기 위한, 수단 내지는 과도한 어떤, 아까 한탕주의라고 표현을 하시기도 하셨지만, 어쨌든 그런 부분으로 인해서 이렇게 사람과의 관계가 무너지고, 헝클어지고, 그런 상처를 주게 되는, 그런 부분들에 대한 반성과, 사실 이제 과거의 노동자 중심의, 노동자 계급이 이제 주체가 되어야 되고, 운동의 중심에 서야 된다라고 하는, 그런 부분이 강하게 있었다면, 지금도 여전히 이렇게, 우리 사회에서 노동자 계급이 차지하고 있는 비중은 결코 작지 않겠죠, 그러나 노동자 계급만이 중심이 되는, 노동자 계급만의 중심성을 이야기하기보다는 지금은 이제 굉장히 다양한, 소수자들이라든지, 그런 사람들과 함께 연대해서 나가야지 투쟁이라고 하는, 그런 관점에서 과거의 지나친 노동자 중심성이라고 할까요, 아니면 지도하려고 하는 그런 경향에 대한 비판이 지금 나오고 있는 부분이라고 생각을 합니다. 저는 이정도로 얘기를 드릴게요.

이민환(플로어 2) : 제가 지금 질문 드린 데에 대해서, 현정길 선생님께서는, 현장의, 민주노총의 실무자이기 때문에, 저 말에 대해서는 수긍을 하는 건지, 아니면 아닌 건지, 어떻게 생각하십니까.

현정길 : 뭐, 사실은 이광욱 선생님 답변은 약간 추상적인 면이 없잖아 있어서, 거기 옳다 그르다 판단할 수 있는 그런 글은 아니라고 봅니다. 하여튼 민주노총 운동이 여러 측면에서 비판도 받고, 또 현실에서 다른 대안이 없는 조건도 함께 가지고 있는, 다양한 측면을 안고 있기 때문에, 문제의 핵심은 오늘날 현재 노동운동이 전체적인 우리 사회운동에서의 위치, 이런데서 과거에 어느 정도 주도적인 역할을 해왔다라면, 지금은 그런 위상이 상당히 떨어졌다라는 측면, 그리고 또 노동자 계급 내에서, 노동자 내에서 여러 가지 어떤 계층의 분화가, 예를 들어 간단히 말씀드리면 정규

직과 비정규직으로 급격히 나눠지는데 비정규직의 이익을 제대로 대변하지 못하고 있다, 이런 것들이 상징적인 민주노총의 오류 중에 하나이기도 하거든요. 뿐만 아니라 또 민주노총이라는 것이 단순히 노동조합의 총연합단체이고, 또 노동조합 활동이 이를테면 경제적인 활동뿐만 아니라 정치적인 활동, 공제적 활동 이렇게 크게 세 가지로 나누는 것 중에 가장 중요한 대목인 경제적 활동에 지나치게 집중되었고, 그럼 정치적 활동은 단위노조가 하지 못하니까 이것을 지도해야 되는, 그것을 주되게 역할을 해야 되는데, 그 정도의 역할을 했느냐, 이런 문제가 저는 핵심이 아닌가, 그래서 저는 이제 지금까지 보면 오늘날의 진보정당이, 그것을 역할을 하면서 나타나는 것은 진보정치가 어느 정도로 성장을 했느냐로 표시가 날 수 있는 건데, 이번에 지방선거 보니까 완전히 초토화 되는 이런 현상으로 나타났고, 사실은 진보정당의 분열은 이전에 노동계 안에 있는 정파의 분열과 그 양상이 외화되다시피해서 나타나는 것을 또 우리가 부정할 수 없는, 하여튼 이런 몇 가지 대목에서 민주노총 운동에 대해서 굉장히 비판적이고, 거기에서 관제언론이라 할 수 있는 조중동이나 보수단체가 끊임없이 민주노총에 대해서 퍼붓는 공격이 귀족노조, 그게 다 그렇게 보이도록 딱 되게 되어 있습니다. 일반인들도 동의가 될 만한 그런 모티브를 잡아낸 거죠, 저쪽에서. 뭐냐면 민주노총 운동이 주로 대기업 노조가 중심이 되어서 하는데, 이 대기업 노조가 안에 내부, 비정규직 이익은 적극적으로 전면에 내세우고 투쟁을 못 해주는 이런 한계가 있다 보니까, 그게 밖으로 비춰질 때는 귀족노조라는데 상당히 동의할 수 있는, 그런데 민주노총 자체가 그런 공격에 대해서 그것을 적절하게 그것이 아니고, 우리가 왜 운동의 한계이고, 앞으로는 어떻게 할 것이다 라는 것을 정확히 제시하고 운동의 어떤 프로그램을 실천하지 못한 결과라고 저는 생각이 들거든요. 그런 측면에서 사실 굉장히 반성해야 되고, 심지어는 정말로 운동 내부에서도 민주노총이 재생 가능한가, 이런 생각하시는 분들까지도 계세요. 아예 처음부터 비정규직 중심으로 모든 역량을 집중해야 되지 않을까 라는 말씀도 하는데, 그런데 세계 노동운동 역사를 보면, 잘은 모르지만, 그럼에도 불구하고 대기업 노조의 역할이 분명히 존재한다는 것도 한편으로는 맞는 말이거든요. 무작정 비정규직이 중심이 될 수만은 없습니다. 그래서 그 과정에서 민주노총이 어떻게 헤쳐나갈 것이냐가 과제인데, 그동안 많은 분들이 오랫동안 지켜보면서 기대를 했는데 아직까지 안 나와서 그런 거고, 그거는 저도 달리 답할 수 없는 것은 아닌가 하고요, 어쨌든 그렇게 풀어야 되지 않을까라고 생각합니다.

고호석 : 예, 민주노총의 전체 문제를 가지고 여기서 얘기하기는 쉽지 않을 것 같고요. 어쨌든 아까 인간 중심, 또는 이념 과잉 이 문제에 대한 문제 제기가 있었고, 질문이 있었습니다. 송영수 선생님 한 말씀 하시고 싶은 모양인데, 짧게 부탁드리겠습니다.

송영수 : 제가 원래 그러니까 80년대 학생운동, 노동운동에 들어가서 했을 당시 정세 인식은 기본적으로 혁명이 도래했다는 생각이었어요. 그러니까 한 10년 정도만 내가 열심히 고생하면 혁명이 곧 될 것이다, 이런 어떤 생각, 대부분의 당시 학생운동가들의 사고가 그랬습니다. 그랬기 때문에, 혁명의 전야단계, 그랬기 때문에 그렇게 활동할 수밖에 없었던 그런 측면, 정세 인식의 오류, 한계 그런 게 많이 작용했기 때문에 사실은 이념적 편향이라기보다는 정치 투쟁을 우선적으로 갔던 그런 경향아 좀 있었죠. 그런데 그게 저는 이후에 영향을 미치지 않았다는 측면은, 대중투쟁에 그렇게 큰 영향을 미쳤을까, 이런 정도이고, 그것은 부산 지역의, 부산이 가지는 특수성, 특히 그 당시에 많이 투입되었던 고무산업이 거의 사양산업에 접어들면서 이전 되어버려요. 이전되고 나니까, 밥통이 없어져 버렸는데, 그러니까 운동이, 이후의 노동운동에 영향이 좀 떨어졌던 것이 있고요. 역으로 얘기하면요, 저는 그 당시의 이념적인 지향이나, 변혁적인 지향이 지금의 노동운동은 많이 떨어져 있는 거죠, 오히려, 민주노총 내에서는,

그러다 보니까 변혁적이고 이념적인 지향보다는, 계급적 지향보다는 자기 인권에 대한 관심이 높기 때문에, 운동을 말아먹는 그런 측면이 있기 때문에, 오히려 이념적 측면을 더 가져야 된다라는 게, 계급적 지향을, 이념적 지향을 가져야, 가질 때만이 현재의 운동이 되살아날 수 있겠죠.

고호석 : 얘기하시는 관점이 좀 다른 것 같습니다, 그렇죠? 조근자 선생님, 한 말씀 하시고 싶으면.

조근자 : 사실 참 많은 얘기를 하고 싶습니다, 사실은. 송영수 선생님 말씀하시고 박주미 선생님 말씀하셨듯이, 그 당시에 저희들이 지도하려고 했고, 목적중심적이었던 것은 사실입니다, 사실은 제 경험상으로 봤을 때. 그런데 박주미 선생님 말씀하신 것에서 제가 반론하고 싶은 게 뭐냐면, 긍정적인 면과 부정적인 면이 있는데, 그 당시에 노동운동을 했던 노동자 출신들이 피해의식에 많이 젖어있다고 했는데, 그 부분에 있어서 저랑 같이 일했던 동양 사람들 같은 경우, 남자와 여자를 구분 지었을 때 반응이 달랐고, 지금 현재로 비춰본다면, 그리고 여자들 중에서도 야학 출신으로서 같이 일했던 사람들과, 저희가 들어가서 본격적으로 노동운동을 조직화하려고 하면서 들어왔던 사람들의 반응, 그 다음에 저희들이 86년도 동양고무 사건을 일으킬 때, 그 때, 뭐 찻잔 속의 태풍이라고 표현을 했는데, 송영수 선배는, 글에다, 거기에 굉장히 짧았던 하나의 사건으로 그냥 끝나버리긴 했지만 그것을 계기로 그 공장에 의해서 주변에, 우리 주변에 있었던 사람들이 어떤 식으로 커갔는가, 그리고 87년도 7, 8월 대투쟁이 일어났을 때, 8월에 아마 동양고무에서도 파업이 있었던 것으로 제가 기억을 합니다, 그때 저는 늘 그 앞에 가서 정문 밖에서 그걸 지켜보고 있었는데, 그걸 주도했던 사람이 보면 김윤심이라든지 이내만, 이런 사람들이 있어요, 물론 그때 정윤식 선생님, 그때 연결이 됐었는지 정확하게 기억이 안 나는데, 그러한 사람들이, 김윤심 같은 경우에 거의 동양고무 파업

을, 8월인가 7월 파업을 거의 주도하다시피 이끌었던 사람들이거든요. 그래서 저는 부정적인 측면을 굉장히 강하게 주장하셨던 박주미 선생님께서 구체적인 각각 사람들의 사례를 가지고 얘기를 해야 된다고 생각이 들고요.

송영수 선생님이 말씀하셨듯이 80년도 초반 같은 경우에는 기록이 거의 없다시피 하다고 저는 봅니다. 저도 거기에, 중심에 있었던 사람이지만, 있었던 모든 전단이나 이런 것들은 그때그때 계속 소각을 하거나 없애버렸었기 때문에, 그래서 우리가 이 당시의, 지금 이 토론의 주제 중에서, 80년대 초반의 학생운동 출신들이 7, 8월 대투쟁이 일어나기까지 어떤 영향을 끼쳤는가, 이런 부분에 초점을 맞추려고 한다면 그 사람들을 만나서 면담을 통해서 확인하는 방법밖에 없지 않겠나 라는 생각을 합니다.

고호석 : 예, 고맙습니다. 그런데 박주미 선생님이 그 면만 강조한 것은 아니고요, 긍정적인 면도 있고 부정적인 면도 있다 이렇게 얘기했고, 투쟁 과정에서 보면 지난번에 저희들이 학생운동 얘기를 하려고 부산대학교, 동아대학교, 여러 대학 학생운동 했던 사람들을 연결하니까, 학생들, 출신 중에서도 나는 이제 그거 생각도 하기 싫다, 정말 내 이름을 거기 끼워넣지 마라, 이렇게 얘기하는 분이 의외로 꽤 있었어요. 그렇기 때문에, 그건 뭐 어쩔 수 없다, 이렇게 얘기하기는 곤란하겠지만, 그런 측면은 꼭 노동자들에게만 있는 것은 아니다, 학생운동이든 어디든 그런 부분이 다 있더라, 그러나 그것에 대한 엄정한, 왜 그렇게 되었는지, 또 그것은 정말 극복 불가능한 것이었는지에 대한 엄정한 평가나 판단이 또 필요하겠죠. 한두 분만 얘기를 좀 더 들어보고 마무리하고 싶습니다.

플로어 3 : 예, 제가 노동운동을 잘 알지도 못하고 주변에서 부산 운동을 지켜본 입장에서, 아까 85년부터 그러니까 90년까지, 그게 아마 80년대 부산 노동운동의 시기라고 본다면, 정하셔야 되는 것은 87년이 중심이 되겠죠,

중심이 되는데, 노단협과 부산노련이라 합니까, 그 두 세력도 여기가 약간 나누면은 실-반실, 이런 것이 서로 어떻게 상생, 또는 대립하면서 부산 노동운동에, 민주노총 발전이나 이런 것하고 어떻게 연관이 되는가, 이런 게 연구가 되어 있는지, 이런 것들을 좀, 부산 노동운동판에 많이, 경험을 하셨기 때문에 좀 이야기를 정리하는 게 안 필요하겠나, 코멘트를 좀 해 주시면 좋겠다 이렇게 생각을 합니다.

송영수 : 사실 그것은 잘 안 알려진 건데. 제 글 속에 조금 나오는데, 제 기억에 아마 동양고무 투쟁할 때 그게 빚어졌어요. 동양고무 투쟁을 앞두고, 사실 제가 여기 간략하게 써서 그런데, 부산 지역에서는 사실 굉장히 준비를 많이 했죠, 모든 운동가가 붙어가지고 86년도 초, 3월인가 4월에 그 투쟁을 준비했으니까. 그 직전에, 소위 얘기하는 '실천적 임투를 위하여'라는 팜플렛이 돌아요. 그 팜플렛 돌린 친구들이 지금 운동판에 거의 없고, 그 당시 하고 나서 거의 이렇게, 노단회보라 하나, 이재영 씨 등이, 아 노동상담소를 만들어요, 나가서. 상담소를 만들고, 그 중심으로 해가지고, 오히려 안에서 들어가서 하는 것보다는 바깥에서 지원하고 지도하고 이렇게 하겠다, 이렇게 되면서, 오히려 그때 당시에는 확 정치 투쟁을 굉장히 강조하다가, 오히려 그게 안 되니까, 급격하게 그 흐름이 확 기울어버려요. 기울면서 이렇게, 지도자 다 놓아버리고 노동자들 상담만 하자 이렇게 가버린 거라. 거기에 비해서 반실은 괜히 반실이 아니고, 실임을 반대하니까 반실이었어요, 이쪽은 주로 이제 동양고무 투쟁을 하는데, 이게 어떻게 하면 노동자 입장에서, 생활임금 인상을 위해서, 노동자들의 경제적 이해를 우선시하고 투쟁해야 된다, 이런 입장에서 하다가, 주로 그쪽 같은 경우는 현장에서 주욱 나와가지고 계속 그 중심으로 간 경향이 좀 있습니다. 지금 경향으로 보면, 아마 실천적 노동조합운동을 계획하고 주장한 사람들은 약간 PD쪽 같아요, 그리고 반실 같은 경우는 대부분이 다 김대중에 대한 비판적 지지 입장에 서 있었으니까, 지금 운동을 주도하

고 있는 쪽은 아니겠지만, 아무튼 그런 쪽으로 분화되는 경향을 보이지 않았는가, 그래서 반실 쪽이 오히려 현장에 더 밀착해서 가는 경향이 있었고, 그 실천노동운동이라고 팜플렛 하나 돌려놓고 그 사람들 대부분이 떠나버렸죠. 그런 식으로 흘러갔던 그런 기억이 있습니다.

고호석 : 저렇게만 얘기하시면, 그쪽 운동했던 분들이 대단히 화내실 것 같은데. 사실 지난번에 한 2년 전쯤에 이상록 선생 추모집을 만들면서, 이 실임과 반실, 이게 어차피 부산 노동운동을, 80년대 노동운동을 정리하려면 이 얘기를 꼭 한번은 정리하고 가야 되거든요. 어쨌든 당시에 학출이든 노동자 출신이든 이른바 노동운동을 그 당시에 하던 활동가들은 대부분이 그 둘 중 어느 하나에 속해있었기 때문에, 그래서 덩치로 보면 반실이 훨씬 컸고, 실은 좀 작은 편이었지만 좀 더 선도적인 이런 입장을 표방하고 있었는데, 그래서 그걸 한 번 정리를 하려고 했었어요. 그래서 집담회라도 하자, 어디가 옳다 그르다 이렇게 얘기하지 말고, 최소한 반실의 중요한 한 축이 이상록이라는 사람이었기 때문에, 그렇게 하려고 했는데, 좀 꺼렸어요. 그 자리에 참석하는 자체를, 여러 활동가들이 좀 꺼리면서, 또 다들 바쁘기도 하고, 이래서 되지는 않았는데, 아마 부산의 노동운동을 연구를 하시고, 최소한 87년 대투쟁 이 전 노동운동사를 정리를 하려면 이 얘기는 꼭 한번 집담회를 통해서든, 안 그러면 개인적으로 찾아다니면서 구술을 받든지 해서 정리를 하지 않으면 안 된다, 그런데 지금까지는 안 되어 있는 것은 사실인 것 같습니다. 예, 짧게 좀 부탁드리겠습니다.

플로어 4 : 예, 사실은 아까 좀 물어보고 싶었는데, 이야기 순서로, 내용으로 봐도, 제가 먼저 물었던 게 좋지 않았는가 하는 생각이 듭니다. 그런데 개인적으로 궁금하기도 하고, 또 어쩌면 오늘 이렇게 이야기를 나누시면서 조금은 뭐라 그럴까, 자신의 지난 행적에 대한 평가와 관련되는 민감한, 이런 부분에 마음이 쓰이실 수도 있을 것 같아서, 저는 오히려 좀 다르게,

좀 말씀도 드리고 생각도 같이 해보고, 또 이야기를 저도 들었으면 하는 생각인데, 어떤 분이 대답을 해주셔도 좋은데. 이런 궁금증이 생겼습니다, 이야기를 듣다 보니까 학출들이 현장에 들어가서, 저는 정확히 모르겠지만, 오늘 말씀 들으니까 성급했다라든가, 성급하게 이념 과잉이었다, 이념 과잉 자체가 문제라기보다는 성급하게 그 부분을 성취해내려고 했었던, 그 때문에 약간 어려움이 생겼던 것에 대해서 불평하기도 하고, 불안하기도 하고 이런 이야기들이 나왔는데, 저는, 다른 지역이 어땠는가도 궁금하거든요, 부산 말고 다른 지역, 아까 부산에서 학출들이 현장에 들어갔을 때 가지게 되는 경험의 일천함 때문에 빚어졌던 이런 어려움들도 이야기하고 하셨기 때문에, 부산보다는 그런 면에서 보면 약간의 축적이 있었던 지역이면 더욱 그렇기도 하겠는데, 인천이라든지, 서울이라든지, 울산이라든지, 다른 지역에서는 그와 같은 비슷한 일이 분명 없지는 않았을텐데, 양상이 부산하고 좀 달랐는지, 아니면 좀 극복되었는지, 또 극복되었다면 어떤 방식으로 극복이 되었는지, 이런 것들을 함께 이야기될 때, 부산에서 80년대 초에 있었던 이 일에 대한 평가가 오히려 좀 가능해지지 않겠는가, 과도적이었는지, 일시적이었는지, 으레 다 그런 일을 겪는 건지, 아니면 부산은 좀 심했는지, 이런 평가의 지렛대를 마련할 수 있지 않겠는가 하는 생각이 들어서, 말씀을 듣고 싶습니다.

송영수 : 부산 지역 같은 경우에는, 사실 저는 대단히 해프닝 정도로 생각하고 있거든요. 실-반실 논쟁이, 그래서 거기에 대해서는 집담회를 할 내용조차 되겠는가 그런 생각을 전 개인적으로 가지고 있는 반면에, 서울이나 인천같은 경우는 굉장했죠. 안산에서도 마찬가지고. 그 당시에, 예를 들면 서노련 아시죠, 서울노동운동연합, 그쪽이 그런 케이스 큰 경향이었고, 그 다음에 지금 정의당에 있는 노회찬 씨 같은 경우도 예를 들면 당시 민노련, 그 민노련이 만들어지는 과정이, 당시 신민당사 개헌 현판식 때 우리 동양고무 노동자들도 깨지고, 후에도 많이 사고나가지고, 상당히 많은,

한 2~30명 정도가 형성이 되어가지고, 신민당사 현판식 가서 투쟁도 하고, 이랬었거든요. 그래서 저는 그 노동자들이 지금은 어떻게 살고 있는가 대단히 궁금한데, 그 당시 다른 지역 같은 경우는, 서노련, 그리고 구로동맹 파업이라든지, 그 다음에 인민노련, 이게 5·3 아시죠, 인천 5·3, 이런 것 같은 경우에 이후의 노동운동의 큰 줄기를 형성하는데 있어서 상당히 많은 영향을 미치죠, 사실. 거기에 비해서 부산은 대단히 약했다는 것이 저의 생각인 거고요. 일반적인 경우입니다.

조근자 : 그런 측면도 있고, 제가 좀 직접적으로 경험해 본 것은, 그런 측면에 앞서서 이야기했었던, 그러니까 학출이 노동현장에 들어갔을 때 미쳤던, 부정적인 파장.

송영수 : 아, 저는 그렇게 생각하지 않는데, 예를 들면 저는 그 당시의 우리 생각이, 혁명의 전야라고 생각했기 때문에, 우리는 그렇게 행동했다 이거에요. 이 사람들에 대해서 어떤 단계를 거치지 않고, 근데 제가 주위에 묶여서 학습했던 노동자는 그걸 굉장히 단순하게, 순하게 받아들였어요. 순하게 받아들였기 때문에 저는 그렇게 생각하는데, 그 몇몇 안 되는 노동자들 가지고 치고 가는 과정, 그게 예를 들면 너무 근시안적이었다는 거에요. 예를 들면, 87년 노동자 대투쟁이 불과 1년 뒤에 일어난단 말이에요, 그럼 조금만 더 앞을 보고 기다렸으면, 그런데 누가 압니까, 혁명이 어떻게 다가오는지, 몰랐잖아요, 그렇죠. 그렇기 때문에 우린 그렇게 했다는 거에요. 거기에 비해서 박주미 선배 같은 경우는 대단히 부정적인 인식이, 학생들 영향이 많았다는 그런 경향이 있었다는 거죠.

조근자 : 그 질문에 제가 잠깐만, 그냥 구체적인 사례를 가지고 조금만 설명을 드리는데, 동양고무 사례를 봤을 때, 86년도 춘투를 하기 전에는 별다른 전혀 이상이 없었습니다. 그리고 동양고무 같은 경우에도 두 번의 사

건이 있는데, 제가 구속되고 난 뒤에 다음에 또 사건이 있어요. 구속되었다가 제가 한 90일 정도 있다가 나와보니까 갈등이 생겨 있더라고요. 그런데 그 갈등도 제가 아까 말씀드렸듯이 야학 출신의 노동자들 같은 경우에는 사실은 그 이전에도 소위 말하는 이념 공부를 해온 사람들이거든요. 그런 사람들과, 동양고무의 사례만 들었습니다, 그런데 그런 사람들과 학출과의 관계에서 갈등이 생겨 있었는데, 그게, 사실 동양고무 사건이 거의 해프닝으로 끝나버리고, 관여했던 사람이 거의 70여 명이 돼요, 외부 노동활동가들을 다 치면, 그랬는데도 불구하고 한 10분 정도밖에 안 되는 것으로 끝나버렸을 때, 우리가 실패한 어떤 사례가 낳는, 그 피해의식이 굉장히 컸다라고 저는 보고요. 그러면서 야학 출신의 노동자들과 학출과의 관계에 있어서 갈등이 있었던 거지, 제가 아까 얘기했듯이 그 주변의 또 다른 사람들은 그러지 않았다는 겁니다. 그래서 이거를 저는, 과대·확대 해석하고 있다고 보는 거죠. 부정적인 면은 분명히 있습니다. 굉장히 조급했고, 사실 저도 한탕주의에 사실 좀 걸렸습니다, 그래서 단어를 막 적어놨거든요, 원래는 제가 여기 오기 전에. 여기 와서 조금 다르게 진행이 되었는데. 굉장히 조급했고, 선도적이었고, 그리고 노동자들 지도하려고 했던 것은 사실이 맞습니다. 저는 그렇고, 정윤식 선생님도 그걸 말씀하셨듯이, 그 과정에서 저는 노동자, 야학 출신들이 좀 그런 것을 따랐다고 생각합니다.

고호석 : 예, 시간이 거의 다 돼서, 이 문제를 제기하신 박주미 선생님이 한 1~2분 잠깐 얘기하시고, 이광욱 선생님 마무리 발언을 듣는 것으로 오늘 이야기를 끝내고자 합니다. 박주미 선생님.

박주미 : 네, 제가 토론을 활성화 시킨 책임이 있는 것 같은데요. 제가 그 얘기보다 아까 빠트린 것 하나 있습니다. 부산 지역에, 6월항쟁을 계기로, 또 바로 이어지는 7, 8월 노동자 대투쟁의 산파 역할을 한 곳이 있습니다.

가톨릭노동상담소요. 그래서, 그 때 6월항쟁과 7, 8월 노동자 대투쟁을 통해서 시민들이 가지고 있는 의식, 이런 것들이 천주교 부산교구의 요청과, 거기서 활동하고 있는 여러 사람들 의견을 더해서 가톨릭노동상담소가 만들어졌고, 25주년 행사를 6월 14일 3시에 가톨릭센터에서 합니다. 여기 계신 분들 6월항쟁을 생각하셔서 오시면 좋겠다는 생각이 드네요. 제가 아까 80년 초에, 저는 언제부턴가 학출, 노출 이런 얘기를 좀 안 했으면 좋겠다라는 개인적인 생각이 듭니다. 그리고 조근자 선생님이나, 앞분들이 당시의 그 투신, 학생들이 현장을 들어와서 정말, 바로 혁명이 도래했다라는 그런 절박한 사회변혁에 대한 그런 간절한 체제감이 있었다라는 생각은 듭니다. 제가 여기에서 얘기했던 것은, 사람, 노동자 중심이 아니라, 이념이나 이론이 더 치우쳐 있었다라는 것은, 반면의 부정을 이야기한 것이지, 그 당시에 모든 것을 다 그랬다라고 하는 것은 아니죠. 거꾸로 생각해도 아쉬운 것은, 만약 그때, 보십시오, 아니 그 현장에 있었던 사람, 저만 하더라도 현장에 그 당시에 10년 이상 있었습니다. 저도 직장팀, 소모임을 여러 모임을 하고 있었습니다. 왜냐면 노동자가 노동자라서 주체의식을 가지지 못하면, 어떤 것도 이뤄가지 못합니다. 거기는 생계의, 삶의 틀이기 때문에, 쫓겨나면 안 됩니다. 그런 절박한 심정으로 일하고 있고, 노동자로서의 의식화를 하고 있는 와중에, 학출들이 들어와서, 소위 말하는 지도하기를 했다는 말이죠. 그거는, 제가 흥분을 안 하려고 했는데, 그거는 받아들여질 수가 없습니다. 사람이 사람을 지도한다라고 할 때는, 여러 가지 측면에서 모범이 되어야 되는 것이고, 내용이나 모든 것이 되어질 때만이 소위 말하는 지도가 되는 것이죠. 그러면 학생출신들이 들어왔을 때에, 그 심정 있잖아요, 전태일 열사가 외쳤던, 나에게 대학생 친구가 한 명이라도 있었으면, 그 마음이야 되는 거죠, 내가 친구로서, 동지로서, 여러분들과 함께, 그리고 지금 여러분이 가지고 있는 상황이 어떤가, 이렇게 돼야지, 바로 내일 모레, 평등이 도래했다, 우리는 치고 나가야 된다, 가자라고 할 때, 어떤 노동자가 갈 수 있겠습니까. 그래서 제가 얘기했던 거고, 수십 년 지나서, 지금 우리가 노동운동을 정의해보는 게 저는, 앞에 얘기했었잖아요, 노동운동의 큰 수혜자라고요. 그래서 그 운동이 결코 부정적인 측면은 아니었다, 그런데 그 때, 우리가 조금만 더 현명했더라면, 사실은 지금의 노동운동이 사회적으로 크나큰 역할을 할 수 있었을 것인데, 안타까움과 아쉬움이 있다라는 것입니다.

김하원 소장 : 아, 정말 수고 많으셨습니다. 이 좌석을 만드는 데, 우리 전중근 선생님하고 정윤식 선생님, 정말 고생 많으셨습니다. 아까 실·반실 그 부분도 듣고 도움을 많이 받았고요. 정말 어렵게, 요 몇 년간에 걸쳐서 만든 자리입니다. 오늘 많은 문제제기가 나왔고요. 단지 저희 연구소에서는 이것을, 민주운동사를 논공행상하려고 하려는 것은 아닙니다. 그래서 여러분들에게 앞으로 또 이것을 버전화해서 요구를 분명히 하게 될 텐데요, 민주노총과 같이 하게 될지도 모르겠습니다만은, 그런 경우에 꼭 부탁드리고 싶은 것은, 지금의 눈으로 평가를 해주시지 마라는 겁니다. 꼭입니다. 어차피 다칩니다. 상처를 입습니다. 그리고 살아갈 수밖에 없고, 그렇게 투쟁할 수밖에 없고, 앞으로도 그럴 거에요. 그러니까 그래 한 부분은, 아픈 부분은 각자가 다 안고 가야 됩니다. 그래서 아픈 부분을 지금 지나서, 20년, 30년 지나서 그런 부분을 심하게 말해서 윤색하지 말고, 있는 그대로를 가지고 그때의 감정과 정서, 사실관계를 전달해 주는 것을 저희는 바랍니다. 그건 역사를 새로 창조하기 위해서는, 정확한, 우리가, 선배들이 그렇게 힘들게 뿌린 피, 그 경험이 데이터가 분명히 저희들이 후배들에게 전달해야 된다고 하기 때문에, 그래서 꼭 그 부분은 꼭 좀 부탁드리고 싶습니다.

이광욱 : 예, 제가 기억나는 장면이, 오멸 감독이 '지슬'이라는 영화를 부산국제영화제에서 상영을 했을 때, 그때 어떤 여성 관객분이 이런 질문을 했거든요. TV나 소설에서 그렇게 이제 4·3을 많이 이야기하고 다루는데,

왜 굳이 당신은 4·3에 대해서 또 이야기를 하려고 하는가, 그 이야기를 들었을 때, 4·3이라고 하는 것을 밖에서, 외부자의 시각에서 보는 것과, 4·3을 통해서 가족을 잃고, 친구를 잃고, 고향이 쑥대밭이 되었던, 상처를 가지고 있는 사람 간의 온도차라는 게 존재할 수밖에 없겠구나, 하는 생각이 들었습니다. 사실 오늘 제 발제보다는 그 당시 치열하게 싸우셨던 분들의 이야기를 들을 수 있는 시간이 되어서 더 소중했다는 생각이 들고요. 그리고 아까 노동운동사 연구가 안 된 것은 결국 경제적인 문제, 돈 문제도 밀접하게 연관이 되었지만, 또 다르게 생각해 본다면 한국전쟁 당시 민간인 학살에 대한 연구가 2002~3년 무렵부터 해서 2005~6년, 2007년까지 굉장히 활성화 될 수 있었던 것 중의 하나는, 유가족 단체, 유가족 분들과 관련된 시민단체 운동을 하셨던 분들이 연구자들에게 굉장히 많은 자극을 줬기 때문이죠. 문제의식을 갖게 하고, 계속 이야기하고, 아픈 상처고 잊고 싶지만, 그 이야기를 계속 들려줌으로써 사실 연구자들로 하여금 그 부분에 대해서 관심을 갖게 만들었던, 그런 부분이 있다고 생각됩니다. 부산 지역 노동운동에 대해서도 결국 경험하셨던 모든 분들의 이야기가 더 많이 쏟아져 나왔으면 좋겠습니다.

고호석 : 예, 이제 마무리를 할 시간입니다. 사실 저는 연구자가 아닙니다. 그렇지만 어쨌든 지금 몇 년째 계속 이 자리에서 사회를 보거나 토론자가 되거나 이러면서 이 자리를 지키고 있습니다. 몇 년 전부터 학생운동도 역사가, 그냥 부산대학교 학생운동, 동아대학교 학생운동, 이런 형식이 아니라, 부산 지역의 학생운동이 좀 어떻게 변천·발전되어 왔는가가 정리되어야 한다, 그 다음에 종교운동은 또 어떻게 되어 왔는가, 이런 문제의식을 가지고 우리 민사연이 하나의 자리를 만드는, 이런 역할들을 지금 해오고 있습니다. 그런데 매우 가슴 아프게도, 이게 단초가 되지 않겠냐, 그리고 여기서 일단 장을 열면 그 주체들이, 그 현장에 있었던 사람이나 지금 그 연관을 맺고 있는 사람들이 그 후속작업을 꾸준하게 해가지 않겠

냐는 기대로 시작을 했는데요, 사실은 학생운동도, 또 종교운동도, 제가 아는 바로는 제대로 그런 후속작업을, 뭐 해야 된다 해야 된다 말만 하지 제대로 하고 있지 못합니다. 노동운동의 경우 특히 더 그럴 것 같은 걱정이 듭니다. 그래서 어쩔 수 없이, 지금 관심을 갖고 있는 분들, 그 다음에 민주노총, 민사연, 그리고 현대사를 연구하는 김선미 선생님 같은 분, 이런 분들이 좀 더 과제의식을 가지고 과거에 활동했던 사람들 계속 건드리고 찾아가고 만나야 되지 않을까 하는 생각을 좀 합니다. 그게 아마 우리가, 정말 말도 할 수 없을 만큼 엉망진창이 되어버린 신자유주의 체제 하에서, 돈밖에 아무것도 안 보이는 이 세상에서 우리가 좀 더 나은 세상을 만들어가는 길을 찾을 때, 큰 밑거름이 되지 않을까 하는 생각이 좀 듭니다. 함께 해 주신 여러분께 감사드립니다. 고맙습니다.

4장
동양고무 노동운동 정리[1]

_조근자[2]

1. 86년도 동양고무임금인상투쟁

□ 86년 3월 임금인상투쟁을 준비하기까지

－부산의 산업구조는 철강을 중심으로 하는 소수 금속공장과 신발과 섬유를 중심으로 하는 경공업 중에서 특히 신발산업이 부산의 주력산업이었다. 80년 이후 사회과학을 학습한 학생운동 출신자들이 노동현장에 투신하면서 남자들은 마찌꼬바에 입사하여 기술을 익혀서 금속분야 산업으로 투신하고, 여자들은 미싱학원에서 초보 기술을 익혀서 신발공장으로 투신을 했다. 70년대 후반부터 부산의 여러 지역에 노동야학과 JOC(카톨릭 노동청년회)가 있었고, 특히 동양고무 공장주변에는 당감성당에 노동야학이 있어서

---

1) 이 글은 2014년 6월항쟁 기념 학술행사에서 노동운동을 다룬 것을 계기로, 평소 부산의 노동운동사 기술에 문제의식을 갖고 있던 필자가 민사연과 협력하면서 동양투쟁 관련자들의 집담회, 구술작업을 거치고 관련 자료를 검토하여 정리한 것이다. 마지막 평가에는 개인 의견이 반영되어 있으나, 동양투쟁을 종합적으로 정리한 가장 풍부한 기록이라 할 수 있다. －편집자 주
2) 당시 동양고무 (해고) 노동자, 현재 부산지방노동청 동부지청 직업상담원.

이미 5기까지의 졸업생을 배출했으며, 서면성당에도 JOC가 활성화 되어
있었다.

- 84년 상반기 부산대 졸업생 조근자, 이숙희 등 동양고무산업(이하 동양고
무) 입사

- 동양고무에 근무하고 있는 선진노동자(당감야학과 서면 JOC 출신)들과 함
께 노동운동 조직화를 위해서 계획적으로 입사하는 과정에서 손정은(조
근자의 부산대 사학과 79학번으로 전통예술연구회 서클 선배이자 YMCA
야학에서는 이숙희의 선배)의 조언이 있었음. 당시 손정은은 동양고무의
계열사인 풍영화학에 79학번 정귀순, 노득현 등과 입사하여 활동을 하고
있었고 이숙희를 통해서 손정은을 만났음

- 조근자, 이숙희가 동양고무에 입사하면서 선진노동자들(엄해금, 박순연,
최수연, 강영대)과 함께 본격적인 조직화작업을 진행했으나 이숙희는 85
년도 봄이 되기 전에 다른 회사로 옮김

- 84년 겨울 즈음 부산대 사학과 80학번 이성희가 2부재봉 2과에 입사를 하
고, 85년 4월에 부산대 경영학과 80학번 김민건이 입사를 함

- 84년 9월부터 당감야학 출신의 선진노동자 중심으로 활동 전개(당시까지
6기생 배출, 7기생 수업 중)

- 84년 12월에 새벽회 결성: 당감야학 1~6기생 중에서 동양에 근무하는 사
람들과 서면성당 JOC출신들(조근자, 김민건, 엄해금, 박순연, 강영대, 이혜
숙, 김영순 등). 활동내용으로는 사업장 조사와 각자 소모임 구성 운영

- 85년 3월에는 주요부서 중에서 활동가가 없는 부서에 외부 활동가 영입을
적극 추천(유재안, 이광호, 원정렬, 김민건(김동헌이 개명), 최수연, 김순
남(부산대 80학번 철학과)

- 김민건이 입사를 하면서 서면성당의 JOC출신의 선진 남성노동자(유재안,
이광호, 원정렬)들과 함께 남자들의 조직화가 본격화 되고

- 85년 여름엔 부산대 화학과 80학번 이미숙(가명: 제유선)은 1부 재봉부서

로, 한국외국어대학 영문학과 김동민(가명:김삼조)이 프레스부서로 입사
함으로써 대부분의 부서에 활동가들의 진용이 갖춰짐

−1부재봉: 엄해금, 박순연, 이미숙(제유선), 강혜영, 장명순, 최경진, 장신자,
조현자, 김문주 등과 각자의 소모임

−1부재단: 유재안, 원정렬, 전성환, 류충렬 등과 소모임

−1부제화: 강영대, 김순남

−2부1과 재봉: 조근자, 최수연, 박남순, 이안선, 강순자 등과 소모임들

−2부재단과 준비: 김민건, 이광호,박정호, 장동일 등과 소모임

−2부 2과 재봉: 이성희, 김영순(이 부서의 소모임에 대한 기억은 안남)

−개발과: 이혜숙, 강정임

−프레스: 김삼조(김동민)

−85년 8월 새별회 결성: 여성중심의 새벽회와 남성모임을 하나로 합침

−위에 거론된 모든 활동가들은 각자의 소모임을 조직하여 85년도 가을경에
는 약 60~70명으로 점조직 형태로 구성이 됨

−85년 10월에는 추석 보너스를 이슈로 스트라이크를 조직하자는 제안이 있
었지만 보너스보다는 86년도 임금인상투쟁을 쟁점으로 준비하기로 합의

−86년도 임금인상투쟁에는 외부적으로는 부산의 민민권세력이 적극적으로
협력했고 특히 동양고무가 소재한 당감동 지역 주변에는 당감성당의 송
기인 신부, 당감성당 신협의 류승렬, 당감성당 야학이 제7기생이 진행 중
이었고, 서면성당의 JOC 등이 있었고 공장 내부 조직화된 인원도 70명 정
도 였음

−85년 11월엔 86임금인상투쟁(이하 86임투)를 대비한 각자의 시각교정 및
의견통일을 위해서 집중적인 학습을 하고 내부 활동가 소모임에 주력
하고 학습은 외부에서 지원하는 형태로 역할분담을 했으며 남성은 송영
수(60년생으로 부산서 태어나서 인천으로 대학 갔다가 부산으로 와서 이
미숙, 손주라(손정은), 이숙희 등의 고무노동활동가들과 YMCA야학을 했

음), 여성은 손정은이 외부에서 지원을 함

−86년 1월 1박 2일간의 무지개폭포 MT를 통해 임금인상투쟁의 결의를 다
 지고 실질적인 준비 작업에 착수. 이 MT에는 지금까지 점조직으로 있던
 구성원들 중에서 각자의 소모임을 이끌고 있는 선진적인 활동가들과 그
 들이 추천한 핵심구성원 등이 대거 참여를 했고, 서로 얼굴을 익히게 됨.
 그러나 1부재봉의 이미숙과 그 소모임, 그리고 김동민은 임투 이후를 대
 비하기 위해서 드러내지 않았고, 김순남과 이성희도 빠지고 학부출신은
 조근자 김민건만 참여

−86년 2월 구정 직전에 송정에 MT를 통해 임투 대비 구체적인 학습을 하고
 각자의 결의를 다짐. 이때는 아주 핵심인물만 참여를 했고 다들 각 소모
 임의 리더였으며, 이 과정에서 개인사정으로 김영순, 이혜숙, 강정임은 임
 투에서 빠지기로 했음

−이후 부산지역 임금인상투쟁위원회를 결성했고 전반적인 임투 계획을 수
 립(명칭을 부산지역이라고 했던 이유가 동양의 내, 외부세력을 통칭하고,
 스트라이크 이전에 유인물작업 등의 발행처 명시 등 때문).

 *86년 2월 이후에는 낮에는 일하고, 밤에는 거의 매일 새별회 모임과 학부출신
  (동양 내부자와 외부 학습지원자)들의 모임과 개인 소모임 등등에 참석하느라
  다들 엄청나게 바빠서 정신력으로 버티고 있었음

 *그리고 이 시기의 현장 활동은 학습중심의 소모임과 친목회가 전부이고 일상
  투쟁은 개인적인 차원에서만 진행

□ 투쟁기(86년 3월~6월)

1) 공장상황 개요

−1953년 설립
 종업원 수 본사: 6,000여 명, 부암, 반여, 범일, 감전 2,000여 명 총 8,000여 명
−경영사정: 84년 이후 흑자경영, 85년 26억 단기순이익

- 현재의 화승그룹은 동양고무에서 출발했고 그 과정에 과도한 기업 확장으로 적자 경영
- 노동 조건: 임금, 기타 작업환경이 화승그룹에서 제일 열악(화승그룹은 타 회사에 비해 상대적으로 나은 편)
- 노동조합: 1964년 설립, 대의원 직선제, 위원장 간선제. 그러나 대의원 선거가 있는지도 모르는 조합원이 대다수. 노조에 대한 관심이 거의 업었음
- 각 부서: 1부 재봉, 재단, 제화. 2부 재봉2개, 재단, 제화. 3부 재단, 제화, 재봉, 기술부 공무부, 개발과

2) 구분

1차: 3월 초~25일/ 2차: 3월 26일~4월 23일/
3차:4월 24일~6월 16일/ 4차: 6월 17일~6월 말로 구분

3) 조직역량 및 임투 준비 작업

- 조직역량: 적극적인 임투 참가자 20여 명 유인물 배포
- 친목회 수준(동조자) 40~50여 명(친목써클 40~50여 명)
- 준비작업: 임투위 결성: 임투위 임원, 부서모임으로 역량배치
　　　　　재조직 부원 구성: 김동민, 이미숙
* 이순남은 3월 즈음 건강상의 이유로 퇴사해서 밖에서 지원하고, 최경진, 장신자, 강순자도 재조직 구성으로 남음
　　　　　교육: 다른 사업장의 임투 사례, 임투 의의를 중심으로

4) 투쟁경과

- **• 1차: 3월 초~3월 25일**
- 10일 전후로 '부산 임투위' 명의 유인물 3차례 배포, 내용:1차 경제, 2차 경제+정치, 3차 정치

- 15일 학부출신 1명(2부2과 재봉 이성희) 부산임금인상투쟁위원회 명의 유인물 배포관계로 노출, 부산진경찰서 연행, 16일 훈방되어 부모님에 이끌려 고향 내려감, 30여 명 부서모임 송정 MT
- 17일부터 동양임금인상요구안 배포: 현장 내 반입 – 실행, 무인살포 – 실행 안 됨
- 18일 학부출신 1명(2부재단: 김동헌) 유인살포, 연행, 훈방(19일)
  * 출근시간 회사 중앙에 설치된 아치탑 위에서 구호를 외치며 유인물을 살포했고, 출근 중이던 많은 노동자 지켜보는 가운데 회사 측에서는 잡으러 가고 김동헌은 지붕 위를 도망다니며 구호를 외쳤기 때문에 회사의 스레이트 지붕에 발이 푹푹 빠져서 온몸이 긁히는 등 아주 긴장된 분위기 조성
  * 이 과정에서 같은 부서의 선진노동자 1명(2부재봉 준비: 이광호)가 아치탑 아래서 "동헌형 잘 한다, 파이팅!"을 외쳤다고 총무과로 끌려가서 인사위원회 회부되고 해고됨.
- 19일에 출근하는 이광호를 경비실에서 막는 과정에서 몸싸움이 있었고 경비 1명의 이가 부러졌다면서 폭행으로 부산진경찰서로 연행되고 구속되어 2개월 뒤에 집행유예로 석방됨
  * 학부출신 2명(2부2과 재봉 이성희와 2부 재봉준비 김동헌)이 각 다른 부서에서 노출됨으로 인해 모든 부서에서 색출작업 강화로 1명의 학부출신이 신원이 파악(2부1과 재봉: 조근자)
  * 이성희가 유인물을 배포하던 날 조근자도 소속부서의 신발 가피 등을 넣어 둔 바구니에 유인물을 넣어두는 과정에서 재봉보조공에게 유인물을 준적이 있었는데 그 아이가 자기네 조장을 데리고 와서 조근자를 지목했고 이어서 2명의 남자 조장들에게 들려서 본부사무실 사무직휴게소에 감금한 채 부산진서로 신원조회를 했고 이어 신분이 드러남
  * 회사본부 1층 휴게실에 감금되어 있던 조근자는 창문으로 도망쳐서 1부제화 부서로 진입하다가 다시 붙들려서 퇴사 조치됨
  * 저녁에는 주거지 유인물 배포
- 19일 3번째 학출(조근자) 해고. 이 부서의 분위기 최고조에 달함 / 점심시간에 노조 측 요구안 공개 요구(유인물 내용) – 점심시간 변경됨

－20일 2부 재단 부서 내 김동헌의 친목회원 강제사직 1명, 부서이동 2명/ 2부1과 재봉 2명(최수연, 박남순) 인사과 호출, 부서이동 당함(근로자 수 적은 부서로)

  * 이 즈음 실임 쪽이 박재순과 김준효가 조근자 집으로 찾아와서 지금 각 부서 에서 활동가들이 드러나고 있으니 대대적인 색출작업을 하기 전에 예정대로 스트라이크를 해야 한다고 여러 가지 조언을 했고, 조근자는 그 내용을 새별회 모임에 전달은 했으나 실행하지 않음

－21일 디 데이(원래계획, 그러나 27일로 연기)

  * 원래 계획: 식당 이용하여 생산1부가 선동, 2부 재봉으로 파급 그러나 19일 이 후 점심시간변경으로 연기함(27일 계획: 출근시간 이용하여 밖에서 대열 형성, 회사 안으로 밀고 들어가기로 함)

－21일에 데모는 연기되었지만, 1부 재봉 준비공이 현장 밖으로 유인물 살 포(임금인상 요구안)

  * 1부재봉 준비공들은 전원 1명씩 인사과 및 현장사무실 호출되고, 이 과정에서 생산 1부 송정MT사실 드러남

－22일 생산1부 선진+동조 노동사 강제사직 10여 명

  * 1명 집으로 끌려감(강영대)

  * 2명 지하실로 끌려가 심한 폭행 당함(박순연, 이미숙: 제유선)

  * 디데이 25일로 다시 변경 결정

－23일 일요일 : 최대한 많은 사람 만나서 폭행사실 폭로

－24일 디데이 전야 모든 동원 인원 합숙 40여 명

－1부 부서모임 현장 회사 측에 노출→장소 이동, 이 과정에서 임투위 본부 와 연락 두절

  * 민협, EYC 등에서 폭력 규탄 성명서 발표

－25일 디데이: 엄해금 집에서 준비물 제작(플래카드, 머리띠, 솜방망이)

  * 새벽 늦게 1부 모임과 연락이 되었으나 아침에 늦게 기상을 하면서 7:30 회사 앞에서 만나자는 약속 지연, 대부분의 노동자들은 이미 출근을 한 상황에서 회 사정문으로 밀고 들어가며 유인물을 뿌리고 구호를 외치다 입구에서 제지당한

채 경비실로 끌려들어가고 스트라이크 시도는 불발탄이 됨, 2명 구속(조근자,
박순연) 10여 명 구류
* 이 사건으로 박순연은 기소유예로, 조근자는 징역8월에 집행유예 1년6개월(?)
선고를 받고 90일 만에 출소

• **2차: 3월 26일~4월 23일**
－배경:
  가) 주체역량 손실에 비해 대중은 스트가 있었다는 사실조차 모르는 상태
    －대중 기대에 책임진다
  나) 1차 스트 실패로 선진노동자 의욕상실－실천성과 패배주의 극복
  다) 대부분의 선진 노동자가 노출, 해고 위협－해고될 바에야 적극적으로
    하자
－준비: 조직 재정비－임투위 지도부를 단일화(노동자+학출 협의체)
    －각 부서 담당자, 1차 시도에서의 해고자 담당자 등 책임소재 명확히
－4월 초순－구류자 석방 이후 다음 계획 논의. 지도부 내 의견조정 2주 동
  안 대중작업 중단, 설문작업, 사례보고(대외) 볼펜판매, 부산전역에 스티
  커작업
－16일 설문자의 응답에 따라 공청회 개최 시도(점심시간)
－4월 18일 2차 스트
  * 10여 분에 걸친 선동, 구사대 관리자들의 무자비한 폭력 난무, 대중 스트화 못함
  * 구속 2명(김민건, 이미숙) 불구속 2명(최수연, 이성희), 구류 10여 명
  * 10여 분의 시간 동안 회사 정문 맞은편 건물의 옥상에 김민건, 강영대, 최수연
    이 올라가서 강영대와 최수연은 구호가 적인 플래카드를 아래로 늘어뜨리고,
    유인물을 뿌리면서 구호를 외치는 등으로 선동을 하고 김민건은 화염분사기로
    구사대의 접근을 저지하는 방식이었으며 이 과정에서 김민건은 엄청난 집단폭
    행을 당함
－부산인권선교협의회 실무자였던 고호석, 당감성당 송기인 신부, 중부교회

최성묵 목사, 인권변호사 등을 모시고 부산진경찰서를 방문해서 폭행 등
에 대해서 항의 등을 하고 이런 사실들을 『부산인권소식』 등에 게재함
−19일 이후 주거지, 가두 유인물 배포
−23일 학생, 야학 동원(80여 명)한 가두 스트
  * 계획은 동양 폭행 폭로, 노동3권 보장, 노동운동 탄압하는 군부독재 물러가라
  * 실행은 군부독재타도만 외치며 선암사 방면에서 내려와서 7분여 동안 회사정
    문 앞에서 구호를 외치고 지나감
  * 부산에서는 학생운동권과 노동운동권이 처음으로 연대를 했던 사건임

• 3차: 정직자 해고 시기, 4월 24일~6월 16일
: 해고자는 학습에 주력하면서 출근투쟁과 근로기준법 준수 투쟁(유인물,
  진정서 등) 실시
  * 친분관계 최대한 활용해서 동조자 파악하여 소식지를 배부함
  * 근로기준법 준수 유인물 배포 투쟁이 87년 2박3일간의 동양파업을 이끌었던
    김윤심에게 영향을 줬음이 김윤심 인터뷰에서 확인됨
−4월 말에 박순연 기소유예로 출소
−5월 초순−마산 개헌 현판식 참가/불참가자로 내부 분열됨(이 분열이 노-
  학 갈등의 시작)
  * 일부 노동자 출신의 활동가들(엄해금, 최수연: 자존감이 높고, 동양노동자 활
    동가들의 리더 격이었음)이 학부출신의 활동가를 불신임하기 시작했으며 직접
    적인 원인은 내부적인 충분한 논의 없이 학부출신들이 어딘가의 지시에 따라
    활동지침을 시달하고 따라오라고 강요한 것이었음
−5월 중순에 김동헌, 이미숙 기소유예로 출소
−5월 말−정직자 복직, 그러나 부서이동 됨(사무직 2명, 개발과 2명, 외주 1명)
  그래서 원직 복귀투쟁, 준법투쟁을 내부에서 전개. 해고자는 밖에서 지원
−6월 16일 근기법위반 사항 유인물 배포 건으로 정직자 전원 해고됨
  * 임투 주체자 전원 해고됨

• 4차: 6월 17일~6월 말: 복직 투쟁

- 회사 앞 몸 벽보 - 유인물 배포망이 좁고 출·퇴근 시 가두 유인물 배포 등
  이 효과가 적어 계획했으나 실행 못 함
- 불매운동 - 스티커와 유인물로써 소비자 대중(고등학생 학원생 교인) 등
  대상(주로 동양고무가 소재한 부산진구 인근)

  * 실-반실 문제와 걸리면서 지역 내 타 민민권 단체와 결합 못하고 해고자 역량
  만으로 진행

  * 실임('실천적 임투를 위하여'라는 문건을 계기로 그렇게 명명함) - 반실임(실임
  과 의견이 달랐기 때문에 그렇게 명명함) 논쟁이 동양고무 임투 즈음에 격론
  이 있었지만 하나의 헤프닝 정도였을 뿐이었음. 86년 동양고무임금인상투쟁
  직전에 "실천적 임투를 위하여"라는 문건이 부산지역 활동가들에게 배포되었
  고, 그 내용은 노동자의 정치의식은 반드시 경제투쟁을 그쳐야 형성되는 것이
  아니며 오히려 정치선전과 선동을 통해서 노동자들이 정치의식이 형성될 수
  있다는 주장으로 당시 유행했던 레닌의 "무엇을 할 것인가?"를 인용하여 서울
  지역에서 나온 팜플렛을 벤치마킹했던 것인데… 당시 해고되어 나와 있거나
  현장이전을 준비 중이던 활동가들 사이에 약간의 논쟁거리 정도였지… 현장에
  는 어떤 영향을 미치지도 못했음.
  물론 그런 영향으로 임금인상투쟁 당시의 모든 유인물에 사용된 구호에는 "임
  금인상 가로막는 군부독재타도하자" 라든지 "임금인상 억압하는 군부독재 타
  도하자!" 라는 웃지 못 할 문구가 등장하기는 했지만… 그게 현장노동자들의
  의식과 현장투쟁에 어떻게 작용했는지는 그런 내용이 있었는가를 모르는 현장
  이 더 많았으니까 현장 밖의 운동권 내에서만 논쟁이 뜨거웠음.(실-반실 내용
  은 송영수 정리)
  물론 동양고무임금인상투쟁이 끝나고 동양고무 현장 앞에서 한차례의 대학생
  들의 가투가 있었고 또 사상 시외버스터미널 근처에서 주례삼거리 방향으로
  또 한 차례의 가투를 통해 노동자를 정치적으로 선동하려고 시도한 적은 있음
  (가투를 동원했던 사람은 실임의 홍기태였음)

  * 동양의 학부출신 중에서는 실, 반실 논쟁이 있기 전에 이미 퇴사를 했던 김순
  남과, 86임투 이후로 동양에 남아서 후속작업을 맡기로 했던 김동민은 실임의

입장을 지지했고, 그 외 모든 활동가 등은 반실과 관여를 하고 있었으나 동양 내부의 긴박한 상황 등으로 실·반실 논쟁에 관심을 가질 수가 없었음

-6월 23일 경 조근자 집행유예로 출소해서 우암동 모임에 참석했고 밤새워 남녀 청년들이 한 방에 모여 있는 것을 수상히 여긴 주인이 남부경찰서에 신고를 하여 연행되었으며 그 이튿날 전원 훈방됨

　＊ 가지고 있던 자료들은 공중화장실에 전부 버림

-6월 27일 스트:

　가) 무역회관 앞 시위: 개관기념 신발전시회 앞에서 복직 및 불매 슬로건 외치며 11명 시위, 전원 중부경찰서에서 구류 1주(노동자출신: 강영대, 엄해금, 최수연, 조현자, 문민주, 이광호, 유재안, 원정렬)~15일(학부출신: 김민건, 이미숙, 조근자)

　나) 해고자 1/3역량은 시위 참가 않고 지역 타사대중에게 선전물 배포-활발히 진행 못함

　＊ 이로써 표면적인 싸움은 거의 마무리 되고, 의의, 평가 작업과 장래 계획 논의를 진행

-(주)통일과 교류 및 MT 등 다른 사업장과의 교류

　(주)통일의 노조 위원장이었던 문성현, 이혜자 부부와 교류가 있었고, 동양 활동가들이 스트의 실패 등으로 힘 빠져 있을 때 동양과 통일노동자들의 합동MT를 제안(문성현) 했으며, 장소는 노무현 변호사의 남천 삼익아파트 자택 거실을 빌려 20여 명의 통일 해고 활동가들과 동양해고 활동가들이 1박 2일간의 MT를 함

□ 평가 및 동양 활동 재정비

-11월 말경에 평가 제출: 평가서는 현재 남아 있지 않고 최근에('16.12.17. 다름마당 녹취의 일부를 옮김)

* 평가시기 5개월간은 조직복원 학습 외에는 내부 작업 중지 되고, 의의 평가 작업을 함
- 동양고무 해고자들과 (주)통일의 해고자들의 MT를 계기로 문성현-이혜자 부부와 조근자-김민건은 정기적으로 창원의 문성현 집에서 만났으며 동양노동운동에 대한 조언을 받았고 그 모임은 89년 초 봄까지 이어졌음 (1989.1.31)

• **12월 초순 동양활동가 조직 재정비**
- 무역회관 시위가 마무리될 즈음, 7월경에 프레스부서에 남아서 후속 작업을 맡았던 김동민도 건강이 악화되어 퇴사하고 마산 고향 근처의 무학산 절로 요양을 떠남
- 70여 명의 해고자들 중에서 노동자 출신들은 대부분 생계문제로 다른 작은 회사로 취업
- 강영대와 이광호는 당장의 생계문제로 작은 회사에 취업을 했으나 결국은 활동가들이 많이 모여 있던 유진화학으로 입사하여 이후 노동운동을 계속 했으며 이광호는 노조 사무국장을 맡기도 하고, 강영대 이후 지속적으로 활동했고 90년대 초에 결성된 고무노동자협의회 회원으로 지금도 관여하고 있음
- 최수연: 가톨릭과 연계된 비공개 여성노동자 활동가들의 기숙사인 해바라기기숙사의 사감으로 있다가 87년 6월항쟁 때는 가톨릭센터에서 민주화운동을 지원했고 이후로는 감천동 소재 빈민 아동들을 대상으로 하는 공부방을 맡아서 지금까지 운영하면서 다른 여러 시민활동울 함
- 이미숙은 여성노동자의 집을 중심으로 여성노동운동을 함
- 재조직 작업: 86임투를 본격적으로 준비했던 1월부터 외부지원 세력으로써 손정은이 맡고 있던 동양 내부 소모임 학습 여성 노동자들과 조근자 근무부서인 2부재봉 1과의 강순자(동평여상)를 통해서 동평여상 재학생과

졸업생 중에서 소모임을 확대. 남성노동자들은 김민건이 담당하되 총 책임자는 조근자

* 김민건은 대양고무 회사의 노동자 소모임 학습도 외부지원을 함

－남성 소모임원으로는 반도머신 부서의 윤원식, 정윤식, 프레스 부서의 ㅇ명철(이명철?) 등이 있었고

－여성 소모임원으로는 1부재봉의 장명순, 장신자, 최경진, 2부재봉의 강순자 외(이들은 86임투 즈음부터 소모임을 하고 있었음). 김윤심(1부재봉 소속의 나염공으로 최경진의 소개로 86년 가을) 등

□ 86년 임투 이후부터 87년 파업 이전까지의 활동

－86년 임투에 대한 평가가 마무리 될 즈음부터 81학번 중에서 노동현장 활동을 준비하던 모임의 이순남과 풍영화성에서 해고되었던 부산대 79학번 노득현과 조근자는 정기적인 모임을 시작함(동양고무 노동운동을 지도하기 위한 외부 학부출신의 모임).

－노득현 등과의 모임에서 노득현과 조근자는 논의사안에 대해서 극렬하게 대립

* 조직의 탑에서는 더 유연한 대응이 가능할 것이라는 말을 했으며 부산노동운동권의 조직은 이상록-노재열 / 이성조-노득현-조근자로 연결이 되어있었을 것으로 짐작되고 이것은 2016.12.17.일 다름마당 집담회에서 송영수가 말했던 그 증언과 일치됨

－어쨌든 문성현-이혜자 부부와 김민건-조근자의 모임에서 동양고무 노동운동에 관한 전반적인 논의를 했고, 노득현 등과의 모임에서는 시국관련 유인물을 넘겨받아서 정윤식, 장신자, 최경진, 장명순, 강순자, 김윤심 등과 함께 새벽 4시 방범순찰이 끝나는 시각에 당감동 일대 주택가에 배포를 함.

－공장 내부적으로는 개인적인 차원에서의 일상투쟁을 전개하면서 한편으로는 기존의 어용노조를 활용할 목적으로 윤원식, 장명순, 강순자, 김윤심

이 노동조합 대의원선거에 출마를 했으나 김윤심과 장명순(장명순으로 기억하는데 정확하지는 않음)이 대의원으로 당선됨

−동양고무 내부 선진노동자들은 주 2~3회는 새벽에 유인물을 배포하고, 일요일에는 남포동 등으로 데모하러 가는 등으로 시국상황에 따라 정치활동이 중심으로 되면서 좀 더 치밀한 현장 내의 노동운동에 대해서는 논의를 거의 하지 못한 상황에서 김윤심은 대의원으로서 회의에 참석해서는 사사건건 반대의견을 내는 것이 자신의 역할이라고 생각했고 그래서 운동권으로 찍혔다고 기억하고 있음

2. 1987년도 '87노동자 대투쟁 시기 파업 경과

□ 정치 사회적인 상황

−86년 개헌 현판식
−박종철 고문치사 사건
−6월항쟁
−7·8월 노동자 대투쟁

□ 개요

−6월항쟁과 6·29 선언 후 노동현장에서 우후죽순처럼 터져 나온 노동자 대파업의 시기에 동양고무에서도 8.19~8.21의 2박 3일 동안 파업농성을 하여 요구사항을 일정부분 쟁취한 후 파업주동자들에 대한 특별한 불이익 없이 22일부터 정상조업을 했음.
−파업이 촉발된 곳은 남성노동자들만 근무하는 프레스부서였으나 2박3일

간의 파업을 성공적으로 이끌었던 사람은 노조대의원이었던 김윤심, 최경진, 장명순, 강순자, 장신자를 비롯한 조직화된 선진노동자들이었음

□ 파업 직전의 선진노동자 중심으로 한 준비

－7월부터 노동자 대파업이 곳곳에서 일어나는 상황에서 동양에서도 지금까지 점조직으로 구성된 활동가들이 한데 모여 동양파업 준비 등에 대한 의견교환 등을 했다고 김윤심과 정윤식의 인터뷰에 있으나 구체적인 기억은 없음
－[노동자의벗]－'87.1.12~87.5.7 :동양고무산업(주)노동자생존권쟁취투쟁위원회 배포
－파업 직전에 '강철 같이 단결하여 인간답게 살아보자'는 유인물이 배포
－프레스부서에서 첫 파업이 시작되는데 그 부서에는 이명철(?)이 있었고 백종남, 이명철 이 사람들이 첫 파업을 일으켰다면 그 동일 인물이었다 하더라도 기억에 별로 없는 것으로 봐서 파업 전후로 몇 번 만났을 뿐 조직적인 활동은 하지 않았던 듯

□ 투쟁경과

－8월 10일: 급료지급일, 정전 핑계로 5시에 퇴근시켰으나 사실은 2부 재단부서에서 데모한다(조동재 중심)는 소문이 있었기 때문으로 회사 측에서는 조동재를 회유하여 4박 5일 서울 놀이 보내버렸다.
－8월 11일: 기술부 주간조 100여 명이 점심시간 프레스 2공장 앞에 집결했으나 부장의 훈시로 무산되고 불만 사항만 전달했다.
기술부 야간조 윤원식을 과장이 23:00시경 밖으로 데려가 술잔치를 벌이는 등 회유책을 씀

- 12일: 김윤심(2부 재봉 준비, 나염반, 노조 대의원)을 9:00시경 과장이 면담 요청을 해서 상담실 간다고 말하고는 해운대로 데리고 가는 등 협잡을 벌이고 다시 돌아온 김윤심을 퇴근 시까지 정문 출입을 차단시켰다.

  기술부 야간조 윤원식은 다시 출근을 저지당해 늦게 출근해서 작업함
- 13일 10:00~11:00부터 퇴근 시까지 장명순, 김남영, 김윤심, 강순자를 인사과에서 불러가 분리 감금시킴. 또한 장명순에게 1개월간 회사 출근하지 않아도 급료 지급제시하며 휴직 강요/ 야간조 윤원식에게도 위와 같은 방법으로 회유/2부 구라인더 작업 거부하고 부분 농성
- 14일: 출근시간 '강철같이 단결하여 인간답게 살아보자'는 유인물이 뿌려짐. 이에 회사측은 요주의 인물 분리시키는 등 경계를 삼엄하게 폈고/2부 제조준비에서는 투쟁을 벌였음
- 8월 15일(토) 동양 휴무. 수산대 통일문화제에 동양고무 인사과 계장 김진희, 이상식 주임 등 약 8명이 감시 참관, 16일: 휴무
- 17일; '강철같이 단결하여 인간답게 살아보자'는 유인물 550부 정도 밖에 뿌림/ 회사 측에서는'요주의 인물'들이라고 정해놓은 사람들 계속 감시, 경계함
- 19일 8:30 각 부서에 소위 '골통(각 부서에서 신뢰를 받고 주도해나갈 수 있는 사람)'들 80여 명 2박 3일간 유람 떠남

  10:00경 프레스부서 주축으로 자연 발생적으로 투쟁 발생
  * 약 10일간 회사 내 분위기는 마른 풀과 같이, 누군가 불만 대면 일어날 정도였다. 회사 측에서는 농성 주동 가능자에 대해 돈을 주거나 유람을 시키는 등 회유책을 씀. 이에 야심 있는 사람들이 승부를 내걸려는 사람도 속출

□ 파업, 농성, 협상, 타결, 정상조업까지의 과정(8월 19일~21일)

• 19일
- 10:00 2부 재단 부서의 최의용기장(조장), 프레스부서의 백종남, 이명철과

2부 제조준비구라인더 강순광 중심으로 투쟁 전개

  * 출근 후 작업은 않고 전부 서성거리거나 모여 흡연. 이에 김영백 과장이 전원 집합시킴. 이때 누군가의 '나가자'하자 밖으로 나옴. 이에 동시에 1부 재단에서도 미리 시위 사실을 알리고 밖으로 나오게 함.

－10:30 회사 측에서는 모든 부서 사원을 후문으로 퇴근시키려 함. 그러나 농성자들은 2부 준비와 1부 준비가 합류하여 1부 재봉 현장에서 선동하고 프레스→3부 등을 돌며 시위하여 10:45분경 정문 앞에 집결함.

－11:00 사장이 나와 '여러분의 요구 사항은 차츰 실시될 것이다'하며 농성 해산 강요

  300여 명 농성 계속 마이크는 2부 준비 최기장, 백종남, 이명철, 강순광 등 (이들은 회사 측과 협상 시 노동자 측의 바른 대표 노릇 못함)이 장악하고 김윤심이 한 마디도 못하게 탈취, 김윤심은 오락부장 맡고 계속 노래 지도

－12:00 〈요구사항〉

  －보너스 실수령액의 560% 지급하라

  －임금 20% 인상

  －가족수당, 장기근속수당 지급

  －어용노조 퇴진

－13:00 200여 명의 노동사들이 회사 안과 분리되어 문 밖에 서 있다가 이때 회사 안으로 밀고 들어가 농성자 수는 500여 명

－전경들 12:30분경 출동하여 도로를 막지 말 것을 요구/노동자들이 회사로 들어간 후에는 정문을 에워쌈

－14:00 1차 협상

  －협상대표: 2부 준비과(재단) 최의용 기장, 프레스 부서 백종남, 이명철, 강순광/2부 재봉: 김윤심/1부 재봉: 최경진/그 외 타부서에서 각 1명씩 전부 12명 선출

  －협상 중재는 최의용 기장→안전관리실장→사장

−협상내용: 사장이 '차츰 해결해준다'는 말과 회사 측 입장만 늘어놓고 설득함. 이에 김윤심은 강력히 반발하며 요구 사항 주장하고, 장용해 최경진도 김윤심에 동조/ 최기장, 백, 이, 강은 회사 측 논리에 묵묵히 듣고만 있었음→1차 협상 결렬

 * 농성 진행 과정 중에 백종남 등을 계속 노래만 주도. 이에 김윤심이 '왜 우리가 모였는가' 등을 말하면 마이크를 뺏는 등 전혀 선전교육을 못하도록 방해함. 뿐만 아니라 경비조도 '백' 등이 담당한다고 해놓고는 불성실한 태도로 소홀하여 회사 측이 경비실 장악

 * 새벽부터 마이크를 자유로 사용가능. 경비실도 농성자가 완전 장악하고 다음 날(20일) 아침에 농성자들이 쓴 유인물을 안팎으로 배포(100부)

 * 농성을 하는 동안에 조근자 김민건은 농성장 밖에 대기하며 농성장에서 필요한 물품들을 조달하는 등의 지원을 함

• 20일

−아침 6:40부터 회사 밖으로 방송 계속. 정문 개방한 상태에서 경찰과 관리자들 합세하여 농성 방해. 1,000여 명으로 농성자는 불어남

−11:00 2차협상 협상 대표 중에 최경진 외 장명순이 들어가고 별 변동 없이 2시간 동안 진행

회사 측 자기 입장 설득만 하려고 듦. 대표부 내에서 '회사 측 사정 이해하자' 등의 망발 나옴. 이에 김윤심 등이 백종남, 최기장 등을 대표로서 인정하지 못하겠다고 해서 농성자들도 술렁거리는 가운데 구체적 불신임하자고 새로운 대표로 선출하는 과정을 거치지 못하고 (간단히 거수의 방법으로라도) 오히려 대표지지 서명을 벌이는 등으로 기존 대표가 그대로 유지. 전혀 일의 손발이 맞지 않음. 농성자들에겐 통보방식으로 전달. 대표 불신, 야유. 이때부터 농성자들이 흩어지기 시작했고, 왔다갔다 술 마시고 경비는 허술, 분위기 산만해지고, 대표 백이 물러나겠다고 하자 대표 중한 사람(임인숙) 이래선 안 된다고 호소하자 대표지지 서명을 시작했다/

농성자들 줄어들고 분위기 산만, 대표 분열 당시 강순광이 '외부조심' 강
조. 그 밤엔 노래자랑. 유행가로 시간 때우고 있었다.

－14;30 3차 협상: 현 대표와 대표가 없는 부서에서 한명씩 뽑은 사람 합쳐
대표 선정/회사 측 대표로는 총무부장, 기술부장 등이 나와 '회사 사정이
어렵다'느니 운운 이에 대표 중 한 명이 자리를 박차고 나오자 모두 퇴장/
사장이 직접 협상에 응할 것을 요구하며 끝가지 싸울 것을 다짐.

＊대표분열: 최 백 등이 경비 및 안전관리 들어오게 하자 주장. 김 장 절대 안된
다, 이,임, 이 들어오게 하자로 기울어 결국 20일 저녁쯤 회사경비는 회사경비
와 안전관리, 사원들이 서게 되고 농성자 측 자체 경비는 흐지부지

＊농성 진행 과정: 당시까지 오락, 교육, 농성의 필요성을 말하던 김윤심이 목이
가서 더 이상 진행할 수 없게 돼 농성자 중에서 유행가 등으로 시종일관 진행.
회사 측에서 넣어준 빵, 우유, 음료수 등으로 저녁식사. 사람들은 지치기 시작.
구호 노래 계속(새벽까지) 비가오자 사람들이 천막 안으로 모였고, 한쪽에 모
인 남자들이 군가를 불러 활기.

• 21일

－6:30 아침 라면으로 식사한 후 출근하는 사람들 모으기 위해 밖으로 동참
호소. 정문 앞에서 노래 구호 아저씨들은 통근차에서 자다가 그제서야 나
와 한쪽에 앉아 5~600명이 다시 모였고 부서대표들도 보이지 않는 상황에
서 남은 대표만으로 농성하다 회사 측에서 협상요구

－10:30 협상

대표7명과 사장의 위임장을 가진 회사부장 3명

－회사 측과의 협상 전에 농성대표 선 합의: 보너스 최하 400%(농상자와 의
견교환 없었음)/근속수당 3,000원으로 결정함

－협상내용: 회사 '400%는 어렵다 추석 50% 추가지급하고 88년 구정 상여금
은 노사합의 후 결정하겠다로 고수. 대신 보너스 기준을 26일을 30일로 하
겠다.'

 * 대표 측 명해서 간교 파악 확실히 못했고 그 상태로 흐지부지 되고 대표 분열
   로 협상 타결
- 결과; 사장과 대표 나가서 농성자 앞에서 악수하고, "됐습니까?, "됐습니
   다!"로 해산한 후 22일부터 정상 조업

3. 87파업 이후~89년도

- 파업으로 일정 정도의 근로조건은 개선되었으나 노동조합은 여전히 어
  용노조 그대로이고, 처음에는 별다른 이상이 없었으나 회사에서는 파업을
  주도했던 사람들을 괴롭히고 솎아내기 위해 압력을 행사
- 파업 후 김윤심, 최경진 등이 부산진경찰서로 불려가서 조사를 받음
  조사과정에서 최경진은 가택수색에서 나온 의식화 서적에 대해서 김윤심
  에게 불리한 진술을 했다고 생각하고는 먼저 조사를 받고 귀가해서 스스
  로 무좀약을 먹어버려서 병원으로 실려 가는 등의 일도 있었음
 * 최경진의 소개로 김윤심이 운동권이 되었고 파업농성을 2박 3일간 주도했기
   때문에 보호해줘야 할 대상인데 오히려 더 힘들게 만들었다는 자책감을 가짐
- 정상조업 후 일정 시간이 지난 뒤부터는 회사 측에서 운동권이라고 찍힌
  사람들을 괴롭히는 과정에서 김윤심의 친구인 김남영도 인사과에 몇 번
  불려가서 '북한도 사람 사는 곳이 아니냐'고 반문한 발언 때문에 국가보안
  법으로 신문과 방송에 나오고 구속이 되어 49일간 살다 집행유예(?) 받음
- 87년 10월경, 김남영이 그렇게 된 것은 김윤심 자신 때문이라는 자책감으
  로 괴로운데 관리자들로부터 괴롭힘을 당하던 중 힘들고 지쳐서 2일간 무
  단결근을 하고 해운대로 가 버렸더니 해고가 됨
 * 김윤심은 회사에서 해고를 해줘서 오히려 잘 되었다고 생각할 정도로 심신이
   괴로웠음. 출근 투쟁도 3일간만 하고는 중단

□ 조직 재 정비

- 파업농성에 동참했던 이내만 씨가 조근자와 새롭게 연결이 되어 정윤식, 김민건 등과 모임에 합류 파업농성 중에 적극적이었던 사람들이 MT를 감

- 이순덕(조근자와 같은 재봉라인 재봉보조)의 소개로 동평여상 3학년 재학 중인 김숙자 등의 소모임 조직

- 김윤심은 해고된 후 조근자와 함께 김민건의 집에서 동양노동자신문을 발간해서 소모임을 통해서 배포하고, 출퇴근 길에 동양고무 회사 앞에서 배부

  * 동양노동자신문 등을 회사 내로 반입하는 과정에서 출근시간에 갖고 들어가기 힘들어서 퇴근을 하지 않고 회사 화장실에 숨어 있다가 다른 사람들이 출근하기 전에 배포를 하는 과정에서 최경진이 찬 바닥에 누워 있다가 안면와사풍에 걸리기도 함

- 조근자는 회사 밖에서 동양노동운동을 지원하면서 부산노동자협의회에 편집위원으로 동참함

- 12월 경에 김윤심이 무척 힘들어 해서 김윤심, 김민건, 조근자는 한라산으로 등산을 가는 등으로 노력을 했으나 김윤심은 이후 말없이 서울로 가서 3개월 뒤에 부산으로 내려왔지만 연락두절하고 다른 운동권(민중회의)과 연결이 됨

- 활동가들의 조직력은 미약한데 파업 중에 드러난 사람들은 서서히 강제 사직을 당하거나 스스로 못 견뎌서 퇴사를 함

□ 그 뒤

- 동양고무산업(주)는 1992년 10월에 (주)화승과 합병하였고, 합병과 동시에 (주)화승으로 상호를 다시 변경하였고, 이후 신발산업은 동남아시아로 이

전하였으며, 이내만은 이후 만판이라는 풍물패를 만들어서 문화운동으로
참여하였으나 현재는 연락이 안 됨
－신발공장의 활동가들은 고무노동자협의회라는 이름으로 친목회 형식의
모임이 지금도 지속되고 있음

4. 동양고무노동운동 평가

1986년 동양고무에서의 임금 인상 투쟁은 3월~6월 말까지 3월 10일을 전
후하여 부산노동자 임금인상투쟁위원회의 이름으로 회사 내 유인물배포를
3차례 실시하고, 3월 15일에는 회사의 중앙에 위치한 아치탑에 올라가서 출
근시간에 유인물을 배포하였으며, 3월 25일에는 출근시간 정문으로 들어가
면서 1차 스트라이크를 시도했고, 4월 18일 출근시간 정문 맞은편 상가건물
옥상과 정문 입구에서 2차 스트라이크를 시도했고, 6월 27일에는 부산 무역
회관 개관기념 신발전시회장 입구에서 해고자복직 투쟁시위를 하는 등 4개
월에 걸쳐서 장기간의 투쟁을 했다. 그러나 회사 내 아치탑에서 유인물을
배포하고 잡으러가는 광경을 많은 출근노동자들이 지켜봤을 때는 노동자들
의 술렁임 등이 최고조에 달했음에도 그 분위기를 즉각 살려내지 못하고 10
일이나 경과하는 과정에서 활동가들이 속속 노출되고 해고되어 회사분위기
는 극도로 경직된 상황에서 출근시간을 이용한 정문 앞에서의 2차례에 걸친
스트라이크 시도는 대다수의 노동자들에게는 사건조차 인지되지 못했다.
따라서 근로조건 개선과 임금인상이라는 동양고무 임금인상투쟁위원회의
가시적인 임투목표는 달성하지 못한 채 조직역량만 큰 타격을 받았다.

86년 임금인상투쟁에 적극적이었으면서도 해고되지 않은 동조자들은 뿔
뿔이 흩어졌고, 활동가들 주변에서 소극적이었던 노동자들과 드러나지 않은
몇 명의 선진노동자들 중심으로 87년 상반기에 조직이 재건되었으며, 이들

이 노동자 대투쟁 시기에 2박 3일간의 동양고무 파업농성을 이끌었다. 87년 파업은 파격적으로 근로개선을 이끌어내지는 못하였으나 부산의 신발공장들 중에서는 그나마 성공적으로 마무리되었는데, 86년 임금인상투쟁를 경험한 노동자 대중들의 의식고양과 조직된 선진노동자들의 역할이 일정부분 기여하였다.

IV.
학생운동

1장
부산지역 6월항쟁에서 학생운동의 역할[1]

_윤준호[2]

1. 들어가는 말―왜 부산인가?

1987년 6월항쟁은 나에게 큰 삶의 전환점이 되었고 지금까지도 삶의 우여
곡절에서 어떤 가치 판단의 중심축을 형성했다고 고백할 수 있다. 지금 6월
항쟁의 25주년을 맞이하여 나의 성장과정은 그날로부터 한국이 거쳐 온 민
주주의 발전과 질곡을 그대로 반추한다고 생각한다. 그런 의미에서 87년 6
월항쟁이 어떻게 준비되고 발전되어 왔는지, 우리 사회를 어떻게 변화시켰
는지를 알아보는 것이 중요하다고 생각한다. 특히, 지난 여러 평가에서 부
산의 6월항쟁 가운데 학생운동의 역할에 관한 평가는 미루어져 왔다. 왜냐
하면, 학생운동만의 단일대오가 아니라 여러 계층과 민중의 직접적인 참여
로 그 항쟁이 성공할 수 있었고, 그 전반에 대한 평가가 더욱 의미 있고 먼
저 이루어져야 마땅하기 때문이다.

하지만, 6월항쟁 25주년을 맞으며 이제는 6월항쟁에서 부산지역의 학생운

---

1) 이 글은 2012년 민주주의사회연구소 주관 6월항쟁 기념 학술행사에서 발제한 것
   이다. ―편집자 주
2) 당시 동아대학교 총학생회 부회장, 현재 더불어민주당 부산 해운대을지구당 위원
   장.

동의 역할에 대한 평가가 이루어져야 한다는 데 동의를 하면서 나의 개인 생각을 조심스럽게 피력해본다. 6월항쟁의 역사적 의미를 평가하기 위해서는 당시의 제반 사회운동의 주체적 조건, 그리고 그 결과 등을 검토하는 것이 필요하다. 유신체제 이후 민주화에 대한 국민적 열망을 꺾고 등장한 신군부의 난폭한 정권탈취와 5공의 출범에서 비롯된 국민적 좌절감, 그리고 무엇보다도 광주항쟁과정에서 드러난 정권의 억압성과 폭력성, 그리고 자기 동포에 대한 학살은 국민들의 직접적인 저항의식을 형성하는 데 큰 요인이 된 것은 분명하다.

6월항쟁은 박종철 고문치사 사건이 계기가 되었지만 출발지점은 정통성과 도덕성과 정당성이 처음부터 아예 없는 5공화국의 전두환 정권이었다. 군사 쿠데타와 내란으로 정권을 잡아 법률적으로 정통성을 가질 수 없었을 뿐만 아니라 80년 5월 광주민주화운동을 피의 학살로 막은 반민주적 정권이었다.

해방 이후 최대 규모의 국민운동이었던 6월항쟁은 이른바 6·29선언으로 일단락되었다. 6·29 선언에 대한 평가가 엇갈리고 있는 것은 사실이다. 수세에 몰린 군사정권이 어쩔 수 없이 내놓은 '정치적 선택'이었다는 점에서 대국민 항복 선언으로서의 성격을 과소평가해서는 안 된다. 그러나 다른 관점으로는, 6·29선언을 수용한 것은 군부독재와의 타협이었다는 지적도 있고, 이 때문에 계속적인 항쟁의 전개로 군부독재를 완전히 종식시킬 수 있는 기회를 놓쳤다는 주장도 있다. 특히 부산이 전국에서 중심적인 위치에 있었다는 것과 87년 5월, 6월항쟁의 구심체였던 국민운동본부도 부산이 매우 모범적이었다는 점을 감안하면, 6·29에 대한 평가도 부산지역에서 보다 엄정하게 이루어질 필요가 있다.

6월항쟁은 그 자체로서 민주화를 향한 큰 진전이었음이 분명하지만, 그것으로 완성된 것이 아니라 앞으로 해결해야 할 민주화의 구체적 과제 및 새로운 한국의 민주주의 방향을 제시한 것에 더 큰 의미가 있다 하겠다. 79년 부마항쟁, 80년 광주항쟁 등이 지역적 한계를 극복하지 못했던데 비해, 6월 항쟁은 전국적 규모로 진행되었다는 데에 가장 큰 의미가 있다.

그런 가운데서도 항쟁 기간 면에서나 참가 인원 면에서나 부산지역이 가장 중심적인 위치를 점하고 있었다. 이는 부산지역 재야운동 진영의 조직화의 수준과 관련되어 있는데, 1985년 종교계, 법조계, 재야를 망라한 부산민주시민협의회가 발족하여 명실상부한 부산 재야운동의 중심이 만들어졌다는 사실이 상징적으로 보여주는 것이다.

85년 2·12 총선 이후 직선제 개헌운동이 시작되었고 전국 순회 개헌 현판식 개최 열기가 정점을 이루었지만, 군부정권은 그 반동으로 4·13호헌조치를 발표한다. 이에 대한 대응이 각계에서 이루어지는데 역시 대학에서 제일 먼저 반응이 나온다. 교수들의 서명, 학생들의 집회가 이어졌고 변호사들의 시국성명, 건강사회를 위한 치과의사회, 약사회 등 지식인들의 시국선언이 줄을 이었는데 그 출발도 부산에서 시작되었다.[3]

6월항쟁의 전 기간 동안 거리에서 벌어진 투쟁도 부산에서 가장 치열하게 전개되었다. 그것이 가능했던 요인 중의 하나는, 투쟁의 지도부 역할을 한 국민운동 부산본부가 다른 지역보다 일찍 구성되었고 안정적인 지도력을 발휘하였던 것에서 찾을 수 있다. 부산의 시위는 이미 대학생들의 가두시위 차원을 훨씬 뛰어넘는 시민봉기의 형태로 진행되었고, 그 결과 정국을 다시금 긴장상태로 몰아넣은 두 번째 비상계엄설의 직접적 원인을 제공했다.

6월항쟁은 광범위한 대중의 자발적인 참여에 기초한 대중투쟁이었으면서도 4월혁명이나 광주민중항쟁과는 달리 투쟁의 전 과정을 통해 상징적, 실질적 지도부를 가지고 있었다. 이러한 지도부의 역할을 수행한 것이 바로 '민주헌법쟁취국민운동 부산본부'이었다. 또한 1987년 6월의 기폭제가 되었던 주체는 바로 대학생들이었다. 특히 부산지역의 학생운동은 6월민주항쟁

---

3) 동아대 학보, 6월항쟁 10주년 기념 대담, 1997.

에서도 가장 모범적이고 성숙된 역량으로 드러난다.

2. 87년 6월항쟁에서 학생운동의 역할과 특징

1) 부산지역 학생운동의 조직적 단결, 헌신 그리고 부총협의 건설

6월의 거리에서 학생들은 시위투쟁을 선도했고, 지역에 따라서 차이가 있었지만, 대개의 경우 시위투쟁을 이끌어가는 데 중심적인 역할을 했다.

학생들은 전두환 신군부체제가 그때까지 해온 자신들의 행태와 정책, 논리를 전면 부정하고 6·29 항복 선언을 하지 않을 수 없게 만드는 데 지대한 역할을 했다. 일제 강점 하에서의 민족해방운동처럼 유신체제와 전두환 신군부체제에서 반정부투쟁은 감옥에 가는 것을 의미했고, 그 점은 6월항쟁에서도 비슷했다. 자신을 희생시키는 헌신성이 없고서는 투쟁에 나서기가 어려웠다. 또 최루탄에 맞서 싸우는 데는 용맹성이나 강인한 투지가 요구되었다. 그리고 매일같이 그 독한 최루가스를 마셔가며 중노동보다 몇 배나 힘든 시위투쟁을 한다는 것은 거의 불가능에 가까운 일이었다.[4]

특히 전국에서도 거의 찾아보기 힘든 경우인데, 부산지역 학생들의 시위투쟁은 6월 10일부터 28일까지 단 하루 6월 23일만 제외하고 매일 전개되었다. 그것은 엄청난 희생정신과 헌신성이 아니면 할 수 없는 일이었다.

학생들이 6월항쟁에서 보인 희생정신과 헌신성은 어디에서 나온 것일까? 군부정권에 대한 강한 적개심이나 비판의식은 대부분의 학생들이 공유하는 바였다. 많은 학생들이 군부정권이 반민주적이고 반민중적이며 폭압적인 데다가 사악하기까지 하다고 확신했다. 쿠데타로 "서울의 봄"을 압살한 자들

---

4) 서중석, 『6월 항쟁』, 돌베개, 595쪽.

에 의해 저질러진 광주학살은 결코 잊을 수 없었다. 유신체제나 신군부정권은 재벌 또는 독점자본을 위해서 탄생한 정권으로, 노동자, 농민을 최저생계비 이하로 살도록 강요하고 노동운동, 농민운동 등 기층 민중운동을 탄압하기 위해 만들어진 권력 장치로 비쳐졌다.

1980년대에는 수천 명의 학생들이 (부산에서도 사상, 장유지역 등) 열악한 노동조건에서 수탈당하고 있는 노동자들의 권익을 지키고 노동자 세상을 만들기 위해 학생으로서의 기득권을 버리고 헌신적·희생적으로 노동현장에 뛰어든, 세계에서 유례를 찾기 어려운 노학연대의 민중운동이 펼쳐졌는데, 이들처럼 노동현장에 '위장취업'을 한 권인숙을 성고문하고, 그것도 모자라 권양이 성을 혁명의 도구로 이용했다고 마녀사냥까지 자행한 부천서 성고문 사건을 보고 학생들은 다시 한 번 전두환 정권의 속성을 명료히 확인할 수 있었다.

대중들의 의식을 마비시키기 위해 스포츠, 스크린(영화), 섹스의 3S정책을 펴는 것을 보면서도 그들은 분노했고, 어용언론에 대한 불만은 더 컸다. 학생들은 KBS, MBC의 허위보도, 기만적이고 편파적인 보도에 분노하고 있었는데, '보도지침'이 폭로됨으로써 전두환 권력의 사악한 언론장악의 실상이 만천하에 드러나고 KBS시청료납부 거부운동이 펼쳐지자 적극적으로 앞장서기도 했다.[5]

이런 대학생들의 민중과 사회에 대한 뜨거운 헌신성과 지배 권력에 맞서는 시민들의 다양한 합법적 운동들의 작은 냇물이 모여서 거대한 민주주의 용광로이자 민주주의 교육의 장을 마련하는 것으로 발전되었던 것이다.

타 지역(서울)에 비해 부산지역의 학생운동은 87년까지 학생운동 내부의 조직적 대립 및 분열은 크게 없었다. 서울지역의 경우는 NL, PD 등 노선 갈등으로 인하여 86년의 경우 고려대학 캠퍼스 내부에서 같은 날 다른 시위

---

5) 서중석, 『6월 항쟁』, 돌베개, 597쪽.

모임을 결성하는 경우도 있었지만 부산에서는 그런 경우가 87년 6월항쟁까지는 크게 없었다. 극히 부분적으로 87년 각 시위에서 제헌의회 구성을 요구하는 서클 정도의 모임 및 요구가 있었을 뿐이다.

1986년 10월 28일 서울에서 열린 전국반외세반독재애국학생투쟁연합(애학투련) 발대식은 군사정권의 표적이 되어 1,525명이 연행되었고 1,288명이 구속되었다. 이 사건을 계기로 운동진영에는 엄청난 내적인 고민과 실천적인 대안 모색이 진행되었다. 그 결과라고 볼 수 있는 하나의 모습으로, NL노선 총학생회장 후보들이 비폭력 평화투쟁, 학원민주화, 민주정권 수립 등을 공약으로 내걸고 대거 당선됨으로써 대중적 자주노선이 학생운동의 주류로 등장하게 되었다. 이런 흐름은 부산지역에도 그대로 전달되었다.

2) 대중노선

운동권끼리만 통하는 어려운 말로써 대중들을 소외시키고, 지식인 엘리트만 참여하는, 재미없는 투쟁이 아니라 어떻게 하면 많은 학우들과 함께 사회의 제반 모순을 해결할 것인가를 치열하게 고민한 결과로 도출된 대안이 '한 사람의 열 걸음보다 열 사람의 한 걸음'이라는 슬로건으로 표현된 대중노선이었다.

부산지역의 학생운동도 마찬가지로 86년 말부터 대중노선, 자주노선의 각 학교 총학생회가 구성되면서, 학생들에게 권리의식 및 참여의식을 갖게 하고 재미있는 여러 가지 프로그램을 마련해 나갔다. 이런 사업들은 곧 이어 부산지역 각 대학교에서 벌어진 대대적인 학원민주화 투쟁의 토대가 되었다.

하지만 각 학교간의 연대의 측면에서는, 87년 이전의 부산지역 학생운동은 자연발생적이고 일시적인 연대운동 수준에 머물렀고 조직적 틀을 가진 연대운동은 아니었다. 86년은 부산대, 동아대 총학생회 및 투쟁위원회 조직의 형태로 형성되었고 조직적 연대운동은 부산지역총학생회협의회(부총협)

의 건설로부터 시작되었다고 할 수 있다.

1985년 이후 전국적으로 총학생회를 부활하려는 움직임이 일어나면서 광범위한 논의가 있었다. 이는 연일 학생자치기구의 부활 투쟁으로 전개되었으며, 학내 시위와 철야 농성으로 표출되었다. 이 시기에 주목할 만한 특징적인 흐름은, 전국적으로 학생들의 투쟁이 다수의 대중이 참여하는 투쟁의 양상으로 전화하게 되었다는 것이다. 대중투쟁의 전개 속에서 서울지역과 타 지역 학교 간의 상호교류가 증가하는 가운데 차츰 연대운동의 필요성도 강하게 인식하게 된다. 이 무렵에 부산 경성대에서 진성일 열사의 분신사건이 발생하는데, 이 사건의 파장이 부산지역의 타 학교로 확산되면서 1987년 부총협이 건설되는 간접적 계기가 되었다.[6]

87년의 2·7, 3·3대회 등 계속 되는 거리 시위에 공동으로 참여함으로써 부산지역총학생회협의회 논의는 가속화되었고, 1987년 6월 5일 부산대학교 운동장에서 부산지역 5개 대학교가 모여 '부산지역총학생회협의회'를 결성하기에 이르렀다. 이후의 시위와 투쟁은 보다 조직적으로 이루어졌고, 부산 학생들의 헌신성과 높은 의식성은 그 이후 6월항쟁을 성공적으로 이끌어가는 견인차가 된다.

부총협이 6월 5일 결성식에서 학생들에게 천명한 다음 글에서 우리는, 당시 학생지도부가 한국의 제반 모순에 대한 높은 의식성을 가지고 대중들의 수준에 맞게끔 6월항쟁을 이끌어왔음을 확인할 수 있다.

한국의 역사에 있어서 민족과 민중을 예속과 독재의 마굴로부터 구출하기 위한 투쟁의 선두에 서기를 마다하지 않았던 우리 부산지역 애국청년학도는 청년학도의 단결과 통일의 협의체인 부총협의 깃발아래 똘똘 뭉쳐 조국의 해방과 민주화를 위해 과감하게 투쟁할 것을 천명한다.

6) 김형균 엮음, 『우리들이 쓰는 80년대 학생운동사』, 여름삼미디어, 1993, 307~308쪽.

① 우리 부총협은 조국을 예속과 독재의 사슬로부터 해방시키고 통일민주정부, 민중이 주인 되는 세상을 건설하는 민족민주운동의 선봉대가 될 것이다. 따라서 우리는 모든 애국 민족민주세력과 굳게 단결하여 조국의 자주화와 민주화를 위해 비타협적 투쟁을 4천만 민중과 함께 해 나갈 것이다.

② 우리 부총협은 부산지역 애국 청년들과 함께 부산지역의 자주화와 민주화를 위해 힘차게 투쟁할 것이다. 그러므로 우리 부총협은 각 대학과 연계하여 지역 민주화 운동에 앞장서서 민중의 민주화 투쟁을 적극 지원할 것이다.

③ 우리 부총협은 청년학도의 권익과 인권을 옹호, 신장시키기 위해 학원의 제반 비민주적 악폐를 척결하는 투쟁에 대학 간의 연계를 통해 지원도 아끼지 않을 것이다.

④ 우리 부총협은 민족자주학문의 건설을 위해 학원민주화투쟁을 대학 간 연계를 통해 통일적이고도 주체적으로 해 나갈 것이다. 따라서 우리 부총협은 사상과 실천을 공유하여 통일시키는 데 주체적 노력을 경주할 것이다.

⑤ 우리 부총협은 이제 그 뜻깊은 결성을 조국 천지에 알리고 10.16부마민중항쟁의 혁명적 정신을 계승하여 6월 10일 개최되는 '박종철 군 고문살인 은폐규탄 및 호헌철폐 국민대회'에 참석하여 모든 애국 청년학도와 함께 선도적으로 투쟁할 것을 천명한다.

조국은 지금 변혁을 요구하고 있다. 역사는 우리 청년학도들의 의기에 넘친 뜨거운 피를 요구하고 있다. 이미 민중이 주인 되는 새 세상의 여명은 동터오고 있다.

청년학도여!

결코 물러서지 않는 불굴의 용기로 조국과 민족을 독재와 외세의 폭압 속에서 구하기 위한 일념으로 떨쳐 일어나 힘차게 나아가자.

분단조국 42년 6월 5일
부산지역총학생회협의회

전체의 내용에서 6월항쟁을 주도한 학생운동세력이 반외세를 투쟁의 주요 이념으로 내세운 민족주의적 성격임이 분명히 드러나고 있다. 미국 등 외세에 대한 자주적 관점을 가지고 대중노선을 철저하게 구현하려 하였다. 그 당시 학생들은 인식에서 정도의 차이는 있었지만, 전두환 군사정권의 광주학살도 미국의 방조나 지지 하에 일어난 것으로 확신했기 때문에 반미자주화운동에 대체로 공감하고 있었고, 그러한 공감은 강렬한 헌신성을 불러일으켰다. 당시의 중요 구호는 '호헌 철폐, 군부독재 타도', '직선 개헌 쟁취'와 '미국은 독재지원, 내정간섭 즉각 중단하라'였다.

6월항쟁에서 부산지역 학생들이 놀랄 만큼 많이 참여해 잘 싸운 데는 다른 요인도 있었다. 이미 항쟁 이전에 부산대, 동아대, 신라대, 부산외대, 경성대 등은 5월과 6월의 학원민주화투쟁을 통해서 엄청난 동력을 축적해 놓고 있었던 것이다.

3) 학원민주화투쟁(1987년)

박종철 고문치사 사건을 통하여 독재정권에 대한 대학생들의 분노는 급격히 끓어올랐다. 이러한 열기는 바로 학내의 민주화운동으로 표출되었다. 부산대, 동아대, 신라대, 경성대, 부산외대 등은 3월부터 6월까지 대학민주화운동을 전개하는데 학생들의 열기는 극에 달하였다. 그리고 이 열기는 대학민주화운동이 마무리되면서 다시 6월민주항쟁으로 불타오른다.

부산대 학민투(학원민주화투쟁)의 발단은 대학신문사를 학교당국이 무리하게 장악하려는 기도에서 비롯되었다. 학생들은 학교당국의 부당한 기도를 저지하는 과정에서 '신문사 편집권 독립', '학생회비 자체 수납' 등 학내 민주화에 관한 각종 요구 사항을 내걸고 동맹휴학에 들어갔다. 5월 14일에는 학생 1만여 명이 본관을 점거하고 '연행 학생 석방', '학내 민주화 보장' 등의 구호를 외치며 농성하였다. 학민투 과정에서 학생들의 요구 사항은 점차 확대

되어 '어용총장 퇴진'으로부터 '구내식당 음식 질 개선'까지 무려 20여 가지
나 되었다. 그러자 학교당국은 농성을 해결하기 위해 이 문제를 경찰에 떠
넘겼다.

5월 13일 부산시경은 총장실 점거와 시험지 탈취 등 일련의 부산대 사건
이 민중항쟁의 유발을 위한 5단계 전략 중 1단계라고 분석하고, 시위에 가담
한 주동 및 적극 가담 학생 전원을 구속할 방침이라고 발표했다. 경찰은 부
산대 학생들의 시위가 단순한 학교 측에 대한 불만이나 학원 자율화에 대한
요구조건의 관철을 위한 것이 아니고 불법적인 민중항쟁을 통한 정권의 전
복에 그 숨은 목적이 있다고 주장하면서 무력을 동원하여 강제적으로 해산
시킬 방침을 세웠던 것이다.

경찰은 단식을 해제하고 식사를 하는 간부들을 덮쳐 주동 학생 9명을 집
시법 위반으로 구속하였다. 하지만 총학생회는 7일 간의 단식투쟁과 합리적
인 요구를 내세워 마침내 1만 5천 명이나 되는 학생들이 운집한 가운데 총
장의 '승복'을 받아 내어 4월의 학민투를 승리로 끝맺었다. 전국적으로 가장
모범적인 투쟁의 전형을 창출한 부산대 학민투의 승리는, 학생운동이 6월민
주항쟁으로 발전해 나가는 과정에서 매우 중요한 기폭제적 연결고리를 이
룬다. 과거에 학생회가 주도한 학생운동은 주로 선도적 정치투쟁을 일삼아
전체 학우보다는 일부 운동권 성향의 학우들로부터만 전폭적인 지지를 받
았다. 그러나 이제 학민투를 통하여 일반 학생들의 요구까지도 광범위하게
수렴함으로써 명실 공히 전체 학생을 대표하고 이끌어 나가는 진정한 학생
회가 될 수 있었던 것이다.

4월의 학민투를 겪으면서 학생회는 일반 학우들의 신뢰와 사랑을 받는 대
중적 학생회로 거듭 태어나 4월과 5월의 호헌정국을 돌파하고 마침내 6월의
거리에서 수 만의 일반 학생들이 학생회와 함께 진출하는 전기를 마련한 것
이다.[7] 학원민주화투쟁 과정에서 구속되었던 학생들도 대부분 석방되었다.

동아대는 6월에 학원민주화투쟁과 사회민주화투쟁을 동시에 전개하는 상황이었다. 4월에서 6월에 이르는 동아대의 학원민주화투쟁은 4월 15, 16일 이틀 간 총학생회가 주최한 제27주년 '4·19혁명 기념제' 기간 중 4백여 명의 학생들이 〈4·13 개헌유보조치 대통령 특별 담화문에 대한 우리의 입장〉이라는 성명을 통해 정부의 호헌방침이 지닌 부당성을 지적하고 '호헌철폐' '개헌쟁취' 등의 구호를 외치며 시위를 벌이는 것으로 시작되었다. 5월 12일 실시된 제20대 총(부)학생회장 선거에서는 민주 후보가 당선되었다.

5월 26일 공과대 학생 3백여 명이 시국선언 서명에 참가한 김명진(건축) 교수의 공과대 2학년 전방입소교육 인솔교수 교체에 따른 해명을 요구하면서 비롯된 학내 시위는 5월 27일부터 학생 불편사항 해결, 학원 내 비민주적 요소 척결 등이 주요 이슈로 제기되면서 확대되기 시작하였다. 이날 하오 9시 40분부터 이튿날 상오 2시까지 문과대 301강의실에서 4백여 명의 학생들이 총장 및 보직교수들과 자리를 함께 하였는데, 낮에 열린 비상학생총회에서 결의한 시국선언 서명교수의 신분 보장 문제, 교수 공개채용, 기숙사 건립문제 등 학생 측의 12개 요구 사항에 대한 학교 측의 입장과 이행 약속을 들었으나 학생들은 이를 수락할 수 없다며 '총장 퇴진' 등을 요구함으로써 사태는 더욱 본질적인 투쟁이 되었다. 이때부터 학내 민주화를 요구하는 시위와 점거 농성이 연일 전개되면서 행정기능이 한때 마비되는 등 대학 역사상 가장 격렬한 시위가 계속되었다.

그 동안 학교 당국과 교수들은 12개 요구 조건의 해결을 약속하며 학생들의 자중을 거듭 요청하였으나, 학생들은 요구 조건 수락을 문서화할 것과 총장 퇴진 등을 요구하며 연일 시위를 벌였다. 5월 29일은 8천여 명이 참가한 학생총회를 열고 대학본부 행정부서를 점거하는 한편 일부 행정부서의 기물을 운동장으로 들어내기도 하였다. 6월 1일에도 학생들은 대학본부 행

---

7) 부산민주운동사편찬위원회, 『부산민주운동사』, 492쪽.

정부서를 점거한테 이어 총장실을 점거하여 철야농성을 벌였다.

상반기 학원민주화투쟁은 연일 1만 이상의 학생이 참가하고 기말시험도 거부하면서 6월 16일까지 격렬히 지속되었다. 학생들은 6월 16일 승학캠퍼스 운동장에서 또 다시 학내 민주화와 관련하여 24개의 요구사항을 제시하였는데, 이에 대한 총장의 담화문 발표 이후에는 '총장퇴진'과 함께 '독재타도 호헌철폐'라는 정치적 구호도 동시에 터져 나오기 시작했다.

87년 상반기 학원민주화투쟁은 6월 중순까지 긴장의 파고를 높여나가 '총장퇴진'을 요구하는 최고의 수준까지 이르렀다. 연일 수천~1만 명 이상을 넘나드는 학생들이 집중하여 학원민주화에 대한 강력한 열망을 표출하였다. 이는 곧 6월항쟁의 주요 동력으로도 작용하였는데, '사회민주화 없이 학원민주화 없다'는 진실을 직관한 동아대 학생 대중은 노도와 같이 거리로 나섰다.[8]

경성대의 투쟁은 86년 11월 5일 '건국대 농성사건의 진상을 밝혀라' '어용총학 몰아내자' '군부독재 타도하자'를 외치며 산화한 진성일 학생의 죽음으로부터 시작된다. 11월 6일 1,500여 명의 학생들이 행정학과 주관으로 장례식을 치르기로 하고 대의원총회에서 장례준비위원회를 구성한 후 임시 비상대의원대회를 개최하여 총학 집행부에 대한 불신임을 가결하였다. 그리고 1,200여 명이 '독재 타도, 파쇼 타도'를 외치며 교문에서 투석전을 전개하였다.

87년 4월 19일에는 서클연합회(동아리연합회)의 주도로 4·19 행사를 개최, 어용총학생회 타도를 위한 싸움을 시작했고 4대 총학생회 보궐선거에서 압도적 표 차이로 민주 후보가 당선되었다. 5월에 들어서는 2천 여 명의 학생들이 모여 한편으로 '어용총학 타도'라는 학내 민주화의 요구를 제기하면서, '호헌철폐 독재타도', 그리고 '광주학살 진상규명'을 외치며 사회민주화투

8) 동아대학교민주운동사편찬위원회, 『그대 민족동아여』, 158쪽.

쟁도 동시에 전개했다.9)

신라대의 학원민주화운동은 6월 4일 3시 운동장에서 수련축전 반성 및 학내 제반사항 토의를 위해 열린 학생총회를 시작으로 17일 동안 총 10여 차례의 학생총회(이하 학총)와 학과총회(이하 과총)를 가지면서 교내시위, 본관 점거, 학생회장단의 단식 철야농성 등을 이어가며 투쟁을 전개했다. 이에 학교당국이 요구사항을 전면 수락함으로써 학내민주화가 수습되기에 이르렀고 주요일지는 다음과 같다.

6월 4일 3시 수련축전 평가반성 및 학내 제반 문제 해결을 위한 학총에서 구체적 16개 조항 요구사항 제시

6월 5일 3시 학총, 학생회장과 부회장, 자유의 벽 앞에서 무기한 철야 단식에 들어감

6월 6일 학과 대표 모임에서 수업 거부 및 시험 연기와 동조 단식 결의

6월 8일 9시 과총, 12시 학총 가짐. 학생 3천여 명 동참. 학장이 요구사항에 대해 구두로 수락. 학생회와 학과 대표가 족벌체제와 요구사항 수락이 문서화될 때까지 계속적인 수업거부 결의함

6월 9일 10시 과총, 12시 학총. 2천여 명의 학생이 동참, 본관 1·2층 점거 농성 교내 시위 중 전투경찰과 교문에서 대치 최루탄 발사로 해산. 다수 학생 부상, 6시 본관 앞 재집결 연좌 농성, 9시 해산

6월 10일 학교 당국은 요구사항 수락을 문서화하여 유인물 배포, 80여 명 본관 이사장실·학장실 점거 농성. 오후 10시 30분경 해산

6월 20일 12시 학총. 이사장 공개사과에 대한 약속 불이행에 항의하여 이사장실 기물 일부를 운동장에서 소각

6월 21일 1시 학총, 기획실장이 이사장의 공개 사과문 대독. 학내 사태 완전타결. 시국 관련 구국출정식 가짐10)

---

9) 경성대 민주동문회 회지.

부산외대의 학원민주화운동은 다음과 같다.

> 5월 26일 학내 제반 문제 해결을 위한 요구를 위해 학과 총회 개최
> 5월 27일 1천2백 명, 학과 총회 개최 후 성토대회, 학장실 점거
> 5월 28일 7백여 명 경과 보고 후 한때 교무처를 점거하여 철야 농성 결
>   의했으나 학교 측에 의해 강제 해산
> 5월 29일 수업 거부 및 학교 측 성명서 배포
> 6월 1일 수업거부 속에서도 제5차 학과 총회, 학생회장 이사장 면담
> 6월 3일 학교 측에서 학장 명의 성명서 배포[11]

이런 과정들을 거치면서 대부분의 학교에서 학생회 간부뿐만 아니라 학생 대중들도 자연스럽게 친구, 동료 관계로 6월항쟁에 참여하게 된다. 일반 학생들이 열정적으로 사명감을 갖고 항쟁에 참여한 것은 학원민주화투쟁 과정에서 '사회민주화 없이 학원민주화 없다'는 것을 직접 경험했기 때문이다.

4) 6월항쟁 전 과정에서 가장 치열하고, 가장 강고하게 싸웠던 부산 학생운동

2·7과 3·3대회로부터 '민주헌법쟁취국민운동본부'의 결성까지 각 대학 총학생회는 연대의 기구를 고민하였고, 국민운동본부의 현장지도부에는 각 총학생회에서 실무자를 한명씩 파견함으로써 논의를 이어갔다.

부산은 다른 지역과 다르게 국본의 지도지침이 내부적 이견 없이 잘 구현되었다. 그것은 81년 부림사건 이후 구속된 다수의 선배그룹이 83년에 대부분 출소하여 각 영역으로 운동을 확산시키면서 다시 부산국본으로 모이게 되어 지도의 구심체가 자연스럽게 형성되었기 때문이다. 부산의 학생운동

---

10) 신라대 학보, 1987.
11) 부산외대 학보, 1987.

도 학민투의 빛나는 성과들이 모여 6월 5일, 부산지역총학생회협의회가 구성되었고, 6월민주항쟁 이후 전대협의 결성 과정에서 부산 지역 모든 대학 총학생회가 더욱 튼튼하게 참여하는 부총협으로 재탄생되었다. 이미 4월부터 6월까지 성공적인 학내민주화운동을 경험함으로써 일반 학생들의 의식수준은 굉장히 성숙되었고, 이로 인해 대학 간의 연합조직도 다른 어느 지역보다 굳건한 대오를 유지했다.

6월 10일 대규모 시위 이후 그날 저녁부터 서울의 명동성당 농성이 시작되자 학생운동 지도부에서는, 그 농성투쟁을 방치할 경우 제2의 광주학살로 이어질 수 있다는 판단아래 그것을 지키고 널리 알리기 위한 집회와 시위를 이끌게 된다. 서울지역에서만의 싸움이 아니라 전국적으로 계속 항쟁이 이어갈 수 있도록 적극 대처하기로 결정한 것이다.

하나 재미있었던 일은 6월 12일 투쟁이었다. 부산지역은 12일부터 시위가 가열되기 시작됐다. 오후 2시 수산대, 경성대, 부산대 등에서 학내 출정식을 열고 거리로 나선 학생들은 시민들과 함께 연인원 1만여 명의 끈질긴 가두 시위를 진행했다. 밤 8시경 대신동 캠퍼스에 모였던 동아대 및 부산지역 대학생들이 가두 출정식을 벌였는데 경찰들이 최루탄을 마구 쏘아대었다. 경찰이 쏜 최루가스는 시위대에게만 아니라 인근 구덕운동장에도 날아가서, 미국과 한국의 축구경기가 30분 동안 중단되었고 관중들도 매운 연기 때문에 눈물을 흘려야 했다. 이 일은 경기장에 있던 관중들까지 자극하여 경기가 끝난 후 밖으로 나온 군중들이 시위대로 돌변해서 경찰을 당황케 하는 일이 발생했던 것이다. 이런 모습은 잠시 수그러들고 있던 다른 지역의 투쟁에 새로운 기폭제가 되어 6월항쟁이 전국적으로 계속 이어지게 되는 한 요인이 되기도 했다.

5) 새로운 전국 투쟁의 중심지 – 부산 가톨릭센터 농성

가톨릭센터 농성은 부산의 6월항쟁에서 중요한 기점이다. 6월 16일 대학생과 시민 370명이 가톨릭센터에서 무기한 농성에 돌입하였다. 치밀하게 준비되거나 계획된 투쟁은 아니었지만, 6월 10일 이후 소강상태를 보이고 있었던 시위 상황에 다시 전국적으로 불을 지펴야 한다는 공감대가 있었기 때문에 가능한 일이었다.

명동성당 농성 해산 이후 소강상태에 접어들던 시위가 가톨릭센터 점거 농성으로 인해 전 세계에 알려졌다. 각 대학 학생들은 가톨릭센터 앞까지 와서 지지 시위를 하고 다시 부산역으로 넘어가 다른 시위대와 결합하였다. 가톨릭센터 점거농성은 사전에 구체적으로 계획된 것은 아니었다. 그러나 그곳은 부산의 중심지에 위치한 상징성 있는 장소로서, 명동성당에 비견되는 항쟁의 구심점이 될 만한 곳으로 여겨지고 있었다. 당시 가톨릭센터에서는 부산에서 유일하게 '5 · 18광주민중항쟁 영령추도 사진전'을 했었고, 금지곡이 공연되기도 했다. '양심의 소리를 내는 곳'으로 자연스럽게 인식되었다는 것이다.

가톨릭센터 점거 농성이 계속되면서 시위도 한층 가열되었다. 6월 18일 '최루탄 추방의 날'에 오후 3시 경부터 1만 명이 넘는 시위대가 서면 로터리로 집결하기 시작했다. 사상터미널 부근 노동자 중심의 시위대는 서면으로 이동하였다. 가야로 부근의 동의대, 경남전문대생 등 1천여 명이 서면지역에 가세하였다. 오후 9시경에는 서면로터리에서 부산진시장까지 30여 만 명의 시민, 학생이 집결하여 '6월 부산항쟁'의 절정을 이루었다. 이 시위대는 6월항쟁 전 기간에 걸쳐 전국 최대의 인파였다. 한때 경찰도 진압을 포기할 정도였다. 시위대가 범일동 고가도로에서 경찰의 저지로 해산되어, 일부는 남포동으로, 일부는 부산역 등으로 이동하여 시위를 벌였다. 이때 최루탄을 피해 고가도로로 이동하던 중 회사원 이태춘 씨가 최루탄에 휩싸여 고가도

로 아래로 떨어져 병원으로 옮겼으나 24일 사망하는 비극적 사건이 일어나
기도 했다.12)

6) 87년 6월항쟁에서 부산의 학생운동이 기여한 바

한국사회에서 민주주의가 정착되었다고 할 수 있는 시점은 대개 87년 6월
항쟁 이후로 본다. 6월항쟁의 주체세력은 학생운동조직 하나만으로 볼 수
없는, 말 그대로 전민중적인 투쟁으로 발전했다. 하지만 그 선봉에서 서서
희생된 박종철, 이한열 열사와 같은 학생들의 적극적인 역할을 간과할 수는
없다.

민주화운동으로서 6월민주항쟁의 직접적인 투쟁의 계기는 박종철 고문치
사사건이었지만, 핵심 목표는 전두환 군부독재정권 타도였다. 군부정권의
통치를 종식시켜 한국사회의 민주화를 이룩한다는 것이 목표였다. 직선제
개헌 요구는 제도적인 수단과 방법에 불과하다고 당시의 지도부는 명확하
게 이해하고 있었다. 6월민주항쟁의 전개과정을 살펴보면 비록 학생과 노동
자들이 시위에 주도적 세력을 형성하였지만 궁극적으로 일반 시민들의 지
원과 동참을 통하여 최종적 승리를 거둠으로써 시민혁명적 성격을 가진다
고 평가할 수 있다.

부산에서 이렇게 치열하고 비타협적으로 투쟁을 이어갈 수 있었던 배경
은 학생들의 높은 참여의식과 학교에서 학원민주화 투쟁으로 단련된 데서
찾을 수 있다. 그 결과 자연스럽게 국민운동본부 및 각 학교 총학생회 깃발
로 모여 아름다운 6월의 투쟁을 이끌어갈 수 있었다.

그 의미를 살펴보면 첫째, 6월민주항쟁은 독재 권력에 대항한 학생과 민
중의 단합된 투쟁력으로써 군사독재정권을 굴복시켜 공식적인 항복 선언을

---

12) 동아대학교민주운동사편찬위원회, 185쪽.

획득하였다는 점, 그래서 민주주의를 전 분야로 확대시킬 수 있는 전기를 마련하였다는 점, 그리고 한 지역의 고립된 투쟁이 아니고 전 지역 전 분야가 합심하여 승리를 이끌어내었다는 점에 있다. 여기에 부산학생운동이 위에 열거한 여러 가지 특징으로 큰 기여를 하였다.

둘째, 6월민주항쟁의 과정에서 여러 우여곡절은 있지만 부산지역 학생운동의 수준이 한 단계 향상되어 부총협의 확대개편과 전대협의 건설로까지 귀결됨으로써 운동의 양적, 질적 발전 및 조직적인 확대를 가져왔다. 물론 이 과정에서 단련된 대학생들은 졸업하여 각 사회 방면으로 진출한 후에도 우리 사회 민주주의의 건강한 발전을 위한 주요 허리 역할을 하는 확실한 버팀목이 되었다.

셋째, 6월민주항쟁은 7, 8, 9월 노동자대투쟁으로 발전되는 결정적 계기를 마련하였으며, 그 이전까지 종교인과 지식인 등 재야 명망가들에 의존하던 사회운동을 노동운동과 기층 민중운동, 시민운동 등 전 분야로 발전하게 하는 결정적 계기가 되었다. 달리 표현하면 우리나라가 다원적인 사회발전을 추구하는 데 큰 공헌을 하였다.

넷째, 부산지역의 6월민주항쟁은 국민운동본부의 분명한 지도중심, 그리고 전체 하루하루의 싸움을 각 학교 총학생회와 면밀히 연락하고 역량을 배치하는 데까지 이른 확고한 연대로 인하여 타 지역보다 더욱 모범적인 모습을 보여주었다. 그 결과, 나라 전체의 6월항쟁을 주도적으로 이끌어내는 소중한 역할을 하였다.

3. 맺는 말

부산지역의 6월항쟁에서 학생운동의 역할은 모범적이었고 또한 이름 없는 많은 분들이 정말 성실히 각자의 영역에서 자신의 역할을 눈물겹도록 수행했다.

6월항쟁은 이전의 어느 항쟁보다 성공적으로 진행되었지만, 정권교체를 가져오지는 못했다. 그러나 그 결과 성립한 민주주의는 이후 두 차례의 선거를 치르고 마침내 정권까지 교체시키면서 안정을 유지하는 내적인 힘을 보여주었다. 6월항쟁 이후 한국의 민주주의는 분명히 발전해 왔지만 현재의 모습은 참으로 답답하고 안타깝기 그지없다. 우리가 87년 6월항쟁 때 외쳤던, 우리가 바라고 그리던 우리나라의 모습은 점점 더 멀리 사라지고 있는 것 같다. 그런데도 정치적 민주화 이전과 같은 학생운동의 적극적인 모습은 찾아보기 힘들다. 한국 사회에서 실질적인 경제적, 사회적 민주화를 이루기 위해서는 학생들이 깨어있는 민중으로서의 역할을 보다 적극적으로 실현해야 할 시기임이 분명하다.

6월항쟁 25주년을 맞이하는 지금 우리는 정말 나라가 문화적으로 뛰어나고 군사적으로 어느 나라에도 예속되지 않고 정치적으로 민주주의가 발전되고 남과 북의 교류가 확대되면서 군사적 긴장이 줄어들고 어려울 때 서로 도와주는 그런 민족의식이 조금이라도 실천되고 사회적으로 서로 도와주면서 창조적으로 신바람이 나는 그런 아름다운 나라가 되길 바란다. 또한 할 수 있다고 여긴다. 한 치 앞을 볼 수 없었던 어두컴컴한 그 시절에서도 우리는 해냈다. 그 당시와 비교하면 우리는 지금 얼마나 많은 것들을 가지고 있는가?

다시 87년 6월정신으로 돌아가 마이크가 필요하다고 외치면 육교에서 돈이 날아오고, 배고파서 허기가 지는 기색만 보여도 요구르트, 김밥이 여기저기서 던져지고, 서로의 눈물을 닦아주면서 어둠을 따뜻한 햇볕으로 변하게 했던 것처럼 지금의 이 어둠을 다 함께 극복했으면 한다. 마지막으로 류명선 님의 '보고 싶은 사람에게'란 시로써 이 글을 마칠까 한다.

보고 싶은 사람에게

류명선

참 멀게도 험한 길을 걸어왔구나
지금 나, 무슨 면목으로 그대 앞에 설 수 있을까
우두커니 서 있는 키 큰 나무처럼
이제 허한 깃발로 허탈하게 웃으면서
살아나는 비바람에 흔들거리지만
지워야 할 이름들이 되살아나는 새벽이면
불쑥 깨어나 독약 같은 아픔을 마신다.
도대체 희망이란 어디로 숨어 버렸을까
거리의 벽보처럼 사람들은 그때처럼 나부끼고
들짐승처럼 쏘다니는 신바람난 밤마다
다들 근사하게 꾸미고, 색칠하고, 포장하지만
그대들의 감추어진 야릇한 웃음 속에
한 시대가 또 서먹하게 저물고 있구나.
글썽이는 눈물로 떠나버린 사람 소식 없고
안주하며 자리 앉은 사람 또 그대로인데
이제 비에 젖은 저 깃발을 다시 걸어야지
바람들만 간혹 소리치며 나를 깨우는구나.
참세상은 아직 멀고,

참고문헌

강만길, 『20세기 우리 역사』, 『창작과 비평사』 2004.

경성대 민주동문회지.

김원, 『87년 6월 항쟁』, 책세상 2009.

김형균 엮음, 『우리들이 쓰는 80년대 학생운동사』, 여름삼미디어, 1993.

동아대 학보, 1987.

동아대학교민주운동사편찬위원회, 『그대 민족동아여』, 2007.

동의대 학보, 1987.

부경대 학보, 1987.

부산민주운동사편찬위원회, 『부산민주운동사』, 1998.

부산민주항쟁기념사업회, 『6월민주항쟁 증언록. 유월의 노래』, 1995.

부산민주항쟁기념사업회, 『6월항쟁 사진자료집』, 1995.

부산외대 학보, 1987.

서중석, 『6월항쟁 』.돌베개 2011.

신라대 학보, 1987.

이인영, 『학생운동 선도투쟁에서 대중성 강화로」, 『역사비평』 1997 여름.

학술단체협의회, 『6월민주항쟁과 한국사회 10년』 1997.

2장
87년 6월항쟁과 가톨릭센터 농성[1]

_김종기[2]

1. 머리말

1987년 6월항쟁은 우리에게 무엇이었던가? 그때 우리가 가꾸고자 했던 '우리의 조국'은 '민주화, 자주화, 통일'의 길로 힘차게 전진해 가며 그래서 지금 우리에게 남은 것은 자랑스러운 기억이며 벅찬 감동인가? 아니면 어느 학자의 말처럼 이미 87년 6월항쟁은 "기념하기보다 성찰되고 부정되어야 할 대상"이 되어버렸는가? 6월항쟁이 아직 '기념'해야 될 대상이 아니라는 점에서 그 학자의 말은 맞다. 왜냐하면 당시 우리 모두를 움직였던 '반독재 민주화'라는 가치는 아직 '형식적 민주주의'의 틀에 갇혀 있기 때문이며, 평화통일

---

1) 이 글은 2012년 6월 14일 「6월항쟁 25주년 기념 학술세미나」에 발표하기 위해 주로 필자의 체험을 바탕으로 기존의 여러 자료와 신문, 인터넷 자료 등을 재구성하고 편집한 글이다. 그중 부산지역 유월항쟁 자료발간위원회 『6월 항쟁－항쟁일지』(도서출판 유월자료, 1995)와 부산민주운동사편찬위원회, 『부산민주운동사』(1998)가 부산지역 6월항쟁에 대해 가장 입체적이고 포괄적인 서술을 하고 있으므로 이 두 책에서 필요한 부분은 직접 인용하기로 하고, 나머지 부분과 관련하여서는 어떤 내용이 어떻게 전재(轉載)되고 재구성되었는지를 세세히 밝히지는 않기로 한다. 그리고 글의 전체 내용은 기존의 자료 및 연구성과물에서 빠져 있는 부분을 중심으로 기술하고자 한다.
2) 당시 부산대학교 총학생회 부회장, 현재 민주주의사회연구소 부소장.

의 열망이 대결과 반목의 조장에 의해 비틀거리고 있기 때문이며, 더 왜곡되어 버린 '부의 재분배'가 더 나은 사회를 위한 우리의 꿈을 삼켜버렸기 때문이며, 또한 그날 그 뜨거웠던 열기와 함성은 사라지고 또 다시 권위주의의 망령이 되살아나 시민사회를 장악하고 있기 때문이다.

그래서 6월항쟁은 다시 '성찰'되어야 한다. 자욱한 최루탄 연기 속에서도 가질 수 있었던 그 꿈은 왜 다시 꾸기가 어려워져 버렸는지? 서로를 도와주고 격려하며 같이 싸우던 친구들, 시민들은 사라지고, 무관심과 이기심, 그리고 허무주의적 가치 아래 온 사회가 경쟁으로 내달리고, 하루를 멀다하고 어린 목숨들은 스스로를 허공으로 내던지고 있는데도, 이 광란의 질주를 막을 힘이 없다는 것이 어디에 그 근원이 있는지?

그러나 바로 이 때문에서라도 6월항쟁은 '부정'되어서는 안 된다. 아직 이루지 못한 꿈, '진실로' '민주화'된 사회, 구조화된 불평등이 실질적 복지로 대체되는 사회, 민족의 운명을 스스로 개척할 수 있을 정도로 더 '자주화'된 조국, 그 꿈이 남아있는 한, 6월항쟁은 다시 성찰되어야 된다. 6월항쟁을 다시 성찰해야 한다는 것은 현재의 우리를 다시 성찰해야 한다는 말과 동일한 의미이다. 그때 그 열기와 함성 속에서, 그 열정을 통해 못다 꾼 우리의 꿈을 다시 꾸어야 하지 않겠는가?

2. 부산대학교 학민투에서 6월항쟁으로

1987년 상반기 학생운동은 대학민국의 학생운동사 및 민주화 운동사에 중요한 한 분기점을 만들어 내었다. 왜냐하면 1987년에 들어서 학생운동은 선도적 정치투쟁 노선에서 '한 사람의 백 걸음보다 백 사람의 한 걸음을'이라는 구호로 압축되는 대중운동 노선으로 전환을 꾀했기 때문이다. 이러한 관점에서 본다면 87년 6월항쟁이 대규모 항쟁으로 발전할 수 있었던 것도 이와 연관시켜 이해할 수 있다. 80년 '민주화의 봄'을 짓밟고 등장한 전두환 군사정권의 장기간에 걸친 폭압적인 군부독재 정치가 대규모 국민항쟁의 객관적 조건을 제공해 주었다면, 대중과 유리된 선도적 정치투쟁을 지양하고 대중의 의식 수준에 맞추어 대중의 일상적 요구로부터 시작하고자 했던 대중운동의 노선은 대중과 결합된 대규모 정치투쟁의 가능성을 확인시켜 둔 주관적 조건으로 작용했기 때문이다.

1987년 4월 부산대학교에서 전개되었던 이른바 학원민주화 투쟁은 선도적 정치투쟁에서 대중운동 및 대중투쟁으로 운동노선의 전환을 꾀하고 있었던 전국 학생운동권의 자기 검증을 위한 시금석이었다 할 수 있다. 부마민주항쟁의 성지이자 민주화투쟁의 역사에서 매번 중요한 역할을 담당하였던 부산은 1979년 부마민주항쟁을 기점으로 대학생들과 시민들이 대규모로 참가하는 대중정치투쟁의 기억이 희미해져 가고 있었다. 실제로 87년 초입에 발생하였던 박종철 열사 고문치사 사건 등도 많은 국민들의 공분 속에서 전국적인 항쟁을 촉발시켰지만, 그때에도 이 항쟁이 부마항쟁과 같은 대규모 국민항쟁으로 전개되지는 못했다. 그 와중에 부산대학교 총학생회는 2월부터 부대신문사, 교지 편집위원회와 도서관학과(현재 문헌정보학과)에서 발생한 투쟁을 바탕으로 1983년 이후 이른바 학원자율화 조치(1984) 이후로도 허울로만 존재했던 대학의 민주화를 위한 투쟁을 벌여나가기 시작하였다. 이를 기점으로 학교당국이 일방적으로 교칙을 개정하여 신문사 및 교지 편집권을 대학원생으로 넘긴 것에서 촉발된 학내언론자유 쟁취투쟁과 학생회칙, 사범대학 국가고시 문제 등 억눌려 있던 여러 민주화 요구들이 봇물처럼 터져 나왔다. 총학생회장, 부회장을 비롯한 여러 간부들이 단식에 돌입하고 여러 단과대 학생회장이 지지 단식에 돌입하고 또 일반 학우들도 지지 단식에 돌입하면서 확대된 교내 집회 및 시위는 연일 만 명 이상의 학생들이 대규모 집회를 벌이는 대규모 투쟁으로 확산되었다. 드디어 부마민중항쟁의 시발지 부산대학교에서 또 다시 대규모의 대중투쟁이 재현되고 있었다. 그런데 부산대학교에서 학원민주화투쟁은 4월에 대학 당국이 학생들의 요구조건을 일단 수락함으로써 일단락되는 듯하였다. 그러나 4월 12일 교문 앞 식당에서 당시 7명의 학생회 간부들이 전격으로 체포됨으로써[3] 학교와 정권의 내밀한 연관관계를 확인한 학생들의 분노로 시위는 다시 격화되었다.[4] 이에 다시 집회와 교내시위가 이어지고 이에 참가한 학생대중들은 학교당국과 정권의 속성을 자연스럽게 인지하게 되었고 또한 대중투쟁의 위대함과 동시에 즐거움을 만끽하였다. 교내시위 및 집회에 참가한 학생들은 당시에 연일 집회가 이루어진 운동장 ㄱ자 스탠드를 '넉넉한 터'로 명명하였고 당시 본관(현재 인문관) 앞 공간을 '4월 마당'이라 명명하였다. 다시 말해 당시에 부산대학교의 학원민주화 투쟁에 참가한 학생들은 자신들의 대중적 힘을 각인하면서 이 투쟁 자체를 즐기고 있었던 것이었다.

전두환 군사정권이 4월 13일 호헌조치를 발표할 때에도 부산대학교의 학생운동은 외견상 학내민주화 문제에만 골몰하고 있는 듯이 보였다. 그러나 그 과정에서 학생들은 자신들의 힘을 스스로 확인하면서 자연스레 정치의식을 고양시켜 나갔던 것이다.[5] "총학생회는 7일간의 단식투쟁과 합리적인 요구를 내세워 마침내 1만 5천 명이나 되는 학생들이 운집한 가운데 총장의 '승복'을 받아 내어 4월의 학민투를 승리로 끝맺었다. 전국적으로 가장 모범적인 투쟁의 전형을 창출한 부산대 학민투의 승리는 학생운동이 6월 민주항

---

3) 당시 검거되어 구속된 간부는 김종기(철학과 4년, 총학생회 부회장), 김경면(계산통계학과 4년, 총무부장), 이강인(사회학과 4년, 인권복지위원장), 박상규(불문학과 4년, 기획부장), 이종철(체육교육학과 4년, 체육부장), 강정임(영어교육과 4년, 여학생부 차장), 박영관(경제학과 4년, 서클연합회장), 박영진(행정학과 3년, 사회대 학생회장), 이수빈(불문학과 4년, 전 '풀이' 회장) 등 총 9명이었다.

4) 당시 경찰은 부산대의 학민투를 민중항쟁유발을 목적으로 하는 5단계 중 1단계로 발표한 바 있다. 이에 대해서는 부산지역 유월항쟁 자료발간위원회『6월 항쟁 – 항쟁일지』, 도서출판 유월자료, 1995, 69쪽을 참조하라.

5) 부산대 학내 민주화투쟁 일지는 부산민주운동사편찬위원회, 『부산민주운동사』, 1998, 493쪽을 참조하라.

쟁으로 발전해 나가는 과정에서 매우 중요한 기폭제적 연결고리를 이룬다. 과거의 학생회가 주도하는 학생운동은 주도 선도적 정치투쟁을 일삼아 전체 학우보다는 일부 운동권 성향의 학우들로부터만 전폭적인 지지를 받았다. 그러나 이제 학민투를 통하여 일반 학생들의 요구까지도 광범위하게 수렴함으로써 명실공히 전체 학생을 대표하고 이끌어 나가는 진정한 학생회가 될 수 있었던 것이다. 4월의 학민투를 겪으면서 학생회는 일반 학우들의 신뢰와 사랑을 받는 대중적 학생회로 거듭 태어나 4월과 5월의 호헌정국을 돌파하여 마침내 6월의 거리에서 수만의 일반 학생들이 학생회와 함께 진출하는 전기를 마련한 것이다."[6] "이 시기 연일 만여 명의 학생들을 동원하며 학민투를 가장 성공시킨 대학은 전국에서 부산의 부산대와 광주의 조선대 두 대학이었다." 따라서 "두 지역 대학생들의 대중노선의 승리가 부산, 광주에서 6월항쟁의 불꽃을 가장 거세게 타오르게 한 계기가 되었다는 분석"[7]은 재차 강조되어야 할 필요가 있다. 이후 전통적인 대동제 기간인 5월에는 전국의 각 대학에서 부산대학교 학원민주화 투쟁을 모범으로 삼고자 모여들었고, 전국의 학생운동권은 대중투쟁노선의 중요성을 스스로 확인해 갔다.[8]

---

6) 같은 책, 492쪽. 또한 부산지역 유월항쟁 자료발간위원회, 앞의 책, 69쪽 참조.

7) 부산지역 유월항쟁 자료발간위원회, 앞의 책, 70쪽.

8) 이어서 부산지역에서는 동아대학교에서도 학원민주화 투쟁을 바탕으로 "동아대학 역사상 가장 격렬한 시위"가 벌어진다. "다만 부산대는 4월과 5월 초에 학내 민주화 투쟁을 집중적으로 전개하여 일단락 시킨 후 6월 민주화 운동에 참가하나, 동아대의 경우는 5월말부터 폭발적으로 전개되어 6월로 이어진다. 다시 말해 동아대는 6월에 학내 민주화투쟁과 사회민주화 투쟁을 동시에 전개하는 상황이었다." 같은 책 494쪽. 동아대 학내 민주화 투쟁에 대해서는 부산민주운동사편찬위원회, 같은 책, 494쪽 이하를 참조하라.

3. 6월항쟁 이전의 학생운동과 민주화운동

대한민국의 정치지형에서 85년에서 87년까지는 헌법의 개정을 둘러싸고 각 정파 및 세력 간의 갈등이 증폭되던 시기였다. 한편에서는 전두환의 5공 정권이 군부에서 또 다시 군부로 권력을 이양하기 위해 대통령을 간선제로 뽑은 제5공화국 헌법을 그대로 유지하려 하였고, 다른 한편에는 김대중, 김 영삼이 주도하는 야당이 민선민간정부의 수립을 위해 직선제 개헌을 추구 하고 있었다. 그리고 재야와 노동운동 및 학생운동은 반독재 민주화투쟁의 큰 틀 안에서 야당과 연대를 하여 반독재 민주화투쟁의 공동전선을 형성하 였다. 1985년 2·12 총선에서 학생운동권은 반독재 민주화 투쟁의 한 방편으 로서 김대중, 김영삼의 신당후보 지지투쟁을 벌이기도 하였다. 그러나 학생 운동의 주된 노선은 직선제 개헌론이 아니었고, 적어도 1986년도까지는 선 도적 정치투쟁론이 우세하였다.

1985년 학생운동권은 학생회의 연대 조직으로서 '전학련'(전국학생총연합 회)을 결성하였고, 그 산하에 5월 7일 '삼민투'(민족통일, 민주쟁취, 민중해방 을 위한 투쟁 위원회)가 만들어진다. 이후 삼민투는 5월 투쟁과 미문화원 점 거농성투쟁에 들어가게 되고, 삼민투가 용공이적단체로 규정되면서 위원장 허인회(당시 고대총학생회장) 등 지도부가 검거되었고 이어서 삼민투와 전 학련은 조직이 와해된다.[9]

---

9) 이미 학생운동은 85년부터 당시 학생회 중심의 대중운동을 중시하던 MC(Main Current의 약자)그룹과 투쟁위원회를 통한 선도적 정치투쟁을 강조하던 MT(민투 의 약자)그룹으로 나뉘어 있었다. 이에 따라 학생운동 내부에서는 학생운동의 위 상과 대중관에 대한 논쟁이 진행되었다. 그리고 이러한 논쟁은 더 심화되어 1985 년에는 한국사회 변혁에 대한 논쟁으로 이어진다. 그것이 이른바 C-N-P 논쟁이었 다. 이 논쟁은 한국사회를 주변부자본주의 사회로 보고 시민민주주의혁명(CDR) 을 통한 부르조아 민주주의의 수립이라는 과제를 제출한 견해, 둘째, 한국사회를 민족적 모순과 파쇼적 모순이 겹쳐있는 신식민지(예속)독점자본자본주의로 파악 하고 반제반파쇼투쟁을 통한 민족민주혁명(NDR)을 주장하는 견해, 그리고 한국

　이후 겨울방학을 거치고 난 다음, 1986년 2월 초 서울 시내 14개 대학 1,000여 명의 학생들이 서울대에 모여 '헌법철폐 투쟁대회'를 열고 '헌법제정 국민회의' 구성에 대한 서명운동을 제안한다. 3월 들어 각 대학의 학생운동권 일부는 헌법제정 국민회의 소집을 요구하며 '민민투'(반제반파쇼 민족민주투쟁위원회)를 결성하게 된다. 그리고 1986년 4월 서울대에서는 민민투와 투쟁노선을 달리하는 '자민투'(반미자주화 반파쇼민주화 투쟁위원회)가 결성되었고, 자민투는 본격적으로 반미투쟁을 벌이고 또 투쟁의 일환으로 전방입소거부 투쟁을 진행한다. 같은 달 서울대 학생들의 전방입소 거부투쟁 가운데에서 김세진, 이재호 두 열사가 '양키의 용병교육 전방입소 결사반대'를 외치며 신림동 사거리에서 분신하며 목숨을 잃었다. 이처럼 자민투는 당시 대학생들의 전방입소문제를 반미투쟁과 연결시키면서 반미투쟁을 대중적으로 확산시키고자 하였다. 이후 자민투는 NLPDR(민족해방민중민주혁명)론으로 무장하고 '반미자주화투쟁'을 투쟁의 중심으로 설정하고 그것을 바탕으로 하여 '반파쇼민주화투쟁'과 '조국통일촉진투쟁'을 주요한 투쟁목표로 내세운다. 그리고 자민투는 제국주의의 지배모순을 폭로하기 위해 미 대사관점거투쟁과 미군기지타격 등을 투쟁방식으로 취한다. 한편 민민투의 경우 '민민학련'(전국민족민주학생연합)을 건설하고 제헌의회 소집을 요구하며 점거농성, 가두시위 등을 전개한다. 민민투는 1986년 중반부터 노동자 투쟁과 철거반대투쟁과 적극 결합하면서 '제헌의회 소집' 요구를 확대시키고자 하였다. 이후의 CA(제헌의회소집파)는 바로 민민투의 입장을 계승한 것으로서 노동계급의 헤게모니 원칙을 고수하면서 계급동맹의 원칙들을 제시한다. 그런데 1986년 5·3 인천항쟁을 전후로 하여 자민투와 민민투는 개헌

　사회를 국가독점자본주의로 보고 민중민주혁명(PDR)을 주장하는 세 입장으로 진행되었다. 또한 논쟁과정에서 1985년 초 학생운동은 NDR론이 다수의 동의를 획득해 나아가게 된다. 이에 따라, 비록 절충적이었다고는 하지만 조직적으로도 MT그룹과 MC그룹으로 나뉘어있던 학생운동조직은 삼민투(민중민주화와 민족자주통일을 위한 투쟁위원회)를 공동으로 구성하게 된다.

국면에 대해 각각 다른 입장을 취하게 된다. 신민당이 주최한 개헌현판식이 부산, 대구, 광주 등을 거치면서 점차 대중투쟁으로 확산되는 것과 연관하여 자민투는 직선제개헌을 주장하며 이후 자민투의 노선은 NL 노선으로 이어 진다. 한편 민민투는 이때를 즈음하여 CA노선과 결합하여 제헌의회 소집을 주장하게 된다.

그리고 그해(1986년) 10월 28일 전국 26개 대학 2,000여 명의 학생들이 건국대학교에 모여 반외세 반독재 시위를 벌인다. 이들은 학생운동의 구심점이 될 '애학투련'(전국 반외세 반독재 애국학생투쟁연합)을 결성하고자 하였다. 10월 28일 당국은 집회에 대한 정보를 사전 입수하고 오전 7시부터 경찰을 배치하면서도 학교로 모여드는 학생들을 전혀 제지하지 않았다. 전두환 군사정권의 속셈은 학생운동 세력을 공산혁명분자로 몰아 일거에 제거하고자 하는 데 있었다. 그런데 건대항쟁은 단일 사건으로는 사법 사상 가장 많은 구속자(1,447명 연행, 1,287명이 좌경 용공으로 몰려 구속)를 양산했지만, 공안당국의 의도와는 달리 80년대 중반 흩어졌던 민주화 운동의 투쟁역량을 결집시키는 계기가 되었다. 그리고 무엇보다 이 건대항쟁을 계기로 학생운동은 선도적 정치투쟁을 반성하고 대중 노선으로의 전환을 꾀하게 되었던 것이다.

4. 부산의 6월항쟁

1) 6 · 10 항쟁의 시작과 명동성당 농성

87년 4월 13일 대통령 전두환은 개헌논의 중지와 대통령 간선제에 근간한 제5공화국 헌법에 의한 정부 이양을 골자로 하는 이른바 「4 · 13호헌조치」를 발표한다. 이에 반발하여 종교계 및 재야 각 단체는 호헌 철회를 요구하는 성명을 잇달아 발표하였고, 새로 창당된 통일민주당은 재야와의 공동투쟁을 위한 연계를 모색하여, 5월 27일 범야권 연합조직인 '민주헌법쟁취 국민운동본부'(국본)를 발족시켰다. 그런데 부산에서는 6월 민주항쟁의 지도부로서 국민운동 부산본부의 결성이 다른 어떤 지역보다 빨랐다. 서울에서 국민운동 본부의 건설에 관한 논의가 한창이던 5월 20일 2시에 당감성당에서 '부산민주시민협의회'(부민협)와 종교계, 통일민주당, 학생, 노동자 100여 명이 모여 '호헌반대 민주헌법쟁취 범국민운동 부산본부'를 결성한다. 이후 부산본부는 전국적인 통일성을 확보하기 위해 명칭을 '민주헌법쟁취 국민운동 부산본부'로 바꾼다. 이와 같이 국민운동 부산본부가 다른 지역보다 앞서 결성된 것은 다른 어떤 지역보다 부산에서 6월 민주항쟁을 더 힘차고, 더 조직적으로 전개시킬 수 있었던 이유 중의 하나일 것이다.[10]

5월 18일 김승훈(金勝勳) 신부가 천주교 정의구현 전국사제단을 대표하여 박종철 고문치사사건이 축소, 조작되었음을 알리는 성명을 발표하여 정부에 대한 국민의 분노가 확산되었다. 이를 바탕으로 국본은 6월 10일 '박종철군 고문살인 조작·은폐규탄 및 호헌철폐 국민대회'를 개최한다. 이로써 고문치사사건을 규탄하는 대회는 민주헌법 쟁취투쟁과 결합된다. 부산에서도 박종철군 고문치사에 항거하는 집회가 '2·7 추도 대회'로 열렸고, 작은 규모이긴 하지만 박종철 열사 49재를 위한 3·3 평화대행진이 거행되었다. 4·13 호헌조치 이후 부산에서도 다른 지역과 마찬가지로 호헌반대 열기가 고조된다. 그 와중에 당시 주로 재야인사들과 대학생들을 중심으로 펼쳐졌던 민주화운동에 5월 17일 황보영국(27)이라는 젊은 노동자의 분신이 큰 충격을 던지게 된다. 황보영국 씨는 당일 서면 부산상고 앞 복개천 도로에서 '독재타도' '광주학살 책임지고 전두환은 물러가라', '호헌책동 저지하고 민주헌법 쟁취하자'라고 절규하면서 제 몸을 불살랐다. 그러나 황보영국 씨의 가족은

---

10) 부산민주운동사편찬위원회, 앞의 책, 553쪽 참조.

경찰의 회유로 인해 당감동 화장터에서 은밀히 영국 씨를 화장하였고, 이후 부민협을 비롯한 부산의 재야단체들과 시민 학생 노동자들이 모여 '고 황보 영국 장례식'을 엄숙히 거행했다.

이후 87년 5월 27일 서울 명동 향린교회에서 '민주헌법쟁취 국민운동본부'가 결성된다. 이 국민운동본부는 4·13 호헌조치 이후 폭발적으로 분출하는 민중의 효과적으로 수렴하고 지도하기 위한 조직의 성격을 띠고 출범한 것이라고 할 수 있다. 그러나 앞서 언급한 것처럼 부산에서는 5월 20일 '민주헌법쟁취 국민운동본부'에 앞서 '호헌반대 민주헌법쟁취 범국민운동 부산본부'가 결성되었고, 이것이 나중에 '민주헌법쟁취 국민운동 부산본부'로 개칭되었다. 이 '부산본부'에서 상임집행위원장은 노무현이었고, 사무국장은 고호석이었다.[11]

1987년 6월 10일 국본이 '박종철 군 고문살인 조작·은폐규탄 및 호헌철폐 국민대회'를 개최하던 날은 또한 '민정당 제4차 전당대회 및 대통령 후보 지명대회'가 열린 날이었다. 전두환, 노태우를 비롯한 정부 여당은 전국적인 민주화 열기를 무시하고 4·13 조치를 불변의 원칙으로 고수하고자 하였다. 전두환은 6월 2일에서 열린 청와대 모임에서 민정당 대표 노태우를 차기 대통령 후보로 추천하면서, 6월 10일의 전당대회를 통해 이를 승인할 것이라고 발표한다. 그리고 6월 10일 오전 10시 잠실실내체육관에서 민정당 제4차 전당대회 및 대통령 후보 지명대회가 열린다. 그 자리에서 전두환은 일체의 개헌논의를 불허할 것임을 천명하였고, 노태우는 내각제 합의 개헌을 추진할 것을 밝혔다. 정부여당은 군사정권의 군사정권으로의 이행을 획책하였으며, 그 결정판이 바로 6월 10일의 제4차 민정당 전당대회였다. 이에 맞서 국본은 같은 날 '박종철 군 고문살인 조작·은폐규탄 및 호헌철폐 국민대회'를 개최하고, 박종철 군 고문살인에 대한 규탄은 자연스레 반독재 민주화투

---

11) 2·7 추도대회에서 6·10 이전까지의 상황에 대해서는 같은 책 537~542쪽 및 부산 지역 유월항쟁 자료발간위원회, 앞의 책, 38~77쪽 참조.

쟁으로 연결된다.

경찰이 6만여 병력을 투입하여 행사를 원천봉쇄하고자 했음에도 불구하고 이 날 시위는 전국 18개 도시에서 동시다발적으로 이루어졌고, 이날 시위에 차량행렬은 경적을 울려 호응했고 연도의 시민들은 박수로 격려했다. 시청 1개소, 파출소 15개소, 민정당 지구당사 2개소 등 21개소의 공공시설물이 파손되고, 경찰 708명, 일반인 30명의 부상자(경찰 집계)를 내며 밤늦게까지 계속된 시위는 밤 10시부터 '명동성당 점거농성'으로 이어졌다. 15일 해산 때까지 닷새 동안 농성이 계속되는 가운데 성당 밖에서는 연일 대학생들과 이들에 합세한 인근 사무직 노동자들의 지원시위가 이어졌다.

2) 명동성당 농성 해산과 부산에서 재점화된 6월항쟁

그런데 6월 15일 일요일 아침 서울의 명동성당에서 6월항쟁이 시작되면서 항쟁의 상징이자 구심점 역할을 하던 농성이 해제되었다. 이날 부산대학교 총학생회 사무실에는 전날 거리 시위를 주도하고 돌아온 총학생회 간부들이 모여 있었다. 6월 10일부터 총학생회 간부들은 총학생회 사무실을 상황실로 운영하였다. 그리고 총학생회에 남아 있는 간부들은 거리 시위의 현황을 모니터링하면서 거리에서 시위를 주도하는 다른 간부들 및 모니터들과 상황이 허락하는 한 긴밀히 연락을 주고받으며 시위대의 가두시위의 움직임을 부분적으로나마 유기적으로 연결하고자 노력하였다. 그리고 그 가운데 총학생회 간부 전체가 상황실에서 모이지 못할지라도 상황실에 있는 간부들 중심으로 회의를 하고 긴박한 결정이 내려지면 그것을 모니터들을 통해 거리 시위를 하고 있는 간부들에게 전달하곤 하였다.

명동성당에서 농성이 해제되었다는 소식이 전달된 일요일 오전 총학생회에서는 6월항쟁의 상징이자 구심점으로 작용하고 있었던 농성의 해산에 대한 비판이 강하게 터져 나오고 있었다. 특히 이강인 인권복지위원장은 6월항쟁에 상징적인 역할을 하던 명동성당 농성해체를 결정한 서총련 학생들에 대한 비판의 목소리가 많았던 것을 생생하게 기억하고 있다. 게다가 6월 14일 서울의 국본은 대변인 인명진 목사 명의로 6월항쟁의 종료를 발표하기도 하였던 터였다.[12] 그런데 부산의 가톨릭센터에서는 6월항쟁이 본격적으로 시작되기 전인 6월 8일부터 광주사진전이 열리고 있었다. 그리고 이 소식은 입소문을 타고 금방 부산 시내로 퍼졌다. 13일까지 전시된 이 사진전에 광주항쟁의 진실을 알고자 하는 시민들이 모여 들었다. 모인 관람객들이 많아지면서 관람객들은 3열, 4열 줄을 서기 시작하였고, 6월 13일까지 매일 가톨릭센터 앞 인도가 가득 메워졌다. 관람 행렬이 1km가량 이어지는 진풍경이 벌어지기도 하였다. 가톨릭센터는 6월항쟁 기간에도 5월 광주항쟁 사진전과 비디오 상영이 계속 이루어졌고 이렇게 이미 가톨릭센터는 민주화 투쟁의 거점으로 작용할 토대를 마련하고 있었다.

그날 총학생회 사무실에 모인 간부들 사이에서는 부산에서 더욱 강한 시위가 일어나야 할 것이라는 것과 아울러 항쟁의 구심점이 될 만한 부산 가톨릭센터에서도 농성이 있어야 한다는 견해들이 오고갔다. 그러나 서울의 명동성당 농성이 그랬던 것처럼 부산의 가톨릭센터 농성도 처음부터 계획된 것은 아니었다. 앞서 언급된 것처럼 서울에서 명동성당 농성이 해제된 15일, 부산대학교 '넉넉한 터'에서 총학생회 주도로 열린 교내 집회에는 6천 명이 넘는 학생들이 운집하였다. 부마 민주항쟁의 후예 부산의 대학생들은 서울의 명동성당 농성 해제라는 소식을 듣고 자발적으로 학교로 모여들었던 것이었다. 이미 4월 학민투를 통해 대중투쟁을 경험한 부산대학교의 학생들은 서울에서 6월항쟁의 열기가 주춤해지는 바로 그때부터 다시 대규모의 반독재 민주화투쟁의 본격적인 물꼬를 트기 시작하였다. 총학생회장·부회장 및 학생회 간부들의 주도로 열린 교문 투쟁을 마치고 학생들은 각 단위별로

---

12) http://archives.kdemo.or.kr/View?pRegNo=00744339 참조.

소위 '전술쪽지'를 통해 전달된 시내의 집결장소로 모여 거리시위를 전개하였다. 이날 산업대 1천여 명, 수산대 1천여 명의 학생도 집회를 마치고 거리시위에 나섰다. "일요일 시내를 찾았던 많은 시민들은 무리지어 나온 학생들에게 박수를 보내며 동조하거나 심적 지원을 아끼지 않았다. 저녁 7시경 서면에 집결한 시위대 1천여 명은 동보서적 근처에서 시위를 시작하였는데 역시 일반 시민들의 많은 호응을 얻었다. 경찰에 연행되어 가는 학생들을 구출해 주는 아주머니나 육교 위에서 시위대를 향해 돈을 뿌리는 시민들이 등장하기 시작했다. 시위대는 밤늦도록 '흩어졌다 모였다'를 반복하며 곳곳에서 게릴라식의 시위를 벌였다. 부산역 광장은 이제 정치 토론장이 되고 있었다. 시위대는 서면과 범내골, 광복동, 국제시장 등지에서 자정까지 시위를 벌였다."[13]

다음 날인 16일 오후 5시경을 전후로 각 대학에서는 전날의 투쟁보고대회와 함께 교내출정식이 열렸다. 부산대 5천여 명 등 9개 대학 1만여 명이 시내에서 연합시위를 벌였다. "대청동 사거리에 있던 시위대 5천여 명은 충무동 시위대와 합세하면서 남포동 거리를 완전히 뒤덮어 버렸다. 시위대는 금방 1만여 명을 넘어섰다. 대중집회를 마친 남포동 시위대는 인근 시청 옆 MBC 방송국으로 향했다. 방송국으로 가기 시작하자 경찰은 시청 앞을 최후의 저지선으로 삼아 차단했다. 경찰 저지선까지 이동한 시위대는 연좌시위를 하기 시작했다. 경찰은 평화적 연좌시위도 아랑곳하지 않고 몇 차례 경고 방송과 함께 곧바로 최루탄을 난사하면서 진격했다."[14] "그런데도 시위대는 물러서지 않았다. 오히려 도로에 드러누워 시위를 계속했다. [……] 경찰들도 더 이상 최루탄을 쏘지 않았다. 그냥 손을 놓고 그런 시위대를 한참 동안 바라보기만 하였다. 그러다가 상부에서의 연락이 무선으로 날아온 모양이었다. 그와 동시에 부산역 쪽에서 경찰의 지원병력이 합세하기 시작하

---

13) 부산민주운동사편찬위원회, 앞의 책, 546쪽.
14) 같은 곳.

0

였다. 그들 중에는 백골단이 상당수를 차지하고 있었다. 이어 '뛰어'하는 소리와 함께 백골단이 앞으로 달려나갔고, 전경들이 뒤에서 최루탄을 마구 쏘아대기 시작하였다. 누워 있던 시위대들은 끝까지 버티었으나 무차별 폭행을 가하며 연행하는 백골단의 횡포에는 견딜 수가 없었다. 먼저 몇몇이 일어서더니 이내 다른 시민들까지도 일어서고 말았다. 일어서서 근처 골목을 통해 빠져 나갔다. 그 골목을 통해 시위대는 국제시장과 대청동, 남포동, 보수동 등지로 향하였다. 거기서 한동안 시위를 벌이던 시민들 중 일부는 7시 30분경부터 유엔로에서 다시 연좌농성을 벌이기 시작하였다. 하지만 시위대의 숫자는 적었고, 이를 저지하는 경찰병력은 상대적으로 훨씬 많았다. 경찰의 무차별 진압에 연좌농성을 벌이던 시민들은 영선고개를 넘어 가톨릭센터 쪽으로 피신하였다. 거기서 대열을 정비한 시민들은 전경의 무차별 폭력적 진압에 대비하여 영선고개의 남일국민학교 쪽과 메리놀병원 쪽에 바리케이트를 설치하였다. 근처 공사장에서 가져온 철근과 벽돌, 시멘트 포대로 바리케이트를 쌓은 것이다. 얼마 있지 않아 전경들이 가톨릭센터 쪽으로 몰려왔다. 그들은 최루탄과 사과탄을 무차별 난사하였고 이에 시민들도 투석전으로 맞섰다. […] 그 동안 시민들 중 일부는 가톨릭 센터 쪽과 부단히 의견을 주고받고 있었다. 그리고 협상 끝에 비상시에는 센터 안으로 들어와도 좋다는 승낙을 얻어내었다. 이에 힘을 얻은 선두 시위대는 경찰에게 화염병과 돌을 던지며 저항하다가 얼른 센터 안으로 들어갔다."[15]

이 부분에 대해 당시 학생들의 가톨릭센터 농성을 지원해 준 박승원 신부(당시 천주교 정의평화위원회 대표, 송도성당 주임신부)는 다음과 같이 기억하고 있다. "6월 18일[16] 오후 2시 즈음, 박 신부에게 전화 한 통이 왔다. 이갑수 주교의 다급한 목소리였다. '학생 데모대들이 가톨릭센터로 몰려들

---

15) 부산지역 유월항쟁 자료발간위원회, 앞의 책, 101~103쪽.
16) 이 날짜는 잘못된 기억일 것이다. 가톨릭센터 농성은 실제로는 6월 16일 저녁부터 시작되었다.

어 오려고 해 셔터를 다 내렸다. 어쩌면 좋으냐.' 박 신부는 곧장 중구 대청동 가톨릭센터로 달려가 학생 시위대 앞에 섰다. '나는 정의평화위원회 대표인 박승원 신부다. 학생들 모두 자리에 앉으라. 내가 책임지고 여러분을 보호하겠다. 그러나 조건이 있다. 폭력은 절대 거부한다. 그러니까 화염병 돌 몽둥이는 모두 버리고 들어오라' 그래서 700여 명의 학생 시민들은 평화적인 상태에서 가톨릭센터 농성을 시작하게 됐다. '광주 사진전을 가지면서 부산 시민들에게 가톨릭센터가 알려졌습니다. 경찰에 대항하던 학생·시민 시위대들에겐 서울의 명동성당으로 여겨졌겠지요. 그래서 시위대들은 천주교의 보호막 아래로 찾아온 것이지요. 주교님과 사제단들의 논의 끝에 시위대를 받아들이기로 했지요."[17]

  바야흐로 부산에서 6월항쟁이 전국적으로 재점화되는 상징이 된 가톨릭센터 농성이 시작되게 된 것이다. 그러나 앞서 언급되었다시피 가톨릭센터 농성은 애초에 처음부터 계획된 농성은 아니었다. 가톨릭센터 주변에서 시위를 벌이던 시위대가 전경과 백골단에 밀려 가톨릭센터 측의 허락 하에 긴급피난을 하기 위해 들어간 우연적 사건이었다. 그러나 여기서 밝혀두어야 할 것이 하나 있다. 앞서 간략하게 언급되었다시피 서울 명동성당에서 농성해제가 결정되고 난 후 부산대학교 총학생회 상황실에서는 심각한 논의가 진행되고 있었다. 당시 상황실에서 시위 현장을 모니터링하고 있었던 총학생회 간부는 부회장 김종기, 인권복지위원장 이강인, 총무부장 김경면, 학술부 차장 김명주, 곽영순 등이었다. 거리에서 시위를 주도하던 총학생회장 김종삼을 비롯하여, 사회부장 배성한, 기획부장 박상규, 홍보부장 원성만, 학술부장 이창용, 체육부장 이종철, 여학생부 차장 강정임 등 다른 간부들은 그날 저녁 늦게까지 시위 현장을 누비느라 총학생회 사무실로 복귀를 하지 못했다. 그리고 여학생부장 주경미는 6월항쟁이 시작되고 얼마 지나지 않아

---

17) http://news20.busan.com/news/newsController.jsp?newsId=20070606000161. 『부산일보』 2007년 6월 6일, [시민이 쓰는 6월 항쟁] (7) 천주교 정의평화위원회 박승원 신부.

거리 현장에서 체포되어 구속된 상태였다. 이미 전날 총학생회 상황실에 있던 간부들 사이에서는 6월항쟁의 상징적 거점으로 작용했던 명동성당 농성 해제 이후에 대한 논의들이 이루어지고 있었다. 그리고 거기서 논의된 것은 부산에서 만약 농성이 필요하다면 가톨릭센터가 가장 적임지라는 것과 시민들도 참여하는 농성이 되기 위해서 재야와도 함께하는 농성이 되어야 한다는 것이었다.

3) 항쟁의 구심점이 된 가톨릭센터 농성

그러나 총학생회 상황실에서의 당시 논의는 가톨릭센터 농성을 계획적으로 준비하고자 한 것이 아니었다. 15일부터 부산대학교에서 벌어진 대규모 집회와 거리 시위, 그리고 부산 시내 다른 대학과의 연계투쟁을 통한 시위 규모의 확대, 이후 지속적인 대규모 대중 시위의 지속 등을 결의하는 논의에서 제기된 의미 있는 문제제기였을 뿐이다. 그 다음날 16일 부산대에서 그 전날과 마찬가지로 5천명을 훨씬 상회하는 학생들이 모여 집회를 개최하였고, 부산대를 포함하여 부산지역 9개 대학 1만여 명이 비상학생 총회를 개최하고 시내에서 연합시위를 벌였다. 그런 와중에서 6월 16일 늦은 저녁, 부산대학교 총학생회 상황실로 사회부장 배성한의 급한 전갈이 왔다. 배성한은 당시 국본의 부산대 측 학생대표로 참가하고 있었고 부산대학교 학생운동권과 재야를 연결하는 연락책이었다. 배성한은 가톨릭센터에서 농성이 시작되어야 하는데, 농성지도부가 없어 농성을 조직적으로 꾸릴 수 없으니 빨리 농성 지도부를 파견해야 한다는 것이었다. 당시 상황실에는 부회장 김종기, 인권복지위원장 이강인, 총무부장 김경면, 학술부 차장 김명주, 곽영순 등이 있어 시위현장을 모니터링하고 있었다. 총학생회장 김종삼이 거리 시위를 이끄느라 바깥에 있었기 때문에 상황실의 간부들이 짧게 회의를 마치고 부회장 김종기가 가톨릭센터로 들어가야 한다고 결정을 내렸다. 이어

김종기는 호위학생 한 명과 함께 총학생회를 은밀히 벗어나 가톨릭센터로 향했다. 이미 가톨릭센터는 전경들과 백골단으로 불렸던 무술경관들로 인해 겹겹이 둘러싸인 상태였다. 김종기와 호위학생은 가톨릭센터 뒤편에 면해 있는 가정집 담을 넘어 가톨릭센터로 잠입하였다. 거기서 김종기는 '부림사건'의 핵심인물 중 한명이자 대학 선배인 당시 부산국본 사무국장 고호석을 만난다. 그리하여 시민대표로 고호석, 학생대표로 김종기, 시위대와 함께 가톨릭센터에 먼저 들어와 있던 동아대학교 사회부장 김수현, 이 3명이 농성단 대표가 되어 본격적으로 농성이 시작되었던 것이다.

이후 농성단 대표, 학생, 시민들은 긴 토론회를 가졌다. 당시 대다수의 농성자는 거의 모두 대학생들이었고, 일부 시민들이 포함되어 있었다. 이들은 농성을 계속할 것인지, 아니면 경찰이 다시 몰려오기 전에 해산할 지를 놓고 공방을 벌였다. 해산을 주장하는 일부 학생들을 제외하고 대다수 학생들은 가톨릭센터를 사수하여 이곳을 항쟁의 상징적 중심지로 만들어야 한다는 데 의견을 모았다. 이때부터 농성자들은 농성단의 조직을 꾸리고 체계적으로 농성을 시작하였다. 농성자들은 지도부 3명(부산대: 김종기, 동아대: 김수현, 시민대표: 고호석)에다 시민홍보부(100명), 대외연락부(2명), 홍보선전부(5명), 정보수집부(2명), 일지기록부(1명) 등을 조직하면서 본격적으로 농성을 시작하였다. 이후 가톨릭센터는 부산에서 6월항쟁의 상징적 거점으로 작용하기 시작하였다. 거리의 시위대들이 '가톨릭센터로 가자'를 외치면서 형성된 대규모 시위대의 행렬은 가톨릭센터 주변에서부터 광복동, 남포동을 거쳐 부산역을 거쳐 서면으로까지 이어졌다.

한편 "전국적으로 투쟁의 열기는 18일을 고비로 조금씩 사그라드는 추세에 있었다. 특히 서울은 제도정치권의 강한 영향력을 받아 온건적인 타협분위기로 흘러갔다. 하지만 부산과 광주, 이 두 도시는 이후에도 지방색의 장벽을 넘어 끝까지 군사독재정권에 저항하며 나머지 도시에 경종을 울리게 된다."[18] 당시에 6월항쟁 거리시위를 주도한 지도자로서는 일반 시민들 측은 최병철(국본 상근자)과 학생들 측은 김종삼(부산대학교 총학생회장)이었다. 그리고 곳곳으로 흩어진 시위대에서 각 대학의 총학생회 간부와 재야단체 간부들이 시위대를 이끌었다. "지도부들은 먼저 조직적인 구호와 노래로 시위대의 분위기를 이끌었다. 그리고 독재자들의 만행을 성토하며 대대적인 투쟁을 했고, 연좌농성을 벌이거나 여기저기 이동을 하며 규탄대회를 벌이는 것이다. 그러면 경찰들이 최루탄을 난사하며 몰려오기 마련이다. 지도부들은 아주 짧은 순간에 이들과 싸워야할 지 아니면 후퇴해야 할 지 결정을 내려야 했다. 만약 후퇴를 한다면 어디서 다시 만나는지를 신속하게 알렸다. 이때 소위 말하는 '전술쪽지'가 자주 이용되었다. 자그만 종이에 다음 장소와 시간을 적어 돌리는데, 나중에 정확하게 그 장소로 시위대가 몰려오는 것이다. […] 그들은 사전에 치밀한 계획과 준비로 매일매일의 투쟁에 대비했던 것이다. 이는 부산 6월항쟁이 조직적이고 체계적인 투쟁으로 승화되는 데 큰 역할을 해내었다."[19]

  이와 같이 전국적으로 투쟁열기가 조금씩 사그라져 가는 6월 18일을 기점으로 부산의 거리시위와 투쟁 열기는 오히려 더욱 강하게 확산되어 가고 있었다. 그 와중에서 가톨릭센터는 시위대들이 흩어졌다 모이는 데 사용했던 '전술쪽지'에서 최종 집결지가 되곤 하였다. 이렇게 가톨릭센터가 상징적 투쟁거점이자 매개가 되면서 부산의 6월항쟁은 더욱 대규모의 대중항쟁으로 확산되어 갔다. 6월 18일 김종기는 가톨릭센터 옥상에서 끝이 보이지게 않게 늘어선 시위대열을 보며 감격을 느꼈다. 헤겔이 말하는 '시대정신'(Zeitgeist)이 뚜벅뚜벅 걸어 나오고 있다고.[20]

---

18) 부산지역 유월항쟁 자료발간위원회, 앞의 책, 133쪽.
19) 같은 책, 134쪽.
20) 이후의 가톨릭센터 농성 세부 상황에 대해서는 앞의 두 책을 참조하라.

5. 맺는 말

87년 부산대학교 총학생회 홍보부장이었던 원성만(철학 4)은 『부대신문』에 기고한 자신의 6월항쟁 회고담 「어느 84학번의 6월항쟁 이야기-②」에서 다음과 같이 말한 바 있다. "아무도 나에게 '운동권의 길'을 가라 하지 않았다. 다만, 대학생이 된 뒤에 듣고 본 현실은 그 이전의 현실과 너무도 달랐다. 나라 전체가 모순과 문제 아닌 것이 없는 것 같았다. 대학생으로 살아간다는 자체가 꼭 갚아야 할 어떤 역사적, 사회적 부채를 떠안은 것 같았다. 내가 잘나서, 공부를 열심히 해서 대학생이 됐다는 생각에 금이 갔다. 나와는 '아무런 관련도 없는' 5월 광주의 원혼을 풀어주지 않고는, 민중이 주인 되는 해방과 통일된 세상을 만들지 않고는 대학생이라는 것이 거짓 삶 같았다. 현실을 바꾸지 않으면 안 될, 자기 존재성에 대한 의문에 답하지 않을 수 없었다. 깊은 곳 영혼의 외침, 험한 곳 민중의 뼈아픈 고통을 외면할 것인지, 그래서 양심의 소리에 귀를 막을 것인지, '어느 길을 가겠는가' 선택의 여지는 없었다." 그랬다. 그때 우리는. 우리 모두는 '민족'과 '조국'의 미래라는 '대서사'를 이야기하고 있었다. 내 자신의 미래보다는 민족과 공동체의 미래를 우선시하고, 오늘 우리가 최루탄 속에서 흘린 눈물이 더 나은 조국과 더 인간다운 공동체를 위해 밑거름이 되리라 믿었다. 경찰에 쫓기면서도 또 감방에서도, 그 서슬 퍼런 공안통치 속에서도 꿈을 꾸었다. 우리의 소박한 그 꿈은 민주화된 사회, 해방된 사회가 아니었던가?

그 꿈은 아직 이루어지지 않았다. '형식적 민주주의' 속에서 퇴색되어 버린 민주화의 꿈, 인간답게 살고 싶다고 외치던 '노동자' 전태일의 꿈, "삼각산이 일어나 더덩실 춤이라도 추고, 한강물이 뒤집혀 용솟음칠 그날"이라고 울부짖던 해방된 통일조국에 대한 심훈의 꿈 말이다.

이미 1980년대 말 현실 사회주의의 붕괴 이후 세계의 진보적 변혁운동은 침로를 잃고 비틀거리기 시작했다. 그리고 그 속에서 기존의 '보편적 가치'

를 '대서사'라는 이름으로 부정하고 '차이'를 강조하는 포스트구조주의 및 포스트모더니즘의 지배가 도래했다. 포스트구조주의, 포스트모더니즘의 주도 아래 서구, 백인, 남성 중심의 세계관에서 비서구 여러 지역, 유색인종, 여성이 제 목소리를 내고, 그렇게 차이가 승인되고 용인되면서 '소통'과 '연대'의 중요성이 부각되는 시대에서 살아가고 있다. 이것이 포스트모더니즘이 우리에게 주는 긍정적 효과이다. 그러나 이글턴(Terry Eagleton, 1943년생)이 지적하듯이 모든 것이 가변적이고 부분적이고 상대적이어서, 거기서 진리나 보편을 찾는 것은 무의미하다고 포스트모더니스트들이 주장하는 가운데, 초국적 기업들이 지구의 한쪽 끝에서 다른 쪽 끝까지 펴져나가고 있었고, 그 결과가 바로 2003년의 전 지구를 뒤덮은 네오콘 광기였다. 이 때문에 이글턴은 이런 광기에 정면으로 맞서지 못하고 끝없이 자기 회의와 자기 부정에만 골몰하는 포스트모더니즘은 "끝에 다다른 듯하다"고 주장하고 있는 것이다.

우리는 지금 어디에 서 있는가? 우리가 그때 추구했던 민주화된 사회, 자주화된 조국은 어디에 있는가? 더 왜곡되어 버린 부의 재분배, 쉬이 줄어들지 않는 비정규직 노동자, 끝없는 경쟁의 강요 속에서 신음하는 우리 아이들 그리고 일반 시민들, 대결과 반목으로 치닫는 남북관계와 그 속에서 그치지 않고 되살아나 건전한 상식을 삼켜버리는 반북 이데올로기와 권위주의의 망령. 그렇다 그렇기 때문에 우리의 꿈은 아직 진행형이다. 동학혁명의 꿈, 4·19의 꿈, 부마민중항쟁의 꿈, 5·18광주민중항쟁의 꿈, 그리고 6월 항쟁의 꿈은 아직 끝나지 않았다. 그러나 어디로 가야하는가? 무엇을 해야 하는가? 침로가 보이지 않을수록, 어려워 보일수록, 그럼에도 출발점은 또다시 민중의 거대한 힘과 역사의 진보에 대한 소박한 믿음이 아닐까?

3장
87년 항쟁 속의 대학언론[1]

_배윤기[2]

1. 87년을 앞둔 대학언론의 위치

1980년대 대학신문은 전환기를 맞고 있었다. 유신시대와 5공화국의 억압 체제 하에서는 국가의 정보 독점과 조작 따위가 횡행했던 한편, 제도언론들의 검열 기관에 의해 걸러지고 제한된 보도가 정보 생산과 유통의 주된 경로를 장악하고 있었다. 물론 비제도 혹은 반제도 권역 또한 존재했다. 이른바 '유비통신'이었다. 이런 가운데 각 학교의 대학신문들은 정보 수용자들의 정보 욕구를 일정 정도 충족시켜주는 기능을 하고 있었다. 물론 이것이 대안적인 정보 매체로서 기능했다기보다는 우회적이거나 학술적인 방식의 정보 전달이었기 때문에, 한계를 갖지 않을 수 없었다.

정보기관과 대학당국은 대학신문의 자리를 그 정도로 한정하고 있었고, 그 안에서 머물도록 강제했다. 그렇지만 80년 국가에 의해 저질러진 국민에 대항한 학살은 대학사회를 근원적으로 동요하게 만들었고, 그와 관련한 정보의 흐름이 다양한 방식으로 실험되기에 이르렀다. 우선 기존의 '유비통신'

---

1) 이 글은 2015년 민주주의사회연구소 주관 6월항쟁 기념 학술행사에서 발표한 것이다. －편집자 주
2) 당시 부대신문사 편집국장, 현재 부산참여연대 부설 부산시민리더십교육센터 소장.

에 더하여, 1984년 이른바 '대학 자율화' 이후부터 본격화된 시위와 함께 뿌려지는 유인물과 벽으로 하여금 말하도록 만들었던 '대자보 운동'은 정보 유통에 있어 획기적인 변화를 가져왔다. 운동권 중심의 팸플릿 매체들을 옮기거나 다양한 사회적 이슈들까지 다양하게 표출했는데, 이런 변화의 움직임들이 상대적으로 정체된 대학언론에 무기력과 위기의식을 제공했다.

이름하여 '신문'(다수의 학교에서는 '학보'라는 명칭을 썼다)임에도 동시대의 사회적 이슈들을 다룰 수 없는 한계는 대학신문 기자들에게 자기 성찰의 계기를 만들었다. 기자들의 성찰의 결과는 근원적으로 '언론의 본성'에서부터 '한국사회 현 단계에서 대학언론 역할'에 이르기까지 다각적으로 탐색하고 또 토론하는 방향으로 진행되어 나갔다. 언론의 효율적 관리와 통제를 위해 실행된 1980년 신군부에 의한 '언론기본법' 제정과 '언론통폐합' 조치가 언론의 동시대 상황을 조성했으며, 이런 정보 통제의 노력과 위력은 안기부, 경찰 등 정보기관에 협력할 수밖에 없는 대학당국에 의해 대학사회에까지 미치고 있었다.

이런 대학언론이 당면한 처지를 극복하기 위한 노력은 ① 기자들의 주체적 역량 강화, ② 지면의 변화, ③ 신문 제작환경 등 제반의 억압에 대항한 투쟁 등으로 일어나기 시작했다. 이와 같은 대학언론의 노력은 한국사회 전체의 반독재 민주화 운동과 맥을 같이 하는 움직임이었다. 그럼에도 불구하고 당대의 대학언론의 현주소는 운동권으로부터는 "관제언론"이라 비난 받을 뿐 아니라 정보기관과 대학당국으로부터는 "운동권 신문"이라는 공격에 노출되는 '고립무원'의 형편이었다. 그리고 이런 형편은 오히려 대학언론이 자주적 방향 모색을 하도록 인도하는 배경이었다.

2. 87년을 준비하는 대학언론의 몸부림

한국의 민주화 운동이 그랬듯이, 대학언론의 87년 항쟁은 1980년의 좌절을 딛고 일어서면서 준비되고 있었다. 이를 먼저 '기자들의 주체적 역량 강화'라는 측면에서 살펴보자. 대학언론 기자들은 대학생인 동시에 기자 역할을 배워가는 입장이었던 까닭에 직업 기자들과는 달리 구체적인 상황 인식에 한계를 가질 수밖에 없었다. 순수한 정의감에서 출발하는 경우들이 많았고, 이는 동시대 한국사회의 모순을 인식하기 위한 새로운 학문적 흐름에 대한 관심으로 이어졌다. 기자들 훈련 내용이 '기사 쓰기'에 더하여 '한국사회 인식'과 관련한 학습과 토론이 더해졌다. 이에 따라 대학언론 기자들은 역사와 사회에 대한 의식을 더 많이 갖게 되었고, 나아가 대학언론 지면의 변화와 더 넓은 실천역량의 확보를 향해 나아가기 시작했다.

다음으로 '지면의 변화'가 어떻게 일어났는지 보자. 학교당국이 언제나 이야기하는 대학언론의 상은 '아카데미즘과 저널리즘의 조화'였다. 언제나 그렇듯이 이런 이상적 논의의 제기는 함께 그 이상을 실현하기 위해서라기보다는 오히려 그것으로 인해 넓혀지는 애매모호함과 혼선의 공간을 이용하여 가진 자들이 자기 의지를 관철시키기 위한 것인 경우가 많다. 대학언론의 이상적 상 또한 마찬가지였다. 결국 사회적 이슈들을 다룰 수 없게 만들거나 문제의식들을 유화시키거나 왜곡되게 만들었던 것이다. 그럼에도 불구하고 학계에서 일기 시작한 학문적 관심의 변화(비판이론과 마르크스주의, 제3세계 이론, 문화운동, 지역운동 등)가 새로운 이론적 모색들을 다양하게 꽃 피웠고, 이는 동시대 한국사회의 이슈들(광주, 미국, 군부, 변혁, 통일 등)과 맥락을 같이 하고 있었던 까닭에, 이의 취급이 바로 '아카데미즘과 저널리즘의 조화'를 실행하는 것이라는 주장에 궁색해진 학교당국은 '레드 콤플렉스'를 자극하기 시작했다. '빨갱이' '용공' '급진' 따위의 용어들이 당국과 학생기자들의 충돌에서 나왔으며, 신문을 만들 때마다 충돌에 충돌을 거듭하기에 이르렀다.

마지막으로 '신문 제작환경 등 대학언론의 억압에 대항한 투쟁'이 연대운동과 학원민주화운동으로 발전한 측면을 살펴보자. 부산지역에서 대학언론의 연대운동은 무엇보다 개별 학교 상황에 대한 상호 이해와 교류, 그리고 개별 학교가 다루기 힘든 문제들에 공동대처 하기 위해 시도되었다. 1986년 4월 6일 오후 2시 당감성당에서 발족했던 부산지역대학신문기자연합회는 바로 이런 시도의 결과였다. 부산의 12개 4년제 대학신문 기자들이 함께했던 발족식에서는 4가지가 결의되었다. "－대학신문 편집자율권 보장하라, －자유언론 탄압하는 언기법 폐지하라, －민중을 기만하는 부산일보 각성하라, －민주운동 탄압 중지하라." 이런 노력은 이후 전국대학신문기자연합을 탄생시키는 힘으로 성장한다. 한편 부산대학교의 '부대신문'에서는 1986년 2학기부터 교수들이 관리하기 용이한 대학원생들을 대학언론 기자로 채용해서 신문을 제작하는 시스템을 시도했고, 이는 1987년 2월 7일 '부대신문 기자 총사퇴 투쟁'으로 이어졌다. 개학과 함께 대학원생들이 만든 신문을 거부하는 '부대신문 화형식'을 시작으로 이어지는 학원민주화 투쟁은 그해 봄 부산대학교 '넉넉한 터'의 탄생을 낳았고, 이것이 6월항쟁으로 그대로 연결되었다.

3. 87년 이후 대학언론의 움직임

87년 항쟁 이후의 대학언론은 전면적인 자유의 시절을 맞았다. 연대운동 또한 활발하게 진행되었고, 이는 사회적 사안들에 공동기자단을 구성하여 대응하는 한편, 기자연합의 독자적인 속보 매체를 제작하여 투쟁 현장에서 배포하는 시도로 이어졌다. 동시에 다양한 매체들이 새로이 생겨나고 또 언론자유의 신장은 대학언론이 이전 같이 선도적으로 정보를 전달해야 할 필요성의 공간을 축소시키고 있었다. 87년 이후에는, 이런 매체 환경의 변화에 대처해야 할 새로운 노력이 다시 대학언론 기자들에게 요구되었다.

V.
종교운동

1장
87년 6월항쟁과 기독교운동[1]

_김해몽[2]

1. 들어가는 말

87년 6월항쟁은 1987년 6월 10일부터 6월 29일까지 대한민국 전국방방곡곡에서 시민들이 일어선 반독재 민주화운동이다. 5공화국의 전두환 대통령은 간접선거를 통해 대통령을 선출하는 기존의 헌법을 고수하려고 4월 13일 호헌조치를 선언하였고 이에 대해 민주화세력은 호헌철폐 대통령 직선제를 주장하면서 전 국민적 운동으로 맞섰다. 이때 경찰의 박종철 고문치사사건, 이한열 군이 시위 도중 최루탄에 맞아 사망한 사건 등이 도화선이 되어 6월 10일 이후 전국적으로 시위가 확산되었고 이에 6월 29일 노태우 민정당 대표위원이 8개 항 시국 수습 안을 포함한 6·29 선언을 발표하면서 대통령 직선제로의 개헌이 이루어졌다.

당시 4·13 호헌조치가 발표되자 종교계와 재야단체는 이를 강력히 규탄하고 호헌철회를 요구하는 성명서를 발표하였다. 부산에서는 5월 20일 당감성당에서 부산민주시민협의회(부민협)와 종교계, 통일민주당, 학생, 노동자

---

1) 이 글은 2013년 민주주의사회연구소 주관 6월항쟁 기념 학술행사에서 발표한 것이다. ─편집자 주
2) 당시 부산EYC 상근부총무, 현재 부산시민운동지원센터 센터장.

100여 명이 모여 '호헌반대 민주헌법쟁취 범국민운동 부산본부'를 결성하였다. 이후 부산본부는 조직 명칭을 '민주헌법쟁취 국민운동본부'로 개정하여 전국적으로 통일성을 기하였다.[3]

부산의 6월항쟁은 타 지역보다 조직결성도 앞섰고 역량결집도 탄탄한 모습을 보여 주었다. 물론 부산의 운동은 서울의 운동 흐름에 조응하여 전개되었지만 '박종철 열사 고문치사사건'이 지역출신 인사로서 가지는 동질감이나 분노가 있었고 또 다른 어느 도시보다도 민주화에 대한 시민들의 열망이 강렬했기 때문이라 할 수 있다.

부산 기독교운동의 사회참여 역사가 정확히 어느 시기부터 시작되었는지 그 근원을 찾는 일은 매우 어렵다. 그 이유는 기독인들 개개인의 신앙 실천 형태가 신앙적 양심과 신학적 이론에서 출발하기 때문에 개인적으로 신앙고백 차원에서 사회문제에 참여하는 경향이 대부분이기 때문이며, 기독교운동은 기독인이 있다면 그들이 살아가는 삶의 공간에서는 멈출 수 없이 사회 속에서 끊임없이 진행되고 있는 진행형이기 때문이다. 일반 사회운동의 관점에서 보면 목회자가 참여한다 하더라도 조직보다는 목회자 개인과 연대하는 것으로 해석하고 교회운동과는 무관하다고 보는 것이 대부분이다. 그러나 기독교 내부의 관점에서, 교회사라는 입장에서 보면 목회자나 평신도 개인의 사회참여는 신앙의 결단에 의한 사건으로 의미를 찾을 수 있으며 나아가 하나님의 정의를 실천해가는 신앙인의 운동으로 의미를 가질 수 있다고 보는 것이다. 이러한 신앙인으로 우리가 기억할 수 있는 분은 고 임기윤 목사 같은 분들이라 할 수 있다.

따라서 이번 26주년을 맞이하여 정리하는 6월항쟁과 기독교운동에 대해서는 공개적인 단체 활동을 중심으로 소개하면서 아울러 6월항쟁을 전후로 하여 공개조직이 생성되기 이전이나 공개조직 생성 이후에도 개인적으로

---

3) 부산민주운동사편찬위원회, 『부산민주운동사』, 1998.

역사의 중요한 시점마다 개별적으로 참여한 기독인의 신앙실천도 함께 밝혀두는 것도 의미가 있다고 판단하여 가능한 기록 해두고자 한다.

6월항쟁 당시 기독인으로 기독교운동 조직에는 직접 몸담고 있지는 않아서 위대한 시민항쟁이 진행되는 동안 자발적으로 참여한 목회자들과 평신도들의 개별적 참여에 대해서는 구체적으로 기록하는 데에는 한계가 있지만 이를 결코 가벼이 할 수 없는 시민항쟁의 중요한 구성원이었다는 점과 기독운동사에 있어서도 매우 의미 있는 실천행위라 볼 수 있는 것이다. 6월항쟁 전·후 당시에 시위에 참여한 목회자나 평신도는 부산지역의 보수적 교회 환경 가운데서 참여한 것이기 때문에 이들의 신앙 실천의 결단은 매우 어려운 상황에서 선택한 결단이라 볼 수 있으며, 이는 선한 세력과 연대하여 하나님의 공의를 이루고자하는 하나님 나라 운동의 행위로 볼 수 있는 것이다. 이러한 일은 2,000여 년 동안의 기독교역사 속에서도 끊임없이 진행되어져 왔고, 지금도 계속되고 있는 신앙실천운동이기 때문이다. 부산이 역사의 변혁기마다 전환점을 이끌었던 역할을 한 그 이면에는 부산지역 기독인들의 보이지 않는 중요한 역할이 있었음을 부인할 수 없을 것이다. 이는 후에 부산의 민주화운동, 시민사회운동과정에서 기독인들이 단체나 조직 결성과 운영과정에 중요한 역할자로, 책임자로서 직간접적으로 참여해온 사례들 수 없이 많기 때문이다.

따라서 부산기독교운동의 역사를 정리할 때도 출발 시기에 있어서 시점을 확인하는 것은 어려운 일이다. 그렇지만 그 동안의 부산민주화운동사에서 정리된 자료에 의하면 공개사회단체 운동으로서의 참여가 중요한 의미를 가진다. 개인적 신앙고백 차원을 넘어서 조직적 참여를 통해 신앙실천 노력을 했다는 것은 참여한 조직의 목적과 내용에 동의하고 그 조직이 추구하는 사회변혁의 내용에 책임 있는 구성원으로서 공동실천의 노력을 했기 때문에 개인적 신앙실천과 다른 의미가 있으며, 또 이러한 참여에 대해 객관적인 평가를 할 수 있기 때문이다. 또 기독교 내부에서도 기독교운동사

정리에 있어서 의미를 가질 수 있을 것이다. 6월항쟁과 기독교운동사를 정리하는 문제에서 기독교운동의 공개사회운동의 사례와 그 자료들이 어느 정도인지를 제대로 파악하는 것은 현재로서는 매우 어려운 일이다. 따라서 이 글은 당시 항쟁의 한가운데에 뛰어들어 항쟁에 참여했던 일부 기독인들의 증언을 토대로 정리한 것이며 또 6월항쟁 역사를 기록한 자료를 참고로 하였다.

2. 87년 6월항쟁과 기독교운동
―6월항쟁의 기운을 촉발한 부산 기독인들의 사회참여운동

1978년 전후로 유신정권에 대한 시민저항은 민주화운동으로 더욱 가열되었고, 반면 유신정권은 탄압을 보다 노골화하였다. 1979년 10월 26일 마침내 유신정권은 무너졌고 뒤이어 하나회를 중심으로 신군부세력이 정권을 탈취하면서, 1980년 5월 18일 광주민중항쟁을 총칼로 잔인하게 진압했다. 그리고 신군부세력은 정권탈취의 정당성을 확보하기 위해 공안정국을 조성하고 민주화세력을 용공, 좌경으로 몰아갔다.

이 시기 신앙에 입각하여 양심의 목소리를 내고 사회운동에 참여한 목회자들에게도 시련은 비켜가지 않았다. 계엄사는 80년 6월 17일 최성묵 목사 외 329명의 지명수배자를 발표하고 검거바람을 일으키면서 전국을 공안정국으로 몰아갔다. 또 80년 7월 26일 '부산인권선교협의회' 회장 임기윤 목사(부산제일감리교회)가 보안사에 연행된 이후 의문의 죽음을 당하게 된다. 임목사는 7월 19일 보안사 출석요구를 받고 출두한 이후 7월 21일 의식불명으로 병원에 입원한 상태로 가족에게 연락이 왔고 그 상태로 영원히 깨어나지 못한 것이다.

70년대 부산의 민주화운동은 종교계에 거의 의존해 있었다 해도 과언이 아니다. 개신교와 천주교 지도자들이 조직한 부산인권선교협의회, 엠네스티, 도시산업선교회, 가톨릭노동청년회가 그렇고, 중부교회 등 몇몇 교회 청년회의 활동 또한 그렇다.

하지만 이 발제문을 쓰는 동안 이러한 자료를 정리하기에는 시간적 제약이 있었고 또 내용에 접근하는 방법으로 당시 상황을 알고 있는 증언자를 찾기가 어려운 점에 부딪쳤다. 이에 관한 정리는 매우 중요하기 때문에 향후 반드시 보강되어야 한다.

80년 당시 정국이 혼란할 때 부산의 교계는 선교방법론에 있어서 "교회선교냐? 하나님의 선교냐?" 구원문제에 있어서는 "개인구원이냐? 사회구원이냐?"를 가지고 심각한 논쟁을 하던 시기였다. 교계는 보수와 진보로 나뉘어졌고, 이쯤에 부산에는 부산YMCA총무를 역임했고 중부교회에서 목회를 하고 있던 최성묵 목사, 김상훈 준목, 산정현교회 박광선 목사, 장기려 장로, 신광교회 이일호 목사, 부산진교회 우창웅 장로, 영락교회 김동수 장로, 박영희 장로, 항서교회 최기준 목사, 항남교회 임명규 목사, 낙동교회 김기수 목사, 우리교회 김영수 목사, 시온중앙교회 정영문 목사, 한빛교회 조창섭 목사, 황재순 장로, 남천교회 전병호 목사, 성공회 염영일 신부 그리고 부산신학교 학생인 송영웅 전도사 등이 사회선교에 적극 나섰다. 한국교회는 민주화와 인권문제를 교회의 주요 의제로 선정했으며 각 지역마다 기독교교회협의회(NCC)나 기독교교회협의회 인권위원회를 조직하여 인권운동과 민주화운동을 본격화하기 시작했다. 부산지역 교계에서도 교단을 초월하여 인권운동과 민주화운동을 체계적으로 하기 위한 조직결성 논의가 시작되었다. 그러나 교단 연합조직인 NCCP조직 결성은 교단 여건상 어려워 개인이 참여하는 교회협 인권위를 창립하여 적극적이고 공개적으로 활동을 전개했다.[4]

1979년 유신정권 말기증상이 나타나면서 사회가 암흑으로 치닫게 되었을

---

4) 부산기독교민주화운동사의 편린 2002년 박광선 목사(전 부산NCC 회장)

때 교회의 침묵을 깨고 예언자의 목소리가 서울에서부터 조직적으로 나오기 시작했다. 부산지역에서는 1979년 10월 14일부터 16일까지 부산노회가 부산진교회에서 열렸다. 이때 남포동 거리에서는 학생들과 시민들이 모여 반정부 시위(부마민주항쟁)를 벌이고 있었는데, 노회 안건을 처리하던 중 우창웅 장로를 비롯한 몇몇이 "그냥 이대로 있어야 되겠느냐, 이런 역사적인 전환기에 편안히 앉아서 노회를 하면서 사회문제에 대해서 눈감고 있으면 후대가 뭐라고 하겠느냐?"는 요지의 긴급발언을 하였고 이에 대해 사태를 파악하기 위한 조사위원회를 조직하게 되었다. 이때 우창웅 장로, 강성두 목사, 박광선 목사 등은 노회의 공식대표로서 시경으로 달려가 상황파악에 나서게 되었다.[5]

1980년 5월 18일 0시를 기하여 전국에 비상계엄령이 선포되었고 광주에서는 광주민주화운동의 불길이 타올랐다. 그러나 광주는 고립된 채 계엄군이 시민군을 무참히 강제진압 하였다. 모든 언론과 방송이 왜곡보도를 했기 때문에 광주는 겉으로는 평온을 되찾은 듯 보였다. 27일 경에 부산 교계 몇몇 목사님들이 모여서 광주현장에 가서 총상을 입은 시민학생들을 직접 만나 진상을 파악하고, 또 위로하기 위하여 광주로 향했다. 김동명 목사(대지교회), 김정광 목사(초읍교회), 박광선 목사(산정현교회), 그리고 또 한 분, 이렇게 4명의 목회자들이 각각 20~40만 원의 헌금을 가지고 광주로 들어가서 광주지역 목사들의 안내를 받아 당시 부상자들이 가장 많은 광주기독병원을 찾아 병상위로금을 전달하였다.

1980년 9월 경 광주민주화운동 주모자 검거 선풍이 불었을 때 산정현교회 박광선 목사에게 한 대학생이 찾아와 은신처를 부탁했다. 그는 당시 광주지역 모 대학교 총학생회 회장으로서 광주항쟁의 주모자로 수배자 신분이었는데 이 학생을 목사님은 교회 사택과 기도원에 숨겨주었다. 물론 나중에

---

5) 부산기독교민주화운동사의 편린 2002년 박광선 목사(전 부산NCC회장)

경찰의 압력에 의해 검거되긴 했지만 당시에는 중부교회, 산정현교회, 우리교회, 한빛교회 등은 민주화운동과 통일운동을 하던 학생과 청년들의 피난처 역할을 직간접적으로 담당하였다. 청년, 학생들이 어려움에 처했을 때 목사님의 도움을 받기 위해 교회를 찾은 경우가 많았다. 기독교의 사회참여는 사회변혁의 과정에서, 앞장서서 주도적 리더십을 발휘하는 경우도 있고 다른 한편으로는 많은 기도교인과 교회들이 뒤에서 지원하고 격려하고 상처를 보듬는 역할을 수행하는 경우도 있었다.

3. 87년 6월항쟁과 기독교 운동단체[6]

1) 한국교회사회선교협의회 부산지구협의회(부산사선)

부산기독교운동이 공개적으로 사회선교운동에 참여한 것은 1982년 8월 한국교회사회선교협의회 부산지구협의회(이하 사선) 결성이라 할 수 있다.[7] 부산사선은 기독교와 천주교의 진보적 단체들 간의 협의체이다. 이는 81년 부림사건과 82년 부산미문화원방화사건을 전후로 많은 양심수들이 생겨나면서 구속자 가족들의 힘만으로 이들을 지원하는데 한계가 있었기 때문에 이들을 지원하는데 종교계의 역할이 절실했기 때문이다. 기독인들로서는 진보적 신앙인으로서 목회자들과 평신도들이 참여하였는데 당시의 교계 분위기에서 참여한 것은 위험을 각오하고 한 행동이라 할 수 있다.

---

6) 이 글에는 기독교단체인 YMCA와 YWCA에 관한 언급이 거의 없다. 하지만 7,80년대 부산 YMCA는 다른 단체들 못지않게 부산지역 민주화운동에 기여했다. 이에 관해서는 별도로 전점석의 글을 싣는다. ─편집자 주

7) 70년대에도 송기인 신부, 심응섭 목사, 임기윤 목사, 우창웅 장로 등이 활동했던 부산인권선교협의회가 있었다. 이에 관해서는 앞의 고호석의 글 참조. ─편집자 주

2) 한국기독교교회협의회 부산인권선교협의회

한국기독교교회협의회 부산인권선교협의회는(이하 부산인권위)는 1984년 4월 22일 창립하였다. 창립의 계기는 당시 한국기독교교회협의회(KNCC)의 지원을 받아 설립된 KNCC 지역인권조직으로서, 당시 부산지역에서 사회선교활동을 하고 있던 개혁성향의 목회자와 평신도 15명 내외가 참여한 조직이었다. 위원장은 최기준 목사(항서교회), 총무는 최성묵 목사(중부교회), 간사는 고호석(부림사건 관련자)이 맡아 공개적인 활동을 펼쳤다. 부산인권위원회는 시국사건에 대한 양심수 지원활동, 「부산인권소식」 발간을 통해 양심수 현황 소식과 반인권적 실태 고발 및 정국 및 부산지역의 민주화운동소식을 알렸고, 양심수 법률구조활동 지원, 고난 받는 이를 위한 기도회, 인권예배 등 공개적인 활동을 활발하게 벌였다. 1986년에는 독재정권을 옹호하고 편파 왜곡보도를 일삼던 KBS를 상대로 전국적으로 펼쳐졌던 KBS시청료 거부운동과 연대하여 부산지역의 시청료 거부운동을 지역사회에서 주도적으로 진행했다. 부산인권위원회는 87년 6월항쟁 당시 6월 10일 중부교회 1박2일 농성지원 및 기독교사회운동과 민주화운동의 여러 실무를 담당하였다. 부산인권위원회는 부산기독교 운동의 선봉에 서서 민주화운동과 인권운동을 이끌었으며 고호석 간사, 채남호, 최병철, 김석호, 박정향 등과 함께 1977년 창립 이후 침체에 빠져있던 부산기독청년협의회(EYCP)를 재건하여 기독교운동의 저변을 확대해 나갔다.[8]

3) 부산기독교교회협의회(NCCP)

부산기독교교회협의회(부산교회협)는 부산인권위원회 활동을 통해 축적된 부산기독교계 역량을 확장하고 개 교회의 참여를 독려하기 위하여 당시

---

8) 고호석, 『부산의 6월 항쟁』, 2012.

한국기독교계의 진보적 운동을 주도하던 한국기독교교회협의회(KNCC)의
지역조직으로서 1986년 조직되었다. 부산교회협은 부산지역의 6개 교단 외
에도 뜻을 같이하는 진보적 목회자와 교인들도 참여하였으며 에큐메니칼
운동의 이념을 기초로 하여 교회일치, 교회갱신, 평화통일, 정의평화실현,
창조질서의 보전 등을 주제로 개 교회들과 연대의 폭을 넓혀갔다.

4) 부산지구 기독청년협의회(EYCP)

부산지구 기독청년협의회(이하 부산기청협)는 1977년 장청 임현모, 기청
박상도, 감리 정윤석, 복음교단 등 교단기독청년들이 한국기독청년협의회와
연대하여 결성된 부산의 기독청년조직이다. 이후 박재철·채남호·이은우
등이 활동을 이어갔으나 부마항쟁 이후 신군부의 혹독한 탄압 때문에 한동
안 거의 활동을 하지 못했다. 그러던 중 1985년 부산인권위 간사 고호석이
상임총무를 맡으면서 이은우·채남호·권광희·권광식·최병철·김석호·
박정향 등과 함께 재건하여 기독청년운동의 저변을 확대해 나갔다. 장청,
감청, 기청, 복음교단의 청년연합회가 참여하여 기독청년운동을 강력히 펼
쳐나갔다. 기독청년들은 NCC, NCC인권위의 실무를 같이 맡아 기독교운동의
핵심동력으로서의 역할을 수행하였으며 국본과도 긴밀한 연대관계를 가지
고 있었다. 특히 부산기청협의 활동방향은 기독청년으로서 하나님 나라운
동을 강력히 펼치면서 사회정의, 민주화와 통일운동, 인권운동, 환경운동 등
에 적극적으로 참여하였다.

주요사업으로는 부활절 연합예배와 청년예수제, 기독청년 활동가 수련회
등을 통해 교단 청년들과 연대할 수 있는 기반을 조성하였다. 부활절 연합
예배와 청년예수제를 통해 실험예배를 시도하기도 하고, 교단청년들 간의
연대를 강화하여 당시 쟁점이 되었던 사안에 대해 신앙적 결단이 담긴 시국
성명서 등을 발표하고 기독청년들의 단결력을 높여갔다. 낙동강 하굿둑 건

설반대운동을 하던 주민과 연대하여 자료집을 발간하며 지원하기도 했고, 삼도물산, 세화상사 등에서 해고된 노동자들의 투쟁을 돕기도 했다. 6월항쟁 때는 부산국본의 집행위원 단체로서 사무국 실무력의 중심역할을 담당하기도 했다. 그러나 90년대 중반 이후 활동가 리더십이 확보되지 않으면서 조직이 쇠퇴하여 현재는 거의 해체된 상태나 다름없다.

5) 기독학생회(SCA)[9]

1984년 무렵 부산대학교에서 'YMCA 흐나모임'이라는 서클이 결성되었다. 이 서클은 1979년 부마항쟁 이후 반합법적인 지하 서클이 합법적인 운동공간으로 전환을 모색하던 과정에서 일부 학생들이 YMCA의 이름을 활용하여 조직하였던 것이다. 1985년에는 서클 이름을 '기독학생회 흐나모임'(이하 '흐나모임')으로 바꾸고 부산대학교 내에서 다양한 방법으로 시대의 고통을 함께하는 기도와 실천을 하고 있었다. 1987년 '박종철열사 고문치사 사건' 이후 전개된 상황 속에서 흐나모임은 시국 기도회를 열거나 학내 대자보를 통해 기독학생으로서 고난 받는 민중과 민족에 대한 고민을 다른 기독학생들과 공유하려 노력하였고, 교내 시위 및 거리 시위에 적극적으로 참여하였다. 1987년 6월항쟁이 정점을 향해 갈 무렵, 흐나모임의 기독학생들은 서면과 남포동 등지에서 벌어진 가두시위에 참여하던 중 가톨릭센터에 있는 시위대에 합류하게 되었다. 가톨릭센터에서의 우발적 거점농성 과정에 다수의 흐나모임 기독학생들이 함께하였고 이후 농성과정에서 기도회 개최, 주일예배 모임 등의 농성활동을 진행하였다. 6월 29일 기만적인 노태우 선언으로 농성이 마무리 될 때까지 많은 흐나모임 회원들은 끝까지 농성을 함께하였다.[10] 이후 흐나모임은 그 이름을 '부산대학교 기독학생회(SCA)'로 바꾸고

9) 이에 관해서는 신진욱의 글을 따로 싣는다. −편집자 주
10) 신진욱, 항쟁의 계절 87년 6월, 거리의 작은 예수들.

KSCF와 활발한 교류와 유대를 강화하면서 기독교적 자기 정체성에 기반한 본격적인 기독학생운동을 전개하기 시작했으며, 이들은 1989년 동아대학교 기독학생회, 1990년 울산대학교 기독학생회, 고신대 기독학생회, 부산여대 기독학생회, 수산대(현 부경대) 기독학생회 등을 건설하고 1990년 단위 대학의 기독학생들의 연합조직인 '부울지구 기독학생회 협의회'이라는 조직을 결성하였다.

6) 부산경남 목회자정의평화위원회(이하 부산경남 목정평)

부산경남 목정평은 부산경남지역의 진보 소장파 목회자들 모임이다. 김용환 목사(길천교회), 김영수 목사(우리교회), 유성일 목사(거창), 김상훈 준목(중부교회), 이철규 전도사, 송영웅 전도사 등 교파를 초월하여 모인 젊은 목회자들의 이 단체는 부산국본 가입단체였고, 6월항쟁 기간에는 목회자들이 8일간 단식 기도회를 열어서 6월항쟁의 불씨를 지폈다. 이외에도 가톨릭센터 농성장이나 길거리 시위 현장마다 목회자가 함께 하였다(목정평 조직과 활동에 대해서는 좀 더 많은 정보를 얻고 난 후 추가적으로 기록할 수 있을 것이다).

4. 6월항쟁과 기독교부문운동

1) 교단 연합조직의 활동

부산의 민주화운동 역사가 있는 곳마다 기독인들은 항상 있었다. 역사적 사건마다 깨어있는 기독인들의 신앙실천노력은 계속되었으며 하나님 나라 운동에 자신을 던지는 모험은 지금도 계속되고 있다. 목회자는 강단과 역사의 현장을 오가며 있어야 할 곳에 있어주었고, 평신도는 삶의 자리에서 열심히 살면서 한편으로는 역사의 부름을 외면하지 않고 신앙인으로서 올바로 서려는 노력을 게을리 하지 않았다. 유신 말기 정권의 탄압이 거세어지고 신군부세력의 강압적 통치가 지속되면서 학생운동권들이 교회로 들어오게 되고 이를 진보적 목회자들이 포용하면서 NCC인권위원회가 결성되었고 부산기독청년협의회가 재결성되면서 기독교운동은 운동권 청년의 외부 수혈로 인해 상당한 역량을 확보하게 된다. 여기에 장로회 신학교 학생들과 기독교장로회청년회(기청), 예장장로회청년회(장청), 감리교청년회(감청) 등 교단청년운동도 새로운 선교신학과 현장이라는 선교적 사명을 체감하면서 역사 속에서 기독청년운동의 정체성을 발견하고자 노력하였다.

2) 기독청년들의 사회참여

82년 3월 18일 '부산미문화원방화사건'은 시대의 아픔에 고뇌하던 기독청년들이 한국사회에서 미국의 존재에 대해 새롭게 인식하는 계기를 만든 사건이다. 이 사건의 주역들은 문부식, 김은숙 등 고신대 5명, 김현장(한신대졸), 허진수 기청 부회장, 이창복 한국교회사회선교협의회 사무국장 등 대다수가 기독청년들이었다. 82년 8월 13일 기독교장로회청년연합회 교육대회에서는 선교자유를 위한 기청선언을 발표하는데 부미방 사건, 장영자 사건, 의령학살 등 현 정권의 부패상에 대해 엄중히 규탄하고 회개를 촉구하는 성명서를 발표하였다. 한편 장청과 감청도 기독청년운동을 활성화하기 위하여 교육체계를 강화하여 청년지도자 과정을 운영했으며 시국 성명서 등으로 선한 세력과 연대하는 폭을 넓혀가고 있었다. 기독교운동의 핵심동력이라 할 수 있는 기독청년운동은 1986년 한국기독청년협의회(EYCK) 총회를 부산 항남교회에서 개최했다. 전국의 6개 교단소속 기독청년들이 부산에 모여 이 땅에 정의가 강물처럼 흐를 때까지 선한 세력과 연대하여 하나님나라운동에 적극 참여하겠다는 결의를 다졌다.

3) 부산민주화운동과 기독인(목사, 장로)들의 사회참여운동

1981년 9월 발표된 부림 사건은 제5공화국 최대의 용공조작사건으로 이 사건에 연루되어 고초를 겪은 사람들 중에서 많은 인사들이 이후 부산지역 민주화운동의 핵심을 이루었다. 부림 사건은 1970년대 후반 양서협동 조합과 맥을 잇고 있다. 부림 사건은 용공을 구실로 내세워 군부 정치에 위협적 요소로 작용할 소지가 있는 여러 재야운동세력에 대해 그 싹부터 잘라버리려는 궁리를 한 군사정권이 부산재야의 젊은 청년, 대학생들의 민주화열기를 억압하기 위해 만든 사건이다. 활동한 18명 청년 대학생이 구속되고 그 중요 멤버가 양서조합 활동을 했던 인물이고 또한 상당수는 부산YMCA와 중부교회를 중심한 기독 청년들이었다. 이 사건으로 인하여 부산에서 자발적으로 무료 변론한 소위 '인권 변호사' 그룹이 형성되었다. 그중에 노무현, 김광일(장로), 문재인 변호사 등이 있다. 이들은 부산 YMCA 시민중계실 프로그램을 통해 서민들의 억울함을 공개적으로 해결해 주는 전문화된 봉사자들이었다. 인권변호사 활동은 이들 가족과 민주화운동에 큰 힘이 되었다.

부림 사건 이후, 구속자를 돌보고 양심수를 체계적으로 지원하기 위하여 '민주화실천 가족운동협의회(민가협)'가 발족하였고 1985년 5월에는 부산지역 재야민주세력을 총괄한 통합적인 공개단체인 부산민주시민협의회(이하 부민협)가 창립되었다. 부민협은 결성 목표부터가 군사정권타도에 있었고 당시 부산민주화운동의 구심체라 할 수 있다. 부민협이 창립될 당시 발기인 30명 중 목회자와 장로 등 개신교인 13명이 참가하였다.[11] 유기선 장로(영락교회), 심응섭 목사(한민교회), 박순금 장로(중부교회), 박광선 목사(산정

---

11) 송기인 외, 『부산민주운동사』, 1998.

현교회), 우창웅 장로(부산진교회), 최성묵 목사(중부교회), 최기준 목사(항
서교회), 김기수 목사(낙동교회), 염영일 신부(성공회성베드로교회신부), 이
원걸 목사(한무리교회), 전병호 목사(복음교단남천중앙교회) 등이다. 이후
1986년 부민협이 확대개편 될 때에도 황대봉 목사 등이 추가로 참가하게 된다.

또 소장 그룹의 목회자들은 4·13 호헌발표 이후 5월에는 부산경남 목회
자정의평화위원회 소속 목회자들이 8일 동안 '호헌철폐'를 내걸고 삭발단식
농성을 벌였다. 단식기도에 들어간 목회자는 최성묵·박효섭·염영일·조창
섭·박문원·유성일·김용환·공명탁·박광현·김상훈·송영웅·김영수·
이원필이며 이들 13명 중 유성일 목사와 공명탁 목사가 각각 거창과 마산을
대표해 참석했다.

드디어 5월 20일 부산에서는 부산민주시민협의회와 종교계, 통일민주당,
학생, 노동자들이 총 결집하여 '호헌반대 민주헌법쟁취 범국민운동 부산본
부'를 결성한다. 그 후 6월 8일에는 전국적 단일대오를 이루기 위해 '민주헌
법쟁취국민운동 부산본부'(이하 부산국본)로 조직이 확대 개편된다. 본부의
조직구성을 보면 개신교 인사들이 대거 참여한다. 공동대표로 최성묵 목사
(중부교회), 권광식(부산지구기독청년협의회 회장)이 참석하고 상임집행위
원으로는 개신교에서 김기수 목사, 김영수 목사, 김용환 목사, 이광수 목사
등이 참여하고 집행위원으로는 개신교에서 가장 많은 인원 20여 명이 참석
한다. 개신교의 참가단체도 천주교와 공동으로 결성한 한국교회사회선교협
의회 부산지구협의회, 부산기독교교회협의회 인권위원회, 영남지역 목회자
정의평화실천위원회, 부산지구 기독청년협의회 등 기독교 단체들이 대거 참
가하였다.12) 이후 이때의 상층 지도부의 많은 역량들을 종교계 인사들이 담
당하였고 특히 개신교의 역할이 크다는 것을 알 수 있다. 1987년 6월 25일
개신교는 부산 산정현교회에서 오후 2시 30분부터 평화 대행진의 의미를 부

12) 「한국민주주의와 부산의 6월 항쟁」, 『6월항쟁연구논문집』, 1997.

여하면서 예배를 드리게 된다. 이날 행사에는 300여 명이 참석하였는데 부산장로회신학교 신학생들이 대거 참여하여 평화대행진의 모든 준비를 계획하였으나 민주쟁취국민운동부산본부의 계획수정에 의해 26일로 일정과 장소가 변경되었다.

위의 이러한 사례는 수없이 많을 것으로 짐작하나 종교적 신념에 따라 '오른손이 하는 일을 왼손이 모르게 하라'는 성서의 말씀에 따라 아직 공개하고 싶지 않은 신앙인의 특성 때문에 많은 사건들이 묻혀 있을 것으로 생각된다.

5. 6월항쟁과 기독교운동―사건별

1) 6월항쟁의 도화선 2·7추모집회

1987년 2월 14일 서울대생 박종철 군은 안기부 대공분실에 끌려가 물고문을 당하여 사망한다. 2월 15일 '탁'하고 치니 '억'하고 죽었다는 말도 안 되는 보도가 나간 후 국민들은 경악했고 박종철 군의 억울한 죽음에 국민들은 분노했다. 19일 물고문으로 사망된 것이 확인되면서 부산에서는 1월 26일 부산교구 정평위 주관으로 중앙성당에서 추모미사가 시작되었고 전국적으로 추모제와 규탄이 끊이지 않았다. 부산NCC인권위원회와 부산EYC는 유인물을 작성하여 시민과 교인들에게 진실을 알리는 작업을 하였으며, 교회와 청년들이 한 청년의 억울한 죽음에 대해 관심을 가지고 위로하고 아픔을 함께할 수 있도록 홍보하였다. 2월 7일 '고 박종철 군 국민추도회'가 전국에서 동시다발로 진행되었다. 최성묵 목사님을 비롯해 70여 명의 지도부에 대해 사전 가택연금이 내려지고 경찰은 집결장소인 광복동 대각사 주변에 아예 사람이 모이지 못하도록 점포상가 철시, 시내버스 정류소 폐쇄 등으로 철저히 봉쇄작전을 펼쳤다. 그럼에도 불구하고 경찰의 저지선을 뚫고 수백 명의 시위대가 모이게 되었고 경찰의 강제진압이 전개되었다. 2시 경에 부산극장 앞에서 김재규 부민협 사무국장을 비롯하여 최병철 부산EYC 상임총무 등이 약식집회를 이끌었고 곧 시위대는 1만여 명으로 늘어났다. 부산극장 앞에서는 예정대로 재야 종교계, 노동계, 학생운동이 조직적인 준비를 하면서 집회를 열 수 있었다. 예상외로 시민들의 관심과 열기가 높아지면서 자동차 운전자들의 차량 경적시위도 성공적이었다. 이날 기독청년들은 사전 논의를 통해 플래카드 준비와 시위 중 활동지침도 미리 준비하여 조직적으로 참여하게 된다. 경찰의 강제진압으로 김영수 목사(우리교회), 손규호 집사(예장동노회청년연합회 회장) 등 시위에 참여했던 기독인들이 구속되어 옥고를 치렀다.

2) 기독교 목사, 기독청년들 삭발 · 단식 기도회 돌입

5월 4일부터 "호헌철폐단식기도"에 들어간 이들의 명단은 다음과 같다. 최성묵 목사(중부교회), 박효섭(괴정감리교회), 염영일(성공회), 조창섭 목사(한빛교회), 박문원 목사(?), 유성일 목사(거창), 김용환 목사(길천교회), 박광현 목사, 기상훈 준목(중부교회), 송영웅 전도사(풀빛교회), 김영수 목사(가야우리교회), 이원필 목사(?). 이들 13명 중 유성일 목사와 공명탁 목사가 각각 거창과 마산을 대표해 참석했다. 단식기도가 시작되자 5일 부산민주시민협의회와 부산민주화실천가족협의회 등에서 '성직자들의 목숨을 건 구국의 결단을 전폭 지지한다'는 성명서를 발표했고, 부산기독교교회협의회 인권위원회, 부산지구기독청년협의회 등의 지지 성명도 잇따랐다. 6일에는 마산한교회의 신석규 장로가 지지 방문을 해 목회자들을 상대로 요가를 가르쳐 주기도 했고, 저녁에는 유성일 목사의 사회로 '폭력호헌 저지 및 민주개헌 실현을 위한 기도회'가 열렸다. 7일 저녁에는 기도자 중 조창섭, 박문원, 김영수, 이영재, 박광현, 공명탁(이상 목사), 김상훈 준목, 송영웅 전도사, 최병철 총무, 김진호 기독교청년회 경남연합 상임총무 등이 마침내 삭발식을 단행한다. 목회자들은 11일 '경남 부산지역의 모든 민주시민은 폭력호헌 철폐와 민주개헌 실현을 위해 굳게 연대하자'는 성명서를 발표하며 8일간의 삭발단식기도를 마무리했다.

3) 부전동 구 CBS앞 집회와 행진

87년 6월항쟁은 부산국본의 지도하에 각 부문의 실무 주체들이 결합하여 체계적이고 신속한 운영시스템으로 작동되었다. NCCP와 장로회신학생들을 중심으로 25일 산정현 교회에서의 자체적으로 기도회와 평화대행진을 계획했던 것을 부산국본의 제안에 따라 26일 남포동과 서면에서 동시에 집결하여 행진하는 계획에 따라 개신교는 서면 쪽에서 행진하기로 결정하였다. 먼저 부전시장 맞은편 기독교부산방송(CBS) 건물 대강당 1층에 집결하여 기도회를 마친 후 서면 쪽으로 평화대행진을 시작하는 계획이었다.

이날 시위는 부산NCC, NCC인권위원회, EYCP가 공동 주최하였고 시국기도회를 마친 후 방송국 앞 도로에 집결하니 목회자들은 모두 가운(성의)을 입고 앞장섰고 장신대신학생과 EYC회원들이 미리 준비한 대형십자가와 플래카드를 앞세우고 '호헌철폐, 독제타도, 민주정부 수립하자'를 외치며 서면 쪽으로 행진해갔다. 이날 참여한 목회자들은 집회에 참여하면서 개별적으로 준비한 하얀 목회가운을 입었고 아울러 기독교의 상징성을 두렷하게 나타내기 위해 대형십자가 여러 개를 들고 찬송가와 복음송을 부르면서 평화시위를 시작했다. 맨 앞줄에 조창섭 목사, 전병호 목사, 박광선 목사, 정병문 목사, 송영웅전도사 등이 선두로 이만규 목사(예장 수안교회) 등 부산동노회 목사 약 20여 명, EYC회원 약 50여 명 부산장로회신학교(현 부산장신대) 신학생 50여 명 기타 기독교인 및 시민 약 150여 명 정도가 십자가를 들고 서면 로터리 쪽으로 행진하기 시작했다. "독재타도", "전두환 물러가라"는 구호를 외치면서 약 50여 미터를 행진하자, 경찰의 저지선이 만들어졌고, 이에 기독교 대표로 정영문 목사(NCCP회장), 박광선 목사(NCCP총무)가 경찰을 만나서 경찰에게 '평화시위 보장하라'는 요구를 전달했으나 경찰은 묵살하였다. 처음 약 150여 명으로 시작한 군중은 시위대열의 맨 앞에 선 목회자들의 상징성 있는 대열을 보고, 시민들이 스스로 대열 속으로 참가하면서 삽시간에 5,000여 명으로 불어났다. 경찰은 불법시위로 규정하고 계속 해산을 강요했다. 이에 조창섭 목사(한빛교회), 송영웅 전도사(풀빛교회) 2인이 태극기를 들고 저지하는 경찰(당시 경비대장)을 만나서 민주주의를 실현하는 기독교성직자의 의지를 밝히고 길을 비켜 달라고 요구했으나 경찰은 불법집회의 요구를 들어 줄 수 없다고 말하고 경고 3회를 한다고 통보했다.[13]

그러나 경찰의 경고 3회가 있기 전인 통보 약 1분 후에 최루탄을 무차별 난사하여 모여 있던 수천 명 시민은 각 사방으로 흩어졌다. 이에 기독교인 약 200여 명은 그 자리에 앉아 나라를 위한 통성기도를 시작하였다. 약 20~30 분간 부전시장 앞 오거리 통성기도(농성)가 진행되자 경찰이 다시 강제해산을 추진했다. 특히 경찰은 목회자들이 포진하고 있던 시위대 앞자리를 향해 최루탄을 쏘면서 강제 해산을 시도했다.

당시 경찰이 다급했던 것은 개신교 시위대와 양정 쪽에서 서면 쪽으로 진출하던 학생 시위대와 본의 아니게 상호 공조를 하게 되면서, 개신교 시위대를 막느라고 서면 쪽으로 진출하려던 학생시위대에게 저지선이 뚫려 버리면서 경찰이 양쪽의 시위대에 의해 협공당하는 형국이 전개되어 버렸기 때문이다. 개신교 시위대는 기도를 한 후 다시 대열을 정비하여 시위에 참여하여 밤이 되도록 시위는 계속되었다. 그날 서면로터리 주변은 수만의 시위인파로 들끓었으며 서면로터리를 중심으로 수만의 시민들이 버스에서 내

---

13) 송영웅 목사, 『6월항쟁과 기독교』, 2013.

리고 승용차에서 내리고 택시에서 내려 시위대 군중들과 함께 구호를 외치면서 걸었다. 이후 신학생들이 스스로 제작하여 「부산시민들에게 드리는 글」 「부산애국기독교인에게 드리는 글」을 발표, 지하철 시민에게 약 1만 부 배포하였는데 당시 제작 배포자는 양철민 전도사(콩고 선교사), 김감은 전도사(경주 ○○○교회)였다. 이날 개신교 시위대가 주도한 시위 기획과 준비는 모두 신학생과 기독청년협의회 회원들이 주도했다. 내부 역량에 기초하여 스스로 목표를 세우고 준비한 것으로서 집단적 기독교시위문화를 창출한 것과 6월항쟁의 중심에서 역할을 했다는 것이 의의가 있다고 할 것이다.

6. 80년대 부산 개신교 사회참여운동 일지

▸ 80년 6월 17일 최성묵 목사 외 329명 지명수배자 발표 (계엄사)
▸ 80년 7월 26일 부산인권선교협의회회장 임기윤 목사 사망(부산제일감리교회)
  (7월 19일 보안사 출석 요구받고 출두 후 7월 21일 의식불명으로)
▸ 81년 7~10월 부림사건 혐의자 수십 명 연행, 15명 구속(82년 3명 추가 구속)
▸ 82년 3월 18일 부산미문화원방화사건(고신대 5명, 김현장 한신1, 허진수 기청부회장, 이창복 한국교회사회선교협)
▸ 8월 13일 기청교육대회, 선교자유를 위한 기청선언에서 부미방, 장영자사건, 의령학살 등 5공 정권의 부패상 지적
▸ 11월 28일 인권위에서 김현장 문부식 구명 서명운동 결의
▸ 12월 9일 부산 NCC 인권연합예배

▸ 83년 5월 19일 부림사건 만기출소 전중근 NCC인권위에 사회안전법에

의한 보안처분대상자 강제신고 철폐호소
- ▶ 12월 11일 인권연합예배
- ▶ 84년 2월 7일 부미방 관련자 석방 건의
- ▶ 84년 11월 20일 부미방 관련자 석방호소
- ▶ 12월 13일 인권연합예배
- ▶ 86년 EYC전국 총회 항남교회
- ▶ 87년 4월 21일 413담화에 대한 입장 성명서 - 염영일 신부 참석, 이후 호헌 항의
- ▶ 6월 1일~3일 인권위 및 NCC 국본 참여 결의
- ▶ 9월 17일, 10월 22일 전국인권위 연석회의 군부독재 종식 투쟁 선언
- ▶ 89년 8월 17일 인권 단식농성
- ▶ 91년 부산지역 인권상 장기복역출소 무의탁자 이인모 씨를 부양한 김상원 수상

7. 나가는 말

87년 6월항쟁은 재야 종교계, 시민, 학생, 노동자들이 주축이 되어 1987년 6월 10일부터 6·29 선언이 나오기까지 전개된 대중투쟁이다. 부산에서는 6월 18일 약 30여 만 명의 시민들이 시위에 참여하면서 6월항쟁에 대한 대중들의 바람을 명백히 보여 주었다. 박종철 열사, 이한열 열사, 이태춘 열사 등 젊은 청춘들의 값진 피들이 이 땅의 민주주의를 다지고 가꾸어 준 밑거름이 되었던 것이다. 민주화운동이라는 거대한 역사의 물줄기를 타고 부산지역 기독인들은 때로는 개인적 결단으로 때로는 조직의 결의로 참여한 과정들은 시대의 새벽을 여는데 십자가를 지고 간 예수의 길을 걸었던 분들이 많다. 그 흔적들이 분명 가볍지 않았음에도 불구하고 선뜻 얘기 할 수 없는 무

엇인가 지금도 있다는 것이 교계의 현실이다. 부산지역의 보수적 기독정서라는 생태환경 속에서 기도회에 참여하고 사회운동에 지원한다는 것만으로도 마음 졸이며 심지어 불이익을 받고 고난을 받았던 뜻으로 살아가는 기독인들의 마음에 하나님의 은혜가 함께 하시길 기원한다. 기독운동사는 신앙고백이라는 선교적 사명에 의해 행해지는 실천영역이기 때문에 일반역사와는 조금 차이를 느낄 수도 있을 지도 모른다. 이것은 필자의 아둔함에서 오는 문제인지 근본적으로 존재하는지는 잘 모르겠지만 6월항쟁과 기독교운동사를 정리하면서 어렵고 힘들었다기보다는 부끄럽지만 이제부터 부산지역 기독교운동사를 찾아가는 첫 과정의 출발이라고 스스로 격려하고 싶다. 민주화운동과 관련하여 기독인으로서 연관된 숨겨진 인물, 드러나지 않은 이야기, 심지어 부끄러운 것조차도 뜻있는 기독인들이 되돌아 볼 수 있을 때 우리의 예수는 우리와 함께 하지 않을까?

또 기독교운동의 사회참여는 사건이나 현장에서 시위를 주도하거나 큰 영향력을 발휘한 부분도 일부 있지만 많은 부분들은 간접적인 지원과 배경에서 이름 없이 역할을 한 경우가 많다. 이러한 역할은 결코 가벼운 것이 아니라 6월 민주항쟁이나 부산지역 민주시민역량이 성숙되고 축적되는 과정에서 시민항쟁을 촉발하고 계기를 만드는 불씨와 촉매제의 역할이라고 할 수 있다. 이러한 특성은 기독교정신이 이름 없이 빛도 없이 하나님께 영광을 돌리는 신앙고백의 전통도 있었고 또 다른 이유는 교회 환경이 공개적으로 활동하기에는 교회 안팎으로 한계가 있는 상황이 동시에 존재했기 때문이라 이해할 필요가 있다.

2장
6월항쟁과 가톨릭 사회운동1)

1. 서론

1987년 6월 29일 당시 노태우 민정당 대표는 이른바 6·29 선언을 통해 대통령 직선제 요구를 수용하겠다고 밝혔다. 이 선언은 한국 현대사의 획기적 변화를 알리는 것이었다. 이 선언을 통해 당시 시민사회의 요구대로 '군부독재 타도'라는 정치적 변혁을 이루어내지는 못했지만, 부분적이고 절차적인 민주화조치를 이루어내었다. 뿐만 아니라 6월항쟁으로 불리는 당시 대규모의 조직적인 시민적 집단행동은 자신들의 요구를 법의 형식으로 제도화(institutionalization)시켰다. 이는 근현대 한국사에서 찾아보기 힘든 것이다.

6월항쟁은 짧게는 1987년 6월 10일에서 29일까지 19일 동안, 길게는 1월부터 6월 말까지 6개월에 걸쳐 학생, 사무직과 현장직의 노동자, 종교와 정당 등 시민사회 전체가 총동원된 사회운동이었다. 동시에 서울과 수도권만이 아닌 전국에서 일어난 대규모의 운동이었다. 특히 서울과 수도권에서의 항쟁이 소강 국면으로 접어들었을 때, 다시 불씨를 되살린 것은 부산의 항

---

1) 이 글은 2013년 민주주의사회연구소 주관 6월항쟁 기념 학술행사에서 발표한 것이다. -편집자 주
2) 현재 천주교 부산교구 정의평화위원회 위원장, 신부.

쟁이었다. 그리고 그 중심에 가톨릭센터 농성이 자리 잡고 있다.

부산에서 6월항쟁이 성공적일 수 있었던 것은 부산민주시민협의회(이하 부민협)가 기초가 되어 민주헌법쟁취 국민운동본부(이하 국본)로 전환하여 항쟁을 지도할 수 있었고, 또한 가톨릭센터 농성에 있어서도 일정하게 지도력을 발휘할 수 있었기 때문이었다.

그러나 이것만으로 부산에서의 6월항쟁의 성공을 충분히 설명할 수 있는가? 앞서 말했지만 6월항쟁은 시민사회 전체가 총동원된 운동이었다. 그렇다면 당연히 6월항쟁에서 종교계의 동원과 역할에 대해서도 살펴봐야 할 것이다. 특별히 6월항쟁에서 가톨릭교회의 동원과 역할은 작지 않다.

이러한 문제의식을 출발점으로 이 글은 6월항쟁 당시 가톨릭교회의 역할에 주목한다. 이를 위해 이 글은 자원의 동원3)이라는 측면에서 바라보고자 한다. 한 사회운동의 발전과 성공을 이끄는 요인은 자원의 동원이 언제 어떻게 투여되는지에 달려있다고 볼 수 있기 때문이다. 그렇다면 가톨릭교회가 6월항쟁 중에 투여한 자원의 동원은 무엇이고, 누구에 의해 이루어졌는지 밝히는 것도 중요하다. 그런 의미에서 가톨릭교회 내부에서 동원을 담당했던 세력 또는 조직에 대해서도 주목한다. 마지막으로 좀 다른 측면에서 가톨릭교회 안에서 동원을 담당한 집단이 어떤 공동의 목표를 가지고 공통의 집단적 정체성4)을 형성할 수 있었는가에 대해서도 살펴볼 것이다.

이를 위해서, 이 글은 대부분을 6월항쟁 당시의 일지5)와 가톨릭계의 사건일지,6) 그리고 성명서 등의 문헌 자료에 기초하여 조사되었다. 뿐만 아니라

---

3) Jenkins, C. and Perrow, C. "Insurgency of the Powerless Farm Workers Movements 1946-1872", *American Sociological Review*, 42(2), 1977, pp.249~68.

4) Melucci, A., *Challenging Codes: Collective Acton in the Information Age*, Cambridge University Press, 1996, pp.77~80.

5) 김하기, 제성욱, 『6월 항쟁: 항쟁일지』, 부산지역 유월항쟁 자료발간위원회, 1995.

6) 기쁨과 희망 사목연구원 편, 『7,80년대 민주화운동의 증언 제8권 암흑속의 햇불』, 기쁨과 희망 사목연구원, 1996.

필요한 경우 몇몇 사람들에 대해서는 서면과 대면으로 구조화된 인터뷰를 통해 조사되었다.

2. 6월항쟁에서 가톨릭교회의 역할

6월항쟁은 직접적으로는 1987년 6월 한 달에 있었던 대규모의 조직적 집단행동을 뜻하지만, 이러한 집단행동이 있기까지의 과정은 훨씬 이전부터 시작되었다. 관점에 따라서 훨씬 이전부터 볼 수도 있겠지만, 1987년 전반기부터 보는 것이 일반적이라고 하겠다. 마찬가지로 6월항쟁은 그 해 여름을 지나면서 노동자대투쟁으로 이어지지만, 6·29 선언으로 끝난다고 볼 수 있겠다. 가톨릭교회는 1월 박종철 추모미사에서 마지막 6·29 선언까지 쉴 틈 없이 항쟁을 주도하고 지속시켜 나갔다.

1) 박종철 추모미사

1987년 1월 14일 서울대 언어학과 3학년생 박종철이 치안본부 대공수사 조사 중 물고문으로 사망했다. 15일 치안본부는 단순 쇼크사로 발표를 하였으나 고문에 대한 의혹은 증폭되고, 결국 19일 치안본부가 물고문 사실을 공식으로 시인하게 되었다. 이후의 일이긴 하지만, 5월 18일 명동성당에서 '5·18광주항쟁 희생자 추모미사' 중 정의구현사제단 명의로 김승훈 신부가 박종철 고문치사 사건의 진상이 조작되었다는 성명을 발표함으로써 박종철 고문치사 사건은 정치, 사회적 대변혁의 기폭제가 되어 군부독재 정치가 막을 내리는 6·29 선언을 이끌어 내는 시발점이 되었다. 일단 박종철 고문치사 사건을 계기로 1월 26일 천주교 정의평화위원회[7](이하 정평위)와 서울대교구 정평위가 '박종철 추모와 고문 근절을 위한 인권회복 미사'를 명동성당에서 김추환 추기경을 비롯한 윤공희 대주교, 지학순 주교 등 사제단 공동 집전으로 봉헌하였다. 김수환 추기경은 강론을 통해, 이 사건으로 "이 정권의 도덕성에 대한 회의가 근본적으로 야기"된다고 하였다. 이 미사 이후 추모미사와 기도회가 각 교구별로 전국으로 퍼져나가게 되었다.

1월 26일에는 부산교구 주교좌 중앙성당에서 부산교구 정평위 주관으로 추모미사가 거행되었다. 이 미사에는 천 명이 넘는 신자와 비신자들이 참석했으며, 미사가 끝난 후에는 부산지역 대학생 3백여 명이 독재타도를 외치며 1시간 30분간 시위를 벌였다. 뿐만 아니라, 부산교구 울산성당(현재 복산성당)에서도 울산사회선교실천협의회(의장 손덕만 신부)가 주관한 추모미사가 봉헌되었다. 이 미사는 오후 6시 30분부터 밤 11시까지 이어졌으며 미사 후 참석자들이 촛불시위와 가두연좌농성으로 이어졌다.

박종철 추모미사와 기도회는 2월 중순까지 전국 각지의 성당에서 이어졌다. 2월 7일 부산에서는 정의구현사제단 등 13개 단체가 공동으로 추모제를 주최했으나, 경찰의 극렬한 저지로 당초 계획된 중구 대각사로의 진입이 무산되었다. 이에 수천 명의 시위대가 구호를 외치는 가운데 남포동 국제시장 입구와 부산극장 앞에서 길거리 추모제가 개최되었다. 이날 경찰은 181명을 연행했으며 이중 5명에게 구속영장을 신청했다. 이중 노무현 변호사도 있었는데 그의 경우 영장은 기각되었다.

2) 부산교구 사제단 단식기도

4월 13일 당시 대통령 전두환은 개헌논의 유보, 당시의 헌법으로 대통령 선출 및 정부 이양, 대통령 선거 연내 실시 등을 특별 담화를 통해 발표하였다. 이 발표에 맞추어 검찰이 개헌논의를 둘러싼 집단행동을 엄단키로 발표

---

7) 주교회의 산하의 정평위를 당시에 천주교 정평위라고 불렀다. 오늘날의 공식명칭은 한국 천주교 주교회의 정의평화위원회이다.

334 87년, 부산의 6월은 왜 그토록 뜨거웠을까

하였고, 이어 14일 법무부도 개헌논의를 빙자한 불법행동에 대해 법정 최고형을 구형할 것을 검찰에 지시하였다. 경찰은 이 날 밤부터 14일 사이 3만 7천여 명을 동원, 10개 대학을 수색해 시위용품 283종 5천여 점을 압수하였다.

그러나 이 호헌선언이 오히려 이후의 격렬하고도 대규모의 항쟁을 불러일으키는 원인이 되기도 하였다. 이 선언이 있은 지 1주일이 지나 광주대교구 18명의 신부들이 4·13 호헌선언을 정면으로 비판하며 광주가톨릭센터 소성당에서 단식기도에 들어갔다. 그들은 성명서를 통해, 대통령 직선제, 양심수 및 정치범의 석방과 민주인사들의 복권, 실질적인 참정권 보장과 언론 자유, 집권 세력의 퇴진을 위해 기도한다고 밝혔다. 광주대교구 신부들의 단식기도는 순식간에 전국으로 확산되었다.

부산에서도 5월 3일 박승원, 양요섭, 이재만, 황철수 신부 등 28명의 신부들이 가톨릭센터 7층에서 호헌철폐와 민주개헌을 촉구하는 정평위 명의의 성명서를 발표하고 단식기도에 돌입하였다.

다음날 5월 4일에는 부산교구 사제단이 '동료 사제들의 단식기도를 지지한다'는 성명서를, 가톨릭농민회 부산교구 울주협의회도 '부산교구 사제단 단식기도에 지지 동참하면서'라는 성명서를 발표했다. 이후 부산교구 전교 수녀연합회, 가톨릭노동청년회 부산교구연합회도 단식 사제를 지지하는 성명서를 발표했고, 교구 산하 62개 성당 신자들이 단식기도에 동참했다. 각 성당에서 철야기도를 하는가 하면, 많은 경우에는 각 성당이 순번을 정해서 가톨릭센터 입구에서 기도회를 열었다. 이런 방식으로 가톨릭교회 내부에서는 수만의 신자들이 민주적 개헌을 위한 기도회에 참여했다.

단식기도는 전국의 각 교구로 퍼져나갔고, 이후에는 서울에서 정의구현사제단이 '대통령직선제 민주개헌을 위한 범국민 서명운동'을 시작했다. 서명운동에 동참한 전국의 신부들은 571명이었고, 부산교구에서는 26명의 신부8)

---

8) 1987년 당시 부산교구의 신부는 100명에 미치지 못했다.

가 서명했다. 신부들의 단식기도와 서명운동은 5월 말까지 전국에서 계속해서 이어졌다.

3) 5·18광주항쟁 사진전

4·13 호헌조치에 대항한 전국의 신부들의 단식기도와 서명운동이 이어지는 중, 5월 16일에 광주대교구 정평위는 광주민주화운동 7주년을 맞아 '5월, 그날이 다시 오면'이라는 제목의 추모사진전을 광주가톨릭센터에서 개최하였다. 16일에서 29일까지 2주일동안 약 13만 명이 관람했다. 광주에서 시작된 이 사진전 역시 전국의 몇몇 교구로 확산되어갔다.

사실 이 사진전은 어떤 의미에서는 이미 오래 전부터 준비된 것이라 할 수 있다. 박승원 신부는 1980년 광주항쟁 직후부터 광주항쟁의 진실을 알리기 위해서는 사진과 비디오 제작이 필요하다는 것을 광주 정평위에 제안했으며, 또 사진과 비디오 제작을 물질적으로 후원하기도 하였다.

이와는 별도로 광주에서 시작된 사진전은 전주, 서울 명동성당 등으로 퍼져나갔다. 마침 부산 천주교사회운동협의회(이하 천사협)의 사무국장 류승렬은 전국 천사협 회의로 서울을 오가면서 명동성당에서 사진전과 비디오 상영 소식을 접하게 되었다. 그는 부산에서도 사진전을 열수 있도록 여러 가지를 알아보았고, 이를 부산교구 정평위와 논의하였다. 논의 결과, 서울이나 다른 일부지역에서처럼 성당 내 일부신자들을 대상으로 하는 제한적인 비디오 방영과 사진 전람에서 벗어나 일반시민이 접근하기 쉬운 장소에서 일반시민을 대상으로 주최하는 것이 좋겠다고 결론 내렸고, 가톨릭센터 1층 전시실에서는 사진전을 그리고 3층에서는 비디오 상영을 하기로 하였다. 정평위의 박승원 신부는 직접 광주대교구 정평위로 찾아가서 사진과 비디오를 구해왔고, 천사협은 사진전을 알리는 리플릿을 대량 인쇄하여 교구 내 각 본당과 일반 시민들에게 배포했다.

6월 8일부터 13일까지 6일 동안의 사진전은 시민들의 폭발적인 호응을 이끌어 내었다. 거의 매일 사진전을 보기 위해 150~200미터가량 국제시장 쪽으로 줄을 서서 기다려야 전시실로 들어설 수 있었다. 밀려드는 사람들을 위해 비디오 상영은 쉬지 않았고 대형 TV를 틀어놓아야 했고, 과열되어 고장이 나기도 했다.

광주항쟁 사진전은 정평위의 이름으로 주최했지만, 사실상 모든 실무는 천사협 실무자들과 회원들이 도맡았다. 천사협의 사무국장 류승렬과 간사였던 손영숙, 최인숙, 그리고 최수연, 박주미 등 20여 명의 회원들이 매일 가톨릭센터로 출근하다시피 했다. 그들은 리플릿 제작, 유인물 배포 등의 홍보, 사진 전시실과 비디오 상영실의 설치 및 운영, 5월 항쟁 사진집 등 자료집 판매, 행사안내와 질서유지를 담당했다. 이 과정에서 가톨릭센터 근무자 중 출산휴가 상태였던 노혜경의 도움도 컸다.

광주항쟁 사진전은 6만에서 8만 명 정도가 관람했으며, 가톨릭센터는 일반시민에게도 운동가요와 금지곡이 울려 퍼지는 장소로 각인되었다. 뿐만 아니라 6월 10일 '6·10 국민대회' 이후 명동성당 농성이 전개되면서, 시민들과 시위참여자 사이에서는 부산 가톨릭센터가 서울의 명동성당과도 같은 부산지역 민주화의 구심점9)으로 잠재적으로 인식되기 시작했다.

4) 가톨릭센터 농성

부산 가톨릭센터에서 광주항쟁 사진전이 열리고 있던 중, 6월 10일 민정당 대표 노태우를 민정당의 대통령 후보로 선출하는 전당대회에 맞추어, 민주헌법쟁취 국민운동본부는 '박종철군 고문치사 조작 은폐 규탄 및 호헌철

---

9) 김종기, 「87년 6월 항쟁과 가톨릭센터 농성」; 윤준호, 「부산지역 6월 항쟁에서 학생운동의 역할」, 『87년 6월민주항쟁 부산가톨릭센터 농성과 학생운동』(6월민주항쟁 25주년 기념 학술대회 자료집), 부산민주항쟁기념사업회 민주주의사회연구소, 18·45쪽.

폐 국민대회'를 강행했다. 이 행사는 5만여 경찰의 봉쇄와 진압작전으로 무
산되었으나 전국 24개 지역 50여만 명이 참가한 가두규탄대회로 이어졌다.

　박종철의 고향인 부산에서의 저항은 전국 어느 도시보다 격렬했다. 광주
항쟁 사진전이 끝나고 3일 후였던 6월 16일, 경찰과 대치중이던 5백여 명의
시위대는 가톨릭센터로 몰려가서 농성에 돌입했다. 6월 8일부터 13일까지의
사진진에 이어, 6월 16일부터 22일까지의 농성은 부산 시민의 이목을 가톨
릭센터로 집중하게 했으며, 그럼으로써 가톨릭센터는 부산에서 6월항쟁의
구심이 되었다.

　농성의 시작에서부터 부산 정평위의 박승원 신부는 농성자와 부산교구,
농성자와 경찰 사이를 오가며 중재를 맡게 된다. 박승원 신부에 의하면, 가
톨릭센터 농성은 점거 농성이 아니다. 다시 말하면, 시위대가 무단 또는 불
법으로 가톨릭센터를 점거한 것이 아니라, 시위대가 가톨릭의 보호막 아래
로 찾아온 것이다. 교구장 주교와 사제단의 논의 끝에 시위대를 받아들이기
로 했다는 것이다.[10] 실제로 당시 가톨릭센터는 부산교구의 교구청이었고,
따라서 가톨릭센터에서의 농성을 반대하거나 부담스러워하는 신부들도 있
었다. 그러나 정평위의 중재로 교구장 주교의 허락 아래 가톨릭센터 농성이
가능했다. 달리 표현하자면 정평위의 중재로 부산교구의 물질적 자원이 동
원된 것이다.

　광주항쟁 사진전과 마찬가지로 가톨릭센터 농성 중에도 부산 천사협의
역할은 도드라졌다. 사무국장 류승렬을 비롯한 사무국 간사 손영숙과 최인
순, 그리고 최수연, 박주미 등은 가톨릭센터에 거의 상주하다시피 머물렀다.
그들은 기본적으로 농성자들과 함께 시위를 벌였다. 가톨릭센터 옥상에서
횃불시위를 함께 했는가 하면, 성명서 낭독과 구호를 외치는 등의 가두방송

---

10)「시민이 함께쓰는 6월 항쟁(7): 천주교 정의평화위원회 박승원 신부」,『부산일보』.
　　2007.6.6.(http://news20.busan.com/controller/newsController.jsp?sectionId=1010010000
　　&subSectionId=1010010000&newsId=20070606000161)

도 했었다. 시민들과 부산교구의 각 성당에서 보내온 생필품－치약, 칫솔, 비누 등－과 성금, 격려편지를 접수하고 배분하는 것도 그들의 몫이었다. 당시 농성자들의 식사는 각 성당의 봉사자들이 와서 준비했는데, 천사협 역시 봉사자들의 일정과 순번을 관리하고 그들과 함께 식사를 준비하고 배식하였다. 뿐만 아니라 농성자들의 성명서를 외부 인쇄소에서 인쇄하여 다시 가톨릭센터 안으로 반입하고, 또 시민들에게 배포하는 것도 천사협의 일이었다. 이처럼 천사협은 가톨릭센터 농성에서 보이지 않는 뒷바라지를 도맡아 하였다. 농성이 끝난 후에도 천사협은 가톨릭센터를 떠나지 못하고 마지막 뒷정리까지 도맡았었다.

5) 해산 농성자 폭행과 사제단 미사

6월 22일, 끝까지 농성에 참가한 학생과 시민 130여 명은 농성해제를 결정했다. 그리고 부산교구 정평위의 주선으로 부산시경국장 대리 자격의 중부경찰서장과 면담하여 안전귀가를 보장받았다. 경찰은 가톨릭센터 농성자들이 농성 해제 후 즉시 다른 시위를 기도하거나 참가하지 않고 귀가한다면 체포하지 않겠다고 약속했다.

학생과 시민대표들은 오후 9시에 기자회견을 가지고 농성을 해제했고, 부산교구가 제공한 3대의 버스에 나누어 타고 귀가하기로 했다. 그러나 그중 1대의 버스에 타고 있던 해산 농성자들이 남부경찰서 앞에서 경찰에 의해 기습적으로 테러를 당했다. 당시 이 버스에 동승했던 양요섭 신부와 김평겸 신부 역시 경찰에 의해 집단 린치를 당한 것이다.

이 사건에 항의하기 위해 24일 부산교구 전체 사제단은 가톨릭센터 7층에서 성명서와 '가톨릭센터 농성학생 시민들의 귀가 버스에 대한 경찰의 테러행위 경과보고서'를 발표 후 80여 명의 신부들이 무기한 농성을 시작했다.

이틀 후 26일에도 부산교구 사제단은 중앙성당에서 인권회복을 위한 미사

를 봉헌 후 가톨릭센터까지 침묵시위를 했고, 부산교구 전교수녀연합회 수
녀 300여 명이 사제들의 농성을 지지 하는 성명서를 발표했다.

6월 28일 부산교구 사제단이 중앙성당에서 1만여 명의 신자들이 참여한
가운데 오후 3시 이갑수 주교를 비롯한 사제 80여 명 공동집전으로 폭력 종
식과 인권회복을 위한 특별 미사 봉헌했다. 미사 후 사제단은 22일 발생한
'가톨릭센터 농성 해제 학생 집단 폭행사건'에 대한 보고회와 '최루탄에 맞아
사망한 이태춘 사건에 관한 경위 보고'를 가진 후 가두시위를 벌였다. 이 날
시위는 중앙성당을 출발하여 가톨릭센터까지 행진하는 것이었다. 사제단이
플래카드를 들고 앞장서고 신자들이 뒤따라 걸었으며, 많은 시민들이 호응
하며 함께 참여했다.

그러나 29일 노태우 민정당 대표의 이른바 6·29 선언으로, 그 다음날 부
산교구 사제단은 농성을 해제하게 된다.

6) 가톨릭교회와 가톨릭 사회운동

가톨릭교회가 6월항쟁에서 보여준 가장 큰 역할은 단식기도와 서명 등을
통해 여론을 주도하고, 시국미사와 기도회 등을 통해 대규모 인적 자원을
동원했으며, 시민사회의 운동 조직에 인적, 물적 자원을 제공함으로써 항쟁
을 이끌고 지속할 수 있도록 했다는 것이다. 특히 다른 종교들과 비교해 볼
때, 가톨릭교회는 대규모의 인적 물적 자원을 동원할 수 있었고, 또한 교구
라는 공식적인 전체 조직이 비교적 단일한 행동을 취함으로써 더 큰 힘을
낼 수 있었다. 이것은 교회 전체 구성원의 일치를 중요시하는 가톨릭교회의
조직 구조에서 나오는 것이기도 하고, 다른 한편 가톨릭교회가 한국사회 전
체의 사회의식에 비해서 진보적인 신학과 교리를 가지고 있었기 때문이기
도 하다.

천주교 부산교구라는 공식적이고 전체로서의 조직 단위가 시민들의 집단

행동의 중심에 있었다는 것은 중요한 의미가 있다. 천주교 신자들 뿐 아니라 일반 시민들에게도 대통령 직선제 개헌을 위한 시민들의 집단행동이 도덕적으로도 윤리적으로도 정당하다는 인식을 심어 준 것이다. 더 나가서는 반공주의와 국가안보 이데올로기에 영향 받은 시민들에게도 당시의 집단행동이 이념적으로 사회주의 혁명을 위한 것이 아니라는 안도감을 심어주었다. 그럼으로써 더 많은 시민들의 호응과 지지를 이끌어낼 수 있었다.

그러나 좀 다른 측면에서는 가톨릭교회 전체가 움직일 수 있도록 했던 비공식적 그룹의 역할 역시 무시할 수 없다. 첫째는 정의구현사제단으로 대표될 수 있는 성직자 그룹이다. 이들은 교회 내의 공식적 의사결정 통로를 통해 가톨릭교회 전체가 항쟁에 나설 수 있도록 역할 했다. 뿐만 아니라 평신도들의 사회운동의 방패막이 되어주었으며, 여러 방법으로 후원과 협조를 아끼지 않았다. 둘째로 평신도들의 비공식적 운동 조직의 역할 또한 무시할 수 없다. 이들은 학생, 노동, 빈민 등 각 부문에서 소그룹 학습과 활동을 통해 양성된 활동가들로 이루어져 있었다. 이들은 사제들과 신자, 사제들과 시민사회 운동조직 사이의 연락을 담당하고, 실무 전반을 담당했으며, 시국 미사와 기도회, 농성 등에서 유인물 제작과 배포, 플래카드 제작, 질서유지, 뒷정리 등을 통해 가톨릭의 행사가 원활히 이루어질 수 있도록 협조했다.

3. 가톨릭 사회운동

가톨릭교회는 6월항쟁 당시 민주화운동을 보호하고, 더 나가서는 어떤 경우에는 인적, 물적 자원의 동원을 통해 집단행동이 가능케 하기도 하였다. 대부분의 경우, 이러한 활동은 가톨릭교회의 공식적인 조직과 이름을 통해 이루어졌지만, 이러한 조직과 이름을 통해 움직일 수 있었던 더 근원적인 요인들이 있다. 한편으로는 성직자들을 중심으로 이루어진 성직자들의 운동이고, 또 다른 한편으로는 80년대 초중반부터 꾸준히 성장해온 가톨릭 부문운동과 그 운동들의 협의체가 있었기 때문에 가능했다.

1) 가톨릭 성직자 운동

가톨릭 성직자들의 조직적 행동은 가톨릭교회의 공식 기구인 정의평화위원회와 비공식적이지만 성직자들의 자발적 결사인 정의구현사제단을 통해서 이루어졌다. 이 두 조직이 외부적으로는 두 개의 개별적 조직으로 보이지만, 각 조직에 참여하는 신부들이 거의 중복되기 때문에 사실은 두 개의 조직이라고 하기 어렵다.

정평위는 제2차 바티칸공의회가 끝나고, 1967년 바오로 6세 교황이 가톨릭교회 내의 국제적-지역적 그리고 정치-경제적 영역에서의 정의와 평화운동을 증진시키고 조정하기 위해 설립한 교황청 기구이다. 이 기구를 설립하면서 각 나라의 주교회의와 각 교구에도 이 기구의 설립을 권고하였다. 이에 따라 한국 주교회의는 1969년 10월에 정평위를 설립하기로 결의하고, 1970년 8월에 창립했다. 그러나 설립 당시 활동은 미진하였고, 1975년 주교회의 상임위원회 직속기구로 재편하면서 본격적인 활동을 시작[11]했다. 그러나 본격적인 활동이라고 해도, 사실 당시의 한국 상황을 비추어본다면 교회 안의 정의와 평화 운동을 증진시키고 조정하기에는 미진하기 짝이 없었다. 바로 이 부분이 천주교정의구현사제단의 출범의 근거가 되는 것이다.

1972년에 박정희는 유신헌법을 선포하고 장기 집권 음모를 노골적으로 드러내었고, 1973년 8월에는 일본에서 야권 지도자인 김대중을 납치하였다. 1974년에는 긴급조치 1,2호를 선포하여 학생, 교수, 종교인 등 양심적 지식인을 체포하였고, 급기야 4월에는 인민혁명당 재건위원회와 전국민주청년

---

11) 양인성, 「정의 평화위원회」, 『한국가톨릭대사전 10』, 한국교회사연구소, 2004, 7567쪽.

학생연맹(민청학련) 사건을 조작하여 유신반대를 위한 대학가 시위를 준비하던 학생들을 간첩으로 몰아 구속하는 등 강경하게 대처하였다. 같은 해 7월 6일에는 원주교구장 지학순 주교가 민청학련 사건에 연루되었다는 이유로 김포공항에서 불법 납치되었고, 이후 긴급조치 1, 4호 위반으로 구속되어 징역 15년, 자격정지 15년을 선고받았다. 지학순 주교의 구속으로 전국의 많은 신부들이 모여 거의 매 월요일마다 각 교구를 순회하면서 모임을 갖고, 지 주교 등을 비롯한 민주 인사들의 석방을 요구하며 미사를 봉헌하게 되었다. 이 과정에서 1974년 정의구현사제단이 출범하게 되었다. 전국 차원의 주교회의 정평위의 활동이 거의 없는 상황이었고, 많은 교구에서 정평위가 설립되지 않은 상황에서 정의구현사제단의 출현은 어쩌면 당연한 일이었다.

그러나 정의구현사제단의 조직 구성과 형태는 대단히 느슨해서 딱히 조직이라고 부르기에도 무리가 있을 정도이다. 대표와 총무 정도만 있을 뿐이지 회원 명단조차도 없는 것이 특징이다. 다시 말하면, 모든 신부들에게 소식을 전해서 그 행사에 참여한 신부들이 굳이 말하자면 그 사안에 대한 사제단의 일원이 되는 것이고, 모든 신부들에게 부탁해서 자발적으로 후원금을 내는 사람이 사제단의 일원인 것이다.

정의구현사제단의 출범 과정에서도 드러나지만, 교회의 공식적인 통로를 통해 할 수 있는 것은 공식적인 기구를 통해 활동하고, 공식적인 기구에서 현실적 조건 등의 사유로 부담스럽거나 역량이 부족할 경우, 정의구현사제단의 이름으로 활동했다. 이는 전국 차원에서도 마찬가지이지만 교구 차원에서도 마찬가지이다.

1967년에 교황청 정평위가 설립되고, 1971년에 한국 천주교 주교회의 정평위가 설립되었지만, 부산교구에 정평위가 설립된 것은 공식적으로 1986년이다.[12] 1987년 6월항쟁 당시 여러 활동은 정평위의 이름으로 진행되었다.

---

12) 박승원 신부의 증언에 의하면, 이갑수 주교의 명으로 박승원 신부가 1974년부터
    전국 차원의 주교회의 정의평화위원회에 참석했다고 한다. 동시에 교구 정평위를

그러나 정평위 설립 이전부터 손덕만, 박승원, 송기인, 양요섭 신부 등이 정의구현사제단 이름으로 교구 안에서 모임을 가지고 있었고, 이 모임은 정평위가 설립하고 활동할 수 있도록 기여했다. 부산교구의 경우, 두 조직 사이의 갈등은 없었고 오히려 서로 중복되어, 두 개의 조직이라고 하기 힘든 구조였다.

2) 평신도 운동

1980년 이후 학생운동을 비롯하여 사회 각 부문에서의 운동이 발전해감에 따라 가톨릭 내부에서도 각 부문운동의 연대를 강화하고 전국적으로 통일된 목소리를 내기 위해 천주교사회운동협의회가 1984년 4월에 창립되었다. 창립 당시의 조직 현황으로는 서울, 인천, 마산, 그리고 광주 준비위원회의 4개 지역과 가톨릭농민회, 가톨릭노동사목전국협의회, 가톨릭노동청년회, 천주교도시빈민회, 가톨릭대학생협의회 준비위원회의 5개 부문으로 창립되었다.

전국 천사협이 창립되고 나서, 부산에서는 가톨릭노동사목전국협의회를 비롯한 전국 천사협의 활동가들과 지속적인 교류가 있었던 영남산업연구원의 진병태와 손영숙이 향후 부산 천사협을 조직할 것을 목표로 하여 '부산천주교사회운동협의회 준비위원회'를 구성했다. 이후 사회선교협의회 간사였던 최준영, 동보서적의 신선명, 당감성당 청년 류승렬 등과 논의를 확대하였다. 1986년 9월 부산천사협 준비위에는 부산가톨릭대학생연합회(당시 회장 박승훈), 가톨릭노동청년회(회장 서정구, 송경심), 당감성당과 중앙성당에서 활동하던 가톨릭민주청년회(회장 조삼호) 3개 부문이 참여하였고, 대연성당 수도원 2층에 사무실을 얻어 류승렬을 사무국장으로 선임하고 공식

설립하기 위해 회칙과 내규 등의 준비 작업을 했다. 그러나 교구의 기록에 의하면 부산교구 정평위는 공식적으로 1986년에 설립되었다.

적인 활동을 시작했다. 이후 1987년 4월에 부산 천사협 창립총회에서는 문재인 변호사를 초대의장으로 선출하였다. 창립당시에는 사무국장 류승렬과 간사 강정희로 사무국이 구성되었다.

6월항쟁 당시의 사무국 내의 역할 분담을 보면, 사무국장이 대외적으로 천사협을 대표하여 부민협, 국본과 같은 단체의 연대회의에 참석[13]하고, 정평위와 정의구현사제단과의 실무 조정을 하였다. 두 명의 간사 중 최인순은 시민단체와의 연대 활동을 지원하고 부산 천사협의 회보인 '새 하늘 새 땅'을 편집 제작하였고, 회계 업무를 담당했다. 손영숙은 가톨릭대학생연합회를 비롯한 천사협 내부 각 부문의 조직화 및 연대강화를 위한 활동에 주력했다. 당시 재정은 월 50만 원 정도의 수입이 있었고, 거의 대부분이 부문 단체별 회비와 신부들의 후원회비, 그리고 몇몇 개인회원과 의장의 회비 정도가 전부였다. 어떤 경우에는 〈월간 말〉을 비롯하여 자료 등을 판매한 경우가 있었으나 지속적이지는 않았고, 큰 도움이 되지도 않았다.

6월항쟁 이후 1988년에는 사무국장 손영숙, 간사 박지영, 89~90년 사무국장 손영숙, 간사 조성호, 박명규가 활동했으며, 91년부터 해체까지는 사무국장 조성호, 간사로는 박명규, 정지현이 활동했었다.

천사협 창립 당시의 참가 단체로는 가톨릭대학생연합회, 가톨릭민주청년회, 가톨릭노동청년회였다. 우리누리 공부방을 중심으로 한 천주교도시빈민회(회장 최수연)는 88년 이후에 조직되어 부문으로 참여하였다. 가톨릭대학생연합회는 부산 지역에 있는 대학에 이미 조직되어 있던 가톨릭학생회의 연합체이고, 가톨릭민주청년회 역시 부산 지역의 몇몇 성당의 청년회가 주도하여 조직된 연합체이다. 이들은 80년대 중후반부터 각자 소그룹 학습 등을 통해 의식화된 회원들을 확보해놓은 상태였고, 이후 천사협의 실무 인력

---

13) 부산지역 유월항쟁 자료발간위원회 편의 『유월항쟁 - 항쟁일지』 76쪽에 당시 참가단체들이 나와 있는데, 부산 천사협이 누락되었다. 반대로 6월민주항쟁 24주년 기념 학술 집담회 자료집, 부산민주시민협의회의 역사적 재조명의 김재규의 발제문 「부민협과 국본 그리고 6월 항쟁」 36쪽에는 참가단체에 천사협이 기록되어 있다.

의 공급처 구실을 했다. 가톨릭노동청년회는 영남산업연구원 등을 통해 의식화된 회원들이 있었고, 이후 88년 대우정밀 노동조합도 가톨릭노동청년회의 조현호가 참여해서 창립했다.

87년 6월항쟁 당시 천사협은 국본의 연대회의를 통해 시위를 기획하기도 했고, 또 시위에 회원들을 동원 조직하였다. 국본-천사협-부문단체 회원으로 이어지는 지시에 따라 회원들이 시위에 참여했었다. 앞서 이야기 했지만, 가톨릭 내부의 행사에서는 실무와 뒷바라지를 도맡아 하였다. 광주항쟁 사진전 준비와 같이 보안을 필요로 하는 경우 극소수의 회원들과 실무자들이 실무를 담당했다. 그러나 가톨릭센터 농성 때에는 다수의 회원들이 거의 가톨릭센터에 상주하다시피 하면서, 국밥을 끓여 농성자들의 식사를 제공하고, 시민이 보내주는 김밥, 빵과 우유 등을 배식했다. 여러 가지 지원 물품들을 외부로부터 조달했고, 유인물 배포와 플래카드 제작도 도맡아 하였다. 뿐만 아니라 가톨릭센터 옥상에서 농성자들과 함께 구호를 외치는 등 시위와 농성에도 적극적으로 참여하였다.

가톨릭 평신도 사회운동은 한편으로는 성직자 그룹의 보호와 후원이라는 방패막이에 힘입어 활동했지만, 고유의 영역을 가지고 활동했다. 가톨릭교회 전체의 행동이 있는 경우 거의 모든 실무를 담당하였고, 내부적으로 회원 재생산을 위해 노력했었다. 그러나 90년대 들어 부문운동의 협의체의 필요성이 감소하고, 한국 사회 전체의 사회운동이 동력을 잃기 시작하면서 천사협 역시 점진적으로 해소의 길을 걸어갔다.

4. 가톨릭 사회운동의 이념과 문화

가톨릭교회가 공식적 차원에서 교회 조직 전체가 역할을 할 수 있었던 것은 비공식적 차원의 사회운동 그룹이 존재했기 때문이라고 할 수 있다. 그렇다면 교회의 공식적 차원, 비공식적 차원, 그리고 평신도 사회운동 그룹이 공동의 집단적 정체성을 형성하고 공동의 목표를 가질 수 있었던 뿌리는 무엇인가? 결국 공동의 문화적, 상징적 뿌리에서 찾을 수 있을 것이다.

1) 가톨릭교회 사회교리와 바티칸공의회

6월항쟁을 전후한 1987년의 김수환 추기경, 윤공희 대주교 등의 고위 성직자들의 강론, 정의구현사제단, 그리고 각 교구의 정평위가 내놓은 성명서 등을 보면, 제2차바티칸공의회와 교황의 사회회칙을 인용한 것을 쉽게 볼 수 있다. 어떤 경우에는 성경을 인용하기도 하지만, 또 어떤 경우에는 사회회칙을 인용하기도 했다. 자신들의 견해와 행동에 대한 근거로서 그런 문헌들을 인용하게 되는 것이다.

부산교구의 정평위나 사제단의 성명서는 박승원 신부의 후배였던 임정남이 주로 작성했었다. 따라서 가톨릭교회 문헌을 직접 인용한 경우는 거의 없었지만, 근본적으로는 가톨릭교회의 사회교리와 공의회 문헌에서 나오는 교회와 세상의 관계에 대한 새로운 이해에 근거하고 있다고 볼 수 있다.

과거 가톨릭교회의 자기 이해는 교회가 세상(세속)과 대립되거나 분리되어 있다는 입장이었다. 따라서 세상의 일에 깊이 관여하기보다는 신자들을 대상으로 미사와 성사를 집행하는 것을 교회 고유의 일, 즉 사목으로 생각했다. 그러나 제2차 바티칸공의회(1962~1965) 이후로, 교회가 세상 가운데 있다는 입장으로 전환되었다. 그래서 세상의 슬픔과 아픔에 동참해야 하고, 세상 안에서의 정의를 구현하는 것이야 말로 신앙의 핵심적 부분이라는 것이다. 이런 영향으로 성직자 그룹 사이에서도 남미의 해방신학이 자연스럽게 받아들여졌다. 동시에 일부 성직자들이 정의와 평화를 위한 운동을 위한 결사체를 조직하고, 구체적인 행동에 나서기도 하였다.

2) 해방신학

성직자 그룹이 제2차 바티칸공의회의 정신과 신학에서 자연스럽게 해방신학으로 옮겨갔다면, 평신도 사회운동 그룹은 유물론적 마르크스주의에 입각한 사회분석에서 해방신학으로 옮겨갔다고 할 수 있다.

1980년대 중후반 많은 대학의 동아리에서는 마르크스주의 경향의 철학과 사회과학의 소그룹 학습을 통해 저항의식을 키워 나갔다. 물론 이런 학습을 통해 모든 학생들이 학생운동에 투신하는 것도 아니었고, 또 학생운동에 뛰어든 모든 학생이 사회주의적 경향을 가진 것도 아니었다. 이러한 흐름과 다르지 않게, 천사협에 소속된 많은 부문 운동 단체들은 각 회원의 양성교육으로 사회분석 교육을 하고 있었다. 당연히 이들은 유물론적 철학과 가톨릭의 신앙 사이에서 나름의 철학적 세계관의 갈등을 가지고 있었다. 이러한 갈등은 이들에게 해방신학에 더욱 쉽게 접근하고, 더욱 쉽게 수용할 수 있게끔 하였다. 해방신학은 부분적으로 마르크스주의적 사회분석을 수용하고 있으며, 어떤 면에서 신앙과 마르크스주의 사이의 전략적 동맹을 주장하고 있기 때문이었다. 가톨릭의 평신도 사회운동 그룹은 해방신학을 통해 가톨릭 신앙을 바탕으로 사회운동에 참여할 수 있었고, 성직자 그룹과도 어렵지 않게 동맹 관계를 맺고 유지할 수 있었다.

3) 사회복음화

해방신학으로부터 공통의 집단적 정체성을 형성한 두 사회운동 그룹은 공동의 정치사회적 목표를 사회복음화로 암묵적으로 합의할 수 있었다. 성직자 그룹에서는 이러한 표현이 잘 나오지는 않지만, 평신도 그룹에서는 구체적으로 드러내었다. 예를 들면, 천사협 규약 2조는 "본 회는 사회운동에 투신하는 천주교회 제 공동체의 연대강화를 통한 교회쇄신과 사회복음화를 목적으로 한다"고 정하고 있다.

복음화라는 개념이 일차적으로는 신앙이 없는 사람들에게 신앙을 전해서
그 사회를 그리스도교화 한다는 것이지만, 사회복음화라는 개념을 통해 한
사회 안에서 그리스도교적 정의와 평화를 증진시켜내는 것을 뜻했다. 따라
서 사회복음화의 당면과제로서 최소한, 군사정권 퇴진과 대통령 직선제, 실
질적 민주주의 정도에 합의했다고 볼 수 있다.

실제로 당시 평신도 그룹과 성직자 그룹 사이의 연령과 세대 차이, 사회
문화적 지위의 차이에서 오는 갈등을 넘어서서 협력의 관계를 유지할 수 있
었던 것은 사회복음화라는 개념에서 드러나는 암묵의 합의 때문이었다.

5. 결론

가톨릭교회는 공식적인 전체 교회 차원에서 1987년 1월 박종철 추모미사
부터 시작해서, 호헌철폐를 위한 단식기도, 광주항쟁 사진전, 그리고 가톨릭
센터 농성 등을 통해 6개월 내내 신자들과 시민들을 동원하여 6월항쟁이 지
속되게끔 했고, 또 어떤 측면에서는 주도하기도 했다. 이 과정 안에서 지속
적으로 인적, 물적 자원을 동원하고 투여함으로써 6월항쟁의 성공에 큰 역
할을 하였다. 뿐만 아니라 좀 더 넓은 영역에서는, 부산교구라는 가톨릭교
회의 전체 단위가 행동에 나섬으로써, 6월항쟁으로 드러나는 시민들의 집단
행동이 도덕적이고 윤리적이라는 것과 이념적으로 위험한 것이 아니라는
'도덕적 자원'[14]을 제공했다. 이는 한 사회운동에서 광범위한 대중이 자신들
의 집단행동에 정당성(legitimacy)를 부여하고, 대중의 연대를 불러일으키는
소중한 자원이다.

---

14) Edwards, B. and McCarthy, J.D., "Resources and Social Movement Mobilization", *The Blackwell Companion to Social Movements*, Blackwell Pubishing, 2007, p.125.

이러한 인적, 물적, 그리고 도덕적 자원의 동원이 가능했던 것은 일부 성직자 그룹의 사회운동과 평신도 그룹의 조직이 있었기 때문이다. 이는 정의평화위원회와 정의구현사제단이라는 성직자들의 그룹, 그리고 천주교사회운동협의회라는 평신도들의 사회운동 조직을 통해서 이루어 진 것이다. 이들 그룹의 상징적 문화적 정체성(동일성)을 유지해 주었던 것은 '사회복음화'라는 공동의 목표였다.

이런 점들을 고려해본다면, 공통의 상징적 문화적 정체성을 가지는 사회운동 그룹이 존재했던 것이야 말로 6월항쟁 당시 가톨릭교회의 역할을 가능케 했다고 볼 수 있다. 그런 의미에서 성직자와 평신도의 사회운동 그룹을 조직하고 증진시키는 것이 앞으로도 중요한 과제가 될 것이다.

다른 측면에서, 이 글은 소수의 사람들과의 인터뷰를 기초로 했고, 문헌연구에 의존했기에 더욱 폭넓은 자료수집의 한계가 있고, 분석 역시 기술(記術)적 분석에 머물렀다. 이 점에서 이 글이 여러 한계와 편견이 있을 수도 있음을 밝힌다.

3장
87년 6월항쟁과 부산지역 불교운동[1]

_안민환[2]

1. 들어가는 말

불교가 사회운동에서 활동을 시작한 것은 일제하에서의 '사찰령폐지운동'
에서 찾아볼 수 있다. '조선불교청년회'나 '조선불교유신회'와 같은 단체를
중심으로 진행되었던 운동들은 긴 생명력을 지니지는 못했으나 조선불교의
개혁을 일본 제국주의와 조선총독부로 인한 문제임을 자각하고 민족독립을
이루지 못한다면 불가능한 것이라는 사실에 대한 인식을 지녔기 때문이다.
이후 1927년 조선불교청년동맹으로 조직을 개편하고 불청회원들이 개별가
입방식으로 택했던 신간회에 참여하였고, 불교 여신자들은 불교여자청년회
로 활동해오다가 1927년 조선여성동우회, 조선여성해방동맹 등의 반일여성
단체들과 여성운동의 힘을 하나로 모으는 데 동의하고 신간회의 자매단체
인 근우회를 발족시켜 반제반봉건투쟁을 전개하였다. 그 이후 일제의 탄압
이 노골화되자 불자들은 卍당을 결성하여 지하에서의 항일투쟁을 전개하게
된다. 그러나 대부분의 민족운동단체의 경우에서처럼 일제의 가혹한 탄압

---

1) 이 글은 2013년 민주주의사회연구소 주관 6월항쟁 기념 학술행사에서 발표한 것
   이다. ─편집자 주
2) 당시 부산대학생불교연합회 지도법사, 현재 붇다피아명상센터 지도법사.

으로 분쇄되고 만다. 이러한 불교의 사회운동에의 적극적인 참여와 관심은 해방과 더불어 단절의 역사를 걷는다. 다른 여타의 한국 민족주의운동이 걸었던 길과 유사한 경로를 걸었다. 일제하에서의 조국의 자주적 독립과 해방을 위한 청년불자운동은 용성, 만해 한용운과 같은 불교계의 실천적 노력이 후 사회운동에서의 적극적인 활동을 찾아보기 어렵다.

해방 이후 한국의 종교계는 사회민주화에 있어서 두드러진 족적을 남겨왔다. 개신교와 천주교는 70년대까지의 암울한 독재정권 치하에서의 민주화운동의 보루로 기능해왔기 때문이다. 그러나 불교계의 사회민주화운동에 대한 두드러지는 기여를 쉽게 찾아보기 어렵다.

그러나 불교계는 80년대를 거치며 민중불교운동을 기치로 다양한 형태의 사회참여와 실천적 사회운동을 벌여나간다. 그러한 결과로 87년 6월항쟁에서의 두드러진 족적을 남기게 된다.

지나간 역사는 우리는 대개 모두 잘 알고 있다고 생각한다. 그리고 우리는 다가오는 미래에 대해 잘 알지 못한다고 말한다. 그러나 정작 우리가 알기 어려운 것은 과거의 지나가버렸다고 하는 역사가 현재에까지 영향을 미치고 있는 양상의 중요성을 고려해본다면 과거라고 불리는 기억의 역사는 분명 현재의 거울임을 알 수 있다. 역사적 사실과 사건 그리고 무수한 장면들에 대한 재조명과 평가를 통해서야 현재에서의 발전방향을 모색할 수 있기 때문이다. 두려운 마음으로 이 자리에 섰지만 이러한 고민은 부산지역의 사회운동에 있어서 불교계의 역사와 대응방식에 대한 거의 최초의 연구이자 출발점이라는 점을 고려해 본다면 절반의 의미부여를 해 볼 수 있다고 본다.

2. 민중불교운동 태동의 전사

한국불교사에서 반복적으로 제기되는 사회역사적 장면에는 뿌리 깊은 역사적 앙금과 불씨가 자리 잡고 있다. 이를 이해하기 위해서는 넣 가시 생섬에 대한 역사적 사실을 이해할 필요가 있다.

미군정 당시 남한의 개신교도 수가 3% 정도였음에도 불구하고, 1945년 미군정은 국가에서 공식적으로 인정하는 종교정책에서 기독교만을 종교로 인정하는 포고령을 발표하고, 크리스마스를 공휴일로 제정한다. 이러한 조치에 이어서 1955년 이승만정권의 대통령령에 의해서 대처승들을 친일승이라 단정하고 포고되었던, '처자가 있는 대처승은 사찰에서 퇴거하라'는 유시는 한국사회의 불교계 갈등의 진원지였다.[3] 이로 인해 한국 불교의 내부 갈등을 조장해 비구승과 대처승간의 법적 소송다툼으로 이어져 이후 조계종과 태고종으로 갈라지는 원인이 되었다. 결과적으로 통합된 종단은 없었더라도 한국 불교의 내부 갈등을 조장하는 것으로 이어졌고, 비구승과 대처승간 법적 소송 다툼으로 이어져, 각자 조계종과 태고종으로 갈라지는 원인이 되었기 때문이다.

> 중이 처를 데리고 사는 그것이 큰 문제가 되는 것이 아니라, 문제는 우리나라 중들의 종교적 신앙과 교리가 일본 중들의 그것과는 특별히 다른 것이 몇 백 년 계속되어왔던 것을, 일본이 한국을 점령하여서 한인들을 다 일본화시키려 할 때, 한국에 충성하려던 중과 교도들은 다 물러났고 일본에 충성하는 새 중들만이 사찰 계를 차지했으니, 이들 친일하던 중들은 오늘에 와서는 마땅히 물러서야 할 것임은 누구나 이론을 붙일 수 없는 것이다. (『동아일보』 1955. 8. 5).

---

3) 역사적으로 불교계 갈등의 구조적 문제는 일제가 조선을 병합한 후 만들었던 7개 조의 '사찰령'과 시행규칙들에서도 기원을 찾아볼 수 있다. 사찰령을 통해서 총독이나 말사 주지가 사찰업무에 대한 주지의 임명과 제명권을 완전히 장악하고 있었기 때문이다. 이를 통해 본산의 주지 중심체제가 확고하게 자리 잡게 되었다. 실제 36본산 주지의 친일어용화가 이러한 사회적 맥락에서 사찰령에서부터 제도화되었다고 볼 수 있는 것이다.

기독교인이나 친일파를 중심으로 한 각료들로 구성된 정권이었으며, 친일파 처단을 위한 반민특위를 해체시킨 이승만 정권이 이러한 명분을 내세운 것은 설득력을 얻기 어렵다. 이는 기본적으로 불교계를 장악하려는 의도가 명확하게 담겨져 있었음을 추측할 수 있다. 실제로 이후의 한국불교계가 권력에 보여준 자세가 매우 타협적이었다는 사실도 부인할 수 없기 때문이다. 정부의 후원에 힘입어 1954년 선학원을 중심으로 불교계 정화운동이 본격적으로 시작된다. 1천 명 정도의 비구승과 8천여 명의 대처승간의 싸움이 시작되었다. 1955년 비구승들은 전국승려대회를 열고 대한불교조계종을 공식 출범시켰다. 이러한 과정에서 대처승이 장악하고 있는 사찰에 대한 주도권을 둘러싼 폭력적인 갈등과 대립이 시작된다.

> 불교계 정화를 부르짖는 비구승들과 기존 세력을 유지하려는 대처승 간의 쟁패전이 계속되더니 17일 서울 태고사에서는 드디어 유혈극까지 벌어졌다. 즉 태고사는 수일 전부터 비구승들의 관장 하에 들어가서 조계사라고 절 간판까지 갈아 붙여져 있었는데, 17일 하오 3시 10분 경 수십 명의 학생복을 입은 청년과 군복을 입은 청년이 몰려들며 간판을 떼려하다가, 이를 제지하려던 비구승들을 구타하기 시작하여 절간이 한때 수라장이 되고 경관이 출동하자 약 20분 후에 청년들은 분산되었다고 한다. 이로써 비구승 측에서는 6명의 부상자를 내었는데…(『조선일보』 1954. 11. 19).

5·16군사쿠데타로 군사정권이 수립하면서 군사정권은 비구승과 대처승이 모두 참여한 '불교재건위원회'를 구성했다. 이를 토대로 1962년에 통합종단으로서 대한불교조계종이 다시 출범하였다. 그럼에도 불구하고 불교계에서의 조계종과 태고종의 분규를 거치며 조계종단은 분규로 날을 지새웠다. 대처승이 살고 있는 절을 '정화'한다고 폭력배까지 동원하여 접수하는 일로 한국불교계는 하루도 조용한 날이 없었기 때문이다. 결국 1970년 통합종단

에 참여하기를 거부한 대처승들은 태고종으로 분리하여 나가게 된다. 비로소 비구승의 조계종과 대처승의 태고종을 중심으로 하는 현대 한국불교의 틀이 형성된 것이다. 노동자가 분신하고 농민들이 농산물을 태우면서까지 격렬한 삶의 몸부림을 치고 있어도 불교계는 그 중생의 고통현장에 눈을 돌릴 새가 없었던 것이다. 이러한 불교계에 대한 국민의 불신은 당연한 것이었다. 비록 그 분규의 원인이 어디에 있었던 간에 치열한 삶의 현장을 외면한 응보는 아직까지도 아픈 상처로 남아있다.

한국 불교가 사회운동흐름에 단절의 역사를 거치고 있는 동안에 기독교와 천주교를 중심으로 하는 사회운동이 한국사회 민주화운동의 핵심을 이루었다. 특히 개신교와 천주교계는 그들이 갖고 있는 국제적 관계와 지원이라는 배경을 효과적으로 활용할 수 있었다. 특히 언론의 자유를 잃어버리고, 국민의 눈과 입이 봉쇄당한 상황에서 박정희 정권의 실상이 주로 외국 선교사들의 입을 통해 국제적으로 알려지기 시작했다. 외신과 자주 접할 수 있는 기회를 가질 수 있었던 개신교와 천주교는 그러한 국제적 여론을 국내에 알리는 창구역할을 맡았다. 그러나 정권의 위기상황에서 유화적 조치로 발표된 72년의 '7·4남북공동성명'에서 '자주, 평화, 민족대단결'의 원칙은 새로운 계기와 활력이 될 수 있었다. 불교계에서도 일대 혁신 운동을 통하여 농촌 지역뿐만 아니라 도시에서의 교세와 발전을 도모하기 시작한 것이다. 천도교, 대종교, 원불교 등과 같은 민족 종교들도 그 나름의 기반 확립과 교세 확장에 노력하고 있었다. 이렇듯 1970년대 민주화 운동에 크게 기여한 종교계의 활동은 불교계에게도 자극이 되었고, 1980년대의 사회운동화의 중요한 토대를 마련할 수 있었다.

70년대 민주화운동에서 불교계의 이름을 유일하게 남기고 있는 이가 법정스님이었다. 함석헌 등의 개신교계의 인사들과 더불어 민주화와 민족통일의 양심역할을 하고 있었다. 사실상 법정스님과 더불어 종교인들의 구속은 만해스님 이후 맥이 끊기다시피 한 혁신적인 불교운동의 전통이 부활될 기미를 보이기 시작하고 있던 당시에, 젊은 불자들이 낮은 수준에서의 문제제기에 그치긴 했지만 불교의 민중화를 시도하는 계기가 되었다. 75년 박정희 정권이 긴급조치 9호를 발표하였다. 이 조치는 그때까지 내려진 앞서의 긴급조치들보다 강도가 훨씬 강한 조치였다. 정부에 대한 어떠한 비판도 용인되지 않았고 심지어 정부를 비판하는 문서를 갖고 있다든가 그 내용을 말로 전하는 행위 일체도 처벌하는 조치였다.

이러한 엄혹한 현실 속에서도 한국대학생불교연합(대불련)의 경험을 거친 젊은 청년들이 개별적으로 또는 다른 조직의 일환으로 민중의 삶 속으로 들어가기 시작하였다. 그러나 이는 기층 노동자나 농민을 대상으로 하는 가톨릭 농민회나 한국교회사회선교협의회와 같은 조직화된 활동들에 비하면 미미한 수준이었다.

70년대의 사회적 상황에서 불교와 사회운동 간의 단절된 역사를 서서히 봉합하려는 주체적인 노력에 가장 적극적인 사람이 여익구였다. 흔히 민중불교운동의 일세대로 불리는 여익구는 74년 민청학련과 관련하여 구속된 바 있었다. 그는 75년 고준환과 함께 '민중불교회'를 조직하게 된다. 고준환은 74년 10월 동아일보와 조선일보 기자들이 '자유언론수호선언'을 발표할 당시 동아일보 기자였다. 그해 12월 동아일보 광고탄압이라는 전대미문의 언론탄압을 맞아 결국 해직되었다. 여익구와 고준환, 그리고 황석영 등은 유신정권의 철권통치로 신음하는 민중의 아픔에 대응하기 위하여 '민중불교회'를 결성하였다.

이즈음 당시 한국대학생불교연합회 회장을 맡고 있던 전재성은 학생 불자들을 대상으로 '불교인 의식구조 조사연구보고'라는 설문조사를 하여 학생 불자들의 정치적 각성을 촉구하였다. 또한 이를 토대로 월간『대화』1977년 10월호에 전서암이라는 이름으로 「민중불교론」이라는 논문을 발표하여 민중불교의 논리적 근거를 밝혔다. 여기서 "물질적 정신적인 고해에 허덕이는 중생은 정신적 고통을 물질적 정신적으로 해결할 수 있는 중생과는 구별

된다"고 하여 중생 일반과는 계급적으로 구분되는 민중을 설정하고 진정한 보살행은 이 억압당하고 있는 민중의 해방을 위해 노력하는 실천이라고 주장했다. 그는 "민중불교운동은 본래 불타정신으로 돌아가 승가를 이 사회 속에서 구현하고자 하는 신앙적 태도에 입각해야 하며 민중 즉 다수집단의 종교 및 종교적 사회운동이어야 한다"고 규정했다.

「민중불교론」에서 제기된 것처럼 학생이라는 낭만적, 특권적 신분을 벗고 노동 현장에 들어가서 노동계급의 의식을 몸소 겪기도 하고, 공장지대에서 야학활동을 통한 의식의 전이도 담당했다. 70년대 후반 노조민주화운동이 격랑을 일으키는 그 현장에서 젊은 불자들은 노동자와 함께 있었다. 이들의 경험과 이론적 축적물이 80년대 민중운동에 커다란 이바지를 하게 된다

위에서 살펴본 것처럼 1970년대 초의 종교계의 민주화 운동은 특히 한국의 시민사회의 민주화 운동에 있어서 선도적 위치를 차지하고 있다. 80년대에는 노동 운동과 대중운동 중심의 운동이 주류를 이루면서 다소 주변적 위치를 차지하게 되지만, 70년대 초의 민주화 운동은 노동 문제, 농촌 문제 등 다시 현실의 주요 문제를 사회적 이슈로 부각시키고, 노동자와 농민들을 아우르며 오늘날의 시민사회 민주화 운동의 기반을 마련했다는 점에서 중요한 의미를 지닌다고 볼 수 있다. 불교계의 사회운동 역시 미약하지만 인적인 배출과 더불어 민중불교론을 중심으로 저변을 확대해 나가기 시작하였다.

3. 1980년 10 · 27법난과 불교사회운동의 분기점

한국의 사회민주화의 흐름뿐만 아니라 불교계에 있어서도 1980년대는 매우 중요한 시기였다고 할 수 있다. 1980년의 열화와 같은 사회민주화의 요구를 군화발로 짓밟으며 등장한 전두환 정권은 '10 · 27법난'과 같은 세계 종교사에서도 유래를 찾아볼 수 없는 종교탄압으로 시작되었기 때문이다. 그러

나 이러한 법난은 이때까지의 권력과의 밀착관계에 대한 성찰과 불교계의 현실을 냉정히 되돌아보게 되는 중요한 계기로도 작용하였다는 점에 주목할 필요가 있다. 특히 87년 6월항쟁에 이르기까지 법난의 문제가 군사독재정권과의 관련성하에 있었다는 자각은 사회민주화와 불교의 문제가 분리되어있지 않는다는 인식을 자각시켰다. 결과적으로는 87년 6월항쟁에서의 청년 불자들이 민주화운동에서의 적극적인 사회참여와 선도적인 역할을 할 수 있는 견인차 역할을 한 것이다.

1) 1980년대의 정치사회적 상황

1980년 민주화에 대한 전 국민적인 열기와 움직임들로 불교계에도 자체정화와 사회민주화에 부응하려는 움직임들이 조심스럽게 태동하기 시작하였다. 이와 같은 불교계 자체의 움직임에 대하여 권위주의적인 군사독재정권이 불교를 정화한다는 이름아래 폭력과 무력으로 불교계 내부의 자율적인 정화의 노력과 시도를 무산시킨 사건이 바로 10·27법난이었다고 할 수 있을 것이다. 결과적으로 10·27법난은 당시의 5·18광주민주화운동에 대한 사회적 여론과 급박한 사회적 상황 속에서 위기의식을 느끼던 군사정권이 사회적 이목을 전환시키기 위한 계기로 불교계를 활용했다고 생각할 수밖에 없는 사회적 상황에서 일어났던 사건이었다.

1980년 10월 27일 사회정화라는 이름 아래 전국의 주요 사찰에 총을 앞세운 계엄군이 난입하여 승려들에 대한 무자비한 폭력과 사찰을 한 후, 48명을 연행하는 사건이 일어났다. 당시 전두환의 주도 아래 국가보위비상대책위원회에서 80년 6월에서 8월까지 대대적으로 진행된 사회정화 조치 속에서 파악해 볼 수 있는데, 1979년 10월 26일 박대통령 저격사건 이후 민주화의 봄을 맞이하여 혼란했던 시기에 군부의 극우 강경파세력들이 79년 12월 12일 쿠데타를 거치며 실질적인 권력을 장악해 나가는 과정에서 사회정화라는 허울 좋은 개혁적인 조치를 진행하는 과정에서 진행되었다.

2) 군사정권의 정당성 확보를 위한 '사회정화조치'와 '10·27법난'

쿠데타를 통해 집권한 정권의 비역사성과 정통성의 부재는 자신의 지지 기반을 독점재벌과 군부 그리고 권력엘리트에서 찾을 수밖에 없었다. 이를 뒷받침하기 위한 공권력과 불법자금은 그들의 최고 무기였던 것이다. 새 정권은 출범하자마자 언론기본법, 정치풍토쇄신법, 집회 및 시위에 관한 법률 등의 법률적 장치를 마련하고 국가보안법과 노동악법 등을 개악함으로써 국민의 권리와 자유를 제한하는 것으로써 통제하고자 하였다.

그와 더불어 5월에 발표된 사회정화조치의 내용들은 '학원사태를 근절하고, 언론은 국익이 우선해야 한다'는 전제와, '종교를 빙자한 정치활동을 통제하고, 기업인의 비윤리적 행위를 막고, 노조의 시위활동을 근절하고, 교육풍토쇄신' 등을 명분으로 하고 있다. 그러나 제일 먼저 권력형 부정축재를 조사한다는 명분으로 정치의 정적을 몰아내어 그 재산을 국가헌납이라는 형식으로 몰수하는 것이 우선이었다. 더구나 5·17 직후에 권력형 부정축재 혐의자, 사회불안조성 및 소요 조종 혐의자를 조사 중이라고 발표하면서, 김종필·이후락·박종규 등과 김대중·문익환·김동길 교수 등을 연행 감금함으로써 쿠데타에 반대하는 정치적 반대자들을 탄압하는 목적으로 활용하였다는 사실이다. 계엄사는 또한 공무원들을 정화한다고 하면서 자의적인 인사이동과 정계개편을 단행하였으며, 기업윤리를 정화한다는 명목으로 기업과 금융사들에 대한 압박을 통해 권력의 새로운 물적 기반을 마련하고자 하였다.

마지막으로 사회악 관련 사범들에 대한 특별조치이다. 전국적으로 200여명에 달하는 불량배를 검거, 순화교육을 직접 받은 사람의 증언들에 의하면 민주화세력의 탄압장치로 활용하여 수많은 사람들에 대해 합법적인 폭력을 행사하여 제거하고자 한 것이다.

　이러한 조치들을 통해 주도권을 장악한 전두환은 8월 27일 부단한 언론조작을 통해 2,525명의 대의원 중 2,524명의 찬성으로 체육관에서의 간접선거로 대통령직에 오르게 된다. 이러한 정치적인 맥락을 깔고서 진행된 사회정화조치의 이름으로 80년 10월 27일에 불교계 정화라는 이름으로 축재와 비리를 조사하겠다고 사찰에 진입하여 야만적인 폭력을 자행한 것이다. 이러한 조치들은 이때까지 불교계 내에서 자체적으로 추진하고 있던 개혁적 조치들을 무력화시키면서 새로운 권력과의 유착된 관계를 만들어 가고자 하는 명백한 의도를 드러낸 것이다.

4. 부산지역 민중불교운동의 태동

　70년대 말부터 진보적 승려와 재가 불자에 의해 불교혁신의 필요성이 인식되면서 불교 자주화, 사회화, 민주화에 대한 관심은 증가하기 시작하였다. 박정희정권의 몰락으로 민주화에 대한 관심의 사회적 증가는 불교계에서도 마찬가지였다. 불교계에서는 1980년 초부터 친일유산이면서 불교발전을 근본적으로 억압하고, 착취하고 있는 '불교재산관리법'의 폐지 주장이나 '불교계 자체 정화' 작업 등을 수행하면서 불교의 자주화의 의지를 다져 나가기 시작하였다. 그러나 80년 5월 민중의 열화와 같은 민주주의 열망을 무참히 짓밟고 들어선 전두환 정권의 정략적 의도에 따라 자행된 10·27법난은 불교계에게는 씻을 수 없는 멍에가 되었으며, 불교계의 개혁적인 의지를 송두리째 짓밟아버리고 말았다.

　당시 정권은 불교관계 제 악법의 철폐를 위한 노력과 시도들이 한창이던 불교 자주화운동의 움직임을 전국 사찰에 계엄군을 투입시킴으로서 불교계의 열망을 무참히 짓밟고, 불교를 자신들의 정권 안정을 도모하기 위한 수단으로 활용하였다. "불교정화"라는 미명아래 대중매체를 활용한 작업과 더불어 진행되었던 10·27법난은 한국근대불교운동의 중요한 계기가 되었던 것이다.

10·27법난 이후 젊은 승려들을 중심으로 불교 종단 개혁의 의지를 다지며, 10·27법난 규탄대회를 준비하며 불교 자주화와 사회적 실천을 모색하게 된다. 이러한 내용은 당시의 한국대학생불교연합회 명의의 성명서에서도 나타나고 있다.

> …한국불교가 근대사의 고난에 주체적, 능동적으로 대처하지 못한 결과 자기 정립을 통한 보살의 역할을 다해오지 못한 것은 부끄러워해야 하며 이는 종교 자체 내의 주체적 의지에 의해 이룩되어야 할 일인 것입니다. 정치권력이 종교 내부 문제에 관여하여 그 문제가 해결된 적이 없었으며 설령 강압에 의해 일시적으로 정착 시킬 수 있다 하더라도 종교의 본질에 비추어 보아 그 종교가 본래의 사명을 다하지 못할 것임은 명확합니다.…이에 우리 대학생 불자는 영원한 불법에 귀의하여 다음을 주장합니다.
>
> 1. 교단 내부의 문제는 진정한 주체세력에 의하여 해결되어야 한다.
> 2. 현 정치권력은 종단 내의 어떠한 자율적, 주체적 세력의 움직임도 제약하지 말라.
> 3. 현 정치권력은 승려의 연행과정에서 발생한 비민주적, 비인권적 처사와 종교의 자율 성, 주체성의 훼손은 즉각 공식 사과하라.
> 4. 승가는 어떠한 외적, 내적 제약에도 굴복하지 말고 주체적 의지를 가진 세력을 결성하여 고단의 자기개혁을 위해 계속 노력하라[4]

이후 10·27법난은 한국불교개혁을 위한 분수령이 되며 권력유착적인 기간에 보여 왔던 권력유착적인 측면에 대한 비판적인 세력들이 등장하는 계

[4) 한국대학생불교연합회, 1980년 11월 22일자 성명서.

기가 된다. 여기서 10·27법난으로 고난을 당했던 부산경남지역의 승려들을 간단히 정리해 보면 다음과 같다.

〈표〉 10.27 수사 후 보안사령부가 통보한 스님들의 명단 및 징계내용

처리별	담당부대	거주사 및 직위	성명(법명)	비고
체탈도첩 (전국 11명)	501	장안사 주지	이의남(지연)	
제적 (11명)	501	범어사 재무	최수영(향운)	
공권정지3년 (1명)	502	표충사 주지	김천석(회광)	
형사입건 (17명)	3국	대각사 주지	김용오(경우)	형법 제356조 및 제355조 1항 (업무상횡령)

5. 불교사회운동과 사원화운동(1981~1985)

이후 부산에서는 80년 초부터 시작된 승려와 재가 불자 연합의 사원화운동과 연계하여 민중불교운동의 구체적, 실천적 활동이 전개되기 시작한다. 기본적으로 80년대 민중불교운동은 1981년 태동되어 그해 10월에 국가의 탄압으로 좌절된 소위 "사원화운동"에서부터 시작되었다고 할 수 있을 것이다. 사원화운동은 "세간의 승가화 = 승가의 세간화"라는 이론적 과제를 중심으로 전개되었다. 실천적 방안으로서 등장한 것이 야학운동이었다. 야학운동은 이후 '전국불교 야학연합회'를 확대하여 전국적으로 활발한 활동을 전개하였다. 특히 이 운동은 야학장소로 사찰을 선택함으로써 기존의 사찰이 갖는 보수성과 반민중성을 타파하고 사찰이나 사원을 민중지향적 사회활동의 근거지로 삼으려 했다는 점에서 매우 진보적인 운동이었다고 평가된다(유승무 논의 참조). 다음의 인용문은 당시 사원화운동의 성격을 잘 대변해 주

고 있다.

사원화운동은 종교운동이며 불교운동이다. 사원화운동은 청년불교
운동이다. 사원화운동은 '재가-출가' 일치운동이다. 사원화운동은 초종
파운동이다. 사원화운동은 비민중의 사원을, '민중의 민중에 의한 민중
을 위한' 사원으로 化시키는 운동이다. 사원화운동은 불교를 탈사원화
시키는 것이며 그것은 곧 현장불교의 실현이다. 그것은 곧 민중불교의
구체상이며 대내적으로는 불교개혁운동이며 대외적으로는 불교사회운
동이다.5)

부산에서의 사원화활동은 당시 89번 버스 안내양 야학을 동아대·부
산여대 불교학생회가 연대하여 시도한 것이 대표적이다. 야학활동의
과정을 통해서 노동 야학 등의 길을 모색하며 문현동 '호명사'에서 정토
불교학생회를 창립하여 사원화 운동을 본격적으로 전개 했었다. 그러
나 82년 초 정권의 탄압으로 서울 조직이 해산(법우스님, 신상진, 최연
구속)되면서, 부산지역에서의 활동들도 중단(최두영, 안민환 등 심한
조사)되고 말았다. 특히 '부산 미 문화원 방화 사건' 관련 조사 과정(동
아대불교학생회, 아카데미 등)에서 더욱 많은 탄압을 받았다. 이후 보
안사와 경찰의 집중적 감시로 큰 어려움에 직면하기도 했었다. 이런 와
중에서도 각 대학의 불교학생회 회원을 중심으로 민중불교와 사회과학
에 대한 조직적인 학습(성재도 지부장 시절 무가득, 김태광 지부장 시
절 무가득 Ⅱ 민중불교 학습교재 발행)을 하며 야학활동이나 학내의 비
공개 민주화운동 등에 참여하기도 하였다. 83년 이후에는 주로 대불련
부산지부를 중심으로 공개적인 활동을 확대하는 한편으로 각 대학의
총학생회나 동아리연합회에 적극 참여하여 학민투나 사회민주화투쟁
에 일익을 담당하는 방식을 병행하기도 하였다.(안민환 구술, 동아대
80)

---

5) 법우, 「새로운 불교운동으로서 사원화운동」, 『사원화운동 심포지엄 자료집』, 1981.

위의 인용문을 보면 사원화운동의 주체는 그 이전시대와는 달리 재가자 뿐만 아니라 출가자도 포함되어 있다. 또한 사원화운동은 초종파운동을 지향하고 있었으며, 나아가 불교의 사회화를 적극적으로 실현하려는 운동이었다. 이는 80년대 초 학생운동의 현장투신론과 유사한 성격을 띤 것이다. 그리고 불교개혁운동과 불교사회운동이라는 운동의 목표가 뚜렷하게 제시되기도 하였으며, 앞에서 언급했듯이 사원의 폐쇄성을 민중들에게 개방하려고 시도한 운동이었다. 이렇듯 진보적이고 야심찬 목표를 가지고 있던 사원화 운동은 전두환 정권에 의해 불교사회주의운동으로 지목 받아, 운동의 핵심적인 활동가와 이론가들이 검거되어 실형을 선고받게 되고 150 여 명의 관계자들이 연행되어 조사를 받는 등 대대적인 탄압을 받아 그해 10월에 종말을 고하고 말았다.

6. 민중불교운동의 확산과 청년층의 조직화

1982년부터 대불련 부산지부(지부장: 한국해양대학교 박창호)에서는 매년 계절마다 개최하는 수련회와 대불련 본부에서 개최하는 "한국불교 1600년 대회"를 통하여 불교 교리를 중심으로 한 역사 속에서의 민중불교운동에 관한 이론학습을 시작하였다. 또한, 부산대와 동아대, 대동간호전문대학(현 대동대), 동의대, 수산대(현 부경대), 부산산업대(현 경성대), 부산여자대학(현 신라대) 불교학생회에서는 불교 스터디그룹을 만들어서 체계적인 민중불교에 대한 학습도 시작하였다. 이러한 결과 불교학생회출신이 총학생회장에 당선되는 경우도 있었다(대동간전의 경우).

특히, 사회과학 학습과 함께 광주민주화운동에 관한 자료 학습을 통해 전두환 군부독재정권의 실체에 관하여 학습하였으며, 1985년부터는

대불련 부산지부장을 지냈던 성재도가 직접 매월 수시로 서울을 왕래
하여 민주화운동청년연합과 민중불교운동연합에서 발간하는 자료를
구해 와서 학습 자료를 제공하였다. 그리고 학내 시위를 하지 않는 대
학에서는 부산대학교를 비롯한 타 대학의 학내 집회에 원정 참여하여
반독재투쟁에 참여하기도 하였으며, 서울 조계사 등에서 대불련 본부
와 민중불교운동연합에서 개최하는 불교개혁과 반독재 집회에 원정 참
여하기도 하였다.(성재도 구술, 당시 대불련 부산지부장 활동)

서울과의 연대와 관계형성을 위해서는 대불련의 선도적 역할이 필요
하다고 보았다. 그래서 영남부회장이 네트워크역할을 하며 정보매체
전달의 견인차 역을 맡아야 한다고 해서 주도적으로 참여하였다.(김영
구술, 경성대85~87년 당시 영남부회장)

이와 더불어 부산대, 동아대, 동의대의 일부 불교학생회 회원들은 불교운
동의 한계에서 벗어나서 총학생회와 단과대 학생회, 학내의 여러 공개·비
공개 투쟁 조직에 참여하여 반독재투쟁에 참여하였으며, 이를 통해 불교학
생회의 투쟁의지와 조직을 견고하게 하는 계기가 된 것이다.

1) 전국청년승가육화대회(1981년)

사원화운동과 함께 1981년 민중불교운동에 큰 족적을 남긴 사건은 1981년
7월 11일부터 16일가지 중앙승가대학에서 개최되었던 '전국청년승가 육화대
회'이다. 이 대회에서는 전국의 학인스님들이 모여 불교개혁을 결의했을 뿐
만 아니라 현대사회 속에서 불교의 역할과 불교운동 속에서 승려의 역할까
지 규정했다는 점에서 이후 민중불교운동의 발전에 큰 계기를 만든 사회적
사건이었다.[6]

---

6) '전국 청년 육화대회(全國青年六和大會)'란 이름으로 개최된 이 대회는 1981년 7

한편 재가이론가들과 재가활동가들의 헌신적인 노력도 80년대 민중불교 운동의 발전에 커다란 토대를 마련해 주었다. 특히 대학생불교연합의 이론 적 기초를 제공한 여익구 씨와 불교사회문화연구소를 이끌었던 한상범 교 수 등의 역할은 매우 컸으며, 이들과 일정한 연관관계를 가지고 있던 재가 불교활동가들의 조직적인 활동도 민중불교운동을 발전시키는 주체적 조건 으로 작용하고 있었다.

2) 전국청년불교도연합대회(1983)

이렇듯 81년 승가와 재가에서의 활발한 움직임은 1983년 7월 17일 범어사 에서 개최된 '전국청년불교도연합대회'를 통해 하나의 정치적 세력으로 조 직화되는 계기를 마련한다. 이 대회에서는 전국 사찰의 수좌와 학인스님이 약 1천 명 정도 참가하였다. 특히 이 대회는 출가자와 재가자로 분리되어 전 개되던 불교운동을 통합하여 불교운동의 주체를 4부 대중으로 설정하였다 는 점에서 큰 의의를 갖는다. 그러나 이러한 의의에도 불구하고 1983년 8월 16일 신흥사승려 살인사건이 발생하면서 민중불교운동은 다시 혼미한 수렁 으로 빠져들었다. 왜냐하면 신흥사 사태[7]를 계기로 1983년 9월 5일 출범한

월 11일부터 16일까지 중앙승가대학에서 개최되었는데 대회에서 전국의 학승들 은 불교계의 현안문제와 해결 방안을 모색하였을 뿐만 아니라, 현대 사회 속에서 의 불교의 사회사상과 역할에 대한 검토, 그를 통한 승려의 역할까지도 규정하였 다. 또한 소장승려 그룹에 의해 선림회와 교림회가 조직되었으며 교림회는 조계 종 종책연구소의 설립으로 이어져 조계종 종책연구소는 불교사회문화연구소를 부설기관으로 두기도 하였다(이용성의 논의 참조).

7) 1983년 8월 16일 조계종 총무원에서 임명한 신흥사 주지에 대한 신흥사 대중들 의 반대는 급기야 살인 사태를 불러왔다. 지형, 성문 스님 등을 비롯한 소장파 스 님들이 주축이 된 청불련은 이를 기해 개혁 종단 수립을 목표로 하여 종단의 자율 정화와 총무원장의 사퇴 및 종회의 책임을 촉구하는 성명을 발표하고 지속적으로 '호법구종법회(護法求宗法會)'를 개최하였다. 8월 말까지 진행된 호법구종 법회에 는 연 인원 일 만여 명이 참가하였으며 청불련은 불교 내 모든 단체의 지지를 등 에 업고 전 불교대중의 의지를 결집하였으며 이에 총무원과 종회는 해산하였다.

'비상종단' 하에서는 불교개혁의 방안을 둘러싸고 의견이 대립되기도 하였으며, '전국청년불교도연합대회'에서 제시되었던 불교운동 주체의 범주에서 재가자를 제외할 수밖에 없다는 의견이 대두되기도 하였다. 그 결과 재가불교운동가들과 일부 출가자들은 비상종단계열로부터 이탈하는 현상이 발생하기도 하였다.

조계종을 개혁하고자 스님과 청년불자들이 참여하여 결성되었던 『청년불교도연합』의 결성에는 대한불교청년회 부산지구, 대불련 부산지부에서 주도적으로 준비에 참여하였다. 결성법회에서 성재도가 만세삼창을 하기도 하였다. 이를 계기로 대불련 부산지부는 범어사 스님들과 대불청 부산지구와 불교개혁을 위한 연대활동을 시작하는 계기가 되었다.

3) 민중불교운동연합 출범(1985)

이렇듯 민중불교운동권 내부의 혼란은 1985년 5월 14일 '민중불교운동연합'이 출범하면서 일단 또 다시 단일한 대오를 형성하게 된다.[8] '민중불교운동연합'은 1981년 사원화운동에서부터 제기되어오던 불교운동의 목표, 즉 불교개혁과 사회민주화를 보다 과학적이고 조직적으로 추진하기 시작하였으며, 특히 당시 사회운동의 부문운동의 성격을 띠면서 반독재민주화운동에 실천적으로 개입하기도 하였으나 노동문제와 농민문제에 대한 실천적 개입은 민중불교운동연합으로 하여금 정부당국의 탄압의 빌미를 제공하기도 하였다.

---

8) '민주화추진협의회'를 통한 사회운동의 활성화에 힘입어 불교계에서의 움직임도 다시 활기를 찾았다. 비상종단 때 만들어졌던 불교사회문화연구소(소장: 한상범 교수)와 청년승가회 등의 인사들이 그 움직임을 주도하였다. 성문, 현담, 현기 스님 등과 여익구, 이희선, 김태수, 이영근 등 84년 11월 이후 불교의 민중화를 위한 조직 건설을 위해 그 필요성에 공감하는 사람들이 모임을 가졌다. 85년 초에는 구체적인 인선작업에 들어가 85년 5월 4일 오후 2시 서울의 광화문에 있는 한글회관에서 민중불교운동연합이 창립하게 된다.

민불련의 창립과 활발한 활동은 불교계의 운동력을 크게 높였다. 85
년 전두환 정권의 민중운동탄압에 맞서 힘찬 투쟁을 벌여 나갔다. 조직
적 역량이 여타의 민중운동 조직에 비해 미약한 편이었으나 반외세 반
독재 투쟁의 전선에서 뒤로 물러나지 않았다. 민중의 해방과 조국의 통
일 그리고 불교의 자주화와 민주화를 위한 활동을 벌였다. 내적으로는
민중불교운동론의 정립을 위한 학습과 연구에 매진하는 한편 불교의
민주적 개혁을 위한 계획을 세워 나갔다. 또한 반민중적 · 반민족적 정
권을 타도하기 위한 각종 시위와 집회, 농성 등에 전력을 기울였다. 85
년 구로공단의 대우 어패럴 파업을 계기로 촉발된 동맹파업 당시 파업
현장에 대한 지원 및 농성과 86년 초부터 민통련을 중심으로 전개되던
민주제 개헌 요구 개헌서명에 19명의 스님과 재가자 참여하는 등 적극
적 참여와 활동을 벌였다. 그리하여 80년 5월 광주항쟁 이후 최대의 가
두시위로 기록되는 '5.3인천사건'을 중심적으로 이끌었고 이로 인해 안
기부 등 공안기관의 집중적인 탄압을 받게 되었다. 여익구 의장이 수배
되고 서동석 집행위원장 진철승 문화부 차장(문화부장: 인묵 스님) 성
연 스님 김승진 학생이 줄줄이 구속되는 중대한 조직적 위기를 맞았으
나 오히려 정부의 탄압은 불교계의 결집을 도와준 셈이 되어 곧 조직을
재정비, 87년 민주항쟁에 힘 있게 참여하게 된다.[9]

1986년 5월 3일에 발생한 인천사태는 민중불교운동이 와해되는 결정적인
계기적 사건이었다. 이 사건을 계기로 민중불교운동연합의 지도부가 구속
되고 주요 활동가들이 수배를 받게 되었을 뿐만 아니라, 종단 내부의 보수
세력으로부터 외면 받아 점차 고립되기 시작하였다. 비록 창립된 지 1년도
못되어 쇠퇴의 길을 걷기 시작했지만, 민중불교운동은 전반기 민중불교운동
을 총 결산하는 역사적 의의를 지니고 있다.[10]

───────────

9) 이용성의 논의에서 참조.
10) 유승무(2011)는 그의 논의에서 그 의의를 다음과 같이 설명하고 있다. 민중불교
    운동이 '민중불교'에 대한 불교사상적 근거와 역사적 근거를 제시함은 물론 실천
    의 이론적 근거를 체계함으로써 민중불교운동의 논리적 근거를 확보하였다는 의

7. 불교사회운동의 활성화와 87년 6월항쟁

80년대 후반기 민중불교운동은 대사회적으로 볼 때는 전두환 정권의 말기적 누수현상과 동시에 민주화 열기가 고조되고 이에 편승하면서 탄생한 제6공화국의 시대적 배경 속에서, 그리고 종단 내부적으로는 오히려 서의현 총무원장의 등장과 함께 종단의 권력이 안정을 이루는 종단적 상황 속에서 전개되기 시작한다. 바로 이러한 점에서 후반기 민중불교운동은 전반기 민중불교운동의 상황과는 달리 대사회적 탄압으로부터 상대적으로 자유로워졌지만, 종단 내부적으로는 서의현 체제와 점차 대립적인 관계로 치달을 수밖에 없었다.

이런 와중에도 1986년부터는 대불련(부산지부 간사장: 성재도)을 중심으로 부산지역의 온누리불교고등학생회, 법륜불교고등학생회를 지도하면서 불교학생회원으로서의 시대적 사명감을 고취시키고 각성시키려는 노력을 시도하였다. 후일 이들이 대학에 진학하여 학생운동에 참여하고 6월항쟁에도 참여하는 계기를 마련하였다. 또한, 법륜불교청년회, 범어사불교청년회, 대각불교청년회의 일부 회원들과 연대 활동을 통하여 전두환 정권의 10.27법난을 규탄하고 불교 개혁을 중심으로 하는 사회과학의 학습을 통해 조직적 기초를 마련하고 있었다.

특히 1986년 6월 정토구현전국승가회의 창립과 9월 7일에 '불교관계법 철폐 및 전면 개정'과 '10·27법난 규탄 해인사 승려대회'를 통하여 조계종 스님들의 종단개혁과 반독재투쟁의 확산이 이루어지기 시작하였다. 부산지역

의를 지닌다. 둘째, 민중불교운동은 불교자주화와 사회민주화의 동시적 추구라는 민중불교운동의 목표를 명확하게 확정지움으로써 후반기 민중불교운동의 조타수로서의 의의를 지닌다. 셋째, 민중불교운동은, 비록 연합체의 성격을 띠고 있기는 하지만, 광범위한 운동인자를 단일한 조직 속으로 동원해 내는데 성공한 최초의 운동이었다는 의의를 가진다. 바로 이러한 세 가지 측면에서 민중불교운동연합은 1980년대 전반기 민중불교운동을 총결산의 의의를 갖는다.

에서도 스님들과의 연대활동이 더욱 확산될 수 있었는데, 이러한 기반이 1987년의 박종철 열사 추모와 호헌철폐, 6월항쟁의 과정에 스님들의 광범위한 참여를 이끌어내는 주된 계기가 되었다.

1) 정토구현전국승가회의 출범(1986)

후반기 민중불교운동은 1986년 6월 5일 '정토구현전국승가회'가 출범하면서 시작된다. '정토구현정국승가회'는 그 이름에서 이미 드러나듯이, 스님들이 민중불교운동의 주도세력으로 등장하였다는 점에서 전반기 민중불교운동과의 차별성을 갖고 있다. 이러한 변화는 1986년 이후, 노동현장에 투신한 학생 및 지식인 대신에, 노동자들이 노동운동의 주도세력으로 등장하는 한국사회 노동운동의 변화와 그 궤를 같이 하는 현상이다. 특히 '정토구현전국승가회'에 소속된 승려들은 당시 시국선언을 비롯하여 각종 성명서에 서명하는 등의 방법으로 사회민주화와 민중운동에 적극적으로 참여함으로써 우리사회의 주목을 받기도 하였다.

1986년에 접어들면서 부터 부산의 불교계에서도 대불련 부산지부(지부장 김태광, 간사장 성재도)를 중심으로 하는 각 대학 불교학생회의 불교와 사회과학을 접목시킨 학습 모임과 민중불교운동연합과 대구, 진주 등의 영남지역 대불련 조직과의 연계활동을 통한 조직적인 민중불교운동이념의 확산 그리고 학내 민주화 운동의 참여가 활발하게 이루어지기 시작한다. 또한, '승려 152인 시국선언'에 부산에서도 시공 스님 등이 참여하였으며, 6월에 창립한 '불교정토구현전국승가회(약칭 정토구현승가회, 지도위원 지선, 의장 청화, 부의장 진관)'에도 시공 스님, 본원 스님 등이 참여하여 기존의 대불련 부산지부 중심의 불교운동과 연계하여 부산지역 불교민주화운동의 기초를 만들어갔다.[11]

이제 전국적으로 학생조직인 대불련과 청장년불교운동가조직인 민불련,

승가조직인 정토구현 전국승가회가 존재하게 되었고 여기에 기존의 대한불교청년회 등도 점차 진보적인 불교운동의 흐름에 동참하였다. 이들은 공동사업을 통해 훈련되고 경험을 쌓아 갔다. 이들의 단결은 드디어 87년 군부독재의 철권통치에 대항하는 '6월항쟁'에 있어 결정적인 기여를 하게 된다.

2) 해인사승려대회(1986)

또한 후반기 민중불교운동의 개막과 관련하여 빼놓을 수 없는 사건은 1986년 9월 7일에 전국에서 약 2천여 명의 승려가 모여 '불교의 자주화'와 '사회의 민주화'를 천명한 '해인사승려대회'를 꼽을 수 있다. 특히 이 대회에서는 그 동안 금기시 되었던 '10·27법난'에 대해 '폭거'로 규정함은 물론 '호국불교'에 대한 개념을 '정권의 비호'가 아닌 '국민 일반의 비호'라고 확대 해석함으로써 종전의 보수 종단적 성격을 탈각시키는 계기를 마련하였다.

> 1986년 9월 7일 해인사(경남 합천, 대한불교조계종 제 교구본사)에서는 불교 자주화 운동의 일대 전기가 되는 대회가 열렸다. 9.7해인사 승려대회로 불리는 이 대회에는 전국의 승려 약 2,000명이 모여 '불교 관계 악법 철폐, 불교자주화, 사회민주화, 조국통일'로 요약되는 불교자주화 운동과 사회민주화, 자주통일을 주장하였다. 9.7 해인사 승려대회는 현시대에 걸 맞는 대중결사이자 승가운동의 새로운 출발의 의미를 가지는 것이었다. 10개항의 결의문(─현 정권은 불교관계 악법을 즉각 철폐하라. ─현 정부는 실질적 경승제 내규를 즉각 제정하라 ─사원의 관

---

11) 정토구현승가회는 창립선언문을 통해 과거의 한국불교를 '반역사적, 반민중적 보수성'을 온존해 온 것으로 반성하고"이제 불자들은 새롭게 다듬어진 불법과 보살정신과 역사의식으로 무장하여…. 우리는 새로이 정토구현 승가회를 창립한다"고 천명하면서 불교자주화와 사회민주화에 대한 사명과 임무를 밝히고 있다. 정토구현 승가회는 그동안 개별적이고 고립 분산적으로 전개되던 스님들의 활동을 승가 차원에서 조직화, 체계화하여 불교운동의 역사에서 사회참여와 불교자주화 운동을 표방한 최초의 승가조직으로서 의의가 있다.

광 유원지화를 즉각 중지하라. −성연스님을 즉각 석방하라 −부천경
찰서 성고문의 진상을 규명하라 −총무원 및 각 사암의 기관원 출입을
즉각 중지하라 −현 정부는 교과서 왜곡과 편파성을 즉각 중지하라 −언
론의 편파. 왜곡보도를 즉각 시정하라 −민족경제 침탈하는 수입개방
을 즉각 중지하라 −현 정권은 10·27법난을 책임지고 해명하라)을 통
하여 해인사에 울려 퍼진 불교도의 불교자주화 선언은 불교 제 악법 철
폐를 통한 제도적 속박으로부터의 해방과 더불어 지금까지 불교를 기
반해 온 정권에 대한 도전이었다. 혜암스님(조계종 종정역임, 당시 해
인사 부 방장)의 법어로 시작된 대회는 대회사, 경과보고, 불교탄압실
태 보고 순으로 진행되었다. 월주 스님이 집행위원장, 종하스님이 승려
대회 준비위원장, 대회장은 법전스님(조계종 종정, 당시 해인사 주지)
이 맡아 진행한 승려대회는 사회의 민주화와 민족의 자주권 수호를 위
한 불교의 사회 참여를 천명하고 지선 스님의 선언문 낭독, 초우스님의
국민에게 드리는 말씀과 발원문, 결의문 채택으로 끝맺었다. 석림회 성
보 스님이 결의문이 낭독하던 중 지광스님(전북 금산사)이 오른 손가락
4개를 잘라 '불자여 눈을 떠라'라는 혈서를 썼다. 이후 참석승려 1000여
명이 지광스님이 쓴 혈서와 피켓을 들고 3.5킬로미터 떨어진 가야산 국
립공원입구까지 행진하며 '불교재산관리법−62년에 비구.대처 분규로
사찰재산이 유실되는 것을 방지하기 위해 제정− 철폐' '독재타도' 등의
구호를 외치며 시위를 벌였다. 시위 승려들은 국립공원 표지판을 페인
트로 지우고 입구에 있던 김종필 씨가 쓴 가야산 국립공원 현판을 불에
태운 뒤 해인사로 돌아와 밤 9시 30분경까지 농성하였다. 성문, 명진,
현기, 진관, 벽우 스님 등과 정토구현전국승가회와 민불련 회원들이 조
직하고 이끈 '9.7해인사 승려대회'는 자주적 민주적 불교발전을 가로막
고 있는 불교 관계 악법의 철폐와 '10·27법난 진상 규명과 책임자 처
벌'을 주장하는 한편 '5.3인천사건'으로 구속 수배 중인 불자들의 석방
및 정권의 불교탄압 등에 대해 강력하게 항의하였다. 해인사 대회는 청
불련 결성 이후 승려들의 대규모 참여를 유도해 낸 최초의 불교 내 연
대 투쟁이었으며 불교자주화 문제를 권력으로부터의 예속성 탈피 차원
에서 민족 자주성 쟁취의 영역으로 확대함으로서 조국통일 역시 주요

한 과제로 상정하게 되었으며 기존의 불교에 대한 부정적인 인식을 불
식하고 불교대중에게 불교개혁과 불교자주화 및 사회민주화가 하나의
연결고리임을 자각하게 하여 불교운동의 외연 확대의 계기가 되었고,
그 동안 축적된 민중불교운동의 성과를 확인하는 장이 되었다.

　이러한 해인사에서의 승려대회의 개최는 1987년의 소위 '민주화대투쟁'을
전후한 수많은 대정부 투쟁으로 연결되었다. 그러나 1987년 12월의 대통령
선거를 계기로 민중불교운동은 다시 분열되어 군소 불교운동 단체들이 결
성되기 시작한다. '대승불교승가회'의 창립과 '민중불교운동연합'의 재건은
후반기 민중불교운동을 특징짓는 가장 큰 사건이었다. 특히 전자는 '민족불
교'의 성격을 띠고 있었으며 종단 내부의 문제에 깊이 개입한 반면에, 후자
의 경우 전반기 '민중불교운동연합'의 성격을 그대로 유지하는 것이었다. 따
라서 이 두 노선 사이의 차이점은 당시 민족해방계열과 민중해방계열로 분
리된 학생운동의 분열현상과 궤를 같이 하는 현상이기도 하다. 그 밖에도
1987년 이후부터는 '불교사회교육원', '불교사회연구소' 등이 불교운동의 이
론적 자양분을 지속적으로 제공하고 있으며, '대불련', '중앙승가대 학생회',
'동국대석림회' 등은 실천의 동력으로 작용하고 있다.
　이러한 전국적인 흐름과 상황은 부산지역의 불교활동가들에게도 충분한
자극제가 될 수 있었다. 87년은 어려운 여건 속에서도 몇 차례의 계기적 싸
움을 통해 대외적으로 민중불교의 모습을 부각시키고 불교권 내부 정리를
통해 불교운동의 틀을 만들어 낸 상황 속에서 민중불교운동의 튼튼한 자기
기반을 다지는 계기가 되고 있었던 것이다. 이런 와중에 발생한 것이 박종
철 고문치사사건과 은폐의 시도였다.

3) 진성일 열사 분신자살사건의 발생

　전국적으로 독재에 대한 민주주의의 항거와 불교개혁에 대한 노력들이

가시화되어가는 와중에, 1986년 11월. 법륜불교학생회 출신이며, 부산산업
대학교 불교학생회 회원이었던 진성일 열사가 '독재타도'를 외치며 분신을
하는 사건이 일어났다. 당시 산업대(현 경성대) 불교학생회에서 추모법회를
개최하였다. 이 사건을 계기로 당시 대불련 부산지부가 있었던 부산 동구의
소림사는 보안사와 경찰의 주된 감시 대상으로 떠올랐다.

4) 박종철 열사의 고문치사와 사리암의 49재 주도

1987년 1월 14일에 발생한 박종철 열사의 죽음은 부산지역에서도 불교사
회운동을 확산하는 중대한 전환점이 되었다. 온 국민이 군부독재정권의 잔
인성과 폭력성에 분노했던 박종철 군 사건은 움츠려 들었던 민중 민주화운
동 세력에게 활력을 주면서 고문 추방과 인권 회복의 여론을 드세게 일으키
는 계기가 되었다.

이러한 사회 분위기와 함께 불교계에서도 성명서 발표, 추모법회 개최,
2·7추도대회 참가 등 적극적 활동을 전개하며 고문추방운동으로 생명과 인
권이 존중되는 정토사회를 구현하자고 소리 높여 외쳤다. 이러한 과정에서
남포동에 있는 대각사는 아주 중요한 민주화운동의 기지역할을 담당하였다.

> 당시 대각사는 도심지의 사람들이 많이 왕래하는 곳이라는 점과 더
> 불어 위치적으로도 좋아서 집회장소로 자주 활용되었다. 특히 데모하
> 다 피신한 시민들에게는 안식처 역할을 했었다(유상영 구술, 당시 대각
> 불교청년회).

특히 조계종 총무원의 박 군 49재 조사 봉행 성명 발표로부터 사회적으
로 부각된 49재는 불교계뿐만 아니라 전 국민이 49재일을 기해 박 군을 추
모하고 인권회복과 민주화의 유일한 길인 군부독재타도에 대한 국민적 저

항을 이끌어내는 데 중요한 역할을 할 수 있도록 하는 광범위한 투쟁과 활동이 전개되었다.

　민주화운동세력은 2·7추도대회의 힘을 이어 이 날을 3·3대회라 칭하며 조계사 인근과 명동성당 등에서 대대적인 집회를 선언한 상황에서 서울 조계사에서 진행하려던 49재가 경찰의 압력에 의해 무산되며 박 군의 고향 부산으로 내려오는데, 박정기(고 박종철 군 아버지)선생이 신도로 있던 사리암(현 동주대 내)의 도승스님께서 어려운 결단을 내려, 3월 3일 49재 행사를 대불련 부산지부에서 주관하여 사리암에서 열기로 결정하였다. 2월말 사리암에서 49재를 열기로 결정하고 나니 경찰은 임원들의 부모님들을 괴롭히기 시작했고 탄압이 만만치 않았다. 당일 49재 행사 진행은 고사하고 경내 진입조차 힘들 것으로 여겨져 지도부 간사장 성재도와 동의대 지회장 한광석 등을 전날 사리암으로 숨어들게 하여 행사 진행에 차질이 없도록 하였다(40년의 발자취-대불련)

　박종철 열사의 부모님이 불교신도였던 관계로 조계종 총무원과 정토구현전국승가회에서 서울 조계사에서 49재를 계획하였지만, 경찰의 방해로 가족들의 참여가 불가능해지자, 대불련 부산지부를 중심으로 부산에서라도 49재를 개최하기로 계획하고 박종철 열사의 부모님이 괴정 사리암의 신도라는 소식을 듣고서 사리암의 주지이신 도승(백우) 스님을 찾아가서 49재에 관하여 의논한 후, 사리암 아래의 아파트에 사시던 박종철 열사 부모님(박정기 선생, 정차순 여사)을 방문하여 대불련 부산지부에서 49재를 통하여 전두환 독재정권을 규탄하겠다는 계획을 의논드렸다. 부모님과 도승 스님의 몇 차례 의논 끝에 49재의 식순에 규탄문 낭독을 삽입하고 49재의 마지막 순서인 사찰 마당을 돌면서 영가를 보내는 의식을 진행하는 동안에 참석신도들과 민가협 어머니들과 함께 독재타도 구호를 외치기로 결정하였다(성도재 구술, 당시 대불련 간사장).

49재가 봉행되는 3월 3일 아침에는 경찰의 불심검문이 삼엄할 것을 예상하고 대불련 부산지부 간사장 성재도와 임원 한광석(동의대)은 전날 밤에 미리 사리암으로 가서 주지 스님께 인사드리고 대웅전 오른쪽 뒤에 위치한 관음전에서 불을 끄고 밤을 새웠다. 대불련 지부장 이갑상은 3월 2일 밤에 금정서 형사에게 연행되어 여관에 감금되었다가 도망쳐 나와 3월 3일 아침 일찍 사리암에 들어왔다. 3월 3일 아침 8시 경부터 사리암 입구에는 경찰과 각 대학 학생처 직원들이 대학생들의 참가를 막았으며, 민가협 어머니들의 참가에도 시비를 걸었다. 민가협 어머니들은 사리암 신도라고 하면서 참가할 수 있었지만, 대불련 회원들은 참석이 봉쇄되었다(40년의 발자취 – 대불련)

당시 이갑상 지부장은 전날 경찰들에게 연행되어 온천장 모 여관에 감금되어 있다가 탈출하여 안민환 간사와 은둔하여 밤을 새운 뒤 새벽에 사리암으로 들어갔다. 사리암 입구는 각 대학의 지도교수들과 정·사복 경찰들이 도열하여 소지품 검사를 하며 살벌한 분위기를 만들었다. 정신없는 가운데 정상기 간사가 작성한 성명서를 낭독하고 신도 학생 150여 명 이상이 모여 추도사 등이 이어지며 경내는 눈물바다가 되었다(40년의 발자취 – 대불련)

사리암에서의 49재는 통도사 청하 스님의 주재아래 여러 스님들과 신도들이 대웅전을 가득 메운 채 시작되고 말미에 대불련 부산지부장 이갑상이 추모문을 낭독하였으며, 마당에서 영가를 떠나보내면서 임을 위한 행진곡을 민가협 어머니들과 함께 불렀다. 그리고 대불련 회원들은 중구 광복동 대각사 앞에서 개최되는 3·3 행진에 결합하였다.

국민적인 관심사하에 진행되었던 박종철 추모제는 불교계를 중심으로 하여 민주화운동의 기폭제가 되었다. 민주화운동진영에서도 어떻게 할 수 없었던 소재를 불교계가 주도적으로, 추모를 위한 법회를 반독재민주화운동으로 전화시키는 기획이 한국 민주주의의 봇물을 터뜨릴 수 있었던 것이다.

3·3대회 이후 대불련 부산지부와 소암스님 등 이전부터 운동에 참여했던 이들 외에도, 범어사의 젊은 스님들이 지속적으로 민주화투쟁에 참여하게 되었다. 이로부터 불교운동과 사회운동이 자연스럽게 결합되어 진행되기 시작한 것이다. 부산국본의 일원으로서 6월항쟁의 전 과정을 통해 매우 활발한 활동을 전개하였다.

5) 부처님오신날 제등행진 시위와 호헌철폐 운동

1987년 전두환은 4월 3일 다음 정권을 체육관 선거로 선출한다는 호헌조치를 발표하였다. 이에 전국적으로 호헌철폐 규탄이 이루어졌다. 대불련 부산지부는 5월 2일에 동래구 사직운동장에서 양정 로터리까지 봉행한 부처님오신날 제등행진에서 '호헌철폐, 독재타도' 현수막을 앞장세우고 조직적으로 구호를 외치며 시위를 하였으며, 양정동 하마정 로터리에서 경찰의 제지로 현수막을 빼앗기기도 하였다. 부처님오신날 이후로 부산에서도 각계를 망라한 시국선언이 준비되기 시작하였다.

6) 민주헌법쟁취국민운동본부의 출범(1987)

범야권이 5월 27일 '민주헌법쟁취국민운동본부'라는 8·15 이후 최대의 반독재연합전선을 구축하는 과정에서 총 발기인 2,196명 중 불교계는 스님 102명, 재가불자 58명 등 160명이 참여했다. 이는 매우 주목할 만한 불교운동의 성장이라고 평가해 볼 수 있다. 1975년 '민주회복국민회의'에 법정스님 단 한 분만 참가했던 것에 비교해 본다면 가히 괄목상대의 성장을 한 셈이다. 민주헌법쟁취국민운동본부에서 결정한 민주헌법쟁취를 위한 6·10국민대회에 불교계의 조직적 동참을 위하여 6월 10일 12시30분 개운사에서 '민주헌법쟁취불교도 결의 법회'를 거행하였다. 이날 법회는 민불련 이용성 집행위원장 대리의 사회로 삼귀의(三歸依), 반야심경(般若心經), 불교도의 노래, 국민운동본부 결성 과정과 6·10국민대회의 의의 발표, 성명서 낭독, 노래, 사홍서원(四弘誓願)의 순으로 진행되었다. 이 날 정토구현전국승가회, 민불련, 대불련은 공동으로 '민정당의 6·10전당대회를 규탄한다, 민주헌법쟁취를 위한 6·10국민대회 지지' 제하의 성명을 발표하고 6·10대회 참가 결의를 다졌다.

6월 12일 정토구현전국승가회, 민불련, 대불련은 6·10대회가 대다수 국민들의 열렬한 성원과 수많은 시민들의 참여 속에 질서 있게 진행되었음에도 불구하고, 현 정권이 이 대회를 불법시하여 무차별로 최루탄을 난사하고 지선, 진관 스님 등 국민운동본부 대표와 애국시민, 학생들을 강제 연행한 데 항의하여, 연행자 전원 석방을 주장하는 공동성명을 발표하였다. 한편 6월 10일부터 진행된 명동성당 농성장에도 혜조 스님을 비롯한 스님들과 불자들이 동참하여 호헌철폐와 독재타도의 열기를 북돋았다.

부산불교계에서도 스님들이 시국선언에 동참하기 시작하였다. 그 결과 민주헌법쟁취국민운동 부산본부에 소암 스님과 범어사의 공마, 삼락, 성일, 원도, 정선, 정허, 진명, 효명 스님과 대불련 부산지부 간사장인 성재도가 집행위원으로 참여하였다. 대불련 학생들의 조직적인 참여도 진행되었다.

> 특히, 대불련 부산지부 임원들은 가톨릭센터 농성장과 거리에서 봐야 했으며, 문화부장은 항상 배낭을 메고 다녀 뭔지 궁금했는데 알고 보았더니 화염병 운반책으로 또 공격조에 편성되어 거리에서 만나면 화염병을 나누어 준다고 여념이 없었다. 매일 저녁 여관에서 회의를 했고, 대불련 부산지부도 막강한 인원 동원 능력을 인정받아 국민운동본부 내 집행위원으로 한 명을 추천받았고 성재도 간사장을 파견하기로 하였다. 그래서 6월 10일의 중부교회 1박2일 농성, 6월 18일부터 전개된 가톨릭회관 농성에 조직적으로 참여하게 된 계기가 되었다(40년의 발자취-대불련)

7) 6 · 20 민주화를 위한 구국대법회

6 · 10대회 이후 연일 계속되는 호헌철폐와 민주정부 수립을 위한 반독재 투쟁에 적극 참여해 오던 불교계에서는 민주헌법쟁취불교공동위원회(공동위원장 지선, 청화 스님) 주최로 6월 20일 민주화를 위한 구국대법회를 계획하였다. 이 날 대회는 조계사에서 개최할 예정이었으나 경찰의 봉쇄에 막혀 조계사로 진입하지 못하고 경찰과 몸싸움을 벌이다 조계사에서 300미터나 떨어진 화신 앞에 집결하여 오후 3시 약 300여 명의 스님과 불자들이 화신 앞 차도를 점거하여 연좌한 채 노상에서 대회를 치렀다. 불교공동위원회는 '불자는 이 땅의 민주화를 요구한다.'라는 성명을 발표하고 호헌철폐와 독재타도의 구호를 힘차게 외쳤다. 이 날 경찰은 대열에 최루탄을 쏘고 스님과 불자들을 연행하여 많은 사람들이 부상하였고 명진, 현기, 석용, 현범, 정인, 진효, 덕수 스님 등과 재가불자 다수가 연행되었다. 덕수 스님의 경우 전경 6명에게 끌려가면서 최루탄으로 머리를 찍혀 심한 상처를 입었다.

부산불교계도 대불련 부산지부를 중심으로 대불련 졸업생과 재학생으로 이루어진 70여 명의 가두 투쟁 조직이 6월 10일부터 6 · 29 항복선언까지 매일 가두투쟁에 동참하였다. 특히, 6월 10일의 중부교회 1박 2일 농성, 6월 18일부터 전개된 가톨릭회관 농성에 조직적으로 참여하였다.

8) 계획되지 않은 중부교회 1박 2일 농성

6월 10일, 오후 2시 남포동에서 시작한 독재타도 시위에 대불련 부산지부 회원들의 조직적인 참여가 있었다. 민주헌법쟁취국민운동부산본부 집행위원들과 함께 다음 시위를 준비하기 위한 회의를 위해 오후 6시에 중부교회(담임목사 최성묵)에 집결하였다. 처음에는 노무현 상임집행위원장을 비롯한 30여 명이 참석하여 남포동 집회를 평가하고 다음날의 집회를 의논하는 중에 시위에서 쫓겨 온 참가자들이 속속 중부교회로 모여들어서 나중에는 150여 명으로 불어났다. 그러자 중부교회 입구는 경찰에 의하여 봉쇄되고 말았다. 계획되지도 않은 하룻밤을 중부교회에서 지새워야 했다.

　밤을 새우며 향후 계획을 논의하다가 새벽에 노무현 변호사와 김재규 선생(현 부산민주항쟁기념사업회 이사장)이 밖으로 나가다가 경찰에 연행되었다. 그때부터 사태가 심상치 않음을 알게 되었고 중부교회는 농성장으로 변화되었다. 대불련 부산지부장 이갑상도 6월 11일 오후에 농성장에 결합하였다. 아침부터 그룹 모임과 전체 회의를 통해 향후 계획을 논의하던 중에 오후 4시경에 상임집행위원이었던 김광일 변호사와 문재인 변호사가 찾아와서 중재를 하였다. 150여 명 전원이 참석한 자리에서 문재인 변호사는 농성자들의 어려운 숙식 등을 염려하였지만, 김광일 변호사는 농성을 해산할 것을 종용하였다. 참가자들 중 일부는 김광일 변호사를 성토하기도 하였다. 참가자들은 노무현 변호사와 김재규 선생을 풀어 줄 때까지 농성을 해산할 수 없다고 하였다. 1시간 동안의 중재를 통한 전체회의에서도 농성해산이 결론이 나지 않자, 대표자들을 선정하여 협의를 하자는 중재를 목사님과 신부님들이 제안하였다. 오후 6시 경, 경찰과의 협상을 중재하시는 목사님과 신부님들의 제안으로 중부교회 인근에 있는 가톨릭센터의 작은 회의실로 10여 명의 대표자들(성재도 포함)이 이동하여 노무현 변호사와 김재규 선생을 풀어 줄 것과 농성자의 귀가를 보장하고 중부교회 인근의 경찰을 철수시킬 것을 경찰에 전달하여 줄 것을 중재에 참석한 가톨릭센터 박승원 신부에게 경찰에 전달해 줄 것을 요구하였다. 동아대학교 학생 시위자들이 중부교회 농성을 지원하기 위하여 이동하고 있으며, 남포동에서도 오후 6시에 집회가 있다는 소식은 농성자들에게는 힘을 주고 경찰들에게는 불안감을 주었다. 이로 인해 농성자들의 요구사항을 경찰이 수용하여 잠시 후 두 분의 연행자가 석방되었다는 소식을 듣고 오후 7시 경에 농성을 해제하고 남포동 집회에 결합하였다.(성재도 구술)

이러한 과정을 통해서 살펴볼 수 있듯이 부산지역 6월항쟁 지도부에 시민, 청년, 학생 및 개신교, 천주교, 원불교와 함께 종교 세력의 한 축으로 불교계가 자연스럽게 참여함으로써, 부산지역에서 불교운동이 부문운동으로 자리 매김하는 중요한 계기를 마련할 수 있게 되었다는 점은 주목할 필요가 있다. 단순히 이름만의 명망성이 아니라 불교청년회를 중심으로 하는 조직적인 대학생회의 활동과 더불어 지속적인 학습과 조직사업을 통해 박종철 고문치사사건을 조직적으로 이끌어냄으로써 6월항쟁의 기폭제 역할을 자임하였다는 것은 명확한 사실이기 때문이다.

9) 6월항쟁의 선봉에 서다 : 부산가톨릭센터 농성(6.18), 국민평화 대행진(6.26)

가톨릭센터 농성에는 대불련 부산지부 임원 한광석(동의대)를 비롯하여 3명이 참여하였다. 그리고 가톨릭센터에 미처 진입하지 못한 대불련 회원들은 매일 가톨릭센터 인근에서의 농성을 지원하였다. 이후 6월항쟁 기간 동안 매일 저녁에 각 조직 담당자 회의를 개최하면서 매일 거리시위에 대불련 부산지부 회원들이 현수막을 준비하고 50~80명의 조직적으로 참여하였다. 소극적이나마 일부 불교청년회원과 고등학교 불교학생회원들의 참여도 이루어졌다는 사실도 주목할 필요가 있다.

> 6월 26일 국민평화대행진에서는 부산역에서 조방 앞, 서면, 연산로터리까지 대불련 부산지부 회원들이 한 그룹의 시위대의 선봉에 서서 시위를 이끌어 갔다. 그리고 범내골 로터리와 서면로터리 중간 지점에서 경찰을 포위하여 최루탄을 빼앗아 대불련 부산지부 사무실을 거쳐서 최근까지 부산불교교육원에 보관하여 왔다.(성재도 구술)

6월항쟁의 전체 과정에서 주도적으로 참가하였던 불교계는 '민주헌법쟁취

국민운동본부'와의 결합과 연대를 통해 반독재 민주화 투쟁의 일관성과 효율을 극대화하기 위하여 불교계는 국민운동본부 참여인사를 중심으로 국민운동의 부문단체인 '민주헌법쟁취불교공동위원회'를 결성하였다(6.16). 공동위원장으로 지선, 청화 스님, 집행위원장에 고광진 민불련 의장이 맡아 6월항쟁 기간 활발한 투쟁을 벌인 민주헌법쟁취 불교공동위원회는 개헌 이후 민주쟁취 불교공동위원회로 명칭을 바꾸고 상설 투쟁체로 모습을 이어갔다.

10) 부산정토구현불교협의회(정불협) 창립(1987.7.26)

6월항쟁을 거치면서 서울에서 전국적인 성격의 정토구현불교협의회가 결성되었다. 불교공동위원회는 전국적 조직결성에 박차를 가하여 부산정토구현불교협의회(7.26) 정토구현광주불교협의회(9.19) 정토구현경북불교협의회(9.26) 등의 결성을 이루어 내며 불교운동의 전국 조직화의 기틀을 마련해 나가기 시작하였다.

부산에서는 고문 도성 스님(영도구 태종사)과 청하 스님(통도사) 등, 회장 혜성 스님(기장군 해광사), 부회장 윤대일(범어사불교청년회), 사무국장 성재도(대불련 부산지부 간사장), 총무부장 김대실(부산대 졸업) 등의 임원진을 구성하고 범어사 스님들과 불교청년회 회원, 대불련 졸업생들을 구성원으로 하였다. 서울에서도 진관 스님을 비롯하여 여러 스님들이 참여한 가운데 동구 소림사에서 창립하였다. 물론, 소림사 입구에는 경찰들이 진을 치고 있었지만 사찰에서 개최한 행사라 충돌은 없었다.

정불협은 학생운동단체가 아닌 재야운동단체의 성격을 가지기로 하였다. 이 과정에서 대불련 부산지부의 간사장을 맡고 있던 성재도와 정석우(동아대), 안민환(동아대)은 성재도의 간사장 직위를 정석우(동아대)에게 넘기며, 대불련 부산지부는 정불협에 조직적인 결합은 하지 않

기로 협의하였다. 그러나, 민중불교 학습모임과 6월항쟁에 참여한 활동
가들이 개인적으로 정불협의 활동에 적극 참여하며 정불협의 중심 활
동가가 되었다(성재도 구술).

정토구현불교협의회는 곧 바로 9월 7일 대각사에서 대불련부산지부와 부
산민가협 공동주최로 '자주화, 민주화를 위한 9·7 생명 해방제'를 열어 결의
문을 통해 모든 양심수 석방, 민주인사 수배해제, 불교악법철폐, 불교자주쟁
취, 군부독재타도 등을 주장했다.

이 날 집회는 9·7 해인사 승려대회를 기념하여 중구 광복동 대각사에서
민주열사 추모와 10·27법난 규탄법회 형식으로 개최되었다. 준비하는 과정
에서부터 경찰의 감시를 받았으며, 행사시간이 다가오자 대각사 입구에는
출입문만 남긴 채 경찰차 3대가 겁을 주고 있었다. 스님들과 대각사 불교청
년회원, 민가협 어머니들, 대불련 회원들 100여 명이 모여서 민주열사들의
영정을 모시고 추모법회와 규탄법회를 개최하고 경찰의 감시를 피해 광복
동 미화백화점 인근에 불시에 집결하여 시민들에게 유인물을 나누어주고
해산하였다.

정불협에서는 뜻있는 스님들의 도움으로 『정토구현』 회보를 비정기
적으로 발간하여 전두환 군사독재정권의 실상과 6·29선언의 허구와
노태우의 재집권 부당성을 불교계에 홍보하였으며, 대통령 선거를 앞
두고 80년 당시 보안사령관으로서 10·27법난을 지휘한 노태우의 만행
과 대통령이 되어서는 안 되는 이유를 명시한 홍보물을 제작하여 부산
시내 주요사찰 입구에서 신도들에게 배포하였다. 이 과정에서 모 사찰
에서는 스님이 정불협 회원들과 대학생들을 빨갱이들이라고 지칭하면
서 경찰에 신고하여 도망치기도 하였다(성재도 구술).

한편 부산불교교육원, 정토학당, 부산불교사회교육원 등의 교육기관이 설

립되고 청년미륵회와 같은 진보적 불교청년회가 조직되어 88년 이후에는 불
교 청년 대중들이 주체적으로 조국통일투쟁의 열기를 모아 갔다.

8. 1988년 이후의 불교사회운동[12]

또한 1988년에 들어서면서부터는 사회전체가 북방정책에 관심을 갖게 됨
에 따라, 불교계에서도 통일문제나 민족문제에 큰 관심을 보이기 시작한다.
'민족자주·통일 불교운동협의회'는 그 결실이었다. 특히 '민족자주·통일
불교운동협의회'는 1989년에 결성된 '전국민주연합'에 가입함으로써 계급
운동의 성격을 탈각하고 민족운동의 성격을 강조하게 된다.

그래서 89년 5월에는 조국의 평화와 통일을 위한 발심대법회를 대각사에
서 개최(불교정토구현 부산·경남 승가회, 대불련 부산지부, 대각, 선암, 관
음포교원 불교청년회)하고, 8월에는 조국의 평화와 자주적 통일을 위한
8·15대법회를 부산일보 대강당에서 개최(불교정토구현 부산·경남 승가회,
정토학당, 대불련 부산지부, 경남지부, 울산지부, 보현, 사리, 선암, 관음포교
원 불교청년회)하여 민주화와 통일의 의지를 다져 나갔다.

90년 11월에는 새로운 불교청년운동의 활성화를 위한 심포지움을 개최하
여 신앙, 포교, 교육, 조직 강화의 문제와 사회 참여, 통일의 문제를 고민하
며 의지를 다지기도 했다. 이어 91년에는 진보적인 청년회들이 모여 부산지

---

12) 유승무(2011)는 이를 다음과 같이 정리하고 있다. 80년대 후반기 민중불교운동
    은 몇 가지 특징을 가진다. 첫째, 민중불교운동의 주도세력으로 승려들이 참가하
    기 시작했다는 점이다. 둘째, 민중불교운동이 이념적이나 운동 목표를 달리하면
    서 다양화되었다는 점이다. 셋째, 민중불교운동의 여러 가지 역량들이 직능별로
    재편되었다는 특징을 가진다. 그러나 넷째, 대정부투쟁에 있어서는 연합체적 성
    격으로 비교적 단일한 대오를 형성할 수 있었으며, 결국 '불교 자주화'를 이루는
    데 중점을 두고 있었다.

역 청년 불자 연합회(혜원, 간호, 사띠, 신임, 관음포교원, 육화청년회, 청년미륵회)를 창립하여 시대가 요구하는 전반적인 사회변화에 적극적으로 활동해 나가기로 힘을 모았다.

9. 마치며

역사는 기본적으로 사서(史書)를 통하여 기록되고 정리된다. 그러나 사서 위에만 존재하는 역사는 자칫 지식인들만의 박제된 역사로 퇴색하기 쉽다. 그것은 깨끗이 보존되고 잘 가꾸어진 사료와 사적들로 뒷받침될 때 생생하게 살아있는 시민들의 역사로 숨 쉴 수 있다. 시민들이 자신의 생활 현장 가까이서 사료와 사적들로 역사를 '체험'할 때, 그들은 비로소 역사를 올바르게 '실천'한다.

그러나 한국 민주화의 역사는 지금 대부분 엷어져 가는 우리들의 기억으로만 추상적으로 남아 맴돌 뿐, 현장의 구체적 사적으로 시민들이 직접 확인하고 체험할 실체가 없거나 사라져가고 있다. 민주화를 향한 저항과 민주주의를 쟁취해온 과정을 좇아, 그 사료와 사적들을 하루라도 빨리 조사 · 발굴하고 복원 · 보존하는 일은 그래서 중요하고 시급하다. 이들 사료와 사적들을 발굴, 조사, 복원하는 일은 바로 부산 시민의 역사와 한국 민족사의 귀중한 자산을 발굴, 조사, 복원하는 일인 것이다.

이상과 같은 취지에서 살펴보더라도 불교사회운동에 대한 역사와 기록을 찾아보기가 쉽지 않다. 많은 경우 기억과 구술에 의존해야하지만 이마저도 망실되어가는 실정이다. 이에 이 작업을 기초로 해서 불교와 사회운동의 과정이 부산 지역 민주화 운동에 기여했던 바의 여러 가지 기억과 현장을 발굴 · 조사하며, 민주화 운동과 관련된 사적 및 사적지를 재조명해 보는 전기가 되었으면 한다.

특히, 불교는 모든 사람에게 안심입명을 가르친다. 어떻게 살 것인가? 어떻게 죽을 것인가? 를 훌륭하게 제시하고 있다. 부처님은 어떻게 살 것인가에 대해서 '너 자신을 자각하고 사람들을 위해 교화하라(상구보리 하화중생)'고 말씀하신다. 즉 고통 중생을 구제하는 것(실천적 동체대비심)이 불교의 생명가치이다. 독재정권 하에서는 민주화운동에 분단시대 하에서는 민족 자주화와 통일운동에 앞장서는 것은 불자로서의 당연한 소명의식인 것이다. 하여 열악한 상황 속에서도 낙담하지 않고 깨어있는 청년 불자들이 시대의 소명을 다 해 왔다고 생각된다.

아직도 우리 사회에는 민주와 반민주, 평화와 냉전, 소외와 특권의 '갈등'이 존재하고 있다. 역사는 낙담하지 않고 준비하는 자의 것이다. 역사는 직선으로 단시간에 발전하지 않는다. 더디지만 꾸불꾸불 조금씩 앞으로 나아간다. 패배했다고 좌절해선 안 된다. 역사는 우회하지만 뚜벅뚜벅 앞으로 나아간다는 신념으로 각자 나름의 실력을 길러 나가야 한다. 항상 준비하는 사람에게 역사는 답을 한다. 오늘의 자리가 과거를 회상하며 밝은 미래를 준비하는 자리가 된다고 확신한다.

참고문헌

『우리불교문화유산읽기』, 두리미디어, 2004.

『한국현대불교운동사 上』, 실천불교전국승가회, 1996.

『40년의 발자취』, 한국대학생불교연합회 부산동문회, 2006.

4장
6월항쟁과 원불교의 사회참여[1]

_이광희[2]

1. 한국현대사 속의 원불교

원불교는 1916년 박중빈 소태산 대종사에 의하여 전남 영광에서 창교된 종교이다. 알려져 있듯이, 원불교는 '조용한 종교'로서 한국현대사 속에서 조용하지만 착실하게 커온 종교이다.

그래서 당연히 외세의 침략과 민중의 고난을 겪어온 한국현대사 속에서 '일체생령을 광대무량한 낙원세계로 인도함'을 목적으로 하는 원불교가 역사적 책임을 다하기 위해 무엇을 했는가하는 지적을 받을 수 있다.

교단 초기인 1919년, 삼일독립운동의 소식을 들었을 때 소태산 대종사는 "이 소식은 개벽을 재촉하는 상두소리"라고 인정하였다고 한다. 그러나 이 시기는 교단의 기초를 놓고 있던 시기라 일제 식민지하에서 반식민지 무장투쟁을 하거나 적극적인 독립운동에 참여하였던 대종교, 천도교 등과는 달리 시대적 과제에 정면으로 맞서기보다는 내부적인 교단 성장을 추구하였

---

1) 이 글은 2013년 민주주의사회연구소 주관 6월항쟁 기념 학술행사에서 발표된 것이다. —편집자 주
2) 당시 원불교 부산교구 청년연합회장, 현재 김해시의회 의원, (사)삼일동지회 김해시지회장.

던 것이 사실이었다.

2. 원불교청년회의 창립

　1960년대 초, 한국사회는 4·19혁명을 통한 커다란 변화의 물꼬가 트인 시기를 맞이하고 있었다. 4·19 이전의 한국사회는 전쟁 후의 가난과 반공적 사회분위기, 자유당 독재라는 질곡 아래에서 1950년대를 보냈으나, 4·19로 시작된 1960년대는 이전에 비해 새롭고 민족적이며 민주적인 변화가 갈망 되는 분위기가 움터가고 있었다. 이러한 흐름을 타고 원불교는 전국적인 개교 반백년 기념행사로 대도시를 순회하면서 사상 강연회를 개최하였다. 이 때 원불교는 한국의 역사와 사상에 뿌리박고 있으면서 외래사조에 무비판적으로 물들지 않은 참신한 새 종교로서의 면모를 내외에 알렸으며, 반백년 기념 사업의 성과로서 원불교는 당시 한국사회의 많은 참신한 젊은 층을 흡수하는 성과를 올린다. 이 청년층들이 모여서 원불교청년회 창립의 주역이 되는데, 출가 중심이 아닌 재가 청년들이 중심이 되어 원불교청년회라는 간판으로 전국적 조직을 결성한 것은 1964년이었다. 이후 원불교청년회는 교단의 선진적인 행동대이자 기성 지도층에 대한 문제 제기 집단으로 활동하였다.

　1982년 원불교청년회는 '원청이념' 즉 '원불교청년회이념'을 정립, "자신에게 믿음을, 이웃에게 은혜를, 민족에게 화합을, 인류에게 희망을" 라는 대사회적인 메시지를 결정하여 발표하였는데,[3] 이는 원불교가 한국사회에 대하여 시대적 과제를 던진 첫 시도로 보인다. 여기에 한국사회에서 가장 선진적인 문제의식을 갖고 이를 생산, 전파하는 집단인 대학에 다니는 대학생들

---

3) 원청이념의 정립을 위한 토론과정에서 '민족에게 화합을' 이라는 구호가 시대적 과제를 정확하게 표현하지 못하므로 '민족에게 통일을' 이라고 해야 한다는 주장이 상당 정도 있었으나, 결정을 바꾸지는 못하였다.

중에서 원불교를 신앙하는 학생들로 조직된 원불교전국대학생연합회(1978
년 창립)가 교단 내의 젊은 흐름에 가세하였다.

3. 1980년대의 시련과 원불교청년회의 각성

1) 영산성지사무소 김현 교무사건

분단과 냉전에 기초한 개발독재시대와 1980년의 '서울의 봄의 좌절'과 '광
주민중항쟁' 그리고 이후 7년간의 5공 독재 치하에서 원불교 교단은 주동적
이고 적극적인 역할을 하지 못하고 희생자들의 제사를 치러주고 영혼을 위
로하는 선에 머물러 있었으나, 교단의 젊은 집단인 원불교청년회와 대학생
회는 바닥에서부터 끓어오르는 문제의식과 분노와 치욕을 삭이면서 움직이
고 있었다. 특히 호남에서 시작된 종교인 원불교의 특성상 광주민중항쟁을
직간접으로 경험한 사람들이 상당 정도 교단 내에 들어와 있었다는 것과
1960, 70년대의 박정희 독재정권 하에서 지식인, 종교인으로 민주화운동에
가담하여 활동한 사람들 중 일부가 원불교청년 중에 존재하고 있었다는 점
이 후에 새로운 흐름을 만들 불씨가 되고 있었다.[4]

1980년대의 원불교 교단은 보수적인 기독교 종단이 배후를 받쳐주고 있는
5공 독재정권이 저지른 불교 조계종에 대한 법난, 지식인과 종교인, 민중운
동, 학생운동에 대한 탄압 앞에서 위축되고 있었으나, 물밑에서 움직이는 역
사의 도도한 흐름은 막을 수 없는 듯 교단 내에서도 불시에 불쑥불쑥 일어
나는 사건들이 그러한 움직임을 보여주고 있었다.

---

4) 이러한 예로 다음의 원불교 교도들이 있다. 전만인(1975년 전남함평농민회사건으
로 구속), 김성곤(1975년 고려대 반독재시위로 구속), 이윤기(1975년 경북대 반독
재시위로 구속), 이광희(1978년 서울대 반독재시위로 구속), 한상석(1980년 광주민
중항쟁으로 구속).

이 시기에 교단 내적으로 가장 큰 파장을 일으킨 시국 관련 사건은 1983년의 이른바 '김현교무사건'이다. 이 사건은 당시 전남 영광의 영산성지사무소 소장이었던 김현 교무가 광주미문화원 방화자로 수배 중인 정순철(사회운동가, 2004년 작고) 씨를 영산성지사무소 내에 숨겨주었다가 발각되어 그와 함께 구속되어 범인 은닉죄로 재판을 받게 된 사건이었다. 이른바 조용했던 원불교에서 그것도 성직자가 처음으로 시국사건에 관련되어 구속되는 사건이 일어난 것이다. 김현 교무는 광주미문화원 방화사건의 당사자가 아니면서도 법정에서 한국사회의 갈등과 권력에 의한 인권 침해를 원불교 교리에 입각하여 차분하면서도 분명하게 지적하여 참석자들의 심금을 울려주었다. 이 사건은 위축되어있던 교단 지도층에게는 권력에 대한 피해의식을 가중시켰지만, 진취적이고 개혁적인 사고를 하였던 교단 안팎의 청년학생들과 뜻을 가진 분들에게는 원불교의 성직자가 독재정권의 압제에 맞서서 당당하게 진리를 설파하였던 첫 번째 거사를 보는 감명과 희망을 안겨주었다.

2) 변혁과 실천의 의식을 가진 출, 재가 청년들의 결집

이 시기의 원불교청년회에는 반독재민주화운동이나 민중운동에 참여했던 경험을 가진 청년들이 청년회의 임원이 되어 활발하게 참여하고 활동하여 원불교청년회의 새로운 동력을 불러일으키는 현상들이 나타나고 있었다.[5] 1982년부터 원청이념을 정립하고 1984년의 원청 20주년 기념대회에서 사회적, 민족적인 과제를 발표한 사실 등은 그러한 움직임이 크게 작용한 것이었다. 또한 이 시기에 나타난 중요한 현상으로 예비교역자들(원불교의 성직

---

5) 그 예로 광주민중항쟁에 참여했던 한상석은 1982년부터 원청 중앙회의 상임위원으로, 전북대 반독재시위에 참여하였던 송봉원은 1983년부터 원청 중앙회의 상임위원, 경북대반독재시위에 관련되었던 이윤기는 1984년부터 대구교구청년연합회의 고문, 서울대 반독재시위에 참여한 이광희는 1984년부터 원불교부산교구청년연합회의 회장으로 활동하였다.

자가 되기 위해 공부 중인 원광대와 영산대의 학인들)의 움직임이다. 이 예비교역자들 사이에서 한국사회의 구조적인 모순과 갈등에 대한 학습과 연구가 일어나기 시작했으며, 당시 대학사회가 갖는 반독재, 저항적인 흐름에 교학과생들도 집단적으로 함께 하는 움직임이 일어나고 있었다.[6)

4. 원불교부산교구청년연합회의 조직과 활동

원불교부산교구청년연합회는 부산지역에 소재한 40여개의 단위교당 청년회의 연합체인데, 단위교당 청년회는 고등학생 이상 나이의 청년들(45세 이하)이 함께 신앙과 수행을 하였고 부산이라는 지역 단위의 교화나 봉사에는 청년연합회가 주관을 하여 활동하였다. 1980년대 당시 비교적 신생 종교(역사 60여년)인 원불교의 특성상 청년들이 주관하는 대외 행사나 활동이 전체 교구를 대표할 정도로 많은 비중이 실려 있었고, 또한 청년연합회는 회장단의 면모에 따라 활동의 성격과 지향이 정해지는 경향이 있었던 것도 사실이었다.

이러한 현실적 여건에 따라 회장단의 성향을 중심으로 부산교구청년연합회 활동의 성격을 시기적으로 나누어 본다면 1970년대까지의 청년연합회는 초창기로서 청년들의 결속과 화합을 중시하고 신앙의 정도를 높이는 데에 치중한 활동을 하였고(기도회, 훈련, 연합법회 등), 1980년대에 이르면 원불

---

6) 총부가 위치한 원광대학교 교학과의 농촌교화연구반은 1982년에 정인성, 문상선 등의 예비교역자에 의해 활동이 시작되어 1986년에 사회교화연구반으로 명칭을 바꾸어서 그 활동을 이어갔다. 농촌교화연구반은 창립시기인 1982년에는 낙후된 한국의 농촌에서 어떻게 교화를 할 것인가를 중심주제로 농업과 농촌문제 등을 한국사회의 역사와 구조를 살펴보는 데에서 시작하였으나 4년 후의 사회교화연구반 시기에는 당시 대학 일반에서 일어나고 있던 이념서클 등에서 하고 있던 역사, 경제, 철학 등의 학습과정을 다 같이 활용하고 거기에 종교 활동과 원불교의 특성을 추가하는 식의 내용으로 학습과 토론, 그리고 대학을 중심으로 한 학생운동과 반독재 시위에 참여하는 등 활동을 이어갔다.

교의 사회적, 시대적 존재가치를 인식하고 실천하는 방향으로의 전환이 이루어진다. 1980년대 전반기에 연합회장을 맡았던 양영환(법명 주인) 회장은 원불교의 역사적인 뿌리를 한국 근대사상에서 찾고[7] 원불교가 한국사회와 부산이라는 지역과 역사 속에서 기여할 바를 찾아가야 그 존재이유가 있음을 활동의 지향으로 하고 있었다. 그래서 원불교사상에 대한 강좌와 세미나, 강연회를 자주 하였고, 청년훈련 등의 내용에서도 종교의 역사적 사회적 책임을 강조하였다. 당시 1980년대 전반기의 한국사회는 5·17 군부쿠테타로 등장한 5공 정권이 독재정치를 할 시기라 종교가 사회, 시대적인 방면으로 눈을 돌리는 것 자체를 경계하고 금기시할 시대였으므로 이러한 정도의 지향조차 교단 내외에서 우려와 걱정의 눈총을 받기도 하였다.[8] 1980년대 후반인 1984년에 이르면 청년연합회는 양영환 회장단 체제에 이어서 이광희 회장단 체제로 넘어가는데, 이광희 회장단 체제에서는 종교의 사회적 책임이 더욱 강조되는 주제와 활동의 비중이 높아졌다. 연합회 임원을 중심으로 한 청년들의 학습모임이 이루어져 주 1회로 한국근현대사와 민족운동사, 종교운동에 대한 학습을 하였고, '상두꾼'이라는 사물놀이패(대표 박미출)가 결성되어 청년연합회가 가는 곳마다 사물을 들고 기상을 북돋우곤 했다. 년 1회로 개최된 부산교구청년연합회의 하계훈련회에서는 300명 이상의 청년들이 모여

---

7) 양영환 회장은 당시 중등학교 역사교사로서, 석사논문으로 '한국근대사상 속의 원불교사상에 대하여'를 연구하여 발표하였다. 그의 지향과 활동은 한국의 역사와 사회 속에서 원불교의 존재 이유를 찾는 데로 나아갔다는 것이 당시 활동한 사람들의 평가이다.

8) 이 회장단에서 연합회부회장을 맡은 김해교당청년회 출신 이광희(법명: 덕천)는 1978년 서울대학교에서 학원민주화운동에 참여했다가 긴급조치9호 위반으로 구속 수감되어 1년형을 받고나온 청년으로, 감옥에서 원불교 교전을 숙독하고 나와서 1982년에 「민중적 측면에서 본 소태산 대종사」라는 논문을 발표하였는데, 이 논문은 교조 소태산의 원불교 창교 등의 생애를 구한말과 일제식민지시대에 민중과 더불어 진리에 대한 각성과 함께 사회, 역사의식의 자각과 자력갱생의 활동을 한 민중운동가로 본 논문으로서 이전의 교단 내의 기존 인식과는 다른 역동적인 해석을 한 것이었다.

서 부산 근교의 캠프장에서 조국의 평화와 통일을 기원하는 기원식을 올리고 난 뒤 삼삼오오 모여 밤을 새며 시국토론을 하였고, '민족종교심포지움' 이라는 행사를 통해 천도교 등의 타 종교와 교류, 연대하는 활동도 이루어지고 있었다. 여기에 부산대, 동아대, 경성대 등에 결성된 대학생회도 자연히 학내의 반독재민주화 움직임에 영향을 받으면서 단위 교당에서 이루어지는 개인 신앙 위주의 종교활동만으로는 갈증을 느낀 대학생, 청년들이 청년연합회에 모여들어서 연합회의 활동이 점점 역동화, 집단화 되고 있었다.

이러한 청년연합회의 움직임에 대하여 성직자들은 87년 이전에는 방관하거나 걱정스런 시각으로 보는 정도에 머물렀으나, 87년에 들어 박종철 고문치사사건 등 독재정권의 말기적인 모습이 연속적으로 드러나자 청년들의 활동에 대하여 인정과 공감을 해주는 등의 변화의 조짐을 보여주었다.

5. 6월항쟁 시기 부산지역 원불교의 실천

1) 1987년 초, 항쟁의 봉화불이 피어오르다

1987년은 새해 벽두부터 박종철 고문치사사건으로 온 국민의 분노가 들끓어 올랐다. 부산 출신으로 당시 서울대학생이었다가 고문치사당한 박종철 학생의 갑작스러운 사망소식은 부산사람들에게는 여느 다른 지역보다 더욱 심한 충격과 분노를 가져다주는 소식이었다. 부산시민들에게 마치 가까운 형제가 억울하게 희생된 느낌을 갖게 한 이 사건은 마침내 다혈질인 부산 사람들의 피를 끓게 하였다. 2월 27일 부산 시내에서 터져나간 박종철추모대회 시위, 이어서 더욱 크게 터진 3월 3일의 49재 시위, 그리고 부산의 종교단체, 재야, 청년, 대학생, 노동자들이 다함께 참여하여 대대적인 시위를 벌였던 3월 26일 시위 등, 부산지역의 도심 곳곳이 반독재의 함성과 최루탄 연기로 가득 찼을 때, 부산의 원불교청년들은 삼삼오오 짝을 지어서 시위에 참석하고 있었다. 당시 부산교구청년연합회의 이광희 회장은 부산의 대표적인 재야민주단체인 부산시민협의회의 회원으로 활동하면서 시위 소식을 청년연합회의 임원들을 중심으로 파급시켰고, 이에 동조하였던 청년들과 대학생들은 규탄대회 등의 시위가 있을 때마다 중구 신창동에 위치한 원불교 부산교구청의 3층에 있는 청년연합회 사무실에서 만나 시위에 필요한 랩과 마스크를 나누어 가면서 모이고 흩어졌다.

2) 불난 데 기름 붓기, 4 · 13 호헌조치와 전국적 항쟁

1987년 초부터 4월까지의 부산에서의 원불교 상황(전국의 원불교 상황은 대체로 같았다), 즉 청년 대학생들은 조직을 만들어가면서 시위에 참가하고 교단의 어른인 성직자들은 나서지도 도와주지도 못하고 걱정스러운 눈빛으로 바라만 보고 있었던 상황은 더 이상 가지 않았다. 국민들의 반독재와 민주화를 향한 분노와 열망에 찬물을 끼얹으려고 전두환 대통령이 작심하고 4월 13일에 호헌조치를 발표했던 사건은 마침내 불난 데에 기름을 퍼부은 격이 되고 말았다. 이때부터 전국적인 대학교수들의 호헌반대 직선개헌 민주화요구 시국선언이 이어지고 원불교의 교립대학인 익산의 원광대학교 교수들도 민주화 시국선언문을 발표하였으며, 이 교수들 속에 원불교 성직자들도 포함되었다. 그리고 원광대학교의 학생들이 시위에 나설 때 원불교학과의 예비교역자들도 치열하게 동참하였으며, 전국의 원불교대학생연합조직인 원대련(회장 강대훈)도 각 대학교별로 벌어지는 시위와 규탄대회에 원대련 출신 학생들이 앞장서서 참여하고 있는 소식을 종합하면서 "정의면 죽기로써 행하라"는 소태산대종사님의 말씀을 가슴속에 새기고 있었다. 이때부터 실질적으로 원불교의 성직자들은 총부인 익산을 중심으로 민주화 대열에의 동참을 진지하게 고민하고 있었으며, 부산지역의 성직자들도 구체적인 행동에 나서야 함을 진지하게 고민할 만큼 부산의 원불교청년대학생들은 치열한 행동에 나서고 있었다.

3) 6월항쟁에 참여, 부산의 종교, 재야단체와 함께

80년대의 엄혹했던 시기 부산에서의 민주화운동은 종교계가 큰 축을 이루고 있었다. 개신교, 천주교가 앞장서고, 불교가 함께 나서는 민주화운동과 재야운동의 움직임 속에 원불교는 청년회원 일부가 타종교의 청년들과 연락하고 연대하거나 다른 재야단체에 회원으로 가입하여 활동하는 형태로 있었다. 그런 과정 속에 원불교 청년들은 한편으로는 신생 종교의 한계와 열등감을 느끼면서도 또 한편 새로운 인자로서의 참신한 청년과 대학생들이 속속 나서는 보람을 가지면서 6월항쟁이라는 거대한 움직임에 자신들을 투신하고 있었다.

6월 10일부터 시작되어 연일 부산 시내의 중심가를 뒤덮었던 시위에서 원불교부산교구청년연합회는 임원들이 투쟁과 연락을 주관하고 상시적으로 (거의 매일) 청년과 대학생 30여 명 정도, 많은 경우 5~60여 명이 시위에 참여하였는데, 이것은 청년연합회의 독립적인 조직이었고, 부산대, 동아대, 경성대 등에서 학내에서 결합한 원불교대학생회원들은 별개로 움직였다가 시위 현장에서 만나곤 하였다. 원불교부산교구청의 위치는 대청동 가톨릭센터와는 200여 미터, 미문화원과도 200여 미터 떨어진 곳으로, 남포동과 광복동, 가톨릭센터 주변에서 시위가 있을 경우 집결지로서 그리고 피신처로서 최적의 위치에 있었으며, 백골단과 최루탄에 쫓겨 온 청년들은 청년연합회 사무실에서 휴식과 함께 전열을 가다듬곤 했다. 어떤 날은 새벽까지 시내를 돌아다니다 낮에 만날 것을 약속하고 헤어졌다가 다시 사무실로 모여들었으며, 연합회장단은 6월 한 달을 거의 매일 사무실에 출근하였다.

4) 원불교사회개벽부산청년단의 결성과 국민운동본부 가입

6월 10일 이후 부산지역에서 가장 많은 시위 시민들이 모여서 중심가의 도로를 거의 다 점령한 날인 6월 18일 밤을 지낸 6월 19일에, 원불교청년연합회의 임원들은 이제는 원불교청년회가 '민주헌법쟁취 부산국민운동본부'에 정식으로 조직 가입을 하여 명확한 명의와 책임성을 갖고 활동하자는 결론을 냈다. 또한, 그러한 가입에는 교화조직이자 신앙조직체인 원불교부산교구청년연합회라는 명의로는 가입하기가 현실적으로 어려움이 많다는 데 합의하였다. 즉 사회참여 방식에 대해 다양한 의견을 가진 많은(대략 일천 여 명이 넘는) 청년들에게 국민운동본부로의 참여를 의결하기가 시간과 절차가 너무 복잡하고 무리가 간다는 생각이 많았다. 그리하여 6월항쟁에 적극적으로 동참하여 투쟁하는 사람들을 중심으로 선도적인 조직을 만들고 그 단체 명의로 가입하는 방안을 갖고 국민운동본부와 타진하기로 하였다. 그래서 결성한 단체가 '원불교사회개벽부산청년단'(대표 이광희)이었다. 그래서 이때부터 부산지역의 선도적인 원불교 청년과 대학생들은 이 이름으로 뭉치고 투쟁하며 나아가기로 하고, 국민운동본부와 접촉한 결과 6월항쟁이 절정에 달했던 6월 하순에 개최된 민주헌법쟁취국민운동부산본부 상임집행위원회에서 원불교사회개벽부산청년단의 가입이 결정되었다.

이 시기에 국민운동본부에 가입하여 함께 한 단체들 중 기독교와 가톨릭을 제외하면 불교계 조직인 대학생불교연합회(대불련) 부산지부가 있었으며, 당시 국민운동본부의 상임집행위원회는 고 노무현 전 대통령께서 인권변호사의 신분으로 위원장직을 맡아서 회의를 주재하고 있었다.[9] 이 때 원불교청

---

9) 원불교사회개벽부산청년단의 가입에 대해 심사하던 상임집행위원회의 회의에서 한 위원이 "원불교는 불교에 소속된 것이 아닌가?"하는 질문을 한 적이 있는데, 이에 대해 노무현 당시 위원장께서 "원불교는 불교와는 종교 자체가 다릅니다"하고 발언하였다. 뒤에 이야길 들어보니 당시 노무현 변호사는 자신의 친구 중에 독실한 원불교인이 있어서 원불교에 대해 사전지식이 있었다고 한다.

년회는 원불교사회개벽부산청년단으로 국민운동본부에 정식 가입하고 이광희 회장이 단체를 대표하여 상임집행위원으로 활동하기로 의결하였다.[10]

이와 함께 부산지역의 원불교 성직자들도 6월항쟁에 동참하기 위한 모임을 가졌는데, 대청동 가톨릭센터의 농성이 진행되고 있던 6월 21일에 바로 가까운 신창동의 원불교부산교구청에서 부산지역 교무 53명이 '시국을 위한 특별철야기도회'를 갖고 교단 내 최초의 대사회참여 활동을 이끌 교무조직인 '원불교부산지역사요실현교무단'을 결성하였다.[11] 이 단체는 6월 18일 익산의 원불교총부에서 있었던 교무 240명의 시국성명[12] 발표를 한 이후 성직자들의 대사회활동을 이어가기 위해 1987년 9월 20일에 결성된 '원불교사회개벽전국교무단'과 함께 부산지역에서의 지부 성격인 '원불교사회개벽부산교무단'이 1987년 9월 30일에 결성되는 기초가 되었다.[13]

6. 6월항쟁 이후 원불교의 변화

우리 역사에 크나큰 족적을 남긴 6월항쟁은 원불교에도 크나큰 변화의 계

---

10) 이 내용에 대해서는 최근까지 발제자의 주장만 있었고 사실 확인이 되지 않았으나, 민주노총 자료실에서 발굴(2017. 3)한 87년 하순 부산국본 발행 선전물에 소속 단체로 '원불교 부산청년연합회'가 명기되어 있는 것을 확인, 명칭에는 다소 차이가 있으나 원불교 청년단체의 부산국본 가입 사실은 증명되었다. −편집자 주

11) 이때의 참석교무들은 정연석, 이정광, 김순익, 장석준 등이다.

12) 이 성명이 원불교의 창교 이래 가장 큰 규모로 성직자가 참여한, 그리고 가장 분명하게 시국에 대한 적극적인 의사표시를 한 성명이자 움직임으로, "이 땅의 민주화를 위한 우리의 주장"이라는 제목으로 정부의 4·13호헌조치의 철폐와 민주적 개헌의 실행을 촉구하는 내용이었다.

13) 이 '원불교사회개벽부산교무단'은 6월 21일의 '원불교부산지역사요실현교무단'이 확대 창립한 것으로 원불교 교단을 통 털어서 전국에서 가장 먼저 대사회참여활동을 이끌기로 결성된 조직이었다. 이 참석 교무단의 명단은 다음과 같다. 정연석, 이정광, 김순익, 장석준, 정인덕, 김성근, 허정지, 김선명, 엄정심, 김성효, 김혜은, 박신유, 서명선 이상 13인.

기가 되었다. 한국사회와 현대사가 갖는 현실적 갈등과 모순에 대하여 기시적이고 장기적인 지침만을 내세웠을 뿐 개인주의와 교단보신주의에 머물렀다는 비판과 지적을 받아왔던 원불교는 6월항쟁을 겪으면서 한국사회의 민주화와 인간화, 정의실현과 평화의 실현을 위한 작업에 대열에 동참하고 나서야 한다는 강한 자극과 명분과 자신감을 가짐으로써 변화의 물꼬가 트이게 되었다.

이러한 원불교의 변화는 다음의 두 가지로 나누어서 설명된 수 있는데, 첫째는 원불교 내에 여러 방면의 사회참여기구와 조직이 발족되었다는 것과 대사회적인 사안에 대하여 이전과는 달리 원불교가 과감한 발언과 참여를 하게 되었다는 점이다.

1) 다방면의 사회참여 기구와 조직의 발족

원불교는 6월항쟁 과정 속에서 가장 먼저 결성된 '원불교사회개벽부산청년단'을 시작으로 대구, 이리, 마산에서 '원불교사회개벽청년단'이 결성되어 원불교 청년조직으로는 선도적인 활동을 하였고, 이어서 성직자들의 조직인 '원불교사회개벽전국교무단'이 결성되었다. 이어서 교단 내의 혁신과 개혁을 주장하고 추진한 청년조직인 '금강의 주인'이 1987년 11월에 결성되었고 1989년에는 원불교청년회 반핵특별위원회(1989)가 발족하여 원불교의 반핵평화운동의 깃발을 들었다.

성직자 내부에서도 시대적인 과제에 부응하여 교화의 방향을 찾아가기 위한 노력으로 '원불교 부천노동자교당'이 1989년에 시작되어 노동교화의 장을 열었다. 그리고 남북화해와 민족통일운동을 위하여 북한교화위원회가 발족(1995)하여 북방교화위원회로 폭을 넓혔고, 북한에 대한 인도적 지원과 교류협력, 통일운동을 할 대중적인 범 교단조직으로 '남북한 삶 운동본부'가 1995년 12월에 발족하였다. 또한 2002년 미군장갑차에 여중학생들이 깔려

죽은 사건인 효선이 미순이 사건을 계기로 '원불교인권위원회'가 결성되어 청소년 인권, 사형제 폐지, 환경인권, 외국인노동자 인권에 대한 대내외 활동을 주관하였다.

2) 사회적 과제에 대한 과감한 발언과 참여

원불교는 6월항쟁 이후로 한국사회에 여러 형태로 나타난 사회적 과제인 민주화, 통일, 민중권익, 평화, 반핵, 환경, 교육 등의 사안에 대하여 예전보다 과감한 발언과 실천을 하게 된다. 다음의 두 가지 사례를 들어본다.

1989년 8월 15일에는 원불교사회개벽교무단이 중심이 되어 200여 명의 교도들이 전주의 전북대학교에서 민족통일기원법회를 한 후 "조국통일 가로막는 국가보안법 철폐하라." "전쟁 반대 핵 반대 민족에게 통일을" "민족통일 이룩하여 낙원세계 건설하자"라는 구호와 주장을 하면서 2시간 동안 전주 시내에서 평화대행진을 하였다. 이 두 시간의 행진 동안 전경들과 행진단은 삼엄한 분위기를 연출했다고 한다.

또 1991년 5월 이른바 경찰 폭력에 의한 강경대군 사망사건 당시에 원불교 사회개벽교무단과 금강의 주인, 예비교역자, 각 교구청년연합회 등이 공동 주최한 '폭력살인규탄 및 현 정권 퇴진을 위한 결의대회'가 서울에서 개최되었다. 행사 후에 가진 평화대행진에서 이들은 정권퇴진, 민자당 해체, 반민주악법 철폐, 양심수 석방, 민주정부 수립 등의 주장을 하였다.

이후로도 원불교는 한국사회가 직면했던 여러 갈등과 과제에 대하여 이전보다는 적극적인 행동과 발언으로 참여한다. 이러한 결단과 참여의 성과는 원불교의 교조 소태산이 표방한 '정신개벽'과 '낙원세계 건설'이라는 목표에 부합하는 종교정신의 역사적 실천으로 확신한다.

5장
1980년대 부산 YMCA의 사회 참여[1]

_전점석[2]

　오랜 역사를 가진 YMCA는 공개합법운동체라는 특징을 갖고 있었으며 다양한 계층이 모여 있는 전국적인, 국제적인 조직이다. 이 특징에 어울리는 전략을 수립하여 최선을 다하는 것이 반독재투쟁의 전선운동에 직접 참여하는 것과 함께 보다 절실히 필요한 일이라고 생각하였다.

　일반시민의 눈높이에 맞춘 사업개발, 정치의식이 없는 일반 대학생과 청년들이 폭넓게 참여하면서 그 과정에서 새로운 경험을 할 수 있는 조직건설, 정치투쟁 위주에서 생활과제 중심으로의 과제변화를 위한 노력을 하였다.

　당시에는 노동운동을 범죄시 하고 일인 장기집권을 보장하는 유신헌법을 절대 반대하는 입장에서는 비합법운동을 펼칠 수밖에 없었다. 비합법운동은 조직적으로 전개되었는데 일정 단계에 이르면 공개기구를 통하여 대중선전을 하거나 공격하는 경우가 있었다. 이런 전략을 '외피론'이라고 하였다. 이 전략은 일종의 게릴라적 성격을 띠기 때문에 치고 빠지는 방식이다. 공개기구의 입장에서는 치고 빠지고 난 뒤의 후유증으로 인해 손해가 많았

---

1) 이 글은, 1980년대에 부산 YMCA가 사회민주화를 위해 여러 노력을 했음에도 불구하고, 기독교운동 영역에서 거의 다루어지지 않아 그를 보완하기 위한 목적으로 2017년에 새로이 집필된 것이다. ―편집자 주
2) 당시 부산YMCA 시민중계실 간사, 현재 창원YMCA 명예 사무총장.

고 복구 할 수 없을 정도의 피해도 있어서 난감하기도 하고 갈등을 일으키기도 했다.

이러한 운동방식에 대한 고민은 80년대에 이르러 공개기구의 역사와 특징을 최대한 주체적으로 살리는 '발판론'을 기본전략으로 설정하였다. 본격적으로 목적지를 향하여 출발하는 기차를 타기 위하여 많은 사람들이 기다리고 있는 플랫폼이 필요한 시점이라고 판단하였던 것이다. 물론 공개기구가 요시찰 대상이 되면 플랫폼으로서의 자기역할을 할 수 없다는 점에서 내용적인 심사숙고가 필요하였다. 이를 제대로 기획하기 위해서는 무엇보다 적절한 수준의 내용은 유지하면서 동시에 참가자의 다양한 색깔과 만나면서도 중심이 흐려지지 않기 위한 자기성찰과 긴장이 중요하였다.

1. 시대의 아픔과 시민논단

당시에 언론은 사실보도를 제대로 하지 않을 뿐만 아니라 앵무새처럼 정권 홍보수단이었다. 전반적인 사회분위기는 '카더라 통신'이 유행이었으며 오히려 사실이라는 생각이 널리 퍼져있었으며 이 말이 번지는 것을 막기 위해서 유언비어로 잡혀가는 사람이 많던 시절이었다. 집회 및 결사의 자유가 없어서 다양한 주장을 들을 수도 없었다. 독재 권력에 비판적인 강연회는 개최 장소를 구하기가 힘들었으며 시민들의 참석을 방해하기도 했다. 이런 억압적 분위기가 심하면 심할수록 일반시민들은 진실에 목말라했으며 광야에서 외치는 소리를 듣고 싶어 했다.

이에 부응하기 위해 부산 YMCA에서는 시민사업위원회를 구성하고 체계적인 시민논단을 1981년부터 개최하였다. 초청강사는 송기숙·김성식·안병무·송건호·염무웅·변노섭·이흥록 등이었는데 대부분 개최를 무산시키려는 경찰의 압력과 감시가 심하였다.

한편, 시대정신을 대변하는 논단과는 별개로 시민들의 일상생활에서 일어나는 주제를 다루는 공론의 장이 필요하다는 판단을 하고 Y논단과는 별개로 Y현장, Y대화를 진행하였다. 주제는 근로청소년교육문제, 남해의 적조현상, 여성문제 등이었다. 86년부터는 청년논단을 별도로 개최하여 문동환·문병란·문재인 등을 초청하였다. 1989년부터 청년아카데미를 개최하여 문병란·이행봉·황한식·제정구·문재인·이미경·강상호 등을 강사로 초청하였다.

2. 청년이 살아야 나라가 산다

부산지역에서는 흥사단, 중부교회 청년부, EYC 등의 청년, 대학생조직이 있었으나 일반인들이 참여하기에는 부담스럽기도 하고 거리가 멀기도 하였다. 그래서 YMCA는 목적클럽인 고인돌, 신라, 새벽클럽과 취미클럽 그림자, 해와 달, 예얼, 아리랑클럽 등을 조직하고 직장청년을 대상으로 회원들을 공개모집하였다.

매주 모이는 정기집회에서는 목적문을 낭독하는 의식을 가졌고 아침이슬, 사노라면 등의 노래를 배웠으며 회의진행법을 통하여 민주의식을 함양하였으며 연간 중점사업을 각 클럽별로 추진하여 발표회를 가졌다. 1982년부터 1985년까지 다룬 주제는 'TV가 청소년에게 미치는 영향', '두발 및 교복자율화문제', '낙도분교의 실태', '빈민지역 노인환경조사', '빈민지역 마을공부방 설치문제', '남포동지역의 노점상 실태조사' 등이었다. 대부분의 주제는 청년클럽의 기존 활동과 관심의 연장선상에서 선정되었다.

각 클럽은 회원연수를 정기적으로 가졌는데 1986년 예얼클럽은 송정에서 회원수련회를 개최하였다. 2박 3일로 민박집에서 열린 수련회에서 부른 가수 양희은의 '상록수'와 '숲속의 작은 집', '내 나이 어릴 때' 등의 노래가 불온하다하여 회원 모두가 연행되고 임원들은 대공분실로 넘겨졌다가 회장인 김나야와 오성훈 회원이 집시법으로 처벌받았으며 주미숙 회원은 다니던 직장인 병무청에서 사직을 강요받고 결국 퇴직하고 말았다.

3. 노동자 권익을 생각하는 근로청소년교실

1981년부터 수차례의 논의과정을 거쳐서 부산 YMCA는 '근로자로 하여금 근로자가 아니게 하는 것이 아니고 바람직한 근로자가 되게 하는 지도력 개발에 중점을 두어야한다' 는 방침을 정하였다. 부산 전역을 다니면서 교회, 동사무소, 아동상담소 등에서 장소를 빌려서 1981년 4월부터 190여 명이 모여 시작한 1기는 4개 반이었다. 1988년 12기까지 약 8년간 이어졌는데 전체 28개 반, 900여 명의 졸업생이 배출되었고 교사로 자원봉사한 대학생도 100여 명에 이른다.

졸업생들은 계속해서 YMCA활동을 하기 위해 한빛, 빛과 소금, 일 뿌리, 청운, 억새풀, 뿌리, 맥클럽 등을 조직하였다. 노동현장 동료들과 만나는 저변을 확대하기 위해 문화행사를 개최하였는데 추석에는 만남의 자리를, 노동절에는 일꾼의 잔치를 개최하였고 취미별로도 구성하기 위해 근로자기타교실, 놀이교실, 캠프활동 등을 하였다.

1985년 이후 (주)풍영, 국제상사, 동양고무 등에서 부당해고가 발생하고 이에 저항하는 활동이 전개됨으로써 지역민주노조운동의 출발에 힘을 보태기도 했으며 이들 야학지도력은 이후 지역의 여성노동자운동의 활동가로서도 주요한 역할을 담당하였다.

4. 시민의 아픔과 함께 하는 시민중계실

시민들 가운데는 법률적 상식이 부족하여 자신의 권리를 모르는 경우가 많았다. 부당한 권력에 의해 피해 받는 서민들도 많았다. 심지어 피해를 당한 사람들이 하소연하거나 그들을 위해 함께 고민하는 기구도 없던 시절이었다. 부산 YMCA는 1982년에 시민중계실을 개설하고 일상적인 상담활동을 자원봉사자와 함께 꾸준히 진행하였다. 김광일, 노무현, 문재인, 김영수 변호사 등이 참여하는 무료법률상담을 매월 실시하여 큰 호응을 받았다.

상담창구에 집중적으로 접수되는 사례를 중심으로 실태조사를 하여 피해예방을 위한 활동을 전개하였는데 실태보고서 발간, 언론 홍보, 토론회와 공청회를 개최하였다. 80년대에 다루었던 주제는 '전집류 도서판매실태', '세탁소 피해 실태', 'TV시청료 소비자고발실태', '유명메이커 가전제품의 품질과 판매실태', '기혼여성의 취업실태' 등이었다.

특히 80년대 초반의 전세금 피해사례가 많았는데 전국적인 사례를 종합하여 주택임대차보호법이 제정되도록 노력하였고 우선 보호받는 전세보증금 상한선을 올리는 데에도 크게 기여하였다. 이후 피해예방을 위한 소비자법률학교를 정기적으로 개최하였고 1989년부터는 매년 사법연수원생들이 1주일씩 자원봉사를 하였다.

1987년의 청년논단을 통하여 사회변화에 청년이 나서야 함을 느낀 청년Y는 그 해에 서면과 광복동에 있었던 반독재 민주화의 6월항쟁 시위에 열심히 참여하였으며 직선제 대통령선거를 앞두고 공명선거감시단 활동, 1988년에는 참다운 국회의원 선출을 위한 민주시민운동을 전개하였고, 야학출신들은 노동현장을 변화시키기 위한 지역노동단체 창립에 적극적으로 참여하였다. 1985년에 창립된 부산YMCA 초등, 중등 교육자협의회는 1986년 교육민주화선언을 YMCA 회관에서 발표하여 소속 학교에서 징계 당하였고 이에 대응하기 위한 YMCA 중등 교협사태대책위원회를 구성하고 고난 받는 교사들을 위한 기도회를 개최하였다.

1987년을 전후한 시기에 공개합법운동기구인 부산 YMCA가 지역사회에서 자기가 맡은 소임을 제대로 감당하였는지에 대한 자기평가가 있어야 한다. 당시 '언더'라고 부르던 비공개, 비합법운동과의 관계에서 거점, 발판으로서의 기구운동체가 과연 성실히 그리고 겸허히 제 역할을 했는지를 되돌아 볼 필요가 있다. 전선운동과 달리 일상생활에서 일어나는 정보기관 사찰활동을 예사롭게 생각했던 분위기와 공연히 갈등을 유발시키기를 싫어하는 유화적인 분위기가 과연 적절하였는지에 대한 자기반성도 필요하다. 물론 최성묵, 김광일, 우창웅, 김동수, 박상도 회원의 탁월한 지도력이 큰 방패막이, 바람막이가 되어주었기에 어느 정도를 감당할 수 있었다. 최성묵 이사는 회원교육을 통하여 운동성을 불어 넣었고 김광일 이사는 시민중계실 자원봉사자로 노무현 변호사를 소개하였고 우창웅, 김동수 이사는 다양한 사회개발사업을 지원하였으며 박상도 회원은 든든한 청년Y 선배로써 함께 하고 있었다.

한편 정보기관에서는 부산 YMCA에 유지지도자로 참여한 분 중에서 지역 유지인 일부 회원을 통하여 특정 프로그램을 개최하지 못하게 탄압하는 사례도 있었는데, 이로 인하여 YMCA 내부에 발생했던 본의 아닌 갈등을 발전적으로 극복하기 위해 이제는 사실 확인과 함께 서로를 감싸 안아야 하지 않을까?

6장
'87년 6월민주항쟁과 종교계의 역할' 종합토론 정리[1])

고호석 : 반갑습니다. 오늘 전체 학술행사 사회를 맡은 고호석이라고 합니다. 우리 한국 현대사, 더 나아가서는 우리 민주주의의 역사에서 정말 일대 분수령을 이루는 6월항쟁 26주년 되는 날입니다. 그런데 이 6월항쟁의 처지가 요즘 26살을 먹은 젊은 청년들의 처지와 어떤 면에서 참 비슷하지 않나 하는 생각을 많이 하게 됩니다. 26살이라면 대학을 거의 졸업하거나 졸업을 앞둔 그런 시기이고 인생에서 큰 방향이 거의 다 결정되어있어야 하는 시기임에도, 요즘 젊은이들은 취직부터 시작해서 앞으로의 전망 모든 것이 아주 불투명한 그런 상황에 있습니다. 6월항쟁도 이른바 '87년 체제'라고 하는 새로운 민주주의 체제를 그 나름대로 구축하고 26년이 지나왔음에도 불구하고, 절차적 민주주의만큼은 거의 완성 단계에 왔다고까지 생각했는데, 지금 젊은이들이 민주주의라는 말 자체를 정말 이상한 의미로 사용할 정도로 역사의식에서나 한국 민주주의의 상태나 거의 6, 7년 만에 황폐화 되어버릴 만큼, 한국의 민주주의가 앞으로 어떻게 갈 지조차 장담할 수 없는 상황에 와 있는 것이 작금의 현실이 아닌가 싶습니다. 그런 의미에서 6월항쟁을 전후해서 우리가 무엇을 했는지 그리고 그 과정이 어떠했는지를 다시 꼼꼼하게 되짚어보는 것은 매우 중요한 의미가 있다

---

1) 이 글은 2013년 민주주의사회연구소 주관 6월항쟁 기념 학술행사의 녹취록을 토론 내용 중심으로 재정리한 것이다. 내용이 바뀌지 않는 범위 내에서, 이해할 수 있는 문장이 되도록 상당부분 수정했음을 밝혀 둔다. −편집자 주

는 생각이 듭니다. 그리 해야만 그 과거의 연장선상에서의 오늘, 그리고 또 오늘을 토대로 한 내일을 제대로 건설할 수 있는 것이 아닌가 싶습니다. 아까 소장님을 비롯해서 몇 분이 말씀을 했습니다마는, 민주주의사회연구소는 지금 몇 년째 87년 전후의 부산의 각 부문에서 운동들이 어떻게 전개되었는가를 쭉 들여다보고 있습니다. 오늘 그 일환으로 종교계의 역할을 한번 제대로 짚어보고자 합니다. 부산은 한국 민주주의의 역사에서 차지하는 역할이 참 큽니다. 4·19부터 시작해서 18년 유신독재를 무너뜨린 부마민주항쟁도 마찬가지구요. 6월항쟁에서도 특히 그러했습니다. 근데 그런 역할이나 비중에 비하면 역사 정리에 있어서는 정말 매우 낙후해 있다고 얘기하지 않을 수 없습니다. 그 중에서도 종교계는 더 그런 것 같습니다. 저도 한 때 종교운동에 몸담기도 했기 때문에 잘 압니다마는, 아마 각 종교 영역마다 70년대, 80년대에 한국 민주주의 발전에 기여한 바는 정말 크지만 그것을 하나의 정리된 역사로, 운동사로 만들어 놓은 곳은 아무 데도 없는 것 같습니다. 그나마 이번 학술 행사를 계기로 해서 각 영역에서 그런 것들을 정리하려고 노력하고 있고, 오늘 완성도나 내용의 충실성 이런 부분에서는 여러분들이 또 문제제기를 할 수 있을지 모르겠지만 이 정도나마 일관된 하나의 체계로 정리한 것이 처음이 아닌가 싶습니다. 오늘 이 발표를 계기로 해서 앞으로 부산지역의 각 종교계가 70년대, 80년대 그리고 그 이후에 해왔던 역할들에 대해서 정말 치밀하게 좀 폭넓게 정리하는 그런 중요한 출발점이 된다고 생각하시고, 발표자뿐만 아니라 토론자 그리고 플로어에 계시는 많은 분들이 토론에 적극 참여해 주시기를 기대해 마지않습니다. 매우 어려운 가운데 발제문들을 만들어 주셨고 토론자들도 좀 힘들게 섭외가 되고 이 자리에 참여하셨습니다. 오늘 진행은 우선 발표자가 발표를 가능한 한 20분 이내로 해 주시고 그 다음 토론자, 그 다음 그 지정토론에 대한 멘트를 간단하게 발표자가 해주시고 플로어에서 한 두 세분 정도 질문과 문제제기를 받는 형태로 하겠습니다. 그렇게 해서 하나의 종교 영역을 일단락하고 그 다음 다음으로 넘어가고 요렇게 먼저 기독교와 천주교가 먼저 발표와 짤막한 토론을 한 후에 휴식을 취한 다음, 불교계와 원불교 그리고 종합토론 이렇게 이어가는 방식으로 진행을 하려고 합니다. 미리 참고해주시면 고맙겠습니다. 「87년 6월항쟁과 기독교 운동」이라는 제목으로 NCC역사위원장을 맡고 계시는 김해몽 선생님께서 발제를 해주시겠습니다. 시간을 꼭 지켜주시기 바랍니다.

김해몽 : [발제문으로 대체]

고호석 : 수고하셨습니다. 이때 같이 길거리에서 열심히 싸웠던 송영웅 목사님 토론 7분입니다. 시작하시겠습니다.

송영웅 : 예. 시간 지키도록 노력하겠습니다. 26년 전에 상황을 보니까 그때 직업이 시위대였던 것 같습니다. 참 열심히 시위를 했고 또 많이 한 것 같습니다. 그때 저는 전도사였습니다. 신학교를 졸업하고 목사 수업을 하는 전도사 입장에서 참여를 했었습니다. 그러니까 전도사도 제가 그때 졸업을 하고 어떤 개척교회를 하는 상황이었기 때문에 목회자로 들어간다. 이렇게 해서 전도사이지만 목회자정의평화실천협의회, 목정평에도 가입을 했었습니다. 그래서 그때 과정을 쭉 생각해 보면, 기록되어 있는 집회 및 시위 그리고 모임, 세미나 등에는 대부분 제가 참석을 한 것으로 그렇게 기억이 납니다.

우선 부산에서, 운동권이라고 합니까? 운동의 상층부라고 얘기를 할 수 있을까요? 그때 보면 기독교 목사님들이 한 10여 명 이상 있었고요. 이 분들이 달리 다른 기관들이 없었기 때문에 80년대 초반에 기독교인권위원회를 만들었습니다. 이때 우리 목사님들의 개방성에 대해서 지금도 감탄을 합니다. 그때 영입한 인권위원들이 노무현 변호사, 문재인 변호사. 이런 분들을 영입을 하셨어요. 그래서 인권위원회 활동을 같이 하고 또 기독교인이지마는 김광일 변호사도 거기 참여를 했었습니다. 근데 김광일 변호사는 서울대 나온 판사 출신, 이래가지고 약간 거리감을 두었어요. 제 기억으로는 조금 권위적으로 항상 지시하는 쪽으로 그래 말씀을 많이 하셨고. 나머지 목사님들과 최성묵 목사님이랑 문재인 변호사, 노무현 변호사 이런 분들은 아주 소탈하게 적극적으로 참여를 하셨습니다. 그리고 또 인권위원회 외에 청년조직을, 중간허리가 되는 실무적인 청년조직을 다시 만들어야 된다 했을 때 기독교 내에 자체적인 조직과 대중들은 있는데 이걸 엮어낼 인자가 제대로 없었습니다. 이렇게 해서 그 당시에 학생운동을 하다가 교회 조직으로 리더 격으로 들어온 분들이 계십니다. 그 분들 또한 목사님들께서 굉장히 수용적으로, 적극적으로 받아들여가지고 그 분들이 청년단체에 임원들을 하고 리더들을 할 수 있도록 중간 단체에 자리매김을 했다, 하는 것입니다. 생각해보니까, 지금이라면 우리 기독교 단체에서 외부사람들이 그래 왔을 때 그런 중책을 맡기겠느냐 했을 때 진보적인 단체라도 불가능할 것이고 보수적인 단체는 상상도 못 할 것입니다. 그런데 그 당시에 26년 전에 목사님들은 상당히 개방적인 자세가 있었다, 그래서 이게 신학적으로 대단한 결과가 있는 것도 아닌데 왜 그런가 해서 나름대로 제가 책을 찾아보니까, 부산에서는요, 1960년대부터 가톨릭하고 기독교하고 대화가 활발했더라구요. 그래서 하 안토니오 신부님하고 우 목사님, 희망교회 담임 하셨던 우 목사님인데 그 분하고 중심이 되어가지고, 통합 측 목사님인데 연합집회를 하고 교회와 교회끼리 연합 집회를 해가지고 구덕실내체육관에서 8천 명에서 만 명까지 공동 집회를 한 그런 역사적인 기록이 있었어요. 그런 활발한 전통질서가 있는 이런 분위기 속에서 가톨릭 사제와 기독교 목사님들끼리 사회선교협의회를 만들게 되지요. 그게 만들어질 때 감리교 임기윤 목사님, 부산지역에 목사님이신데 80년 계엄 직후에 잡혀가지고 조사받고 나오자마자 돌아가셔 버렸어요. 혈압으로 그렇게 됐다, 어찌됐다 시끄러웠지만 돌아가셨는데, 그 이후로 사회선교협의회보다는 더 의미 있는 단체를 만들어야한다

해서 아마 인권위원회를 만들어 낸 것 같습니다. 그러니까 인권위원회는 글자 그대로 NCC라는 거대한 교단 조직을 지역에 만들려면 시간도 많이 걸리고 에너지가 소비되고 또 옥상옥(屋上屋)이 되기 때문에 운동단체로 바로 만들자, 해서 인권위원회 바로 만들었네요. 그때 영입한 인사가 노무현 변호사였습니다. 그래서 노무현 변호사와 문재인 변호사가 중심이 되어 활동을 하는데 제 기억으로는 노무현 변호사는 100 정도 활동을 했다 하면 문 변호사님은 그때 2, 30프로 정도. 좀 소극적으로 임했었던 것 같아요. 그렇게 해서 그 모임을 해 나갔을 때 노무현 변호사님의 여러 가지 활동하는 내용들. 그리고 그분의 독특한, 그 파격적인 행동들에 대해서 목사님들이 굉장히 환호하고 좋아했었습니다. 제 개인적인 경험인데 4·13호헌조치가 나고 난 다음에 YMCA에서 무슨 세미나를 했습니다. 그때 참석하려니까 경찰들이 원천봉쇄를 했습니다. 그래서 앞에 청년들이 쭉 도열하고 부산대 학생들이 쭉 오고 하다 보니 백 명 이상 사람들이 모여가지고 자연스럽게 앉아있었는데 제가 그냥 구호를 외쳤어요. 지금 생각납니다. '군부독재 타도하고 민주헌법 쟁취하자' 이렇게 구호를 외치니까 학생들이 따라하고 막 노래도 부르고 이래가지고 막 드러눕고 이런 사이 경찰들이 강제로 뜯어내가지고 닭장차에 다 해산을 했어요. 그래서 난 중부경찰서에 잡혀가서 묵비권 행사하는데 저녁때 노무현 변호사가 면회를 온 거예요. YMCA대표로서. 그래서 피의자를 면회를 하라고 하는데 경찰들이 면회를 안 시켜주는 거예요. 그러니까 "책 봐라. 책에 보면 피의자를 면회할 수 있다." 그래도 상부 지시 때문에 안 시켜주는 거예요. 그래서 이제 노무현 변호사가 막 웃통을 벗고 런닝을 째고 머리를 박고 이러는 거야. 그래 경찰들이 또 막고 경찰들이 "이 변호사 새끼가 … " 이러면서 끌고 가서 시티은행에다가 내버리면 다시 또 와 갖고 치고 박고 그래가지고, 노무현 변호사가 막 런닝 째고 중부경찰서 드러눕고. 와, 그런 기억이 지금 선명하게 납니다. 그래서 나중에 그 노무현 변호사하고 최성묵 목사님하고 와 가지고 저를 신병인수를 해 갔습니다. 그런 면을 봤을 때 노무현 변호사는 '나는 기독교인'이라고 한 마디도 안했습니다. 근데 목사님들께서 하시는 말씀이 당신이야말로 행동은 완전히 예수 다음이다. 끝내준다. 그렇게 목사님들이 그 당시 대단하게 칭찬하고 최성묵 목사님도 그 당시에 저를 신병인수를 하면서 노 변호사님한테 "당신은 참, 뭐 예수 못지않다." 이렇게 칭찬을 해주니까, 노 변호사님 기분 좋아하는 줄 여겼습니다. 결론적으로 부산 기독교의 목사님들이 숫자는 적었지만, 운동할 수 있는 청년들 그리고 상층부에서는 변호사들, 지식인들을 대거 흡수를 해서 하나의 조직으로 만들어가지고 교회라는 조직에 있어서 열린 공간을 확보를 해주셨습니다. 그게 상층에 계신 분들의 굉장히 큰 역할이었다고 생각합니다. 그런 면이 제일 기억이 남고. 이런 것들을 역사가 인정을 해 주고 기록을 해줘야 되지 않느냐. 그렇게 생각을 하고요,

이런 기독교운동에 관해서는 자료들도 있고, 아직은 사람들도 또 기억도 있는데 모여가지고 제대로 이야기 해 본적이 없어요. 개신교 특성상 조직된 게 아니고 개 교회 중심이고 개인 중심이기 때문에 뭘 제대로 모아가지고 어떤 기록을 만들어야 되는데 굉장히 아쉽습니다. 어르신들이 연세들이 다 70이 넘으셨고 또 수술도 하시고 이런 분들 많으시고, 어떤 분들은 또 이가 다 빠져서 발음을 못 알아듣겠습니다. 그래서 그런 사람들 더 연세가 드시기 전에 우리들이 정리를 해서 책이라도 한 권 나왔으면 하는 그런 바람입니다. 이상입니다.[박수]

고호석 : 수고하셨습니다. 송 목사님은 특히 개신교 운동의 개방성에 상당히 방점을 찍어서 말씀을 하셨습니다. 시간이 많이 갔는데요. 앞으로 저희 일정을 생각하면 시간이 별로 많지 않은데 그래도 혹시 질문이 있으시거나, 요 지점은 하나 좀 짚고 갔으면 좋겠다 하는 분 혹시 있으십니까? 개신교 운동에 한정해서 혹시 있으시면?

박광선 : 제가 한마디 하겠습니다. 제가 같이 활동하던 박광선 목삽니다. 그

때 우리 NCC 총무로 활동을 하고 서면 시위 현장에도 있었던 송 목사님이나 김해몽 집사님이 잘 정리를 해주셔서 대단히 감사합니다. 그런데 중요한 것은 역사적인 기록으로 남기게 될 때에는 왜 이런 것이 이때에 태동이 되었나 하는 그런 면에서 송 목사님이 잠깐 좀 언급을 하셨지마는 60년대, 70년대에 하 안토니오 신부하고 우익현 목사님이 일치운동을 하셨죠. 그건 우 목사님이 일본에 유학을 하신 그런 경험을 가지고 계신 분이고, 그 때문에 마음이 열려서 우선 가톨릭하고의 이런 대화를 하셨던 그런 분으로 알고 있습니다. 그런 분이 있으면서 영락교회 고현봉 목사님이라든지 이런 분들하고 임기윤 목사님하고 그 정의실천목회자 운동을, 목정평 이전에 하시면서 어느 정도 그런 정의운동이 역사했다 하는 것을 분명한 기록으로 남겨두게 되면 어떻게 이런 분들이 모여들게 되었나 하는 걸 알게 되겠지요.

그 다음에 같이 모였던 목사님, 장로님 이런 분들이 NCC활동, 선교활동, 인권선교활동 등을 하면서 청년들을 받아들이게 된 거는, 사실 목회자나 또 장로님들은 생활인들이거든요. 또 목회자들이고 그러기 때문에 무슨 소식이 들려오고 그러는데 즉각적으로 시간적으로 투입을 할 수가 없어요. 달려갈 수가 없고. 근데 기동력이 있는 건 역시 청년들이거든요. 그 청년들이 학교에서 지목을 받아가지고 휴학을 했다든지 이런 분들이 계시고 그러니까 우리가 이런 분들 활용을 해서 학생운동의 정보도 듣고 우리가 또 그 분들을 소외시키지 않고 하는 것이 좋지 않겠느냐, 그 점이 일치를 보게 되니까 그분들을 모시게 되는데, 저는 그땐 제일 젊은 사람의 하나로서 뭘 느꼈냐면 그때에 오히려 이 청년들을 통해서 학생운동의 정보를 듣고 민주화 운동의 전국적인 정보를 수집하게 되고, 그런 것이 우리에게 오는 거예요. 그러니까 우리도 좀 여유를 가지고 단단하게 활동할 수 있었습니다. 또 하나 중요한 것은 시국 사건으로 말미암아 학생들이 많이 재판에 계류가 되고 그렇게 해요. 그런데 그 학생들 그냥 내버려두면 억울한 재판 그대로 넘어가게 되고 그러니까, 그 분들을 통해가지고 영치금을 많이들 수집하는데 목사님들이 역할을 합니다. 이렇게 해가지고 그분들이 뒷받침을 했다. 그 정도로 좀 삽입이라 그럴까, 첨언이라고 할까, 했으면 좋겠습니다.

고호석 : 예. 고맙습니다. 박광선 목사님 건강도 많이 안 좋으신데 직접 자리하셔서 도움 말씀 주셔서 고맙습니다. 제가 모두(冒頭)에 말씀드린 것처럼 종교계 쪽에서 민주화 운동에 대한 역사들이 너무 정리가 안 돼 있다 보니까, 지금 여기 기록에도 잠깐 나옵니다만, 70년대 후반에 방금 박 목사님 말씀하신 단체 외에도 부산인권선교협의회라고 하는 단체도 구교와 신교가 같이 모여서 함께 만든 적이 있고 엠네스티 활동도 똑같이 활발하게 하신 전례들이 있거든요. 그래서 이 모든 것들이 좀 더 치밀하게 조사도 되고 구술도 받고 해서 제대로 역사에 기록이 되었으면 좋겠습니다. 시간이 많이 가버려서 더 이상 많은 말씀 듣기는 어려울 것 같고요. 나중에 종합토론 하는 시간이 있으니까 그때 좀 더 많은 이야기가 첨가되었으면 좋겠습니다. 그러면 개신교 부분은 요 정도로 이야기 듣기로 하고, 이동화 신부님하고 최수연 선생님 앞으로 좀.

그러면 개신교에 이어서 천주교 쪽에서 80년대 6월항쟁을 전후해서 있었던 가톨릭 사회운동에 대해서 지금 정의평화위원회 위원장을 맡고 계시는 이동화 신부님께서 발제 해주시겠습니다.

이동화 신부 : [발제문으로 대체]

고호석 : 공부를 하신 신부님이라서 그런지 아주 논리적으로 정리를 잘 해주셨습니다. 그러면 신부님이 외부자적 관점에서 발제를 하셨다면 당시에 천사협 활동을 열심히 하셨던 최수연 선생께서는 내부자적 관점에서 한 7분간 토론을 해주시겠습니다.

414 87년, 부산의 6월은 왜 그토록 뜨거웠을까

최수연 : 제가 신부님 발제문을 받아보고 굉장히 대중적인 부분이 언급되었다는 것에 큰 의의를 느낍니다. 첫 번째로 그 발제 전반에 걸쳐서 인적, 물적 자원에 포커스가 주어졌다는 것에 큰 의의가 있고요. 자원, 특히 인적 자원은 몰라도 물적 자원은 투쟁 현장이라든지 항쟁 현장에서 이 물적 자원이 없다면 그 어떤 투쟁, 역사를 이어가는데 있어서도 많은 한계가 있고요. 그 다음에 그 물적 자원을 보통 투쟁 현장이나 항쟁사에서 유물론적인 담론이나 또는 보수적인 담론으로 치부를 해서 부각이 안 되는 부분이 굉장히 많았었어요. 근데 이번에 이 발제문에서 그 부분을 부각했다는 데에서 상당한 의의가 있다, 라는 생각이 들고요. 그 다음에 또 한 가지는, 공식, 비공식 단체에서 역할 분담을 통해서 조직의 한계점이라든지 더 나아가 그 역할에 대한 대중적인 확산을 만들어 내는데 있어서 중요한 역할을 했다는 이런 두 가지의 담론을 또 볼 수 있었고요. 그 다음에 가톨릭이라는 그 종교의 특수성과 상징성을 가지고 6월항쟁에서 가톨릭센터가 그 6월항쟁의 구심점이 되었다는 것에 일반 보수적인 가톨릭 신자뿐만 아니라 보수적인 시민까지도 가톨릭이라는 종교의 상징성이나 그런 것들을 신뢰를 가지고 그 대중 확산에 굉장히 기여했다는 것을 볼 수 있었습니다. 그리고 광주민중항쟁 사진전을 통해서, 조금 전에 신부님께서 발제를 하셨지만, 국제시장, 메리놀 병원까지 이렇게 길게 늘어서서 일반 학생, 고등학생부터 일반 시민들이 많이 참여가 이루어졌어요. 그러면서 그 전에 몰랐던 군부권력의 폭거를 일반 시민들이나 보수적인 신자들이 알게 되면서 6월항쟁까지 이어지는 그런 중요한 역할을 했다는 생각을 합니다. 몇 가지 부족한 부분들, 새로운 것들을 좀 말씀드리도록 할 텐데요. 6월항쟁 이전 시기부터 6월항쟁 전반에 걸쳐서 가톨릭은 사제라는, 정의구현사제단의 그 독특한 어떤 이념과 상징성과, 이 분들이 그 암울한 시기에 투옥되고 불심검문 당하고 그 다음에 여러 가지 어려운 상황들이 있을 때, 항상 사제단들이 앞장섰다, 라는 것에 대해서, 이런 기록들이 미진한 기에 대해서 발제문을 보면서 굉장히 아쉽다는 생각이 많이 들고, 특히나

신부님께서 말씀하셨지만, 신부님은 6월항쟁에 참여했던 분이 아닌데도 불구하고 공부를 잘 하셔서, 처음부터 끝까지 내용을 세밀하게 발제했다는 것이 더 큰 의의를 갖습니다. 저도 6월항쟁 현장에 있었던 사람이고, 26년 전의 기억을 이제 더듬어 보면 참으로 감격스럽기도 하고, 한편으론 기억이 안 나는 부분들은 '이 부분을 어떻게 잘 정리를 해서 가톨릭 종교의 항쟁사로 엮어내고 정리해 낼 수 있을까'라는, 나름대로의 과제물 같다는 생각도 들었습니다.

발제문을 접하면서, 이건 신부님 발제문이 잘못되었다, 문제가 있다, 이런 게 아니라, 발제문과 토론문을 서로 보완해서 가톨릭의 항쟁 참여의, 대중 참여의 역사를 바로 잡아가는 역할을 하면서 내용을 좀 채워야 하지 않느냐 라는 생각에서 몇 가지를 나열해 봤습니다.

첫째는 6월항쟁 참여 당시에 가톨릭 신자, 보수와 진보를 막론하고 신자들이 굉장히 많이 참여를 했었어요. 물론 진보적인 활동가나 사제들의 참여가 우선이었지만, 진보적인 사람 중심이 아니라 일반 보수적인 신자들까지 참여를 했기 때문에 이 양자의 구술이라든지 양적, 질적 조사를 해서 조금 더 보충되는 게 필요하다고 하겠습니다. 그 다음에, 정의구현사제단의 마지막 문건에 80명 정도가 단식 농성도 하시고 참여를 했다. 라는 기록이 있습니다. 그런데 주로 박승원 신부님하고 두, 세 분 신부님의 기록이나 증언이 나와 있어서, 그때 참여하셨던 신부님 벌써 60대고 이렇다보니까 자료를 조사해서 조금 보충하는 것들이 필요할 것 같습니다. 그 다음에 인적, 물적 자원에서, 이 발제문에서 물적 자원에 포커스를 맞춘 거에 대해서는 굉장히 의미가 있다고 생각을 하면서 그 당시에 두 가지 부류의 큰 흐름을 볼 수 있다고 생각합니다. 왜냐면 진보적인 가톨릭 활동가와 보수적인 일반 신자, 그냥 신앙 중심의 일반 신부, 진짜 신부님들이 단식을 하기 때문에 각 성당에서 막 버스 대절을 해서 물적 자원들을 많이 가져왔고, 그 다음에 국제시장 상인들 또 자갈치 시장 상인들이 굉장히 참여를 많이 했었거든요. 그런데 이 두 부류에 관한 구술이라든지 보충자료가 좀 더 필요하지 않나 라는 생각을 했습니다. 그리고 다섯 번째로 항쟁에서 물적 자원에 대한 두 가지 입장을 진보와 보수로 이렇게 나눴다면, 여섯 번째에서 천주교사회운동협의회 사무국 중심의 인적, 물적 자원 동원에 국한시킨 데 대한 견해를 말씀 드리면, 각 부문의 협의체 역할과 국민운동본부 또는 총학생회 등과의 연대를 이끌어 내는 데 있어 가톨릭 진보 운동에서 천사협의 역할은 간과할 수 없습니다. 그러나 각 부문단체, 가톨릭 사회활동주체인 대학생회, 노동청년회, 저도 이걸 준비하면서 빠졌던 부분이 있는데, 가톨릭문화운동협의회라고 있었습니다. 그 다음에 가톨릭농민회, 진보적인 본당 청년회, 주체적인 참여자에 대한 개별적 항쟁 참여의 정황과 분석이 보충되어야 할 것 같습니다. 그 다음에 일곱 번째로 6월항쟁에서 사제단 증언이 미약하다는 건 아까 말씀을 미리 드렸고요. 6월항쟁 때 그 많은 청년, 장년 그 다음에 본당 신자. 이런 많은 6월항쟁 가톨릭 참여자들이 있었음에도 우리가 6·29 선언이 되는 동시에 이 대중들을 조직해 내지 못했다는 아쉬움이 있어서, 그 부분도 가톨릭 6월항쟁사를 정리하고 기록하면서 우리가 다시 한 번 되짚어 봐야하지 않을까 생각합니다. 그리고 종교의 구체적인 자원의 과정과 구체적인 물적, 인적 자원, 그리고 수량적인, 객관적인 총량 평가를 다 파악 할 순 없습니다. 그렇지만 아까 그 사진전만하더라도 8만여 명이라는 굉장히 많은 사람들이 참여했던 이런 부분들에 관한 총량적인 평가를 가지고 가톨릭의 항쟁 참여와 그 확산된 대중, 6월항쟁이 대중항쟁이라면 이건 가톨릭 내의 진보적인 활동가 중심만이 아니라 일반 보수적인 신자들에 대한 이런 부분도 대단한 의미가 있다는 생각을 하기 때문에 이 부분도 조금 더 보충되었으면 합니다.

근데 요즘 갑을 관계를 많이 얘기하잖아요. 오늘 발제에서는 제가 갑이 되겠네요. 그럼에도 제가 이 많은 발제문을 읽으면서 역시 똑똑한 신부님이시다 라는 생각을 하면서 제가 가톨릭 신자였다는 걸 언제나 자부심을 가지는데 오늘도 역시나 굉장히 자부심을 느낍니다. 그래서 이 짧은 시간에 방대한 양의 문헌조사, 구술, 질적 조사를 통해서 발제문을 작성하고 가톨릭의 6월항쟁 참여에서 인적, 물적 자원의 역할분담의 중요 의의를 확인할 수 있었던 긴 원고를 완성시켜주신 신부님께 감사를 드리고요. 나중에 종합토론 때 조금 더 보충해 가도록 하겠습니다. 이상입니다.

고호석 : 수고하셨습니다. 지정토론에 대해서 신부님 잠깐 멘트 좀 해주시고요. 덧붙여서 아까도 제가 말씀을 드렸지만 천주교 쪽에서도 부산지역은 천주교가 사회운동을 한 것에 대해서 정리한 역사가 없는 것으로 압니다. 그래서 혹시 정평위 차원에서 그런 계획을 가지고 계신지도 아울러서 한 말씀해주시면 고맙겠습니다.

이동화 : 예. 첫째로 최수연 선생님의 토론에 대해서 말씀을 드리면요, 백 프로 동의를 합니다. 그걸 제가 거의 못했기 때문에 그 내부자 관점이 아니라 외부자 관점으로 조사했다는 말씀을 드렸습니다. 저는 87년 6월항쟁 당시 고등학교 3학년이었습니다. 해서 외부자 관점으로 객관적으로 보려고 했고 직접적인 인과관계가 있는 사건들에 대해서만 살펴보고자 했다는 말씀을 드린 것이구요. 오늘 이 발제가 아니라 어떤 방식으로든지 간에 더 광범위한, 예를 들어서 87년, 87년이 아니라 80년 초반부터 또 더 길게는 유신시대 때부터 가톨릭교회 안에서 저항했던 역사를 정리하는 것은 대단히 필요할 거라고 생각을 합니다. 그리고 그분들의 정신적인 구성들에 대해서도 구술을 통해서, 직접 작업들을 통해서 살펴보는 것도 대단히 의미 있는 것이고 또 당연히 앞으로 이어져야 할 일이라고 생각합니다. 지금 부산교구 정의평화위원회나 다른 기구에서 구체적인 계획을 가지고 있지는 않습니다만 시간이 더 가기 전에 이런 작업들을 할 수 있도록 노력을 하겠습니다.

고호석 : 예. 감사합니다. 플로어에 계시는 분 중에도 6월항쟁 때 같이 계셨

던, 또 천주교사회운동협의회에서 열심히 일을 하셨던 분도 계시고 한데 시간이 많지는 않습니다. 또 좀 쉬셔야 되고요. 지금 1시간 40분 이상 해왔기 때문에 한두 분 정도만 잠깐 말씀 듣겠습니다.

박광선 : 제가 조직적인 입장에서 그때 활동했던 사람의 하나로 가톨릭에 알고 싶은 것이 있고, 또 이건 조금 더 가치 있게 다뤄야 하지 않겠나 하는 것이 있어요. 그게 뭐냐면, 87년 6월 25일에 우리 교회에서는 대행진을 하기로 결의를 해가지고 예배까지 드리고 출발을 했거든요. 그래 정문에 나오는데, '가톨릭과 다른 모든 분들이 다음날 하기로 했기 때문에 오늘 이것은 그만뒀으면 좋겠습니다' 하고 본부에서 연락이 왔습니다. 그때 다 함께 서면을 나가서 준비한다고 했는데, 이미 우리는 25일인지 24일인지는 모르지만 정확하겐 모르지요. 어쨌든 다 준비들을 해가지고 왔거든요. 가운이랑 십자가랑 모든 걸. 저도 놀랬어요. 우리 청년들, 우리 송 목사님 있었던 그때. 그땐 전도사님이었는데, 다 준비들을 해왔는데 안 나갈 수가 없겠더라고요. 그래 나가려고 막 그러는데 그때 전령이 온 거에요. 가톨릭하고 합쳐서 그렇게 큰 시위를 하기로 했다고 하는 그런 전령을 받은 겁니다. 그래서 그때 그걸 중단을 했거든요. 막았어요. 그러고 나서 그 저녁인지 언젠지 촛불집회를 하면서 부산 시내를 행진했단 말이죠. 하니깐 그것이 마치 부산의 민주화운동의 기폭제가 된 것 같이, 중앙에서도 모든 매스컴에서 팍 터졌어요. 그래서 저는 그때 개신교의 한 사람으로서 어떻게 이렇게 됐나 싶은 그런 생각이 들어서 무슨 생각을 했냐면, 굉장히 전략적으로 위에서 조직적으로 이런 걸 다 봐 가지고 그때를 노려서 '이때다', 하고 가톨릭이 주도하지 않았나 싶더란 말이에요. 그때 조직적으로 의논을 해가지고 하자, 말자 이런 걸 결정하는 역할은 어디에서 어떻게 했는지를 제가 기록에 남기면서 알고파 하는 그런 것이고요. 이건 최수연 선생이 하실 것인지 모르겠습니다. 또 하나는 이 보수와 진보와의 사이에서 또 물적 자원과 교회 사이에서 그걸 어떻게 같이 동원을 해가지고 보

수적인 그런 분들도 끌어안고, 그 지원을 받아가지고 활발하게 할 수가 있는지에 대해서 참 저는 그게 부러워요. 왜 부럽냐? 개신교는 교회 안에서 목사 혼자는 사회활동을 할 수가 있고, 내가 감시를 당하고 연행을 당하는 건 혼자 당한다 할지라도, 교인들은 그 때문에 다치면 안 되겠다 생각해서 혼자 뛰다시피 하면서 알음알음 하거든요. '아이 목사님 다치면 어쩌나' 싶어서 뒤쫓아 와가지고 도와주는 경우는 있었지만, 그렇게 조직적으로 같이 하지를 못했거든요. 이게 어떻게 그렇게 진보적인 위치에 있는 교역자, 소위 사제들이 그런 보수적인 성도들 혹은 영향력 있는 평신도 지도자, 이런 분들을 끌어내가지고 같이 협력해서 일을 할 수 있었던가? 하는 것이 알고 싶어요. 지금도 우리 개신교에는 진보적인 운동을 하면 신학적으로 자유주의자로 몰지를 아니 하나, 좌파로 몰지를 아니 하나, 심지어는 빨갱이로 몰지를 아니 하나, 뭐 이런 얘기들을 하고 있기 때문에, 진보적인 목회를 하려고 하고 좀 앞서서 개혁적인 목회를 하려고 하는 사람이 상당한 어려움을 당하고 있는데 고 면이 좀 참고가 될 수 있을 것 같아요. 그럼 누가 말씀을 좀 해주시면 좋을 것 같아요

송영웅 : 거기 첨언을 해서요. 제가 그때 기억나는 건, 이재만 신부님이 활동을 열심히 하셨고 그 다음에 송기인 신부님이 역할을 좀 하시려고 하는데 주교님이, 그 당시에 소문에, 쫓아버렸다, 외국으로. 그런 소문도 들렸고요. 그 다음에 이재만 신부님도 활동을 하셨는데 윗 어르신들의 보수적인 심기를 거슬려서 또 한직으로 인사이동을 당했다. 이런 소문들을 우리는 그때 좀 들었어요. 근데 그게 그냥 소문으로만 들었는데 진위가 어떻게 되는지 좀 궁금합니다.

고호석 : 오늘의 주제와는 상당히 거리가 있는 것 같고. 그건 다음에 사적인 자리에서 얘기를 하시면 좋을 듯합니다. 박 목사님 질문 중에 앞의 질문은 사실 여기서 누가 답할 수 있는 상황은 아닌 것 같은데. 가능합니까?

최수연 : 앞에 질문은 제가 답하고요. 두 번째 질문은 신부님이 답하시기로 하겠습니다. 그때 당시에 국민운동본부와 천주교사회운동협의회, 그 안에 청년, 학생, 노동, 그리고 농민, 문화 이렇게 협의체가 있었습니다. 각 조직에 협의체들이 있으면서 그 동력과 그 다음에 본당 신자들, 보수적이든 진보적이든 신자들의 동력이 있었고요. 근데 아까 목사님께서 집회를 나가야 되는데 가톨릭에서 연락이 와서 이렇게 보류하게 됐다는 얘기를 했잖아요? 근데 그건 가톨릭이 이건 이렇게 하자. 했던 건 아니고요. 국민운동본부와 가톨릭의 여러 단체, 부문 단체에 그 국민운동본부. 6월항쟁을 이끄는 중심 주체가, 부문 집회가 돼야 되는 게 아니라 대규모의 항쟁을, 대규모 참여, 시위 확산하는 걸 보여줘야만 우리의 역량을 발휘하는 걸 보여줄 수 있다. 그런 측면에서 그때 조율이 있었던 걸로 압니다. 근데 그때 당시에 그렇게 연대되고 협의가 되었던 부분은 여기서 사실 공개적으로 얘기할 수는 없는 부분도 좀 있거든요. 기록으로 남길 수 없는. 그 항쟁 시기가 조금 그랬어요. 어쨌든 큰 틀에서는 그런 협의를 통해서 보류를 시킨 거지, 우리 가톨릭이 무슨 힘이 있어서 교회가 나오려고 하는데 막았겠어요? 그렇지는 않고요. 국민운동본부 안에서 큰 역량들을 발휘하기 위해서 그런 조율이 필요했던 것 같습니다.

이동화 : 예. 두 번째 질문은 보수적인 신자들까지도 어떻게 동원할 수 있었느냐? 그 힘, 그 요인이 뭐냐 라는 질문인 것 같은데요. 제가 볼 때는 첫째는 가톨릭 조직문화라고 봅니다. 문화라고 해야 되나요? 첫째는 교회법적으로, 개신교회는 기본적 그 단위들이 개별 교회 중심인 것으로 알고 있습니다만, 가톨릭교회는 부산교구가 단일한, 단일 기본 조직이지요. 교회법적으로 교구장 주교가 사제들의 인사권을 가지고 있고 생사여탈권까지 [웃음] 농담입니다. 인사권을 가지게 됩니다. 민법을 따져서 재단법인 천주교 부산교구 유지재단의 재산은 재단법인 이사장 주교의 재산입니다. 부산교구의, 87년 당시에 62개 본당. 지금 110여개 성당의 모든 재산은 재

단법인 이사장의 재산입니다. 물적, 인적 동원이 누구에 의해서 가능한지를 법적으로 보여줄 수 있습니다. 그래서 정의평화위원회라는 공식적인 기구를 통해서 사제들은 운동을 하게 되고요. 물론 사제들만의 자율적 결사. 정의구현사제단이라는 조직이 있지만 특별한 경우가 아니면 그 정의구현사제단이라는 이름을 저희들은 잘 쓰지 않습니다. 교구 안에 공식적인 기구, 정의평화위원회를 통해서 행사와 활동을 하게 되고, 이 정의평화위원회가 또 다른 한편으로는 교구 전체의 의사결정을 이끌어내는 것에 관여를 하게 되지요. 그래서 만일 정의평화위원회가 주관하고 주최를 하지만 그 미사에 교구장 주교가 와서 미사를 봉헌한다는 것은 다른 문제이거든요. 그리고 가톨릭교회 안에서 교구장 주교와 더불어서 전체 사제단이 무엇인가를 한다. 단식을 한다, 농성을 한다, 라는 것은 신자들이 진보냐 보수냐를 따지기 이전에 가톨릭교회의 공식적인 전체의 움직임이기 때문에 따르지 않을 수 없는 구조, 이것이 오늘날에 와서 썩 바람직한가? 그건 좀 다른 문제입니다만, 적어도 87년에는 이런 것들이 긍정적인 기능을 했다고 생각합니다. 어쨌든, 제가 법적인 이야기를 했습니다만 그걸 떠나서라도, 가톨릭이 다른 어떤 종교에 비해서 그 하나의 개별조직이 교구라는 범위가 굉장히 큰 조직이고, 또 그 조직 안에 구성원들의 일치를 대단히 중요시하는 문화가 있기 때문에, 그래서 실제로 사회운동 하는 그 신부들이 공식적인 기구에 공식적인 의사결정들을 제대로 이끌어 냈기 때문에 그런 힘들을 발휘할 수 있지 않았는가, 그렇게 생각하고 있습니다.

고호석 : 예. 또 하실 얘기들이 많이 있겠습니다만 시간이 많이 갔습니다. 그래서 일단 앞에 개신교 수고해주신 두 분, 또 천주교 수고해주신 두 분께 큰 박수 드리고, 이제 불교 쪽의 안민환 법사님 모시고 80년대 부산 불교계의 사회운동에 대한 발제를 듣도록 하겠습니다.

안민환 : [발제문으로 대체]

고호석 : 예. 대단히 감사합니다. 우리 법사님 어딘가에서 안면이 있다 했더니 아마 여래사 책방에서 뵌 기억이 있는 것 같습니다. 6월항쟁 전후한 불교, 민중불교운동에 관해서 발제를 해주셨고요. 그 당시에는 그러면 성재도 법사님이 좀 높은 분이셨나요?

안민환 : 예. 간사장입니다.

고호석 : 아. 그러면 여기도 갑을 관계가 될지 모르겠습니다만 성재도 법사님께서 약 7분간 토론을 해주시겠습니다.

성재도 : 반갑습니다. 성재도입니다. 87년 당시, 87년 7월 26일 날 정토구현불교협의회가 만들어지기 전에는 대불련 간사장으로서, 83년도에 대불련 부산지부장부터 시작해서 87년 상반기까지 6월항쟁 때까지는 대불련 활동을 주로 했고요. 그리고 정토구현불교협의회가 창립되면서 사무국장을 비롯해서 그때부터는 바깥에서 재야활동 그리고 시민사회운동을 하면서 지금까지 오고 있습니다. 흔히 종교운동이라고 하면, 개신교나 가톨릭교에서 앞에 발제한 내용에서 보듯이, 주로 성직자와 활동가들이 서로 조합이 되어서 활동합니다. 그리고 불교운동도 마찬가지로 전국적인 상황으로 보면, 특히 서울을 중심으로 한 전국적인 상황으로 보면 그 스님들과 활동가들이 밀접하게 결합돼 있습니다. 물론 그런 불교운동이 70년대, 80년대 초반만 하더라도 재가활동가들이 중심이 되어서 스님들 견인해 내었죠. 그렇게 하다가 84년도, 5년도 이때부터 스님들이 조금씩 앞에 나서기 시작을 하고. 여러분께서 잘 아시는 지선 스님도 처음에는 저희들이 모시고와서. 다 지나간 이야깁니다만, 그 당시에 반미 운동하자니까 '왜 우리가 반미를 해야 되느냐?' 이러다가 한 1년 있다가 반미 투쟁에 앞장서는, 대표적인 활동을 하신 분이기도 합니다. 방금 발제한 내용에서도 나와 있듯이 정토구현전국승가회라든지, 서울 중심으로 스님들이 반독재투

쟁을 해 나갈 때 그런 조직들에, 그리고 시국선언 할 때 부산에서도 뜻있는 진보적인 스님들이 거기 참여를 거의 했습니다. 그럼에도 불구하고 사실은 부산불교운동은, 부산지역에 한정된 불교운동에는 거의 재가활동가들이 중심이 되고 스님들은, 부산 불교 자체가 가지고 있는 어떤 보수성, 특히 여러분들 아시다시피 부산에선 수적으로 가장 많은 종교가 불교잖습니까? 그리고 보수화되어 있다 보니까 스님들이 거의, 아까 목사님께서 말씀하셨듯이 교회에서는 안 떠들더라도 밖에 나와서 떠들어 줘야 되는데, 밖에 나와서 떠드는 것조차도 신도들에게 그리고 종단의 다른 스님들에게 찍힌다 할까요? 이런 측면 때문에 서울을 중심으로 하는 투쟁이라든지 시국선언은 동참을 하지만 부산에도 부산 국본이 형성될 때 집행위원으로도 이름을 올리고 시국선언에는 동참은 하지만 실제로 현장에 나와야 할 때는 거의 나오지 않는, 그래서 지금 되돌아보면 그 당시 현장에 나왔던 스님이 태종사에 계셨던 도승 스님, 그리고 집도 없고 절도 없었던, 혼자이었던 소암 스님, 그리고 통도사에 계셨던 시봉 스님, 그리고 박종철 열사의 49제를 주도했던 사리암의 도승 스님, 그리고 기장 해광사에 계셨던 혜성스님. 정토구현불교협의회회장을 맡으셨던, 그 당시만 해도 20대 후반 정도의 젊은 스님이었습니다, 그 스님 그리고 전포동 보현사에 계셨던 본원 스님. 불과 대여섯 스님들만 현장에 가끔 나올 뿐이지 다른 스님들은 성명서에 이름은 올려도 현장에는 나오지 않은 이런 상태였습니다. 결국 1986년까지는 정말 대불련 부산지부가 외롭게 민주 불교운동을 중심으로 해서 주로 학내에서 반독재투쟁을 해나가다, 박종철 열사의 고문치사 사건으로 인해서 그 부모님들, 박정기 선생님이랑 정차순 여사께서 불교 신자였기 때문에 그 인연으로 해서 저희들로선 반독재 투쟁을 할 수 있는 대의명분을 삼을 수가 있었죠. 특히 부산지역에서는. 다른 스님들이나 신도들에게 그래도 이야기라도 할 수 있는. 그 전에는 말도 못 꺼냈죠. 말만 꺼냈다면 뭐 빨갱이었죠. 그래서 그 어려움을 겪었는데 49재를 기해서 저희들이 일종의 대의명분을 가질 수 있었습니다. 특히 49재는 그 이후로 우리 국민적 의례, 그 종교를 떠나서 국민적 의례가 되고 뭐 민중의 의례가 되다시피 했죠. 요즘은 또 삼보일배가 국민적 의례가 되고 민중의 의례가 되듯이 그 당시 49재는 그런 역할을 했다고 볼 수 있습니다. 특히 87년 4월의 호헌조치에 대한 시국선언이라든지 시국 집회라든지, 또 민주헌법쟁취국민운동본부가 결성되는 이런 과정에서 처음으로 부산지역에서는 스님들과 대불련 부산지부를 중심으로 하는 재가 활동가, 그리고 극소수의 청년들이 결합해서 반독재 투쟁에 참가하게 되는 정말 역사적인 계기가 됩니다. 그때가 사실은 부산지역에서 처음이었습니다. 전국적인 상황에서는 이미 84년, 85년에 이루어 졌습니다만 부산에서는 그때가 처음으로 이루어졌죠. 그리고 나서 국본 부산본부에도 스님들이 이름을 올리기 시작했고요. 6월항쟁 관련 내용은 발제문에 나와 있는 대로여서 생략합니다만, 6월항쟁 기간 동안에 움직였던 활동가들도 결국은 대불련 부산지부와 그곳을 졸업한 졸업생들이 중심이 된 활동가들이었고 그리고 일부 청년들과 대불련 부산지구에서 지도를 했던 극소수의 고등학생들까지도 참여하는 이런 상황이 됐습니다. 그리고 그 힘을 모아서 87년 7월 달에 정토구현불교협의회라는, 부산에서 처음으로 재야단체, 시민사회운동단체가 창립이 되었습니다. 그리고 그 이후로 대통령 선거 시기에 맞춰서 단일화 운동이라든지 그리고 비판적 지지, 김대중 대통령 당선운동 이런 걸 하게 되고, 또 그 이후에 88년도부터는 노무현 변호사와 연관되는 2002년까지의 정치활동에 저희들이 조직적으로 참여하는 이런 활동들도 하게 됐습니다. 사실은 아까 말씀드렸듯이 사찰이 시민사회운동의 중심이 되지는 못했습니다. 그리고 사찰과 스님들이 부산지역의 불교 신도들을 각성시키지 못했습니다. 그리고 물적 토대도 사찰에서 스님들이 거의 제공하지 못했습니다. 그러다 보니까 87년 12월 대통령 선거가 끝나고 나서부터 사실은 부산지역 불교계의 재야운동, 시민사회운동은 거의 일단락을 맺는 이런 상태가 됐습니다. 그리고 88년도를 지나면서 다시 고민하기 시작한 것이, 스님들이 적극적으로 참여하지 않고, 신도들을 제대로 이끌어내지도 못하고, 젊은 활동가들은 이끌어 낼 기회가 없고, 그리고 또 한편으로 물적 토대도 없고 그러다 보니까, 그 당시에 전불협의 간사로 활동했던 김대실 씨가 여기 있습니다만, 그 당시에 대졸 초봉이 100만원 가까이 됐는데요, 간사 활동비를 한 달에 5만 원 줬거든요. 그러니까 살 수가 없는 거죠. 그래서 방금 사회자께서도 소개할 때 저희 두 사람을 법사라고 했습니다만, 저는 지금은 법사가 아니구요, 안민환 법사님은 지금도 법사활동을 하고 있습니다. 말하자면 이제 스님을 대신해서 우리가 신도들을 각성시키고 조직해내야겠다. 해서 만들었던 것이 부산불교교육원이나 부산불교사회교육원, 정토학당 이런 불교교육기관들입니다. 그래서 보수적인 신도들을 교육을 통해서 각성 시키는 이런 활동들을 해오고, 그 과정에서 다시 스님들이 그 교육에 지도자로서 동참하게 되고 이런 형태로 오게 됩니다. 그리고 지금도 부산불교의 운동적인 측면에서 봤을 때는, 불교 내부의 개혁이라든지 불교의 포교활동에 치우쳐 있고 전혀 시민사회운동으로 발전하지 못하는, 그래서 간간히 정각 스님이나 범산 스님 같은 분들을 통해서 불교인권위원회나 또는, 예를 들면 부산환경운동연합이나 경실련이나 이런 단체 활동에 개별적으로 동참하는 형태로 머물러 있고 그 당시에 움직였던 활동가들이 조그마하게 네트워크를 형성하는 이런 형태로, 어찌 보면 부산지역의 불교운동은 6월항쟁을 통해서 가장 꽃피웠다가 그냥 하루아침에 이슬처럼 사라져버리는, 이런 참 안타까운 모습을 가지고 있습니다. 그것이 어찌 보면 부산이 전국에서 불교가 신도의 수로 봤을 때 가장 강한 곳이다 보니까, 오히려 스님들조차도 부산지역 출신 스님들이 부산에서는 전혀 말을 안 하다가 서울에 올라가면 활동을 하고 그래서, 오히려 사람을 배출하는 통로 밖에 안 된다. 사실 전국적인 상황에서 봤을 때 지금도 불교운동을 이끌어가는 스님들은 범어사 출신들이 많습니다. 그렇지만 범어사에서는 전혀 움직이지 않는 이런 모습을 띄고 있습니다. 그래서 어찌 보면 참 부끄럽기도 하고요. 그리고 저희들의 한계이기도 합니다. 감사합니다.

고호석 : 예. 감사합니다. 우리 성재도 법사님이 예전에는 안 그랬는데 한동안 정치를 열심히 하시더니 말씀도 아주 잘하시고 목소리에 힘도 아주 많이 들어가 계신 것 같습니다. 지정 토론이라고는 하지만 토론의 성격보다는 발제문을 보완하는 성격이어서 아마 특별히 안 법사님께서 보태실 말씀은 없으신 것 같습니다. 성재도 법사님 말씀을 들으니까 개인 출발점은 많이 다르지만 목사님하고 스님들이 좀 친하게 지내셔야 될 것 같습니다. 신부님하고는 처지가 많이 다르신 것 같습니다. 좀 사이좋게 지내셔야 되지 않을까 싶습니다.[웃음] 자, 그러면 불교 쪽의 발제와 토론에 대하여 혹시 하시고 싶은 말씀이 있으시면 한두 분 잠깐 하시고 시간이 그렇게 많지 않기 때문에 또 원불교 말씀을 들어야 하겠습니다. 혹시 있으십니까?[청중석, 질문 없음] 네. 그러면 나중에 종합토론 때 좀 보충해서 하기로 하고 일단 두 분 수고하셨습니다. 고맙습니다.

원불교에 이광희 선생님 모시겠습니다. 오늘 이 학술행사가 각 종교 영역마다 새로이 운동사를 쓰는 계기가 되기도 합니다만 전체 부산의 지역 민주운동사에서 보더라도 새로운 사실들이 꽤 여러 군데에서 밝혀지고 있습니다. 그런 면에서 상당히 성과가 있고요. 또 이것이 앞으로 좀 더 많은 성과를 내는 토대가 되지 않을까 싶습니다. 지금 이광희 씨 발제하실 내용에도 보면 지금까지 『부산민주운동사』라든지 이런데서 공식적으로 전혀 거론되지 않았던 그런 내용도 있어서 상당히 의미 깊지 않은가 싶습니다. 자 그러면 이광희 선생님 발제를 들도록 하겠습니다.

이광희 : 반갑습니다. 이광흽니다.[박수] 고호석 선생님하고 제가 연배가 비슷한데 그때는 제가 결혼하고 얼마 안 된 때였는데 지금은 벌써 애들이 다 커서 결혼할 때가 다 됐으니 세월이 많이 지나갔습니다. 그 당시에 제가 원불교 사회개벽청년단 대표로서 국민운동본부에 가입을 하고 했는데요. 그 당시 회의록이 하나도 안 남아 있거든요. 어떤 때는 도망 다니면서, 어떤 때는 긴급하게 연락해서, 불법 모임이라고 하기도 어렵고 합법

도 아니고, 반합법이란 표현을 썼을 정도로 그렇게 모이고 흩어지다 보니까 회의록이 안 남아있습니다. 기록들이 그냥 그 당시 참여했던 사람들의 기억에 의존해 놓으니까 원불교 사회개벽부산청년단이라는 조직으로 참여했다는 사실 자체를 그 사람들의 기억에 의존해서 인정을 받았을 정도로, 아까 사회자님 말씀하신 대로 새로운 사실들을 오늘 이야기하게 되는 부분이 꽤나 있다고 생각합니다. 원불교라고 하면, 좀 생소하거나 아니면 좀 작은 종교라고 생각을 하는 분들이 많습니다. 2009년도에 노무현 대통령님, 그리고 김대중 대통령님, 두 분, 한 해 두 분의 장례식이 있었습니다. 영결식 할 때 기독교, 천주교, 불교, 원불교 이렇게 4 종교단체가 종교의식을 집행을 했거든요. 그때 처음 봤다는 사람도 많이 있고, 그때 모습이 많이 알려졌습니다. 그래서 우리나라에 종단을 4대 종단이라고 할 때 거기에 원불교도 포함된다는 사실조차 잘 모를 정도로 생소한 모습을 보였는데요. 원불교는 1916년 한국에서 만들어진 종꾭니다. 사상적 배경은 불교, 동학, 증산, 이런 종교의 사상적 배경을 갖고 있습니다마는 100년이 안 된 종교이고 한국에서 쭉 크다 보니까 아직 교세가 약하거든요. 그러니까 인제 우리 청년들이 정치사회적 문제에 부딪칠 때마다 교단 내부에서는 야, 우리 교단이 아직 안 컸으니까 그런 데 나서지 말라. 나서면 다치고, 다치면 교단이 못 큰다. 이런 쪽으로 말리거나 못 하게 하는 그런 분위기였습니다. 그런데 1980년대가 되면서 교단에 젊은 청년들이 많아지고, 또 원불교가 시작을 전라남도 영광에서 했고 현재도 총부가 전북 익산에 있습니다. 그러니까 광주민중항쟁을 참여한 사람들이 교단 안팎에 많이 있게 됩니다. 그러다 보니까 자연히 이대로 있어서는 안 된다. 아까 얘기했듯이 교단이 커야 된다는 이유로 조용히 있어서는 안 된다는 내부적 각성들이 많이 일어나다가, 아까 불교의 경우에는 10·27법난이라는 큰 계기가 있었죠. 그러듯이 원불교에서는 사회와 정치권력과의 충돌이 한 번 있었던 게, 그 당시 사회적으로 그렇게 많이 안 알려진 사건입니다만, 원불교 내에서는 영산 성지사무소 김현 교무 사건이 있었습니다. [이

하 빌제문으로 대체]

고호석 : 수고하셨습니다.[박수] 사실 교세에 비하여, 또 우리가 원광대학교 이러면 알지만, 또 대안학교의 시조라고 할 수 있는 영산성지학교 이런 건 또 아는 분들이 있는데, 막상 원불교는 잘 모르는 분들이 많이 있는 것 같아요. 그래서 널리 알려져 있지도 않고 토론자가 없어서 시간을 좀 많이 드렸습니다. 그리고 이광희 씨는 제가 6월항쟁 와중에 잡혀가려고 할 때 밀대를 들고 나와서 저를 구출해주시기도 했죠.[웃음] 그리고 김해에 제 은신처도 만들어 주시고 했던 각별한 사이가 있어서 제가 시간을 좀 더 드렸습니다. 용서하시길 바랍니다. 그런데 원불교 쪽은 아까 제가 말씀드린 것처럼 지금까지 『부산민주운동사』에는 공식적인 기록으로는 하나도 안 올라와 있습니다. 근데 이광희 선생님께서 상당히 생생한 현장 상황까지를 말씀하시면서 그 당시에 가입해 있었다고 하는 얘기를 하셨고요. 그걸 가장 잘 증언해 주실 수 있는 분이 노무현 전 대통령인데 이 분이 안 계시니까 증언을 해 주실 수가 없습니다. 그리고 저희들, 그 당시에 국민운동본부에서 실무 책임을 지고 있었던 사람들은 거의 다 도피 상태에 있어서 실제로 이걸 정확히 파악할 수가 없어요. 그런데 정황상 볼 때 이광희 씨가 지금 와서 이런 걸 굳이 거짓말로 만들어 낼 이유도 전혀 없을 뿐더러 충분히 신뢰성이 있다고 생각해서 상당히 소중한 사료가 아닌가 이런 생각을 하게 되었습니다. 자 그러면 발제자들은 잠시 앞으로 나와 주시죠.

종합토론

고호석 : 발제자 김해몽 선생님이 불가피한 사정으로 먼저 가셔서 개신교 쪽에서는 송영웅 목사님이 나오셔야 될 것 같은데요. 예. 토론자들까지

나오시기에는 … [잠시 장내 정리]

지금까지는 각 그 종교에서 나름대로 발표하시고 지정 토론자들께서 토론을 해 주시고 하셨는데, 물론 중간 중간에 약간의 질의응답이 있었습니다만 그래도 미진한 부분들이 많이 있으리라고 생각 됩니다. 또 이 자리에서 하는 얘기가 충분한 얘기가 되진 않을 것이고요. 오늘 여기서 나눠진 얘기들도 다 녹취를 하고 기록으로 남겨서 앞으로 부산 지역의 민주운동사, 6월항쟁사 정리를 하는데 밑거름으로 삼겠습니다. 혹시 이 자리에 계시는 분 중에서 다 얘기하지 못한 부분이 있거나, 또 지나고 나서 '아 맞아. 그런 게 있었어.' 하는 게 있으시면 언제든지 민사연 홈페이지나 이런데 들어오셔서 기록을 남겨주시고 또 전화를 주시면 그런 자료들을 보완할 수 있도록 그렇게 해 가겠습니다. 혹시 지금까지 했던 얘기에 덧붙여서 또는 '그건 아닌 것 같다.' 이런 반론까지를 포함해서 하실 말씀이 있으면 해주시고 마이크 갖다드리면 좋겠습니다.

박덕규 : 예. 저는 그 당시 국민운동본부 노동특별대책위원으로 활동을 했던 사람입니다. 개신교에서 지금 발표한 발제 중에서 빠진 부분이 있어서 제가 말씀을 좀 드릴까 합니다. 그 당시에 가야에 김영수 목사라는 분이 젊은 노동자들을 모아서 교육을 시키고, 또 정치적인 부분을 많이 지원을 하시면서 부산 개신교계에서 노동계에 상당히 영향을 미친 분이거든요. 그래서 그런 부분이 좀 빠져서 혹시 자료를 만들 때 보완을 했으면 좋겠다는 그런 의견을 드리고요. 또 천주교 쪽에 한번 여쭈어 보겠습니다. 그 당시에 원주교구, 광주교구 서울 대교구 같은 경우는 그 교구 차원에서 상당히 빨리 사회운동에 참여했거든요. 그런데 부산교구 같은 경우는 물론 이갑수 당시 주교님께서 굉장히 보수적이셨죠. 그래서 교구차원에서 사회운동, 민주화운동에 참여하는 게 굉장히 늦었거든요. 개별적으로는 많은 신부님들이 일찍부터 참여를 했는데 그 당시의 교구장님과 활동가 또는 신부님들과의 어떤 갈등 같은 게 없었는가? 또 제가 그 당시에 가톨

릭센터에 농성 중일 때 그 지원농성을 가려고 하는데 가톨릭센터에서 문을 닫아가지고 안 들여 줬거든요. 그래서 우리가 뒤 쪽에 높은 담을 넘어서 들어가서 지원농성 하고 했는데, 하여튼 그런 것들을 봤을 때 제가 볼 때는 교구장과 활동가 신부님들 사이에 갈등 같은 게 있었을 것 같아요. 그런 알려지지 않은 사실 있으시면 말씀해 주시면 좋겠습니다.

고호석 : 예. 김영수 목사님 부분은 특별히 답변을 안 드려도 될 만큼 저희들이 자료를 가지고 있고요. 천주교, 혹시 최수연 선생님?

최수연 : 제가 아까 토론문에도 잠깐 견해를 밝혔는데요. 가톨릭이 집단이 좀 큽니다. 그러다 보니까 물론 서울, 원주 이런 데는 농민회부터해서 부산미문화원방화사건 관련된 일이라든지, 어쨌든 개인적으로는 신부님들이 굉장히 진보적으로 많이 활동을 하셨어요. 근데 특히 6월항쟁 당시에 가톨릭 부산교구에서 왜 이렇게 늦었느냐고 이야기를 했는데, 제가 토론문에도 조금 적었지만, 사제단과 진보적인 활동가와 교구장이신 주교님과 사이에, 가톨릭의 특성상 6월항쟁에 대한 투쟁 수위를 놓고 조금 간극이 있었던 건 사실입니다. 그러니까 평화적인 행진이라든지, 시국기도회라든지, 대중들을 하나로 모으고 또 확산시키는 노력을 할 것인지, 아니면 격렬한 투쟁방식을 선택해서 그야말로 진취적인 운동방식으로 갈 것인지 이것에 대한 논의가 조금 있었습니다. 가톨릭은 한 번 결정하고 나면 거기에 대해서는 완전 올인 하는 스타일이기 때문에, 전체적인 맥락에서 어떻게 하면 일반신자들까지 포괄하면서 갈 수 있을 것인가? 이 부분과, 가톨릭 안에서도 진보적인 활동가와 대중들, 그리고 사제단에서도 주교님과 정의구현사제단, 하여튼 요런 간극들이 좀 있어서 그런 조율하는 게, 사실은 솔직히 말씀드리면, 가톨릭의 진보적인 활동가들 사이에서 어려움이 굉장히 많았죠. 국민운동본부랑 함께 이렇게 큰 항쟁 대열에 합류도 하고 참여해야 되는데 그런 부분에 있어서는 조금 늦었던 부분이나,

투쟁 수위라든지 이런 부분에 대해서는 간극이 있었던 게 사실이라고 제가 고백하고 싶습니다.

박덕규 : 하나만 더 말씀드리겠습니다.

고호석 : 근데 잠깐만요. 아까 말씀하신 것 중에 가톨릭센터 부분은 그렇게 보시는 건 정확하지 않을 것 같습니다. 제가 그 당시 가톨릭 센터에 들어가 있었고 또 박승원 신부님이나 임정남 씨를 통해서 교구 쪽 하고 끊임없이 얘기를 하는 매개 고리 역할을 했기 때문에 제가 그 사정을 충분히 아는데요. 처음에는 그 안에 있는 분들이 나가기도 하고 밖에 있던 분들이 또 들어오기도 하고 가투가두투쟁의 줄임 말를 한번 씩 할 때마다 구성원들이 막 바뀌기도 하고 늘었다 줄었다 이렇게 했어요. 그런데 그렇게 하다 보니까 농성 대오 자체가 안정성을 제대로 갖지 못하고 명동성당에서도 매번 문제가 됐던 프락치 문제가 계속 제기가 되는 거예요. 그리고 18일 전후엔 계엄 포고 어쩌고저쩌고 이런 얘기들이 오고가는 상태에서 안정적인 농성대오를 유지하고 밖에서 들어오는 그런 외부요인을 차단해야겠다고 하는 농성단 자체의 결의도 있었습니다. 그래서 그걸 천주교 부산교구에서 밖에서 들어가는 사람들 막았다. 이렇게 생각하시는 건 좀 잘못된 판단이라고 말씀드릴 수 있습니다.

박덕규 : 예. 그리고 하나만 더요. 천주교 같은 경우는 사실 개별 성당들이 상당한 역할들을 했거든요. 서면 본당, 당감동 본당, 용호동 본당 뭐 요런 본당들이 상당한 역할들을 했거든요. 그런데 발제문에는 그런 것들이 좀 빠져 있더라고요. 그거 한번 정리해야겠던데.

최수연 : 예. 그래서 아까 제가 토론 때 시간이 7분밖에 안줘서 그걸 다 거론드리지 못했습니다. 그러잖아도 그때 가톨릭 부산 교구가 울산, 경남, 밀

양, 삼랑진, 김해까지가 다 부산 교구 소속으로 되어있습니다. 그래서 그 당시에 언양성당이나 울산성당, 울산 지역에 있는 다른 성당까지도 매일 가톨릭 신부님들이 시국에 대한 단식도 하시고 또 투쟁 대열에 참여하시니까 갑자기 신자들은 자연발생적으로 주체적인 참여들이 이루어졌어요. 그래서 언양이나 울산 같은 경우에는 아예 전세 버스를 대절해 와서 물질적인 부분도 지원을 하고, 그 다음날 어떤 항쟁이 이어질 건지 항쟁 일정에 대해서 듣고, 다음날 또 다른 성당들이 참여하고 이렇게 당번제로. 왜냐면 그때 저기 앉아 있는 박주미 씨랑 저랑 가톨릭 센터에 집중적인 담당자였기 때문에 그때 기억은 이렇게 너무나 생생하게 하고 있는데요, 안 그래도 그 부분이 과제로 남는 건 틀림없지만, 신부님께서 유학 갔다 오신지 얼마 안 되서 이렇게 체계적인 발제를 하신 걸 보고 저는 깜짝 놀랐거든요. 근데 사실은 우리 남아있는 가톨릭 활동가들의 잘못이 굉장히 큽니다. 왜냐하면 한 번도 이런 체계적인 자료 정리를 해본 적이 없어요. 물론 노동이나 빈민이나 부분적으론 했지만, 6월항쟁에 있어서는 가톨릭이 그만큼의 구심점 역할을 하고 대중적인 확산을 이끌어냈음에도 불구하고 그런 자료 정리나 문헌 정리를 한 적이 없기 때문에 그런 누락된 부분이 있어서, 제가 토론문에도 그 부분을 기재해 놨습니다. 선생님, 나중에 꼼꼼하게 읽어봐 주시면 감사하겠습니다.

이동화 : 저도 잠깐만 말씀을 드릴까요. 한 사회조직에 있어서 지도자 또 지배자의 성향, 정치 사회적 성향이 그 조직을 어떻게 만들어 내느냐 중요한 요인이라고 생각합니다. 그런 면에서 원주교구의 지학순 주교, 서울대구교의 김수환 추기경의 개인적, 정치사회적 의식, 성향도 대단히 중요하지만 그런 정치사회적 의식을 만들어 내는 것이 자기 혼자 만들어내는 것이 아니라 그 밑에 있는 대중들의 문제들도 분명히 있다고 보거든요. 그래서 원주교구의 농민회라든지 서울교구의 다른 지식인들 그룹들이 분명히 있었고 또 성직자 클럽들도 분명히 있었던 것이지요. 단순하게 이갑

수 주교가 정치적 성향이 보수냐 이런 문제로 접근하는 것은 좀 아닌 것 같고요. 그럼에도 불구하고 가톨릭교회가 6월항쟁 당시에 이갑수 주교를 비롯한 가톨릭 부산교구의 공식적인 의사결정들을 많이 이끌어내지 않았습니까? 그런 면에서 한 지도자의 정치적 성향으로 볼 수만은 없겠다. 이런 생각을 해봅니다. 그래서 더 중요한 것들은 그 저변에 사회운동 그룹이라고 해야 되나요? 그런 그룹들의 움직임들에 주목하는 것이 더 중요하겠다는 생각들을 해봅니다.

고호석 : 예. 가능하면 얘기 안 하신 분 중에서

방영식 : 예. 오늘 발제하신 분들 아주 귀한 증언과 말씀들 잘 들었습니다. 근데 불교계에서 주제 발표하신 안 선생님 마무리 말씀. 우리 사회는 아직도 민주와 반민주, 평화와 냉전, 소외와 특권의 갈등이 존재한다. 아직 풀어야 될 숙제가 남아있다는 거죠. 항상 준비하는 사람에게 역사는 답을 한다. 오늘의 자리가 과거를 회상하며 밝은 미래를 준비하는 자리가 된다고 본다. 오늘 우리 모임이 지나간 역사의 훌륭한 우리들의 운동성. 그때 이렇게 항쟁을 했기 때문에 오늘 우리가 이만큼 사회가 밝아진 거거든요. 그래서 지난 훌륭했던 업적을 얘기를 하는데 불교계에서도 얘기했지만, 그때 한번 반짝하고 지금 그 정신을 다 잃어버렸단 말이죠. 이걸 어떻게 다시 회복 할 것인가. 이게 상당히 중요한 과제고 더욱이 부산이 민주화의 성지라고 하는데 지금 완전히 여당 꼴통의 성지가 되고 있습니다. 그러면 이것을 우리가 어떻게 해서 민주화를 이뤘는데 부산의 정치정서가 완전히 민자당부터 시작해가지고 지금 새누리당까지 와 있거든요. 어떻게 부산의 정신을 찾을 것이냐. 이게 아주 우리가 고민해야 될 숙제다 생각을 하고, 저는 개인적으로 요즘 여러 가지, 환경문제라든지 통일문제라든지 이런 내용으로 갈 때 개신교 목사로서 제일 고맙게 생각하는 종단은 원불교입니다. 원불교. 교세는 작지만 제가 부산에서 이런 저런 운동하면

서 좀 나와 주심사 할 때 두말 하지 않고 나오는 종단이 원불교입니다. 그래서 늘 고맙게 생각을 하죠.

그 다음에 오늘 6월항쟁 당시 종교계의 활동을 제가 쭉 들으면서, 저도 부산사람이 아니거든요. 깜짝 놀라고 한 것은 가톨릭센터의 위치가 그게 상당하였구나. 물론 서울엔 명동성당이 있었는데 6월항쟁을 할 때 스님들도 가톨릭 센터로 가고 원불교 스님들도 가톨릭센터로 가고 개신교인들도 가톨릭센터로 가고, 일단 그 당시 가톨릭센터는 단지 천주교의 어떤 모임이 아니고 민주화를 향한 어떤 구심점. 그래서 가톨릭이 그 당시 어떤 맏형과 같은 역할을 구심점 역할을 했죠. 똑똑한 신부님한테 저는 묻겠습니다. 그 당시 그런 역할 했고 그리고 지금도 환경문제라든지 통일문제라든지 민주화 여러 가지 일들이 그 어떤 특정 종단만의 일이 아니거든요. 이것은 우리 국민의 문제고 그런 면에서 앞으로 우리가 풀어가야 될 문제가 상당히 많고 운동성을 어떻든 다시 찾아야 되고 이것이 종교 개혁과도 연결되고, 그래서 제가 말씀드리고 싶은 것은, 아쉬운 것은 지금 가톨릭교회가 열심히 활동하고 있는데 제가 볼 때는 구심점이나 맏형의 역할은 잘 안 하는 것 같다. 완전히 갑이 돼 가지고 혼자 가고 있습니다. 무소뿔과 같이. 그래서 옛날 민주화 운동했을 때 가톨릭이 시민과 대중운동 더 나아가서는 종교계 전체를 아우르는 어떤 구심점 역할을 했는데 그것을 어떻게 다시 회복해야 될까? 지금 뭐 송전탑 문제도 그렇고 통일문제도 그렇고 부산의 운동성이 있는 4대 종단들이 다시 좀 모이고 진지하게 논의하고 여기 뭐 종교평화회의 여러 단체들이 있는데 제가 볼 땐 거의 유명무실하거든요. 그래서 이동화 신부님이 지금은 정의평화위원회 위원장으로 구심점에 와 있다고 저는 보거든요. 그래서 가톨릭이 앞으로 종교 간의 어떤 연대라든지 소통이라든지 이런 쪽에서 좀 폭을 넓혀서 그런 역할을 해 주신다면 미래를 준비하는데 큰 역할을 하지 않겠는가, 그렇게 생각을 하고 신부님께 여기에 대한 견해를 좀 묻고 싶습니다.

이동화 : 제가 아까 저쪽에 선생님이 말씀하신 것을 연속해서 말씀을 드리면, 한 사회운동의 발전과 성패는 그 자원을 어떻게 동원하고 투여하느냐 그리고 그런 조직들을 어떻게 가지고 있느냐의 문제라고, 그런 요인들이 크다고 저는 생각합니다. 그런 면에서 87년 6월항쟁 이후에 한국사회가 그런 조직들을 가톨릭교회도 그렇고 다른 종교도 그렇다고 보는데요. 그런 조직들을 다 잃어버렸기 때문에 지금에 와서 그 운동들이 발전하지 못하고 있는 것이 아닌가? 천사협도 마찬가지입니다만 87년 6월항쟁 이후에 88년, 89년에 가서 해체의 길을 걷게 됩니다. 그래서 필요하다면 각 종교가, 또는 어떤 단체라도 필요하다면 제일 중요한 요인들은 어떤 지도자가 되느냐 또 어떤 사람이 무엇을 하느냐 그것도 중요한 문제이긴 하지만, 가장 중요한 문제들은 그 밑바닥 조직들을 어떻게 끌어내느냐의 문제라고 생각합니다. 그런 의미에서 지금 가톨릭교회 안에도 평신도들의 사회운동조직들은 거의 다 와해되다시피 했다고 제가 보고 있고요. 평신도들의 사회운동에 참여하는 동력들은 가톨릭교회 안의 거의 없는 듯합니다. 다행스럽게 사제들, 이 성직자들의 그룹들은 겨우겨우 그냥 숨을 쉬면서 살아남아 있고요. 저희들도 힘에 겨운 싸움들을 계속해 나가고 있습니다. 밀양 송전탑이라든지 또 한진중공업 문제 또, 부산교구 관할이 울산까지 들어갑니다. 그래서 울산 비정규직, 현대자동차 비정규직 문제라든지 관여를 하고 있고요. 전국적으로는 평택 쌍용자동차 문제 그리고 제주도의 강정 문제. 제주도 강정 지금 가면 가톨릭 신부들 밖에 없습니다.[웃음]그래서 제주교구장 주교님께서 굉장히 진보적이시지요. 그러나 제주교구 안에 그런 사회운동을 하는 조직들이 없기 때문에 그것도 거의 지금 지는 싸움을 하고 있을 뿐이고 반대 목소리만 내고 있을 뿐이지요. 그래서 중요한 것은 각 개별 단위들 안에서 사회운동조직들을 만들어 내고 성장시키는 것이 중요하다고 생각을 하고 있습니다. 그런 것들이 이루어지면 뭐 제가 나이가 제일 어리지만 그렇게 해 볼 수 있는 역할이 주어지기를 저도 기대하고 희망합니다. 감사합니다.

고호석 : 예. 오늘 이야기에서, 나가고 싶은 방향이기도 하지만 진도가 쪼끔 많이 나갔습니다. 혹시 또 달리 하실 말씀. 이제 마무리할 시간이 거의 거의 돼가고 있기 때문에

송영웅 : 예. 제가 한 30초 정도 이야기할게요. 저는 가톨릭 신부님들을 많이 만났는데, 데모하고 이런 것도 다 좋고 조직도 좋은데 제가 어떤 해학과 함께 충격적인 사건을 겪었어요. 25, 6년 됐습니다. 진주에 내 친구 박강희 목사를 만나러 갔는데 여기 끝내주는 신부님이 있다고 만나러 갔습니다. 존함은 까먹었는데 그 강아지 두 마리를 사 가지고 이름들을 붙여 놨어요. 한 마리는 두환이, 한 마리는 태우. 그래서 술 한 잔 먹고 기분 나쁘면 두환이를 한번 차고. 그게 진주 시내에 소문이 나 가지고 아주 그 대단히 센세이션을 불러 일으켰다 하더라고요. 나는 그때 너무 통쾌했고 굉장히 문화적인 충격을 많이 받았어요. 야. 참 신부님 배짱이 대단하다. 그런 기억이 납니다.[웃음]

성재도 : 방금 방영식 목사님께서 좋은 문제제기를 해주셨는데요. 제가 아까 번에도 토론을 하면서 잠깐 언급했지만, 사실 부산지역에서 불교운동은, 6월항쟁 때도 그렇고 그 이후에도 부산지역에 시민사회 영역에서 문제가 제기될 때마다 더러 스님들이 이제 이래 참여를 하는데, 적극적으로 참여는 안했지만 다른 종교가 이름이 있는데 불교는 빠질 수 있느냐? 불교도 누가 나와야 되지 않느냐? 이렇게 해서 6월항쟁 때도 나오고 각종 환경문제 있을 때도 나오고 환경운동연합에서 스님 누구 좀 참여해 달라. 경실련에서도 스님 참여해 달라. 말할 때마다 어쨌든 나오게 되더라고요.

방영식 : 요즘 나오지 않아.

성재도 : 그런 측면에서 봤을 때 방금 목사님께서 문제제기 했듯이, 아직도

우리 사회가 극복해야 될 과제들이 많단 말입니다. 그런 과제들이 있는데 도 불구하고 그 동안에 보면, 종교평화회가 있지만 실질적 시민사회 문제 에 대해서는 그렇게 적극적으로 활동도 하지 않고 있고 그래서, 시민사회 영역에서 어떤 활동을 해 나가는데 공동으로 하기 어려우면 종교인들끼 리 어떤 네트워크, 그 상설 조직을 누군가가 앞장서서 하다 보면, 기독교 에서 누구 좀 나와 달라면 어쩔 수 없이 나온다고요. 근데 특히 또 하나 주목해야 할 것은 6월항쟁 때만 하더라도 젊은 스님들이 나왔는데 젊은 스님들은 사실 물적 토대가 전혀 없었습니다. 그분들은. 주지도 아니었 고. 근데 이제 불교계에도 스님들이 아까 말씀드렸듯이 부산에도 몇 분들 이 있거든요, 근데 서울에 가서는 활동하는데 부산에서는 활동을 안 한다 말입니다. 그리고 그 분들이 지금은 주지 정도도 하고 있고 물적 토대도 좀 있고 해서 누군가가 문제 제기를 하면 각 종교가 좀 나오지 않겠는가? 하는 거고요.

아까부터 원불교의 활동에 대해서 이야기를 했습니다. 원불교 활동은 제 가 그 당시 6월항쟁 때 날짜는 정확하게 기억이 안 나는데, 남포동이나 광 복동 내지는 대청동 이 일대에서 시위를 할 때 주로 도망가는 데가 골목 이 있는 데가 국제시장이란 말입니다. 그쪽으로 도망가다 보면 원불교 부 산 교구를 지나치게 됩니다. 어느 날인가는 그리로 지나가는데 신도들이 바구니에 떡을 가지고 와서 우리한테 떡을 막 나눠주더라고요. 그리고 또 우리가 어쩔 때 도망갈 데 없으면 원불교 안으로 2층, 3층으로 가서 도망 가기도 하고 그런 경험도 있고요. 특히 아까 노무현 대통령하고 원불교하 고의 인연을 얘기했습니다만, 6월항쟁 때도 원불교가 참여하게 된 것도 당시 노무현 상임집행위원장이 불교하고 원불교는 분명히 다르니까 원불 교 따로 동참해야 된다. 이렇게 그 이야기를 했었구요. 그리고 참여정부 가 2003년에 시작되자마자 원불교에서 군종장교를 요청했습니다. 청와대 쪽으로. 그 당시 개신교나 천주교나 불교는 군종장교가 있는데 원불교는 군종장교가 없었죠. 그래서 군종장교를 요청했는데, 그 동안에 국방부에서는 '신도가 80만 명밖에 안 되는데 최소한 150만은 넘어야지 군종 장교 티오가 있다. 80만 명 가지고는 안 된다.' 그랬어요. 그런데 청와대에서 강하게 밀어붙여 가지고 원불교도 숫자는 작지만 하나의 종교로 인정해 줘야 된다. 이래서 군종장교를 만들어줬어요. 그 참여정부 때부터 원불교가 4대 종교로 들어가게 됩니다. 그 전에는 3대 종교였는데 2003년부터 4대 종교가 되어서 노무현 대통령께서 돌아가셨을 때 원불교에서 서울 대한문 앞에서 시민 49제 지내고 할 때 원불교 교무님께서 추모문을 낭독했는데, 노무현 대통령과 원불교의 인연을 쭉 그렇게 이야기를 하시고. 4대 종교로 만들어 준 것에 대해서, 군종장교를 만들어 준 거에 대해서 그 공적을 고맙게 생각하는 추모문을 낭독했던 기억이 있습니다. 어쨌든 노무현 대통령은 원불교 발전에 상당한 역할이 …

고호석 : 자 옆길로 좀 새고 있습니다.

성재도 : 있다는 걸 제가 말씀드립니다. 어쨌든 제가 아까 말씀드렸듯이, 부산지역이 다시 어떤 시민사회운동의 영역들을 확대하기 위해서 제가 제안하고 싶은 것은, 이제는 활동가들이 아니라 성직자들께서 어떤 네트워크를 형성해서 상설 기구를 하나 만들면 활동가들도 결합되지 않겠는가? 감사합니다.

고호석 : 예. 어쨌든 좋은 말씀이구요. 이제 뭐 한 두어 분 정도밖에 말씀하실 시간이 없을 거 같습니다. 꼭 하셔야 될 얘기가 있으실 것 같은데

박광선 : 한 가지 이야기를 할 수 있을 것 같아요.

고호석 : 가능한 한 짧게 해주십시오. 목사님.

박광선 : 예. 지금 저도 방영식 목사님 말씀 할 때 그 말씀을 꼭 나누고 싶었
어요. 결국은 오늘 이 모임을 만든 것도 민주주의사회연구소에서 이 자리
를 마련했으니까 이 정도라도 얘기 할 수 있는 자리가 마련이 되지 않았
어요? 그와 마찬가지로 제네바에 가면 WCC를 중심으로 가톨릭을 비롯한
기독교계의 수많은 교단들이 있는데, 그 분들을 한꺼번에 모아가지고 한
6개월 동안 미래 지도자를 위한 계속교육을 대학원 과정부터 시키고 있어
요. 그런데 거기에 가톨릭의 유수한 학자들. 또 성공회의 유수한 학자들,
감리교회 또 우리가 알지도 못하는 김방규 씨니 이런 유명한 학자들을 모
셔와서 같이 학생들하고 뒹굴면서 대화를 하는 겁니다. 거기에서 대화 시
간을 가지다보니까 이 학자들하고 대화를 할 때는 서로 비판적인 것도 하
고 서로 독려하는 것도 있고, 그러다가 심할 때는 공격도 받고 뭐 이러다
보면 눈물도 흘리고 너무 억울해서 그렇게 하다가도 거기에서 한 6개월
동안을 같이 생활을 하고 그러다 보니까 정들이 들게 되지요. 그 다음에
그 분들이 각 국에 가고 각 교단에 가서 지도자가 돼서 뒤에 기독교 무브
먼트의 일심 운동이 되더라고요. 그런 경험을 통해서 바오로 6세 교황의
초청을 받아서 한 15일 동안 거기 가서 제가 신세도 지고 좀 저렇게 했습
니다. 그래서 거기에선 포클라레운동이 어떤 운동이다. 하는 그런 것 까
지도 다 경험을 하고 이랬는데 저는 이런 거를 부산에서도 민주사회를 위
한 어떤 프로그램을 했으면 좋겠어요. 요샌 뭐 힐링 캠프다, 뭐다 야단들
하고 그러는데 이런 걸, 여기 이런 좋은 기관도 있고 그런데 왜 그런 건
못하느냐 그거지요. 그런 것들을 통해서 훈련들을 시키면, 민주사회를 이
룬다고 하는 그 이상의 공동선은 없거든요. 그런 공동선을 위한, 종교를
다 초월해가지고 할 수 있는 그런 것이 있었으면 좋겠다. 저는 그것을 오
늘 숙제로 드리는 것 같습니다. 우리 개신교에 대한 것은 내가 따로 모였
을 때 얘기를 하도록 하고, 이 정도 기회를 주셔서 대단히 감사합니다.

고호석 : 예. 감사합니다.

차성환 : 오늘 정말 새로운 이야기도 들었고 여러 가지 좋은 증언들이 나와서, 제가 우리 부산의 민주화운동에 대해서 관심을 가지고 연구하는 입장에서 굉장히 유익한 그런 자리가 되었습니다. 감사드리고요. 제가 한 두 가지 사실 확인차 말씀드리겠는데, 87년 6월 10일 시위를 하고 저녁에 중부교회에 150명 정도가 모여서 거기서 자연스럽게 농성 비슷하게 들어갔다. 이런 말씀 아까 하셨잖아요? 성재도 선생님, 구술 자료를 내놓으신걸 보니까 대단히 구체적으로 나와 있는데 본인이 그때 직접 참여하셨던 거죠?

성재도 : 예. 그 동안에 부산의 각종 6월항쟁 자료와 전국적인 자료에 '6월항쟁 때 중부교회에서 그냥 1박 2일 했다'로만 그쳐 있던데, 제가 그 당시에 남포동에서 오후 2시에 모였죠. 6월 10일 2시에 모여 갖고 한참 시위하고 막 도망 다니고 이렇게 하는데, 누군가가 그때 저보고 6시에 중부교회로 오라더라고요. 왜냐 그 당시에 저는 대불련 부산지부 간사장으로서 대불련 학생들을 몇 십 명 조직해서 끌고 다녔기 때문에 불교 대표성을 갖고 있었거든요. 그래서 각 부문 대표들 전부 다 6시에 중부교회로 오라더라고요. 그래서 6시 조금 넘어서 중부교회로 갔죠. 거기 가니까 처음엔 30명 정도 밖에 없었어요. 좀 있으니까 사람들이 몰려오기 시작했고 나중에 우리끼리 회의하고 있는 데 사람들이 더 들어오더라고요. 그러다 나중에 한 저녁 10시 경 되니까 한 100명 넘고 150명 되고 이러더라고. 그러다가 경찰들이 앞에 막고 이러니까 자연스럽게 1박 2일을 해 버리게 된 거죠.

차성환 : 예. 그런데 여기 기술해 놓은걸 보면, 그 농성이 나중에는 해산이 됩니다마는 그게 하루 밤을 넘겨서 다음날까지 계속 된 것으로 이렇게 기록되어 있는데, 그게 맞습니까?

성재도 : 예. 해산을 6월 11일 오후 6시 경에 하게 됩니다. 6시 좀 지나서 하

게 됩니다. 그 구술 자료에도 있습니다만, 그렇게 하룻밤을 지내고 아침 일찍, 6시, 7시 사이에 노무현 변호사하고 김재규 이사장이 나갔는데 노무현 변호사 먼저 나갔고 그 다음에 조금 있다가 김재규 이사장이 나가셨는데 나중에 소문 들어보니까 두 분이 잡혀갔다더라고요. 실질적으로 우리는 아침 돼서 경찰들 없으면 다 나갈라 했는데 잡혀갔다는 소식 듣고 보니까 경찰들이 아직 있더라고요. 그래서 자연스럽게 그냥 농성이 된 거죠.

차성환 : 예. 알겠습니다. 제가 다른 증언을 들은 바에 의하면 150명이 그 다음날까지 간 게 아니고 그 날 밤 안으로 정리가 됐다고 하는 이야기, 증언을 들었기 때문에.

성재도 : 아니요. 사실은 150명이 다 갔었습니다.

차성환 : 아, 하여간 여기 기술하신 건 직접 경험하신 거죠?

성재도 : 예. 그렇죠. 마지막까지 제가 있었던 사람입니다.

차성환 : 예. 그러면 알겠습니다. 그리고 한 가지만 더 물어보겠습니다. 최성묵 목사님께서 울산에서 연행이 돼가지고 유치장에인가에 계시고 또 목회자들이 가서 면회를 하고 이랬던 사건이 있었죠. 그게 언제인지 혹시 기억하십니까?

박광선 : 예. 제가 거기 참여를 했었는데 저도 날짜를 잡지를 못해요. 누구누구를 알 수 있냐면 울산에 계셨던 성공회 전재식 신부가 있었습니다.

송영웅 : 전재식 신부. 대전에 있어요.

박광선 : 예. 그 분이 우리를 맞이해 가지고 경찰서까지 안내를 해서 거기 가서 시위를 했던 적이 있습니다. 그것도 울산 민주화운동 세력하고 우리 부산에 그 세력들이 서로 만나면서 동지들이라고 얼싸안고 그러면서 같이 했던 기억이 있습니다. 근데 날짜가 지금 저도 아리송해요. 그래서 저도 그것을 못 정하고 있습니다.

고호석 : 그럼 이제 말씀 안하신 분 중에 있으시면 한 분만 더 듣고 이제 마무리를 해야겠습니다. 다음 행사가 또 바로 앞에 있어서 마무리를 해야 될 듯합니다.

안민환 : 26주년의 기념행사를, 나이를 생각할 때 두 분 목사님 말씀해 주셨듯이, 학술행사지만 축제의 장으로, 또 다른 힐링의 장으로 이렇게 보내야 되는데도 불구하고 그리 되지 못한 무거운 책무도 느끼고 그런 부분들이 있는 것 같아요. 아직까지 '님을 위한 행진곡' 다시 노래 부르면서[웃음] 축제의 장으로 우리가 그냥 몰아가기에는 마음 한 가운데 아직까지 풀리지 못한, 풀지 못한 그런 숙제들을 안고 있지 않나 하는 그런 생각이 들어요. 그래서 저도 조금은 참회하는 그런 마음으로 생판 처음 참석하는 우리 신도님들 오늘 오셨어요. 정말로 이런 자리에 이렇게 오랜 시간, 장시간 함께 해 주신데 대해서 감사드립니다.[박수] 어쨌든 이런 계기를 통해서 종교 간의 연대를 계속 이어나갈 수 있도록 하면 어떨까 하는 생각이 듭니다. 고맙습니다.

고호석 : 예. 오랜 시간이 흘렀습니다. 오늘 그냥 단지 과거에 이런저런 일이 있었다, 를 그냥 복원하는 그런 차원에 머무르지 않고 앞으로 어떻게 변할 건가에 관한 실마리도 일부 제시가 되었다는 생각이 듭니다. 아까 말씀드린 것처럼 혹시 나중에라도 이런저런 기억나는 일들이 있으시면 저희들에게 자료를 제공해 주시고 그게 과거 역사를 정리하는 일과 아울

러서 그런 것들을 통해서 앞으로 우리가 나아갈 방향까지를 제시받을 수 있는 좋은 계기가 되지 않을까 싶습니다. 오랜 시간 함께 해 주셔서 대단히 감사합니다. 이것으로 오늘 행사를 마치겠습니다.

7장
80년대 기독교운동 집담회[1]

일 시 : 2016년 12월 1일(목) 19:30 ~ 23:00

장 소 : 새날교회(개금동)

참석자 : 박광선 목사, 이은우 집사, 박재철 집사, 신진욱 집사, 김
경태 목사, 안하원 목사, 최광섭 목사, 최인석 목사, 김해
몽 집사, 이 승 집사, 고호석 선생, 민주주의사회연구소
정윤식 선생

최인석 : 교회사 관련해서 목회자가 노력을 해야 되는데 그걸 잘못해 왔습
니다. 마침 고호석 선생님께서 부산지역 전체 민주화운동사 정리를 맡고
있어서 그참에 기독교 쪽에도 민주화운동사 정리를 같이 좀 할 수 있는
기회를 마련코자 이렇게 자리를 마련하였습니다. 사회는 고호석 선생님
께서 진행하시겠습니다.

고호석 : 반갑습니다.

제가 지난번 NCC 총회 때 참석해서 여기 계신 여러분들을 뵈었고, 박재철
집사님은 무려 수십 년 만에 뵌 거 같고, 나머지 분들은 금년에 몇 번 뵈
었던 거 같습니다.

---

1) 이 집담회는 두 가지 목적을 갖고 만들어졌다. 하나는, 부산의 기독교운동을 전체
적으로 정리하기 위한 첫 모임이었고, 또 하나는 80년대 전반기 부산지역의 민주
화운동을 정리하기 위한 노력의 한 부분이었다. 실제 모임에서는 더 많은 분들의
개인사와 80년대 후반 이후의 여러 얘기들이 오고갔으나 이 글에서는 두 번째 목
적에 부합하는 이야기들만 정리했다. 여기 실리지 않은 내용들은, 좀 더 많은 자
료와 구술들을 취합하여 부산 기독교운동사를 기술할 때 소중한 자료로 쓰일 것
이다. ─편집자 주

원래 제일 바람직한 것은 개별적으로 개인 이야기를 받고 그리고 나서 사건 중심 시대별로 집담회를 하는 것이 제일 좋은데 아마 그렇게 시작을 하면 제가 볼 때는 영영 못할 것 같습니다. 그래서 지난번 2013년도에 6월 항쟁 전후의 종교운동-개신교, 가톨릭, 불교, 원불교까지 해서 간단한 학술대회가 있었습니다. 그때 발표했던 내용 이후에는 따로 전혀 진전된 바가 없어서…

제가 물론 7,80년대 부산지역의 민주화 운동을 정리해야겠다는 저 개인적인 과제 의식이 있기도 하지만 민주주의사회연구소가 2010년부터 시작해서 6년간 죽 6월항쟁 전후의 부산지역의 각 분야의 운동들을 -노동운동, 학생운동, 종교운동 등등의- 시리즈로 학술발표회를 했는데 그것들이 다 미완성인 상태로 있어서 이걸 정리를 좀 해서 한권의 책으로 묶어내고 그리고 그 이후의 부족한 부분은 더 채워내자고 해서 그 숙제를 제가 맡았습니다. 그러지 않아도 몇 년 전부터 기독교 내에서 그동안 죽 해왔던 인권, 민주화와 관련된 운동에 대해서 정리를 해야 된다는 말만 있고 진도 나가는 걸 하나도 못 봐서 제가 여러분들한테 말씀을 드렸습니다. 오늘이 출발점이 될 것 같습니다.

오늘은 87년 6월항쟁 전후의, 주로 70년대에서 86, 7년까지가 되겠지요. 그간의 기독교가 한국사회의 민주화 인권신장을 기여했던 바 그 속에서의 자신에 관한 이야기를 나누도록 하겠습니다. 올해로 부산 NCC가 30년이 됐군요, 아까 말씀드린 것처럼 NCC 인권선교협의회가 시작한 걸로 치면 한 32년 지났기 때문에 어쨌든 정리를 해서 과거를 되짚어 보면서 미래를 개척해 나갈 수 있는 그런 토대를 만들어야 되지 않을까 싶습니다. 아무래도 최 연장자이신 박광선 목사님부터 간단히 정리를 부탁드립니다.

박광선 : 제 출생지는 강원도 횡성입니다. 지금 호적에는 40년생인데 본래는 39년생입니다. 성장은 어려서 강원도에서 나서 서울에서 성장했습니다. 초등학교 5학년 때에 서울에서 6·25를 만나서 김천을 거쳐 마산 합포초

등학교를 졸업했습니다.

그리고 부산은…그때 아버지께서 공무원이셔서 휴전협정 때문에 공무원들은 빨리 서울로 복귀하라고 해서 8월 14일에 마산에서 부산에 와서 하룻밤 자고 서울로 올라간 것이 부산의 첫 인연입니다. 서울에 올라가서 배재중, 고등학교를 졸업하고 연대 법학과를 졸업하고 1년 쉬었다가 신학대학원 마치고 목사가 되고, 목사가 되기 전에 부산영락교회에 부목으로 내려왔어요. 그게 70년 1월 9일−초니까 그게 제 성장과정이라고 하겠습니다.

그 무렵에 고영근 목사님이 영락교회에 오셔서 집회를 하게 됩니다. 내가 70년에서 77년까지 영락교회에 있었는데 그 분의 신앙이나 가르치는 내용이 신앙보국, 보국신앙이었습니다. 그런 모습에 큰 감동을 받고 계속해서 교분을 나누게 되었습니다. 그 과정 속에서 부목사니까 활동을 못하고 그럴 때지만, 감리교 임기윤 목사님하고 같이 정의, 실천, 목회를 하시는 모습들을 보고 따라다니고 보면서 심부름도 하고 그러다가 77년에 영락교회를 그만두고 용호동에 상애원교회를 가서 약 2년을 채 못 마치고, 그 다음에 산정현교회로 왔습니다. 산정현교회에 오면서 비로소 저는 목회라고 하는 것은 사회목회와 교회목회를 밸런스를 맞춰서 해야 진정한 목회가 되겠구나 하는 확신을 가지고 실천을 하려고 그 나름대로 했습니다. 그런데 하면 할수록 좀 여러 가지 장애가 내게 오고 있다는 것을 느끼게 되지만 마침 우리 산정현교회에는 장기려 장로님이 그래도 예수처럼 산다고 하는 모토에 의해서 사랑과 정의가 아니면 행하지도 말고, 말하지도 말라는 것이 그분의 가르침이었어요. 그런 게 있어서 그런지 제가 하는 일, 제가 움직이는 일은 '목사 좋은 일 하는데 도와주자' 하면서 그분이 그렇게 협력을 해주셨어요. 그러면서 차차 중부교회 가까이 있으니까 모임에도 참석하게 되고 그러면서 지내왔습니다.

그러면서 점점 기독교 사회운동, 교회일치 운동, 기독교 사회 선교에 대한 관심을 갖게 되고 그렇게 됩니다. 그러는데 부산진교회 강성두 목사가 있고, 장로 두 분이 노회에 나오시면 사회선교에 대한 말씀에 대한 것을 아주 올바르게 직설적으로 말씀을 하고 그러시는 모습에 상당한 감동을 많이 받고 그랬습니다.

그러는 가운데 부마항쟁을 맞이하게 되는데 그때에 노회를 부산진교회에서 했던 것 같아요. 10월 셋째 준가 둘째 주간에 하게 되는데 그때 마침 부마항쟁이 일어나가지고 그럴 때인데 그때 강성두 목사랑 우창웅 징로가 발의를 해가지고, 그때는 2박3일 동안 노회를 했습니다. 우리 노회 하는 중에 학생들이 얻어터져가지고 죽기도 하고 야단이 났는데 우리가 회의만 하고 있으면 무슨 의미가 있느냐, 나가서 저들하고 같이 뛰지는 못할망정 이게 무엇인지 진실은 알아봐야 되는 것이 아니냐 해가지고 긴급동의를 발의 해가지고 거기서 부마항쟁 진상규명을 위한 위원을 뽑게 됩니다. 그때 제가 참여를 하게 되고 강성두 목사랑 우창웅 장로랑 몇 분들하고 해서 4, 5명이 뽑혀가지고 남포동에 나가서 중앙성당에 같이 휩쓸려 가지고 씻지도 못하고 거기서 고만 같이 흩어져 가지고 다녔는데 나는 사택이 광복교회 옆에 있었으니까 밤새도록 무슨 철폐 하고 그러는 바람에 잠을 자지 못하고 그 소리가 귀에 쟁쟁하고 그래서 지금까지도 어디서 으샤으샤 한다고 하면 자꾸 그 소리가 들리는 것 같은 착각을 가지고 그런단 말입니다.

고호석 : 목사님, 영락교회 계실 때는 부목이었으니까 뭘 못하셨을 거고 그 이후 담임목사를 하면서 여러 가지 인권위원회에서 맡으셨던 역할, 직책을 간단히 말씀해 주십시오.

박광선 : 그때에 우리 교계에서는 노회에 요청이 들어와서 부산에 NCC 지부를 설립해야 된다고 중앙에서 연락이 왔어요. 그러니까 NCC를 조직하는데 대표를 파송해서 해야 될 거 아니냐 하는 그 논의가 공식적으로 있었습니다. 공식적으로 NCC지부를 만들자고 그렇게 할 때에 우리는 총대를

할 수 있지만 다른 참여하는 분들은 개별적으로 개인적으로 상황이 어려우니까 그게 되지 않는다. 그러면 어떻게 하면 되냐 해서 부산기독교 사회선교협의회로 시작하다가 그 담에 환경이 다른데서 같이 할 수 있다면 지부를 만들자. NCC로 공식적으로 그렇게 하자 그런 결의를 했던 기억이 납니다.

그리고 항서교회 최기준 목사가 우리 노회를 떠나서 서울에 올라간 후에는 제가 어쩔 수 없이 인권위원회 활동에도 더 깊이 참여를 하게 되지요. 그전에는 교회하고 중부교회가 가깝고, 그저 사택이 가깝다보니까 그저 뻔질나게 뒷자리에 참석하다보니까 나도 모르게 뜨거워진 거지요. 그렇게 생각하면 되겠습니다. 그 후에는 거칠 것은 다 거쳤어요. 인권위원회에 총무에서부터 위원장, 그 다음에는 역시 NCC 총무, 회장 다 거치고 했습니다.

고호석 : 그 때문에 교회에서 수난도 겪으시고..

박광선 : 그 때문에 중요한 이야기를 해야 하는데 그건 뭐냐면… 40대가 넘어가니까 서울에 큰 교회들이 은퇴를 하고 그러니까 전국에 있는 4, 50대 목사를 그 분들이 서울에서 섭렵을 해요. 그런데 부산에는 후보가 내 차례에요. 아, 박 목사 서울에 어느 교회 온다며, 난 모르는데 했더니 몇몇이 후보가 있는데 이렇게 하다가 쑥 끊어지고, 쑥 끊어지고 그러는 거예요. 나중에 들으니 박 목사는 에큐메니칼, NCC 그런 거 하고 그래서 안 돼, 그러는 겁니다. 하여튼 그래서 부산에서 묻히게 되었습니다.

고호석 : 박 목사님께서 워낙 부산에서 오래 활동하셔서 얘기가 좀 길어졌는데 이은우 집사님도 오래하셨지만 조금 시간을 줄여서 진도를 나가도록 하겠습니다.

이은우 : 경주가 제 고향이고요, 그 담에 하여튼 10대 때부터 정치에 관심이 있어가지고 그때부터 계속 야당 지지, 신민당 당선되는 거 좋아했고, 부산에는 19살 때인가 스무 살 때 대구 이사 갔다가 대구에서 학교 다 마치고 부산에 왔습니다.

영락교회에 조금 다녔습니다. 원래 어머니께서 동성교회를 다녔는데 한번은 박 목사님께서 영락교회 부목으로 계실 때였는데 동성교회 청년회에 강사로 오후 예배에 오셨어요. 그때 시원시원한 말씀을 많이 하시더라고요. 유신 때였는데 교회가 사회에 관심을 가져야 된다. 불의에 항거해야한다. 이런 얘기를 하셨어요. 와, 속이 시원하더라고요. 그때부터 영락교회를 다녔습니다. 그때까지 세례를 안 받아가지고 영락교회 고현봉 목사님한테 세례를 받았습니다.

한번 목사님이 심방을 오셔가지고 엄마하고 여동생하고 셋이 사는데 교회를 한군데로 합쳐야한다 그래서 다시 동성교회로 오게 되었습니다. 박 목사님 덕분에 영락교회도 다니게 되고 세례도 받게 되고 그랬지요. 한영강 목사님도 79년도 그때 부산노회 청년회 회장하면서 우리 교회에 들렀어요. '어, 여기서 만나네' 그래 나오라 해가지고 그때부터 청년회 나가게 됐고, 그때에 지금 문명진 목사님 기독일신병원에 이사장으로 와계시잖아요? 유신 때 구속됐다가 석방돼서 나오시고 영락교회에서 설교하러 모셨지요.

그때부터 자꾸 아, 기독교에서 이런 운동하는 단체가 있구나 해가지고 청년연합회 들어오게 됐고 한영 장로님이 31, 32대 회장을 했고, 제가 33대 회장을 했고 그때 박재철 집사님이 부회장을 했고, 그해에 고영근 목사님이 유신 때 두 번 구속되고 석방돼가지고 나와 계실 때 신앙강연회를 항서교회에서 한번 하자 해서 3일간 했는데 주제가 뭐냐면 '하나님의 등불이 꺼지기 전에' 포스터가 부산 시내에 쫙 붙었습니다. 표어가 뭐냐면 '너는 일어나, 외치라!' 완전 사회적인 거 아닙니까? 항서교회 목사님이 누구셨죠? 최기수 목사님이었으니까 했지, 다른 목사님이면 안 해줍니다.

그 무렵에 모든 학교가 학생회를 다 해체 하고 움직임이 없고 그랬는데 부산대학, 동아대학에 다니는 대학생들이 이젠 뭘 어떻게 할 수가 없는 거예요. 그래서 제가 영락교회에서 우리 청년회를 움직이고 할 때에 청년 대학생을 같이 했어요. 브라이덴 스타인의 자유와 사회 정의라는 조그만 포켓북을 가지고 강의를 제가 했습니다. 그래서 부산대학생들하고 동아 대학생들이 몰려와가지고 거기서 강의를 듣고 그랬거든요, 인상 깊은 것은 그 당시엔 교회에서 담배도 못 피고 그러는데 이 친구들은 여름인데 담배가 훤히 보이는 (와이셔츠 포켓을 가리키며) 여기 넣고 와가지고 담배도 피고 그래도 그들하고 어울려서 지냈던 기억이 납니다.

고호석 : 이은우 집사님도 장청 말고 EYC 활동도 하셨잖아요?

이은우 : 예, EYC도 84년도에 했고, 부마항쟁 때 계속 유신을 하니까 스트레스 쌓인데다가 어느날 우연히 국제시장에 갔다가 ─중구 대청동에서 51년째 제가 살고 있는데 ─어제 데모 있었다 해가지고 낮에 나가봤더니 그게 10월 16일 화요일, 17일 수요일 이틀 동안 머리털 나고 처음으로 데모를 해봤습니다. 모르는 사람들하고 어깨동무도 하고 스크럼을 짜고 뛰면서 데모라고 처음으로 해봤다가 3일째는 공수부대가 와가지고 사람을 조지고 때리고 하니까 겁이 나서 데모를 못했죠.

고호석 : 주로 그러면 청년연합회나 EYC 이런 데서 직책을 가지신 때가 70년대부터 인가요?

이은우 : 아닙니다. 직책은 80년대 초입니다. 장청은 80년대 사회분과위원장부터 해가지고 회장, 부회장하고 EYC는 84년도 회장이었고, 81년도 부산 노회 청년연합회 회장이었습니다.

고호석 : 박재철 집사님 넘어가겠습니다.

박재철 : 저는 부산입니다. 나이가 몇 살 안됐습니다. 62살 밖에 안됐습니다. 저는 고등학교 때 KSCF를 했습니다. 어릴 때는 다른 데 다니다가 중,고등학교 때 영락교회를 다녔습니다. KSCF를 통해 정보를 많이 공유했지요. 고등학교 2학년 때 회장을 하고 전국연합회 강사를 했는데 우리가 전국 동계대회를 하는데 한 4, 5백 명씩 모였습니다. 그때 당시에 대학부는 따로 모이고 고등학생만 그렇게 모였습니다.

뉴스레터라고 길쭉한 타블로이드에 등사용지로 찍은 게 내려와서 그때 당시 언론 통제가 있으니까 모르는 사항들이 거기에는 전부 나와 있었죠. 우리나라에서 무슨 일이 일어나고 외국에서 무슨 일이 일어났는지 정보를 많이 얻었던 거 같고요. 그때 차선각 목사가 간사였습니다. 부산에는 그때 당시에 KCF 사무 간사까지 있었으니까 그때 당시에 부산에 운동이 꽤 활발했었죠. 대학교마다 전부 다 있었으니까요.

제대를 하고 나와 가지고 79년도 부마항쟁 때하고 80년대에 들어와서 초에 EYC 회장을 했습니다. EYC의 가장 중요한 역할이 뭐냐면 전국에서 최고 먼저 그 해에 대한 메시지를 부산에서 발표하는 거였어요. 성명서는 아닌데 성명서 형태가 되어버리는 겁니다. 그러니까 부산 시경 애들이 가장 긴장했지요. 부활절 예배 메시지라는 타이틀로 읽게 되어있는데 그걸 성명서로 해가지고 읽고 그랬던 기억이 납니다. 그때 당시에 그걸 못 읽게 했던 기억도 있고, 그리고 81년도에 부산에서 장청 전국대회가 열립니다. 수안교회에서 열리는데 그때 당시에 전국연합회 회장이 부산출신이었는데 잘 아시는 분들 계시지요? 임동규 목사가 그때 회장을 할 때였는데 부산에서 제가 하고 박준철 전국연합회장하는 친구랑 둘이서 워크북을 만들어 인쇄소에 갔다 줬는데 인쇄소 주인이 들여다보니 내용이 이상한 거예요. 성경말씀인데 지들은 못 보던 거니까 이상한 거예요. 그래서 이걸 통째로 계엄사령부에 갔다 준거예요. 인쇄물을 찾으러 갔더니 인쇄물이 없어요. 어디 갔나 했더니 시청에 갖다 줬다는 겁니다. 왜 시청에 갖다줬나? 이거 내가 가지고 있다가는 내가 뭔 일을 당할지 몰라서 갖다 줬다는 겁니다. 그래서 회장보고 가라했더니 못 간다고 해서 제가 들어가서 봤어요. 그 워크북이 한 4, 50페이지 되는데 거기에 매직으로 줄을 다 그어놓고 '이거 가지고 나가면 안 된다. 이거 다 지워가지고 가야 된다' 그래서, 그 사람이 소령이었습니다. '이건 하나님 말씀인데 당신네들이 맘대로 줄을 긋고 하면 안 된다' 그러니까 그 사람이 하는 얘기가 성경은 모르겠고 이거 나가면 저 위에서 높은 사람이 보면 자기 보고 하는 얘기 같으니까 이거는 나가서 될 것이 아니다. 다 지워가지고 나가라 안 그러면 인쇄물 못 가져간다, 그러니 아무리 생각해도 갑갑해서 안 되겠는 거예요. 그래서 내가 이야기를 했죠. 그 책이 한 1,000부 가량 되는데 이 50페이지 되는 걸 그걸 언제 다 긋고 내가 나가냐, 못 나간다. 당신네들이 와서 해라. 그랬더니 자기들도 일손이 모자라서 안 된다는 겁니다. 그럼 좋다 그럼 합의를 하자. 내가 가지고 나가서 사람들이 있으니까 같이 다 그을 테니까 가지고 나갈게. 그럼 되겠나? 생각할 시간을 달라더니 처음에는 그것도 안 된다고 하더라고요. 자, 문제는 전국적으로 1,000명 정도 부산에 내려와 있는데 이 책을 안 갖고 가면 어쨌든 소요가 일어날 거다. 계엄사령부에서 못 나온다고 하면 데모가 일어날 건데 자 생각해봐라. 당신들이 높은 사람들한테 잔소리를 듣는 거나, 이거를 안 가지고 가서 부산에서 데모가 일어나는 거나 어떤 게 더 크다고 생각이 드나? 그렇게 협의를 붙여가지고 그러면 가지고 가서 줄을 그어라 해서 마무리를 짓고 나머지 유인물을 가지고 나왔던 기억이 있는데, 그때가 80년 12월인가, 81년 1월인가 그렇습니다.

그 이후에는 고현봉 목사가 문제가 있어 가지고 교회 문제 때문에 한 6개월 정도 살고 나왔는데 이 부분하고 연관 관계가 좀 있는 부분도 있고 그렇지만 일단..

고호석 : 그리고 나서는 EYC운동이나 교회 청년운동이나에 직접 관련을 하지는 않으셨다 그렇지요? 예, 알겠습니다. 신진욱 집사님, 이야기 해주십시오.

신진욱 : 예, 제 이름은 신진욱입니다.

출생년도는 1966년으로 되어있는데 양력으로 따지면 말띠인데, 부모님께서는 뱀띠다, 하셔가지고 65년생으로 살아왔습니다. 부산에서 태어났고, 부산 연산초등학교, 동래중학교, 동래고등학교, 그리고 부산대학교를 입학하고 졸업했습니다.

저는 신앙을 선택할 여지가 없었습니다. 친가 쪽은 다 북이나 완주에 있었기 때문에 외가 쪽으로 신앙을 받아서 외할아버지, 우리 어머니, 아버지, 저 이렇게 신앙 선택의 여지가 없었습니다. 연산제일교회에서 주일학교 중등부 회장, 대학부 회장, 청년회 회장, 성가대 지휘, 주일학교 부장선생… 이것저것 다 했더랍니다.

대학교 들어가서는 1학년 때는 CCC에 자진해서 들어가서 CCC의 총순장 후보까지 오르는 성령 충만한 삶을 살고 있었습니다. 그러다가 제가 사회주의 사상, 공산주의 사상, 북의 사상까지 접하면서 세상은 정말 좀 이상하다. 다양한 질풍노도의 시기 속에서 신앙이 바뀌게 되고 심지어 하나님이 없구나 라는 결론에 이르게 되면서 새로운 신앙의 모티브를 찾으려고 노력하는 와중에 1986년도 말에 부산대학교 기독학생회 ㅎ나모임이라는 곳이 있다는 것을 소개받고 거기에 제가 제 발로 찾아갔습니다. CCC에 찾아갔던 것처럼 KSCF도 제 발로 찾아갔습니다. 제 발로 찾아가서 많은 선배들과 교류를 하면서 제가 가지고 있던 신앙은 깨어지고 그 시기에 김해몽 선배님이 동노회 간부였는데 저를 설득해 노회에 나오라 해서 그 당시 기억으로 제가 부서기를 했던 거 같습니다. 부산대학교 옆에 조그만 골방 같은데 사무실이 있을 때 제가 부산대학교 학생이었으니까 들락거리면서 오염이 되기 시작했습니다. 그러다가 1986,7년도를 지나면서 기독학생회

에 좀 더 적극적으로 가입하게 되었고, 교회에 반항하게 되었고, 교회 앞
에서 담배 피고 당당하게 들어가고, 술 먹고 교회에 들어가고, 심지어
1987년 6월항쟁이 끝나고 나서 화염병을 6개를 들고 맘몬의 신전, 순복음
교회를 불태워 버리려고 가방 들고 올라가다가 선배한테 들켜서 결국 실
행에 옮기지 못했던 그런 일도 있었습니다.

그 이후에 KSCF 활동을 하다가 군대를 갔다 오고 나서 부산대학교 학생회
활동을 나름대로 같이 했더랍니다. 그 이후에 학교를 졸업하고 공부를 못
했으니까 취직도 안 되고 이런저런 생활을 하다가 그 이후로는 제가 새날
교회는 좀 다녔는데 엉터리입니다. 일 년에 2, 3번 다니고 지금 당장은 교
회에 관련된, 기독교 운동에 관련된 구체적이고 밀접한 활동을 하지는 않
고 있습니다. 단지 기독학생회 선배회라는 모임이 있습니다. 100여 명에
가까운 기독학생회 모임이 있었습니다. 그 아이들이 서울도 가고 각양각
지에 흩어져 사는데 그 과거에 우리가 품었던 열심을 잃지 말자는 마음으
로 모여 있는 부산울산지역 기독학생회 선배회에 제가 거기 고문으로 있
는데 그 정도 외에는 없습니다. 이상입니다.

고호석 : 네, 감사합니다. 그 다음에 손규호 집사님이신가요?

손규호 : 저는 경북 경산에서 태어났습니다. 태어난 곳은 경산인데 어릴 때
정확하게 몇 살인지는 모르겠습니다만 부산으로 이사를 와서 연지초등학
교 바로 옆에서 어린 시절은 거기서 살았고요, 연지 초읍에서 계속 수십
년을 살았고, 모태신앙입니다. 선택의 여지없이 어머니 뱃속에서부터 교
회를 다녔는데 저희 외가 쪽에서 초대 한국의 기독교시절부터 신앙을 믿
었다고 하는데 어쨌든 어릴 때부터 교회에서 살다시피 하고, 잠시 방황했
었지만 상당히 온순하고 착실하게 신앙생활을 했고요, 청년 때도 1년 365
일중에서 새벽기도를 빠져본 적이 거의 없을 정도로 굉장히 열심히 다녔
는데 81년도에 부산노회하고 동노회가 분리를 했어요. 부산동노회 청년

엽합회를 새로 만든다고 할 때에 그때 기획분과위원장인가 맡아서 한 거 같습니다. 그때에 수안교회에서 전국대회가 있었어요. 저희들은 그때 숙소 배정하고 안내하고 뒤에서 지원했던 그런 기억이 납니다. 그때 제가 알기로는 이만규 목사님이 눈물, 콧물 흘리고 —안 한다고 못 한다고 그랬던 에피소드도 있고, 그때 저희들은 뒤에서 사람들 안내하고 열심히 숙소 뒷 청소하고 이런 것 밖에 안했습니다.

그러고 나서 저도 청년연합회 때문에 눈을 쪼끔 뜨게 됐는데 제가 연합회 활동을 그만뒀거든요. 신학교 간다고 그만두고 신학교 가보니까 들어가서 조금 있다가보니까 그때 영락교회 이사장 손석호 횡령비리 이런 거 때문에 계속 수업거부하고 휴학인거에요. 굉장히 장기적으로 했습니다. 그러던 와중에 교육전도사로 교회에서 역할을 좀 했습니다. 그리고 85년도에 동노회 청년엽합회가 사고가 생겨가지고 회장, 총무가 부재 상황이 되고, 저보고 총무를 맡아주면 좋겠다고 선배들 중에 요청이 좀 있었고 그때 제가 지도자 생활에 환멸을 느낄 때였고, 아, 이걸 하기 싫구나, 그리고 목사님들하고 가는 데마다 다투고, 마지막으로 개금 영광교회가 있는데 거기 목사님이 저한테 별로 잘 대해주지 않았어요. 도저히 그 목사님 밑에 못 있겠다고 갈등을 하던 차에 총무 맡아달라고 요청이 와서 잘됐다하고 그만두고 제가 동노회 청년연합회 총무를 하면서 이제 뭐랄까 확실하게 계기가 된 것은 전국 장청에 〈평화의 사도 훈련〉이라고 있어요. 제가 3기인가 10박 11일을 먹고 자고 하면서 공부만 하는 프로그램이었습니다. 경기도 양평 어딘가에 산골짜기 안에 이상한 집에 들어가서 우리가 직접 밥해먹고 하면서 상당히 많이 싸웠어요. 나는 상당히 보수적인 생각을 가진 사람인데 뭐 자꾸 이상한 얘기를 해서 그래서 뭐 어쩌자는 건데? 혁명을 하자는 거냐 어쩌자는 건데? 하고 많이 싸웠는데 그래도 어쨌든 맞는 거는 맞는 거 같고 그랬습니다. 그렇게 내려와서 그때 박준철 씨라고 한국EYC 총무를 했던 선배가 제가 그때 신동아 빌딩에 있었는데 사흘들이 찾아오는 겁니다. 무슨 자료 있으면 갖다 주고 하는데 하는 얘기들이 다 공감이 안 되는데 굉장히 성실하더라고요. 어쩌면은 그런데 많이 끌렸던 거 같고 그래서 이해는 다 안 되지만 참석하고 서서히 옛날의 신앙이 많이 깨어지고 바뀌고 그랬던 거 아닌가 생각됩니다.

87년도에 제가 부산 동노회 회장을 맡으면서 그해 초에 박종철 고문 사건 때문에 추모집회 하는 데 참석했다가 윤태규라고 그 친구하고 나하고 현수막을 하나씩 주더라고요 받아가지고 몰래 가지고 있다가 앞에 현수막을 뺏기면 우리가 펼치기로 했어요. 집회하는데 백골단들이 둘러싸고 최루탄 떨어지고 하는데 앞에 있는 대학생들이 다 도망가고 없는데 그때 돌아가신 백발이 성성하신 조창섭 목사님이 앞에 앉으셔가지고 찬송가를 부르시고 일어나지 않으시니까 교회 청년들도 다 못 일어나고 그러다가 갑자기 백골단들이 우 달려들어 가지고 데리고 갔는데, 경찰서를 그때 처음가보고 그 뒤로는 여러 번 왔다 갔다 했습니다만, 그때 시경 대공분실인가 거기도 가서 나중에 알았는데 구속영장이 기각이 되었는데도 불구하고 일주일 이상씩 불법으로 감금을 해놓고 밤에 잠도 안 재우고 그랬던 이상한 경험들도 해보고 그랬지요.

고호석 : 그때 구속 안 됐나요?

손규호 : 구속됐으니까 대공분실도 가고 그랬지요. 그때에 돌아가신 김영수 목사님, 그리고 김신부 씨, 김일우 목사님, 김광일 변호사님, 돌아가신 노무현 대통령님, 몇몇 있었어요. 나중에 알고 보니까 노무현, 김광일 두 분 변호사 때문에 영장이 계속 기각되고 감금이 돼 있었던 거예요. 그분들 풀어주고 우리를 구속시키고, 이게 북부경찰서 갔다가 해운대 경찰서 갔다가 동래경찰서 보냈다가 뺑뺑이를 돌리더라고. 얘기가 나오면 더 디테일하게 들어가지요. (중략)

그 외에는 인제 저도 자리 채우는 역할을 좀 했던 거 같고, 선거 때 선거 감시운동하고, EYC 활동하는데 앞에서 열심히 앞장서서 잘 하는 사람들이 있으니까 그분들이 되게 성실히 하고 참 열심히 하는 모습에 감동이 되 가지고 컬러가 다르고 해도 나름대로 잘 참석하고 그러지 않았나 합니다.

이 승 : 저는 이승입니다. 강원도 고성 출신이고요, 저희 시골 교회를 성실하게 다니는데, 어느 날 새로 오신 전도사님이 손삼권 목사님이라고 그분과 신앙적으로 많이 다퉜어요. 청년 때니까요. 그래서 성경공부를 하게 되는데 한 2년 동안 다투면서 성경을 새로 받아들이기 시작했어요. 그때 받아들인 게 이사야 65장 하나님의 평화의 나라 그게 제 신앙의 모티브가 돼서 지금도 저는 그 신앙으로 살아가고 있는데 부산에는 86년도에 왔어요. 그때 와서 손삼권 감신대 교수님, 부산신학교 교수님과 같이 스터디를 하면서 부산에 기독청년연합회를 만들자 그래서 감리교 청년연합회를 만들기 시작했습니다. 뭐 스터디팀도 만들고 그러면서 부산의 EYC활동도 같이하고 그때 손규호 집사님과 같이 좀 활동을 했고요, 감리교 전국회장을 했고요, 한국 EYC 전국 회장도 했고요.

뭐 지금도 그렇게 살고 있습니다. 그냥 하나님 나라, 다른 건 잘 모르겠고 요즘 하나님 나라를 만들고 그런 꿈 때문에 지금도 그 신앙으로 살고 있습니다.

김해몽 : 저는 고향은 경주에서 30리 떨어진 천북면 모아라는 곳이고 62년생입니다. 경주에서 초등학교, 중학교, 고등학교를 다녔고, 신앙은 할머니 때부터 기독교신앙을 믿기 시작해서 모태신앙이라 할 수 있습니다. 고등학교 때는 경동노회 학생연합회를 조직해서 총무를 하면서 교회연합운동을 한 기억도 있습니다. 80년도에 대학진학으로 부산으로 오게 되었고 지금까지 부산에서 36년째 살고 있는데 당시 초읍동에 있는 초읍중앙교회에 83년도부터 출석했습니다. 그때 신애원이라는 고아원에서 초읍중앙교회라는 교회를 세웠는데 그곳에서 청년신앙생활을 했습니다. 교회 다니면서 고아원 운영의 투명성 제기하고 거기 있는 친구들하고 공부도 같이

하고 그러니까 교회 설립한 장로님이 싫어하더라고요, 당시 부산장로회
신학교 다니던 송영웅 전도사가 오면서 대학생, 청년 모임을 자연스럽게
했어요. 당시에 대학생도 2, 30명이 이었고 자연스럽게 시국관련 책도 읽
고 진보적 신앙공부를 많이 했습니다. 당시 개교회차원에서 의식화된 청
년들이 교회운동을 조직적으로 펼친 것은 드문 일이 아닌가 생각됩니다.
우리는 교회에서 계속 사회과학공부와 진보신학 공부하면서 동노회 청년
연합회와 부산EYC와 연결하게 되었습니다. 교회근처에 살던 손규호 선배
님이 신학교 갔다 오면서 들리기도 하고, 84년도 초량에 있는 인권선교협
의회 사무실에 가서 유인물도 가져와 학생들과 청년들에게 나눠주기도
하면서 나름대로 개교회 차원에서 반 독제 민주화, 교회갱신, 교회일치,
평화통일 등 기독청년운동을 하고 있었습니다. 이후에 86년도에 부산EYC
최병철 선배하고 연계가 되었고 기독청년운동과 정보공유 및 연대를 적
극적으로 했습니다. 그러다 당시 권인숙 양 성고문 사건이 터지면서 우리
교회 대학생, 청년들이 사회문제에 대해 신앙 실천운동을 더 폭넓게 하게
되었습니다. 매일 저녁마다 우리교회 고등학생, 대학생 후배들하고 초읍
동, 초량동, 영도 등 산복도로 주택가에 진실을 알리는 유인물을 뿌리면
서 시민들에게 알리는 작업을 했습니다. 그러던 어느 날 주일예배 때 교
회에서 장로님이 광고할 게 있다고 하면서 전 교인 앞에서 우리 교회에
빨갱이가 있다고 청년들이 그들이라고 지목하면서 – 결국 그 교회를 쫓겨
나게 된 셈이 되었습니다. 왜냐면 그 전날 형사가 우리 교회를 덮쳐서 청
년회 캐비닛에 있는 유인물을 다 수거해가면서 발단이 된 거였어요. 그
여파로 교회에서 30명이나 되는 대학생, 청년들이 모두 쫓겨나와 신앙적
인 방황을 했습니다. 당시는 교회에 대해 매우 부정적이고 암울하게 생각
했고 청년 모두가 큰 상처를 받았습니다. 그때 우리가 기도하면서 함께
위로가 되었던 애기가 '교회는 엉터리지만 예수님은 대단한 분이다. 신앙
을 꼭 지키자' 면서 격려했던 애기가 생각납니다. 그 후 동노회 손규호 선
배를 만나고 장청동노회와 인연을 맺고, 저도 '평화의 사도' 4기 훈련받았

습니다. 그리고 본격적으로 연합회운동에 뛰어들면서 장청 부총무하고 89년도이후에 EYC 상근총무도 하고, 그리고 NCC 사무국장 하고, 인권위원회 사무국장도 하면서 연합운동에 봉사를 했습니다., 그 때 같이했던 최성묵 목사님, 조창섭 목사님, 우창웅 장로님, 전병호 목사님, 김영수 목사님 등 부산기독교운동의 실무자로 일했습니다. 87년도에 안하원 목사님이 엄궁동에서 어린이 집 선교를 개척하실 때 만났고 그 이후 지금까지 새날교회에서 안하원 목사님과 함께하고 있습니다. 청년시절 교회 쫓겨났을 때 얘기를 좀 하자면, 후배들은 다 흩어져버렸습니다. 이후에 보니까 후배들이 경성대, 고신대, 동의대에서 다들 총학생회 회장들도 하고 간부도 하면서 나름대로 실천을 하고 있었습니다. 안타깝게도 그 이후에 후배들은 교회와 등지게 되고 설사 다시 교회에 다니다가도 적응을 못하더라고요. 저는 그래도 계속 교회를 다니면서 가야교회 가서 청년회에서 교회개혁운동을 하고, 모라교회 가서 청년들과 교회개혁운동을 하면서 지냈지만 신앙은 계속 방황을 하게 되더라고요. 제 신앙성장 그게 안 되더라고요. 그래서 개혁적이고 진보적인 민중교회로 알려진 새날교회에 안착을 하게 되어 지금까지 지내고 있습니다. 지금은 시민운동을 하면서 신앙생활도 열심히 하고 있습니다.

고호석 : 저도 제 이야기를 간단하게 하겠습니다.

56년에 부산에서 태어났고요, 어릴 때부터 교회 근처를 얼쩡거렸던 기회는 좀 있었어요. 아주 어릴 때 첫사랑의 기억도 교회에서 있고요, 중학교 때도 잠시 교회를 다녔는데 그때 교회를 갔을 때는 인상이 참 안 좋았어요. 저는 교회를 다니고 싶어서 갔는데 그때 학생회를 가니까 교회 학생회라는 데가 연애를 하는 곳인 거예요. 교회에서 성경공부를 하고 이런 거보다는 형식적으로 잠깐 읽고 레크레이션하고 놀다가 고등학교 형들은 밖에서 담배 피고 있고, 여학생들 남학생들 연애질이나 하고, 야~ 제가 아주 범생이었는데 이건 정말 아니다 해서 다 때려치웠어요. 그리고 나서는 고등학교 공부 한다고 아예 근처를 안 갔죠.

대학 가서 이 세상이, 제가 하여튼 학교에서 배웠던 민주주의와 박정희가 했던 한국적 민주주의는 너무 거리가 멀다고 생각을 했기 때문에 고등학교 때부터 자습하고 이럴 때 애들하고 이런저런 논쟁을 하고 그랬는데, 대학교 가서 이 사회를 좀 더 민주화시킬 수 있는 방법이 없을까 이것저것 한참 찾다가 우연히 지금 전남대학교 철학과 교수를 하는 김상봉이란 친구가, 원래 모태신앙이었는데, 어느 날 오더니 전국 청년연합회가 서울 어디서 하는데 가보지 않겠니? 하는 거예요. 저는 못 가고, 저하고 친하게 지내면서 같이 고민하던 동기 친구가 갔다 와서 부산에 중부교회가 있다고 거기를 가보자고 그래서 중부교회를 가기 시작했어요.

그때만 해도 양서조합 다니고 학교 공부하고 학교에서 뭔가를 만들고 그러다보니까 교회를 그렇게 충실히 다녔던 편은 아니었던 걸로 생각이 됩니다. 중부교회는 분위기 자체가 그렇게 교회를 충실히 다니기를 요구하지도 않았고. 그러면서 중부교회와 양서조합을 왔다갔다 하고 부산대학교 내에서 후배들 독서써클을 만들어서 부마항쟁에도 작은 역할을 했지요. 이러다가 81년도에 부림사건으로 잡혀 들어가고 징역살이를 2년 반 정도 하고 나왔지요. 그때까지만 해도 기독교인으로서의 정체성이 많이 왔다 갔다 할 때였고 갔다가 나오니까 집에서 부모님이나 주변에서 네가 감옥에 들어갔던 동안에 산정현교회에 계시는 박광선 목사님이라는 분이 많이 도와줬는데 출소인사를 꼭 하러가라 그래서 이상록 선배하고 같이 가서 인사드렸던 기억이 있어요. 오수영 신부님도 찾아가고 몇 분 찾아 뵜지요. 그리고 나오니까 학교 교사를 하다가 잘렸고 이미 자격정지에 국가보안법 위반 이렇게 되니까 할 게 아무것도 없잖아요. 그리고 처음에 감옥 들어갈 때는 내가 다시 나와서 운동을 할 자격도 없고, 제 생각에 거 뭐 들어가서 한 삼십 며칠 얻어터지고 고문을 당하면서 지 아는 거를 불고 한 정도가 아니라 아닌 걸 날조해서 불고 했으니까, 너처럼 이래 유약한 사람이 이 험한 세상에서 민주화운동을 한단 말이냐, 마 때려치워라 이래

했었는데 그래도 징역살이를 하면서 느끼는 건 아, 그래 이런 상황에서 내가 그냥 또 깨지고 넘어져버리면 이 사회가 발전하거나 민주화될 수 있는 계기가 전혀 없겠다하고 그래서 내가 나가서 뭔가를 해야겠다. 생각을 하고 나왔지요. 마침 83년 말에 제가 크리스마스 특사로 나왔는데 그 당시에 저랑 같이 구속됐던 최준영 선배님의 부인 홍정자 씨가 부산 사선(한국교회사회선교협의회)에 간사를 하다가 83년 8월에 최준영 선배가 출소하면서 그분이 자기 남편에게 사선 간사를 넘겼어요. 이른바 공범이었던 최준영 선배가 83년 말에 제가 나오니까 그 당시 자기는 이미 사선 간사 일을 하고 있는데, 서울의 NCC 쪽에서 NCC인권위원회를 전국에 지부를 만든다고 한다. 부산에도 만든다고 하는데 간사를 할 사람이 마땅치 않다, 그러면서 최준영 선배가 제가 그래도 교회를 띄엄띄엄 다니고 했으니까 한번 해보는 게 어떠냐고 해서 고민을 했죠. 그 직전에 감옥에서 나와서는, 일단 교회를 가기는 가야 되는데 중부교회는 좀 그런 생각이 들어서 그때 부산진교회에 김재천 선배가 있고, 우창웅 장로님이 계신다 그래서 부산진교회를 다니기 시작했어요. 마침 다니기 시작했는데 그런 제의가 있고 해서 '좋다, 이게 내 운명인가보다' 이렇게 생각을 하고 제가 중부교회 다니면서 학습까지만 했기 때문에 진교회에서 세례를 받고 얼마 안 되서 바로 인권위원회 간사를 하기 시작했죠.

박광선 목사님과 10여 분 되는 분들하고 인권위원회 실무를 하면서, 제가 빵잽이였기 때문에 목사님들이 많이 봐주셨던 거 같아요. 그래서 2년 반 정도 하다가 NCC가 생기고 NCC 총무가 그 당시 수완교회 이만규 목사님이 하게 되고 그래서 저는 후배한테 NCC 간사를 넘기고 저는 부민협 실무자로 87년도 들어갔죠. 들어가자마자 박종철 고문치사 사건이 생기고 그 회오리에 확 휩쓸려서 국민운동본부 이렇게 가고 그러다가 8월말에 다시 형집행정지 취소가 되어가지고 다시 수배생활을 하는 과정을 지났습니다. 87년도는 데모한다고 정신이 없어서 교회를 제대로 못 갔고, 그러고 나서 수배를 다니게 되니까 못가고 그랬지요.

한동안 교회에서 쭉 떨어져 있었지요. 사실 참 어떻게 보면 NCC 인권위원회 간사를 하는 2년 반에서 3년 기간에는 정말 교회와 타이트한 관계를 맺고 지냈는데. 뒤에 결혼하는 과정에서 집사람이 천주교 신자여서, 천주교는 부부가 같은 신앙이기를 원해요. 그래서 여기나 저기나 다 하나님이 계시고 예수님 계시는 곳인데 싶어서 제가 천주교 영세를 받고 지금은 교적은 어쨌든 천주교를 가지고 있습니다. 근데 그렇게 성실히 다니는 편은 아닙니다.

묘하게 제가 인권위원회 간사를 하던 그 기간이 84년 4월부터 86년 말경까지인데 그 기간에 제가 부산 EYC 상임 총무를 하고, EYC 전국연합회 회장도 하고 이렇게 죽 하면서 목사님들하고도 그렇고 이은우 선배님을 비롯한 청년운동을 하는 사람들과 많은 교류를 하면서 꽤 친하게 같이 지냈던 것 같습니다. 그 기간이 어쩌면 개별 교회 운동에서는 모르지만 부산에서 EYC가 또 그리고 각 청년연합회가 비교적 활성화되어서 많이 움직이던 시기하고 거의 일치해서, 제가 초기 부산의 기독교 운동의 역사에는 같이 했다고 말씀드릴 수 있는 것 같습니다.

제 얘기는 요 정도로 하겠습니다.

고호석 : 시간이 많이 갔네요. 이렇게 하도록 하겠습니다.

먼저 자료를 보신 분들 중에 자료에 있는 얘기는 시간도 없고, 새삼 별 의미가 없는 것 같고요. 자료에서 빠졌거나 잘못됐다고 생각되는 부분 얘기를 하시고, 혹시 자료를 안 보신 분들은 주로 70년대 후반부터 87년 무렵까지 부산에서 교회와 관련된, 기독교와 관련된 민주화 운동, 또는 인권운동이라면 이런 얘기는 해야 된다. 아까 얘기 했던 장청대회라던지, 박목사님께서 생각하시는 중요한 사건이라든지, 꼭 좀 얘기가 되어야 될 것 같다는 것을 중심으로 자유롭게 이야기를 시작하도록 하겠습니다.

먼저 아까 수안교회 장청대회 관련해서는 자료집 얘기를 하셨고요, 그것 말고는 장청대회 때문에 정부하고 충돌이 있었거나 그 때문에 잡혀 들어

갔거나 그런 일은 없었나요?

박재철 : 잡혀 들어가거나 한 일은 없었는데 충돌은 있었지요. 집회하던 중
간에 시위도 하고 그런 일은 있었지만 그렇게 심하게 몸싸움을 하거나 하
진 못했어요. 첫째는 그때 당시 방을 못 구해서 경찰들이 전부 방을 얻어
주고 그랬기 때문에 그런 부분에서는 상당히 서로 원원했고, 그랬습니다.
그 자료집은 하나는 선을 그은 거, 선을 긋지 않은 거 이렇게 두 가지를
다 가지고 있습니다.

고호석 : 그런 건 사료로 복사를 해 둬야겠습니다.

박광선 : 통일부장관 하신 한완상 씨가 내려오셔서 어디 무슨 모임에 강사
로 오셔서 강의를 못하시고 새벽에 쫓겨서 유기선 장로님 댁으로 피신을
오셨어. 그게 언제인지 내가 기억을 잘 못하겠는데…

이은우 : 부산노회 청년연합회에서 여름대회 할 때 한완상 박사를 송도 영
광교회에 모셨다는 이야기를 제가 들었습니다.

박광선 : 그래서 피신을 오셔서, 유기선 장로님한테서 연락을 받고 내가 쫓
아갔더니 자기가 나오면서 넥타이를 못 하고 왔다고 그러는 거야. 내가
넥타이를 풀어드리고 그랬는데 이분이 급한 거야. 자기가 수배가 내려서
망명을 하려고 미국에다 연락을 하고 있는데 도저히 못 빠져 나가겠다 그
러시더라고. 내가 마침 미국의 신학연구를 위해서 일본을 거쳐서 미국에
들어가기로 했던 때여서, 81년도였든 거 같아. 한완상 씨가 나한테 그러
더라고. 일본에 가면 교수님 한 분이 계시는데 그분한테 빨리 연락을 해
가지고 '지금 당신들이 하는 방법으로는 나는 못나간다. 그러니까 국무성
을 통해가지고 거기서 결의를 해서 어떻게 해야 내가 나간다. 그걸 꼭 전

달해 달라'는 거야. 한림대학교에 교수로 와 계신 분이에요. 근데 일본에
가가지고 내가 못 만났어요. 그 다음에 미국에 가서 일본에 이승만 씨랑
김무식 총무 그분에게 연락을 했더니 그걸 그대로 해서 바꿨습니다. 그러
니까 곧 나오게 될 겁니다. 그러는 거야. 그래서 나는 미국에서 볼일 보고
들어오니까 나가셨더라고. 그때 그 역할을 내가 했던 적이 있어요.

고호석 : 전국대회를 부산에서 했다든지 이런 일이 있으면 꼭 뭐 큰일이 생
기잖아요? 아까 수안교회의 전국 장청대회처럼 큰 행사, 또는 대회가 70
년대나 80년대 초중반에 있었던 기억이 혹시 있는 게 있으시면?

박광선 : 내가 미국을 다녀오니까 81년도 초반… 아니 그래가지고 우리 교회
에서 청년집회를 잘 마쳤다는 거야. 고현봉 목사가 총회장 되고 부산영락
교회에서 할 때 그때가 아니야? 총회를 하기 직전에 청년대회를 우리 교
회를 해서 난리를 쳤다고 그래. 그래서 내가 미국 갔다가 들어오니까 우
리 교회를 넓혀야 겠다 그런 이야기를 했었어.

박재철 : 그때 당시에 한 가지 있었던 게, 80년대 들어와서 대학가에서 제적
당하고 한 이런 사람들이 실질적으로 학내에서 활동이 자유롭지 못하니
까 '교회 쪽으로 자리를 잡아야 된다.' 그래서 교회에 운동권에 있던 청년
들이 대거 들어오게 됩니다. 그 일환으로 우리 영락교회에 들어온 게 최
병철이가 들어오게 되고, 산정현교회에서는 정광모, 서로 나눠서 각 교회
를 맡아서 하게 되는 그런 판세에서 여러 가지를 하게 되니까 좀 더 교회
에서 역량이 키워지게 되죠. 역량이 키워지면서 영락교회 같은 데는 굉장
히 층이 두텁게 되는 거예요. 그렇게 되니까 정보기관에선 불안감을 느끼
게 되죠. 부산 영락교회에서 81, 2, 3년까지는 부활절 예배를 봤는데 4년
부터 못 봤을 것 같은데, 그러다보니까 교회집회를 허락 안 하고… 못 하
게 되고 그런 쪽으로 된 것 같아요.

고호석 : 박재철 집사님이 얘기한 학생운동 출신들이 교회 쪽으로 들어간 것이 84년부터입니다. 왜냐하면 83년도에 대거 빵잽이들이 나와요. 83년 여름부터 출소하기 시작해가지고 83년 말까지 많이 나옵니다. 이 사람들이 나오긴 나왔는데 학교에 복학도 안됐고, 직장도 마땅치 않고, 뭔가를 하기는 해야 되는데 숫자가 너무 많은 거예요. 그래서 이 사람들이 그나마 자기들을 지켜줄 수 있는 데가 교회니까 교회에 가서 청년회 활동도 하고 보호도 받고 이런 이유로 들어가게 된 것이 84년이지요. 84년부터 몇 년 동안 학생운동에서 기본 세례를 좀 받은 사람들이 교회 청년운동이나 학생운동에 꽤 많이 가게 됩니다. 그 사람들 중에는 모태신앙인 사람도 있고, 저처럼 교회를 왔다 갔다 했거나 교회를 아예 안 다니다가 간 사람도 있고 꽤 다양한 사람들이 있었죠.

박광선 : 정광모, 안병국이…

고호석 : 안병국 씨는 원래부터 교회를 다녔던 친구였고요.

박광선 : 근데 그 친구도 우리 교회를 다녔던 거 같아요.

고호석 : 정광모, 지금은 소설가입니다.

박광선 : 하여튼 학생들이 문제를 일으켜서 교도소에 들어갔다고 하면은 우리 교회에서는 영치금, 변호사비용을 대자고 의논을 하고 그런 적이 있어요.

고호석 : 중부교회 같은 데는 원래 그런 토대가 있으니까, 그런 교회 말고 큰 교회, 약간 기반이 있는 쪽으로 갔죠. 부산진교회는 제가 간 거 말고는… 따로 간 사람이 없어요. 나머지 사람들은 주로 기장(기독교장로회)쪽에 조그마한 교회에, 손규호 집사님 부인 박정향 씨도 기장 쪽 교회를 다녔죠.

전 오늘 송영웅 목사가 나올 줄 알았는데, 그 사람이 최근에 부산역에서 박근혜 하야 반대 집회하는데 거기 참가했습니다. 예전에도 송영웅 씨가 뭐랄까 신뢰성이 덜 가는 그런 부분이 있었습니다. NCC 인권위원회에서 일을 하면서도 좀 미덥지 못한 면이 있었어요. 87년도에는 영남신학생들하고 같이 십자가를 만들어가지고 서면 기독교방송 있는 그 앞에서 행사를 하고 그랬던 건 사실 사진도 있고 나름 열심히 참가했어요. 87년 전 과정을 통틀어서 십자가를 들고 길거리를 나가서 시위를 한 것은 처음일 거예요. 아마 산정현교회에서 한번 밀고나왔던 적이 있고, 그건 이미 부산 지역의 6월항쟁사에 보면 기록이 되어 있습니다. 분량이 많지 않은데 짤막짤막하게 몇 줄 씩은 나와 있습니다. 교회 쪽에서 정리를 한다면 분량을 좀 키워서 자세히 기록을 해야겠지만요.

이은우 : 송영웅이가 80년대 후반쯤 되어가지고 그때 걔가 감만교회 청년회 회장할 때 처음으로 나와 가지고, 아무것도 모르는 생짜라 우리가 만날 때마다 가르치고 가르치고 해가지고 그래 된 거라.

고호석 : 이은우 집사님은 아까 청장년회 이야기를 하셨는데, 좀 더 구체적으로 기억나는 거 있으신지요?

이은우 : 함석헌 선생님을 모시고 강연 끝나고 난 다음에 식사하러 광안리 횟집에 갔는데 그때 구속자 가족들 부인들이 참여를 많이 해서 그래 우리가 소개시키고 박수치고 격려해주고 했거든요. 영락교회 부인들 세 명인가, 네 명인가 참석했습니다. 영락교회 김희욱 집사님 부인하고, 그런 일도 있었습니다.

박재철 : 부산 영락교회에서 한 일이 뭐냐면 부림사건 진실을 알리는 인쇄물을 다른 데서 찍어줄 데가 아무데도 없는 거예요. 부산 영락교회에서

인쇄실을 갖고 있었고 그때 내가 담당했는데, 나더러 가서 인쇄를 해오라
는 거야. "통닭으로 만든 공산주의자" 라는 제목이 붙었는데 장로님 중에
한 분이 가져와 가지고 이거 좀 하자 그래가지고 인쇄했던 기억이 있습니
다.

고호석 : 아마 그걸 김희욱 집사님 부인이 들고 갔을 거예요. 어쩔 수 없지요.

이은우 : 아까 그때 어떤 일이 있었냐면, 월, 화, 수, 하루에 두 번씩 집회를
하기로 하고 4절지 포스터를 붙이고 했는데, 그거 하기 열흘 전엔가 장청
박준철 전국청년회장이 내려와서 뭐라 하냐면, 광주항쟁 2주년 기념사를
해야 하는데 강사를 고영근 목사님을 모셔서 한다는 거예요. 우리가 일정
이 다 잡혀있는데 둘째 날에 모셔 가면 그날은 오전 집회를 못하는 거라.
저녁 집회는 펑크 안 나게 모셔드리겠다 그래서 임원 회의를 열었어요.
왜 하필이면 강사가 많은데 지금 하고 있는 강사를 모시고 가야하느냐?
고영근 목사님만큼 전두환 씨는 회개하고 물러나시오 라고 강하게 말하
는 사람이 없다고 하는 거라. 전두환 정권 때 7년 동안에 무려 28번을 연
행 돼서 갔어요. 그때 전두환이 꾀가 많은 게 뭐냐면 박정희 때는 신부,
목사 성직자들을 바른 소리하면 다 구속시켰어요. 그런데 전두환 때는 신
부, 목사를 잘 안 잡아갔어요. 대외적으로 신뢰도가 떨어지니까 웬만하면
목사, 신부는 구속시키지 마라 했는데 고영근 목사님은 그렇게 많이 잡혀
간 거야.
그래서 예배를 마치고 작전 써가지고 목사님을 빼내 왔는데, 둘째 날 화
요일에 광주 YMCA에서 강연하시고 왔는데, 집회 끝나고 서부서 정보과장
하고 3명이 목사님을 연행하려고 온 거라. 그때 그 심응섭 목사님, 장남표
목사님, 최기준 목사님, 우리 임원들도 다 남아가지고 ─목사님 연행돼
가면 바로 구속이거든─ 보호해 드리려고 정보과장하고 엄청나게 싸웠습
니다. 집회 중에 강사를 연행해 간다는 것은 종교 탄압이다. 하고 강력하

게 항의를 하고 이런 것은 역사에 남습니다. 그래서 결국은 연행 안 되고 목사님께 호텔을 잡아드렸습니다.

청년회 사택방 하나 비워가지고 임원들이 집에 안 가고 목사님을 지켰다고. 그래가지고 그 다음날 아침 먹고 목사님이 그런 얘기를 하더라고. 부흥회 아니고 신앙 강연회 3일이라 표어가 "너는 일어나 외쳐라!" 고 항서교회에서 진행했습니다.

광주 고영근 목사님 다녀오실 때도, 개인택시 잡아서 모시고 가고 강연장 근처에 택시 세워놓고 기다리다가 모시고 오고 그랬어요.

그거 마무리로 마지막에 집회를 못하고 그날 아침에 목욕하러 갔다가 연행되셔서 서울에 압송되는 바람에 셋째 날에는 강사 없이 그냥 기도회를 했어요.

그렇게 넘어가고 6월항쟁 때는 감만동에 있는 항남교회가 거기서 청장년 운동본부를 구성했어요. A4 두 개짜리 '전두환 물러가라' 하고 서울에서 성명서가 5천 장이 인쇄 돼서 내려왔어요. 밑에는 우리 조직이 다 있는 거라. 본부장이 누구, 부본부장이 누구, 집행위원장 누구, 부위원장이 누구.. 쫙. 이래가지고 6월 5일쯤에 내려왔고 8일이 주일이었는데, 주일날 내가 영락교회, 항서교회, 여러 교회에 200장씩 300장씩 거의 다 나눠주고 나머지는 우리 조직들 동원해서 피세일? 밤에 막 집집마다 대문 밑에 쑤셔 넣고 한 거라. 그런데 이걸 어떤 사람이 보고 경찰에 신고한 거라. 아 그래가지고 본부장이 경찰서에서 와가지고 그때 바로 구속돼 버리는 통에 저는 영도 신선동에 사는 친구 집에 숨어 살았던 적이 있었어요. 6월항쟁을 거기서 치렀어요. 집에도 못 들어가고. 새벽 2시에 엄마한테 전화하니까 새벽 2시에 형사들이 잡으러 왔다고 그랬어요.

고호석 : 그 유인물 명의가 뭐로 되어있었다고요?

이은우 : 그때 뭐냐면 민주헌법쟁취 국민운동본부 부산기독청장년회 해가지

고 본부장은 제가 들어가고, 부본부장은 EYC 회장 출신들, 권광식, 채남호, 이런 사람들 들어가고 집행위원장 이광수, 집행 부위원장이 송영웅 이름이 들어갔지요. 그때는 미덥던 못 미덥던 간에 열심히 했어요.

고호석 : 기독청장년회는 유인물을 만들어서 교회에 뿌리고 했던 거 말고는 그 뒤에 조직이 몇 년간 계속 되었다든지 이런 게 있나요?

이은우 : 조직별로 동원시켜서 6월항쟁에 참여시켰지, 한시적으로 국본에 기독청장년회가 소속됐어요. 즉 말하면 6월항쟁에 동원시키기 위해서 한시적으로 운영했던 거지.

박광선 : 6월항쟁 전후를 말씀드리는 건데, 70년대에 산정현교회에 제가 와서 이런 시국으로 인해가지고 전국적으로 기독 청년들이 많이 투옥이 되고 그랬어요. 그럴 때 고영근 목사님이 영치금을 대고 이러는데, 우리 교회에 장기려 장로님이나 이경수 장로, 서운길 장로 이런 분들이 고 목사님의 은혜를 받은 거예요. 감동을 받은 거예요. 이분들은 의사고 그러니까 재정적으로 어려움이 없잖아요. 그러니까 영치금을 해드리는 거예요. 그래서 강희남 목사, 이태한 목사, 송진섭인가 송진현 형제들…하여튼 이런 분들에게 보내긴 보내야 되는데 이분들의 이름으로 보내게 되면 안 되겠으니까, 산정현교회 제 이름으로 해가지고 고 목사님한테 드리면 고 목사님이 이제 다 나눠 주는 거예요. 제일 힘들었던 게 강희남 목사님인데, 그 양반은 식구들이 많더라고, 자녀들이 아들이 셋인가 그런데 전부 감옥에 다 가고 해서 거기에는 하여튼 매달 식구들이 먹고 살 수 있도록 쌀 한 가마니씩을 보내드리고 했어요. 고영근 목사 잡혀 들어가면 거기에 생활비도 보내드리고 했는데, 그분들은 누가 보냈는지 모르잖아요. 고 목사님이 가지고 오니까. 그런데 잠시 박정희가 죽으면서 해방되는 서울의 봄인가 그때에, 늘 산정현교회로 들어오니까 나중에 자기들이 알고 보니까

제가 있고 그랬다는 걸 알고서 강희남 목사님이 붓글씨를 열 갠가 써가지고 오셔서 집회도 하시고 그랬었는데 그것까지는 좋아.

그 다음에 12·12사건을 통해서 신군부가 권력을 잡고 광주민주화 5·18이 터졌잖아? 터지고 나면서 우리 부산에서는 목사님들이 지금 김정광 목사, 저기 돌아가신 김동명 목사, 나, 또 누군지 하여튼 네 분인가 다섯 분이 차를 하나 마련해 가지고 광주항쟁 사건이 터지고 군부들이 다 장악을 했으니까 그분들을 도와줘야 될 거 아니에요. 20만 원, 30만 원, 10만 원 이렇게 해가지고는 무작정 광주로 갔어요. 거기에 마침 권해숙(?) 목사하고 김국진 목사가 군목으로 있었거든요. 그분들한테 연락을 해가지고 우리가 이거 해가지고 간다. 그래서 그분들이 우리를 기독교 병원에다가 넣어놨어요. 그런데 우리에게 정말 충격적인 거는 뭐냐면, 부상을 입은 사람들이 다 대퇴부에 총을 맞았어요. 뒤로 돌아 가다가 다리에 맞았어요. 아니 도망가는 사람들에게 뒤에서 총을 쏘는 놈들이 어디 있나 했지요. 광주항쟁은 빨갱이가 뭐했다고 그러면서 그렇게 야단을 하고 그랬는데 그게 아니라는 것을 확인을 하게 되지요. 그래서 김국진 목사가 공군 군목인데, 이분이 사령관에게 얘기해서 부산에서 이런 분들이 왔다고 해서, 팬텀기 16인가 15기가 들어왔을 때에요. 그분이 얘기를 해서 한번 타도록 해보시라고 해서 장관도 못타는 그런 건데 타보기도 했어요. 그때에 그분이 정 장군인가 무슨 장군이야. 그 양반이 얘기를 하는데 뭐라고 하냐면 '우리는 비행기를 보호하기 위해서 막 광주항쟁이 일어나고 광주의 시민들이 공군 비행장으로 오는데, 그냥 밤새도록 지라시를 만들어서 우리 공군들은 여러분들에게 총을 쏘지 아니했습니다. 하는 것을 삐라로 뿌렸다'는 거야. 그래가지고 그 정문까지 온 시민들에게 '이거는 국가의 재산인데 당신들이 파손하면 어떡하느냐 그렇게 해가지고 모면 했다고 그 설명을 해주시더라고. 그러니까 얼마만큼 굳은 군인들도 이런 비상사태 때에 백성들이 무섭다고 하는 것을 알아야 된다 말이지.

김해몽 : 그때 NCC간사도 하고 그랬는데 그 당시에 교회의 운동을 보면 하나는 사회정의 운동, 이 한부분하고 나쁜 권력에 대해서 하나님이 심판하는 교회정의운동 하고, 또 하나는 교회가 깨어야 된다 이 운동을 했지요. 그때 우리가 부활절 예배를 할 때 "정의가 강물 같이 흐르게 하라" 이런 주제로 강사를 불러가지고 계속 했는데 지금 그 자료들이 다 사라져버려서 자료가 없으니까 그런 부분에 생생한 감동이 없어요. 우리가 이런 말씀에 힘을 얻었고, 형사가 중부교회 등 행사할 때마다 교회 앞에 쫙 서 있었는데 중부교회, 산정현교회, 나중에는 시온중앙교회에도 있었고 한데, 그에 대한 자료가 없으니까. 지금은 기억이 없는 부분들은 남길 수 없으니 안타깝습니다.

박재철 : 내가 자료가 좀 있는데…

고호석 : 한번 찾아보시고 있는 거 사진을 찍으시든 복사를 하시든 해가지고 김해몽 집사에게 자료를 넘겨주시면 고맙겠습니다.

사실 자료 얘기하시니까 아까 박 집사님께서는 영락교회에서 인쇄한 거 얘기했는데, 저는 제가 인권위원회 간사를 하면서 잊을 수 없는 분이 광복교회 송재호 집사님이에요. 이분 마스터 기계 그거 하나 가지고 남의 인쇄소에 더부살이 하고 계셨는데, 저는 사실 인권 소식을 막 타이핑을 해가지고 들고 가잖아요. 그걸 자기는 인쇄를 안 해 줄 수는 없고, 자기는 남의 가게에 더부살이를 하는데 다른 사람들 보는 데 할 수가 없잖아요. 그 사람이 그거 쓱 보면 누가 구속됐고, 전부 그런 이야기인데 저한테 살짝 놓고 가면 자기가 문 다 닫고 나서 밤에 나와서 살짝 돌려가지고 봉투에 넣어서 밑에 넣어 놓으면 제가 찾아가고, 그렇게 꽤 오랫동안 했거든요. 용두산 공원 바로 밑에 쪼그만 데 있었어요. 그런 분들을, 사실 제가 교회 말고도 부민협이나 국본 하면서도, 특히 6월항쟁 기간 동안에는 몇만 부씩 몇십만 부씩 〈민주부산〉을 찍어냈지만, 그건 진짜 상상도 할 수 없는 데서 찍어내고 그랬거든요. 그건 송재호 집사님과는 약간 다르지만, 진짜 어렵게 몇 년 동안 큰 도움을 주셨어요. 아마 우리가 역사를 쓰면 그런 것도 감사한 기록으로 남겨야 되겠다 싶습니다.

이 성 : 그리고 그때 당시 기독 청년 민주화 운동을 하기 위해서 연합회마다 그룹스터디를 참 많이 했어요. 민주화 항쟁을 하기 위해서 신앙적으로 교회에서 기초도 잘 가르치고, 교육도 시키고, 그런 것들을 상당히 많이 했거든요. 그런 것들을 통해서 결국은 기독교 선교 운동들이 만들어진 거거든요. 사실 그것이 모태가 되었죠. 교회에서는 제대로 그런 것들에 대해서 설명도 안 해줬지만, 청년들은 성경을 가지고 스터디를 정말 끊임없이 했거든요. 그래서 전투적으로 투쟁해 나갔고요. 교육을 통해서 이루어진 것들이었죠.

고호석 : EYC에서 나온 『청년예수』 같은 잡지도 있었잖아요?

이은우 : 하여간 잡혀갔다하면 먼저 거기에 가서 싸우는 것도 운동이었어요. 한번은 채남호가 와가지고 '형님, 큰일 났습니다' 하는 거예요. 정광모하고 양은진하고 또 누구 세 명이 자료 가지고 있다가 금정서에 연행돼갔다고 그러는 거라. 그래가지고 내가 정보과장실에 들어갔다. 왜 우리 청년들 잡아 가냐고 그러면서 막 정보과장하고 싸웠어요. 그래가지고 셋 다 나왔어요.

고호석 : 그런 일들이 비일비재 했었어요.

이은우 : 그렇게 나와가지고 자료를 되찾아야 되니까 경찰서에 갔더니 검찰에 갔다는 거라. 요즘 같았으면 못 갔을 건데 그때는 겁도 없었어요. 법원 앞에 있었던 검사실에 안 갔습니까? 내가 내놓으라고 수석검사한테 가서

싸우고 그랬습니다.

박재철 : 87년 6월항쟁 때 기억해야 되는 분들이 경찰 이동경로와 시위대 이동경로를 이렇게 파악해가지고 전화해주면서 서로 상호 연결해주는 그런 분들도 상당히 많이 있었거든요. 이런 분들도 사료에 기록이 되어 있습니까?

고호석 : 네, 사료에 기록이 되어 있습니다.

박재철 : 한 가지는 83년도로 기억하는데, 서울 피정의 집에서 EYC 지역 대표자 모임을 했을 땐데 그때 당시 논쟁이 붙은 게 반독재투쟁과 통일이라는 두 가지 논제로 붙었어요. 그래서 마지막에 제가 그 얘기를 했습니다. 반독재투쟁이 어려운 것은 지금 현재 통일이 안 되어있기 때문에 그렇다. 이 부분을 얘기해가지고 욕을 엄청나게 많이 먹었는데, 그래 통일이 우선되면 독재는 자연히 사라진다. 그 문제를 가지고 이야기를 하다가 나중에 문익환 목사님하고 다 같이 있었는데 문익환 목사님이 통일로 돌아서는 시점이 바로 그 기점입니다. 저하고 그때 당시의 청년들하고 대화를 하고 난 다음에 목사님이 통일이 우선이라는 것을 그 때 당시에는 독재타도 쪽으로 치우쳐 있다가 이렇게 자리 이동을 하게 되는데 그런 부분들도 우리가 너무 한쪽으로만 치우치는 그때는 무조건 독재타도가 우선이라고 생각했던 그런 시대에서 좀 더 다른 데로 시선을 넓혀보면 통일이라는 아주 큰 문제가 더 산적해가 있는 것을 생각할 수 있는데 그 생각은 놔두고 지엽적인 독재문제를 가지고 이야기 했던 때가 있었거든요. 문익환 목사님의 통일로 발길을 옮기는 부분이 상당히 의의가 있다고 생각을 하고요, 저는 진짜 대단한 결정이었다고 생각합니다.

고호석 : 신진욱 집사님은 할 얘기 없습니까?

신진욱 : 우리 교회는 옛날에 국제신문에 기십거리로 한 번 났지요, 최루탄 던져가지고. 동의대 다니는 후배가 있는데 그놈이 그때 83년 12월인가 그럴 거예요. 느닷없이 — 최루탄 봉지를 학교에 모아 놨던가 봐요. 그걸 그대로 들고와서 뒤에 교회가 2층 있는데 중층에서 본당 설교하는 데로 집어던져가지고 그 위로 하얗게 난리가 났었어요.

한국기독학생회 총연맹 즉 KSCF와 관련된 부산지역의 활동과 역사는 작년에 김해몽 선배님한테 글을 하나 써서 보내드렸는데 대다수 검열이 되고 삭제가 되어서 그 당시 분량 때문에 그랬던 거 같아요. 제가 가지고 있습니다. 이번에 사실은 고호석 선배님 문자를 받고, 그래서 차제에 저희 자체도 히스토리가 있어야 될 것 같아서 제가 여섯 일곱 명한테 통문을 띄었습니다. 글을 써서 보내라. 자기의 경험을 토대로 글을 써서 보내기로 했고, 조금 더 저희는 학생운동의 맛이 있으니까 너희들이 요러요런 주제를 가지고 글을 써서 보내라 했으니까 글이 오면 제가 취합을 해서 우리 청년회 내부 자료로도 쓰고, 제출하도록 하겠습니다. 올해 안에는 글을 취합해서 보내드리겠습니다. 검열, 삭제만 안하시면 좋겠습니다.

고호석 : 지금까지는 87년 이전 얘기만 했습니다만, 사실은 80년대 후반부터 90년대까지도 NCC를 중심으로 해서 했던 여러 가지 활동들을 중요하게 기록해야 되고, 연세가 많아서 기억을 다 못 하신다거나 건강이 현격하게 나빠지지 않았을 때 이럴 때 미리 챙겨놓지 않으면 곤란해요. 정영문 목사님처럼 건강이 나빠진다거나 최성묵 목사님처럼 세상을 뜨신다거나 이러면 안 되는 거니까, 하여튼 교회사 정리 책임을 지고 계신 분들은 조금 더 고민을 적극적으로 해주시면 고맙겠습니다.

오늘 매우 미진하고 아쉽기는 하지만 이 정도로 해서 마치도록 하겠습니다. 수고하셨습니다.

(박광선 목사의 기도로 집담회를 마치다.)

8장
부산지역 KSCF운동의 회고[1]
─항쟁의 계절 87년 6월, 거리의 작은 예수들─

_신진욱[2]

　　"독재타도 ! 호헌철폐!" 라는 구호로 전국이 민주화의 열기로 가득할
무렵 부산지역 기독교 대학생들도 도도한 이 역사의 물결 속에서 시대
의 작은 모퉁이 돌이 되고자 거리에 나섰다.

　　1984년도 부산대학교에서는 "YMCA ᄒ나모임"이라는 써클이 결성되었다.
이 써클은 당시 1979년 부마항쟁 이후 반합법적인 지하써클이 합법적인 운
동공간으로 전환을 모색하던 과정에서 일부 학생들이 YMCA의 이름을 활용
하여 조직하였던 것이다.

　　이후 1985년도 이후 써클 이름을 "기독학생회 ᄒ나모임"으로 바꾸고 부산
대학교에서 기독학생운동으로 자기 정체성을 확립해가는 노력을 하고 있었
다. KSCF(한국기독학생회총연맹)에 가입하여 하나의 지역조직으로 활동도
모색하고 있던 중이었다.

---

1) 이 글은 부산의 기독교운동사에서 잘 다루어지지 않은 기독교 학생운동을 이해하는
　데 도움을 줄 목적으로 필자에게 의뢰하여 2016년에 집필된 것이다. ─편집자 주
2) 당시 부산기독교학생회 회장, 현재 재호의료재단 이사장.

1987년 박종철 열사의 고문치사 사건 이후 "부산대학교 기독학생회 흐나모임(이하 "흐나모임")"은 부산대학교 학내에서 다양한 방법으로 시대의 고통에 대한 응답과 기도 그리고 실천을 하였다. 시국 기도회를 열거나 대자보를 통해 기독학생으로서 고난 받는 민중과 민족에 대한 고민을 다른 기독학생들과 공유하려 노력하였고 교내 시위 및 거리 시위에 적극적으로 참여하여 "대답하여 이르시되 내가 너희에게 말하노니 만일 이 사람들이 침묵하면 돌들이 소리 지르리라 하시니라.(눅19:40)"라는 말씀을 실천하고 있었다.

1987년 6월항쟁이 정점을 향해 갈 무렵 부산대학교의 거의 대부분의 학생들이 참여한 학내시위는 이후 자연스럽게 거리시위로 이어졌다. 이 날도 흐나모임 기독학생들은 교내 시위 이후 거리시위의 계획을 전달 받고 거리로 나섰다. 이 때 자연스럽게 남학생과 여학생 한두 명을 묶어 함께 움직이도록 하였는데 이는 시위 도중 발생할 수 있는 불상사를 막기 위한 것이었다.

이날 거리시위에 나선 흐나모임의 기독학생들은 서면과 남포동 등지에서 거리시위에 참여하던 중 당시 지하철 공사가 한창이던 남포동 등지에서 다시 만나 가톨릭센터에 있는 시위대에 합류하게 되었다. 저녁 늦게까지 시위가 센터 앞에서 진행되자 그 시위대를 둘러싸고 있던 전경들이 시위대를 해산하기 위해 공격적으로 해산작전을 감행했고 이에 시위대는 가톨릭센터로 최루탄과 폭력적 체포를 피하기 위해 몰려들었다. 이후 의도되지 않은 자연스러운 '근거지 농성'이 가톨릭센터에서 진행되었다.

이 진입 과정에 다수의 흐나모임 기독학생들이 함께하였고 농성 첫날 상황을 파악해보니 거의 다대수의 흐나모임 회원들이 가톨릭센터 농성장에 있게 되었다. 이후 농성장에서 기도회 개최, 주일예배모임 등을 통해 활발하게 활동하였다. 농성이 장기화 되자 대다수의 흐나모임 회원들이 농성장에 있는 것이 학내 및 지역에서 활동이 정지되는 상황과 혹시나 모르는 '불상사'에 대비하여 일부만 남고 다른 회원들은 센터를 빠져나가기로 하였다. 소위 '배신조'의 탄생인 것이다. 6월 22일 농성이 마무리 될 때까지 최후까지 일단의 ᄒ나모임 회원들이 끝까지 함께하였다.

당시 ᄒ나모임 기독학생들의 적극적인 현장참여와 헌신적인 노력은 '하늘에서의 뜻이 이 땅에서도'라는 말씀에 근거한 예수를 살아내는 과정이었다. 그러나 몇 가지 아쉬웠던 것은 ᄒ나모임의 구성원들의 자기 정체성의 문제에서 파생하는 ᄒ나모임의 활동양상이다. 당시 ᄒ나모임의 다수의 구성원들은 종교적 고백과 신앙으로서 기독교인이라기보다는 흔히들 말하는 '외피론'적 관점에서 ᄒ나모임에 유입된 경우가 많았다. 따라서 치열한 현장에 대한 기독교적 해석과 실천을 하기에는 다소 부족한 면이 있었다.

6월항쟁 이후 기독운동의 내재성에 근거하여 활동하지 못했던 ᄒ나모임은 점차 활발해진 학생운동 공간으로 확산, 희석되었고 그 명맥을 겨우 유지해나가는 수준에 머물고 있었다. 그러던 중 1989년, 몇 명의 ᄒ나모임 회원들이 '기독교'라는 분명한 종교적 자기정체성을 바탕으로 이전의 ᄒ나모임의 이름을 "부산대학교 기독학생회(SCA)"로 바꾸고 KSCF와 활발한 교류와 유대를 강화하면서 본격적인 기독학생운동을 전개하기 시작했다. 이들은 1989년 동아대학교 기독학생회, 1990년 울산대학교 기독학생회, 고신대 기독학생회, 부산여대 기독학생회, 수산대(현 부경대)기독학생회 등을 만들어나가는 한편 이들을 중심으로 부울지구 기독학생회 총연맹이라는 조직을 결성하기에 이르렀다.

이들은 종교적 고백으로 기독교 신앙을 가지고 있었고, 자기 실천의 장으로 기독교라는 틀을 명확하게 인식하고 있었다. "한국을 새롭게, 교회를 새롭게"라는 구호에서 볼 수 있듯이 이들은 한국사회의 변혁과 교회의 거듭남을 자기 운동의 목표로 한 점에서 이전의 ᄒ나모임의 성격과는 다른 것이었다.

VI.
문화운동

1장
6월항쟁 이전의 부산지역 문화운동[1)]

_고호석

　　1980년대 중반까지는 부산의 민족문화운동은 매우 취약하였고 개인적인 형태로 전개되었다. 각 부문별로도 독자적인 조직이 결성되지 못하였고 대학 내의 운동 외에는 개인 활동의 수준에 머물러 있었다. 그러던 것이 80년대 중반에 접어들면서 전국적으로 운동이 고양되는 분위기와 맞물리면서 조직화되고 활성화되기에 이른다.

　　문학계에서는 1983년 서울중심주의에 저항하며 이윤택·하창수·김문홍 등이 창간한 무크지 『지평』과 1984년 남송우·민병욱·정형철 등이 창간한 『전망』 등이 있었지만, 1984년 서울에서 자유실천문인협회가 출범하면서 민족문학계의 거목인 요산 김정한 선생을 중심으로 윤정규·강영환·구모룡·최영철·류명선 등 28명의 부산지역 작가들이 1985년 5월 7일 '5·7문학협의회'를 결성함으로써 민족문학운동이 본 궤도에 올랐다고 할 수 있다. 그 이후 10여 명이 더 가입하여 2년여 동안 회지 외에도 지역문예지인 『토박이』 2호, 『문학과 실천』을 발간하고 문학의 밤과 토론회를 개최하는 등 조직적 문학운동을 전개했고, 87년 5월에는 '호헌반대 206인 민족문학인선언'에 부산

---

1) 이 글은 『6월항쟁을 기록하다』(2007) 4권에 실린 필자의 글을 토대로, 당시 활동했던 문화운동 일꾼들과의 구술, 집담회 등을 통해 대폭 보완한 것이다. 5·7문학회에 관해서는 함께 싣는 구모룡의 글을 참고했다. ―편집자 주

지역 문인 16명이 참가하기도 했다. '5·7문학협의회'는 무크지 『지평』과 86년 정일근·최영철 등의 주도로 창립된 '부산경남젊은시인회의'와 인적, 예술적으로 서로 영향을 주고받으며 발전했다. 6월항쟁 이후 '5·7문학회'는 전국적 흐름에 발맞춰 87년 11월 '부산민족문학인협의회'로 확대 재편된다.

　미술도 서상환·송주섭·안창홍 등이 개별적으로 '현실과 발언' 등 전국단위의 동인그룹에 소속되어 활동했지만 지역 내에서는 조직적인 움직임을 보여주지 못하다가 87년 9월에야 그림패 '낙동강'으로 조직화되었다. '낙동강'은 그 이전부터 개별적 형태로 활동하던 구자상·김상화·곽영화·송문익·황의환 등이 화랑 중심의 미술사조운동에 반기를 들고 현장 중심의 미술운동을 표방하며 조직한 것인데, 88년 들어 현장미술운동을 지향하는 이들을 중심으로 '부산미술운동연구소'로 재편되고 곧이어 전국적 흐름에 발맞춰 '민족민중미술운동전국연합 부산지부'로 조직을 전환하여 활발한 활동을 전개했다.

　80년대 초, 사회현실을 소재로 연극작업을 하는 집단이 생겨나기 시작하는데 82년 사북 탄광 사태를 다룬 〈그늘〉, 83년 오시게 5일장을 소재로 한 〈장풀이〉를 주도했던 임인애는 85년 차미화·임종용 등과 함께 '극단 거칠산'을 만들어서 김춘복 원작의 〈쌈짓골〉을 공연하기도 했으나 그 이후 극단은 해체되고 말았다. '거칠산'이 창단되기 1년 전인 1984년 7월, 이성민·윤명숙을 중심으로 극단 '두레'가 연희패로서는 가장 먼저 조직을 결성한다. '두레'는 매우 척박한 지역 여건 속에서도 '실천무대' '신명천지' 등의 공간을 유지하면서 독자적 문화운동을 펼쳐왔고, 88년 10월, 극단 '새벽'으로 개칭하여 현재까지 그 활동을 이어오고 있다. 그리고 곧 이어 동아대 학생운동 출신의 김윤경·박민기·정승천·황주효 등이 1985년 중반부터 모임을 갖기 시작하여, 극을 중심으로 한 다양한 문화 매체들을 민중운동으로 녹여내기 위해 1986년 3월 '극단 자갈치'를 창단하였다. '자갈치'는 부산대 채희완 교수와 교류하면서 〈태백산맥〉 〈칠수와 만수〉 등을 무대에 올렸고 민족 통일 굿

〈바람맞이〉 등을 기획하기도 했다. 이들은 시민, 대학생, 노동조합 등을 대상으로 마당극공연, 다양한 문화강습회를 개최하여 우리 민족문화의식을 고취시키고 민족문화를 통해 민주의식을 높이기 위해 노력했다, 그중에서도 87년에 공연한 〈복지에서 성지로〉는 부산지역의 형제복지원 사건을 정면으로 다룬 작품으로, 지역문화운동의 한 전형을 보여준 것으로 평가된다.

한편, 부산대학 문화패 출신 중심으로 출발하여 동아대, 부산여대 문화패 출신 멤버들을 규합하여 야학이나 YMCA, 영남산업연구원, 성당이나 교회 등 노동현장의 외곽에서, 노동자들의 건강한 문화 생산과 노동운동의 지원을 위해 1984년 '노동자문화운동소그룹'을 결성하였다. 그들은 노동현장 공연에서부터 노래테이프 제작, 행사기획 등 다양한 활동을 했는데, 마당극, 풍물, 미술, 노래 등 다양한 매체를 아우르고 있었다. 김기영·박명숙·허영관 등이 주축이 되어 진행되었던 이 그룹은 87년 하반기엔 노동문화운동을 지향하는 '놀이패 일터'로 이름을 바꾸고 전국의 노동현장으로 활동무대를 넓히게 된다. 88년에는 노동자문화운동소그룹에서 활동한 김동민과 부산대 소리터 출신의 하은수·김숙진 등이 함께 '노래야 나오너라'를 창립함으로써 부산지역 노래운동의 새장을 열었다.

이런 일련의 활동들은 6월항쟁 이후, 1988년 부산민족문화운동협의회 결성으로 열매 맺게 된다.

2장
진보적 문학 전통의 복원과 계승[1]
-1980년대 문학운동과 '57문학협의회'

_구모룡[2]

　단지 30주년이기 때문에 기억하려는 것은 아니다. 또한 그 어떤 정통성을 구성하려는 것도 아니다. '57문학협의회'(이하 57, 본래 중간점을 두었으나 앞으로 중간점을 버리고 57을 고유명사로 사용함)를 부산작가회의의 전사(前史)에 두고 있는 이들이 있는가 하면 이를 꺼림하게 생각하는 이들도 적지 않다. 가령 누군가 "내년이 부산작가회의 출범 20주년이다, 1996년에 사단법인으로 등록하였기 때문"라고 한다면 이를 틀린 진술이라고 말할 수 없다. 달리 어떤 이가 "한국작가회의가 1974년에 출범한 자유실천문인협의회로부터 40년의 역사를 서술하였으니(『한국작가회의 40년사: 1974-2014』, 실천문학사, 2014) 부산작가회의도 1985년에 결성된 57문학협의회를 시발로 30년의 역사를 지닌다"고 하여도 무방한 것이다. 그런데 둘 다 옳지만 논란할 일은 아니다. 조직 논리가 문학 본연을 대신할 수 없을 뿐만 아니라 조직 논리가 앞설 때 문학의 진정한 활력은 쉽게 고갈된다는 교훈을 상기할 필요가 있다. 무엇보다 "57문학"이 나에게 어떤 의미인가, 그것이 지역문학에 끼친

---

1) 이 글은 2015년, 5·7문학회 창립 30주년을 맞아 80년대 초, 중반의 부산지역 문학운동을 회고하고 그 역사적 의미를 짚어보기 위해 쓴 글을 필자의 동의를 얻어 실은 것이다. -편집자 주
2) 당시 57문학회 연구이사, 문학평론가, 현재 국립해양대학교 동아시아학과 교수.

영향은 무엇인가라고 묻는 것이 우선이다. 그래서 "57문학" 이전과 이후에 나의 문학과 지역문학은 어떻게 달라졌는가라는, 다분히 나 자신을 향한 물음을 던지고자 한다. 아울러 30년이 지난 지금 "57문학"을 기억하는 일이 어떤 가치를 가질 것인가에 대하여 질문하려 한다.

　57은 1985년 5월 7일 동광동 화국반점에서 열 명이 조금 넘는 문인이 모여 만든 단체이다. 출범 당시 회원은 28명이며 2년차에 7명이 추가 가입하여 1987년 후반 해체하기까지 30여 회원이 활동한다. 출범과 더불어 김정한이 고문으로 추대되었고, 김규태 · 윤정규 · 김중하 3인의 운영위원 체제이나 실질적으로 윤정규가 단체를 이끌었다. 강영환이 간사를 맡았으며 회보 발간 등 실무를 최영철(도서출판 글방 편집 활동)이 했다. 1986년 개인 사정으로 김규태가 회에서 나가고 대신 임수생이 운영위원이 되었다. 간사회의를 57의 중추에 두는 방식으로 재편하여 총무간사(강영환 · 최영철), 기획간사(신진), 섭외간사(류명선), 연구간사(하창수 · 구모룡)를 두었다. 매월 회합을 가지고 회보를 발간하는 한편 연간으로 문학의 밤 행사를 가졌다. 기관지를 내기로 하고 1986년에 무크지 『토박이』 2호를 내었다. 『토박이』는 1984년 동보서적이 창간한 무크지로 지역사회문화운동을 지향하고 있으며 제자(題字)를 요산이 쓸 정도로 요산의 자장 속에 있었다. 2호가 판매금지 조치를 받고 동보서적이 탄압의 대상이 되는 한편 3호를 발간하는 노력(이성훈 · 신선명 · 구모룡의 편집활동) 또한 결실을 보지 못했다. 이후 1987년 9월 『문학과 실천』(도서출판 글방)을 발간한다. 57이 보인 문학운동은 전두환 정권의 독재에 글로써 저항하다 '4 · 13 호헌 조치'에 맞서 1987년 4월 29일 '4 · 13호헌 조치에 대한 문학인 193인의 견해'(『동아일보』 4월 29일자 참조)에 회원 다수가 이름을 얹는 데서 하나의 정점을 이룬다. 57이 해소되는 흐름은 자실의 해소와도 이어진다. 6월항쟁 이후 자실이 확대 개편하여 1987년 9월 17일 '민족문학작가회의'가 창립된다. 57 또한 이 해 11월 '부산민족문학인협의회'로 확대 개편된다. 이는 9월의 광주전남민족문학인협의회, 11월의 대구경북민족문학회, 충북문학운동협의회, 12월의 경남마산민속문학운동협의회, 이듬해 6월 전북민족문학인협의회, 1989년 4월의 대전충남민족문학인협의회 구성이라는 흐름 속에 놓인다. 이들 단체는 모두 전국단위의 '민족문학작가회의'와 연계하면서 자율성을 지닌다. 여기서 한 가지 주목할 일은 1987년 8월 8일과 9일 부산 해운대 소재 대한성공회연수원에서 자유실천문인협의회 지역문학운동위원회 전국대회가 열렸고 그 주최가 자실과 부산의 지역문학운동협의회(강영환·최영철·신용길·조성래·민병기·정일근·정인화·구모룡·하일 등이 활동)였다는 사실이다.(『경향신문』 1987년 8월 3일자 참조) 여기서 「지역문학운동론」을 구모룡과 민병욱이 발제하는데 그만큼 57을 주축으로 하는 부산지역문학운동의 위상이 높아진 것이다.

57이 만들어지는 계기는 여러 가지다. 첫째 요산 김정한의 의지, 둘째 부산지역 젊은 문학인의 성장과 분화를 들 수 있다. 물론 이러한 단체를 태동시킨, 폭압적인 시대가 가장 중요한 요인이다. 문제는 누가 어떻게 이를 추동하고 실천하였는가를 말하고자 한다. 1970년대의 '자유실천문인협의회'(이하 자실)의 모태는 1974년 1월 7일의 '문인 61인 개헌지지 선언'이다. 유신헌법을 개헌하자는 이 선언에 참여한 부산작가는 요산과 윤정규, 두 분이며 이후 당국의 사찰 대상이 된다. '자유실천문인협의회'는 표현의 자유를 전면에 내세운 '문학인 101인 선언'과 더불어 1974년 11월 18일 창립된다. 이 선언에 이름을 올린 부산지역 문인은 김정한·강은교·김성종·윤정규·임정남이나 당시 강은교·김성종·임정남은 서울에 거주하고 있었다. 엄밀히 따져 1970년대 부산지역의 진보적 문학 활동은 미미하였고 요산과 윤정규가 고분분투하는 형국이었다. 그러나 요산의 존재는 결코 가볍지 않았다. 해방 이전 부산 경남의 진보적 문인(신고송·김상훈·권환·김정한·김병호·이주홍, 손풍산, 양우정 등) 가운데 한국사회에서 1930년대 이래 지녔던 가치와 지향을 견지해온 이가 요산이기 때문이다. 특히 김동리와 조연현 등 영남문인에 의해 장악된 문학의 장에서 요산은 진보의 복원에 상응하는 상징성을 지닐 수 있었다. 그리고 그 곁에 윤정규가 있었던 것이다. 그런데 1985년 봄에 요산이 "이러한 시대에 우리 부산의 문인들도 뭔가를 해야지 않겠느냐"고 독려한 것은 1980년대의 맥락에서 보아야 한다. 특히 1984년 12월 19일에 있었던 "자유실천문인협의회"의 재건과 연관된다. 새로 재건된 "자유실천문인협의회"는 무크지와 동인지를 통해 등장한 80년대 젊은 문인들과 1970년대 선배문인들의 연대로 특징된다. 이러한 상황에서 요산의 염려는 부산의 젊은 문인들을 향한다. 광주의『오월시』, 서울의『시와 경제』, 대전의『삶의 문학』, 청주와 대구의『분단시대』동인들이 연계한 가운데 부산은 빠져있었던 것이다. 이 시기 부산에도『열린 시』,『지평』,『토박이』가 있었지만 마산의『마산문화』(1982년 창간)가 "자유실천문인협의회" 재건의 네트워크에 포함된 것과 달리 배제된 것이다. 이유가 무엇일까? 문학주의, 문학 내부의 정치주의, 소박한 지역주의적 현실주의가 아닐까? 1980년대 초반 진보적 흐름을 대표하는 무크지는 단연 1980년 창간호를 낸『실천문학』이다. 이를 시작으로 소위 80년대의 민족문학론과 민중문학론은 진화와 분화를 거듭한다. 부산의 무크지가 이러한 경향에 합류하는 것은 1984년『지평』3집부터라 할 수 있다. 서울중심주의에 대한 강력한 도전에서 출발한『지평』은 1983년 창간과 더불어 무크지라는 법적 제약을 돌파하면서 그 첫해에 2호를 발간한다. 그만큼 지방주의(localism)가 강력하게 표출된 것이다. 그러나 이러한 지방주의는 한국문학의 전체성에 이르는 데 장애가 될뿐더러 서울/지방의 이분법을 넘어서서 활동하려는 지향과 충돌하게 된다. 그럼에도 지방주의가 새롭게 분출하는 지역문학의 욕구를 끌어내는 효과적인 기제로 작동한 것은 틀림이 없다. 1984년『전망』은 지방주의와 문학주의 그리고 아카데미즘의 결합(남송우·민병욱·정형철·박남훈·정영태·강경주·이정주 등)에 의하여 창간된다. 아울러 새로운 해석공동체를 구성하려는 비평적 실천으로 나아가고 그 하나의 결실로 민병욱과 황국명의『문학과 지성 비판』(지평, 1987)이라는 정치주의 비평의 결과물로 나타난다. 반면『지평』에 잔류하거나 새로 참여한 이들(이윤택·하창수·강영환·김문홍·구모룡·최영철 등)은 한국사회와 한국문학의 보편적인 과제를 탐구하면서 구체적인 삶과 현실주의적 실천을 지향하게 된다(『지평』에서 『전망』이 분화한 이후의 경과에 대한 것은 다음 기회에 고를 달리 하여 세심하게 다루고자 한다). 한편 『토박이』는 처음부터 동인체제가 아니었지만 지역의 민중적 현실에 착목한다. 이리하여 요산의 의지가 『토박이』를 경과하여 『지평』에 미치게 되는 것이다. 57은 요산과 윤정규라는 선배세대와 『지평』 등 후배세대의 연대에 의하여 탄생하며 한국현대문학사에서 부산지역에서 처음 구성된 진보적 문인단체로 기록된다.

1984년 자실 재건 당시 『마산문화』가 네트워크에 포함되고 『지평』이 빠진 일은 초기 『지평』이 지닌 방향성에 비춰 피할 수 없었던 일로 보인다. 『마산문화』는 창간 처음부터 마산의 민중현실에 주목하였다. 박영주·이재업·서익진·최명학은 정진업과 이선관 등 선배문인의 진보적 전통을 계승하면서 식민도시로 성장한 마산의 시각으로 노동하는 대중의 삶을 부각하며 현실주의를 실천하였다. 이에 비하여 『지평』은 한국문학의 장 속에서 문학적인 투쟁을 전개하고 있었던 것이다. 이러한 점에서 『전망』과의 분화 이후 1984년 『지평』 3집이 '새로운 삶의 양식'을 내세운 것을 주목할 수 있다. 한국문학의 지평을 새로 형성하겠다는 데서 삶의 양식을 추구하겠다는 동인들의 변화를 읽을 수 있는 대목이다. 그러나 『지평』의 삶의 양식은 3집에서도 구체화되지 못한다. 내적으로 시민이냐 민중이냐의 논란이 잠복해 있기 때문이다. 『지평』 4집 이후 민중 지향이 강세가 되면서 시민지향을 내세운 이윤택은 서서히 『지평』에서 이탈한다. 『지평』의 민중지향성은 57의 결성과 연이은 운동성 추구와 연동되어 있다. 57이라는 실천의 장이 있었기에 『지평』의 활력은 더 커졌다. 다시 57로 돌아가 회보 창간호에서 강영환(간사)이 정리한 출범의 의의를 읽어보자.

　문학인의 삶은 별개의 것이 아니라, 불안하고, 불투명하며, 분단된 이 시대의 한가운데 놓여 있으며, 이러한 시대 상황 속에서 복잡하고, 불안하고, 불투명한 상태로 영위되고 있다. 더욱이 문학적으로도 대중적 사고와 개인적 사고가 충돌하고 있는 이 시대는 문학인에게 역사적 사명감을 요구하고 있으며, 문학인은 그러한 요구를 팽개쳐 버린다든가 도피해 버릴 수 있는 정신적 여유를 갖지 못하고 있다. 그렇다고 하여 문학인들이 쉽사리 편협한 민중론사나 극단적인 개인주의자가 될 수 있는 상황은 아니라 본다. 문학인은 시대적, 역사적 요구를 당연한 역사적인 귀결로서 받아들이지 않으면 안 될 입장이다.

　우리는 이 시대의 역사와 현실 앞에서 이를 직시하고, 문학인으로서의 소명감을 확인하며, 문학적 실천을 구현하기 위하여 1985년 5월 7일(화) 요산 김정한님을 모시고 시인, 작가 28인이 모여 "57문학협의회"를 발족시키기에 이르렀다.

　"57문학협의회는 민중의 삶-즉 콤뮤니티를 간직한 따뜻한 대중적 삶-과 그 형태, 그리고 시대적 요청에 대한 문학인의 사명감을 자각하고, 현실에 밀착된 삶의 목소리를 문학형태로 형상화시킬 것이며, 또한 역사적 인물의 재조명과 민중시가의 발굴 기록 및 평가 작업을 통해 우리의 삶을 재확인할 것이다. 뿐만 아니라 이 시대의 소외된 삶과의 뜨거운 만남을 통하여 문학을 보다 더 적극적으로 저변화해 나갈 것이다.

　이를 위해 본회는 매년 무크지 형태의 종합문예지를 발간하며, 보다 더 활성화된 문학 활동을 위하여 "57문학"이라는 제하는 협의회의 회보를 발간할 계획으로 있다.

　문학이란 개인의 전유물이 아니며, 인류 공동체적 삶의 보다 나은 차원을 향한 인류공동의 문화양식의 하나임을 다시 한 번 확인하며 삶의 현장에서 우리의 문학을 굳건하게 세워 나갈 것이다. (「57문학협의회의 출발」, 『57문학』 창간호, 1985년 12월 10일)

　1987년 11월 57이 해소되고 '부산민족문학인협의회'가 결성될 때 선언문(구모룡 작성)이 발표되었다. 그러나 1985년 5월 7일 57이 만들어질 때 선언문은 없다. '57문학협의회'라는 명명은 요산이 "독일에 '47그룹'이 있었듯이 우리도 5월 7일 만났으니 '57문학협의회'라고 하면 좋겠다"라고 제안하여 정해진 것이다. 주지하듯이 '47 그룹'은 1947년 2차 대전에서 패한 독일의 새로운 문학 방향을 모색하고자 결성된 단체이다. 알프레트 안더쉬(1914~1980), 발터 콜벤호프(1908~1993), 한스 베르너 리히터(1908~1993) 등이 1946년 『루프(Der Ruf)』를 발간하다가 정간당한 뒤 한스 베르너 리히터의 주도로 창립되어 시인, 소설가, 비평가 등이 모여 새로운 독일 문학을 모색하고, 신진의 전후문학파를 격려하며, 반 나치주의와 인도주의를 주창하다 유럽의 68운동 와중에서 분열하다 해산한다. 요산이 이 단체를 내세운 숨은 의도가 있다면 둘 일 것이다. 그 하나가 반파시즘이라면 다른 하나는 후배 문인 육성이 아닐까? 여하튼 이는 미뤄 짐작할 뿐이며 창립 당시 단체의 목적과 지향을 선명하게 명시한 바는 없다. 요산과 함께 자실에 이름을 건 윤정규는 유신체제와 전두환 정권의 갖가지 감시와 탄압을 이야기한 바 있다. 57은 자실의 연장선에서 '표현의 자유'를 가장 주된 테제로 받아들이게 된다. 따라서 편협한 민중론과 극단적인 개인주의를 배격하고 공동체를 지향하는 문학운동을 지향한다. 자실이 민족문학과 민중문학을 둘러싸고 토론과 논쟁을 거듭한 것처럼 57에도 민중이라는 뜨거운 감자가 잠복해 있었다. 이는 57의 방향을 두고 구모룡의 「거짓된 화해냐 강요된 화해냐-민중문학론의 한 단면」(창간호), 하창수의 「산업사회와 전통지향의 문학」(2호) 등이 논의를 제공한다. 전자는 민중지향과 민중주체를 역대중화를 통한 민중실천으로 통합할 것을 내세우고 후자는 민중문학론에 기입된 전통양식의 한계를 지적하며 민족적이고 민주적인 이론과 실천을 요청한다. 이처럼 민중문제를 논의의 중심에 두면서 57은 유연하게 "시대적 요청에 대한 문학인의 사명감을 자각하고, 현실에 밀착된 삶의 목소리를 문학형태로 형상화"하는 데 주력한다.

57의 활동은 격월 정기 모임, 회보 발간, 연간 무크지 발간과 57문학의 밤 등으로 이어졌다. 정기 모임의 자리는 상황과 문학에 대한 열띤 토론으로 밤이 깊어 끝이 났다. 창립 모임을 했던 '화국반점'과 광복동의 여러 다방 그리고 '양산박'과 '산에산에' 등의 주점은 57회원들의 단골집이 되었다. 아울러 1986년 5월 박병출 회원이 '다선방'(1987년 '바우고개'로 개명)을 열면서 이곳은 57과 젊은 문인들의 아지트가 된다. 이곳에서 1986년 이래 '부산경남 젊은시인회의'가 열렸고 1987년 '부산경남지역문학운동협의회'의 창립 모임이 개최되었다. 문인들을 불러 모으는 아지트가 있다는 것은 여러모로 유익하다. 정기 회합과 상시적인 만남이 가능한 공간이 있기에 유대는 강화된다. 진해에 '흑백다방'이 있다면 부산에는 '다선방'이 있었다. 두 장소는 부산경남 시인을 이어주는 거점이었다. 57의 회보는 매월 발간이 원칙이나 원고 수합 등의 사정에 따라 간혹 결호가 생겨 1985년 12월 창간호가 나오고 1987년 3월 10일 10호로 종간된다. 대략 1년 4개월 동안 열 번 발간한 셈이다. 1987년 4·13호헌 정국이 조성되면서 더 이상 회보 발간은 지속되지 않는다. 시국이 악화일로로 가고 있는 마당이라 회보보다 자주 모여 얼굴을 맞대는 일이 우선이었다. 회보의 편집 구성은 권두언, 57논단, 57시론, 57시단, 57현장, 57소식 등이 주였고 여기에 57대담, 57좌담, 57서평 들이 시의적절하게 배치되었다. 회보의 편집과 발간은 처음부터 최영철이 맡았다. 그는 당시 도서출판 글방(대표 이경훈)에서 편집 일을 돕고 있었는데 "사상으로서의 편집자"라는 격에 어울리는 역할을 하였다. 연간 무크지는 1986년 『토박이』 2집, 1987년 『문학과 실천』 창간호로 이어진다.

회보를 발간하며 격월로 정기 모임을 가지면서 문학과 현실에 대한 회원 상호 토론과 요산과의 대담 등을 통해 성장한 57은 1주년이 되는 해에 이르러 단체의 입장을 다음과 같이 네 가지 정도로 정리한다.

1) 우리는 분단 상황이라는 민족적 불행 앞에서 올바른 민족문학을 위한 우리의 노력을 경주한다. 민족문학을 위한 우리의 노력은 오늘날의 분단 현실을 타개하려는 구체적 실천 속에서 얻어질 것이다. 그

래서 우리는 어떠한 형태의 것이든 분단을 고착화시키려는 반민족적 노선에 반대한다. 이를 위해 우리는 민족적 현실을 외면한 매판적 개인주의 문학을 배격하는 문학적 실천을 지속한다.

2) 우리는 문학운동을 통하여 문화의 민주화를 확보하고자 한다. 오늘날 사이비 귀족문화의 반민주성이나 대중문화의 조작성은 올바른 민주주의적 문화 창달을 저해하고 있다고 볼 수 있다. 따라서 우리는 우리의 문학을 지금―이 땅의 구체적 삶과 밀착되게 형상화함으로써 보다 민주적이며 보다 민중적인 것으로 가꾸어가고자 한다. 우리는 이 땅의 주인은 민중이며 이 민중은 주인으로서의 올바른 권리를 가져야 한다고 본다. 우리는 우리의 문학이 민중의 머리 위에 군림하게 되는 반민주적 오류를 범해서는 안 될 것이다.

3) 우리는 지역 문학 운동의 활성화를 위해 매진한다. 오늘날 대내외적 종속의 상황은 대외적으로 민족 현실을 식민화하고 있으며 대내적으로는 봉건적이며 식민주의적인 수탈의 구조를 온존하고 있다. 이러한 현실에서 우리는 중앙집권적인 사회, 경제, 정치, 문화 구조의 숱한 피해를 입고 있다 하겠다. 지역이 주변이나 변두리에 가까운 의미 이상을 갖지 못한 것이 오늘날의 사정이다. 우리는 대내적 종속 관계를 해소함으로써 대외적 식민주의도 극복하는 노력을 아끼지 않는다. 이를 위해 우리는 우리 지역의 특수성을 보편적인 것으로 끌어올리는 작업들을 지속하고자 한다.

4) 우리는 문학 창작의 자율성을 보장하지 않는 정치적 탄압을 반대한다. 문학, 나아가서 문화의 본질은 자유이다. 창작의 자유는 따라서 문학인의 생명에 가까운 것이다. 우리가 창작의 자유를 보장하지 않는 어떠한 정치 세력에도 반대하며 동시에 그것의 획득을 위해 투쟁하는 까닭은 우리의 자유를 위협하는 일이 우리의 생명을 위협하는 것과 같기 때문이다. 누구에게나 자유는 소중한 것이다. 그러나 우리에게 있어 그 자유는 더욱 절실하고 소중한 것이다. (「57문학협의회의 창립1주년을 맞아」, 『57문학』 5호, 1986년 5월 7일)

여기서 만나게 되는 테제는 분단 극복의 민족문학, 민주적이고 민중적인 문학, 지역문학, 표현의 자유 등 네 가지이다. 출범 당시 첫머리에 놓였던 표현의 자유에다 민족문학과 민중문학 그리고 지역문학이라는 구체적인 지향과 방법을 제시하고 있다. 특히 지역문학을 지역의 특수성을 보편적인 것으로 끌어올리는 작업으로 이해함으로써 민족문학과 민중문학의 구체적인 매개로 설정한 점이 두드러진다. 표현의 자유는 민주주의 사회의 기본요건이지만 80년대 상황에서 이는 선결의 문제였다. 57은 1주년을 맞기 이전에 이미 회원 대다수의 참여로 발간한 무크지『토박이』2집이 판금되는 조치를 경험한 바 있다.『토박이』2집과 함께 판금된 책은『마산문화』4집을 위시하여 22책이다.(『부산일보』1986년 3월 21일자 참조) 1983년 전두환 정권은 유화국면을 조성하다 1986년 개헌 정국을 맞으면서 대대적인 탄압을 진행한다. 발행되는 책을 판금하고 서점을 압수수색하는 한편 출판인과 서점 주인을 구속하는 등의 공안 통치를 강화한다. 57의 회보는 이러한 상황을 "57현장"을 통해 알린 바 있다. 지역문학이라는 테제를 57이 중요한 매개항으로 설정한 것은 무크지『지평』과 '부산경남젊은시인회의'의 영향이 크다. '부산경남젊은시인회의'는 한국일보 신춘문예에 연이어 당선한 정일근과 최영철이 주도하여 만든 모임(최영철·정일근·강영환·류명선·허철주·최규장·이월춘·우무석·안성길·성기각·성선경·김종우·박병출·김보한·정규화·최원준 등)이다. 첫 모임이 1986년 4월 5일 진해에서 열었고 이 자리에서 구모룡이「지역문학운동의 과제와 방향」을 발표했다. '부산경남젊은시인회의'는 90년대 초반까지 그 활동이 계속된다. 이 단체와 무크지『지평』그리고 57은 상호 연관을 지닌다. 적어도 외곽에서 서로 힘이 되었던 것이다. 아울러 이 단체의 일부 회원이 1987년 6월 '부산경남지역문학운동협의회'를 만들지만 1987년 10월까지의 한시적 활동에 그친다. '부산경남지역문학운동협의회'는 울산의 정인화, 김상화, 정현신 등이 동인인『시와 실행』과 노동문학에 대한 토론회를 열고 울산사회선교협의회를 통해 백봉석(백무산) 시인을 만나기도 한다. 6·29 선언 이후 가열찬 노동운동의 현장을 탐문한 것이다. 그러나 이 단체의 활동은 신용길이 교육운동으로 나선 일을 제외하고 더 진전되지 않는다. 이는 57도 마찬가지다. 6·29 선언 이후 노동자 대투쟁의 시기에 민중지향적 자유주의 경향의 문인들이 개입할 여지는 많지 않았다. 더군다나 자실이 확대 개편하여 1987년 9월 17일 "민족문학작가회의"가 창립되는 국면을 맞아 57도 외연 확대를 모색하게 되는 시점에 이른다.

판금된 『토박이』 2집의 주요 목차는 다음과 같다.

> 지방문화발전을 위한 발돋움/요산 김정한
> 새로운 세계관의 정립과 80년대 민중문학론/구모룡
> 부산지역의 계급구조 분석 시론/김석준
> 부산지역 신발 산업의 구조와 위기/양민
> 부산지역문화운동론/강중일, 황진식
> 80년 봄, 동국제강에 타오른 함성/김정주
> 낙동강, 그 생명력의 부활을 위해/박정인
> 을숙도, 우리의 피와 땀이 묻혀있는 땅/이수윤
> 임진의총/김석희
> 〈장편서사시〉李朁장터/이윤택
> 〈소설〉 나의조국(가을)/윤정규, 안개주의보/김문홍, 이웃한 사회/윤진상,
>   어둠의 안식/이규정, 개잡이/정형남
> 〈시〉 강영환, 김철, 류명선, 박상배, 신진, 오정환, 이상개, 임수생, 최영철
> 〈희곡〉 눈(眼), 혹은 더러운 신(神)의 발자국/하창길

당국은 판금조치의 명확한 사유를 밝힌 바 없다. 문인, 사회학자, 기자가 쓴 이 정도의 글을 금지하는 데는 다른 연유가 있었다고 보아야 한다. 그것은 1986년 벽두부터 진행되고 있던 개헌 논의를 원천적으로 봉쇄하려는 정치적 책략에서 비롯한다. 말할 것도 없이 57의 구성원들이 한 목소리를 낸 것은 아니다. 또한 그렇게 되기를 바라거나 누가 들어 그것을 강요한 바도 없다. 현실을 이해하는 강온의 차이는 폭압적인 시대에 억눌린 자들의 동질

감 속에 봉합되었다. 이런 가운데 류명선의 활약을 언급하지 않을 수 없다. 그는 김준태, 고은 등과 교류하면서 자실과도 소통하고 있었다. 1986년 2년차에 그가 섭외간사를 맡은 까닭이 여기에 있다. 물론 오정환, 조갑상도 송기원, 이시영 등과 긴밀하였다. 4·13 호헌 조치 이후 4월 29일 자실이 문학인 193명 개헌 촉구 성명을 내었다. 여기에 김정한·윤정규·(강은교·임정남)·임수생·조갑상·이현석·구모룡·이상개·오정환·이윤택·강영환·류명선 등 57 회원 다수가 포함되었다. 섭외 간사 류명선의 공능이 발휘된 대목이다. 1987년 57은 당국의 감시하에 YMCA에서 2주년 기념 57문학의 밤 행사를 열었다. 염무웅을 초청하여 '민중문학의 과제와 반성'이라는 제하의 강연을 들었다. 이 날 요산의 축사로 시작하여 다채로운 행사가 전개되었는데 문인 이외의 낯선 이들도 57 2주년을 축하하기 위해 동참해 주었다. 1987년 접어들어 지난 해 연말에 진행되던 『토박이』 3집이 난망하자(동보서적 측 신선명이 원고를 수합하였고 구모룡·이성훈이 진행한 대담 녹취가 있음) 2주년을 기회로 새로운 무크지 『문학과 실천』을 발간하였는데 그 목차는 아래와 같다.

57문학작품집발간에 즈음하여/요산 김정한
민중문학의 과제와 반성/염무웅
민족문학의 '현단계'에 대하여/구모룡
연극과 리얼리즘/이현석
한국사회의 폭력상에 대하여/강문구
〈시〉 임수생, 이상개, 박상배, 김석규, 김철, 하일, 이상호, 김수경, 강영환, 류명선, 최규장, 김보한, 이창희, 이갑재, 김석주, 최영철, 박병출, 조성래, 장선규, 정순자, 김개, 김호생
〈중편〉 아겔다마/이규정
〈단편〉 뚫어진 사람/윤진상, 도시의 섬/정형남
〈희곡〉 탁이와 억이/윤정규, 노인 새되어 날다/신태범

『문학과 실천』 말미에 '57문학협의회 연혁'이 징리되어 있디. 그런데 연혁에 상당한 오류가 있어 바로잡는다. 먼저 창립회원은 "요산 김정한 외 39명"이 아니고 28명이다. 이는 회보 1호 권두언에 명시된 바 있고 회보 5호에 그 명단이 제시되어 있다. 회보 5호에 제시된 명단은 27명이다. 그 사이 개인사정으로 김규태 운영위원이 사임한 탓이다. 창립회원 28인은 김정한·윤정규·박태문·김준오·하일·이영찬·김규태·이규정·김중하·이복구·강영환·최영철·이윤택·류명선·하창수·구모룡·신진·신태범·이상개·임수생·조갑상·오정환·윤진상·김철·박상배·김문홍·정형남·하창길이다. 1주년이 지나 김보한·박병출·박치환·신용길·정영자·정태규·최규장이 가입하였다(회보 7호 참조). 그리고 이어서 동참 의사를 보인 원광·김석규·조성래·이창희·이갑재·김석주·정순자 등을 받아들였다. 또 하나의 오류는 1986년 7월 1일 정기총회를 개최하여 "고문에 김정한 선생님, 운영위원에 임수생(상임) 윤정규 이규정 윤진상 이상개 선생이 선임되고 간사제도를 활성화하여 강영환(총무) 구모룡(연구) 류명선(섭외) 최영철(출판)을 선임하다"라고 하였으나 회보 7호가 말하듯이 정기총회 개최일은 7월 2일이며 운영위원은 윤정규·임수생·김중하이고 총무간사 강영환·최영철, 기획간사 신진, 섭외간사 류명선, 연구간사 하창수·구모룡 등이다. 마지막으로 요산 김정한이 민족문학작가회의 회장으로 추대된 것은 10월이 아니고 9월 17일이다. 10회 발간한 회보를 합본으로 묶어 배포한 이는 최영철이다. 만일 당시 합본을 만들지 않았다면 대부분 기록은 유실되었을 것이라 생각한다.

개인적인 고백이지만 나를 『지평』으로 부른 사람은 이윤택이다. 그리고 그는 최영철과 나에게 『지평』을 맡기고 다른 길로 갔다. 57로 나를 이끈 이는 요산과 윤정규이다. 80년대 나의 문학은 이러한 인적, 물적 매체들 속에 있었다. 물론 1979년과 1980년의 역사적 경험으로부터 아직 자유롭지 못하다. 요산은 4월 혁명 이후 진보문학의 주역 가운데 한 분이다. 한국 문학의 진보를 복원한 그는 1980년대 57을 통하여 부산의 진보를 창출하였다. 그리고 벌써 30년이 지났고 요산과 윤정규 등 몇몇 사람은 이미 이 세상 사람들이 아니다. 57을 어떻게 평가하느냐는 아직 별개의 문제로 생각한다. 또한 외연이 확장된 부산작가회의가 57의 계승자냐 아니냐에 대하여 논란할 필요를 느끼지 못한다. 다만 『한국작가회의 40년사』를 접하면서 그 역사에서 57이 빠진 사실을 먼저 보충하고자 한다. 별도로 묶인 『증언: 1970년대 문학운동』(한국작가회의, 2014)을 읽으면서 요산과 윤정규의 증언을 기록할 수 없음이 유감이다. 57이라는 조직 활동이 중요했다는 것이 아니다. 문학예술 단체는 조직논리에 빠질 때 세상의 다른 단체보다 더 빨리 속화되기 쉽다. 가장 중요한 것은 좋은 글을 쓰는 일이다. 단체 활동을 통하여 훌륭한 시인과 작가를 만나는 일은 행운이다. 나는 적어도 57을 중간에 두고 『지평』과 '부산경남젊은시인회의' 등을 통해 뛰어난 문인들과 어울릴 기회를 얻었다. 적어도 이들이 있었기에 나는 지역문학에 헌신하고 그 논리를 진화할 수 있었다. 우선 이러한 사적 감회를 이 글을 통해 나타내고자 한다. 57의 경험을 모든 회원들이 동일한 무게로 공유할 수는 없을 것이다. 각기 다르게 의미로 남아있을 터이지만 그래도 힘겹게 통과한 80년대가 우리들 각자의 문학을 더 성장시켰다면 그것이야말로 더할 수 없는 기념이 될 것이라 믿는다.

편집자 후기

역사는 진보한다지만 정작 그 역사를 기록하는 일도 정말 진보하고 있는 것일까? 2천 년도 훨씬 전 한나라의 사마천은 궁형을 감수하고도 불후의 명저 『사기』를 남겼다. 전제군주 치하였던 조선시대의 왕조실록이 어떤 엄정한 과정을 거쳐 쓰였는지는 널리 알려져 있다. 인쇄술은 두말할 것도 없고 영상과 첨단 컴퓨터 기술까지 고도로 발달된 오늘날, 우리는 과거 역사가들이 남겨준 자료들로부터 많은 교훈을 얻고 있고, 무궁무진한 상상력과 지혜를 얻고 있다.

그런데 대한민국에서 진보를 표방하는 이들의 대다수가 자신들의 역사를 기록하는 데 이토록 무관심한 이유는 무엇일까? 살벌했던 유신과 5공 정권에서는 보안이 생명마저도 좌우할 수 있었기 때문에 활동의 흔적을 지우는 데 급급했다지만, 지금은?

애당초 민사연의 김하원 전 소장에게 2010년 이후의 이 일련의 학술행사를 제안했을 때부터의 문제의식이었다. 그리 만족스럽지 않은 이 책을 엮는 작업을 자임한 이유도 다르지 않다. 그저 말로 던지는 채근보다는 이런 유형의 성과물이, 각 부문에서 일하고 있는 분들에게 자기 역사 기술에 대한 자극제로 조금 더 효과적이지 않을까 하는 생각이다.

평소에도 모르던 바는 아니었으나 이번 작업을 하면서도, 민주화운동사를 포함한 모든 역사가 서울 위주로 서술되고 그 때문에 적잖게 왜곡되고 있음을 실감할 수밖에 없었다. 기실, 대부분의 제도와 문화가 고도로 중앙집권화 된 우리 사회에서 서울의 역할이 작을 수는 없다. 그리고 그 어떤 성공과 실패도 중앙정부나 정권의 거취와 결정에 의해 판가름 날 수밖에 없기도 하다. 그러나 그 결과가 대부분 서울에서 발생한 어떤 원인에 주로 기인한 것이었을까? 역사적 사실이 그렇지 않다고 분명히 말한다! 가까운 예로, 김재규 전 중앙정보부장이 서울 궁정동에서 박정희를 시해했지만 그것이 서울에서 발생한 어떤 일 때문이었는가? 6월항쟁의 분수령이라 할 87년 6월 18일 전후 정권의 판단과 대응은 서울의 시위 상황 때문에 이루어진 것이었던가? 80년 5월은 더 말해 무엇 하랴!

최소한 4·19혁명 이후 대한민국의 민주화운동사는 마산, 부산, 광주 등 여러 지방의 헌신과 열정의 소산으로 기록되어야 마땅하다. 이 책이 그것을 증명하는 또 하나의 자료가 될 수 있으리라 믿는다. 서울의 좋은 여건에서 일하는 연구자들의 관심과 분발을 기대해 마지않는다.

6년간의 연속 기획 학술행사의 성과를 한 권의 책으로 묶는다. 그것도 6월항쟁 30주년의 힘을 빌어. 애초에 기대했던 후속 연구와 토론이 거의 전무하다보니 그 완성도에서는 부끄러운 수준이지만, 이마저도 하지 않으면 다 떠내려가 버릴 것 같은 위기의식에 쫓겼다는 것도 솔직히 인정해야 할 듯하다.

의외로 많은 분들의 도움을 받았다. 선선히 글을 주신 분도 여럿 계셨고, 구술을 위해 먼 길 기꺼이 동행해 주신 분들도 있었다. 여러 차례의 집담회에도 적지 않은 분들이 흔쾌히 응해 주셨고, 생업에 지장을 받으면서까지 구술에 협조해 주신 분도 있었다. 허술하나마 이 책이 나올 수 있었던 건 전적으로 그 분들의 덕택이다.

다른 연구자들에게 작은 디딤돌이 되실 기내한다. 이 책의 부족힘괴 소류가 그런 후속 연구들에 의해 많이 드러날수록 더 큰 보람을 느낄 수 있지 않을까.

민주주의사회연구소 차성환 소장님과 김하원 전 소장님, 정윤식 부소장님, 그리고 함께 해 주신 많은 분들께도 충심으로 감사드린다.

2017년 6월
책임편집자 고호석